Zivilprozess- und Kostenrecht

Renate Baronin von König

Zivilprozess- und Kostenrecht

Praxiskurzlehrbuch

von
Dipl.-Rechtspflegerin Renate Baronin von König

Lehrkraft an der Hochschule
für Wirtschaft und Recht Berlin

3., völlig neu bearbeitete Auflage

2017

Verlag Ernst und Werner Gieseking, Bielefeld

Bibliografische Information der Deutschen Nationalbibliothek

Die Deutsche Nationalbibliothek verzeichnet diese Publikation in der Deutschen Nationalbibliografie; detaillierte bibliografische Daten sind im Internet über **http://dnb.d-nb.de** abrufbar.

Lektorat: Dr. iur. Jobst Conring

Herstellung: Katja Klesper Verlagsherstellung, Fulda

Druck: CPI books GmbH, Leck – Germany

ISBN 978-3-7694-1153-9

Vorwort

Seit Erscheinen der Vorauflage dieses Buches sind beinahe schon wieder 10 Jahre vergangen. Gesetzesänderungen wie z.B. das 2. Kostenrechtsmodernisierungsgesetz und das Gesetz zur Änderung des Prozesskostenhilfe- und Beratungshilferechts machten eine umfassende neue Überarbeitung des Lehrbuchs nötig. Mit diesem Lehrbuch habe ich den Versuch unternommen, Verfahrens- und Kostenrecht in bürgerlichen Rechtsstreitigkeiten einschließlich des gerichtlichen Mahnverfahrens (mit Ausnahme der Familiensachen sowie der Verfahren des einstweiligen Rechtsschutzes) nebeneinander darzustellen. Damit sollen die notwendigen Grundkenntnisse des Verfahrensrechts und der gerichtlichen und außergerichtlichen Kosten für den Zivilprozess unter Berücksichtigung der Prozesskostenhilfe abgehandelt werden. Kostenrecht ist abhängig vom Verfahrensrecht, deshalb ist es unerlässlich, dass auch Kenntnisse im Verfahrensrecht vorhanden sind, weil sonst das Kostenrecht nicht nachvollziehbar ist.

Die gängigen Lehrbücher behandeln vorwiegend nur einen Teil der Sachgebiete ausführlich; so findet sich in Lehrbüchern zum Zivilprozessrecht nur ansatzweise etwas zum Kostenrecht und in Kostenlehrbüchern häufig wenig zum Prozessrecht.

Das Buch soll einen Überblick über das eingeführte Verfahrensrecht auch im Hinblick auf die Prozessmaximen und die verfassungsrechtlichen Grundsätze verschaffen; begleitend wird jeweils das „Kostenverfahren“ behandelt, und zwar hier vom Kostenansatz als Verwaltungsverfahren bis hin zur Vergütungs- und Kostenfestsetzung. Ebenfalls kurz erörtert werden die Grundlagen und Wirkungen der Prozesskostenhilfe. Das Mahnverfahren, häufig einem Zivilprozess vorgeschaltet, stellt eine weitere Variante dar, die sowohl verfahrensrechtlich als auch kostenrechtlich dargestellt wird.

Nicht alle Einzelheiten konnten berücksichtigt werden, das hätte den Rahmen gesprengt; nicht verzichtet habe ich allerdings auf „Belege“, d.h. Fundstellen aus Kommentaren, Sammelwerken und Rechtsprechung, um dem Leser und Benutzer die Arbeit zu erleichtern. Wer einzelne Probleme vertiefen will, erhält Hinweise zur Verfügung gestellt.

Meine Arbeit wendet sich außer an Studenten auch an Praktiker. Insbesondere Berufsanfängern (Rechtspflegern, Richtern, Rechtsanwälten, Urkundsbeamten, Kostenbeamten, Rechtsanwaltsfachangestellten) soll das Buch gefallen, denn prozessuales Verfahrensrecht und Kostenverfahren werden nicht getrennt, sondern aufeinander abgestimmt behandelt. Eingestreut sind jeweils kleine Beispiele mit Lösungen sowie Übersichten und Entscheidungsentwürfe.

In den Vorauflagen fand sich im Anhang ein Abdruck einschlägiger Verwaltungsvorschriften (Kostenverfügung – KostVfg, AV zur Behandlung von kleinen Kostenbeträgen, Durchführungsbestimmungen zum Gesetz über die Prozesskostenhilfe – DB-PKHG). Von der Wiedergabe dieser Verwaltungsvorschriften habe ich nun abgesehen, da in Zeiten des Internets die Vorschriften ohne große Mühe dort zu finden sind. Das hat auch den Vorteil, dass stets der aktuelle Stand der Vorschriften zur Verfügung steht. An entsprechender Stelle wird auf die einschlägigen Internet-Adressen hingewiesen.

Die erwähnten Reformen führten dazu, dass alle Kapitel des Buches einer Überprüfung unterzogen werden mussten, um die geänderte Rechtslage zu berücksichtigen. Nicht nur der Text, auch alle Beispielfälle mussten aktualisiert werden. Ich danke meiner studentischen Mitarbeiterin Frau Daniela Bleßmann für deren tatkräftige Hilfe. Wahrscheinlich hat noch kein/e Student/in das Buch so durchgearbeitet wie Frau Bleßmann.

Berlin, im März 2017 Renate Baronin von König

Inhaltsverzeichnis

Seite

Seite

Seite

Seite

Seite

Abkürzungsverzeichnis

A

a.M.	anderer Meinung
a.F.	alte Fassung
a.A.	anderer Ansicht
a.a.O.	am angegebenen Ort
abl.	ablehnend
ABl.	Amtsblatt
Abs.	Absatz
Abschn.	Abschnitt
abw.	abweichend
AG	Aktiengesellschaft; auch Ausführungsgesetz, Amtsgericht, Arbeitsgemeinschaft
AGS	Anwaltsgebühren spezial
AktG	Aktiengesetz
AktO	Anweisung für die Verwaltung des Schriftguts bei den Geschäftsstellen der Gerichte, der Staatsanwaltschaften und der Amtsanwaltschaft (Aktenordnung – AktO)
allg.	allgemein
allg. M.	allgemeine Meinung
Alt.	Alternative
amtl. Begr.	amtliche Begründung
ÄndG	G zur Änderung (von), Änderungsgesetz
ÄndVO	Änderungsverordnung
Anh.	Anhang
Anl.	Anlage
Anm.	Anmerkung
AnwBl	Anwaltsblatt
ArbG	Arbeitsgericht
Art.	Artikel
AT	Allgemeiner Teil

Aufl.	Auflage
AusfG	Ausführungsgesetz
AV	Allgemeine Verfügung
AVAG	Gesetz zur Ausführung zwischenstaatlicher Verträge und zur Durchführung von Verordnungen der Europäischen Gemeinschaft auf dem Gebiet der Anerkennung und Vollstreckung in Zivil- und Handelssachen (Anerkennungs- und Vollstreckungsausführungsgesetz – AVAG), Art. 1 des Gesetzes zur Änderung von Vorschriften auf d. Gebiet d. Anerkennung u. Vollstreckung ausländischer Entscheidungen in Zivil- und Handelssachen
AVO	Ausführungsverordnung
Az.	Aktenzeichen

B

BAnz	Bundesanzeiger (1949 ff.)
Bay	Bayern
Bbg	Brandenburg
BbgOLG	Brandenburgisches Oberlandesgericht (Brandenburg)
Bd, Bde	Band, Bände
Begr., begr.	Begründung, begründet
Bekl.	Beklagte/Beklagter
Bem.	Bemerkung
BerHFV	Verordnung zur Verwendung von Formularen im Bereich der Beratungshilfe (Beratungshilfeformularverordnung – BerHFV) v. 2.1.2014 (BGBl. I S. 2)
BerHG	Beratungshilfegesetz vom 18.6.1980 (BGBl. I S. 689)
bes.	besonders, besondere(r, s)
betr.	betreffend
BeurkG	Beurkundungsgesetz
BGB	Bürgerliches Gesetzbuch
BGBl.	Bundesgesetzblatt
BGH	Bundesgerichtshof
BGHZ	Entscheidungen des Bundesgerichtshofes in Zivilsachen (1951 ff.)
BMI	Bundesminister des Inneren
BMJ	Bundesminister der Justiz
BNotO	Bundesnotarordnung

BRAGO	Bundesgebührenordnung für Rechtsanwälte v. 26.7.1957 (BGBl. I S. 907) aufgeh. d. Art. 6 Nr. 4 KostRMoG
BRAO	Bundesrechtsanwaltsordnung
BR-Drucks.	Bundesrats-Drucksache
BSHG	Bundessozialhilfegesetz aufgehoben durch Art. 68 Abs. 1 Nr. 1 d. G zur Einordnung des Sozialhilferechts in das Sozialgesetzbuch v. 27.12.2003 (BGBl. I S. 3022)
BT-Drucks.	Bundestags-Drucksache
BVerfG	Bundesverfassungsgericht
BVerfGE	Entscheidungen des BVerfG
BVerwG	Bundesverwaltungsgericht
BW	Baden-Württemberg
bzgl.	bezüglich
bzw.	beziehungsweise

D

d.h.	das heißt
DB	(auch: Betr) Der Betrieb (1948 ff.)
DBl	Dienstblatt
ders.	derselbe
Die AG	Die Aktiengesellschaft, Zeitschrift für das gesamte Aktienwesen
Die J	Die Justiz, Amtsblatt des Baden-Württembergischen Justizministeriums
dies.	dieselbe, dieselben
div.	diverse, diversen
DJ	Deutsche Justiz (1933–1945; vorher: Justiz-Ministerialblatt für die preußische Gesetzgebung und Rechtspflege)
DJZ	Deutsche Juristenzeitung (1896–1936)
DNotZ	Deutsche Notar-Zeitschrift, Verkündungsblatt der Bundes (Reichs-)notarkammer (1933–1944, 1950 ff.; vorher: DNotV)
DR	Deutsches Recht (1931–1945; seit 1939: Ausgabe A = Wochenausgabe vereinigt mit Juristische Wochenschrift; Ausgabe B = Monatsausgabe vereinigt mit Deutsche Rechtspflege, Ausgabe B bis 1942)
DRiG	Deutsches Richtergesetz
DRiZ	Deutsche Richterzeitung (1909–1935, 1950 ff.)

Drucks.	Drucksache
DVO	Durchführungsverordnung

E

E	Entwurf
EG	Einführungsgesetz
EBAO	Einforderungs- und Beitreibungsanordnung v. 1.8.2011 – BAnz. Nr. 112a vom 28.7.2011
EGBGB	EG zum Bürgerlichen Gesetzbuch
EGGVG	EG zum Gerichtsverfassungsgesetz
EGH	Ehrengerichtshof
Einf.	Einführung
Einl.	Einleitung
entspr.	entsprechend
ErgG	Ergänzungsgesetz
Erl.	Erläuterung(en)

F

FamG	Familiengericht
FamFG	Gesetz über das Verfahren in Familiensachen und in den Angelegenheiten der freiwilligen Gerichtsbarkeit (FamFG) gem. Art. 1 des FGG-ReformG v. 17.12.2008 (BGBl. I S. 2586)
FamGKG	Gesetz über Gerichtskosten in Familiensachen (FamGKG) gem. Art. 2 des FGG-ReformG v. 17.12.2008 (BGBl. I S. 2586)
FamRZ	Ehe und Familie im privaten und öffentlichen Recht, Zeitschrift für das gesamte Familienrecht (1954 ff.)
ff.	folgend, folgende
FG	Freiwillige Gerichtsbarkeit
FGG	G über die Angelegenheiten der freiwilligen Gerichtsbarkeit
FGG-RG	Gesetz zur Reform des Verfahrens in Familiensachen und in den Angelegenheiten der freiwilligen Gerichtsbarkeit (FGG-Reformgesetz – FGG-RG) v. 17.12.2008 (BGBl. I S. 2586)
FPR	Familie, Partnerschaft und Recht, Zeitschrift vereinigt mit NJWE-FER
Fn.	Fußnote

G

G	Gesetz
GBl.	Gesetzblatt
GBO	Grundbuchordnung
GbR	Gesellschaft bürgerlichen Rechts, auch BGB-Gesellschaft
geänd.	geändert
gem.	gemäß
GG	Grundgesetz für die Bundesrepublik Deutschland
ggf.	gegebenenfalls
GKG	Gerichtskostengesetz
GmbHG	G betreffend die Gesellschaften mit beschränkter Haftung
GNotKG	Gesetz über die Kosten der freiwilligen Gerichtsbarkeit für Gerichte und Notare (Gerichts- und Notarkostengesetz – GNnotKG) gem. Art. 1 des 2. KostRMoG.
GOV	Geschäftsordnungsvorschriften für die Geschäftsstellen der Gerichte, der Staatsanwaltschaft (GOV)
Grdz.	Grundzüge
GV	Gemeinsame Verfügung (mehrerer Ministerien), auch Gerichtsvollzieher
GVBl.	Gesetz- und Verordnungsblatt
GVG	Gerichtsverfassungsgesetz

H

h.M.	herrschende Meinung
Hs.	Halbsatz
HansOLG	Hanseatisches Oberlandesgericht (Hamburg)
HansOLG Bremen	Hanseatisches Oberlandesgericht Bremen
HessGVBl.	Hessisches GVBl.
HGB	Handelsgesetzbuch
Hrsg., hrsg.	Herausgeber, herausgegeben

I

i.d.F.	in der Fassung
i.d.R.	in der Regel
i.H.v.	in Höhe von
i.S.(v.)	im Sinne (von)
i.V.m.	in Verbindung mit

i.W.	in Worten
IHK	Industrie- und Handelskammer
im Allg.	im Allgemeinen
insges.	insgesamt
IPR	Internationales Privatrecht

J

J	Jahr, Jahres
JA	Jugendamt; auch Juristische Arbeitsblätter
JBeitrO	Justizbeitreibungsordnung
JBl.	Justizblatt
JGG	Jugendgerichtsgesetz
JMBl	Justizministerialblatt
JR	Juristische Rundschau (1925–1935, 1947 ff.)
Jura	Jura (1979 ff.)
JurBüro	Das juristische Büro (1950 ff.: Das Büro, 1956 ff.: Das juristische Büro)
JuS	Juristische Schulung, Zeitschrift für Studium und Ausbildung (1960 ff.)
Justiz	Die Justiz, Amtsblatt des Justizministeriums Baden-Württemberg (1952 ff.)
JVEG	Gesetz über die Vergütung von Sachverständigen, Dolmetscherinnen, Dolmetschern, Übersetzerinnen, und Übersetzern sowie die Entschädigung von ehrenamtlichen Richterinnen, ehrenamtlichen Richtern, Zeuginnen, Zeugen und Dritten (Justizvergütungs- und -entschädigungsgesetz – JVEG) gem. Art. 2 KostRMoG
JVKostG	Gesetz über Kosten in Angelegenheiten der Justizverwaltung (Justizverwaltungskostengesetz – JVKostG) v. 23.7.2013 – BGBl. I S. 2586 – Art. 2 des 2. KostRMoG
JW	Juristische Wochenschrift
JZ	Juristenzeitung (1951 ff., Fortsetzung von DRZ und SJZ)

K

Kap.	Kapitel
KB	Kostenbeamter
KG	Kammergericht, Kommanditgesellschaft
Kl.	Kläger
Komm	Kommentar

KostO	G über die Kosten in Angelegenheiten der freiwilligen Gerichtsbarkeit (Kostenordnung)
KostRMoG	Gesetz zur Modernisierung des Kostenrechts (Kostenrechtsmodernisierungsgesetz – KostRMoG) vom 5.5.2004 (BGBl. I S. 718)
2. KostRMoG	Zweites Gesetz zur Modernisierung des Kostenrechts (2. Kostenrechtsmodernisierungsgesetz – 2. KostRMoG) vom 23. Juli 2013 – BGBl. I S. 2586 (v. 29.7.2013)
KostVfg	Kostenverfügung
KV GKG	Kostenverzeichnis GKG

L

lfd.	laufend
LG	Landgericht
lt.	laut

M

m.	mit
m.w.N.	mit weiteren Nachweisen
MDR	Monatsschrift für Deutsches Recht (1947 ff.)
MV	Mecklenburg-Vorpommern

N

n.F.	neue Fassung
Nds	Niedersachsen
NJ	Neue Justiz (1947 ff.)
NJOZ	Neue Juristische Online Zeitschrift
NJW	Neue Juristische Wochenschrift (1947/48 ff.)
NJW-RR	NJW-Rechtsprechungs-Report Zivilrecht (1986 ff.)
Nr.	Nummer
NRW	Nordrhein-Westfalen
NVwZ	Neue Zeitschrift für Verwaltungsrecht

O

OLG	Oberlandesgericht
OLGZ	Entscheidungen der Oberlandesgerichte in Zivilsachen einschließlich der Freiwilligen Gerichtsbarkeit, Hrsg. Deisenhöfer, Jansen

P

PartG	Parteiengesetz
PartGG	G über Partnerschaftsgesellschaften Angehöriger Freier Berufe
PfälzOLG	Pfälzisches Oberlandesgericht (Zweibrücken)
PKH	Prozesskostenhilfe
PKHÄndG	G zur Änderung von Vorschriften über die Prozeßkostenhilfe
PKHG	G über die Prozeßkostenhilfe
PKH-Reform	Gesetz zur Änderung des Prozesskostenhilfe- und Beratungshilferechts v. 31.8.2013 – BGBl. I S. 3533
PKHFV	Verordnung zur Verwendung eines Formulars für die Erklärung über die persönlichen und wirtschaftlichen Verhältnisse bei Prozess- und Verfahrenskostenhilfe (Prozesskostenhilfeformularverordnung – PKHFV) v. 6. 1.2014 – BGBl. I S. 34 – in Kraft getreten am 22.1.2014.
ProzBev.	Prozessbevollmächtigte(r)

R

RA	Rechtsanwalt
RA'in	Rechtsanwältin
RG	Reichsgericht, auch Reichsgesetz
RGBl.	Reichsgesetzblatt
RGZ	Entscheidungen des Reichsgerichts in Zivilsachen (1880–1945)
RhPf	Rheinland-Pfalz
RiA	Recht im Amt (1954 ff.)
Rn.	Randnummer (-ziffer)
Rpfleger	Der deutsche Rechtspfleger (1948 ff.; vorher: Deutsche Rechtspflege; davor Zeitschrift des Bundes deutscher Justizamtmänner)
RPflG	Rechtspflegergesetz
RpflJb	Rechtspfleger-Jahrbuch (1936–43; 1953–1998)
RpflStud	Rechtspfleger-Studienhefte (1977 ff.)
RpflVereinfG	Rechtspflege-Vereinfachungsgesetz
Rspr.	Rechtsprechung
RuS	Recht und Schaden

RVG	Gesetz über die Vergütung der Rechtsanwältinnen und Rechtsanwälte (Rechtsanwaltsvergütungsgesetz – RVG), Art. 3 des Gesetzes zur Modernisierung des Kostenrechts (Kostenrechtsmodernisierungsgesetz – KostRMoG) vom 5.5.2004 (BGBl. I S. 718)
RVGreport	Zeitschrift, vorher: BRAGOreport

S

S.	Seite, Satz
s.	siehe
s.a.	siehe auch
SaarlOLG	Saarländisches Oberlandesgericht (Saarbrücken)
SchlH	Schleswig-Holstein
SchlHOLG	Schleswig-Holsteinisches Oberlandesgericht (Schleswig)
SchuldRModG	G zur Modernisierung des Schuldrechts v. 26.11.2001 (BGBl. I S. 3183)
SGB	Sozialgesetzbuch
st. Rspr.	ständige Rechtsprechung
StA	Standesamt, auch Staatsanwaltschaft
StaatsGH	Staatsgerichtshof
str.	strittig, streitig

T

Thür	Thüringen
ThürOLG	Thüringisches Oberlandesgericht (Jena)
TV	Testamentsvollstrecker

U

u.	unten
u.a.	unter anderem, und andere
UB	Unterbevollmächtigte(r)
ü.M.	überwiegende Meinung
u.U.	unter Umständen
UdG	Urkundsbeamter der Geschäftsstelle
UR	Urkundenrolle
USt	Umsatzsteuer
UStG	Umsatzsteuergesetz

V

v.	vom, von
VereinsG	G zur Regelung des öffentlichen Vereinsrechts
Vertr.	Vertreter
vgl.	vergleiche
VKH	Verfahrenskostenhilfe
VO	Verordnung
Vorbem.	Vorbemerkung, auch Vorb.
VormG	Vormundschaftsgericht
VV	Vergütungsverzeichnis RVG

W

w.	weitere, weiteren
WEG	G über das Wohnungseigentum und das Dauerwohnrecht (Wohnungseigentumsgesetz)
WEGÄndG	Gesetz zur Änderung des Wohnungseigentumsgesetzes und anderer Gesetze v. 26.3.2007 (BGBl. I S. 370)
WG	Wechselgesetz

Z

Z	Zeitschrift
z.B.	zum Beispiel
z.T.	zum Teil
ZGB	Zivilgesetzbuch der DDR
zit.	zitiert
ZPO	Zivilprozessordnung
ZPO-RG	G zur Reform des Zivilprozesses (Zivilprozessreformgesetz – ZPO-RG) v. 27.7.2001 – BGBl. I S. 1887 ff.
ZRP	Zeitschrift für Rechtspolitik
ZSEG	G über die Entschädigung von Zeugen und Sachverständigen v. 1.10.1969 aufgehoben durch Art. 6 Nr. 2 KostRMoG
zust.	zustimmend
ZustRG	Gesetz zur Reform des Verfahrens bei Zustellungen im gerichtlichen Verfahren (Zustellungsreformgesetz – ZustRG) vom 25.6.2001 (BGBl. I S. 1206)
zutr.	zutreffend
zzgl.	zuzüglich
ZZP	Zeitschrift für Zivilprozess, begr. von Busch (1879-1943, 1950 ff.)

Literaturverzeichnis und Verzeichnis der abgekürzten zitierten Literatur

I. Kommentare, systematische Werke, Studienhilfen

Baumbach/Lauterbach/	Zivilprozessordnung, 75. Auflage, 2017 Albers/Hartmann (zitiert: BLAH)
Binz/Dörndorfer/Petzold/ Zimmermann	GKG – JVEG, Gerichtskostengesetz, Justiz- vergütungs- und -entschädigungsgestz, Kommentar, 3. Auflage 2014 (zitiert: BDPZ/Bearbeiter)
Bischof/Jungbauer/Bräuer/ Klipstein/Klüsener/Uher	RVG Kommentar, 7. Auflage 2016 (zitiert: Bearbeiter in Bischof/Jungbauer)
Dörndorfer	RPflG Rechtspflegergesetz, Kommentar, 2. Auflage 2014
Dürbeck/Gottschalk	Prozess- und Verfahrenskostenhilfe, Beratungs- hilfe, 8. Auflage 2016 (zitiert: Dürbeck/Gottschalk)
von Eicken/Hellstab/ Dörndorfer/Asperger	Die Kostenfestsetzung, 22. Auflage 2015 (zitiert: Kostenfestsetzung/Bearbeiter)
Hansens/Schneider	Formularbuch Anwaltsvergütung im Zivilrecht, 2006
Gerold/Schmidt/Müller- Rabe/Mayer/Burhof	RVG, Rechtsanwaltsvergütungsgesetz, 22. Auflage 2015 (zitiert: Gerold/Schmidt/Bearbeiter)
Hartmann	Kostengesetze, Kurz-Kommentar, 47. Auflage 2017 (zitiert: Hartmann, KostG)
Jauernig	Kommentar zum BGB, 16. Auflage 2015 (zitiert: Jauernig/Bearbeiter)
Lappe	Justizkostenrecht, 2. Auflage, München 1995
Mayer/Kroiß	RVG, Kommentar, 6. Auflage 2013 (zitiert: Bearbeiter in Mayer/Kroiß)

Meyer/Höver/Bach	Die Vergütung und Entschädigung von Sachverständigen, Zeugen, Dritten und von ehrenamtlichen Richtern nach dem JVEG, Kommentar, 26. Auflage 2014
Münchner Kommentar BGB	Münchner Kommentar zum BGB, Hrsg. von Prof. Dr. Dr. Dr. h.c. Franz Jürgen Säcker, Prof. Dr. Roland Rixecker, Prof. Dr. Hartmut Oetker und Bettina Limperg, 7. Auflage 2015 (zitiert: MüKoBGB/Bearbeiter)
Münchner Kommentar ZPO	Münchner Kommentar zur ZPO, Hrsg. von Dr. Thomas Rauscher und Dr. Thomas Krüger, 5. Auflage 2016 (zitiert: MüKoZPO/Bearbeiter)
Musielak/Voit	Zivilprozessordnung – Kommentar, 13. Auflage 2016 (zitiert: Musielak/Voit/Bearbeiter)
Palandt	Bürgerliches Gesetzbuch, Kurz-Kommentar, 76. Auflage 2017 (zitiert: Palandt/Bearbeiter)
Rosenberg/Schwab/Gottwald	Zivilprozessrecht, 17. Auflage 2010
Riedel/Sußbauer	Rechtsanwaltsvergütungsgesetz, Kommentar, 10. Auflage 2015 (zitiert: Riedel/Sußbauer/Bearbeiter)
Saenger (Hrsg.)	Zivilprozessordnung, 7. Auflage 2017 (zitiert: Hk-ZPO/Bearbeiter)
Schneider/Volpert/Fölsch	Gesamtes Kostenrecht – Justiz/Anwaltschaft/Notariat, 2. Auflage 2017 (zitiert: NK-GK/Bearbeiter, Gesetz, § Rn)
Stein/Jonas	Kommentar zur Zivilprozessordnung, 22. Auflage, Tübingen 2002 ff. (zitiert: Bearbeiter in: Stein/Jonas)
Zimmermann	Prozesskosten- und Verfahrenskostenhilfe – insbesondere in Familiensachen, 5. Auflage 2016
Zöller	Zivilprozessordnung, Kommentar, 31. Auflage 2016 (zitiert: Zöller/Bearbeiter)

II. Aufsätze

Abramenko — Die Änderung des Streitwertes bei übereinstimmender Erledigungserklärung, Rpfleger 2005, 15

Bergerfurth — Erledigung der Hauptsache im Zivilprozeß, NJW 1992, 1655

Bülow — Schlüssigkeitsprüfung im Verbraucherkredit-Mahnverfahren, Rpfleger 1996, 133

Bischof — Schlanker Staat – Große oder Vernünftige Justizre*form,* ZRP 1999, 353

Böttcher — Teilrechtsfähigkeit der Wohnungseigentümergemeinschaft, RpflStud 2005, 171

Däubler-Gmelin — Reform des Zivilprozesses, ZPR 2000, 33

von Eicken — Auswirkungen der neuen BGH-Rechtsprechung zur Rechtsfähigkeit der Gesellschaft bürgerlichen Rechts auf das Anwaltsgebührenrecht, AGS 2001, 194

Enders — Wann kann der Rechtsanwalt trotz Beiordnung im Rahmen der Prozesskostenhilfe Wahlanwaltsgebühren geltend machen?, JurBüro 1995, 169

Fritzsche — Zu den festsetzbaren Kosten des Teilvollstreckungsbescheides, Rpfleger 2001, 561

Hähnchen — Elektronische Akten bei Gericht – Chancen und Hindernisse, NJW 2005, 2257

Haferanke — Die Bedürftigkeitsprüfung im Verfahrenskostenhilfeverfahren, FPR 2009, 386

Hansens — Neuerungen im Kosten- und Vergütungsfestsetzungsverfahren, Rpfleger 2001, 573

ders. — Terminsgebühr jetzt auch bei Auftrag für das Mahnverfahren, RVGreport 2005, 83

ders. — Praktische Auswirkungen der neuen Rechtsprechung des BGH zur Anrechnung der Geschäftsgebühr, RVGreport 2007, 241 und 282

ders. — Erstattungsfähigkeit von Terminsreisekosten der Partei, RVGreport 2011, 411

ders.	Mitteilung der Kostenberechnung als Voraussetzung für die Vergütungsfestsetzung gem. § 11 RVG, RVGreport 2012, 47
Hartmann	Zivilprozess 2001/2002: Hunderte wichtiger Änderungen, NJW 2001, 2577
Henssler	Die gesetzliche Regelung der Rechtsanwalt – GmbH, NJW 1999, 241
Hintzen/Riedel	Das deutsche Internationale Mahnverfahren, Rpfleger 1997, 293
Jauernig	Zur Rechts- und Parteifähigkeit der Gesellschaft bürgerlichen Rechts, NJW 2001, 2231
von König	Einige ausgewählte Probleme des Kostenfestsetzungsverfahrens nach §§ 103 ZPO auch im Hinblick auf aktuelle Rechtsprechung, RpflStud 1999, 8
dies.	Die Erledigung der Hauptsache in prozessualer und kostenrechtlicher Hinsicht, RpflStud 2000, 80
dies.	Zur Anfechtung des Kostenfestsetzungsbeschlusses, Rpfleger 2000, 7
dies.	Die Änderung der Beschwerdevorschriften durch das ZPO-RG, AGS 2002, 50
dies.	Die Reform des Verfahrens bei Zustellung im gerichtlichen Verfahren, RpflStud 2002, 61
dies.	Hat die Einführung der pauschalen Verfahrensgebühr durch das KostRÄndG 1994 tatsächlich zu einer Entlastung der Gerichte geführt? RpflStud 2002, 154
dies.	Gerichtskosten bei Anerkenntnis, Versäumnisurteil, nur teilweiser Fortführung im streitigen Verfahren und dergleichen, AGS 2002, 194
dies.	Erstattungsfähigkeit der Kosten eines Unterbevollmächtigten sowie von Reisekosten des Prozessbevollmächtigten zum auswärtigen Gericht, RpflStud 2003, 89
dies.	Entstehen und Erstattungsfähigkeit der Terminsgebühr, RpflStud 2006, 73

dies. Reisekosten des auswärtigen Rechtsanwalts im Berufungsverfahren, RpflStud 2006, 80

dies. Erstattungsfähigkeit der Kosten eines UB bei Prozessbevollmächtigtem am dritten Ort, RpflStud 2006, 81

dies. Terminsgebühr für zweites Versäumnisurteil, RpflStud 2007, 25

dies. Einigungsgebühr auch ohne Protokollierung eines als Vollstreckungstitel tauglichen Vergleichs festsetzbar, RpflStud 2007, 154

dies. Keine Beschränkung eines auswärtigen Rechtsanwalts auf die Bedingungen eines ortsansässigen Rechtsanwalts, RpflStud 2011, 150

dies. Geltendmachung der Umsatzsteuer auf getätigte Auslagen durch einen vorsteuerabzugsberechtigten Rechtsanwalt, RpflStud 2013, 154

dies. Neuerungen im Bereich der Prozess- bzw. Verfahrenskostenhilfe durch das Gesetz zur Änderung des Prozesskostenhilfe- und Beratungshilferechts, RpflStud 2013, 176

dies. Kann der Rechtspfleger die Bearbeitung eines Kostenfestsetzungsantrages nach § 788 ZPO davon abhängig machen, dass der Gläubiger die Zustellungsauslagen einzahlt?, RpflStud 2016, 127

Kornblum Für eine „lupenreine" dreistufige Zivilgerichtsbarkeit, ZRP 1999, 382

Lappe Die verfrühte Entscheidung, RpflStud 1995, 174

ders. „Eine der Rechtskraft fähige Entscheidung" Zu Sonnenfeld/Steder, Rpfleger 1995, 60 in Rpfleger 1995, 401

ders. Der Kostenerstattungsanspruch, ZAP 1996, Fach 24, S. 331

ders. Die Entwicklung der Gerichts- und Notarkosten im Jahr 1993, NJW 1994, 1189

ders. Streitwert-Irrungen – Kritisches zum Gesetz zur Entlastung der Rechtspflege, NJW 1993, 2785

ders.	Zur Anhörungsbelehrung im Verfahren nach § 19 BRAGO, Rpfleger 1996, 183
ders.	Modernes Justizkostenrecht?, NJW 2004, 2409
ders.	Vom Gesetz zum Recht, RpflStud 2005, 97
ders.	Abhilfekosten, Rpfleger 2005, 134
ders.	RVG: Mehrere-Auftraggeber-Erhöhung bei Anrechnung, Rpfleger 2006, 583
Lappe/Grünert	Ist der Vollstreckungsbescheid der Rechtskraft fähig?, Rpfleger 1986, 161
Madert	Der Streitwert bei der Hilfsaufrechnung, AGS 2002, 170 und Teil 2, AGS 2002, 218
Mümmler	Erstattungsfähigkeit der Parteireisekosten, JurBüro 1996, 349
ders.	Ansatz von ZU-Auslagen im Verfahren nach § 19 BRAGO, JurBüro 1997, 74
Münchbach/Lotz	Justizreform – Reform oder gut verkaufter Abbau des Rechtsschutzsystems?, ZRP 1999, 374
Rellermeyer/Strauß	Landesrechtliche Aufgabenübertragungen betreffend den Rechtspfleger nach §§ 19, 20 Abs. 2, §§ 24b, 36b und 37 RPflG, RPflBl 2015, 24
Rimmelspacher	Verbesserung des zivilgerichtlichen Verfahrens erster Instanz, ZRP 1999, 177
Schellhammer	Zivilprozessreform und Berufung, MDR 2001, 1141
Schmeel	Einwände im Kostenfestsetzungsverfahren nach § 19 BRAGO, Präklusion und die „nec-nec-Rechtsprechung" des BVerfG, MDR 1997, 1095
Schneider, E.	Die Zulässigkeit des Teilurteils, MDR 1976, 93
ders.	Kostenfreistellung nach § 8 GKG, MDR 2001, 914
Wedel	Die Prüfungsbefugnis des Rechtspflegers im gerichtlichen Mahnverfahren, JurBüro 1994, 325
Wieser	Notwendige Streitgenossenschaft, NJW 2000, 1163
Winte	Große Justizreform – Quo Vadis?, ZRP 1999, 387

A. Einleitung

Kennzeichen einer Rechtsordnung ist es, dass Rechte und Ansprüche eines Einzelnen auch durchsetzbar sind. Das staatliche Verfahren hierfür kennen wir: den Prozess. Der Zivilprozess hat in erster Linie die Aufgabe, subjektive Privatrechte durchzusetzen.[1] **1**

Unser **Prozessrecht** besteht seit 140 Jahren, die Zivilprozessordnung ist in diesem Zeitraum viele Male geändert worden, um sie den sozialen und wirtschaftlichen Verhältnissen anzupassen. Obwohl gesagt werden kann, dass sich die Grundstruktur bewährt hatte,[2] ist zum 1.1.2002 eine umfassende **Reform**[3] des Zivilprozesses durch den Gesetzgeber vorgenommen worden, durch die die strukturellen Rahmenbedingungen verbessert werden sollten, damit die Parteien schnell zu ihrem Recht kommen können.[4] **2**

Aber auch danach haben diverse Einzelgesetze zu einer Änderung der ZPO geführt,[5] sodass auch das reformierte Gesetz inzwischen nicht nur mehrfach geändert worden ist, sondern am 5.12.2005 auch eine Neubekanntmachung der ZPO im Bundesgesetzblatt erfolgte.[6] Auch wenn Prozessrechtler immer noch von der Reform sprechen, muss man sich klar machen, dass diese mittlerweile 15 Jahre her ist und dass sich die Änderungen inzwischen bewährt haben.[7] **3**

---

1 *Rosenberg/Schwab/Gottwald*, § 1 Rn. 5.

2 *Däubler-Gmelin*, ZRP 2000, 33 ff.

3 Gesetz zur Reform des Zivilprozesses (Zivilprozessreformgesetz – ZPO-RG) v. 27.7.2001 – BGBl. I S. 1887 ff.

4 S. Gesetzesbegründung BT-Drs. 14/3750 S. 37; s. hierzu: *Rimmelspacher*, ZRP 1999, 177; *Winte*, ZRP 1999, 387; *Kornblum*, ZRP 1999, 382; *Münchbach/Lotz*, ZRP 1999, 374; *Bischof*, ZRP 1999, 353; *Däubler-Gmelin*, ZRP 2000, 33 ff.; *Schellhammer*, MDR 2001, 1141; *Hartmann*, NJW 2001, 2577.

5 Zum Beispiel durch das Justizkommunikationsgesetz (JKomG) v. 22.3.2005 – BGBl. I S. 837, das EG-Vollstreckungstitel-DurchführungsG v. 18.8.2005 – BGBl. I S. 2477; das 1. JustizmodernisierungsG v. 24.8.2004 – BGBl. I S. 2198 und das 2. JustizmodernisierungsG v. 22.12.2006 – BGBl. I S. 3416 oder auch durch das Kostenrechtsmodernisierungsgesetz – KostRMoG v. 5.5.2004 – BGBl. I S. 718 sowie durch das Gesetz zur Änderung des Wohnungseigentumsgesetzes und anderer Gesetze v. 26.3.2007 – BGBl. I S. 370.

6 BGBl. I S. 3202.

7 Zur Entwicklung des geltenden Zivilprozessrechts siehe zum Beispiel *Rosenberg/Schwab/Gottwald*, § 4, 5 sowie Zöller/*Vollkommer*, ZPO, Einleitung Rn. 1 bis 21.

4 Unser Prozessrecht ist durch wesentliche prozessuale Grundsätze (**Prozessmaximen**) gekennzeichnet.[8] So liegt es in der Hand der Parteien, ob ein Verfahren eingeleitet wird und wie sich das Verfahren grundsätzlich weiter gestaltet. Auch das Gericht ist an diese Grundsätze gebunden und muss den Parteiwillen akzeptieren, hat jedoch auch die Aufgabe, dafür zu sorgen, dass unter seiner Leitung ein faires Verfahren stattfindet.

5 Die Einreichung einer Klage birgt für die klagende Partei Risiken, denn der Kläger weiß nicht vorab, ob ihm das Gericht vollständig oder nur teilweise bzw. gar nicht „Recht gibt", er riskiert, mit seiner Klage ganz oder teilweise abgewiesen zu werden. Diese Unsicherheit wird allerdings noch erweitert um das sogenannte „Kostenrisiko", denn die Durchführung des Rechtsstreits kann erhebliche Kosten verursachen, die letztendlich derjenige zu tragen hat, der den Prozess verliert.

Zu den **Kosten des Rechtsstreits** gehören zunächst die **Gerichtskosten,** also die Kosten, die das Gericht für die Durchführung des Verfahrens verlangt. Es können aber auch **außergerichtliche Kosten** von erheblichem Umfang entstehen, wenn die Partei den Prozess nicht selbst führt, sondern sich fachkundige Hilfe durch einen Rechtsanwalt holt, fallen dessen **Rechtsanwaltskosten** an. Zu den außergerichtlichen Kosten gehören daneben die **Parteikosten** (s. Grafik S. 3).

6 Nach der Reform des Prozessrechts folgte dann die **Reform des Kostenrechts** zunächst durch das am 1.7.2004 in Kraft getretene **KostRMoG.**[9] Durch das KostRMoG wurde ein großer Teil des Kostenrechts geändert oder aufgehoben, so wurde das Gerichtskostengesetz (GKG) neu gefasst; die BRAGO aufgehoben und dafür das Gesetz über die Vergütung der Rechtsanwältinnen und Rechtsanwälte (Rechtsanwaltsvergütungsgesetz – RVG) eingeführt, das Gesetz über die Vergütung von Sachverständigen, Dolmetscherinnen, Dolmetschern, Übersetzerinnen, und Übersetzern sowie die Entschädigung von ehrenamtlichen Richterinnen, ehrenamtlichen Richtern, Zeuginnen, Zeugen und Dritten (Justizvergütungs- und -entschädigungsgesetz – JVEG) ersetzte das ebenfalls aufgehobene ZSEG und das Gesetz über die Entschädigung der ehrenamtlichen Richter.

8 *Rosenberg/Schwab/Gottwald*, 4. Abschn. §§ 76 ff.

9 Gesetz zur Modernisierung des Kostenrechts (Kostenrechtsmodernisierungsgesetz – KostR MoG) v. 5.5.2004 – BGBl. I S. 718; s. hierzu auch *Lappe*, NJW 2004, 2409.

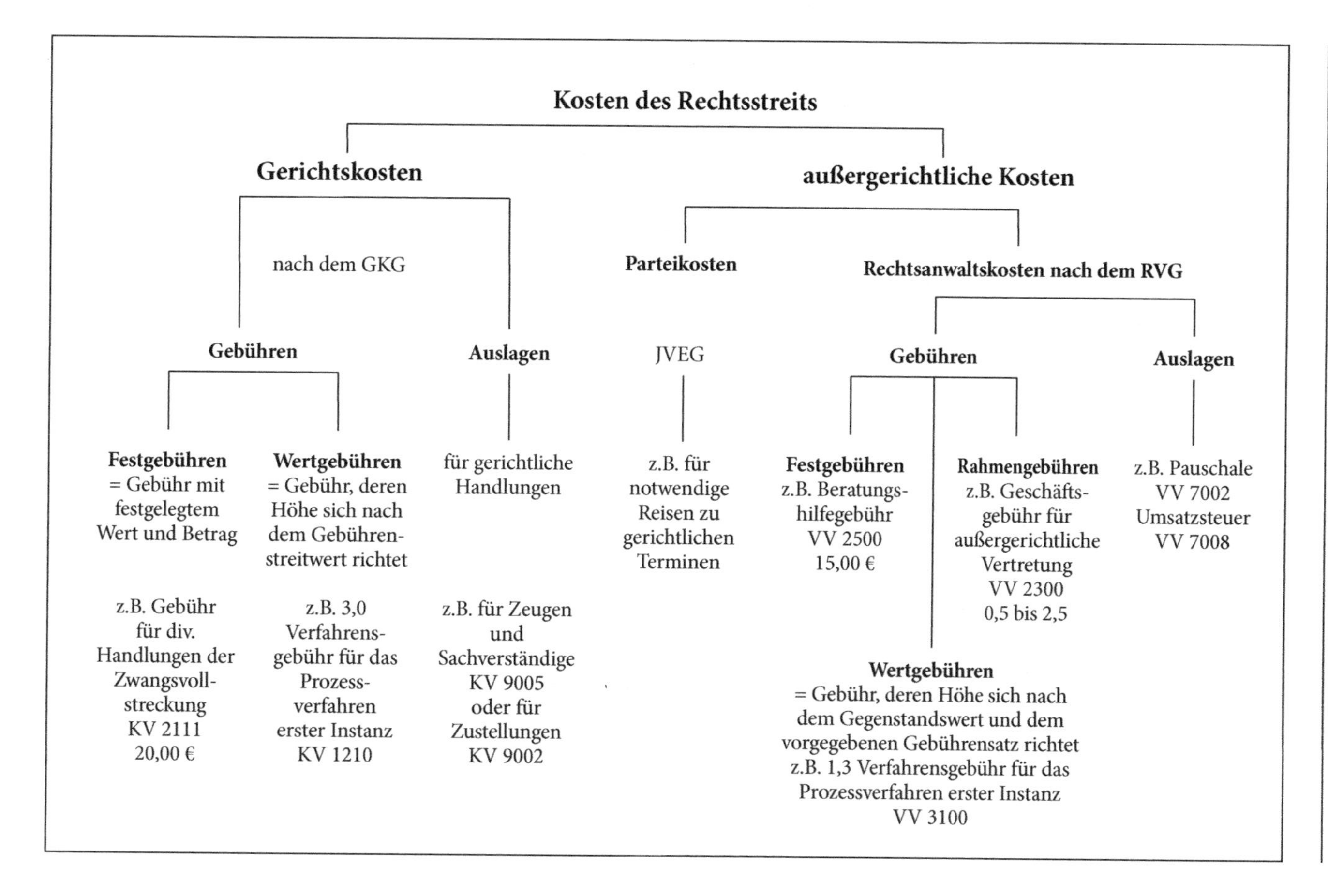
Kosten des Rechtsstreits
Gerichtskosten
nach dem GKG
Gebühren
Festgebühren
= Gebühr mit festgelegtem Wert und Betrag
z.B. Gebühr für div. Handlungen der Zwangsvollstreckung KV 2111 20,00 €
Wertgebühren
= Gebühr, deren Höhe sich nach dem Gebührenstreitwert richtet
z.B. 3,0 Verfahrensgebühr für das Prozessverfahren erster Instanz KV 1210
Auslagen
für gerichtliche Handlungen
z.B. für Zeugen und Sachverständige KV 9005 oder für Zustellungen KV 9002
außergerichtliche Kosten
Parteikosten
JVEG
z.B. für notwendige Reisen zu gerichtlichen Terminen
Rechtsanwaltskosten nach dem RVG
Gebühren
Festgebühren
z.B. Beratungshilfegebühr VV 2500 15,00 €
Rahmengebühren
z.B. Geschäftsgebühr für außergerichtliche Vertretung VV 2300 0,5 bis 2,5
Wertgebühren
= Gebühr, deren Höhe sich nach dem Gegenstandswert und dem vorgegebenen Gebührensatz richtet
z.B. 1,3 Verfahrensgebühr für das Prozessverfahren erster Instanz VV 3100
Auslagen
z.B. Pauschale VV 7002 Umsatzsteuer VV 7008

7 Das zum 1.8.2013 in Kraft getretene 2. Kostenrechtsmodernisierungsgesetz – **2. KostRMoG**[10] hat inzwischen diverse Änderungen des „modernisierten Kostenrechts" von 2004 gebracht. Durch das Gesetz wurde zunächst die Kostenordnung durch ein modernes Gerichts- und Notarkostengesetz (GNotKG) ersetzt und die Justizverwaltungskostenordnung zu einem Justizverwaltungskostengesetz weiterentwickelt.[11] Art. 3 des 2. KostRMoG umfasst die Änderungen des GKG. Vielfach handelt es sich um einfache Korrekturen (wenn z.B. die Angabe „EUR" durch „€" ersetzt wird) bzw. klarstellende redaktionelle Änderungen (wenn durchgängig der Begriff „Ablichtungen" durch „Kopien" ersetzt wird). Aber neben einer Anhebung der Gebühren sind auch diverse sonstige Änderungen vorgenommen worden auf die im weiteren Verlauf noch eingegangen wird.

8 Hauptbestandteil der **außergerichtlichen Kosten** ist in der Regel die Vergütung, die der mit der Vertretung beauftragte Rechtsanwalt als Prozessbevollmächtigter beanspruchen kann.

9 Der **Rechtsanwalt** ist ein **unabhängiges Organ** der Rechtspflege. Er übt einen **freien Beruf** aus, seine Tätigkeit ist kein Gewerbe. Er ist der berufene Vertreter und unabhängige Berater in allen Rechtsangelegenheiten. Diese freie und private Erwerbstätigkeit ist jedoch geprägt durch eine **amtliche Zulassung** und Vereidigung, durch eine **gesetzliche Normierung** seines Pflichtenkreises und standesrechtlicher Regelungen bis hin zur Disziplinargerichtsbarkeit durch Standesgenossen und Richter. Die gesetzlichen Regelungen finden sich in der Bundesrechtsanwaltsordnung – BRAO.

10 Als Rechtsanwalt zugelassen werden können Personen, die die **Befähigung zum Richteramt** haben, § 4 BRAO, im Besitz der bürgerlichen Ehrenrechte sind und die Befähigung zur Bekleidung öffentlicher Ämter – hier unter strafrechtlichen Voraussetzungen – haben.

11 Die BRAO regelt auch die Gründe für die **Nichtzulassung** (§ 7). Danach ist die Zulassung u.a. zu versagen, wenn der Bewerber eine Tätigkeit ausübt, die mit dem Beruf des Rechtsanwalts oder mit der Rechtsanwaltschaft nicht vereinbar ist. Nach Meinung des BGH[12] ist z.B. eine kaufmännische Tätigkeit, bei der die Gewinnerzielung nach außen in Erscheinung tritt, mit dem Anwaltsberuf unvereinbar.

12 Die **Zulassung** erfolgt auf Antrag des Rechtsanwalts durch die **Rechtsanwaltskammer** in deren Bezirk der Rechtsanwalt zugelassen werden will,

---

10 Zweites Gesetz zur Modernisierung des Kostenrechts (2. Kostenrechtsmodernisierungsgesetz – 2. KostRMoG) vom 23. Juli 2013 – BGBl. I S. 2586 (v. 29.7.2013).

11 So die Gesetzesbegründung in der BT-Drs. 17/11471 v. 14.11.2012 S. 1.

12 BGH v. 18.10.1999 – AnwZ (B) 97/98 – NJW 2000, 1419 wonach die Geschäftsführungstätigkeit für ein Versicherungsunternehmen mit dem Anwaltsberuf unvereinbar ist.

§§ 6 Abs. 1, 12 Abs. 3 BRAO.[13] Die Zulassung wird mit Aushändigung einer von der Rechtsanwaltskammer ausgestellten Urkunde wirksam, die jedoch erst ausgehändigt werden darf, wenn der Bewerber vereidigt ist und den Abschluss einer Berufshaftpflichtversicherung nachgewiesen hat, §§ 12, 12a, 51 BRAO. Den Rechtsanwalt trifft die sogenannte **Residenzpflicht,** denn er muss im Bezirk der Rechtsanwaltskammer, deren Mitglied er ist, eine Kanzlei einrichten und unterhalten, § 27 Abs. 1 BRAO.

13 Der Rechtsanwalt hat die Pflicht zur **gewissenhaften Ausübung** des Berufes und zur **Wahrung der Standeswürde** innerhalb und außerhalb der Berufstätigkeit, § 43 BRAO. Verletzung dieser Pflicht kann **ehrengerichtliche Bestrafung** und **privatrechtliche Schadenersatzansprüche** zur Folge haben.

14 Das Rechtsverhältnis des Rechtsanwalts zum Mandanten ist ein **privatrechtliches,** das durch das BGB, die BRAO und das RVG geregelt ist. Der Rechtsanwalt wird grundsätzlich aufgrund eines **bürgerlich-rechtlichen Vertrages** für seinen Auftraggeber tätig. Es handelt sich hierbei um einen **Dienstvertrag** gemäß §§ 611 ff. BGB.[14] Durch einen Dienstvertrag verpflichten sich der eine Teil zur Leistung der versprochenen Dienste und der andere Teil zur Leistung der vereinbarten Vergütung. Der Vertrag ist grundsätzlich formfrei, er kann auch mündlich oder stillschweigend abgeschlossen werden.[15] Gegenstand eines Dienstvertrages können gemäß § 611 Abs. 2 BGB Dienste jeder Art sein. Beim Rechtsanwalt kommt es immer auf den Einzelfall an. Haben Rechtsanwalt und Mandant einen **Dauerberatungsvertrag** abgeschlossen, dann liegt ein **echter Dienstvertrag** vor.

15 Vertritt der Anwalt den Mandanten aber nur in **einer Sache,** dann handelt es sich um eine besondere Art des Dienstvertrages, nämlich um einen sogenannten **Geschäftsbesorgungsvertrag** gemäß § 675 BGB. Geschäftsbesorgung bedeutet eine Tätigkeit im fremden Interesse – hier die rechtliche Vertretung –, die Tätigkeit ist gerichtet auf solche Geschäfte, die eigentlich der Mandant selbst in Wahrnehmung seiner Vermögensinteressen zu besorgen hätte, die ihm aber ein anderer gegen Vergütung abnimmt. Der Auftraggeber hat gemäß § 653 Abs. 2 BGB die **taxmäßige Vergütung** zu zahlen, eine solche Taxe stellt das RVG dar, nach dem die Vergütung des Rechtsanwalts berechnet wird. Das RVG nennt den Vertrag „Auftrag" und den Vertragspartner „Auftraggeber". Damit ist allerdings nicht der unentgeltliche Auftrag i.S.v. § 662 BGB gemeint, denn die Tätigkeit des Rechtsanwalts ist gerade auf Vergütung ausgerichtet, weil es sich um eine Berufstätigkeit handelt.

---

13 Zulassungsverfahren geändert durch das am 1.6.2007 in Kraft getretene Gesetz zur Stärkung der Selbstverwaltung der Rechtsanwaltsschaft v. 26.03.2007 – BGBl. I S. 358.

14 *Hartmann*, KostG, Grdz RVG Rn. 12; *Lappe*, Justizkostenrecht, § 18 A I 1.

15 Palandt/*Weidenkaff*, § 611 Rn. 2.

16 Die Vergütung ist gemäß § 614 BGB erst nach der Dienstleistung fällig, das bedeutet, der **Rechtsanwalt ist vorleistungspflichtig,** und solange die geschuldeten Dienste nicht erbracht sind, kann der Mandant die Vergütung zurückbehalten, § 320 BGB.[16] Allerdings ist es möglich und durchaus üblich, dass die Zahlung eines Vorschusses oder einer Abschlagszahlung ausdrücklich vereinbart wird, § 9 RVG.

17 Der Umfang des Auftrags richtet sich zunächst einmal nach dem jeweiligen Vertragsverhältnis. Dieser Vertrag ist jederzeit beidseitig fristlos kündbar, §§ 626, 627 BGB.

18 Der Auftraggeber kann die Vergütung nicht mindern, wenn er der Auffassung ist, der Anwalt habe seinen Auftrag schlecht erfüllt. Allerdings ist es anerkannt, dass hierdurch ein Schadenersatzanspruch aus positiver Vertragsverletzung begründet wird. Er erfordert jedoch einen Schaden des Mandanten, der auf einer schuldhaften Pflichtverletzung des Rechtsanwalts ursächlich beruht.[17]

19 Das **Vertragsverhältnis** zwischen dem Auftraggeber und dem Rechtsanwalt unterliegt grundsätzlich den Regeln des Schuldrechts. Im **Schuldrecht** herrscht der Grundsatz der Vertragsfreiheit.[18] Daran ändert auch das spezielle Anwaltsrecht nichts, aber das RVG reglementiert die Vertragsfreiheit.[19] Das RVG gilt kraft Gesetzes – also ohne Vereinbarung – für die Tätigkeiten eines deutschen Rechtsanwalts, der Rechtsanwalt kann für seine Tätigkeit die Vergütung verlangen, die nach dem RVG vorgesehen ist.

20 Der Rechtsanwalt und sein Mandant können jedoch im Rahmen der gesetzlichen Regelungen auch eine Vergütungsvereinbarung treffen. Die grundsätzlichen gesetzlichen Regelungen zur **Vergütungsvereinbarung** finden sich in § 3a RVG.[20] Danach bedarf diese der Textform (§ 126b BGB), d.h. lesbar abgegebene Schriftzeichen wie z.B. Computerdateien, E-Mail oder SMS, aus der auch die Urheberschaft des Erklärenden hervorgeht. Die Vereinbarung muss als Vergütungsvereinbarung oder in vergleichbarer Weise bezeichnet sein und darf nicht in der Vollmacht enthalten sein. Außerdem hat die Vergütungsvereinbarung nach § 3a Abs. 1 S. 3 RVG einen Hinweis zu enthalten, dass bestimmte Dritte (Gegner, Staatskasse) im Falle der Kostenerstattung nur die gesetzliche Vergütung zu erstatten haben. In außergerichtlichen Angelegenheiten kann der Rechtsanwalt auch eine niedrigere als die gesetzliche Vergütung vereinbaren, diese muss jedoch in ei-

---

16 Palandt/*Weidenkaff*, § 614 Rn. 2; *Lappe*, Justizkostenrecht, § 18 A I 1.
17 *Lappe*, Justizkostenrecht, § 18 A I 1.
18 *Hartmann*, KostG, RVG, § 3a Rn. 1.
19 *Lappe*, Justizkostenrecht, § 18 B I.
20 Ausführlich *Bischof* in Bischof/Jungbauer, RVG, § 3a; Gerold/Schmidt/*Mayer*, RVG, § 3a.

nem angemessenen Verhältnis zu Leistung, Verantwortung und Haftungsrisiko stehen, § 4 Abs. 1 RVG.[21]

Nach § 49b Abs. 2 S. 1 BRAO ist zwar nach wie vor die Vereinbarung von **Erfolgshonoraren** unzulässig, es sei denn, das RVG bestimmt etwas anderes. Unzulässig sind nach wie vor Vereinbarungen, durch die der Rechtsanwalt die Prozessfinanzierung übernimmt (Gerichtskosten, Verwaltungskosten oder Kosten anderer Beteiligter), § 49b Abs. 2 S. 2 BRAO. Allerdings ist es erlaubt, eine Vereinbarung zu treffen, dass lediglich die gesetzlichen Gebühren ohne weitere Bedingungen erhöht werden, da insoweit kein Erfolgshonorar vorliegt, § 49b Abs. 2 S. 3 BRAO. Gleiches gilt, wenn lediglich vereinbart wird, die Höhe gesetzlichen Gebühren zu verändern.

Die gesetzliche **Ausnahme vom Verbot der Vereinbarung eines Erfolgshonorars** i.S.v. § 49b BRAO findet sich in § 4a RVG. Danach ist eine solche Vereinbarung nur für den Einzelfall zulässig und nur, wenn der Auftraggeber aufgrund seiner wirtschaftlichen Verhältnisse ansonsten von der Rechtsverfolgung abgehalten würde. In gerichtlichen Verfahren darf für den Fall des Misserfolgs vorgesehen sein, dass keine oder eine geringere als die gesetzliche Vergütung zu zahlen ist, wenn für den Erfolgsfall eine angemessene Erhöhung der gesetzlichen Vergütung vereinbart ist, § 4a Abs. 1 RVG. Die Vereinbarung muss nach § 4a Abs. 2 RVG als Vergleichsmaßstab eine Angabe der voraussichtlichen gesetzlichen Vergütung oder ggf. auf die erfolgsunabhängige vertragliche Vergütung enthalten sowie die Angabe unter welcher Bedingung die jeweilige Vergütung verdient sein soll. Außerdem sind die wesentlichen Gründe anzugeben, die für die Bemessung des Erfolgshonorars bestimmend sein sollen, § 4a Abs. 3 RVG.[22]

21 Diese Verzahnung von Prozessrecht, Gerichtskostenrecht und Vergütungsrecht der Rechtsanwälte soll nachfolgend dargestellt werden, und zwar nicht nur hinsichtlich der Bürgerlichen Rechtsstreitigkeiten, sondern auch für das Mahnverfahren und das Prozesskostenhilfeverfahren. Dabei ist es mir ein Anliegen, nicht nur die Grundlagen zu vermitteln, sondern zu einzelnen Problemen auch auf die aktuelle Rechtsprechung hinzuweisen. Das familiengerichtliche Verfahren und die hierfür einschlägigen Kostenvorschriften sind bewusst ausgenommen und nur bisweilen, wenn es für ein besseres Verständnis notwendig erscheint, kurz berücksichtigt worden.[23]

Zum besseren Überblick sind kleine Beispiele und Übersichten in den Text eingefügt. Der Aufbau ist in zahlreichen Lehrveranstaltungen an der Hochschule für Wirtschaft und Recht Berlin erprobt.

---

21 Siehe *Bischof* in Bischof/Jungbauer, RVG, § 4.

22 Ausführliche Erläuterungen und Muster zu Vereinbarungen siehe bei *Bischof* in Bischof/Jungbauer, RVG, § 4a.

23 Hierzu *von König/Bischof*, Kosten in Familiensachen – Gerichtskosten und Anwaltskosten sowie Kosten der Mediation, FamRZ-Buch 31, 2. Auflage 2015.

B. Wesentliche Prozessgrundsätze

I. Die Dispositionsmaxime (der Verfügungsgrundsatz)

22 Der Staat stellt es in das Belieben des Bürgers, ob er seinen zivilrechtlichen Anspruch durchsetzen will oder nicht. Die Parteien sind die Herren des Prozesses. Der Grundsatz der **Privatautonomie** des **materiellen** Zivilrechts des BGB wirkt auch hier im Zivilprozessrecht – die **Dispositionsmaxime** ist das **prozessuale Gegenstück.**

Nach den Vorschriften der ZPO kann nur eine Partei den Prozess einleiten: Wo kein Kläger, da auch kein Richter.

Diesem Grundsatz folgen die weiteren Leitlinien – als da sind:

1. Bindung an den Antrag

23 Der Bürger legt durch seinen **Antrag** auch den **Umfang des Prozesses** fest. Der Antrag bestimmt, worüber das Gericht zu entscheiden hat. Das Gericht darf einer Partei nichts zusprechen, was sie nicht beantragt hat, § 308 Abs. 1 ZPO. Allerdings hat das Gericht die Aufgabe, darauf hinzuwirken, dass **sachdienliche Anträge** gestellt werden, § 139 Abs. 1 S. 2 ZPO.

2. Einlegen von Rechtsmitteln

24 Auch im Zusammenhang mit dem Einlegen von Rechtsmitteln gilt die Dispositionsmaxime, denn das nächst höhere Gericht darf nicht von sich aus eine Entscheidung überprüfen, sondern die **unterlegene Partei** muss **Rechtsmittel einlegen.**

3. Klagerücknahme, Verzicht oder Anerkenntnis

25 Mit der Möglichkeit, den Prozess zu beginnen, korrespondiert die Möglichkeit, den **Prozess** auch zu **beenden.** Der Kläger kann die **Klage** auch **zurücknehmen,** § 269 ZPO, oder er kann auf die Geltendmachung seines **Anspruchs verzichten,** § 306 ZPO. Der Beklagte kann den **Anspruch anerkennen,** § 307 ZPO. Die Parteien können einen **Vergleich** schließen, § 779 BGB.

Alle Handlungen ergeben sich aus der Möglichkeit der Parteien, über den Prozess zu disponieren, und nicht aus der Überzeugung des Gerichts.

II. Die Verhandlungsmaxime (der Beibringungsgrundsatz)

26 Ob die Rechtsbehauptung des Klägers begründet ist, hat das Gericht in zwei Stufen zu prüfen. Das Gericht hat zuerst den **Sachverhalt (Tatsachen) festzustellen**, auf den es dann das **Recht anwendet** (den es unter die in Betracht kommenden **Rechtsnormen subsumiert**). Das obliegt allein dem Gericht, die Parteien können hierzu keine Vorschriften machen. Das Gericht hat das Recht zu kennen, die Parteien können dazu Ausführungen machen, müssen dieses aber nicht. Das Gericht ist an die Rechtsausführungen der Parteien in keiner Weise gebunden.

27 Eine weitere Frage ist, wer die Grundlagen für die Entscheidung zu beschaffen hat. Der Gesetzgeber hat es im Zivilprozess den **Parteien** aufgebürdet, die **Tatsachen,** die zur Entscheidung notwendig sind, **beizubringen**. Nur die Tatsachen, die sie vortragen, kann das Gericht bei seiner Entscheidung berücksichtigen **(Verhandlungsmaxime oder Beibringungsgrundsatz).**[1] Es gibt keine Aufklärung von Amts wegen.

1. Die Beweisdürftigkeit von Tatsachen

28 Im Rahmen des Beibringungsgrundsatzes bestimmen die Parteien auch, welche Tatsachen bewiesen werden müssen, nämlich nur die vom Gegner bestrittenen. Wenn der Gegner nicht bestreitet (§ 138 Abs. 3 ZPO) oder ausdrücklich zugesteht (§ 288 ZPO), bedürfen die Tatsachen keines ausdrücklichen Beweises mehr. Das Gericht ist an das Verhalten der Parteien gebunden, nach herrschender Auffassung auch, wenn es Zweifel an ihrer Wahrheit hat.[2]

2. Die richterliche Frage- und Aufklärungspflicht

29 Die **Verhandlungsmaxime** wird abgemildert durch die starke **richterliche Aufklärungspflicht,** die aus der Generalklausel des § 139 ZPO folgt. Danach hat der Richter bzw. das Organ der Rechtspflege, das zur Entschei-

---

1 S. hierzu *Rosenberg/Schwab/Gottwald*, § 77.

2 *Rosenberg/Schwab/Gottwald*, § 77 Rn. 13; Zöller/*Greger*, ZPO, Vorbem. zu §§ 128–252 Rn. 10.

dung berufen ist, die Parteien zur Vervollständigung ihres Vorbringens anzuhalten und eine restlose Aufklärung des Sachverhalts anzustreben. Dieses ist insbesondere im Parteienprozess angebracht, denn die durch einen Rechtsanwalt vertretene Partei ist weniger hilfebedürftig als die nicht vertretene Partei.[3]

30 Die richterliche Aufklärungspflicht ist der wichtigste Teil der **sachlichen Prozessleitung** und überträgt dem zur Entscheidung berufenen Organ (Richter/Rechtspfleger) ein hohes Maß an Verantwortung für ein **faires Verfahren,** dabei bleibt im Einzelfall immer die Pflicht zu **Neutralität** und **Gleichbehandlung** bestehen.[4] Im Einzelfall muss das Gericht missverständliche, widersprüchliche oder mehrdeutige Sachvorträge der Parteien aufklären; es muss darauf hinwirken, dass unrichtige Parteibezeichnungen berichtigt werden; dass der Klageantrag und sonstige Anträge richtig gefasst werden.

31 Der durch die ZPO-Reform neu gefasste § 139 ZPO regelt an zentraler Stelle die Prozessleitungspflicht des Gerichts, also eines jeden Mitglieds eines Spruchkörpers und nicht nur die Aufgaben des Vorsitzenden.[5] Die Vorschrift gilt selbstverständlich auch für den Rechtspfleger in den ihm übertragenen Angelegenheiten (z.B. im Kostenfestsetzungsverfahren).

32 Das Gericht hat auf die Klärung tatsächlicher Fragen hinzuwirken, die Parteien sollen sich rechtzeitig und vollständig erklären und in die Verantwortung einer vollständigen, zügigen und ökonomischen Prozessführung einbezogen werden. Das Gericht soll den Streitstoff sowohl unter rechtlichen als auch unter tatsächlichen Aspekten mit den Parteien erörtern. Das Gericht hat jedoch nach wie vor nicht die Aufgabe, neue Anspruchsgrundlagen, Einreden oder Anträge einzuführen. Die Neufassung konkretisiert den dem **Verbot** der **Überraschungsentscheidung** zugrunde liegenden Anspruch auf rechtliches Gehör. Dieses Verbot greift auch, wenn das Gericht einen Gesichtspunkt abweichend vom Standpunkt beider Parteien beurteilen will; das Gericht hat hierauf hinzuweisen und beiden Parteien Gelegenheit zur Äußerung zu geben. Erteilte Hinweise müssen aktenkundig gemacht werden, wobei es reicht, wenn der wesentliche Inhalt vermerkt wird.[6] Außerdem muss Gelegenheit zur Reaktion gegeben werden, dies folgt aus dem Grundsatz des Anspruchs auf rechtliches Gehör.[7]

---

3 BVerfG v. 14.4.1987 – 1 BvR 162/84 – BVerfGE 75, 183 = JZ 1987, 719.
4 BVerfG v. 25.7.1979 – 2 BvR 878/74 – BVerfGE 52, 131 = NJW 1979, 1925.
5 Zöller/*Greger*, ZPO, § 139 Rn. 12.
6 Zöller/*Greger*, ZPO, § 139 Rn. 13.
7 BGH v. 15.3.2006 – IV ZR 32/05 – FamRZ 2006, 942.

III. Das Grundrecht auf rechtliches Gehör

33 Die ZPO regelt den Prozessablauf genau und bestimmt die Rechte der beteiligten Parteien und des Gerichts. Die Klage leitet den Prozess ein, deshalb gibt es genaue Vorschriften über die Form der **Klageschrift**. Diese ist in erster Linie für das Gericht bestimmt, aber auch für den Gegner, dem sie verbindlich mitteilen muss, was gegen ihn geltend gemacht wird. Dieses folgt dem verfassungsrechtlichen **Grundsatz auf Gewährung des rechtlichen Gehörs.**

34 Das Grundrecht[8] auf **rechtliches Gehör** ergibt sich aus Art. 103 Abs. 1 GG. Jede Partei hat das Recht, Gelegenheit zu bekommen, zum Vortrag des Gegners Stellung zu nehmen, und zwar bevor das Gericht entscheidet.

Wird dieses **Grundrecht** verletzt, so ist nach allgemeiner Meinung eine Heilung im Rechtsmittelverfahren möglich, sind diese ausgeschöpft oder nicht vorhanden, bleibt nur die Verfassungsbeschwerde (Art. 93 GG).

35 Die Zivilprozessreform hat insoweit eine Erweiterung des Rechtsschutzes durch **Einführung des Abhilfeverfahrens bei Verfahrensgrundrechtsverletzungen** gemäß § 321a ZPO gebracht.[9] Danach wurde erstmals bei der gerügten Verletzung des rechtlichen Gehörs die Möglichkeit eröffnet, bei unanfechtbaren Entscheidungen diese zu korrigieren, wenn unbeabsichtigt Verletzungen des rechtlichen Gehörs vorliegen. Die Vorschrift war zunächst nur auf unanfechtbare Urteile der I. Instanz beschränkt.[10] Nachdem sich die Praxis weitgehend über diese Schranke hinweggesetzt hatte und das BVerfG[11] diese Teilregelung als nicht verfassungskonform angesehen hatte, wurde die Vorschrift entsprechend neu gefasst.[12]

IV. Ordnungsgemäße Klageerhebung

36 Mit Einreichung einer Klageschrift und den nötigen Abschriften für die von Amts wegen zu veranlassende Zustellung ist der Rechtsstreit **anhängig.** Die **Klageerhebung** geschieht durch Zustellung der **Klageschrift** an den Beklagten, § 253 Abs. 1 ZPO.

Die Klageschrift muss gemäß § 253 Abs. 2 ZPO die Bezeichnung der Parteien und des Gerichts, die bestimmte Angabe des Gegenstandes und des

---

8 BVerfG v. 8.1.1959 – 1 BvR 396/55 – BVerfGE 9, 89.

9 Ausführlich s. *Rosenberg/Schwab/Gottwald*, § 82.

10 § 321a Abs. 1 ZPO a.F. in Verb. m. § 511 Abs. 2 ZPO a.F.

11 BVerfG v. 30.4.2003 – 1 PBvU 1/02 – BVerfGE 107, 395 = NJW 2003, 1924.

12 Durch Art. 1 Nr. 1 des AnhRügG v. 9.12.2004 – BGBl. I S. 3220 und in Kraft seit dem 1.1.2006.

Grundes des erhobenen Anspruchs sowie einen bestimmten Antrag enthalten.

Sodann soll die Klageschrift ferner die Angabe des **Wertes des Streitgegenstandes** enthalten, wenn hiervon die Zuständigkeit des Gerichts abhängt und der Streitgegenstand nicht in einer bestimmten Geldsumme besteht, sowie eine Äußerung dazu, ob einer Entscheidung der Sache durch den Einzelrichter Gründe entgegenstehen, § 253 Abs. 3 ZPO. **37**

Der **Streitgegenstand** ist ein zentraler Begriff des Zivilprozesses, den aber das Gesetz mehrdeutig verwendet.[13] Mal heißt es „Streitgegenstand", dann „Gegenstand des Rechtsstreits" oder aber „geltend gemachter" bzw. „streitiger Anspruch". Es gibt unterschiedliche Streitgegenstandslehren,[14] im vorliegenden Fall geht es um den Streitgegenstand oder **prozessualen Anspruch,** der durch den **Klageantrag** festgelegt ist. Im Prozess wird das Klagebegehren vom Kläger bestimmt.

Die Klageschrift soll auch rein äußerlich gewissen **Formvorschriften** genügen, denn es sind die allgemeinen Vorschriften über die **vorbereitenden Schriftsätze** auch auf die Klageschrift anzuwenden, § 253 Abs. 4; § 129 ZPO. **38**

Vorbereitende Schriftsätze sollen gem. § 130 ZPO folgenden Inhalt haben:

1. die Bezeichnung der Parteien und ihrer gesetzlichen Vertreter nach Namen, Stand oder Gewerbe, Wohnort und Parteistellung; die Bezeichnung des Gerichts und des Streitgegenstandes; die Zahl der Anlagen;
2. die Anträge, welche die Partei in der Gerichtssitzung zu stellen beabsichtigt;
3. die Angabe der zur Begründung der Anträge dienenden tatsächlichen Verhältnisse;
4. die Erklärung über die tatsächlichen Behauptungen des Gegners;
5. die Bezeichnung der Beweismittel, deren sich die Partei zum Nachweis oder zur Widerlegung tatsächlicher Behauptungen bedienen will, sowie die Erklärung über die von dem Gegner bezeichneten Beweismittel;
6. die Unterschrift der Person, die den Schriftsatz verantwortet, bei Übermittlung durch einen Telefaxdienst (Telekopie) die Wiedergabe der Unterschrift in der Kopie.

Es wird zwischen vorbereitenden und bestimmenden Schriftsätzen unterschieden. **Vorbereitende Schriftsätze** kündigen das Vorbringen in der mündlichen Verhandlung an (§§ 129 ff. ZPO), prozessual wird das Vorbringen wegen des **Grundsatzes der Mündlichkeit** aber erst durch Vortrag in der mündlichen Verhandlung wirksam. **39**

---

13 *Zöller/Vollkommer*, ZPO, Einl. Rn. 60.

14 S. hierzu *Rosenberg/Schwab/Gottwald*, § 94 Rn. 16 ff.

40 Unter **bestimmenden Schriftsätzen** versteht man verfahrenseinleitende oder beendigende Schriftsätze (Klage, Rechtsmittelschrift, Rücknahme von beidem), sie kündigen nicht nur an, sondern sie enthalten Parteierklärungen, für die Schriftform vorgeschrieben ist.[15] Sie müssen eigenhändig unterschrieben sein, allerdings lässt die Rechtsprechung auch Telegramme und Telefax zu.[16]

41 EG-Richtlinien sehen gemeinschaftliche Rahmenbedingungen für den **elektronischen Geschäftsverkehr** und für **elektronische Signaturen** vor, sodass die ZPO diesen Gegebenheiten angepasst werden musste.[17] § 130a ZPO sieht vor, dass für vorbereitende Schriftsätze und deren Anlagen, für Anträge und Erklärungen der Parteien sowie für Auskünfte, Aussagen, Gutachten und Erklärungen Dritter, für die die Schriftform vorgesehen ist, dieser Form die Aufzeichnung als elektronisches Dokument genügt, wenn dieses für die Bearbeitung durch das Gericht geeignet ist. Die verantwortende Person soll das Dokument mit einer qualifizierten elektronischen Signatur nach dem Signaturgesetz versehen. Ergänzt werden diese Vorschriften nämlich durch das Signaturgesetz[18] und das Justizkommunikationsgesetz,[19] Letzteres regelt den elektronischen Rechtsverkehr, d.h. den elektronischen Zugang zu gerichtlichen Verfahren, wobei es der Bundesregierung und den Landesregierungen für ihren Bereich vorbehalten bleibt, durch VO zu entscheiden, ob und ggf. wann sie bei der Justiz elektronischen Rechtsverkehr einführen wollen. Dieses ist inzwischen bei vielen Gerichten geschehen. Wer sich einen aktuellen Überblick verschaffen möchte, der schaue ins Internet in das **Justizportal des Bundes und der Länder**.[20] Neben vielen sonstigen interessanten Serviceangeboten (Orts- und Gerichtsverzeichnis, Bekanntmachungen der Register, Formulare usw.) findet sich dort auch alles zum elektronischen Rechtsverkehr.

42 Der Prozess soll durch schriftliches Vorbringen, d.h. Tatsachenbehauptungen der Parteien umfassend vorbereitet werden. Die Klageschrift ist sowohl vorbereitender als auch bestimmender Schriftsatz.

---

15 Zöller/*Greger*, ZPO, § 129 Rn. 3.

16 S. hierzu ausführlich Zöller/*Greger*, ZPO, § 129 Rn. 7, § 130 Rn. 7 ff.

17 Durch Art. 2 d. G zur Anpassung der Formvorschriften des Privatrechts und anderer Vorschriften an den modernen Rechtsgeschäftsverkehr v. 13.7.2001 – BGBl. I S. 1542 ff.

18 Gesetz über Rahmenbedingungen für elektronische Signaturen und zur Änderung weiterer Vorschriften v. 16.5.2001 – BGBl. I S. 876.

19 Gesetz über die Verwendung elektronischer Kommunikationsformen in der Justiz (Justizkommunikationsgesetz – JKomG) v. 22.3.2005 – BGBl. I S. 837.

20 http://www.justiz.de/elektronischer_rechtsverkehr/index.php

V. Klagearten

1. Die Leistungsklage

43 Die **Leistungsklage** ist die bei weitem am häufigsten vorkommende Klage. Es wird der Erlass eines Leistungsurteils begehrt, durch das der Beklagte zur Erbringung einer bestimmten Leistung verpflichtet wird. Das **Urteil stellt den Anspruch** (§ 194 BGB) des Klägers **fest** und enthält den sog. **staatlichen Leistungsbefehl**, also den Befehl, an den Kläger zu leisten.[21]

Gegenstand der Leistungsklagen können Ansprüche auf ein **Handeln** (Zahlung, Abgabe einer Willenserklärung), **Unterlassen** (bei rechtswidriger Beeinträchtigung des Eigentums, bei Verletzung des Persönlichkeitsrechts) oder auch ein **Dulden** (Duldung der Zwangsvollstreckung) sein.

2. Die Feststellungsklage

44 Wenn der Kläger ein rechtliches Interesse daran hat, dass ein Rechtsverhältnis durch richterliche Entscheidung alsbald festgestellt wird, kann er auf **Feststellung des Bestehens oder Nichtbestehens eines Rechtsverhältnisses** Klage erheben, § 256 Abs. 1 ZPO. Das Urteil enthält grundsätzlich keinen Leistungsbefehl, sondern ist ein **Feststellungsurteil,** aus dem in der Regel – mit Ausnahme der Kostenentscheidung – nicht vollstreckt werden kann.[22] So ist jedes klagabweisende Urteil ein Feststellungsurteil. Die Feststellungsklage ist als **negative (leugnende) oder als positive (behauptende) Klage** möglich.[23]

45 Gegenstand der Feststellungsklage ist ein Rechtsverhältnis, also eine rechtlich geregelte Beziehung einer Person zu einer anderen Person oder einer Sache.[24] Es muss sich um ein **gegenwärtiges Rechtsverhältnis** handeln, nicht um ein zukünftiges.[25] So hat der BGH[26] eine Entscheidung über die Erbfolge noch lebender Personen als nicht feststellbar angesehen. Anders jedoch die Frage der Wirkung eines Erbvertrages[27] oder des Bestehens der Pflichtteilsberechtigung[28].

Grundsätzlich zulässig ist die Feststellungsklage hinsichtlich der **Wirksamkeit, Auslegung oder Beendigung eines Vertrages** zwischen den Par-

21 *Rosenberg/Schwab/Gottwald*, § 89 Rn. 2.
22 Zöller/*Greger*, ZPO, § 256 Rn. 1.
23 *Rosenberg/Schwab/Gottwald*, § 90 Rn. 38, Zöller/*Greger*, ZPO, § 256 Rn. 2.
24 *Rosenberg/Schwab/Gottwald*, § 90 Rn. 6.
25 Zöller/*Greger*, ZPO, § 256 Rn. 3a ff. m. einzelnen Beispielen und Nachweisen.
26 BGH v. 16.5.1962 – IV ZR 251/61 – BGHZ 37,137= NJW 1962, 1723.
27 OLG Koblenz v. 14.7.1987 – 3 U 919/86 – MDR 1987, 935.
28 BGH v. 1.10.1958 – V ZR 53/58 - BGHZ 28, 177.

teien; die rechtlichen Beziehungen zwischen Kind und Erzeuger bei Streit über **Ehelichkeit und Abstammung;** jeder Gesellschafterbeschluss einer Gesellschaft.

Neben den allgemeinen Prozessvoraussetzungen und dem Rechtsschutzbedürfnis muss bei einer Feststellungsklage noch das **schutzwürdige Interesse des Klägers auf alsbaldige Feststellung** vorhanden sein, welches immer fehlt, wenn besserer Rechtsschutz möglich ist, z.B. wenn eine Klage auf Leistung möglich ist (das ist der Fall bei einem fälligen Zahlungsanspruch).[29]

46 Nach § 256 Abs. 1 ZPO kann auch auf Feststellung der **Echtheit oder Unechtheit einer Urkunde** geklagt werden. Eine Urkunde ist echt, wenn sie von dem angeblichen Aussteller stammt.

47 Keine Rechtsverhältnisse im Sinne von § 256 ZPO sind abstrakte Rechtsfragen, reine Tatfragen, bloße Vorfragen oder Elemente eines Rechtsverhältnisses.[30]

3. Die Gestaltungsklage

48 **Gestaltungsklagen** sind auf die unmittelbare Herbeiführung einer **Rechtsänderung** gerichtet. Hier tritt die Rechtsfolge mit Rechtskraft der Entscheidung ein. Es bedarf keiner Zwangsvollstreckung, also auch hier ist nur die Kostenentscheidung vollstreckbar. Gestaltungsklagen sind in der Regel auf eine Vernichtung der bisher bestehenden Rechtslage gerichtet und sprechen aus, was wird, da sie konstitutiv oder rechtsändernd sind.[31]

49 Nicht alle Gestaltungsrechte können mittels einer Gestaltungsklage geltend gemacht werden. Es sind nur diejenigen, die nicht durch eine einseitige Willenserklärung ausgeübt werden können. Die Gestaltungsklagen kommen häufig im **Handelsrecht** (Klagen auf Auflösung einer OHG oder KG, Ausschließung eines Gesellschafters, Nichtigkeit einer AG) vor. Eine dritte Gruppe betrifft **prozessuale Gestaltungsklagen** wie Vollstreckungsabwehrklagen (§ 767 ZPO), Drittwiderspruchsklagen (§ 771 ZPO) und die Klage auf Abänderung eines Urteils (§ 323 ZPO).

---

29 *Rosenberg/Schwab/Gottwald*, § 90 Rn. 25.
30 *Rosenberg/Schwab/Gottwald*, § 90 Rn. 7.
31 *Rosenberg/Schwab/Gottwald*, § 91 Rn. 1.

Klagearten

Leistungsklage	Feststellungsklage	Gestaltungsklage
Klage, durch die der Beklagte zur Erbringung einer bestimmten Leistung verpflichtet werden soll (häufigste Klageart)	Klage auf Feststellung des Bestehens oder Nichtbestehens eines Rechtsverhältnisses, der Anerkennung einer Urkunde oder auf Feststellung der Unechtheit einer Urkunde, § 256 I ZPO	Klage auf Herbeiführung einer Rechtsänderung, die nach Rechtskraft der Entscheidung eintritt.
Urteil stellt einerseits den Anspruch fest und enthält auch den sog. staatlichen Leistungsbefehl	**Urteil** enthält grundsätzlich keinen Leistungsbefehl sondern trifft eine Feststellung	**Urteil** vollzieht die Gestaltung; streitig, ob es außerdem noch die Feststellung des Gestaltungsrechts enthält.
Beispiele: Zahlungsklage, Klage auf Duldung der Zwangsvollstreckung	**Beispiele:** Klage auf Feststellung des Bestehens einer Pflichtteilsberechtigung oder der Wirkung eines Erbvertrages	**Beispiele:** Klage auf Auflösung einer Personengesellschaft, Vollstreckungsabwehrklage

VI. Die Prozessvoraussetzungen

50 Aber nicht nur die ordnungsgemäße Klageerhebung ist Zulässigkeitsvoraussetzung, sondern auch noch eine Anzahl weiterer Bedingungen müssen erfüllt sein, um der Klage zum Erfolg zu verhelfen. Derartige Bedingungen pflegt man als **Prozessvoraussetzungen** zu bezeichnen, obwohl sie nicht die **Voraussetzungen** für den Prozess, sondern **für die mündliche Verhandlung** über die Sache sind, deshalb wird auch von Sachurteilsvoraussetzungen[32] gesprochen. Auch bei Nichtvorhandensein kommt es zum Prozess, es kann nur keine Sachentscheidung getroffen werden.[33] Die Prüfung der Prozessvoraussetzungen erfolgt vor der Prüfung der Begründetheit der Klage.[34]

51 Die Prozessvoraussetzungen werden in der Literatur in der Regel in vier Gruppen unterteilt:

32 MüKoZPO/*Becker-Eberhard*, Vorbemerkung zu § 253 Rn. 19; Zöller/*Greger*, ZPO, Vorbem. zu §§ 253–299a, Rn. 9.
33 *Rosenberg/Schwab/Gottwald*, § 93 Rn. 2.
34 Zöller/*Greger*, ZPO, Vorbem. zu §§ 253–299a, Rn. 10.

- Prozessvoraussetzungen, die an das Gericht anknüpfen
  - deutsche Gerichtsbarkeit
  - Zulässigkeit des Rechtsweges
  - internationale Zuständigkeit
  - sachliche, örtliche und funktionelle Zuständigkeit

52
- Prozessvoraussetzungen, die an die Parteien anknüpfen
  - Parteifähigkeit
  - Prozessfähigkeit
  - gesetzliche Vertretung
  - Wirksamkeit der Vertretung bei Vertretung durch Bevollmächtigte
  - Prozessführungsbefugnis

53
- Prozessvoraussetzungen, die den Streitgegenstand betreffen
  - Rechtsschutzbedürfnis
  - Ordnungsmäßigkeit der Klageerhebung
  - keine andere Rechtshängigkeit des Streitgegenstandes

54
- Prozessvoraussetzungen, betreffend die Zulässigkeit besonderer Verfahren
  - Urkunden- und Wechselprozess, §§ 592 ff. ZPO
  - Änderungsklage, § 323 ZPO
  - Wiederaufnahmeklage, §§ 578 ff. ZPO
  - Klage auf zukünftige Leistung, §§ 257 ff. ZPO
  - Zwischenfeststellungsklage, § 256 Abs. 2 ZPO.

1. Die prozessuale Behandlung der Prozessvoraussetzungen

55 Das **Vorliegen** der **Prozessvoraussetzungen** ist **von Amts wegen** in jeder Lage des Rechtsstreits zu prüfen, wobei es einhellige Meinung ist, dass § 56 ZPO für alle Prozessvoraussetzungen gilt und nicht nur für die in § 56 ZPO genannten drei Voraussetzungen (Parteifähigkeit, Prozessfähigkeit, gesetzliche Vertretungsmacht).[35] Prüfung von Amts wegen heißt aber nicht, dass das Gericht im Wege der Amtsermittlung nach evtl. Mängeln zu suchen hat. Erst wenn sich aufgrund des Sachvortrags der Parteien Zweifel ergeben, hat das Gericht pflichtgemäß zu prüfen und seine Bedenken den Parteien mitzuteilen, § 139 Abs. 3 ZPO.[36] Die Nichtklärung geht zulasten der Partei, die die Sachentscheidung anstrebt, also in der Regel zulasten des Klägers.

35 *Rosenberg/Schwab/Gottwald*, § 93 Rn. 34; Zöller/*Vollkommer*, ZPO, § 56 Rn. 1.
36 Musielak/Voit/*Weth*, ZPO, § 56 Rn. 3.

56 Es ist streitig, in welcher **Reihenfolge** das Gericht die **Prozessvoraussetzungen** zu prüfen hat, da sie verschieden zu gewichten sind. Die Ordnungsmäßigkeit der Klageerhebung wird überwiegend als erstes geprüft, da sie Basis des Prozesses ist; dann folgen die Prozessvoraussetzungen, die an das Gericht und die an die Parteien anknüpfen, und als letzte die den Streitgegenstand bzw. das besondere Verfahren betreffenden.[37]

Es soll bei den weiteren Ausführungen an die Reihenfolge angeknüpft werden, die auch bei der tatsächlichen praktischen Bearbeitung einer Zivilprozesssache nach dem ordentlichen Ablauf des Verfahrens sachdienlich ist.

2. Prozessvoraussetzungen, die an das Gericht anknüpfen

a) Die deutsche Gerichtsbarkeit

57 Die deutsche Gerichtsbarkeit, die Entscheidungsgewalt der deutschen Gerichte wird durch das Völkerrecht und durch einzelne Rechtsvorschriften geregelt.[38] Der deutschen Gerichtsbarkeit unterliegen grundsätzlich alle in Deutschland befindlichen Personen, und zwar unabhängig davon, ob sie die deutsche Staatsangehörigkeit haben oder nicht. Aus völkerrechtlichen Gründen gelten jedoch Ausnahmen für bestimmte Personen, wie Mitglieder der diplomatischen Vertretungen einschließlich deren Familienangehörigen und Hausangestellten, § 18 GVG.

b) Der Rechtsweg

58 Die Zugehörigkeit einer Rechtsstreitigkeit zu einer der fünf Gerichtsbarkeiten ist eine Frage der **Rechtswegzulässigkeit** oder auch **-zuständigkeit.** Der **Zivilprozess** fällt als bürgerliche Rechtsstreitigkeit in den Bereich der **ordentlichen Gerichtsbarkeit** gemäß § 13 GVG. Die früher einmal bedeutungsvolle Abgrenzung gerade zu den öffentlich-rechtlichen Streitigkeiten, die vor die Verwaltungsstellen, also weisungsgebundenen Behörden, gehörten, hat seit der verfassungsrechtlichen Zuweisung der Rechtsprechung auf die Richter (Art. 92 GG) seine Bedeutung verloren.[39] Die Rechtswegzuständigkeit ist zwingende Prozessvoraussetzung.

---

37 Siehe hierzu Zöller/*Vollkommer*, ZPO, § 56 Rn. 6 sowie Zöller/*Greger*, ZPO, Vorbem. vor §§ 253–299a, Rn. 9 ff.

38 S. hierzu *Jauernig*, Zivilprozessrecht, 29. Auflage 2007, § 6 I.

39 MüKoZPO/*Zimmermann*, GVG, § 13 Rn. 1.

c) Internationale Zuständigkeit

59 Mit der Abgrenzung der Zuständigkeit deutscher und ausländischer Gerichte befassen sich die Regelungen der internationalen Zuständigkeit.[40] Die Frage der internationalen Zuständigkeit tritt bei Streitigkeiten mit Auslandsbeziehungen auf, hierbei kommt es jedoch nicht auf die Staatsangehörigkeit an, denn beide Parteien können Ausländer sein. Die internationale Zuständigkeit richtet sich in der Regel nach dem Gerichtsstand, wenn nach den geltenden Vorschriften eine örtliche Zuständigkeit vorliegt, dann ist auch die internationale Zuständigkeit gegeben, andernfalls fehlt sie.[41]

Spezielle Vorschriften für eine internationale Zuständigkeit fehlen in der ZPO. Es existieren jedoch diverse zwischenstaatliche Vereinbarungen und Regelungen.[42] Sonderbestimmungen gelten nach dem Brüsseler Abkommen[43] über die gerichtliche Zuständigkeit und Anerkennung und Vollstreckung gerichtlicher Entscheidungen.[44]

d) Die sachliche Zuständigkeit

60 Die **sachliche Zuständigkeit** besagt, welcher Gerichtstyp bei welcher Gerichtsbarkeit zuständig ist. Für **bürgerliche Rechtsstreitigkeiten** ist gemäß § 1 ZPO i.V.m. § 13 GVG die **ordentliche Gerichtsbarkeit** zuständig. Die ordentliche Gerichtsbarkeit wird durch Amtsgerichte, Landgerichte, Oberlandesgerichte und durch den Bundesgerichtshof ausgeübt, § 12 GVG. Ob im Einzelfall nun das Amtsgericht, das Landgericht, das Oberlandesgericht oder sogar der Bundesgerichtshof zuständig ist, regelt wiederum das **Gerichtsverfassungsgesetz (GVG)**. Danach ist im Zivilprozess als erste Instanz entweder das **Amtsgericht** (§§ 23 ff. GVG) oder das **Landgericht** (§ 23 i.V.m. § 71 GVG) zuständig.

61 Die Amtsgerichte sind in bürgerlichen Rechtsstreitigkeiten grundsätzlich für Streitigkeiten **bis** zu einem **Wert von 5.000,00 €** zuständig, ohne dass es darauf ankommt, ob die Streitigkeit vermögensrechtlich oder nichtvermögensrechtlich ist, § 23 Nr. 1 GVG.

62 Bei Streitwerten ab 5.000,01 € beginnt die **Zuständigkeit der Landgerichte, § 71 Abs. 1 GVG.**

---

40 Siehe die Ausführungen zum Internationalen Zivilprozessrecht von *Geimer* in Zöller, ZPO, Seite 42 ff.

41 Ausführlich *Rosenberg/Schwab/Gottwald*, § 31.

42 Siehe bei *Geimer* in Zöller, IZPR, Rn. 25c ff.

43 EG-Übereinkommen über die gerichtliche Zuständigkeit und die Vollstreckung gerichtlicher Entscheidungen in Zivil- und Handelssachen v. 27.9.1968 (BGBl. 1972 II S. 774).

44 Hierzu ausführlich *Rosenberg/Schwab/Gottwald*, § 31.

63 Es gibt auch **Ausnahmen** von diesen Regelungen, nämlich dann, wenn insbesondere das Amtsgericht ohne Rücksicht auf den Wert des Streitgegenstandes zuständig ist.

So sind die Amtsgerichte beispielsweise ausschließlich zuständig für Streitigkeiten aus **Wohnraummietverhältnissen,** § 23 Nr. 2a GVG und für Streitigkeiten nach § 43 Nr. 1 bis 4 und 6 des **Wohnungseigentumsgesetzes,** § 23 Nr. 2c GVG;[45] die Landgerichte für Regressansprüche gegen Beamte und Richter, § 71 Abs. 2 Nr. 2 GVG.

64 Grundsätzlich ergibt sich die Zuständigkeit aber aus dem **Wert des Streitgegenstandes.** Nach § 253 Abs. 2 Nr. 2 ZPO muss die Klageschrift die bestimmte Angabe des Gegenstandes und des Grundes des erhobenen Anspruchs sowie einen bestimmten Antrag enthalten. Damit ist der Begriff des Streitgegenstandes im Allgemeinen umrissen.[46]

65 Kommt es nach den Vorschriften der ZPO oder des GVG auf den Wert des Streitgegenstandes, des Beschwerdegegenstandes, der Beschwer oder der Verurteilung an, so sind gemäß § 2 ZPO die §§ 3 bis 9 ZPO anzuwenden, um den Wert zu beziffern. Vielfach wird der Wert auch **Zuständigkeitswert** genannt. Da er allerdings nicht nur für die sachliche Zuständigkeit ausschlaggebend ist, bevorzuge ich die Bezeichnung **„Prozessstreitwert“.**[47] Der in § 2 ZPO genannte Streitgegenstand bezeichnet den **prozessualen Anspruch**[48] des Klägers, das Begehren des Beklagten ist ohne Bedeutung.

aa) Berechnung des Prozessstreitwertes

66 Bei bezifferten Klageanträgen ist der geforderte Betrag maßgebend, in diesem Fall ist eine Ermittlung des Streitwertes ohne Schwierigkeiten vorzunehmen. Bei **Zahlungsklagen** bestimmt sich der Wert aus dem Antrag des Klägers ohne dass hierfür eine Vorschrift genannt werden müsste, es gilt als ungeschriebene Regel des Streitwertrechts, dass bei bezifferten Klageanträgen von der bezifferten Geldsumme auszugehen ist.[49] Eine Festsetzung des Wertes kommt in diesem Fall nicht in Betracht, nur wenn der Streitgegenstand nicht in einer bestimmten Geldsumme besteht, hat das Gericht ihn festzulegen; dabei hat es vorab zu untersuchen, ob es in seinem Ermessen durch die §§ 6 bis 9 ZPO eingeschränkt ist.

---

45 Mit Wirkung v. 1.7.2007 eingefügt durch Art. 3 Abs. 1 Nr. 1, Art. 4 des G zur Änd. des Wohnungseigentumsgesetzes und anderer Gesetze v. 26.3.2007 – BGBl. I S. 370.

46 Zöller/*Vollkommer*, ZPO, Einl. Rn. 63.

47 Die Bezeichnung habe ich von *Lappe* übernommen – s. *Lappe*, Justizkostenrecht, § 8 III 1.

48 *Rosenberg/Schwab/Gottwald*, § 32 Rn. 30.

49 BGH v. 26.1.1994 – XII ZR 237/93 –, juris; Zöller/*Herget*, ZPO, § 3 Rn. 16 „Leistungsklage“.

67 Weitere Hinweise zur Berechnung des Prozessstreitwertes ergeben sich aus den §§ 4 bis 9 ZPO; **§ 4 ZPO** bestimmt den maßgeblichen **Zeitpunkt für die Wertberechnung** (und Wertfestsetzung) in allen Fällen, nämlich den Zeitpunkt der Klageeinreichung, Einlegung des Rechtsmittels oder bei der Verurteilung mit Schluss der mündlichen Verhandlung, auf die das Urteil ergeht; dabei bleiben **Nebenforderungen** unberücksichtigt.

Nebenforderungen sind neben dem Hauptanspruch – aus dem sie in Abhängigkeit entstanden sind – geltend gemachte **Zinsen, Früchte** (§ 99 BGB) **und Nutzungen** (§ 100 BGB) gleich aus welchem Rechtsgrund einschließlich der **Mehrwertsteuer**.[50] Auch gleichzeitig geltend gemachte vorgerichtliche Anwaltskosten sind Nebenkosten und erhöhen den Streitwert nicht.[51]

Diese Nebenforderungen können aber auch schon mal Hauptforderung sein, wenn die Nebenforderungen zum Beispiel gleich als einzige Forderung eingeklagt werden, weil die Hauptforderung vorprozessual erledigt ist.

→ **Beispiel: Zahlungsklage**

Klage auf Zahlung eines Betrages in Höhe von 3.000,00 € nebst Zinsen in Höhe von 5 %-Punkten über dem Basiszins seit dem 20.12.2006. Nach Zustellung der Klage an den Beklagten nimmt der Kläger einen Teilbetrag in Höhe von 500,00 € zurück.

Prozessstreitwert: 3.000,00 €

Sachlich zuständig: AG, § 23 Nr. 1 GVG; die Zinsen aus dem Zahlungsanspruch bleiben als Nebenforderung unberücksichtigt, § 4 ZPO. Die spätere Teilrücknahme hat keinen Einfluss auf den Prozessstreitwert/Zuständigkeitswert, da der Zeitpunkt der Wertermittlung die Klageeinreichung ist, § 4 ZPO.

bb) Wert bei Geltendmachung mehrerer Ansprüche

68 Gemäß § 5 ZPO werden **mehrere** in einer Klage geltend gemachte **Ansprüche** zur Ermittlung des Prozessstreitwerts **zusammengerechnet**; dies gilt nicht für den Gegenstand der Klage und der Widerklage. Zusammengerechnet werden danach mehrere Ansprüche eines Klägers gegen denselben Beklagten, die gemäß § 260 ZPO in einer Klage durchgesetzt werden können **(objektive Klagenhäufung)** oder aber in Fällen der Streitgenossenschaft gemäß §§ 59 ff. ZPO **(subjektive Klagenhäufung)**, wenn die Ansprüche verschiedene Streitgegenstände haben.[52]

69 **Nicht zusammengerechnet** werden jedoch **Haupt- und Hilfsanträge, Klage- und Widerklage** sowie wirtschaftlich identische Anträge. In diesen

50 Zöller/*Herget*, ZPO, § 4 Rn. 8–11.
51 BGH v. 30.1.2007 – X ZB 7/06 – MDR 2007, 919.
52 Zöller/*Herget*, ZPO, § 5 Rn. 3.

Fällen ist **jeweils der höhere** Streitwert allein maßgebend für die sachliche Zuständigkeit.[53]

→ **Beispiel: Klage und Widerklage**

Kläger reicht gegen den Beklagten Klage auf Zahlung eines Betrages von zunächst 1.000,00 € aus einem Kaufvertrag ein, einige Tage später erweitert er die Klage um 500,00 €. Daraufhin beantragt der Beklagte Abweisung der Klage und erhebt Widerklage auf Zahlung von 1700,00 € aus einem Werklohnvertrag.

Prozessstreitwert: 1.500,00 €

Sachlich zuständig: AG, § 23 Nr. 1 GVG; mehrere in einer Klage geltend gemachte Ansprüche sind zusammenzurechnen, § 5 ZPO. Da dieses aber nicht für die Widerklage gilt, hat diese hier keinen Einfluss auf den Streitwert.

cc) Wert bei Besitz und Pfandrecht

70 Bei einem Rechtsstreit um **Sachen** oder bei einem Rechtsstreit um **Forderungen,** wenn es auf deren **Sicherstellung** oder **Pfandrecht ankommt**, bestimmt sich der Prozessstreitwert gemäß § 6 ZPO nach dem Wert der Sache oder nach dem Wert der Forderung. Hat der Gegenstand des Pfandrechts jedoch einen geringeren Wert, dann ist dieser maßgebend.

§ 6 ZPO ist bei jedem **Streit um Besitz oder Eigentum**[54] einschlägig. Maßgebend ist der allgemeine objektive **Verkehrswert** der beweglichen oder unbeweglichen Sache, ggf. ist dieser nach § 3 ZPO zu schätzen. Nach h.M. bleiben auf dem Grundstück ruhende Grundpfandrechte, Nießbrauch außer Betracht,[55] ebenso evtl. Gegenleistungen. Für Herausgabeansprüche aus Miet- oder Pachtverhältnis gilt die Sondervorschrift des § 8 ZPO, auf die aber noch eingegangen wird.

Beim Rechtsstreit um **Forderungen** handelt es sich in der Regel um Geldforderungen. Maßgebend ist grundsätzlich der Nennbetrag der Forderung, wenn sie selbst zur Erfüllung geltend gemacht wird oder sichergestellt werden soll.

Geht es bei dem Streit um die Frage, ob ein **Pfandrecht** – egal ob gesetzliches oder vertragliches – besteht oder nicht, die Zwangsvollstreckung zu dulden ist usw., dann ist auch hier der Wert der Forderung maßgebend, es sei denn, der Wert des Pfandgegenstandes ist geringer.

→ **Beispiel: Drittwiderspruchsklage**

Der Gerichtsvollzieher hat wegen einer Forderung von 5.500,00 € bei dem Schuldner eine hochwertige Stereoanlage gepfändet. Er hat den Wert der Anlage auf 3.500,00 €

53 Zöller/*Herget*, ZPO, § 5 Rn. 2, 3.
54 MüKoZPO/*Wöstmann*, § 6 Rn. 6; Zöller/*Herget*, ZPO, § 6 Rn. 2.
55 MüKoZPO/*Wöstmann*, § 6 Rn. 12; Zöller/*Herget*, ZPO, § 6 Rn. 2.

geschätzt. Gegen die erfolgte Pfändung erhebt der Vater des Schuldners Drittwiderspruchsklage gem. § 771 ZPO.

Prozessstreitwert: 3.500,00 € gemäß § 6 S. 2 ZPO

Sachlich zuständig: AG gem. § 23 Nr. 1 GVG, örtlich ausschließlich zuständig das AG, in dessen Bezirk die Vollstreckung erfolgt (§§ 771 Abs. 1, 802 ZPO).

dd) Wert bei Klagen betreffend Grunddienstbarkeiten

71 Bei Klagen auf Bestellung, auf Feststellung des Bestehens oder Nichtbestehens oder des Umfangs einer **Grunddienstbarkeit** wird der Prozessstreitwert gemäß § 7 ZPO berechnet. Grunddienstbarkeiten (§§ 1018 ff. BGB) sind Dienstbarkeiten, die dem jeweiligen Eigentümer eines Grundstücks an einem anderen Grundstück zustehen. Der Wert ist nach § 3 ZPO zu **schätzen,**[56] hierbei müssen der **Wert** für das **herrschende Grundstück** und die **Wertminderung** beim **dienenden Grundstück** miteinander **verglichen** werden, der **höhere** ist dann entscheidend.[57]

ee) Wert bei Miete und Pacht

72 Die ausschließliche streitwertunabhängige Zuständigkeit des AG besteht nur hinsichtlich Streitigkeiten, die aus einem Mietverhältnis über Wohnraum herrühren, § 23 Nr. 2a GVG.

Ist das Bestehen oder die Dauer eines **Pacht- oder sonstigen Mietverhältnisses** streitig, so ist der Betrag des auf die gesamte **streitige Zeit fallenden Zinses** und, wenn der 25-fache Betrag des einjährigen Zinses geringer ist, dieser Betrag für die Wertberechnung entscheidend, § 8 ZPO.

Als Sondervorschrift gegenüber § 6 ZPO betrifft § 8 ZPO nur einen **Streit** über das **Bestehen** oder über die **Dauer** eines Miet- oder Pachtverhältnisses, nicht wenn ein solcher Vertrag unstreitig ist oder unstreitig nicht mehr besteht.[58] Insbesondere aber anzuwenden, wenn auf Räumung geklagt wird und die Wirksamkeit oder der Zeitpunkt des Wirksamwerdens der Kündigung bestritten wird.[59]

Der Prozessstreitwert berechnet sich in diesem Fall wie folgt:

Grundsätzlich ist der Betrag des auf die gesamte streitige Zeit fallenden Mietzinses anzusetzen, dabei ist als **Beginn** im Allgemeinen der Zeitpunkt der **Klageerhebung** und als **Ende** bei bestimmter Mietdauer, der Zeitpunkt des **Ablaufs der Mietzeit,** bei unbestimmter Mietdauer, der Zeitpunkt des

---

56 MüKoZPO/*Wöstmann*, § 7 Rn. 9; Zöller/*Herget*, ZPO, § 7 Rn. 4.
57 OLG Koblenz v. 19.3.2001 – 5 W 189/01 – AGS 2001, 160 m. Anm. *Madert*.
58 Zöller/*Herget*, ZPO, § 8 Rn. 4.
59 BGH v. 1.4.1992 – XII ZR 200/91 – NJW-RR 1992, 1359.

nächsten zulässigen Kündigungstages anzunehmen,[60] Höchstbetrag ist der 25-fache Jahreszins.

§ 8 ZPO gilt nicht bei Klagen auf Zahlung von Miet- oder Pachtzinsen und bei Klagen des Vermieters auf Räumung bei unbestrittenem Ende der Mietzeit, hier finden die §§ 3, 6 ZPO Anwendung.[61]

→ **Beispiel: Räumungsklage**

Kläger reicht am 1. Februar 2016 Klage auf Räumung ein, weil das Mietverhältnis über die Geschäftsräume infolge fristloser Kündigung erloschen ist. Der Beklagte bestreitet die Wirksamkeit der erfolgten Kündigung.

Die monatliche Miete – zahlbar monatlich im Voraus – beträgt 600,00 €. Der Mietvertrag wurde für die Dauer von 10 Jahren geschlossen, Beginn: 1.7.2009.

Prozessstreitwert: 17.400,00 €

Sachlich zuständig: LG, §§ 23 Nr. 1, 71 GVG. Der auf die streitige Zeit ab Einreichung der Klage (Februar 2016) bis zum regulären Ablauf des Vertrages (30.6.2019) entfallende Mietzins für insgesamt 29 Monate ist geringer als der 25-fache Jahresbetrag.

ff) Wert bei wiederkehrenden Nutzungen und Leistungen

73 Der Prozessstreitwert wiederkehrender **Nutzungen und Leistungen** wird gemäß § 9 ZPO nach dem 3 $^1/_2$-fachen Wert des einjährigen Bezuges berechnet, es sei denn, bei bestimmter Dauer des Bezugsrechts ist der Gesamtbetrag der Bezüge geringer als der 3 $^1/_2$-fache Wert des einjährigen Bezuges, dann ist dieser geringere Betrag der Wert.

§ 9 ZPO findet Anwendung auf Nutzungen gemäß § 100 BGB, nämlich Früchte einer Sache oder eines Rechts oder Leistungen gemäß § 241 BGB, hier seien nur einige beispielhaft aufgeführt, wie Renten aller Art, Reallasten, Lohn und Gehalt.[62]

Es muss sich um wiederkehrende Leistungen und Nutzungen handeln, sie müssen in regelmäßigen oder unregelmäßigen Zeitabschnitten als einheitliche Folge eines Rechtsverhältnisses zu erbringen sein, und das **Stammrecht selbst** muss Klagegegenstand sein und nicht nur einzelne Leistungen eingeklagt werden.[63] Es muss auf **Leistung**, **Abtretung** oder **Abänderung** geklagt werden.

74 *Lappe*[64] hielt die Vorschrift seit der Änderung durch das RpflEntlG[65] für verfassungswidrig, weil u.a. das bisherige Verhältnis zwischen Pro-

---

60 MüKoZPO/*Wöstmann*, § 8 Rn. 18, 19; Zöller/*Herget*, ZPO, § 8 Rn. 5.
61 Zöller/*Herget*, ZPO, § 8 Rn. 4.
62 MüKoZPO/*Wöstmann*, § 9 Rn. 4; Zöller/*Herget*, ZPO, § 9 Rn. 4.
63 Zöller/*Herget*, ZPO, § 9 Rn. 1, 2.
64 *Lappe*, NJW 1993, 2785; NJW 1994, 1189.
65 G zur Entlastung der Rechtspflege v. 11.1.1993, BGBl. I S. 50.

zesswert und Gebührenwert „auf den Kopf" gestellt werde. Über § 48 Abs. 1 GKG, § 23 Abs. 1 S. 1 RVG gelte der 3 $^1/_2$-fache Jahresbetrag auch als Gebührenwert, während die aus sozialen Erwägungen begünstigten Ansprüche wegen der Tötung, der Verletzung des Körpers oder der Gesundheit eines Menschen weiterhin gebührenrechtlich nach § 42 Abs. 2 S. 1 GKG a.F. mit dem 5-fachen Jahresbetrag zu bewerten waren und damit nicht mehr – gegenüber dem zuvor geltenden 25- bzw. 12 $^1/_2$-fachen Jahresbetrag – „billiger", sondern nun „teurer" seien.[66] Das verstoße gegen den Gleichheitssatz des Art. 3 Abs. 1 GG und gegen das Sozialstaatsgebot des Art. 20 Abs. 1 GG.

Diese Auffassung teilte das OLG Frankfurt[67] zwar nicht, hielt es jedoch für angezeigt, dass der Gesetzgeber das frühere Verhältnis zwischen § 42 Abs. 2 GKG a.F.[68] und § 9 ZPO durch eine Änderung des § 42 Abs. 2 GKG a.F. wieder herstellt.

Der Gesetzgeber hat fast 20 Jahre für diese Änderung benötigt, denn erst durch das 2. KostRMoG wurde § 42 Abs. 2 GKG a.F. aufgehoben. Aus der Gesetzesbegründung wird dann auch deutlich, dass der Gesetzgeber diese Ungerechtigkeit aus dem Weg räumen wollte.[69] Nun gilt für die Wertberechnung für Renten wegen einer unerlaubten Handlung sowohl für die Berechnung des Prozessstreitwertes als auch für die Berechnung des Gebührenstreitwertes § 9 ZPO, bei Letzterem über § 48 Abs. 1 GKG.

→ **Beispiel: Klage auf wiederkehrende Leistungen aus unerlaubter Handlung**

Klägerin reicht Klage auf Zahlung einer monatlichen Rente aus unerlaubter Handlung (§ 843 BGB) in Höhe von 250,00 €, zahlbar jeweils zum 1. eines Monats im Voraus, seit dem 1. Januar 2016 sowie eines Betrages von umgerechnet 3.700,00 € nebst Zinsen in Höhe von 5 %-Punkten über dem Basiszinssatz seit dem 1. Juli 2015 ein.

Prozessstreitwert: 14.200,00 €

Sachlich zuständig: LG, §§ 23 Nr. 1, 71 GVG. Der Wert des 3$^1/_2$-fachen einjährigen Bezuges beträgt 10.500,00 € (3 $^1/_2$ x 250,00 € x 12). Hinzu kommt noch der Betrag von 3.700,00 € aus dem Zahlungsanspruch, da mehrere Ansprüche gemäß § 5 ZPO zu addieren sind, die Zinsen bleiben außer Ansatz, § 4 ZPO.

---

66 § 42 Abs. 2 GKG a.F. ist mit Wirkung vom 1.8.2013 durch Art. 3 Nr. 16a des Zweiten Gesetzes zur Modernisierung des Kostenrechts (2. Kostenrechtsmodernisierungsgesetz – 2. KostRMoG) v. 23.7.2013 – BGBl. I S. 2586 aufgehoben.

67 OLG Frankfurt v. 11.5.1994 – 22 W 57/93 – JurBüro 1994, 738 zu § 17 Abs. 2 GKG a.F.

68 Vor der 1. Kostenrechtsreform „§ 17 Abs. 2 GKG".

69 Gesetzesbegründung S. 244 des Entwurfs eines Zweiten Gesetzes zur Modernisierung des Kostenrechts (2. Kostenrechtsmodernisierungsgesetz – 2. KostRMoG) v. 14.11.2012 – BT-Drs. 17/11471.

gg) Wertfestsetzung gemäß § 3 ZPO

75 Bei Fehlen eines bestimmten Streitwertes bietet § 3 ZPO die Möglichkeit, den Wert nach freiem Ermessen festzusetzen, um so die Zuständigkeit zu ermitteln. Das Gericht setzt den Streitwert nach seinem **pflichtgemäßen Ermessen** fest, wenn dieser nicht anhand der §§ 4 bis 9 ZPO zu ermitteln ist. Hierbei kann das Gericht sein „freies Ermessen" jedoch nicht ohne Grenzen ausüben, sondern es ist gehalten, den vollen und zutreffenden Wert zu ermitteln und festzusetzen, es hat nur insofern die Freiheit, als es darum geht, ob es überhaupt eine **Wertfestsetzung** vornehmen will oder nicht.

Diese Festsetzung für die Zuständigkeit kann – muss aber nicht – durch gesonderten Beschluss des Gerichts erfolgen. Es ist eher die Ausnahme, dass das Gericht einen formellen Beschluss mit einer Wertfestsetzung erlässt, auch wenn der Wortlaut des § 3 ZPO dieses nicht so vermuten lässt. In der Regel ist die Zuständigkeit so offenkundig, dass sich eine Entscheidung über den Wert erübrigt. Die in der Praxis vorkommenden „Streitwertbeschlüsse" sind als Meinungsäußerungen des Gerichts anzusehen[70] und geben den Parteien Gelegenheit, sich dazu zu äußern und ggf. die notwendigen Anträge zu stellen.

Das Gericht bildet sich eine Meinung aus den Wertangaben des Klägers und dem Inhalt der Klage. Die Rechtsprechung ist hier unübersehbar umfangreich.[71]

e) Die örtliche Zuständigkeit

76 Die **örtliche Zuständigkeit** bezieht sich darauf, welches Gericht erster Instanz (AG oder LG) wegen seines örtlichen Sitzes den Rechtsstreit zu entscheiden hat. Die örtliche Zuständigkeit, der **Gerichtsstand,** ist im Wesentlichen in den §§ 12 bis 34 ZPO geregelt. Für jede Klage ist das örtlich zuständige Gericht von Amts wegen festzustellen.

Die ZPO unterscheidet zwischen dem **allgemeinen** Gerichtsstand und **besonderen** bzw. **ausschließlichen Gerichtsständen**.

aa) Der allgemeine Gerichtsstand

77 Der allgemeine Gerichtsstand einer Person ist derjenige, der für alle Klagen gegen diese Person gilt, sofern nicht ein ausschließlicher Gerichtsstand vorhanden ist, § 12 ZPO. Das ist bei natürlichen Personen in der Regel das Gericht am **Wohnsitz,** § 13 ZPO, oder das Gericht des **Sitzes** bzw. der **Nie-**

70 *Lappe*, Justizkostenrecht, § 40 I.

71 Siehe z.B. BLAH/*Hartmann*, Anh. zu § 3 ZPO; Musielak/Voit/*Heinrich*, ZPO, § 3 Rn. 23 ff.; Zöller/*Herget*, ZPO, § 3 Rn. 16.

derlassung bei juristischen Personen und sonstigen Zusammenschlüssen, §§ 17, 18 ZPO.

bb) Die besonderen Gerichtsstände

78 Besondere Gerichtstände sind nur für spezielle Klagen gegeben, so beispielweise der besondere Gerichtsstand des **Aufenthalts,** § 20 ZPO. Dieser Gerichtsstand wird durch einen länger dauernden Aufenthalt begründet, ohne dass dort ein Wohnsitz begründet wird (Studenten, Hausangestellte, Arbeiter auf Montage). Bei Klagen auf Feststellung des **Erbrechts**, des Erben gegen Erbschaftsbesitzer oder bei Ansprüchen aus Vermächtnissen, Pflichtteilsansprüchen oder auf Erbauseinandersetzung ist das Gericht zuständig, bei dem der Erblasser zum Zeitpunkt des Erbfalls seinen allgemeinen Gerichtsstand hatte, § 27 ZPO. Sehr häufig trifft auch der besondere Gerichtsstand der **unerlaubten Handlung** gem. § 32 ZPO zu, da hierunter alle Klagen aus unerlaubter Handlung nach bürgerlichem Recht (§§ 823–826, 829, 831, 833–839 BGB) sowie aus der gesetzlichen Gefährdungshaftung z.B. nach §§ 1, 2, 3, 14 HaftpflG fallen.[72] Zuständig ist das Gericht, in dessen Bezirk die Handlung begangen wurde (Tatort). Für Klagen aus Haustürgeschäften (§ 312b BGB) ist das Gericht zuständige, in dessen Bezirk der Verbraucher zur Zeit der Klageerhebung seinen Wohnsitz, in Ermangelung eines solchen seinen gewöhnlichen Aufenthalt hat, § 29c Abs. 1 S. 1 ZPO.[73] Bei Klagen gegen den Verbraucher ist dieses eine ausschließliche Zuständigkeit, § 29c Abs. 1 S. 2 ZPO.

cc) Die ausschließlichen Gerichtsstände

79 Ausschließliche Gerichtsstände sind solche, die das Gesetz ausdrücklich so bezeichnet. Sie schließen andere Gerichtsstände aus und können auch nicht durch Parteivereinbarung geändert werden.

So verdrängt der in der gerichtlichen Praxis häufig vorkommende **ausschließliche Gerichtsstand** für **Streitigkeiten aus Miet- oder Pachtverträgen,** § 29a ZPO, zugunsten der Mieter oder Pächter den § 29 ZPO, den Gerichtsstand des Erfüllungsortes. Bei Streitigkeiten über im Inland belegene Räume ist ausschließlich das Gericht zuständig, in dessen Bezirk sich die Räume befinden.

dd) Mehrere Gerichtsstände

80 Treffen **mehrere Gerichtsstände** zu, so kann der Kläger gemäß § 35 ZPO wählen, das gilt jedoch nicht, wenn es sich um einen ausschließlichen Ge-

---

72 Zöller/*Vollkommer*, ZPO, § 32 Rn. 2.

73 Siehe auch bei Zöller/*Vollkommer*, ZPO, Anhang zu § 29c „Besondere Gerichtsstände für Streitigkeiten aus Verbraucherverträgen".

richtsstand handelt. Allerdings findet § 35 ZPO Anwendung, wenn mehrere ausschließliche Gerichtsstände zutreffen.[74] Die Wahl wird durch Einreichung der Klage getroffen und ist dann für den Prozess endgültig und unwiderruflich.[75]

f) Die Gerichtsstandsvereinbarung

81 Durch Prozessvertrag können die Parteien unter gewissen Voraussetzungen auch eine **Gerichtsstandsvereinbarung (Prorogation)** treffen, §§ 38 bis 40 ZPO.[76] Grundsätzlich gilt ein **Prorogationsverbot** und soweit eine Gerichtsstandsvereinbarung überhaupt noch zugelassen ist, unterliegt diese dem Formzwang, § 38 Abs. 2, 3 ZPO.[77] **Gegenstand** der Vereinbarung können die örtliche, die sachliche und die internationale Zuständigkeit sein, nicht aber der Rechtsweg, die funktionelle Zuständigkeit oder der Instanzenzug.[78] Unter **Kaufleuten**, juristischen Personen des öffentlichen Rechts und öffentlich-rechtlichen Sondervermögen sind Vereinbarungen jederzeit und ohne besondere Formerfordernisse zulässig, § 38 Abs. 1 ZPO; für **Nichtkaufleute** sind sie nur zulässig, wenn sie ausdrücklich und schriftlich geschlossen oder im Falle des § 38 Abs. 2 ZPO schriftlich bestätigt werden. Zusätzlich gilt, dass entweder eine der Parteien keinen allgemeinen Gerichtsstand im Inland haben darf, § 38 Abs. 2 S. 1 ZPO oder die Vereinbarung erst nach Entstehen der Streitigkeit geschlossen wurde, § 38 Abs. 3 Nr. 1 ZPO oder der Beklagte seinen Wohnsitz oder gewöhnlichen Aufenthaltsort nach Vertragsschluss ins Ausland verlegt hat oder diese bei Klageerhebung nicht bekannt sind, § 38 Abs. 3 Nr. 2 ZPO. Die gleiche Wirkung wie eine Gerichtsstandsvereinbarung hat die rügelose Einlassung des Beklagten nach § 39 ZPO. Dieses tritt aber nur ein, wenn der Beklagte zuvor ordnungsgemäß über die Rechtsfolgen belehrt worden ist.

g) Die funktionelle Zuständigkeit

82 Die ZPO kennt diesen Begriff nicht. Er weist die einzelnen gerichtlichen Tätigkeiten zunächst einer Gruppe von **Funktionsträgern** und dann einem ganz speziellen Vertreter dieser Gruppe zu.[79] Für den Zivilprozess gilt: Im Rahmen des Rechtszuges ist der **Richter** für die Entscheidung über die Klage funktionell zuständig; im Rahmen der Geschäftsverteilung eines einzelnen Gerichts besagt die funktionelle Zuständigkeit, welcher Richter bzw. welche Kammer/welcher Senat zur Entscheidung berufen ist. Es sind davon

74 Zöller/*Vollkommer*, ZPO, § 35 Rn. 1.

75 Musielak/Voit/*Heinrich*, ZPO, § 35 Rn. 3; Zöller/*Vollkommer*, ZPO, § 35 Rn. 2.

76 Hierzu *Rosenberg/Schwab/Gottwald*, § 37; Zöller/*Vollkommer*, ZPO, Vorbem. zu §§ 38–40.

77 Zöller/*Vollkommer*, ZPO, § 38 Rn. 8 m.w.N.

78 Zöller/*Vollkommer*, ZPO, § 38 Rn. 3.

79 *Rosenberg/Schwab/Gottwald*, § 30.

jedoch die Tätigkeiten des Rechtspflegers und des Urkundsbeamten der Geschäftsstelle abzugrenzen.

h) Prüfung der Zuständigkeit

83 Der Kläger hat die Klageschrift bei dem zuständigen Gericht einzureichen. Welches Gericht sachlich zuständig ist, kann anhand der gesetzlichen Regelungen festgestellt werden. Welches Gericht aber das örtlich zuständige ist, ist nicht immer so einfach zu ermitteln, da die Gerichte für bestimmte Bezirke zuständig sind, die häufig über die Grenzen einer Ortschaft hinausgehen. In diesem Fall ist es hilfreich auf **das Justizportal des Bundes und der Länder im Internet** zuzugreifen.[80] Auf der Startseite finden sich diverse Angebote, so können aktuelle Informationen und Bekanntmachungen abgerufen werden, Onlinedienste und Formulare stehen zur Verfügung sowie das **Orts- und Gerichtsverzeichnis**. Allein mit der Eingabe der Postleitzahl und des Ortes lassen sich die entsprechenden Gerichte und Staatsanwaltschaften mit Anschrift und Internetverbindung finden.

Die sachliche, örtliche und funktionelle Zuständigkeit sind von Amts wegen zu jeder Zeit des Verfahrens zu prüfen, das Gericht hat auf Mängel hinzuweisen, § 139 Abs. 3 ZPO. Allerdings findet keine Amtsermittlung statt, sondern nur offensichtliche Mängel sind zu erörtern.

Wenn die Zuständigkeit gerügt wird, § 282 Abs. 2 ZPO, hat das also nur die Bedeutung einer Anregung. Der Kläger muss die Zuständigkeit notfalls beweisen.

Die Zuständigkeit muss spätestens bei Entscheidung vorliegen, dieses kann auch durch rügeloses Verhandeln des Beklagten geschehen, § 39 ZPO.

---

80 www.justiz.de

C. Register- und aktenmäßige Behandlung der Klage

84 Bevor die Klage jedoch dem zuständigen Richter zur Prüfung der Zulässigkeit und Begründetheit vorgelegt wird, wird die Klageschrift durch den **Urkundsbeamten der Geschäftsstelle** (UdG) des mittleren Dienstes zunächst registraturmäßig behandelt und sodann dem Kostenbeamten vorgelegt. Der Aufgabenbereich der Beamten des mittleren Dienstes ist sehr umfangreich und ergibt sich zum größten Teil aus den entsprechenden Verfahrensordnungen der einzelnen Sachgebiete.

I. Der Urkundsbeamte der Geschäftsstelle des mittleren Dienstes

85 Bei jedem Gericht und jeder Staatsanwaltschaft wird eine **Geschäftsstelle** eingerichtet, die mit der erforderlichen Zahl von Urkundsbeamten besetzt wird, § 153 Abs. 1 GVG.

Die Geschäftsstelle besteht in der Regel aus mehreren Abteilungen, aufgeteilt nach den einzelnen Sachgebieten, die jeweils mit **Urkundsbeamten** besetzt ist.

Mit den Aufgaben eines Urkundsbeamten der Geschäftsstelle kann gem. § 153 Abs. 2 GVG betraut werden, wer einen Vorbereitungsdienst von zwei Jahren abgeleistet und die Prüfung für den mittleren Justizdienst oder den mittleren Dienst bei der Arbeitsgerichtsbarkeit bestanden hat.

Mit den Aufgaben eines Urkundsbeamten der Geschäftsstelle kann auch betraut werden, wer die Rechtspflegerprüfung bestanden hat; wer nach den Vorschriften über den Laufbahnwechsel die Befähigung für die Laufbahn des mittleren Justizdienstes erhalten hat oder wer als anderer Bewerber nach landesrechtlichen Vorschriften in die Laufbahn des mittleren Justizdienstes übernommen worden ist. Näheres ist durch Landesgesetze geregelt, § 153 Abs. 3 GVG.

Nach § 153 Abs. 5 GVG können der Bund und die Länder ferner bestimmen, dass mit Aufgaben eines Urkundsbeamten der Geschäftsstelle auch betraut werden kann, wer auf dem Sachgebiet, das ihm übertragen werden soll, einen Wissens- und Leistungsstand aufweist, der dem durch die Ausbildung vermittelten Stand gleichwertig ist. Dieses können z.B. Rechtsreferendare sein, Beamtenanwärter und vor allem **Justizangestellte (Tarifbeschäftigte)**.

II. Register- und Aktenführung durch den UdG

86 Dem UdG des mittleren Dienstes obliegt in erster Linie die **Aktenführung**. Die Justizverwaltungen haben zu diesem Zweck Anweisungen[1] für die **Verwaltung des Schriftguts** bei den Geschäftsstellen der Gerichte und der Staatsanwaltschaften erlassen. Diese **Aktenordnung** (AktO) regelt genau, wie die Akten- und Registerführung in den einzelnen Sachgebieten vorzunehmen ist. Nach § 298a ZPO können die Akten auch elektronisch geführt werden, wenn dieses die für die jeweilige Gerichtsbarkeit zuständige Regierung anordnet.[2]

87 Im herkömmlichen Verfahren werden über die einzelnen Geschäftsvorgänge **Aktenregister** geführt; in dieses Aktenregister ist ein verfahrenseinleitendes Schriftstück einzutragen, § 1 Abs. 1 AktO. Soweit die Registrierung nicht maschinell erfolgt, werden die Aktenregister grundsätzlich in Buchform und jahrgangsweise geführt, § 2 AktO. Wo die Register die Angabe von Namen vorschreiben – wie im Zivilprozess –, ist ein entsprechendes **Namensverzeichnis** zum schnelleren Auffinden der Sache zu führen. Dieses Namensverzeichnis kann sowohl in Buch-, Kartei- oder in Loseblattform geführt werden, § 2 Abs. 6, 7 AktO.

Die registermäßige Behandlung der Zivilprozesssachen ist in §§ 13 und 38 AktO geregelt. In das **Zivilprozessregister** des Amtsgerichts gehören mit Ausnahme der Mahnsachen alle Angelegenheiten der streitigen Gerichtsbarkeit, für die nicht das Familiengericht, das Vollstreckungsgericht oder das Landwirtschaftsgericht zuständig ist. **Bürgerliche Rechtsstreitigkeiten** werden beim Amtsgericht unter dem **Registerzeichen** C und erstinstanzliche Rechtsstreitigkeiten beim Landgericht unter dem Registerzeichen O eingetragen. Auch die Anträge, die nach endgültiger Erledigung der Hauptsache (Rechtskraft) gestellt werden, sind ohne Neuerfassung zu den Prozessakten zu nehmen, z.B. Anträge auf Kostenfestsetzung oder auch Anträ-

---

1 Beispielsweise: Aktenordnung (AktO) mit ergänzenden Bestimmungen ausgegeben von der Senatsverwaltung für Justiz und Verbraucherschutz Berlin mit AV v. 24.11.2010 (ABl. S. 2045). Die Fassung aus NRW ist im Internet zu finden unter: https://www.justiz.nrw.de/BS/gesetze_und_verordnungen/akto/index.php (Stand: 8.3.2017).

2 S. hierzu *Hähnchen*, NJW 2005, 2257.

ge auf Erteilung von Vollstreckungsklauseln für oder gegen die Rechtsnachfolger.

In das Register der Zivilkammern des Landgerichts werden außerdem die Berufungen (S) und Beschwerden (T) eingetragen. Für Anträge außerhalb eines bei dem Gericht anhängigen Verfahrens wird das Registerzeichen H geführt, beim Landgericht wird der Buchstabe jeweils zum Registerzeichen hinzugesetzt (OH, SH).

Das **alphabetische Namensverzeichnis** über die C-Sachen ist nach dem Namen des Beklagten für 5 bis 10 Jahre anzulegen, der Name des Klägers ist ebenfalls anzugeben, geführt wird das Verzeichnis jedoch nach dem Beklagten.

Alle Schriftstücke, die zu einer Angelegenheit bei Gericht eingehen, werden nach dem Tag des Eingangs geordnet zu den Akten genommen. Die Akten werden in Zivilprozesssachen als **feste Akten** geführt, die mit einem Aktenumschlag (Schnellhefter) zu versehen sind. Jeder Band ist mit fortlaufenden Blattzahlen zu versehen und soll in der Regel nicht mehr als 250 Blätter umfassen. Auf dem Aktenumschlag sind das Gericht, die Angelegenheit und die Namen der Prozessbevollmächtigten kurz anzugeben sowie unten links das Aktenzeichen zu vermerken, § 3 AktO.

Jedes Aktenstück erhält ein **Aktenzeichen**, unter dem alle dazugehörenden Schriftstücke zu führen sind. Das Aktenzeichen ist zugleich die Geschäftsnummer. In Rechtssachen wird das Aktenzeichen durch den Buchstaben und die Nummer des Aktenregisters gebildet, wird dieses jahrgangsweise geführt, dann unter Beifügung der Jahreszahl. Bestehen mehrere Abteilungen der Geschäftsstelle für einzelne Angelegenheiten, dann ist auch die arabische Abteilungsnummer voranzustellen, § 4 AktO.

88 Die Parteien können die Prozessakten einsehen und sich von dem UdG Ausfertigungen, Auszüge und Abschriften erteilen lassen, § 299 Abs. 1 ZPO. Dritte müssen ein rechtliches Interesse glaubhaft machen, oder die Parteien müssen einwilligen. Soweit die Prozessakten als elektronische Dokumente vorliegen, ist die Akteneinsicht auf Ausdrucke beschränkt. Die Ausdrucke sind von der Geschäftsstelle zu fertigen, § 299 Abs. 3 ZPO.

89 Die **Automation** der registraturmäßigen Bearbeitung ist in den einzelnen Bundesländern unterschiedlich weit fortgeschritten und diese Fachverfahren unterstützen z.T. auch unterschiedliche Arbeitsabläufe.[3] So werden unterschiedliche computergestützte Datenverarbeitungsprogramme verwendet, die mitunter nicht nur die Geschäftsstellen unterstützen sondern auch Richter und Rechtspfleger bei der Erfassung und Weiterverarbeitung gerichtlicher Verfahrensdaten, dem Erstellen von Schreiben, Verfügungen

3 S. hierzu das Protokoll des 24. Deutschen EDV-Gerichtstages 2015 in Saarbrücken, abgedruckt im Internet unter: www.edvgt.de

und Beschlüssen sowie bei der Kommunikation mit der Landeshauptkasse. Die Programme basieren dabei entweder auf Länder eigenen Entwicklungen (z.B. AULAK in Berlin) oder werden im Länderverbund (forumSTAR-Verbund und e2Verbund) erstellt.

90 Eine gemeinsame Bund-Länder-Kommission für Datenverarbeitung und Rationalisierung in der Justiz befasst sich intensiv mit diesen Themen.[4] Eine Arbeitsgruppe hat eine gemeinsame Strategie zur Einführung des elektronischen Rechtsverkehrs und der elektronischen Aktenführung entwickelt. Darauf fußt das am 1.1.2018 in Kraft tretende Gesetz zur Förderung des elektronischen Rechtsverkehrs mit den Gerichten.[5]

91 Das Gesetz sieht die bundesweite Regelung in den Verfahrensordnungen betreffend gesicherter elektronischer Kommunikationsmittel und die Fortbildung bereits vorhandener Einrichtungen vor. Im Rahmen seiner Umsetzung wird es zu nicht unerheblichen Umwälzungen in den technischen Infrastrukturen und im Betriebsablauf der Gerichte und Staatsanwaltschaften kommen. Die elektronische Aktenführung soll die papiergebundene ablösen. Die elektronische Gerichtsakte und der elektronische Rechtsverkehr mit der Rechtsanwaltschaft werden zwingend erforderlich. Es ist geplant, dass bis zum Jahr 2022 die schriftliche Kommunikation zwischen dem größten Teil der Justiz und der Anwaltschaft elektronisch erfolgt. Ausgenommen ist zunächst der Strafbereich, für den eine eigene Regelung erfolgen soll.

92 In **Berlin** soll schrittweise das bisher im Zivilprozess eingesetzte Justizfachverfahren AULAK, das sich durch ein komfortables automatisiertes Formularwesen auszeichnet, durch **ForumSTAR** (mit Berlin in 10 Bundesländern im Einsatz) ersetzt werden. Bei der Umstellung ist angestrebt, im Rahmen der AULAK-Entwicklung erworbenes Wissen einfließen zu lassen. Die existierenden verschiedenen Textvorlagen, die nach Maßgabe der Funktionalitätsanforderungen der Richter und Rechtspfleger sowie der Geschäftsstellen- und Kanzleimitarbeiter eine erhebliche Automationsunterstützung der gerichtlichen Arbeitsabläufe ermöglichen, sollen übernommen werden. Die Gerichte können und sollen dabei durch Arbeitsgruppen die Software ihren Bedürfnissen entsprechend anpassen lassen. AULAK unterstützt alle Organisationseinheiten (Geschäftsstelle, Schreibdienst, Protokoll, Richter und Rechtspfleger) bei ihrer Tätigkeit, was insbesondere durch die Nutzung einer gemeinsamen Datenbank geschieht, sodass ohne Vorliegen der Akte dem jeweiligen Bearbeiter umfangreiche Informationen bis hin zu elektronisch erfassten Aktenbestandteilen zur Verfügung stehen. In den AULAK Datenbanken sind die verfahrensrelevanten Daten gespeichert so-

---

4 Siehe hierzu Näheres im Justizportal des Bundes und der Länder unter: http://www.justiz.de/elektronischer_rechtsverkehr/index.php

5 Gesetz v. 10.10.2013 (BGBl. I S. 3786).

wie Informationen übergeordneter Natur (z.B. Kostenverzeichnisnummern, Dolmetscherdaten, Adressdaten der deutschen Gerichte usw.), aber auch Programmsteuerungsdaten (z.B. Geschäftsplan zur automatischen Zuordnung der Verfahren zum zuständigen Spruchkörper inkl. Aktenzeichenvergabe). Alle Anwender eines Gerichts nutzen eine gemeinsame Datenablagestruktur zur Speicherung verfahrensrelevanter Dokumente. Die Gerichte können die Software so anpassen, wie es ihren Bedürfnissen am besten entspricht. Es besteht die Möglichkeit, mittels automatisierter Textvorlagen Schriftgut erstellen zu lassen, wobei relevante Daten von den Textvorlagen aus der Datenbank ausgelesen und in die Dokumente eingefügt werden. Neben den Verfügungsformularen stehen weitere Tools bereit, z.B. Zählkarten, Statistiklisten usw.

D. Einführung in die Kosten des Rechtsstreits

I. Gerichtskosten

93 Die Klage darf erst an den Beklagten zugestellt werden, wenn die erforderliche Verfahrensgebühr für das Verfahren im Allgemeinen vorausgezahlt ist, § 12 Abs. 1 S. 1 GKG. Deshalb wird die Akte durch den UdG zunächst dem **Kostenbeamten** vorgelegt, der die nun bereits fälligen Gerichtskosten erfordert.

In bürgerlichen Rechtsstreitigkeiten berechnen sich die Gerichtskosten nach dem **Gerichtskostengesetz (GKG).**[1] Im GKG herrscht **Analogieverbot**, das bedeutet, dass die analoge Anwendung von Vorschriften insbesondere des Kostenverzeichnisses ausscheidet, weil nach § 1 GKG sämtliche gerichtliche Handlungen kostenfrei sind, für die das Gesetz nicht ausdrücklich etwas anderes bestimmt.[2]

1. Gebühren und Auslagen

94 Die Gerichtskosten sind abschließend im Kostenverzeichnis (KV) der Anlage 1 zum GKG enthalten, § 3 Abs. 2 GKG, und unterteilen sich in **Gebühren** und **Auslagen**. Die für das GKG maßgebliche **Legaldefinition** der **Kosten** in Gebühren und Auslagen ergibt sich aus § 1 S. 1 GKG. Unter **Gebühren** versteht man die **öffentliche Abgabe** aus Anlass einer besonderen Inanspruchnahme des Staates, die nicht in Beziehung zu einem feststehenden oder exakt messbaren Aufwand erhoben werden.[3] **Auslagen** entstehen für bestimmte **Aufwendungen der Justiz** und fallen entweder als **Barauslagen** (z.B. für Zustellungen KV 9002 oder Reisekosten des Gerichts KV 9006) oder als **pauschale** Abgeltung eines bestimmten Aufwands (Dokumentenpauschale KV 9000) an.[4]

95 Als **Gebührentatbestand** kennt das GKG **gerichtliche Entscheidungen (Prozesshandlungen des Gerichts)** und **Prozesshandlungen** der Parteien.[5]

---

1 In der Fassung der Bekanntmachung vom 27. Februar 2014 (BGBl. I S. 154).
2 BGH v. 22.2.2006 – RiZ (R) 1/05 – NJW-RR 2006, 1003 m.w.N.
3 *Lappe*, Justizkostenrecht, § 1 3; *Hartmann*, GKG, § 1 Rn. 1.
4 *Lappe*, Justizkostenrecht, § 1 4.
5 *Lappe*, Justizkostenrecht, § 8 II 1.

Die dabei vorausgesetzten Verfahrensarten bzw. Prozesshandlungen sind grundsätzlich die des prozessualen Verfahrensrechts, das Gebührenrecht ist insoweit „Folgerecht zum Verfahrensrecht“[6].

Die **Verfahrensgebühren** (z.B. KV 1210) decken die gerichtliche Tätigkeit der gesamten Instanz ab, die **Entscheidungsgebühren** werden nur durch im KV besonders aufgeführte Entscheidungstatbestände ausgelöst. Im Prozessverfahren selbst kommen Entscheidungsgebühren nicht mehr vor. Aber in der Zwangsvollstreckung ist es durchaus möglich, dass eine Gebühr anfällt, wenn das Gericht eine Entscheidung getroffen hat (z.B. KV 2230 – Entscheidung über den Antrag auf Eröffnung der Zwangsliquidation; KV 2350 – Entscheidung über den Antrag auf Versagung oder Widerruf der Restschuldbefreiung).

96 Im Zivilprozess fallen überwiegend **Wertgebühren** an, also Gebühren, die sich nach dem Wert des Streitgegenstands richten, § 3 Abs. 1 GKG und deren Höhe sich dann aus der Tabelle zu § 34 Abs. 1 und Anlage 2 GKG ergibt. Die Mindestgebühr beträgt 15,00 €, § 34 Abs. 2 GKG. Die im GKG früher geltende Aufrundungsvorschrift gilt seit der Umstellung auf Euro nicht mehr.[7] **Festgebühren**, also vom Wert unabhängige Gebühren, sind im Zivilprozess eher die Ausnahme, wie z.B. die Verfahrensgebühr über die Rüge wegen Verletzung des Anspruchs auf rechtliches Gehör gem. § 321a ZPO (KV 1700). Wenn die Rüge in vollem Umfang verworfen oder zurückgewiesen wird, wird dafür eine Festgebühr von 60,00 € erhoben.

2. Der Gebührenstreitwert für die Gerichtsgebühren

97 Der Streitwert ist nicht nur für die Zuständigkeit, sondern auch für die Berechnung der Gerichtsgebühren von Bedeutung. Grundsätzlich ist der **Gebührenstreitwert** gemäß § 48 Abs. 1 GKG mit dem Prozessstreitwert gleichzusetzen, es sei denn, es ergeben sich aus den Vorschriften des GKG Abweichungen von den Vorschriften über die Zuständigkeit. Ohne große Schwierigkeiten lässt sich der Streitwert bei Zahlungsklagen ermitteln, hier ist der geforderte Betrag maßgebend. In anderen Fällen ist es notwendig, den Streitwert erst zu ermitteln.

a) Der Zeitpunkt der Wertberechnung

98 Für die Berechnung des **Gebührenstreitwerts** ist gemäß **§ 40 GKG** für sämtliche Verfahren und Instanzen der Zeitpunkt der den jeweiligen Streit-

6 *Lappe*, Justizkostenrecht, § 8 II 1.

7 § 11 Abs. 3 S. 3 GKG a.F. aufgehoben durch Art. 1 Abs. 1 Nr. 4 b) des Gesetzes zur Umstellung des Kostenrechts und der Steuerberatergebührenverordnung auf Euro (KostREuroUG) v. 27.4.2001 – BGBl. I S. 751.

gegenstand betreffenden **Antragstellung** entscheidend. Es kommt also weder auf eine Werterhöhung noch auf eine Reduzierung während der Instanz an.[8] Dieses hat der Gesetzgeber bei seiner Änderung des § 15 GKG a.F. durch das KostRÄndG 1994[9] ausdrücklich so gewollt, um eine spürbare Vereinfachung der Kostenberechnung zu bewirken.[10]

Das gilt aber **nicht**, wenn der Streitgegenstand sich selbst, z.B. durch **Klageerweiterung**, ändert. In diesem Fall ist die Berechnung der erhöhten Gerichtsgebühren ebenfalls nach dem Zeitpunkt der Einreichung dieses Antrages hinsichtlich des zusätzlich eingeführten Antrages vorzunehmen.[11] Zu beachten ist außerdem § 42 Abs. 3 GKG, wonach bei wiederkehrenden Leistungen Rückstände aus der Zeit vor der Einreichung der Klage hinzugerechnet werden, wenn diese fällig waren.

99 In **Berufungs- und Revisionsverfahren** ist für den Streitwert grundsätzlich der **Antrag** des **Rechtsmittelklägers** maßgeblich, § 47 Abs. 1 S. 1 GKG. Dabei ist zu beachten, dass der Rechtsmittelkläger diesen bezifferten Antrag häufig erst am Ende der Rechtsmittelbegründungsfrist stellt. Bis zu diesem Zeitpunkt bleibt der Streitwert also unter Umständen ungeklärt, es gilt in diesem Fall dann der Wert der Beschwer, § 47 Abs. 1 S. 2 GKG. Geht überhaupt kein Antrag ein oder ist dieser Antrag nicht innerhalb der gesetzlichen Fristen eingereicht worden, so ist der **Wert der Beschwer** als Gebührenstreitwert anzusehen.[12] Gemäß § 47 Abs. 2 GKG stellt der erstinstanzliche Wert die Obergrenze für das Rechtsmittelverfahren dar, es sei denn, in der Rechtsmittelinstanz wird der Streitgegenstand erweitert. In diesem Fall ist der erhöhte Wert maßgeblich.[13]

b) Die Berücksichtigung von Nebenforderungen

100 Ebenso wie die Nebenforderungen gemäß § 4 Abs. 1 Hs. 2 ZPO bei der Wertberechnung des Prozessstreitwerts außer Ansatz bleiben, bleiben diese auch bei der Berechnung des Gebührenstreitwerts außer Ansatz.

Nebenforderungen sind gemäß § 43 Abs. 1 GKG neben einer Hauptforderung unberücksichtigt zu lassen. Besteht der Hauptanspruch noch, werden aber lediglich die Nebenforderungen geltend gemacht, so ist gemäß § 43 Abs. 2 GKG der Wert der Nebenforderungen maßgeblich, soweit er den Wert des Hauptanspruchs nicht übersteigt. Eine entsprechende Vorschrift enthält § 43 Abs. 3 GKG im Hinblick auf Prozesskosten, wenn die Kosten Hauptforderung geworden sind.

---

8 BGH v. 30.7.1998 – III ZR 56/98 – NJW-RR 1998, 1452; *Hartmann*, GKG, § 40 Rn. 3.
9 KostRÄndG 1994 v. 24.6.1994 – BGBl. I S. 1325, 3471.
10 S. amtl. Begründung zu Nr. 1202 (BT-Drs. 12/6962 S. 70).
11 *Hartmann*, GKG, § 40 Rn. 2.
12 *Hartmann*, GKG, § 47 Rn. 5–7.
13 Weitere Ausnahme ist die Eventualaufrechnung – s.a. *Hartmann*, GKG, § 45 Rn. 48.

c) Wert bei Geltendmachung mehrerer Ansprüche

101 Für die Ermittlung des Gebührenstreitwerts müssen gemäß § 39 Abs. 1 GKG die Werte mehrerer **Ansprüche** grundsätzlich ebenfalls **zusammengerechnet** werden. Allerdings enthält das GKG für diese Problematik einige abweichende Regelungen.

d) Gebührenstreitwert bei Stufenklagen

102 Von dem Grundsatz der Zusammenrechnung ausgenommen ist gemäß § 44 GKG die **Stufenklage**, vor allem die nach § 254 ZPO, bei der auf Rechnungslegung oder auf Vorlegung eines Vermögensverzeichnisses oder auf Abgabe einer eidesstattlichen Versicherung und gleichzeitig auf Herausgabe desjenigen geklagt wird, was der Beklagte aus dem zugrunde liegenden Rechtsverhältnis schuldet. Gemäß § 44 GKG erfolgt **keine Zusammenrechnung**, sondern nur der **wertmäßig höhere** Anspruch ist Berechnungsgrundlage.

103 Der Wert sämtlicher verbundener Ansprüche ist sofort bei der Klageerhebung zu schätzen[14] und ggf. gemäß § 3 ZPO festzusetzen. Dabei bestimmt sich der Auskunftsanspruch in der Regel nach einem **Bruchteil** des vollen voraussichtlichen **Anspruchs.**[15] Er ist gem. § 3 ZPO zu schätzen, die Rechtsprechung geht dabei von Werten aus, die $^1/_4$ bis $^1/_{10}$ des Leistungsanspruchs betragen.[16]

Daraus folgt, dass der Leistungsanspruch regelmäßig der höhere Anspruch sein muss. Er richtet sich nach dem gem. § 3 ZPO geschätzten Wert des noch nicht bezifferten Zahlungsanspruchs, d.h. den ursprünglichen Zahlungserwartungen des Klägers.[17] Der Wert des Auskunftsanspruchs tritt hinter dem Wert der ursprünglich noch unbezifferten Leistungsstufe zurück.[18] Das gilt auch, wenn der Leistungsanspruch später nicht mehr weiterverfolgt wird und die Stufenklage damit „stecken geblieben“ ist.

---

14 BDPZ/*Dörndorfer*, GKG, § 44 Rn. 2; *Hartmann*, GKG, § 44 Rn. 4.

15 Zöller/*Herget*, ZPO, § 3 Rn. 16 (Auskunft).

16 Zöller/*Herget*, ZPO, § 3 Rn. 16 (Auskunft) m.w.N.

17 OLG Koblenz v. 2.4.2015 – 10 W 171/15 – NJW-RR 2015, 832 m.w.N.; ThürOLG v. 7.3.2014 – 1 W 83/14 –, juris; SchlHOLG v. 27.11.2013 – 5 U 22/13 – MDR 2014, 494; SaarlOLG v. 31.8.2010 – 5 W 205/10 –, juris; OLG Hamm v. 28.4.2004 – 11 WF 103/04 – FamRZ 2004, 1664; OLG Karlsruhe v. 21.8.1998 – 2 WF 154/97 – FamRZ 1999, 1216; OLG Dresden v. 15.7.1997 – 10 WF 198/97 – OLGR 1997, 364; KG v. 27.6.2006 – 1 W 89/06 – KGR 2006, 1005; KG v. 23.3.1993 – 1 W 6310/92 – MDR 1993, 696; a.A. OLG Stuttgart v. 29.3.2005 – 16 WF 3/05 – FamRZ 2005, 1765 (nach freiem Ermessen); SchlHOLG v. 28.3.1995 – 13 WF 164/94 – MDR 1995, 642 (Wert der Auskunftsstufe).

18 ThürOLG v. 7.3.2014 – 1 W 83/14 –, juris.

e) Gebührenstreitwert bei Klage und Widerklage, Hilfsanspruch usw.

104 § 45 GKG regelt gleich mehrere verschiedene Ausnahmen von § 48 Abs. 1 GKG, nämlich für Klage und Widerklage, Hilfsanspruch, wechselseitige Rechtsmittel und die Aufrechnung.

Danach werden **Klage und Widerklage**, die nicht in getrennten Prozessen geltend gemacht werden, zusammengerechnet; ebenso wie **Hilfsansprüche** mit dem **Hauptanspruch** zusammengerechnet werden, soweit eine Entscheidung über den Hilfsanspruch ergeht. Allerdings gilt das bisher Gesagte – also Addition der Streitwerte – gemäß § 45 Abs. 1 S. 1, 2 GKG nur, wenn es sich **nicht** um denselben Streitgegenstand handelt. Handelt es sich doch um denselben Streitgegenstand, dann erfolgt keine Zusammenrechnung, sondern der höhere der beiden Werte ist maßgebend, § 45 Abs. 1 S. 3 GKG. **Derselbe Streitgegenstand** liegt vor, wenn die beiderseitigen Ansprüche einander ausschließen, dergestalt, dass die Zuerkennung des einen Anspruchs notwendig die Aberkennung des anderen bedingt (sog. Identitätsformel).[19] Die Identitätsformel ist aber ungeeignet, wenn mit der Klage und der Widerklage Teilansprüche aus demselben Rechtsverhältnis geltend gemacht werden.[20]

Verschiedenheit der Streitgegenstände ist immer dann gegeben, wenn die mehreren Ansprüche nebeneinander bestehen können, sodass das Gericht unter Umständen beiden Ansprüchen stattgeben kann.[21]

Eine Zusammenrechnung ist vorzunehmen, wo durch das Nebeneinander von Klage und Widerklage eine "wirtschaftliche Werthäufung" entsteht, beide also nicht das wirtschaftlich identische Interesse betreffen und zwar unabhängig vom prozessualen Streitwertbegriff.[22]

→ **Beispiel: Klage und Widerklage**

Klage des Kaufmanns Adam gegen den Geschäftspartner Kaufmann Bertram auf Zahlung eines Restbetrages einer Forderung aus Liefervertrag in Höhe von (noch) 3.500,00 €. Widerklage des Beklagten Bertram auf Zahlung einer ebenfalls noch offenen Forderung für gelieferte Teile in Höhe von 4.000,00 €.

Gebührenstreitwert: 7.500,00 €

Zusammenrechnung gem. § 45 Abs. 1 S. 1 GKG, da keine Gegenstandsgleichheit vorliegt, das Gericht könnte beiden Anträgen stattgeben.

---

19 BGH v. 27.2.2003 – III ZR 115/02 – MDR 2003, 716; BGH v. 16.12.1964 – VIII ZR 47/63 – BGHZ 43, 31 = NJW 1965, 444.

20 SaarlOLG v. 12.2.2009 – 5 W 37/09 – NJW-RR 2009, 864.

21 BGH v. 27.3.2003 – III ZR 115/02 – MDR 2003, 716; BGH v. 16.12.1964 – VIII ZR 47/63 – BGHZ 43, 31 = NJW 1965, 444; OLG Köln v. 22.3.1996 – 2 W 2/96 – JurBüro 1997, 316; BDPZ/*Dörndorfer*, GKG, § 45 Rn. 4.

22 BGH v. 6.10.2004 – IV ZR 287/04 – NJW-RR 2005, 506.

→ **Variante: Gegenstandsgleichheit**

Adam erhebt Klage auf Teilzahlung von 3.500,00 € aus einem Vertrag über 5.000,00 € gegen Bertram, dieser erhebt Widerklage mit dem Antrag, festzustellen, dass der zugrunde liegende Vertrag wirksam aufgehoben worden ist und die ganze Forderung somit nicht besteht.

Gebührenstreitwert: 5.000,00 €

Der im Wege der Widerklage geltend gemachte Feststellungsanspruch betrifft denselben Gegenstand wie der Klageanspruch. Beide Ansprüche können nicht nebeneinander bestehen. Klage und Widerklage schließen sich gegenseitig aus, es gilt dann der höhere Wert, § 45 Abs. 1 S. 1 und 3 GKG.

aa) Gebührenstreitwert bei wechselseitig eingelegten Rechtsmitteln

105 § 45 Abs. 2 GKG ordnet die analoge Anwendung des Abs. 1 bei **wechselseitig eingelegten Rechtsmitteln** in den Fällen an, in denen beide Parteien gegen ein und dasselbe Urteil Rechtsmittel einlegen.[23] In diesem Fall sind die Gegenstände beider Rechtsmittel **zusammenzurechnen**, wenn die Rechtsmittel nicht in getrennten Prozessen verhandelt werden und wenn sie **nicht denselben Streitgegenstand** betreffen. Verschiedene Gegenstände liegen immer vor, wenn bei teilweisem Unterliegen beider Parteien jede Partei Rechtsmittel eingelegt, weil sich das jeweilige Rechtsmittel dann auf einen anderen Teil des Streitgegenstands bezieht.[24] Es erfolgt keine Zusammenrechnung, wenn über die Rechtsmittel in getrennten Prozessen entschieden wird und wenn die Rechtsmittel denselben Streitgegenstand betreffen, Letzteres ist der Fall, wenn die Beklagten als Gesamtschuldner in Anspruch genommen sind.[25]

→ **Beispiel: Wechselseitig eingelegte Rechtsmittel**

Klage über 25.000,00 €, davon 15.000,00 € zuerkannt und 10.000,00 € abgewiesen. Gegen das erstinstanzliche Urteil legen beide Parteien Berufung ein:

Der Bekl. legt Rechtsmittel ein, weil er zur Zahlung von 15.000,00 € verurteilt wurde, und der Kl., weil seine Klage teilweise, nämlich i.H.v. 10.000,00 €, abgewiesen wurde.

Gebührenstreitwert: 25.000,00 €

da beide hinsichtlich eines Teils des geltend gemachten Anspruchs das Rechtsmittel einlegen und somit verschiedene Gegenstände vorliegen.

Gemäß § 45 Abs. 2 GKG i.V.m. § 45 Abs. 1 S. 1 GKG sind die Gegenstände beider Rechtsmittel zusammenzurechnen, wenn die Rechtsmittel nicht in getrennten Prozessen verhandelt werden und wenn sie nicht denselben Streitgegenstand betreffen.

---

23 BGH v. 22.9.1952 – III ZR 367/51 – BGHZ 7, 152.
24 *Hartmann*, GKG, § 45 Rn. 35.
25 BGH v. 22.9.1952 – III ZR 367/51 – BGHZ 7, 152.

→ **Variante: Gesamtschuldnerische Inanspruchnahme**

Klage über 25.000,00 € gegen zwei Beklagte, die gesamtschuldnerisch in Anspruch genommen werden. Hinsichtlich des Bekl. zu 1) wird die Klage abgewiesen, der Bekl. zu 2) wird verurteilt. Gegen das erstinstanzliche Urteil wird wie folgt Berufung eingelegt: Der Bekl. zu 2) und der Kl. wegen der Abweisung hinsichtlich des Bekl. zu 1).

Nach Auffassung des *BGH*[26] liegt ein Fall der Gegenstandsgleichheit vor, da die Beklagten gesamtschuldnerisch in Anspruch genommen worden sind.

bb) Gebührenstreitwert bei hilfsweiser Aufrechnung

106 § 45 Abs. 3 GKG regelt den Fall, dass der Beklagte hilfsweise die **Aufrechnung** mit einer **bestrittenen Gegenforderung** geltend macht, in diesem Fall erhöht sich der Streitwert um den Wert der Gegenforderung, soweit eine der Rechtskraft fähige Entscheidung über sie ergeht. Dies gilt auch für einen beide Forderungen beendenden Streit durch Vergleich, § 45 Abs. 4 GKG.

Der Beklagte muss im Prozess die Aufrechnung gem. §§ 387 ff. BGB erklären. Dazu bedarf es zunächst gegenseitiger und gleichartiger Forderungen (wie Geldforderungen); nämlich einer **Hauptforderung** (Klageforderung) und einer wirksamen und fälligen **Gegenforderung**, mit der aufgerechnet wird. Die erfolgreiche Aufrechnung bewirkt das Erlöschen von Haupt- und Gegenforderung, soweit sie sich decken, § 389 BGB.

107 Im Prozess unterscheiden wir zwischen **Primäraufrechnung** und **Eventualaufrechnung** (→ Rn. 321 ff.), Auswirkungen auf den Gebührenstreitwert hat aber nur die **Eventualaufrechnung** (Hilfsaufrechnung) unter folgenden Voraussetzungen:

108

- Der Kläger muss die Gegenforderung bestritten haben,
- und es muss eine „der Rechtskraft fähige Entscheidung" über die Gegenforderung ergangen sein.

Der **materiellen Rechtskraft** fähig sind gem. § 322 Abs. 1 ZPO alle endgültigen und vorbehaltslosen Entscheidungen deutscher Gerichte über den geltend gemachten Anspruch, in erster Linie also **Urteile.** Auch der Rechtskraft fähig sind einige **Beschlüsse** (Kostenfestsetzungsbeschlüsse, Zuschlagsbeschlüsse in der Versteigerung) sowie **Vollstreckungsbescheide**, weil sie einem Versäumnisurteil gleichstehen.[27]

Nicht der **Rechtskraft fähig** sind **Vorbehalts- und Grundurteile** sowie gerichtliche **Vergleiche**. Für Letztere gilt § 45 Abs. 3 GKG jedoch auch, da Abs. 4 dieses ausdrücklich anordnet.

---

26 BGH v. 22.9.1952 – III ZR 367/51 – BGHZ 7, 152.

27 Ausführlich: MüKoZPO/*Gottwald*, Anmerkungen zu § 322 ZPO; Zöller/*Vollkommer*, ZPO, Vorbemerkungen zu § 322 ZPO.

Nach § 322 Abs. 2 ZPO erfasst die Rechtskraftwirkung auch die zur Aufrechnung gestellte Gegenforderung (→ Rn. 325), wenn das Gericht feststellt, dass die Forderung nicht besteht. Nach allgemeiner Meinung gilt das aber auch, wenn die Aufrechnung des Beklagten Erfolg hatte und dadurch die Klageforderung und die Gegenforderung – soweit sie deckungsgleich sind – erlöschen.[28] Die **Rechtskraftwirkung** ist jedoch durch den **Betrag der Klageforderung** (… des Betrages, für den die Gegenforderung geltend gemacht worden ist …) **begrenzt**. Die Rechtskraftwirkung erfasst demnach die zur Aufrechnung gestellte Gegenforderung in der geltend gemachten Höhe;[29] bis zur Höhe der Klageforderung.[30]

109 **Keine der Rechtskraft fähige Entscheidung** liegt vor, wenn die Gegenforderung als nicht rechtswirksam erklärt zurückgewiesen wird oder die Hilfsaufrechnung unzulässig ist.[31]

110 Sind die **Voraussetzungen erfüllt,** erhöht sich der Gebührenstreitwert um den Betrag der Gegenforderung bis zur Höhe der Klageforderung; maßgeblich ist hierbei das Urteil.[32] Rechnet der Beklagte mit **mehreren Gegenforderungen** auf, so erhöht sich der **Gebührenstreitwert** u.U. für **jede geltend** gemachte Gegenforderung bis zur **Höhe der Klageforderung.**[33]

→ **Beispiel: Eventualaufrechnung**

Kl. hat den Bekl. auf Zahlung von 100.000,00 € verklagt. Der Bekl. ärgert sich über die Klage. Er will sie nicht nur abgewiesen haben, sondern dem Kl. auch noch einen Denkzettel verpassen.

Und so begnügt er sich nicht nur damit, den Anspruch des Kl. zu bestreiten, sondern rechnet hilfsweise mit drei Gegenforderungen auf, wobei er die sichere Gegenforderung an die letzte Stelle seiner Liste setzt. Die 1. Gegenforderung beträgt 20.000,00 €, die 2. Gegenforderung 120.000,00 €, und die letzte Gegenforderung beziffert er mit 100.000,00 €.

Das Gericht macht genau das, was der Bekl. erwartet hat: Es prüft die Klageforderung und stellt fest, dass sie begründet ist. Dann prüft es aber auch alle Gegenforderungen in der vom Bekl. genannten Reihenfolge durch und erklärt die ersten beiden für unbegründet, während die letzte als begründet angesehen wird.

Urteil: Die Klage wird abgewiesen, weil die Klageforderung und die bestehende Gegenforderung durch Aufrechnung erloschen sind. Die Kosten des Verfahrens trägt der Kläger.

Gebührenstreitwert: 320.000,00 €

---

28 MüKoZPO/*Gottwald*, § 322 Rn. 194; Musielak/Voit/*Musielak*, ZPO, § 322 Rn. 76.
29 BGH v. 20.11.1997 – VII ZR 26/97 – NJW 1998, 995.
30 *Hartmann*, GKG, § 45 Rn. 47 (Höhe).
31 MüKoZPO/*Gottwald*, § 322 Rn. 199, 200; Zöller/*Vollkommer*, ZPO, § 322 Rn. 18.
32 *Hartmann*, GKG, § 45 Rn. 46.
33 BDPZ/*Dörndorfer*, GKG, § 45 Rn. 29; *Madert*, AGS 2002, 170.

Das Gericht hat über jede einzelne Gegenforderung entschieden, zwei wurden rechtskraftfähig aberkannt, und eine wurde zuerkannt. Jede Gegenforderung muss gem. § 45 Abs. 3 GKG zur Klageforderung – bis zu deren Höhe von 100.000,00 € – hinzugerechnet werden, es ergibt sich der obige Gebührenstreitwert, da bei der 2. Gegenforderung lediglich 100.000,00 € zu berücksichtigen sind.

111 In der **Rechtsmittelinstanz** wird der Streitwert im Falle der Eventualaufrechnung nicht durch den Streitwert der Vorinstanz begrenzt (s. § 47 Abs. 2 GKG), denn § 45 Abs. 3 GKG enthält insoweit eine Sonderregelung, die vorgeht.[34] Ob eine den Gebührenstreitwert erhöhende Eventualaufrechnung vorliegt, ist für jede Instanz getrennt zu prüfen.[35] Demnach ist der Streitwert der Rechtsmittelinstanz höher, wenn erst in dieser eine der Rechtskraft fähige Entscheidung über die Gegenforderung getroffen wird. **Strittig** ist in diesem Zusammenhang, ob es auch zu einer Erhöhung kommt, wenn die Erheblichkeit der **Eventualaufrechnung** in der **Rechtsmittelinstanz** anders gesehen wird als in der I. Instanz, und zwar ganz besonders der Fall, wenn die Rechtsmittelinstanz die erstinstanzliche Entscheidung aufhebt und die Klage wegen Nichtbestehens der Klageforderung abweist. Wie steht es dann mit der Streitwerterhöhung in der I. Instanz? Eine vielfach vertretene Auffassung besagt, dass es bei der Erhöhung bleibt, da § 45 Abs. 3 GKG lediglich „eine der Rechtskraft fähige Entscheidung" verlange und nicht eine rechtskräftige Entscheidung.[36] Der Streitwert für den ersten Rechtszug richtet sich nicht danach, welche Entscheidung im zweiten Rechtszug ergeht, da § 45 Absatz 3 GKG keine rechtskräftige, sondern eine der Rechtskraft fähige Entscheidung verlangt. Eine Hilfsaufrechnung erhöht den Streitwert des ersten Rechtszuges bei einer Entscheidung über die Aufrechnungsforderung demnach auch dann, wenn diese Entscheidung nicht rechtskräftig wird.[37]

Der BGH ist allerdings anderer Auffassung und meint, dass es in diesem Fall in keiner Instanz zu einer Streitwerterhöhung komme,[38] diese Auffassung muss lt. *Lappe*[39] erst einmal widerlegt werden, was angesichts der vorgetragenen Argumente schwerlich gelingen dürfte.

Wird das Rechtsmittel zurückgenommen, mit dem der verurteilte Beklagte eine Hilfsaufrechnung geltend gemacht hat, so ist der Wert der zur

---

34 OLG Köln v. 20.12.2012 – 19 W 48/12 –, juris.

35 KG v. 23.11.2009 – 8 U 49/09 – JurBüro 2010, 85.

36 BGH v. 10.7.1986 – I ZR 102/84 – Rpfleger 1987, 37 = JurBüro 1987, 853; KG v. 7.12.2010 – 12 W 42/09 –, juris; *Madert*, AGS 2002, 218; a.A. OLG Frankfurt v. 21.7.1980 – 17 W 18/80 – AnwBl 1980, 503 = JurBüro 1981, 249 m. abl. Anm. *Mümmler; Lappe*, Rpfleger 1995, 401.

37 KG v. 7.12.2010 – 12 W 42/09 –, juris.

38 BGH, KostRspr. GKG, § 19 Nr. 92 m. abl. Anm. *E. Schneider* und zust. Anm. *Lappe*; s. auch *Madert*, AGS 2002, 218.

39 *Lappe*, Rpfleger 1995, 401.

Aufrechnung gestellten Forderung bei der Wertberechnung nicht zu berücksichtigen.[40]

f) Gebührenstreitwert bei Besitz und Pfandrecht

112 In bürgerlichen Rechtsstreitigkeiten verweist § 48 Abs. 1 GKG auf die Vorschriften über den Prozessstreitwert, wenn im GKG keine besonderen Vorschriften enthalten sind; so findet u.U. auch § 6 ZPO bei der Berechnung des Gebührenstreitwerts Anwendung, wenn es um den **Besitz** oder das **Eigentum** an einer Sache oder um ein **Pfandrecht** geht (→ Rn. 70). Eine rein formale Anwendung des § 6 ZPO auch auf den Gebührenstreitwert ist strittig.[41] So verlangt das OLG Köln[42] bei entsprechender Anwendung, dass der wirkliche Streitpunkt und die wirtschaftliche Bedeutung zu beachten sind, und legt eine restriktive Auslegung des § 6 ZPO nahe, da sonst der Grundsatz der Verhältnismäßigkeit verletzt werde.[43]

g) Gebührenstreitwert bei Miet-, Pacht- und ähnlichen Nutzungsverhältnissen

113 Der Gebührenstreitwert bei Streitigkeiten über das Bestehen oder die Dauer von **Miet- oder Pachtverhältnissen** berechnet sich nach § 41 GKG. Grundsätzlich ist gemäß Abs. 1 das auf die **streitige Zeit entfallende Entgelt, höchstens** aber eine **Jahresmiete** zu berücksichtigen. Zur Anwendung des § 41 Abs. 1 GKG genügt es, wenn das Mietverhältnis als nicht bestehend behauptet wird[44] oder auch, wenn es sich um eine Leistungsklage des Mieters auf Überlassung, Herausgabe oder Benutzung der Sache handelt.[45] Nicht aber, wenn lediglich ausstehende Mietzahlungen eingefordert werden, da dann der Geldbetrag maßgebend ist. Wird wegen Beendigung des Miet-, Pacht- oder ähnlichen Nutzungsverhältnisses die **Räumung** verlangt, so ist die Sonderregelung des § 41 Abs. 2 GKG zu beachten, wonach **höchstens eine Jahresmiete** als Gebührenstreitwert zu berücksichtigen ist, es sei denn, die streitige Zeit beträgt weniger als ein Jahr. Wird neben der Räumung noch Miete eingeklagt, dann werden Jahresmiete und Zahlungsanspruch gemäß § 39 Abs. 1 GKG zusammengerechnet. Für die Wertberechnung maßgeblich ist die vereinbarte oder geschuldete Miete unter Einbeziehung der vertraglichen Nebenkosten, § 41 Abs. 1 S. 2 GKG.

---

40 OLG Hamm v. 2.1.2007 – 19 U 48/06 – MDR 2007, 618; ThürOLG v. 5.11.2001 – 5 U 667/00 – MDR 2002, 480.

41 Zöller/*Herget*, ZPO, § 6 Rn. 1; *Hartmann*, GKG, § 48 Anh. I § 6 ZPO Rn. 1.

42 OLG Köln, KostRspr. ZPO, § 6 Nr. 78 m.w.N. u. zust. Anm. *Lappe*.

43 Beispiele für die Anwendung s. bei *Hartmann*, GKG, § 48 Anh. I § 6 ZPO Rn. 2.

44 *Hartmann*, GKG, § 41 Rn. 5.

45 Siehe Auflistungen bei BDPZ/*Dörndorfer*, GKG, § 41 Rn. 4, 5 sowie bei *Hartmann*, GKG, § 41 Rn. 7 ff.

Klagen auf **Mieterhöhung** sind gemäß § 41 Abs. 5 GKG mit höchstens dem Jahresbetrag der zusätzlichen Mietforderung zu bewerten; Abs. 5 gilt jedoch nur bei **Wohnraummieten**.[46] Bei Geschäftsraummieten gilt § 9 ZPO oder auch § 3 i.V.m. § 9 ZPO.[47] **114**

Streitig ist in diesem Fall die Wertbemessung bei einer Klage des Mieters auf **Minderung der Miete**. Der BGH[48] hat sich in diesem Fall der Auffassung angeschlossen, dass der Gebührenstreitwert nach § 48 Abs. 1 S. 1 GKG i.V.m. §§ 3, 9 ZPO zu ermitteln ist und sich somit nach dem dreieinhalbfachen Jahresbetrag der geltend gemachten Mietminderung berechnet. Die Gegenmeinung will zumindest was den Zeitraum der Berechnung betrifft § 41 Abs. 5 S. 1 GKG entsprechend anwenden und nur den Jahresbetrag der geltend gemachten Mietminderung berücksichtigen.[49] Als Begründung wird hierzu erklärt, dass grundsätzlich davon auszugehen ist, dass die Minderung auf eine bestimmte Dauer - nämlich bis zur Mängelbeseitigung - begrenzt ist und ihr Gesamtbetrag regelmäßig unter dem dreieinhalbfachen Jahresbetrag liegen wird. Nach dem Rechtsgedanken des § 41 Abs. 5 S. 1 GKG sollte somit lediglich vom Jahresbetrag auszugehen sein.

Es ist dem BGH zuzustimmen, dass eine analoge Anwendung des § 41 Abs. 5 S. 1 GKG nicht in Frage kommt, da das Gesetz keine planwidrige Regelungslücke enthält. Die in § 41 Abs. 5 GKG geregelten Fälle entsprechen auch nicht annähernd einer Klage auf Mietminderung.

→ **Beispiel: Räumung und Zahlung**

Klage des Vermieters nach Beendigung des Mietvertrages auf Räumung und Herausgabe der Wohnung sowie auf Zahlung der noch rückständigen Mieten für Mai bis Juli; monatlicher Mietzins 1.200,00 €.

Gebührenstreitwert: 18.000,00 €

Der Wert berechnet sich wie folgt: 14.400,00 € Jahresbetrag, § 41 Abs. 2 GKG plus Rückstand 3.600,00 €, beide Ansprüche sind gem. § 39 Abs. 1 GKG zusammen zu rechnen.

→ **Beispiel: Zustimmung zur Mieterhöhung**

Klage des Vermieters gegen den Beklagten auf Zustimmung zur Erhöhung der Monatsmiete von 614,00 € auf 651,00 € für die Wohnung.

Gebührenstreitwert: 444,00 €

Jahresbetrag des Erhöhungsbetrages (12 x 37,00 €) gem. § 41 Abs. 5 GKG.

46 *Hartmann*, GKG, § 41 Rn. 36.
47 BDPZ/*Dörndorfer*, § 41 Rn. 15; *Hartmann*, GKG, § 41 Rn. 36.
48 BGH v. 14.6.2016 – VIII ZR 43/15 – MDR 2016, 1037 m.div.N. auch zur Gegenmeinung.
49 Siehe beispielsweise KG v. 6.6.2016 – 12 W 19/16 – MDR 2016, 1054.

h) Gebührenstreitwert bei wiederkehrenden Leistungen

115 Für den Gebührenstreitwert gilt § 9 ZPO nur, wenn nicht § 42 GKG einschlägig ist. § 42 Abs. 1 GKG regelt den Gebührenstreitwert bei **wiederkehrenden Leistungen** aus einem öffentlich-rechtlichen Dienst- oder Amtsverhältnis, einer Dienstpflicht oder einer Tätigkeit, die anstelle einer gesetzlichen Dienstpflicht geleistet werden kann, bei Ansprüchen von Arbeitnehmern auf wiederkehrende Leistungen sowie in Verfahren vor Gerichten der Sozialgerichtsbarkeit, in denen Ansprüche auf wiederkehrende Leistungen dem Grunde oder der Höhe nach geltend gemacht oder abgewehrt werden, ist der **dreifache Jahresbetrag** der wiederkehrenden Leistungen maßgebend, wenn nicht der Gesamtbetrag der geforderten Leistungen geringer ist.

Die bei Einreichung der Klage **fälligen Beträge** werden dem Streitwert hinzugerechnet; dies gilt nicht in Rechtsstreitigkeiten vor den Gerichten für Arbeitssachen. Der Einreichung der Klage steht die Einreichung eines Antrags auf Bewilligung der Prozesskostenhilfe gleich, wenn die Klage alsbald nach Mitteilung der Entscheidung über den Antrag oder über eine alsbald eingelegte Beschwerde eingereicht wird, § 42 Abs. 3 GKG.

116 Die Vorschrift ist seit Erscheinen der 2. Auflage dieses Buches entscheidenden Änderungen unterworfen gewesen. Mit Inkrafttreten des FamGKG[50] sind die Regelungen aufgehoben worden, welche bei Ansprüchen auf Erfüllung der gesetzlichen Unterhaltspflicht galten (§ 42 Abs. 1 sowie § 42 Abs. 5 S. 2 GKG der Fassung vom 21.12.2007, gültig ab 1.1.2008 bis 31.8.2009). Im Zuge dieser Änderungen wurde der damalige Abs. 2 dann Abs. 1 der Norm.

117 Bis zum Inkrafttreten des 2. KostRMoG regelte § 42 Abs. 1 GKG (bis zum 1.9.2009 Abs. 2) die Berechnung des Gebührenstreitwertes bei Geltendmachung eines Rentenanspruchs als Schadenersatz wegen der Tötung, der Verletzung des Körpers oder der Gesundheit eines Menschen mit dem 5-fachen eines Jahresbetrages der wiederkehrenden Leistung, wenn nicht der Gesamtbetrag der geforderten Leistung geringer ist. Das war der von *Lappe*[51] gerügte Fall, bei dem der Prozessstreitwert geringer als der Gebührenstreitwert war. (s. → Rn. 74).

118 Der Gesetzgeber hat sich der Auffassung von *Lappe* angeschlossen und im Zuge des 2. KostRMoG § 42 Abs. 1 GKG aufgehoben,[52] um die soziale Ungerechtigkeit zu beenden.[53] Nun werden alle Rentenansprüche einheit-

---

50 Durch Art. 2 des Gesetzes zur Reform des Verfahrens in Familiensachen und in den Angelegenheiten der freiwilligen Gerichtsbarkeit (FGG-Reformgesetz – FGG-RG) vom 17.12.2008 (BGBl. I S. 2586 ff.) in Kraft getreten am 1.9.2009.

51 *Lappe*, NJW 1993, 2785; NJW 1994, 1189.

52 Durch Art. 3 Nr. 16 des 2. KostRMoG.

53 Siehe die Gesetzesbegründung in der BT-Drs. 17/11471 v. 14.11.2012 S. 244/245.

lich nach § 9 ZPO bewertet, egal ob es sich um eine Rente aus unerlaubter Handlung oder um eine vertragliche Rente handelt.

i) Wirkung der Wertfestsetzung auf Gebühren

119 Hat das Gericht für die Entscheidung über die **Zuständigkeit oder die Zulässigkeit** des **Rechtsmittels** den **Wert festgesetzt**, dann ist dieser grundsätzlich auch für die Berechnung der **Gerichts- und Anwaltskosten bindend** gemäß § 62 GKG. Voraussetzung ist jedoch, dass die Wertberechnung für die Gebühren nicht nach anderen Grundsätzen zu erfolgen hat als die Wertberechnung zur Bestimmung der Zuständigkeit (§§ 4 bis 9 ZPO) oder der Zulässigkeit des Rechtsmittels, in solchen Fällen sind die anderen Vorschriften leges speziales.[54]

120 Soweit eine Entscheidung nach § 62 GKG nicht ergangen oder nicht bindend ist, besteht auch die Möglichkeit, den **Gebührenstreitwert nach § 63 GKG festzusetzen.** Voraussetzung ist jedoch, dass bei Einreichung des entsprechenden Antrages der Gegenstand nicht in einer bestimmten Geldsumme in Euro bestimmt ist oder gesetzlich kein fester Wert festgelegt ist. Häufig handelt es sich in einem solchen Fall zunächst um eine vorläufige Wertfestsetzung für die Berechnung der Verfahrensgebühr. Als Beispiel sei hier § 49a GKG genannt, der für **Wohnungseigentumssachen** bestimmt, dass der Streitwert auf 50 % des Interesses der Parteien und aller Beigeladenen an der Entscheidung festzusetzen ist. Er darf das Interesse des Klägers und der auf seiner Seite Beigetretenen an der Entscheidung nicht unterschreiten und das Fünffache des Wertes ihres Interesses nicht überschreiten; außerdem darf der Wert in keinem Fall den Verkehrswert des Wohnungseigentums des Klägers und der auf seiner Seite Beigeladenen übersteigen. Richtet sich eine Klage gegen einzelne Wohnungseigentümer, darf der Streitwert das Fünffache des Wertes ihres Interesses sowie das Interesse der auf ihrer Seite Beigetretenen nicht übersteigen, § 49a Abs. 2 GKG.

Sobald eine Entscheidung über den gesamten Streitgegenstand ergeht oder sich das Verfahren anderweitig erledigt, setzt das Prozessgericht den Wert für die zu erhebenden Gebühren durch Beschluss fest, § 63 Abs. 2 GKG. Der Beschluss kann unter den Voraussetzungen des Absatzes 3 von Amts wegen geändert werden.

54 BDPZ/*Dörndorfer*, § 62 Rn. 3.

II. Ansatz und Einforderung der Gerichtskosten

121 Der Urkundsbeamte der Geschäftsstelle bzw. die aktenführende Stelle hat die Akte zur Kostenberechnung dem Kostenbeamten vorzulegen, wenn er nicht selbst als Kostenbeamter des mittleren Dienstes für die Berechnung zuständig ist.

Die **Einforderung der Kosten** erfolgt durch **Justizverwaltungsakt**, durch den der Kostenbeamte den Kostenschuldner auffordert, die Kosten zu zahlen, § 19 Abs. 1 GKG.

Das Bundesministerium der Justiz und für Verbraucherschutz und die Landesjustizverwaltungen haben eine bundeseinheitliche Neufassung der bereits seit 1976 geltenden **Kostenverfügung** (KostVfg) vereinbart, nach der das justizverwaltungstechnische Kostenverfahren geregelt ist.[55]

Danach werden die Aufgaben des **Kostenbeamten** durch Beamte des gehobenen und mittleren Justizdienstes oder vergleichbarer Beschäftigter wahrgenommen, § 1 KostVfg. In erster Linie obliegt dem Kostenbeamten der rechtzeitige, richtige und vollständige **Kostenansatz**.

Kostenansatz, damit ist das „Ansetzen" (s. § 19 Abs. 1 GKG) der Kosten beim zuständigen Gericht bzw. das Aufstellen einer **Kostenrechnung** gemeint.

1. Mitwirkung der aktenführenden Stelle

122 Der mit der Führung der Akten und Register betraute **Beschäftigte** ist dafür verantwortlich, dass die **Akten dem Kostenbeamten rechtzeitig zum Kostenansatz vorgelegt** werden. Das ist insbesondere der Fall, wenn eine den Rechtszug abschließende Entscheidung ergangen ist, wenn die Akten aus der Rechtsmittelinstanz zurückkommen, wenn Zahlungsanzeigen u.ä. der Justizkasse eingehen, wenn die Klage erweitert oder Widerklage erhoben wurde; § 3 Abs. 1 KostVfg.

In Zivilprozesssachen sind sämtliche **Kostenrechnungen** sowie Nachrichten der Justizkasse vor dem ersten Aktenblatt einzuheften und mit **römischen Ziffern** zu versehen. Auf dem Aktendeckel (oder Akteninnendeckel) sind die Blätter mit Kostenrechnungen, Kostenvermerken, Kostenmarken oder Nachrichten der Justizkasse zu vermerken, § 3 Abs. 3 KostVfg.

---

55 Vom 11. März 2014 – Az.: 5607/0059 – Fundstelle: Die Justiz 2014, S. 92. Zu finden im Internet im Justizportal des Bundes und der Länder unter: www.justiz.de. Dort findet sich neben der Rechtsprechung im Internet auch ein Link zu *Gesetzen im Internet* und zu *Verwaltungsvorschriften im Internet*. Die Verwaltungsvorschriften sind dann nach dem Normgeber sortiert, sodass die KostVfg unter dem Link „Bundesministerium für Justiz und für Verbraucherschutz" zu finden ist (nicht unter Bundesministerium der Justiz).

Bevor die Akte endgültig weggelegt wird, hat der Urkundsbeamte zu prüfen, ob sie nicht noch dem Kostenbeamten vorgelegt werden muss.

2. Kostenansatz und Inhalt der Kostenrechnung

123 Der **Kostenansatz** besteht im **Aufstellen der Kostenrechnung** und hat die Berechnung der **Gerichtskosten** sowie die Feststellung des **Kostenschuldners** zum Gegenstand, § 4 Abs. 1 KostVfg.

Die Kostenrechnung enthält die Bezeichnung der Sache und die Geschäftsnummer, die einzelnen Kostenansätze unter Hinweis auf die angewendete Vorschrift und bei Wertgebühren auch den Wert, den Gesamtbetrag der Kosten, Namen und Anschrift der Kostenschuldner, § 24 KostVfg.

Jede Kostenrechnung hat eine **Belehrung** über den statthaften **Rechtsbehelf** sowie über die Stelle, bei der dieser Rechtsbehelf einzulegen ist, über deren Sitz und über die einzuhaltende Form und Frist zu enthalten, § 5b GKG.

124 Der Kostenbeamte veranlasst dann die **Sollstellung** der Kosten durch die Justizkasse, § 25 Abs. 2 KostVfg. Mit der Sollstellung wird die Buchung des geforderten Betrages im Sachbuch der Kasse sowie die Einziehung und Überwachung der Zahlung durch die Kasse bewirkt, § 25 Abs. 1 KostVfg.

Vorweg zu erhebende Gebühren und Kostenvorschüsse, von deren Eingang eine Amtshandlung, die Einleitung oder der Fortgang des Verfahrens abhängig ist, werden durch die Geschäftsstelle ohne Einschaltung der Justizkasse durch **Kostennachricht** angefordert, § 26 Abs. 1 KostVfg.

3. Kostenprüfung

125 Die ordnungsgemäße Erledigung des Kostenansatzes wird durch die von der Justizverwaltung eingesetzten **Kostenprüfungsbeamten** gewährleistet. Kostenprüfungsbeamte sind der **Bezirksrevisor** und weitere Prüfungsbeamte, § 35 KostVfg. Die Prüfungsbeamten können in die Akten Einsicht nehmen und so das Kostenverfahren überprüfen. Sie können bei Feststellung von Unrichtigkeiten zum Nachteil der Staatskasse die Berichtigung des Kostenansatzes anordnen, die **Kostenbeamten** sind **weisungsgebunden** und müssen die Kostenrechnung berichtigen, §§ 40 ff. KostVfg.

4. Fälligkeit der Kosten

126 Die entstandenen Kosten können erst geltend gemacht werden, wenn sie auch fällig sind. Die Fälligkeit ist in §§ 6 bis 9 GKG abschließend geregelt.

In bürgerlichen Rechtsstreitigkeiten wird die **Verfahrensgebühr** mit **Einreichung der Klage**, des Antrages, der Einspruchs- oder der Rechtsmittelschrift fällig, § 6 Abs. 1 Nr. 1 GKG. Die **Fälligkeit** tritt mit Eingang der Klage bei der Briefannahme des Gerichts oder mit Einwurf in einen dafür bestimmten Briefkasten ein und nicht erst mit Eingang in der zuständigen Geschäftsstelle.[56] Ohne Einfluss auf die Fälligkeit ist es, wenn nach Eingang der Klage diese nicht weiter betrieben wird, weil z.B. die Zustellung nicht erfolgen kann, da die Anschrift des Beklagten nicht mehr stimmt.

Im Übrigen werden die Gebühren sowie die Auslagen fällig, sobald eine unbedingte **Entscheidung** über die Kosten ergangen ist oder das Verfahren durch anderweitige **Erledigung** beendet ist, § 9 Abs. 2 GKG. Die **Dokumentenpauschale** sowie Auslagen für die Versendung von Akten werden mit **Entstehung** fällig, § 9 Abs. 3 GKG.

5. Vorauszahlung oder Vorschussleistung

127 Einige Vorschriften des GKG stellen sicher, dass der staatliche Anspruch auf Gerichtskosten auch realisiert werden kann. Die Vorschriften über die Fälligkeit bewirken, dass die Kosten alsbald in Ansatz gebracht und eingefordert werden können. Außerdem sieht das Gesetz für bestimmte Gebühren und Auslagen eine **Vorauszahlungs**- bzw. **Vorschusspflicht** vor, §§ 10 ff. GKG. Allerdings darf ein Vorschuss bzw. eine Vorauszahlung nur in den vom Gesetz vorgesehenen Fällen erhoben werden, § 10 GKG.

Eine **Vorschusspflicht** ist gegeben, wenn **noch nicht fällige Beträge** im Voraus zu entrichten sind. Als typisches Beispiel sei hier der Vorschuss für Zeugenauslagen genannt, § 17 Abs. 1 GKG. Eine **Vorauszahlung** ist bei bereits **fälligen Gebühren** vorgesehen, in der Regel wird eine Handlung des Gerichts davon abhängig gemacht, dass der Kostenschuldner die Gebühr einzahlt. So soll die Klage nur zugestellt werden, wenn zuvor die Gebühr für das Verfahren im Allgemeinen (z.B. KV 1210) eingezahlt ist, § 12 Abs. 1 S. 1 GKG. Das Wort „soll" ist eigentlich ein „muss",[57] denn der Kostenbeamte hat die Vorauszahlung zu erfordern, vorher wird die Klage nicht zugestellt.

6. Kostenschuldner

128 Wer Kostenschuldner ist, in welchem Umfang er haftet, stellt der Kostenbeamte fest, § 7 Abs. 1 KostVfg. Er hat darauf zu achten, dass u.U. auch Dritte, die kraft Gesetzes nach den Vorschriften des bürgerlichen Rechts (z.B. Erben, Ehegatten) haften, in Anspruch genommen werden.

---

56 *Hartmann*, GKG, § 6 Rn. 5.

57 *Hartmann*, GKG, § 12 Rn. 2, auch wenn *Hartmann* an dieser Stelle den Gesetzgeber rügt, er solle endlich „muss" sagen, wenn er „muss" meint.

a) Antragsschuldner

§ 22 Abs. 1 S. 1 GKG regelt zunächst einmal, wer aus seiner **Antragshaftung** als Kostenschuldner (**Antragsschuldner**) infrage kommt; nämlich wer das Verfahren des Rechtszuges beantragt hat, das ist der Kläger im Zivilprozess, der Beklagte bei Erhebung der Widerklage, der Rechtsmittelführer im Rechtsmittelverfahren. Die Antragshaftung bleibt bestehen, auch wenn ein anderer später zur Kostentragung verurteilt wird oder die Kosten übernimmt.[58] **Mehrere** Kostenschuldner haften als **Gesamtschuldner**, § 31 Abs. 1 GKG, Streitgenossen haften ebenfalls gesamtschuldnerisch, § 32 GKG. Gesamtschuldnerische Haftung bedeutet, die gesamte Forderung kann von einem der Gesamtschuldner erfordert werden, und diese müssen sich im Innenverhältnis ausgleichen, § 421 BGB. **129**

Der Grundsatz der Antragshaftung wird auch bei den Auslagen fortgeführt, denn derjenige, auf dessen Antrag hin ein Zeuge oder ein Sachverständiger geladen werden soll, muss in der Regel einen Vorschuss auf die Auslagen leisten, § 17 Abs. 1 GKG, und haftet hierfür gemäß § 18 GKG auch neben dem Entscheidungsschuldner. **130**

b) Entscheidungsschuldner

Entscheidungsschuldner gemäß § 29 GKG ist derjenige, der zur Kostenzahlung verurteilt wurde (Nr. 1); die Kosten z.B. als sog. **Übernahmeschuldner** in einem Vergleich übernimmt (Nr. 2) oder für die Kostenschuld eines anderen kraft Gesetzes haftet (Nr. 3). **131**

Der Entscheidungsschuldner haftet neben dem in § 22 GKG genannten Antragsschuldner. Entscheidungsschuldner und Antragsschuldner haften ebenfalls als Gesamtschuldner gemäß § 31 Abs. 1 GKG. **132**

c) Haftung von Erst- und Zweitschuldner

Der Kostenbeamte kann allerdings nicht so einfach auswählen, von wem er die Kosten erfordert, denn das Gesetz stellt hierfür genaue Regeln auf. **133**

Sind einer Partei die Kosten auferlegt oder hat sie die Kosten übernommen, dann haftet sie zunächst an erster Stelle für die Gerichtskosten (**Erstschuldner**), die Haftung der anderen, an zweiter Stelle haftenden Partei (**Zweitschuldner**) soll erst geltend gemacht werden, wenn eine Zwangsvollstreckung des Erstschuldners erfolglos geblieben ist oder aussichtslos erscheint, § 31 Abs. 2 GKG, § 8 Abs. 1 KostVfg.

Ist dem Erstschuldner Prozesskostenhilfe bewilligt, dann wird davon ausgegangen, dass eine Zwangsvollstreckung aussichtslos erscheint.[59] Ansonsten ist Aussichtslosigkeit gegeben, wenn der Gerichtsvollzieher mitteilt, **134**

---

58 *Hartmann*, GKG, § 22 Rn. 16.
59 *Hartmann*, GKG, § 31 Rn. 15.

dass die Vermögenslosigkeit des Schuldners amtsbekannt sei oder wenn über das Vermögen des Erstschuldners das Insolvenzverfahren eröffnet worden oder ein solcher Antrag auf Eröffnung gestellt ist.[60]

135 Hinsichtlich der Inanspruchnahme des Zweitschuldners ist jedoch § 31 Abs. 3 S. 1 GKG zu beachten, wonach die Geltendmachung der Haftung eines anderen Kostenschuldners ausgeschlossen ist, wenn eine **PKH-Partei Entscheidungsschuldner gem. § 29 Nr. 1 GKG** ist. Der Kläger hat vielmehr in einem solchen Fall einen Rückerstattungsanspruch bezüglich der verauslagten Gerichtskosten gegenüber der Staatskasse. Dieses gilt auch, wenn Prozesskostenhilfe nur gegen Anordnung einer Ratenzahlung bewilligt worden ist,[61] denn § 31 Abs. 3 Satz 1 GKG gilt seinem eindeutigen Wortlaut nach für alle Fälle, in denen einem Kostenschuldner Prozesskostenhilfe bewilligt ist, eine Unterscheidung zwischen Prozesskostenhilfe mit oder ohne Ratenzahlungsanordnung wird nicht vorgenommen.

136 In der Vergangenheit bestand Streit, wie zu verfahren ist, wenn die Parteien sich in einem **gerichtlichen Vergleich** über die Kostentragung geeinigt haben und einer Partei oder gar beiden Prozesskostenhilfe bewilligt ist. Dabei ging es stets um die Frage, ob im Falle bewilligter PKH vom Übernahmeschuldner die Kosten erhoben werden können oder ob der Schutz des § 122 ZPO hier eine Haftung ausschließt, was vielfach vertreten wurde.[62]

Es wurde jedoch auch die gegenteilige Auffassung vertreten, die auf den Wortlaut des § 31 Abs. 3 GKG abstellte, wonach nur der Entscheidungsschuldner und nicht der Übernahmeschuldner erfasst ist.[63] Im Wesentlichen wurde hierbei auf Probleme des Missbrauchs abgestellt, nämlich die Gefahr, dass die Parteien zulasten der Landeskasse eine Kostenregelung treffen können, es sei denn, dafür bestanden keine Anzeichen, weil der Vergleichsabschluss und somit auch die Kostenregelung einer Empfehlung des Gerichts folgte.[64]

Dieser Streit ist größtenteils durch die Anfügung des Abs. 4 in § 31 GKG behoben,[65] wonach Abs. 3 entsprechende Anwendung findet, soweit ein Übernahmeschuldner (§ 29 Nr. 2 GKG) die Kosten in einem vor Gericht

---

60 BDPZ/*Dörndorfer*, GKG, § 31 Rn. 2.

61 OLG Dresden v. 22.5.2001 – 22 WF 197/01 – JurBüro 2001, 483; OLG München v. 29.9.2000 – 11 W 2200/00 – AGS 2001, 236.

62 Nachweise aufgelistet in der Entscheidung des AG Bad Segeberg v. 23.4.2014 – 17 C 211/13 – juris.

63 Siehe beispielsweise OLG Naumburg v. 27.6.2013 – 10 W 25/13 – NJW-RR 2014, 189 m.w.N.

64 OLG Celle v. 13.4.2012 – 10 UF 153/11 – FamRZ 2013, 63; KG v. 14.2.2012 – 5 W 11/12 – NJW-RR 2012, 1021.

65 Art. 5 Nr. 13 des 2. KostRMoG.

abgeschlossenen, gegenüber dem Gericht angenommenen oder in einem gerichtlich gebilligten Vergleich übernommen hat; der Vergleich einschließlich der Verteilung der Kosten, bei einem gerichtlich gebilligten Vergleich allein die Verteilung der Kosten, von dem Gericht vorgeschlagen worden ist und das Gericht in seinem Vergleichsvorschlag ausdrücklich festgestellt hat, dass die Kostenregelung der sonst zu erwartenden Kostenentscheidung entspricht. Der Gesetzgeber wollte mit der Neuregelung klarstellen, dass bei Vorliegen **aller** Voraussetzungen auch die PKH-Partei und der Gegner in den Genuss der Schutzwirkung kommen, um so die Vergleichsbereitschaft zu fördern.[66]

137 In allen sonstigen Fällen der **gesamtschuldnerischen Haftung** – so bei Streitgenossen – bestimmt der **Kostenbeamte** nach **pflichtgemäßem Ermessen,** ob er den Betrag von einem der Kostenschuldner in voller Höhe oder von mehreren nach Kopfteilen anfordert. Ist anzunehmen, dass einer dieser Gesamtschuldner zur Zahlung nicht oder nur in Teilbeträgen in der Lage wäre, so sind die gesamten Kosten zunächst von den übrigen anzufordern, § 8 Abs. 4 KostVfg.

138 Beim Kostenansatz hat der Kostenbeamte die Erst- und Zweitschuldner ausdrücklich als solche zu bezeichnen. Wird ausnahmsweise der Zweitschuldner zunächst in Anspruch genommen, dann ist dieses kurz zu begründen, § 24 Abs. 2 KostVfg.

d) Mithaft eines anderen Kostenschuldners

139 Da **Erst- und Zweitschuldner** ebenfalls **gesamtschuldnerisch** haften, können bei der Schlusskostenrechnung, d.h. bei dem die Instanz endgültig abrechnenden Kostenansatz, bereits gezahlte Beträge des Zweitschuldners aus der Antragshaftung auf die Schuld des Erstschuldners verrechnet werden. Gezahlte Beträge werden bis zur Höhe der Mithaft nicht wieder an den Einzahler ausgezahlt, sondern auf die Schuld des anderen Kostenschuldners verrechnet, und diese müssen sich dann im Innenverhältnis einigen bzw. die Beträge im Rahmen der Kostenfestsetzung geltend machen.

---

66 Siehe die Gesetzesbegründung BT-Drs. 17/11471 S. 244 zu § 31 GKG.

<table>
<tr><th colspan="2">Kostenschuldner</th></tr>
<tr><td>Antragsschuldner</td><td>Entscheidungsschuldner
Übernahmeschuldner</td></tr>
<tr><td>§ 22 Abs. 1 GKG
Antragsteller der Instanz:
Kläger für Klage
Beklagter für Widerklage
Rechtsmittelführer für Rechtsmittel

§§ 17, 18 GKG
Kläger oder Beklagte haften für eigene Zeugen und Sachverständige in jeweiliger Höhe der tatsächlichen Entschädigung unabhängig von der Kostenregelung</td><td>§ 29 GKG
Nr. 1 – derjenige, dem die Kosten durch gerichtliche Entscheidung auferlegt sind

Nr. 2 – derjenige, der die Kosten übernommen hat z.B. durch Vergleich

Nr. 3 – derjenige, der für die Kostenschuld eines anderen kraft Gesetzes haftet

(Nr. 4 – Vollstreckungsschuldner)</td></tr>
<tr><td>§ 31 Abs. 1 GKG
Streitgenossen haften als Gesamtschuldner</td><td>§ 31 Abs. 1 GKG
Streitgenossen haften als Gesamtschuldner</td></tr>
<tr><td>§ 31 Abs. 2 GKG,
§ 8 Abs. 1 KostVfg
Zweitschuldner</td><td>§ 31 Abs. 2 GKG,
§ 8 Abs. 1 KostVfg
Erstschuldner</td></tr>
<tr><td colspan="2">§ 31 Abs. 1, 2 GKG
Mehrere Kostenschuldner haften als Gesamtschuldner also auch Erst- und Zweitschuldner</td></tr>
</table>

7. Nachforderung, unrichtige Sachbehandlung, Verweisung, Verjährung

140 Ändert sich nachträglich die Kostenforderung, so hat der Kostenbeamte eine neue Kostenrechnung aufzustellen. Vermindert sich die Kostenforderung, so veranlasst er die Rückzahlung des zu viel gezahlten Betrages. Sollte dieser Betrag noch nicht gezahlt sein, ordnet er eine Löschung im Kostensoll der Gerichtskasse an, § 29 KostVfg.

141 Bei **fehlerhaftem Kostenansatz** dürfen Kosten nur nachgefordert werden, wenn der berichtigte Kostenansatz vor Ablauf des nächsten Jahres nach Absendung der Schlusskostenrechnung dem Betroffenen mitgeteilt worden ist, § 20 Abs. 1 GKG. Die Kostenschuldner sollen durch diese Vorschrift gegen eine verspätete **Nachforderung** durch die Staatskasse geschützt werden.[67] Aus diesem Grunde ist die Vorschrift dann unanwendbar, wenn der Kostenschuldner die Nachforderung durch falsche Angaben zum Wert verursacht hat.[68]

142 Kosten, die durch **unrichtige Sachbehandlung** entstanden sind, sind nicht vom Kostenschuldner anzufordern, sondern **niederzuschlagen**, § 21 Abs. 1 GKG.[69] Es müssen folgende Voraussetzungen vorliegen: Die Kosten müssen durch einen Fehler des Gerichts entstanden sein, dabei ist es unerheblich, welcher Funktionsträger den Fehler begangen hat. Eine unrichtige Sachbehandlung liegt jedoch nur vor, wenn das Gericht gegen eindeutige gesetzliche Normen verstoßen hat und dieser Verstoß offen zutage tritt.[70] Das kann der Fall sein, wenn das Gericht seine Aufklärungspflicht verletzt, das Grundrecht auf rechtliches Gehör verletzt oder eine falsche Rechtsmittelbelehrung erteilt.[71] Außerdem müssen durch die unrichtige Sachbehandlung Mehrkosten entstanden sein.[72]

143 Die Entscheidung über die **Niederschlagung** ergeht in Form eines Beschlusses, der grundsätzlich eine Begründung enthalten muss. In der Praxis wird jedoch sehr häufig einfach nur die Formulierung „Die Kosten bleiben außer Ansatz“ gewählt und bei kleineren Beträgen, z.B. bei Auslagen für eine überflüssige Zustellung, groß und deutlich möglichst in roter Schrift „§ 21 GKG“ notiert. Für die Nichterhebung von Auslagen für von Amts wegen veranlasste Terminverlegungen ist der Kostenbeamte zuständig, bei rechtlichen Schwierigkeiten kann er die Sache dem Gericht zur Entscheidung vorlegen, § 11 KostVfg.

144 Den Fall der **Verweisung** des gesamten Rechtsstreits an ein anderes Gericht regelt § 4 Abs. 1 GKG. Dabei bildet das weitere Verfahren in demselben prozessualen Rechtszug auch **dieselbe Kosteninstanz**, sodass grundsätzlich nur eine Verfahrensgebühr anfällt, also nicht durch die Anrufung des falschen Gerichts schon eine Gebühr entsteht. Das gilt auch bei der Verweisung in ein anderes Bundesland, obwohl jedes Land seinen eigenen Haushalt hat. Mehrkosten, die durch die Anrufung des z.B. unzuständigen Gerichts entstehen, werden nur dann erhoben, wenn die Anrufung auf verschuldeter Unkenntnis beruht, § 4 Abs. 2 GKG.

Wird ein Rechtsstreit aus der Rechtsmittelinstanz zurückverwiesen, dann wird das zurückverwiesene Verfahren Gegenstand des früheren erstinstanzlichen Verfahrens, dieses ist jedoch nicht in § 4 GKG geregelt sondern für die **Rückverweisung** gilt § 37 GKG.

---

67 *Hartmann*, GKG, § 20 Rn. 2.
68 *Hartmann*, GKG, § 20 Rn. 3.
69 S. hierzu *Schneider*, MDR 2001, 914 ff.
70 BGH v. 4.5.2005 – XII ZR 217/04 – NJW-RR 2005, 1230; *Hartmann*, GKG, § 21 Rn. 9, 10.
71 S. Beispiele bei *Hartmann*, GKG, § 21 Rn. 14ff.
72 *Hartmann*, GKG, § 21 Rn. 5.

145 Der **Anspruch** auf **Zahlung** oder auch auf **Rückerstattung** der **Kosten** verjährt in vier Jahren, § 5 Abs. 1, 2 GKG. Die **Verjährungsfrist** bei Zahlungsansprüchen beginnt mit dem Ablauf des Kalenderjahres der Beendigung des Verfahrens, § 5 Abs. 1 S. 1 GKG. Die Beendigung tritt mit einer rechtskräftigen Entscheidung oder aber auch mit der Klagerücknahme bzw. der Rücknahme eines Rechtsmittels oder in sonstiger Weise (Ruhen des Verfahrens, Erledigung der Hauptsache) ein.

146 Bei Ansprüchen auf **Rückerstattung** der Kosten beginnt die Verjährung nach Ablauf des Kalenderjahres in dem die Zahlung erfolgt, jedoch nicht vor dem nach Abs. 1 genannten Zeitpunkt (→ Rn. 145), § 5 Abs. 2 S. 1 GKG. Es gelten die Vorschriften des BGB über die Verjährung, d.h. sie wird auch nicht von Amts wegen berücksichtigt, sondern ist einredeweise geltend zu machen, § 5 Abs. 3 GKG. Eine Verzinsung findet nicht statt, § 5 Abs. 4 GKG.

8. Kosten- oder Gebührenbefreiung

147 Nach § 2 Abs. 1 GKG sind in Verfahren vor den ordentlichen Gerichten und den Gerichten der Finanz- und Sozialgerichtsbarkeit der **Bund** und die **Länder** sowie die nach Haushaltsplänen des Bundes oder eines Landes verwalteten **öffentlichen Anstalten und Kassen** von der Zahlung der Kosten befreit. Sie genießen **Kostenfreiheit**, d.h., sie sind von der Zahlung der Gebühren und Auslagen befreit.[73] Kostenfreiheit bedeutet, dass Kosten zwar entstehen, aber nicht erhoben werden dürfen. Soweit jemandem, der von Kosten befreit ist, Kosten des Verfahrens auferlegt werden, sind Kosten nicht zu erheben; bereits erhobene Kosten sind zurückzuzahlen. Das Gleiche gilt, soweit ein von Kosten Befreiter Kosten des Verfahrens übernimmt.

148 Die **Bundespost und die Bundesbahn** waren ursprünglich auch teilweise befreit. Beide Unternehmen sind heute teilprivatisiert. Keine Kostenfreiheit genießen die Nachfolgeinstitutionen der Post – die Deutsche Post AG, die Deutsche Postbank AG und die Deutsche Telekom AG.[74] Als Überbleibsel von der Befreiung der Bundesbahn ist die Befreiung für das **Bundeseisenbahnvermögen** übriggeblieben; dieses ist rechtlich selbstständig und gehört nicht zur Bahn AG. Als Teil des Bundesvermögens genießt es eine **persönliche Befreiung**.[75]

---

73 S. hierzu auch zur Kostenfreiheit für Träger der Sozialhilfe für übergeleitete Ansprüche, OLG Zweibrücken v. 6.12.1995 – 4 W 71/95 – JurBüro 1996, 319; für Sozialversicherungsträger, AG Mainz v. 20.11.1995 – 14 HRB 4150 – JurBüro 1996, 319; nicht für Kirchen im Verwaltungsverfahren, BVerwG v. 14.2.1996 – 11 VR 40/95 – JurBüro 1996, 319 m. Anm. *Hellstab* sowie BVerwG v. 22.3.1996 – 7 KSt 5/96 – JurBüro 1996, 547; siehe im Übrigen die alphabetische Auflistung bei *Hartmann*, GKG, § 2 Rn. 8 ff.

74 *Hartmann*, GKG, § 2 Rn. 8.

75 OLG München v. 6.11.1997 – 11 W 2883/97 – JurBüro 1998, 320.

149 Befreiung genießen auch nach Haushaltsplänen des Bundes oder eines Landes verwaltete **Anstalten** und **Kassen**. Bei den Anstalten kommt es darauf an, ob sie durch den Haushalt des Bundes oder des jeweiligen Landes finanziert werden oder sich selbst finanzieren. Die Bundesanstalt für vereinigungsbedingte Sonderaufgaben (Treuhandanstalt) finanziert sich selbst und hat deshalb keine persönliche Befreiung.[76]

Auch die **Bundesagentur für Arbeit** genießt keine Kostenfreiheit, da ihr zwar von der Bundesregierung zu genehmigender Haushaltsplan durch den eigenen Vorstand aufgestellt wird.[77]

a) Persönliche oder sachliche Kostenfreiheit

150 Das Gesetz unterscheidet zwischen der **persönlichen** und der **sachlichen Kostenfreiheit**. Persönliche Kostenfreiheit heißt, dass bestimmte Personen für alle Angelegenheiten keine Kosten zahlen müssen.[78] Persönliche Kostenfreiheit genießen der Bund, also sämtliche Bundesministerien und deren Unterbehörden, und die Länder, also sämtliche Landesministerien, Landesämter, Regierungspräsidenten und deren Unterbehörden und die in Abs. 1 genannten Anstalten und Kassen.[79] Sachliche Kostenfreiheit besagt, dass wegen der Art des vorzunehmenden Geschäfts keine Gebühren und Auslagen zu erheben sind.

b) Landesrechtliche Vorschriften

151 Gemäß § 2 Abs. 3 GKG lässt das Gesetz noch weitere **Kostenbefreiungen** in **bundes**- und **landesrechtlichen** Vorschriften zu. Da es sich bei den Kostengesetzen nicht um ausschließliche Bundesgesetzgebungszuständigkeit handelt (Art. 70 ff. GG), ist für die Länder im Rahmen der konkurrierenden Gesetzgebung ein gewisser Spielraum vorhanden.

Durch **landesrechtliche Vorschriften**[80] genießen insbesondere **Kirchen**, Religionsgemeinschaften und Weltanschauungsvereinigungen, die Körperschaft des öffentlichen Rechts sind, sowie die **Gemeinden** und Gemeindeverbände, soweit die Angelegenheiten nicht ihre wirtschaftlichen Unternehmen betrifft, und **Universitäten**, **Hochschulen**, **Fachhochschulen**, **Akademien** und Forschungseinrichtungen, die die Rechtsstellung einer Körperschaft, Anstalt oder Stiftung des öffentlichen Rechts haben, Kosten- bzw. Gebührenfreiheit.

---

76 BGH v. 16.1.1997 – IX ZR 40/96 – JurBüro 1997, 373 = MDR 1997, 303; a.A. OLG München v. 22.5.1996 – 11 W 1581/96 – JurBüro 1996, 1301.

77 *Hartmann*, GKG, § 2 Rn. 8.

78 BDPZ/*Zimmermann*, GKG, § 2 Rn. 4, 5.

79 *Hartmann*, GKG, § 2 Rn. 5 sowie Auflistung unter Rn. 8.

80 Nachweise siehe bei *Hartmann*, GKG, § 2 Rn. 15; Auszüge zu den einzelnen Befreiungsvorschriften siehe bei BDPZ/*Zimmermann*, Anhang zu § 2 GKG.

9. Erinnerung bzw. Beschwerde gegen den Kostenansatz

152 Die **Erinnerung** gem. § 66 Abs. 1 GKG ist der gegen den **Kostenansatz** vorgesehene **Rechtsbehelf**, durch den der ordentliche Rechtsweg ausgeschlossen ist.[81] Die Erinnerung ist an keine Frist gebunden, sie kann durch den **Kostenschuldner** und durch die **Staatskasse** eingelegt werden. Die Staatskasse wird durch den Bezirksrevisor vertreten. Die Erinnerung richtet sich gegen den Kostenansatz, also gegen die Kostenrechnung, deshalb kann sie auch nicht vor Aufstellung der Kostenrechnung eingelegt werden.[82] Sie kann sich auch gegen die Zahlungspflicht als solche richten, wenn z.B. persönliche Kostenfreiheit behauptet wird. Voraussetzung ist jedoch, dass der Erinnerungsführer beschwert ist,[83] das heißt auch, er muss überhaupt in Anspruch genommen sein.[84]

153 Der **Kostenbeamte** hat ein **Abhilferecht** und kann den Kostenansatz ändern, § 28 Abs. 2 S. 2 KostVfg. Dieses kann auch zum Nachteil des Kostenschuldners geschehen, solange keine gerichtliche Entscheidung getroffen ist.[85] Wenn er nicht abhilft, hat er die Akten dem Bezirksrevisor vorzulegen, §§ 28 Abs. 2, 38 Abs. 2 KostVfg. Dieser kann den Kostenbeamten anweisen, den Kostenansatz zu ändern, wenn er anderer Auffassung ist, oder er legt die Akte dem Gericht vor, § 38 Abs. 2 KostVfg.

154 Zur **Entscheidung** ist sachlich und örtlich das **Gericht** zuständig, bei dem die Kosten angesetzt worden sind, § 66 Abs. 1 S. 1 GKG, innerhalb eines Kollegialgerichts ist es der Einzelrichter, § 66 Abs. 6 S. 1 GKG.

Die **funktionelle Zuständigkeit** ergibt sich aus der Zuständigkeit für die Entscheidung in der Hauptsache, danach ist der **Richter zuständig**, wenn das Verfahren, für das die Kosten erhoben werden, zu seiner Zuständigkeit gehört (Zivilprozess), und der **Rechtspfleger**, wenn das Verfahren, für das die Kosten erhoben werden, auf den Rechtspfleger übertragen ist (Mahnverfahren).

155 Gegen diese **Entscheidung über die Erinnerung** ist die **Beschwerde** möglich, wenn der Beschwerdewert 200,00 € übersteigt oder die Beschwerde wegen der grundsätzlichen Bedeutung der Angelegenheit durch das Gericht zugelassen ist, § 66 Abs. 2 GKG. Die Beschwerde kann wiederum vom Kostenschuldner oder von der Staatskasse eingelegt werden. Bei zulässiger und begründeter Beschwerde ist **abzuhelfen,** § 66 Abs. 3 S. 1 GKG. Dem Gegner ist vorher rechtliches Gehör zu gewähren. Die **Beschwerde** ist jedoch **ausgeschlossen**, wenn die Kosten beim Rechtsmittelgericht angesetzt worden sind – also nur gegen

---

81 BGH v. 25.10.1983 – VI ZR 249/81 – NJW 1984, 871 m.w.N.

82 *Hartmann*, GKG, § 66 Rn. 18; BDPZ/*Zimmermann*, GKG, § 66 Rn. 18.

83 OLG Düsseldorf v. 16.8.2016 – 10 W 229/16 – NJW-RR 2016, 1472.

84 BGH v. 15.12.2015 – XI ZB 12/12 – juris.

85 *Hartmann*, GKG, § 66 Rn. 29.

den Kostenansatz der I. Instanz möglich. Eine Beschwerde an einen obersten Gerichtshof des Bundes findet nicht statt, § 66 Abs. 3 S. 3 GKG.[86]

156 Gegen die Entscheidung über die Beschwerde ist u.U. noch eine **weitere Beschwerde** statthaft, nämlich wenn das LG als Beschwerdegericht entschieden und sie wegen der grundsätzlichen Bedeutung der Angelegenheit zugelassen hat, § 66 Abs. 4 S. 1 GKG. Die weitere Beschwerde kann nur auf eine Rechtsverletzung (entspr. §§ 546, 547 ZPO) gestützt werden, § 66 Abs. 4 S. 2 GKG. Es entscheidet das OLG, jedoch gilt bei zulässiger und begründeter Beschwerde auch hier wieder die Abhilfeverpflichtung des Erstbeschwerdegerichts, § 66 Abs. 4 S. 4 i.V.m. § 66 Abs. 3 S. 1 GKG.

157 **Erinnerung** und **Beschwerde** sind schriftlich oder zu Protokoll der Geschäftsstelle bei dem Gericht, das zur Entscheidung befugt ist, einzulegen, also bei dem Gericht, das die Kosten angesetzt hat. Beide sind unbefristet und haben **keine aufschiebende Wirkung**, dieses kann jedoch von Amts wegen oder auf Antrag angeordnet werden, § 66 Abs. 5 u. Abs. 7 GKG. Ist das Rechtsmittel statthaft, sind die Verfahren gerichtsgebührenfrei und eine Kostenerstattung findet nicht statt, § 66 Abs. 8 GKG.

10. Beschwerde gegen die Anordnung einer Vorauszahlung; gegen die Festsetzung des Streitwertes

158 Für den Fall, dass das GKG es erlaubt, dass die Tätigkeit des Gerichts von der vorherigen Zahlung von Kosten abhängig gemacht wird, kann der Kostenschuldner sowohl wegen der Anordnung als auch wegen der Höhe des in diesem Fall im **Voraus zu zahlenden Betrags** Beschwerde einlegen, § 67 GKG. In diesem Fall sind § 66 Abs. 3 S. 1 bis 3, Abs. 4, 5 S. 1 und 5, Abs. 6 und 8 entsprechend anzuwenden (→ Rn. 127, 155 ff.).

159 Gegen einen Beschluss, durch den der **Wert für die Gerichtsgebühren** festgesetzt worden ist (§ 63 Abs. 2 GKG), findet die Beschwerde statt, wenn der Beschwerdewert 200,00 € übersteigt oder die Beschwerde wegen der grundsätzlichen Bedeutung der Angelegenheit durch das Gericht zugelassen ist, § 68 Abs. 1 GKG. Die Beschwerde ist nur zulässig, wenn sie innerhalb von sechs Monaten, nachdem die Entscheidung in der Hauptsache Rechtskraft erlangt oder das Verfahren sich anderweitig erledigt hat, eingelegt wird; ist der Streitwert später als einen Monat vor Ablauf dieser Frist festgesetzt worden, kann sie noch innerhalb eines Monats nach Zustellung oder formloser Mitteilung des Festsetzungsbeschlusses eingelegt werden, § 68 Abs. 1 S. 3 GKG. Im Fall der formlosen Mitteilung gilt der Beschluss mit dem dritten Tage nach Aufgabe zur Post als bekannt gemacht, § 68 Abs. 1 S. 4 GKG. Auch hier gilt § 66 Abs. 3, 4, 5 S. 1 und 5 sowie Abs. 6 entsprechend. Die weitere Beschwerde ist in diesem Fall innerhalb eines Monats nach Zustellung der Entscheidung des Beschwerdegerichts einzulegen, § 68 Abs. 1 S. 6 GKG.

---

86 BGH v. 6.7.2016 – IV ZR 430/15 –, juris.

Rechtsbehelfsverfahren gegen den Kostenansatz gem. § 66 GKG

Kostenansatz
durch den zuständigen Kostenbeamten
§ 19 I GKG, §§ 1, 2, 4 bis 8, 24 KostVfg

↓

Erinnerung gem. § 66 I 1 GKG
durch Kostenschuldner oder Staatskasse

- ohne Frist einzulegen bei dem Gericht, das die Kosten angesetzt hat, § 66 V 3; I 1 GKG
- schriftlich oder zu Protokoll der Geschäftsstelle einzulegen, § 66 V 1 GKG
- keine aufschiebende Wirkung, § 66 VII 1 GKG; aufschiebende Wirkung kann jedoch von Amts wegen oder auf Antrag ganz oder teilweise angeordnet werden, § 66 VII 2 GKG
- kein Anwaltszwang, § 66 V 1 GKG
- Verfahren ist gerichtsgebührenfrei, Kosten werden nicht erstattet, § 66 VIII 1, 2 GKG

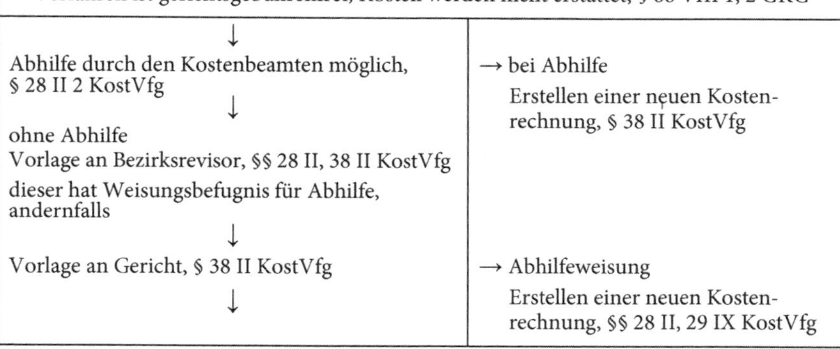

**Entscheidung über die Erinnerung durch das Gericht,
§ 66 I 1, VI 1 GKG**

- sachliche und örtliche Zuständigkeit: Gericht, bei dem die Kosten angesetzt worden sind
- funktionelle Zuständigkeit: **Das Gericht** (in der Regel der Einzelrichter), wenn das Verfahren, für das die Kosten erhoben werden, zur Zuständigkeit des Gerichts gehört (z.B. Zivilprozess); **der Rechtspfleger,** wenn das Verfahren, für das die Kosten erhoben werden, auf den Rechtspfleger übertragen ist (z.B. Mahnverfahren)

**Beschwerde gegen die Entscheidung über die Erinnerung,
§§ 66 II GKG, 11 I RPflG**
durch Kostenschuldner oder Staatskasse

- einzulegen ohne Frist bei dem Gericht, dessen Entscheidung angefochten wird, § 66 V 5 GKG
- schriftlich oder zu Protokoll der Geschäftsstelle einzulegen, § 66 V 1 GKG
- keine aufschiebende Wirkung, § 66 VII 1 GKG; aufschiebende Wirkung kann jedoch von Amts wegen oder auf Antrag ganz oder teilweise angeordnet werden, § 66 VII 2 GKG
- Verfahren ist gerichtsgebührenfrei, Kosten werden nicht erstattet, § 66 VIII 1, 2 GKG

Zulässigkeitsvoraussetzungen:

Beschwerdewert muss 200,00 € übersteigen, § 66 II 1 GKG oder die Beschwerde ist wegen der grundsätzlichen Bedeutung der Angelegenheit durch das Gericht zugelassen, § 66 II 2 GKG

Beschwerde an einen obersten Gerichtshof des Bundes findet nicht statt, § 66 III 3 GKG;

Beschwerdegericht ist an die Zulassung gebunden;

die Nichtzulassung ist unanfechtbar, § 66 III 4 GKG

↓

... bei zulässiger und begründeter Beschwerde:
Abhilfe gem. § 66 III 1 GKG

↓ keine Abhilfe Entscheidung durch das nächsthöhere Gericht, § 66 III 1, 2 GKG	→ bei Abhilfe Erstellen einer neuen KR, §§ 28 II, 29 IX KostVfg

↓

- funktionelle Zuständigkeit: **Das Gericht** durch eines der Mitglieder als **Einzelrichter,** wenn die angefochtene Entscheidung von einem Einzelrichter oder einem Rechtspfleger erlassen ist; dieser überträgt auf die Kammer oder den Senat (ohne ehrenamtliche Richter), wenn die Sache besondere Schwierigkeiten tatsächlicher oder rechtlicher Art aufweist oder die Rechtssache grundsätzliche Bedeutung hat.

↓

Weitere Beschwerde gemäß §§ 66 IV GKG

- Die weitere Beschwerde ist nur zulässig, wenn das Landgericht als Beschwerdegericht entschieden und sie wegen der grundsätzlichen Bedeutung zugelassen hat, § 66 IV I GKG;
- Beschwerdegründe: Rechtsverletzung in entspr. Anwendung der §§ 546, 547 ZPO, § 66 IV 2 GKG;
- über die weitere Beschwerde entscheidet das OLG, § 66 IV 3 GKG;
- bei zulässiger und begründeter Beschwerde: Abhilfe, § 66 IV 4 i.V.m. § 66 III 1 GKG;
- das Beschwerdegericht ist an die Zulassung gebunden; die Nichtzulassung ist unanfechtbar, § 66 IV 4 GKG i.V.m. § 66 III 4 GKG.

III. Rechtsanwaltsvergütung

160 Zu den Kosten des Rechtsstreits gehören neben den **Gerichtskosten** auch die **außergerichtlichen Kosten,** deren Hauptbestandteil in der Regel die Vergütung des mit der Vertretung beauftragten Rechtsanwalts ist. Je nachdem, ob der Rechtsanwalt als Prozessbevollmächtigter, Unterbevollmächtigter, Beweisanwalt oder gar Verkehrsanwalt tätig ist, unterscheiden sich seine Vergütungsansprüche.

1. Die gesetzliche Vergütung nach dem RVG

161 Gesetzliche Grundlage für die Vergütung ist das Rechtsanwaltsvergütungsgesetz – RVG, wonach die Höhe der Vergütung des Rechtsanwalts für dessen Berufstätigkeit bemessen wird. Die **Vergütung** setzt sich aus **Gebühren** und **Auslagen** zusammen, § 1 Abs. 1 S. 1 RVG. Gebühren sind das Entgelt für die anwaltliche Leistung, die auch die allgemeinen Geschäftskosten abdecken.[87]

2. Der Gegenstandswert für die Rechtsanwaltsgebühren

162 Der Rechtsanwalt erhält gemäß § 2 Abs. 1 RVG für seine Tätigkeit grundsätzlich eine **Wertgebühr**, die sich nach dem Wert des Gegenstands bemisst, auf den sich die anwaltliche Tätigkeit erstreckt. Der Gegenstandswert ist begrifflich der **Anwaltsgebührenwert.**[88]

Wie dieser Gegenstandswert zu berechnen ist, regeln die §§ 22 ff. RVG. Die Wertvorschriften enthalten zunächst grundsätzliche und allgemeine Regelungen (§§ 22, 23 RVG) und dann die speziellen Vorschriften für bestimmte Verfahren oder Verfahrenskonstellationen.

163 In **gerichtlichen Verfahren** bestimmt sich der **Gegenstandswert** nach den für die **Gerichtsgebühren geltenden Vorschriften,** § 23 Abs. 1 S. 1 RVG. Unter einem gerichtlichen Verfahren versteht man jedes Verfahren vor einem unabhängigen staatlichen Gericht.[89] Hierzu gehören also auch die bürgerlichen Rechtstreitigkeiten, die nach den Verfahrensvorschriften der ZPO durchgeführt werden. Diese Wertvorschriften gelten auch für Tätigkeiten außerhalb eines gerichtlichen Verfahrens, wenn der Gegenstand der Tätigkeit auch Gegenstand eines gerichtlichen Verfahrens sein könnte, § 23 Abs. 1 S. 3 RVG.

Die **Wertfestsetzung für die Gerichtsgebühren** ist auch für die Gebühren des Rechtsanwalts maßgeblich, § 32 RVG; Abs. 2 gibt ihm deshalb ein

---

87 *Lappe*, Justizkostenrecht, § 1; Riedel/Sußbauer/*Pankatz*, § 1 Rn. 120.
88 *Lappe*, Justizkostenrecht, § 18 D IV.
89 *Hartmann*, RVG, § 23 Rn. 3.

eigenes Antrags- sowie Rechtsmittelrecht gegen die Festsetzung. Berechnen sich die Gebühren in einem gerichtlichen Verfahren nicht nach dem für die Gerichtsgebühren maßgebenden Wert oder fehlt es an einem solchen Wert, setzt das Gericht des Rechtszugs den Wert des Gegenstands der anwaltlichen Tätigkeit auf Antrag durch Beschluss selbstständig fest, § 33 Abs. 1 RVG.

3. Die Gebühren und deren Abgeltungsbereich

164 Für die Vertretung im Zivilprozess erhält der Rechtsanwalt die Gebühren nach Teil 3 des Vergütungsverzeichnisses des RVG, denn dieser Teil ist unter anderem für **Zivilsachen** einschlägig. Zu den Zivilsachen gehören nach der Legaldefinition des § 13 GVG die bürgerlichen Rechtsstreitigkeiten, die Familiensachen und die Angelegenheiten der freiwilligen Gerichtsbarkeit.

Hinsichtlich der Gebühren wird zwischen **Wertgebühren** und **Rahmengebühren** unterschieden.[90]

Wertgebühren berechnen sich nach dem Gegenstandswert, dem (Streit-) Wert des Gegenstands der anwaltlichen Tätigkeit. Die Gebührenhöhe ergibt sich aus § 13 Abs. 1 RVG und der dieser Vorschrift beigefügten Tabelle, die dem RVG als Anlage 2 beigefügt ist. Danach handelt es sich bei den Tabellengebühren immer um „volle" Gebühren mit einem Gebührensatz von 1,0; jeweils aufgelistet nach Gegenstandswertstufen, die mit den Stufen der Tabelle zum GKG übereinstimmt. Die Höhe der Vergütung ergibt sich dann aus dem Vergütungsverzeichnis des RVG (VV), § 2 Abs. 2 RVG, das in den einzelnen Teilen die jeweiligen Gebühren für die einzelnen Angelegenheiten festlegt. Bestimmt das Vergütungsverzeichnis andere Gebührensätze (z.B. 1,3 Verfahrensgebühr nach VV 3100) sind die Beträge entsprechend zu errechnen,[91] der Mindestbetrag einer Gebühr beträgt 15,00 € gem. § 13 Abs. 2 RVG, Gebühren sind kaufmännisch zu runden, § 2 Abs. 2 S. 2 RVG.

In **bürgerlichen Rechtsstreitigkeiten** erhält der Rechtsanwalt in der Regel **Wertgebühren** und zwar eine **Verfahrensgebühr** für das Betreiben des Geschäfts; dann kann er zusätzlich eine **Terminsgebühr** verlangen, wenn er z.B. für seinen Mandanten einen gerichtlichen Termin wahrgenommen hat. Für die Mitwirkung bei einem Vertrag, der eine Einigung zum Inhalt hat, erhält der Rechtsanwalt eine besondere Gebühr, nämlich die **Einigungsgebühr**. Zu den einzelnen Gebühren folgen ausführliche Erläuterungen im

---

90 *Lappe*, Justizkostenrecht, § 18 D V 1. und 4.

91 In der Praxis verwendet man handelsübliche Gebührentabellen wie z.B. *Höver*, Gebührentabellen mit Erläuterungen für Gerichte, Rechtsanwälte, Notare, Rechtsbeistände, Gerichtsvollzieher und Behörden oder *Lappe/Hellstab*, Gebührentabellen für Rechtsanwälte mit Gerichts- und Notargebühren.

Verlauf der Darstellung des Verfahrens und der einzelnen Abschnitte, in denen die Gebühren entstehen können.

165 **Rahmengebühren** erscheinen in zwei Arten, nämlich als **Betragsrahmengebühren** und als **Gebührensatzrahmen.**[92] Rahmengebühren sind Gebühren, für die das Gesetz nur die untere und die obere Grenze gezogen hat. Bei den Betragsrahmengebühren bestimmt das RVG einen Mindest- und einen Höchstbetrag der Gebühr, so überwiegend bei den Gebühren für die Tätigkeit in Straf- und Bußgeldsachen nach Teil 4 des VV, aber auch im sozialgerichtlichen Verfahren. Danach kann der Rechtsanwalt beispielsweise im Verfahren vor den Sozialgerichten eine Verfahrensgebühr zwischen 50,00 bis 550,00 € verlangen, VV 3102.

Beim **Gebührensatzrahmen** bestimmt das Gesetz den unteren und den oberen Gebührensatz; im Grunde handelt es sich auch um Wertgebühren, allerdings bestimmt der Rechtsanwalt den tatsächlichen Gebührensatz. Typische Rahmengebühr dieser Art ist die Geschäftsgebühr nach VV 2300 (0,5 bis 2,5). Der Rechtsanwalt hat unter **Berücksichtigung aller Umstände** des Einzelfalls, **insbesondere** der Bedeutung der Angelegenheit, des Umfangs und der Schwierigkeit der anwaltlichen Tätigkeit sowie der Vermögens- und Einkommensverhältnisse des Auftraggebers die Gebühr nach **billigem Ermessen** zu bestimmen, § 14 Abs. 1 RVG.

166 Die Gebühren gelten die **gesamte Tätigkeit** des Rechtsanwalts vom Auftrag bis zur Erledigung einer Angelegenheit ab, § 15 Abs. 1 RVG. Der Rechtsanwalt kann die Gebühren in derselben Angelegenheit nur einmal fordern, § 15 Abs. 2 RVG. Unter Angelegenheit versteht das Gesetz nicht unbedingt den Auftrag, denn der kann auch mehrere Angelegenheiten beinhalten.

Die Angelegenheit ist auch nicht identisch mit dem Gegenstand der anwaltlichen Tätigkeit.[93] Der BGH[94] hat folgende Unterscheidung zwischen **Angelegenheit und Gegenstand** vorgenommen: Die Angelegenheit ist der Rahmen der anwaltlichen Tätigkeit, gründend auf dem erteilten Auftrag; als Gegenstand sieht man das Recht oder Rechtsverhältnis an, auf das sich die jeweilige rechtsanwaltliche Tätigkeit bezieht. Für viele Verfahren ist die Abgrenzung in den §§ 16 ff. RVG vorgeschrieben und wo noch Unklarheiten bestehen, da ist die Rechtsprechung aufgerufen, u.U. eine Abgrenzung vorzunehmen. Das Gesetz unterscheidet in den §§ 16 bis 18 RVG zwischen drei Begriffen, die die Angelegenheit und damit den Gegenstand für die anwaltliche Vergütung verdeutlichen sollen. In § 16 RVG ist **dieselbe Angelegenheit**, in § 17 RVG sind **verschiedene** Angelegenheiten und in § 18 sind **be-**

---

92 *Jungbauer* in Bischof/Jungbauer, RVG, § 14 Rn. 3 ff., Gerold/Schmidt/*Mayer*, RVG, § 15 Rn. 2, 3.
93 Gerold/Schmidt/*Mayer*, RVG, § 15 Rn. 6.
94 BGH v. 4.5.1972 – III ZR 27/70 – MDR 1972, 765.

sondere Angelegenheiten geregelt. Der Unterschied zwischen § 16 und § 17 RVG dürfte nicht so schwer sein, versucht das Gesetz doch deutlich zu machen, wann nur **eine gebührenrechtliche** Angelegenheit (dieselbe) vorliegt oder wann es sich um **mehrere** Angelegenheiten (verschiedene) handelt.

167 § 16 RVG regelt, wann es sich um **dieselbe Angelegenheit** handelt, für den Zivilprozess interessant ist hierbei die Regelung in Nr. 2, wonach das Verfahren über die Bewilligung von Prozesskostenhilfe und das Verfahren, für das die Prozesskostenhilfe gewährt werden soll (z.B. das Klageverfahren), dieselbe Angelegenheit darstellt. Das Gesetz sieht für beide Verfahren Gebühren vor, die aber nur anfallen, wenn der Rechtsanwalt lediglich das eine oder das andere Verfahren betreibt. Ist er in beiden Verfahren tätig, gelten sie als dieselbe Angelegenheit mit der Folge, dass der Rechtsanwalt nur die Gebühren für das Verfahren erhält, für das die Prozesskostenhilfe bewilligt werden soll.

Dem steht § 17 RVG gegenüber, welcher bestimmt, wann es sich um **verschiedene Angelegenheiten** handelt, z.B. das Verfahren über ein Rechtsmittel und der vorausgegangene Rechtszug (Nr. 1), sodass der Rechtsanwalt für jede Instanz getrennt auch eine Vergütung erhält. Zu erwähnen ist noch das gerichtliche Mahnverfahren und das daraus u.U. entstehende streitige Verfahren (Nr. 2); mit der Folge, dass der Rechtsanwalt hier die Gebühren für beide Verfahren erhält, allerdings werden bisweilen einzelne Gebühren aufeinander angerechnet.

In § 18 RVG sind dann noch Angelegenheiten abschließend aufgezählt, die grundsätzlich **selbstständige** (**besondere**) Angelegenheiten bilden und zwar unabhängig davon, ob sie mit anderen in Zusammenhang stehen.[95] So ist z.B. jede Vollstreckungsmaßnahme zusammen mit den durch diese vorbereiteten weiteren Vollstreckungshandlungen bis zur Befriedigung des Gläubigers (§ 18 Nr. 1 RVG) eine besondere Angelegenheit.

168 Schließlich ist in diesem Zusammenhang auch noch § 19 RVG von Bedeutung. Die Vorschrift ordnet an, dass spezielle Tätigkeiten des Rechtsanwalts zum Rechtszug oder zum Verfahren gehören, es sei denn, sie sind ausdrücklich nach § 18 RVG als besondere Angelegenheit benannt.

Zum **Rechtszug** gehören gemäß § 19 Abs. 1 RVG auch die Vorbereitungs-, Neben- und Abwicklungstätigkeiten. Dazu gehören das Vorbereiten der Klage, außergerichtliche Verhandlungen, die Klärung von Zwischenstreitigkeiten, die Entgegennahme von Zustellungen, Ladungen usw., die Einlegung eines Rechtsmittels beim Gericht desselben Rechtszuges, die Kostenfestsetzung und die Einforderung der Vergütung, die Zustellung des Vollstreckungstitels und weitere in § 19 genannte Tätigkeiten.

---

95 *Bräuer/Bischof* in Bischof/Jungbauer, RVG, § 16 Rn. 8; Gerold/Schmidt/*Müller-Rabe*, RVG, § 18 Rn. 1.

4. Die Auslagen

169 Der Rechtsanwalt hat Anspruch auf Ersatz bestimmter **Auslagen,** diese sind im VV Teil 7 geregelt. Ausgenommen sind jedoch die allgemeinen **Geschäftskosten**, die dem Rechtsanwalt unabhängig vom besonderen Auftrag entstanden sind (Büroaufwand jeder Art, Formulare, Bücher, Zeitschriften), denn diese sind durch die **Gebühren abgegolten,** VV Vorbemerkung Teil 7 Abs. 1 RVG.

Zu den gesondert zu ersetzenden Auslagen gehören die gem. VV 7000 ff. geregelten Positionen (z.B. Umsatzsteuer, Post- und Telekommunikationsentgelte, Dokumentenpauschale, Reisekosten, Tage- und Abwesenheitsgeld).

a) Umsatzsteuer VV 7008

170 Der Rechtsanwalt ist als freiberuflich Tätiger grundsätzlich verpflichtet, Umsatzsteuer zu entrichten. Diese **Umsatzsteuer** kann der Rechtsanwalt auf seinen Mandanten abwälzen, er kann die jeweils geltende Umsatzsteuer von der Gesamtvergütung (Gebühren und Auslagen) berechnen und bei der Abrechnung seiner Vergütung mit erfordern. Der derzeitige Umsatzsteuersatz beträgt 19 %.

b) Entgelte für Post- und Telekommunikationsdienstleistungen VV 7001, 7002

171 Zusätzlich zu seinen Gebühren darf der Rechtsanwalt noch die von ihm geleisteten Entgelte für **Post- und Telekommunikationsdienstleistungen** in Rechnung stellen. Dabei hat er die Wahl, seine **tatsächlichen Auslagen zu ermitteln oder einen Pauschalbetrag** zu fordern. Der Pauschbetrag beträgt 20 % der gesetzlichen Gebühren, jedoch in einer Angelegenheit und in einem Rechtszug jeweils höchstens **20,00 €**.

c) Dokumentenpauschale VV 7000

172 Grundsätzlich sind auch die Kosten für die Herstellung des Schreibwerks mit den Gebühren abgegolten, allerdings hat der Rechtsanwalt zusätzlich einen Anspruch auf Ersatz für **Kopien** aus Behörden- und Gerichtsakten, soweit deren Herstellung zur sachgemäßen Bearbeitung der Rechtssache geboten war; sowie zur Zustellung oder Mitteilung an Gegner oder Beteiligte und Verfahrensbevollmächtigte aufgrund einer Rechtsvorschrift oder nach Aufforderung durch das Gericht, die Behörde oder die sonst das Verfahren führende Stelle, soweit hierfür mehr als 100 Seiten zu fertigen waren oder zur notwendigen Unterrichtung des Auftraggebers, soweit hierfür mehr als 100 Seiten zu fertigen waren und in sonstigen Fällen nur, wenn sie im Einverständnis mit dem Auftraggeber zusätzlich, auch zur Unterrichtung Dritter, angefertigt worden sind. Eine Übermitt-

lung durch Telefax steht der Herstellung einer Kopie gleich, VV 7000 Abs. 1 S. 2 RVG.[96]

173 Für die ersten 50 Seiten können 0,50 € pro Seite und für jede weitere Seite 0,15 € erhoben werden. Für die entsprechenden Seiten in Farbe wird ein höherer Betrag veranschlagt, nämlich für die ersten 50 Seiten je 1,00 € und für die weiteren Seiten je 0,30 €. Für die Überlassung von elektronisch gespeicherten Dateien oder deren Bereitstellung zum Abruf anstelle der Kopien oder Ausdrucke kann je Datei ein Betrag von 1,50 € berechnet werden, höchstens aber für auf demselben Datenträger übertragene Dokumente ein Betrag von 5,00 €.

d) Reisekosten VV 7003 ff.

174 Eine Geschäftsreise liegt vor, wenn der Rechtsanwalt in Ausführung eines ihm erteilten Vertretungsauftrags ein Geschäft an einem anderen Ort als seinem **Wohnort** oder dem **Kanzleisitz** vornimmt, VV Vorb. Teil 7 Abs. 2 RVG.

175 Jeder Rechtsanwalt muss gem. § 27 Abs. 1 BRAO[97] im Bezirk der Rechtsanwaltskammer, deren Mitglied er ist, eine Kanzlei einrichten und unterhalten. Die Lokalisation der Rechtsanwälte bei einem bestimmten Gericht der ordentlichen Gerichtsbarkeit nach § 18 BRAO a.F. ist aufgegeben worden. Der Wohnsitz des Rechtsanwalts kann sich an einem anderen Ort befinden als der Kanzleisitz. Ein Berliner Rechtsanwalt, der in Ausführung eines Mandats eine Pkw-Fahrt innerhalb Berlins zurücklegt, erhält keine Auslagen für eine Geschäftsreise.[98]

Zu den Reisekosten gehören:

- Wegeentschädigung
- Tage- und Abwesenheitsgeld
- Übernachtungskosten.

aa) Wegeentschädigung VV 7003, 7004

176 Das Gesetz sieht an erster Stelle die Entschädigung für die Benutzung des **eigenen** Kraftfahrzeugs vor; damit will der Gesetzgeber andeuten, dass die Benutzung des eigenen Kraftfahrzeugs als üblich angesehen wird. Der Ersatz des Kilometergeldes soll nicht von einer kleinlichen Prüfung abhängig gemacht werden, insbesondere nicht von der Frage, ob vielleicht die Benut-

---

96 Klarstellung lt. Art. 20 Nr. 7 des 2. JustizmodernisierungsG v. 22.12.2006 – BGBl. I S. 3416.

97 In der Fassung des Gesetzes zur Stärkung der Selbstverwaltung der Rechtsanwaltschaft v. 26.3.2007 – BGBl. I S. 358.

98 LG Berlin v. 17.1.1980 – 82 T 273/79 – MDR 1980, 497, Anm. *Mümmler* in JurBüro 1980, 1078.

zung eines anderen Verkehrsmittels billiger gekommen wäre.[99] Die Entschädigung ist pauschal auf 0,30 € für den Kilometer festgesetzt, zu vergüten sind die tatsächlich gefahrenen Kilometer, und zwar Hin- und Rückweg. Hierbei darf der Rechtsanwalt auch längere Strecken wählen, wenn er dadurch schlechte, kurvenreiche und durch viele Ortschaften führende Landstraßen vermeiden kann.[100] Neben diesen Pauschalkosten können auch Barauslagen wie Parkgebühren berücksichtigt werden.[101]

177 Auch für die Benutzung eines **Motorrades** kann die vom Gesetz vorgesehene Pauschale beansprucht werden und nicht nur die tatsächlichen Aufwendungen geltend gemacht werden.[102] Ich neige auch zu der von *Müller-Rabe* und *Hartmann* vertretenen Auffassung, wonach unter „Kraftfahrzeug" auch ein Motorrad zu verstehen ist (s.a. § 1 Abs. 2 StVG). Aus dem Wortlaut des Gesetzes kann nicht geschlossen werden, dass es sich nur um einen „Kraftwagen" handeln darf.

178 Dem Rechtsanwalt kann nicht vorgeschrieben werden, seinen eigenen Pkw zu benutzen. Bei der **Benutzung anderer Verkehrsmittel** sind die tatsächlichen Aufwendungen zu ersetzen, auch wenn diese höher sind.[103]

Hierzu gehören: Kosten für Bahnfahrt einschl. Mehrkosten für Zuschläge, Flugkosten, Platzkarten etc. Die Kosten der 1. Wagen- oder Schiffsklasse sind immer angemessen, bei Flugreisen die Kosten der Economy Class, strittig ist, ob bei längeren Strecken auch die Business-Class beansprucht werden kann.[104] Zusätzlich sind die Kosten zu den Beförderungsmitteln hin zu erstatten (zum Bahnhof, Flugplatz, Schiffsanleger). Die Benutzung eines Taxis wird insofern als angemessen angesehen,[105] es kann nicht erwartet werden, dass der Rechtsanwalt die Straßenbahn benutzt.

bb) Tage- und Abwesenheitsgeld VV 7005

179 Das Tage- und Abwesenheitsgeld soll Mehrkosten, die durch die Geschäftsreise verursacht werden, ausgleichen. Gleichzeitig gilt es auch als Entschädigung für den Verlust sonstiger Geschäfte. Die Zeit wird berechnet vom Verlassen der Kanzlei bis zum Wiederbetreten und wird **pauschaliert:** Geschäftsreisen von nicht mehr als 4 Stunden = 25,00 €, von mehr als 4

---

99 Gerold/Schmidt/*Müller-Rabe*, VV 7003–7006 Rn. 29; Riedel/Sußbauer/*Ahlmann*, VV 7003–7006 Rn. 8.

100 *Bräuer* in Bischof/Jungbauer, RVG, VV 7003 Rn. 3; Gerold/Schmidt/*Müller-Rabe*, VV 7003–7006 Rn. 35.

101 Gerold/Schmidt/*Müller-Rabe*, VV 7003–7006 Rn. 37.

102 Gerold/Schmidt/*Müller-Rabe*, VV 7003–7006 Rn. 30; *Hartmann*, RVG, VV 7003–7006 Rn. 16.

103 Ausführlich Gerold/Schmidt/*Müller-Rabe*, VV 7003–7006 Rn. 40 ff.; siehe auch *Bräuer* in Bischof/Jungbauer, RVG, VV 7004.

104 Zu den Flugkosten siehe Gerold/Schmidt/*Müller-Rabe*, VV 7003–7006 Rn. 49 ff.

105 LG Berlin v. 14.6.1999 - 510 Qs 43/99 - JurBüro 1999, 526.

Stunden bis zu 8 Stunden = 40,00 € und über 8 Stunden pauschal 70,00 €. Zieht sich die Geschäftsreise über mehrere Tage hin, dann ist das Abwesenheitsgeld für jeden Tag getrennt zu berechnen.[106]

cc) Übernachtungskosten

180 Dauert die Geschäftsreise länger und war es dem Rechtsanwalt nicht zuzumuten, noch am selben Tag zurückzureisen, kann er Kosten für Übernachtung fordern.[107] Es wird von dem Rechtsanwalt nicht erwartet, dass er eine Reise in der Nachtzeit durchführt. Hierbei wird zunehmend darauf abgestellt, dass es sich bei der Zeit zwischen 21.00 Uhr (z.T. 22.00 Uhr) und 6.00 Uhr um die Nachtzeit handelt.[108] Es werden die **tatsächlichen Übernachtungskosten** erstattet, soweit diese angemessen sind.[109] Übernachtet er im Schlafwagen oder bei Bekannten, kann keine Entschädigung gefordert werden. Es sind die **geschäftsüblichen Kosten** zu erstatten, hierbei sprengen Luxushotels den üblichen Rahmen. Kosten für Frühstück sind vom Abwesenheitsgeld zu bestreiten und ggf. aus den Hotelkosten herauszurechnen.[110]

5. Fälligkeit der Vergütung; Verjährung

181 Es wird unterschieden zwischen dem Entstehen eines Gebührenanspruchs und dessen Fälligkeit. Der Gebührenanspruch entsteht, sobald der Anwalt die gebührenpflichtige Tätigkeit vorgenommen hat. Die Fälligkeit tritt jedoch erst ein, wenn die in § 8 Abs. 1 RVG genannten Voraussetzungen erfüllt sind. Dieses gilt für jede Tätigkeit des Rechtsanwalts. § 8 Abs. 1 RVG nennt **fünf Fälligkeitstatbestände**. Danach wird die Vergütung fällig, wenn der Auftrag erledigt ist oder die Angelegenheit beendet ist, § 8 Abs. 1 S. 1 RVG. Die Erledigung des Auftrages tritt bei Kündigung des Vertrages entweder durch den Rechtsanwalt oder den Auftraggeber ein. Auch der Tod des Rechtsanwalts oder das Erlöschen der Zulassung führt zur Erledigung des Auftrags.[111] Die Angelegenheit ist beendet, sobald der Auftrag erfüllt ist.[112]

182 Bei einer Tätigkeit in einem **gerichtlichen Verfahren** kommen in erster Linie als Fälligkeitstatbestände folgende Anlässe infrage: Es ergeht eine **Kostenentscheidung**, wobei es reicht, wenn das Gericht über die Gerichts-

---

106 Gerold/Schmidt/*Müller-Rabe*, VV 7003–7006 Rn. 63; *Hartmann*, RVG, VV 7003–7006 Rn. 31.
107 Gerold/Schmidt/*Müller-Rabe*, VV 7003–7006 Rn. 70 ff.; Hartmann, RVG, VV 7003–7006 Rn. 36 ff.
108 Gerold/Schmidt/*Müller-Rabe*, VV 7003–7006 Rn. 72 m.w.N.
109 Siehe z.B. die Auflistung bei Gerold/Schmidt/*Müller-Rabe*, VV 7003–7006 Rn. 81.
110 Gerold/Schmidt/*Müller-Rabe*, VV 7003–7006 Rn. 83.
111 Gerold/Schmidt/*Mayer*, RVG, § 8 Rn. 10.
112 Gerold/Schmidt/*Mayer*, RVG, § 8 Rn. 11.

kosten entscheidet; der **Rechtszug wird beendet,** und zwar unabhängig von der Art der Beendigung (Gründe: Klagrücknahme, Rechtsmittelrücknahme, außergerichtlicher oder gerichtlicher Vergleich, abschließende Entscheidung), oder das **Verfahren ruht** länger als drei Monate, § 8 Abs. 1 S. 2 RVG.

183 Die Fälligkeit der Vergütung bewirkt u.a. das Recht des Rechtsanwalts auf Einforderung seiner Vergütung, allerdings auch die Verpflichtung, eine ordnungsgemäße Abrechnung (§ 10 RVG) zu erteilen; außerdem bewirkt sie den Beginn der **Verjährung**. Nach § 195 BGB unterliegen die Vergütungsansprüche der regelmäßigen Verjährung von 3 Jahren. Sie beginnt mit dem Schluss des Jahres, in dem der Anspruch entstanden ist und der Gläubiger von den den Anspruch begründenden Tatsachen Kenntnis erhalten hat, § 199 Abs. 1 Nr. 1, 2 BGB.[113] Auf die Übersendung einer Honorarabrechnung kommt es nicht an. Die Verjährung der Vergütung für eine Tätigkeit in einem gerichtlichen Verfahren wird gehemmt, solange das Verfahren anhängig ist und endet mit der rechtskräftigen Entscheidung oder anderweitigen Beendigung des Verfahrens, § 8 Abs. 2 RVG.

6. Vorschuss

184 Der Rechtsanwalt kann von seinem Auftraggeber einen angemessenen **Vorschuss** erheben, § 9 RVG. Das Recht auf Vorschuss ergibt sich schon aus dem Geschäftsbesorgungsvertrag, denn nach §§ 675, 669 BGB hat der Auftraggeber dem Rechtsanwalt für die Ausführung der Geschäftsbesorgung einen Vorschuss zu leisten. Die **Höhe des Vorschusses** muss angemessen sein, deshalb ist die Höhe nach oben begrenzt und darf die voraussichtlich entstehenden Gebühren und Auslagen nicht wesentlich überschreiten.[114]

IV. Parteikosten

185 Neben gezahlten Gerichtskosten und den geschuldeten Anwaltskosten können auch sonstige Aufwendungen der Parteien Kosten verursachen. Diese **Parteikosten** sind vor allem bare Aufwendungen für **Porto**, **Telefon** und **Reisekosten einschließlich** der **Zeitversäumnis** durch Wahrnehmung von Terminen.[115] Will die Partei ihre Aufwendungen vom unterlegenen Gegner erstattet erhalten, dann sind für die Berechnung gemäß § 91 Abs. 1

---

113 Gerold/Schmidt/*Mayer*, RVG, § 8 Rn. 33.

114 Gerold/Schmidt/*Mayer*, RVG, § 9 Rn. 7.

115 *Lappe*, Justizkostenrecht, § 32 IV 1.

S. 2 ZPO die für die Entschädigung von Zeugen geltenden Vorschriften zu beachten, d.h. es findet das JVEG[116] Anwendung.

Die für Zeugen geltenden Vorschriften finden sich in §§ 19 bis 23 JVEG. Zeugen erhalten als Entschädigung:

1. Fahrtkostenersatz (§ 5 JVEG),
2. Entschädigung für Aufwand (§ 6 JVEG),
3. Ersatz für sonstige Aufwendungen (§ 7 JVEG),
4. Entschädigung für Zeitversäumnis (§ 20 JVEG),
5. Entschädigung für Nachteile bei der Haushaltsführung (§ 21 JVEG) sowie
6. Entschädigung für Verdienstausfall (§ 22 JVEG).

1. Fahrtkostenersatz

186 Soweit der Partei **Fahrtkosten** auch tatsächlich entstanden sind, können Kosten für die Benutzung von öffentlich regelmäßig verkehrenden Verkehrsmitteln bis zur Höhe der entsprechenden Benutzung der ersten Wagenklasse der Bahn einschließlich der Auslagen für Platzreservierung und Beförderung von Gepäck verlangt werden, § 5 Abs. 1 JVEG. Da die Wahl des Beförderungsmittels grundsätzlich frei ist,[117] kann die Partei stattdessen auch mit dem eigenen oder einem unentgeltlich zur Benutzung überlassenen Kraftfahrzeug zum Termin fahren; zur Abgeltung der Betriebskosten und der Abnutzung des Fahrzeugs können 0,25 € pro gefahrenem Kilometer berechnet werden, § 5 Abs. 2 Nr. 1 JVEG. Dazu kommen noch bare Auslagen, wie z.B. Parkentgelte.

2. Entschädigung für Aufwand und sonstige Aufwendungen

187 Eine Entschädigung für **Aufwand** erhält nur derjenige, der innerhalb der Gemeinde, in der der Termin stattfindet, weder wohnt noch berufstätig ist, § 6 Abs. 1 JVEG. Ein Auswärtiger erhält danach für die Zeit der Abwesenheit ein **Tagegeld**, „dessen Höhe sich nach der Verpflegungspauschale zur Abgeltung tatsächlich entstandener, beruflich veranlasster Mehraufwendung im Inland nach dem Einkommensteuergesetz" richtet. Der Gesetzgeber hat sich hier mit seiner Verweisungstechnik keine Ehre gemacht. Wenn man schließlich die entsprechende aktuelle Vorschrift des EStG gefunden hat, dann verweist diese auch noch auf eine andere Vorschrift.

116 Gesetz über die Vergütung von Sachverständigen, Dolmetscherinnen, Dolmetschern, Übersetzerinnen, und Übersetzern sowie die Entschädigung von ehrenamtlichen Richterinnen, ehrenamtlichen Richtern, Zeuginnen, Zeugen und Dritten (Justizvergütungs- und -entschädigungsgesetz – JVEG) gem. Art. 2 KostRMoG.

117 *Hartmann*, JVEG, § 5 Rn. 5, NK-GK/*Simon/Pannen*, JVEG, § 5 Rn. 2.

Derzeit stellt sich dieses wie folgt dar:

Die Vorschrift zur Verpflegungspausale findet sich zunächst in § 4 Abs. 5 S. 1 Nr. 5 S. 2 EStG.

> „Wird der Steuerpflichtige vorübergehend von seiner Wohnung und dem Mittelpunkt seiner dauerhaft angelegten betrieblichen Tätigkeit entfernt betrieblich tätig, sind die Mehraufwendungen für Verpflegung nach Maßgabe des § 9 Absatz 4a abziehbar."

Die tatsächlichen Beträge ergeben sich dann jedoch aus § 9 Abs. 4a EStG:

> „Mehraufwendungen des Arbeitnehmers für die Verpflegung sind nur nach Maßgabe der folgenden Sätze als Werbungskosten abziehbar. Wird der Arbeitnehmer außerhalb seiner Wohnung und ersten Tätigkeitsstätte beruflich tätig (auswärtige berufliche Tätigkeit), ist zur Abgeltung der ihm tatsächlich entstandenen, beruflich veranlassten Mehraufwendungen eine Verpflegungspauschale anzusetzen. Diese beträgt
>
> 1. 24 Euro für jeden Kalendertag, an dem der Arbeitnehmer 24 Stunden von seiner Wohnung abwesend ist,
> 2. jeweils 12 Euro für den An- und Abreisetag, wenn der Arbeitnehmer an diesem, einem anschließenden oder vorhergehenden Tag außerhalb seiner Wohnung übernachtet,
> 3. 12 Euro für den Kalendertag, an dem der Arbeitnehmer ohne Übernachtung außerhalb seiner Wohnung mehr als 8 Stunden von seiner Wohnung und der ersten Tätigkeitsstätte abwesend ist; beginnt die auswärtige berufliche Tätigkeit an einem Kalendertag und endet am nachfolgenden Kalendertag ohne Übernachtung, werden 12 Euro für den Kalendertag gewährt, an dem der Arbeitnehmer den überwiegenden Teil der insgesamt mehr als 8 Stunden von seiner Wohnung und der ersten Tätigkeitsstätte abwesend ist."

Bleibt also festzuhalten, dass bei einer Abwesenheit von weniger als 8 Stunden kein Tagegeld anfällt. Erst bei einer Abwesenheit von mehr als 8 Stunden fallen 12,00 € an.

188 Zusätzlich können jedoch u.U. weitere Aufwendungen ersetzt werden, wenn diese notwendig waren, § 7 Abs. 1 JVEG. Dies gilt insbesondere für die Kosten notwendiger **Vertretungen** und **Begleitpersonen**. Vertretungskosten können anfallen bei Geschäftsleuten und freiberuflich Tätigen, allerdings ist bei Geltendmachung von Vertretungskosten die Erstattung von Verdienstausfall regelmäßig ausgeschlossen.[118]

3. Entschädigung für Verdienstausfall, Zeitversäumnis und Nachteile in der Haushaltsführung

189 Entsteht der Partei für die Terminwahrnehmung ein **Verdienstausfall**, erhält sie eine Entschädigung, die sich nach dem regelmäßigen Bruttoverdienst einschließlich der vom Arbeitgeber zu tragenden Sozialversiche-

118 NK-GK/*Simon/Pannen*, JVEG, § 7 Rn. 9 ff.

rungsbeiträge richtet, allerdings ist der Höchstbetrag auf 21,00 € je Stunde begrenzt, § 22 JVEG.[119]

190 Wer nicht erwerbstätig ist und einen eigenen Haushalt für mehrere Personen führt, erhält für **Nachteile in der Haushaltsführung** eine Entschädigung von 14,00 € je Stunde, § 21 JVEG. Dieses gilt auch für Teilzeitbeschäftigte, wenn sie außerhalb ihrer regelmäßig vereinbarten Arbeitszeit einen Termin wahrnehmen mussten, in diesem Fall ist die Entschädigung jedoch auf höchstens 10 Stunden je Tag begrenzt, wobei die Anzahl der regelmäßig zu leistenden Arbeitsstunden abzuziehen ist. Nach § 21 S. 3 JVEG wird die Entschädigung nicht gewährt, soweit die Kosten einer notwendigen Vertretung erstattet werden, allerdings muss es sich um eine Vertretung in der Haushaltsführung handeln, ist die Vertretung z.B. für die Kinderbeaufsichtigung zuständig, dann können beide Positionen nebeneinander bestehen.[120]

191 Eine Entschädigung für **Zeitversäumnis** in Höhe von 3,50 € je Stunde erhält derjenige, der weder Verdienstausfall noch Nachteile bei der Haushaltsführung hat, § 20 JVEG. Allerdings wird diese Entschädigung nicht gewährt, wenn ersichtlich kein Nachteil entstanden ist und damit wird deutlich, dass es sich um eine Entschädigung für sonstige Nachteile handelt und nicht für Vermögenseinbußen.[121]

192 Die Prozessvorschriften enthalten keine Definition des Begriffs der **Parteireise;** deshalb wird zum Vergleich die Definition des Begriffs der Geschäftsreise des Rechtsanwalts nach VV Vorbem. Teil 7 Abs. 2) herangezogen, wonach eine Reise vorliegt, wenn die Partei die Grenzen der politischen Gemeinde überschreitet, in der sie ihren Wohnsitz hat, die tatsächliche Entfernung soll dabei unerheblich sein.[122] Dem kann nicht gefolgt werden, da § 91 Abs. 1 S. 2 ZPO ohne Einschränkung auf die für Zeugen geltenden Vorschriften verweist und diese sich aus dem JVEG und nicht aus dem RVG ergeben. Das JVEG definiert den Begriff auch nicht, eine Einschränkung nur für Reisen außerhalb des Wohnortes ist nicht vorhanden. Auch bei den Vorschriften zum Fahrtkostenersatz (§ 5 JVEG) wird nicht auf das Verlassen der politischen Gemeinde abgestellt, während der Gesetzgeber bei der Regelung über die Entschädigung für Aufwand (§ 6 JVEG) dieses aber sehr wohl getan hat (→ Rn. 187). Aus all dem kann geschlossen werden, dass es bei der Erstattungsfähigkeit der Kosten für notwendige Terminwahrnehmungen nicht darauf ankommt, dass die Partei die politische Grenze ihrer Wohnsitzgemeinde überschreitet.

---

119 Zur Entschädigung im Einzelnen siehe *Hartmann*, JVEG, § 22 sowie NK-GK/*Pannen*/*Simon*, JVEG, § 22.

120 NK-GK/*Simon*/*Pannen*, JVEG, § 17 Rn. 8.

121 Zum Nachteilsbegriff siehe NK-GK/*Pannen*/*Simon*, JVEG, § 20 Rn. 4 ff.

122 Zöller/*Herget*, ZPO § 91 Rn. 13 „Reisekosten der Partei"; *Mümmler*, JurBüro 1996, 349 zu § 28 BRAGO.

V. Bei Anhängigkeit der Klage bereits entstandene Kosten

193 Mit der Einreichung der Klageschrift bei Gericht wird die Klage anhängig. Bis zu diesem Zeitpunkt sind diverse Kosten bereits entstanden und zum Teil auch schon fällig. Wir unterscheiden hier zwischen reinen Vorbereitungskosten und den durch die Klageeinreichung entstandenen Kosten.

1. Vorbereitungskosten

194 **Vorbereitungskosten** sind Kosten, die durch Maßnahmen entstehen, die zur Prüfung der Erfolgsaussichten der Rechtsverfolgung entstehen, jedoch nicht solche, die das durchzusetzende Recht erst beschaffen sollen.[123] Sie können grundsätzlich mit dem Hauptanspruch zusammen eingeklagt werden. Allerdings ist unter Umständen eine spätere Geltendmachung im Rahmen des Kostenfestsetzungsverfahrens möglich.[124]

a) Vorprozessuale Gutachten

195 Häufig handelt es sich um **vorprozessuale Gutachten**, die im Hinblick auf den konkreten Rechtsstreit eingeholt werden, wenn sich die Partei z.B. über schwierige tatsächliche technische Fragen aus eigener Sachkunde kein klares Bild verschaffen kann und der Gegner die Sachkunde hat.

b) Vorprozessuale Anwaltskosten

196 Bei **vorprozessualen Anwaltskosten** handelt es sich nicht um den prozessualen Kostenerstattungsanspruch gemäß § 91 ZPO, sondern um einen materiell-rechtlichen Erstattungsanspruch (z.B. §§ 280, 286 BGB) auf Übernahme der durch den Schadensfall verursachten Kosten. An die Erstattungspflicht für die Kosten eines Rechtsanwalts in einfach gelagerten Schadensfällen sind hohe Anforderungen gestellt, insbesondere wenn aus der Sicht des Geschädigten kein Anlass zu Zweifeln an der Ersatzpflicht des Schädigers besteht; eine Einschaltung eines Rechtsanwalts soll nur dann erforderlich sein, wenn der Geschädigte selbst hierzu aus besonderen Gründen wie etwa Mangel an geschäftlicher Gewandtheit nicht in der Lage ist.[125] Wenn dann jedoch nicht unverzüglich eine Schadensregulierung erfolgt, kann der Geschädigte die weitere Bearbeitung einem Rechtsanwalt übertragen.

123 Zöller/*Herget*, ZPO § 91 Rn. 13 „Vorbereitungskosten“.
124 Zur Abgrenzung s. Zöller/*Herget*, ZPO, Vor § 91 Rn. 11 ff.
125 BGH v. 8.11.1994 – VI ZR 3/94 – BGHZ 127, 348 = NJW 1995, 446 ff. dazu Anm. *Hildenbrand* in NJW 1995, 1944 ff.

197 Für die **außergerichtliche Vertretung** erhält der Rechtsanwalt Gebühren nach Teil 2 des VV RVG. Für das Betreiben des Geschäfts einschließlich der Information erhält der Rechtsanwalt eine **Geschäftsgebühr** nach VV 2300 mit einem **Gebührensatzrahmen** von 0,5 bis 2,5 – wobei eine Gebühr von mehr als 1,3 nur gefordert werden kann, wenn die Tätigkeit umfangreich oder schwierig war.

Grundsätzlich hat der Rechtsanwalt bei Rahmengebühren die tatsächlich zu erhebende Gebühr unter Berücksichtigung aller Umstände des Einzelfalls, insbesondere der Bedeutung der Angelegenheit, des Umfangs und der Schwierigkeit der anwaltlichen Tätigkeit sowie der Vermögens- und Einkommensverhältnisse des Auftraggebers die Gebühr nach billigem Ermessen zu bestimmen, § 14 Abs. 1 RVG. Das würde bei einem „millionenschweren" Mandanten zwar im Hinblick auf die Vermögens- und Einkommensverhältnisse einen Gebührensatz über dem gesetzlich vorgesehenen Satz von 1,3 erlauben, fehlt es aber an einer umfangreichen und schwierigen Tätigkeit,[126] dann bleibt es bei dem Satz von 1,3 Geschäftsgebühr, was auch üblicherweise zugrunde gelegt wird.[127]

Beschränkt sich die Tätigkeit des Rechtsanwalt lediglich darauf, ein **Schreiben einfacher Art** zu verfassen, d.h. das Schreiben enthält weder schwierige rechtliche Ausführungen noch größere sachliche Auseinandersetzungen, dann beträgt die Geschäftsgebühr VV 2300 nur 0,3 nach VV 2301 RVG.[128]

Nach Vorbem. 3 Abs. 4 VV RVG ist die Geschäftsgebühr jedoch auf eine Verfahrensgebühr anzurechnen, die in einem nachfolgenden gerichtlichen Verfahren verdient wird.

Zur **Anrechnung** siehe ausführlich unter → Rn. 619 ff.

c) Parteikosten

198 Zeitversäumnis für die Prozessvorbereitung, wie das Durcharbeiten des Prozessstoffs oder die Anfertigung von Schriftsätzen statt der Beauftragung eines Rechtsanwalts, ist nicht zu berechnen. Auch aus dem Schadenersatzrecht lässt sich derzeit Entsprechendes nicht herleiten. Als vorgerichtliche Parteikosten kommen in erster Linie **Informationskosten** infrage. Hierbei handelt es sich um Kosten für die Information eines auswärtigen Prozessbevollmächtigten der Partei. Es können Kosten für eine **schriftliche** oder **telefonische** Information oder für eine **Informationsreise** zum auswärtigen Anwalt anfallen.

---

126 Zur Problematik siehe bei *Jungbauer* in Bischof/Jungbauer, VV 2300 Rn. 88 ff.

127 Ausführliche Auflistung von Rechtsprechung siehe bei *Jungbauer* in Bischof/Jungbauer, VV 2300 Rn. 93 ff.

128 Die bisherige Nr. 2301 ist aufgehoben und die Nr. 2302 ist dann 2301 geworden gem. Art. 8 Abs. 2 Nr. 12 und 13 des 2. KostRMoG.

2. Durch Klageeinreichung entstandene Kosten

a) Gerichtskosten

199 Mit Einreichen der Klage bei Gericht ist diese anhängig und lässt die **Gebühr** für das „Verfahren im Allgemeinen" entstehen und fällig werden, § 6 Abs. 1 Nr. 1 GKG. Kostenschuldner ist der Kläger als Antragsschuldner, § 22 Abs. 1 S. 1 GKG. Die Zustellung der Klage soll erst erfolgen, wenn die Verfahrensgebühr bezahlt ist, § 12 Abs. 1 S. 1 GKG.

Die Kosten in bürgerlichen Rechtsstreitigkeiten berechnen sich gemäß Teil 1 des Kostenverzeichnisses (KV) der Anlage 1 zu § 3 Abs. 2 GKG.

Für das **Prozessverfahren I. Instanz** fällt eine **3,0 Verfahrensgebühr nach KV 1210** an, die Gebühr wird anhand des Gebührenstreitwerts aus der Tabelle zu § 34 Abs. 1 GKG ermittelt. Aus der dem Gesetz angefügten Gebührentabelle können die Gebühren bis zum Streitwert von 500.000,00 € abgelesen werden. Hinsichtlich höherer Werte sieht man lieber in eine im Handel zu erwerbende Tabelle,[129] bevor man umständliche Berechnungen vornimmt.

→ **Beispiel: Verfahrensgebühr bei Zahlungsklage**

Zahlungsklage über 500.000,00 € nebst Zinsen i.H.v. 5 %-Punkten über dem Basiszinssatz seit dem 15.7. d.J.

Gebührenstreitwert: 500.000,00 €

Zinsen bleiben außer Ansatz, §§ 48 Abs. 1, 43 Abs. 1 GKG. Gem. § 40 GKG ist der Zeitpunkt der Antragstellung für die Wertberechnung entscheidend; zuständig für den Kostenansatz ist der Kostenbeamte (KB) der I. Instanz, § 19 Abs. 1 Nr. 1 GKG.

Gerichtskosten:
Es ist eine 3,0 Verfahrensgebühr nach KV 1210 im Betrag von 10.608,00 € zu erheben.
Kostenschuldner: Kläger, § 22 Abs. 1 S. 1 GKG
Vorauszahlung ist nötig, § 12 Abs. 1 S. 1 GKG.

b) Rechtsanwaltsvergütung

200 Die Gebühren des Rechtsanwalts in bürgerlichen Rechtsstreitigkeiten sind im Teil 3 des Vergütungsverzeichnisses zum RVG geregelt. Es wird unterschieden zwischen den Gebühren des **Prozessbevollmächtigten** und den

129 Z.B. *Höver*, Gebührentabellen mit Erläuterungen für Gerichte, Rechtsanwälte, Notare, Rechtsbeistände, Gerichtsvollzieher und Behörden oder *Lappe/Hellstab*, Gebührentabellen für Rechtsanwälte mit Gerichts- und Notargebühren.

Gebühren des nur für einzelne Handlungen Bevollmächtigten (Unterbevollmächtigter, Verkehrsanwalt).

Die Gebühren nach Teil 3 des VV RVG erhält der Rechtsanwalt nur, wenn er einen **unbedingten Auftrag** als Prozessbevollmächtigter von seinem Mandanten erteilt erhalten hat.[130] Soll der Rechtsanwalt zunächst versuchen, den Anspruch des Mandanten außergerichtlich durchzusetzen und erst Klage erheben, wenn der Gegner bis zu einem bestimmten Zeitpunkt nicht geleistet hat, liegt ein bedingter Prozessauftrag vor. Erst wenn die Bedingung eingetreten ist, d.h. wenn der Gegner nicht geleistet hat, liegt ein unbedingter Prozessauftrag vor.

aa) Die Verfahrensgebühr als Betriebsgebühr

201 Nach VV Vorbem. Teil 3 Abs. 2 RVG entsteht für das Betreiben des Geschäfts einschließlich der Information die **Verfahrensgebühr**. Sie ist eine Pauschgebühr, die als Betriebsgebühr alle Tätigkeiten des zum Prozessbevollmächtigten bestellten Rechtsanwalts bei der Führung eines Rechtsstreits abdeckt, für die im Gesetz keine besondere Vergütung bestimmt ist.[131] Hierzu gehören Tätigkeiten vor Beginn des Rechtsstreits oder nach dessen Beendigung. Eine Aufzählung der Tätigkeiten, die zum Rechtszug gehören, ergibt sich aus 19 RVG (→ Rn. 168), wobei die Aufzählung nicht abschließend ist.[132]

Die Verfahrensgebühr entsteht, sobald der Anwalt irgendeine Tätigkeit zur Ausführung des prozessbezogenen Auftrags vorgenommen hat. Bei jeder weiteren Handlung entsteht sie erneut, darf aber wegen § 15 Abs. 2 RVG nur einmal pro Instanz verlangt werden. Die Verfahrensgebühr richtet sich nach dem Gegenstandswert. Es entscheidet der **höchste Gegenstandswert** während der Tätigkeit. Teilweise Klagrücknahmen, Erledigungserklärungen bleiben unbeachtlich, da die Gebühr nach dem vorher höheren Gegenstandswert bereits entstanden ist.

bb) Höhe der Verfahrensgebühr

202 In der ersten Instanz erhält der Prozessbevollmächtigte regelmäßig eine **1,3 Verfahrensgebühr** nach VV 3100.

Ergänzt wird dieser Gebührentatbestand durch VV 3101, wonach die Verfahrensgebühr unter bestimmten Voraussetzungen lediglich nach einem **Gebührensatz von 0,8** berechnet werden kann. Die verringerte Gebühr fällt an, wenn der **Auftrag endet**, bevor der Rechtsanwalt die Klage,

---

130 Vorbemerkung Teil 3 Abs. 1 VV RVG geändert durch Art. 8 Abs. 2 Nr. 26 a) 2. KostRMoG.

131 *Bischof* in Bischof/Jungbauer, RVG, Vorbemerkung 3 VV Rn. 25; *Hartmann*, RVG VV 3100 Rn. 10; Gerold/Schmidt/*Müller-Rabe*, VV 3100 Rn. 15.

132 Siehe auch Aufzählung bei *Bischof* in Bischof/Jungbauer, RVG, Vorbemerkung 3 Rn. 25.

den ein Verfahren einleitenden Antrag oder einen Schriftsatz, der Sachanträge, Sachvortrag, die Zurücknahme der Klage oder die Zurücknahme des Antrags enthält, eingereicht oder bevor er für seine Partei einen gerichtlichen Termin wahrgenommen hat (VV 3101 Nr. 1). Der Rechtsanwalt muss wenigstens eine der genannten Handlungen vorgenommen haben, bevor der Auftrag endet, um die volle d.h. 1,3 Verfahrensgebühr zu erhalten. Der Auftrag ist beendet, wenn die Voraussetzungen für ein weiteres Tätigwerden weggefallen sind; das ist der Fall bei Kündigung des Dienstvertrages durch den Mandanten oder den Anwalt, bei Tod des Anwalts oder Auftraggebers oder durch Erledigung der Angelegenheit.[133]

Die geringere 0,8 Verfahrensgebühr **(Differenzverfahrensgebühr)** fällt auch an, wenn eine **Einigung** der Parteien oder mit Dritten über in diesem Verfahren **nicht rechtshängige Ansprüche** protokolliert oder festgestellt wird (§ 278 Abs. 6 ZPO). Gleiches gilt, soweit lediglich Verhandlungen vor Gericht zur Einigung über solche Ansprüche geführt werden (VV 3101 Nr. 2).

→ **Fortführung des Beispielfalles: Rechtsanwaltsvergütung**

Spätestens mit Einreichung der Klageschrift ist die 1,3 Verfahrensgebühr nach VV 3100 nach dem Gegenstandswert von 500.000,00 € entstanden. Sie beträgt 4.176,90 €.

Auslagen für Telekommunikationsdienstleistungen können pauschal mit 20,00 € (VV 7002) berechnet werden, und auf die Vergütung kann der Rechtsanwalt noch die gesetzliche Umsatzsteuer (VV 7008) von derzeit 19 % aufschlagen, sodass insgesamt bisher 4.994,31 € Anwaltsvergütung entstanden ist.

133 Gerold/Schmidt/*Müller-Rabe*, VV 3101 Rn. 10; *Hartmann*, RVG, VV 3101 Rn. 21 ff.

E. Die weiteren Prozessvoraussetzungen

Nach Eingang der angeforderten Gerichtsgebühr (Verfahrensgebühr für das Verfahren im Allgemeinen) wird die Akte durch den UdG dem zur Entscheidung befugten Richter vorgelegt. Dieser prüft jetzt auch die weiteren Prozessvoraussetzungen, das sind nun anschließend an die Prozessvoraussetzungen, die das Gericht betreffen, die **Prozessvoraussetzungen, die an die Parteien anknüpfen**, nämlich: **203**

- Parteifähigkeit
- Prozessfähigkeit
- gesetzliche Vertretung
- Wirksamkeit der Vertretung bei Vertretung durch Bevollmächtigte
- Prozessführungsbefugnis.

Sowie die **Prozessvoraussetzungen, die den Streitgegenstand betreffen**, nämlich:

- Rechtsschutzbedürfnis
- Ordnungsmäßigkeit der Klageerhebung
- keine andere Rechtshängigkeit des Streitgegenstandes.

Die Prozessvoraussetzungen, die die **Zulässigkeit besonderer Verfahren** betreffen, werden an geeigneter Stelle erörtert.

I. Die Parteifähigkeit

1. Der Parteienbegriff

Partei ist, wer im eigenen Namen Rechtsschutz begehrt (Kläger) und gegen wen Rechtsschutz begehrt wird (Beklagter). Entscheidend ist, wer in der Klageschrift als **Kläger** und **Beklagter** bezeichnet ist – **formeller Parteibegriff** – und nicht zwischen wem letztlich tatsächlich das streitige Rechtsverhältnis besteht.[1] Gleiches gilt auch für die anderen Verfahren der ZPO, allerdings bezeichnet man die Parteien hier häufig anders, im Mahnverfahren und auch im **204**

1 *Rosenberg/Schwab/Gottwald*, § 40 Rn. 2.

Kostenfestsetzungsverfahren sprechen wir vom **Antragsteller und Antragsgegner**, im Vollstreckungsverfahren handeln **Gläubiger und Schuldner**.

205 Dieser Auffassung ist der Vorzug zum **materiellen Parteienbegriff** zu geben, d.h. der Vorstellung, dass Parteien **diejenigen** sind, zwischen denen auch das **streitige Rechtsverhältnis** besteht. Schwierigkeiten bereitet letztere Auffassung immer, wenn jemand ein fremdes Recht im eigenen Namen einklagen darf. So darf der Kläger die eingeklagte Forderung abtreten und dennoch den Rechtsstreit im eigenen Namen weiterführen, § 265 ZPO.

2. Die Parteifähigkeit

206 Partei wird man durch die Bezeichnung in der Klageschrift, § 253 Abs. 2 ZPO, damit ist aber noch nicht gesagt, dass der dort Bezeichnete auch Partei in einem Prozess sein kann, dieses ist eine Frage der **Parteifähigkeit**. Parteifähig ist gemäß § 50 Abs. 1 ZPO, wer **rechtsfähig** ist, das heißt aber nicht, dass nur derjenige parteifähig ist, der auch rechtsfähig ist, das erschließt sich einem schon, wenn man einen Blick in § 50 Abs. 2 ZPO wirft, wonach der nicht rechtsfähige Verein aktiv und passiv parteifähig ist und im Prozess die Stellung eines rechtsfähigen Vereins hat. Die Frage der Rechtsfähigkeit bestimmt sich aber grundsätzlich nach dem materiellen Recht,[2] und **danach sind parteifähig:**

207 Alle **natürlichen Personen** ab Vollendung der Geburt, § 1 BGB, wenn sie in diesem Augenblick gelebt haben; Lebensfähigkeit ist nicht erforderlich;[3]

208 **Juristische Personen** des öffentlichen und privaten Rechts; rechtsfähige Vereine §§ 21 ff. BGB, Stiftungen §§ 80 ff. BGB, der Fiskus sowie Körperschaften, Anstalten und Stiftungen des öffentlichen Rechts i.S.d. § 89 BGB, die GmbH § 13 GmbHG, die AG § 1 AktG;

209 Die **Personenhandelsgesellschaften** OHG und KG trotz fehlender Rechtsfähigkeit §§ 124 Abs. 1, 161 HGB,[4] ebenso die **Partnerschaftsgesellschaft** gemäß § 7 Abs. 2 PartGG i.V.m. § 124 HGB.

210 Eine Sonderstellung nehmen nach dem materiellen Recht die **nicht rechtsfähigen Vereine** (§ 54 BGB) ein. Sie unterscheiden sich nach den Definitionsmerkmalen nicht vom rechtsfähigen Verein, denn auch sie sind auf Dauer angelegte, körperschaftlich organisierte Zusammenschlüsse von Personen zur Erreichung eines gemeinsamen Zwecks.[5] Das BGB unterstellt den nicht rechtsfähigen Verein dem Gesellschaftsrecht, obwohl das für den nicht rechtsfähigen Verein nicht angemessen ist; der Gesetzgeber hat bewusst den Unterschied zur Gesellschaft ignoriert, um eine politische Kont-

2 *Rosenberg/Schwab/Gottwald*, § 43 Rn. 2.
3 Zöller/*Vollkommer*, ZPO, § 50 Rn. 11.
4 Zöller/*Vollkommer*, ZPO, § 50 Rn. 17, 17a.
5 MüKoBGB/*Arnold*, § 54 Rn. 1; Palandt/*Ellenberger*, § 54 Rn. 1.

rolle über **Gewerkschaften** und **Parteien** zu haben.[6] Dieses ist mit dem geltenden Verfassungsrecht nicht vereinbar.[7] Die Differenzierung ist heute nicht mehr bindend, im Bereich des materiellen Rechts hat sich der nicht rechtsfähige Verein dem rechtsfähigen Verein angenähert und unterscheidet sich nur noch durch die Nichteintragung.[8]

211 Im **prozessualen Bereich** hatte der Gesetzgeber dem nicht rechtsfähigen Verein nur eine begrenzte Rechtssubjektivität zuerkannt, denn er war passiv parteifähig, § 50 Abs. 2 ZPO,[9] d.h. er konnte unter seinem Namen zwar verklagt werden, aber nicht selbst klagen. Aktivprozesse mussten alle Vereinsmitglieder gemeinsam führen. Nachdem der BGH in der Vergangenheit dem nicht rechtsfähigen Verein die aktive Parteifähigkeit gestützt auf den Wortlaut des § 50 Abs. 2 ZPO versagt hatte,[10] nahm er eine Kehrtwende vor und gestand auch dem nicht rechtsfähigen Verein die **aktive Parteifähigkeit** unter Hinweis auf § 54 BGB und die Rechtsprechung zur Außengesellschaft zu.[11] Dieses und auch praktische Erwägungen führten dann im Rahmen der gesetzlichen Änderungen bezüglich der elektronischen Anmeldung zum Vereinsregister dazu, dass der Gesetzgeber § 50 Abs. 2 ZPO geändert hat. Nun ist der nicht **rechtsfähige Verein** sowohl **aktiv als auch passiv parteifähig** und hat im Zivilprozess die Stellung eines rechtsfähigen Vereins.

212 Die politischen **Parteien** gelten ebenfalls als (aktiv und passiv) **parteifähig** gem. § 3 PartG, auch wenn sie als nicht rechtsfähiger Verein organisiert sind; als nicht parteifähig werden die Unterorganisationen (Orts- oder Kreisverbände) angesehen.[12]

213 Auch **Gewerkschaften** sind **parteifähig** gem. § 10 ArbGG für arbeitsgerichtliche Verfahren, der BGH[13] bejaht die Parteifähigkeit auch für den Zivilprozess.

214 Die **Gesellschaft bürgerlichen Rechts (GbR)** ist kraft Gesetzes nicht rechtsfähig und war damit auch als nicht parteifähig angesehen worden.[14] Zwar hatte

---

6 Jauernig/*Mansel*, § 54 Rn. 2; MüKoBGB/*Arnold*, § 54 Rn. 1, 2 sowie Rn. 17 ff.
7 Palandt/*Heinrichs/Ellenberger*, § 54 Rn. 1.
8 Ausführlich MüKoBGB/*Arnold*, § 54 Rn. 17 ff.
9 Abs. 2 von § 50 ZPO geändert durch Art. 3 des Gesetzes zur Erleichterung elektronischer Anmeldungen zum Vereinsregister und anderer vereinsrechtlicher Änderungen (VereinsRÄndG) v. 24.9.2009 – BGBl. I S. 3145 mit Wirkung vom 30.9.2009.
10 BGH v. 6.10.1989 – V ZR 152/88 – BGHZ 109, 15 (zur Rechtsfähigkeit eines Siedlervereins).
11 BGH v. 2.7.2007 – II RZ 111/05 – MDR 2007, 1446 m.w.N.
12 Zöller/*Vollkommer*, ZPO, § 50 Rn. 23.
13 BGH v. 11.7.1968 – VII ZR 63/66 – BGHZ 50, 325.
14 BGH v. v. 26.3.1981 – VII ZR 160/80 – BGHZ 80, 222 = NJW 1981, 1953. Zur Rechtsnatur der GbR und zum Streit um deren Rechtsfähigkeit ausführlich bei Staudinger/*Habermeier*, Vorbem. zu §§ 705 bis 740.

der BGH[15] der BGB-Gesellschaft die Scheckfähigkeit zugestanden, in dieser Entscheidung jedoch gerade die Frage der Rechtsfähigkeit offen gelassen; ihr in einer anderen Entscheidung die Fähigkeit zur Beteiligung als Gesellschafter an einer AG[16] bzw. in einer BGB-Gesellschaft[17] zugestanden, eine umfassende Rechtsfähigkeit jedoch nicht anerkannt. Im Prozess waren danach die Gesellschafter als notwendige Streitgenossenschaft (§ 62 ZPO) selbst Partei.

215 Die überwiegende Lehre des Gesellschaftsrechts geht jedoch von der **Teilrechtsfähigkeit** der BGB-Gesellschaft aus; hiernach soll sie als (Außen-) Gesellschaft selbstständig am Rechtsverkehr teilnehmen und grundsätzlich jede Rechtsposition einnehmen können.[18]

Bei Personengesellschaften wird üblicherweise zwischen **Innengesellschaften** und **Außengesellschaften** unterschieden; tritt diese nach außen als Handlungs- und Rechtsträger in Erscheinung, spricht man von einer Außengesellschaft; da für die Innengesellschaft nach Auffassung des RG[19] und des BGH[20] kennzeichnend sein soll, dass eine gemeinsame Vertretung fehlt und dass die Geschäfte im Namen eines Gesellschafters geschlossen werden, der allerdings intern im Namen aller Gesellschafter handelt.

216 Letztendlich hat der BGH[21] der **Außengesellschaft bürgerlichen Rechts die Rechtsfähigkeit** zuerkannt, soweit sie durch Teilnahme am Rechtsverkehr eigene Rechte und Pflichten begründet. In diesem Rahmen soll sie zugleich im **Zivilprozess aktiv und passiv parteifähig** sein.

Jauernig[22] stand der Entscheidung von Anfang an kritisch gegenüber, da sie nicht korrekt als Versäumnisurteil gekennzeichnet war und gegen eine nicht mehr existierende Partei erging. Das Urteil ist inzwischen durch übereinstimmende Erledigungserklärungen mit Rückwirkung beseitigt, wird aber immer noch als Grundsatzentscheidung behandelt. Die Rechtsprechung habe lt. *Jauernig* durch „Nichtachtung der dem Richter gesetzten Grenzen der Rechtsfortbildung" eine neue Gesellschaftsform geschaffen, für die kein Bedürfnis bestand.[23] Auch die Literatur geht nach wie vor davon aus, dass die Außen-GbR parteifähig ist.[24]

---

15 BGH v. 15.7.1997 – XI ZR 154/96 – NJW 1997, 2754.
16 BGH v. 13.4.1992 – II ZR 277/90 – NJW 1992, 2222.
17 BGH v. 2.10.1997 – II ZR 249/96 – ZIP 1997, 2120 = NJW 1998, 376.
18 BGH v. 4.11.1991 – II ZB 10/91 – BGHZ 116, 86.
19 RG v. 20.2.1941 – II 99/40 – RGZ 166, 160, 163.
20 BGH v. 24.2.1954 – II ZR 3/53 – BGHZ 12, 308, 314; BGH v. 23.6.1960 – II ZR 172/59 – NJW 1960, 1851.
21 BGH v. 29.1.2001 – II ZR 331/00 – ZIP 2001, 330 = Rpfleger 2001, 246 = NJW 2001, 1056 = MDR 2001, 459 m. Anm. *Müther*.
22 *Jauernig*, NJW 2001, 2231.
23 Zum Verfahrensverlauf ausführlich bei *Jauernig*, BGB, 11. Aufl., Vor § 21 Rn. 1, 4 sowie NJW 2001, 2231.
24 Zöller/*Vollkommer*, ZPO, § 50 Rn. 18 m.div.N.

217 Auch die **Wohnungseigentümergemeinschaft** ist nach Auffassung des BGH rechtsfähig,[25] soweit sie bei der Verwaltung des gemeinschaftlichen Eigentums am Rechtsverkehr teilnimmt. Dabei hat der BGH nicht (nur) die Grundsätze zur Rechtsfähigkeit der Gesellschaft bürgerlichen Rechts zur Entscheidung herangezogen, sondern die Teilrechtsfähigkeit entsprechend der Besonderheiten des Wohnungseigentums nur in einem engen Rahmen bejaht.[26] Im Wesentlichen handelt es sich um die Teilbereiche des Rechtslebens, bei denen die Wohnungseigentümer im Rahmen der Verwaltung des Gemeinschaftseigentums auch als solche am Rechtsverkehr teilnehmen. Das gilt deshalb auch nicht für die Anfechtung von Beschlüssen der Eigentümerversammlung, da diese zur Willensbildung innerhalb der Wohnungseigentümergemeinschaft gehören. Der Gesetzgeber ist zwischenzeitlich der Auffassung des BGH gefolgt, um insoweit Rechtssicherheit herzustellen und hat die **Teilrechtsfähigkeit** der WEG-Gemeinschaft in § 10 Abs. 6 S. 1 WEG[27] verankert.

218 Als **nicht parteifähig** werden angesehen:

Die **Firma** des **Einzelkaufmanns**. Der im Handelsregister eingetragene Vollkaufmann (e.K.) kann zwar unter seiner Firma klagen und verklagt werden, § 17 HGB; Träger von Rechten und Pflichten ist jedoch der Kaufmann und nicht die Firma, die kein selbstständiges Rechtsgebilde ist, sondern lediglich der Name, unter dem der Kaufmann handelt.[28]

Die **Erbengemeinschaft** ist weder rechtsfähig noch parteifähig. Die Grundsätze zur Rechtsfähigkeit der GbR und zur Rechtsfähigkeit der Wohnungseigentümergemeinschaft sind auf die Erbengemeinschaft nicht zu übertragen.[29]

3. Rechtsfolgen fehlender Parteifähigkeit

219 Die **Parteifähigkeit** ist **Prozessvoraussetzung**. Sie ist von Amts wegen zu prüfen, es bedarf nicht erst der Rüge des Gegners, § 56 ZPO. Fehlt sie bei Erhebung der Klage, kann die während des Prozesses parteifähig gewordene Partei die bisherige Prozessführung genehmigen.[30] Ist sie bis zur letzten mündlichen Verhandlung nicht gegeben, dann erfolgt **Klagabweisung** als unzulässig.

---

25 BGH v. 2.6.2005 – V ZB 32/05 – BGHZ 163, 154 = NJW 2005, 2061 = Rpfleger 2005, 521 m. Anm. *Dümig*.

26 S. hierzu *Böttcher*, RpflStud 2005, 171.

27 Eingefügt durch Art. 1 Nr. 4 f des Gesetzes zur Änderung des Wohnungseigentumsgesetzes und anderer Gesetze v. 26.3.2007 – BGBl. I S. 370.

28 Zöller/*Vollkommer*, ZPO, § 50 Rn. 26.

29 BGH v. 17.10.2006 – VIII ZB 94/05, NJW 2006, 3715 = Rpfleger 2007, 75.

30 Zöller/*Vollkommer*, ZPO, § 50 Rn. 6.

II. Die Prozessfähigkeit

220 **Prozessfähigkeit** ist die Eignung, Prozesshandlungen selbst wirksam vorzunehmen oder durch einen selbst bestellten Vertreter vornehmen zu lassen, § 51 ZPO.[31] Sie korrespondiert mit der Geschäftsfähigkeit und ist das **prozessuale Gegenstück zur Geschäftsfähigkeit** des materiellen Rechts.[32] Das Gesetz kennt keine beschränkte Prozessfähigkeit, deshalb ist eine Partei entweder uneingeschränkt prozessfähig oder aber prozessunfähig.[33]

221 Prozessfähig sind gemäß § 52 ZPO nur voll **geschäftsfähige natürliche Personen,** juristische Personen sind nach bisher h.M. prozessunfähig[34] und können nur durch ihre gesetzlichen Vertreter handeln. Deshalb ist auch eine Klage gegen eine GmbH unzulässig, wenn der einzig verbliebene Geschäftsführer sein Amt niederlegt.[35] Die Streitfrage, ob **juristische Personen** geschäftsfähig und somit prozessfähig sind, kann jedoch vernachlässigt werden, da diese im Einzelfall durch ihre **gesetzlichen Vertreter handeln** müssen, deren Handlungen der juristischen Person zugerechnet werden. Aus diesem Grund ist *Lindacher* zuzustimmen, wenn er meint, die Frage nach der Prozessfähigkeit – Prozessunfähigkeit mache nur bei natürlichen Personen Sinn.[36]

222 Eine **Einschränkung** ergibt sich aus § 53 ZPO für unter **Betreuung** oder **Pflegschaft** (§§ 1896, 1909, 1911, 1913, 1914, 1960 BGB) stehende Personen, wenn der Betreuer oder Pfleger den Rechtsstreit tatsächlich für den Betreuten/Pflegling führt oder aufnimmt, weil sein Wirkungskreis die Prozessführung für den Betreuten umfasst.[37]

Die Anordnung der Betreuung oder Pflegschaft hat grundsätzlich keinen Einfluss auf die Geschäftsfähigkeit, sodass der Betreute/Pflegling weiterhin prozessfähig ist und selbstständig klagen oder verklagt werden kann, es sei denn, es besteht ein Einwilligungsvorbehalt (§ 1903 BGB).[38]

---

31 *Rosenberg/Schwab/Gottwald*, § 44 Rn. 1; Zöller/*Vollkommer*, ZPO, § 52 Rn. 1.

32 *Rosenberg/Schwab/Gottwald*, § 44 Rn. 2.

33 *Rosenberg/Schwab/Gottwald*, § 44 Rn. 6.

34 BGH v. 25.10.2010 – II ZR 115/09 – NJW-RR 2011, 115; BGH v. 8.2.1993 – II ZR 62/92 – BGHZ 121, 263 = NJW 1993, 1654, Musielak/Voit/*Weth*, § 51 Rn. 6; MüKoZPO/*Lindacher*, § 52 Rn. 23 ff., *Rosenberg/Schwab/Gottwald*, § 44 Rn. 6, 7; a.A. Zöller/*Vollkommer*, ZPO, § 52 Rn. 2.

35 BGH v. 25.10.2010 – II ZR 115/09 – NJW-RR 2011, 115.

36 MüKoZPO/*Lindacher*, § 52 Rn. 23.

37 MüKoZPO/Lindacher, § 53 Rn. 2; Zöller/*Vollkommer*, ZPO, § 53 Rn. 2.

38 MüKoBGB/*Schwab*, § 1903 Rn. 61; Zöller/*Vollkommer*, ZPO, § 53 Rn. 5.

1. Prozesshandlungsvoraussetzung

223 Die Prozessfähigkeit ist Prozessvoraussetzung und gleichzeitig auch **Prozesshandlungsvoraussetzung**. Ist die Prozessfähigkeit **nicht vorhanden,** sind die **Prozesshandlungen** der Partei **wirkungslos,** und die Klage ist als unzulässig abzuweisen. Wird die Prozessfähigkeit während des Verfahrens erworben, weil der Minderjährige zwischenzeitlich volljährig wird, kann die Partei die Prozessführung pauschal genehmigen und den Rechtsstreit dann selbst fortführen. Besteht die Prozessfähigkeit bei Klageerhebung und fällt dann aber später weg, kommt es nicht zur Abweisung, sondern zur Unterbrechung oder Aussetzung des Verfahrens gem. §§ 241, 246 ZPO.

2. Zulassungsstreit

224 Sind Partei- und/oder Prozessfähigkeit einer Partei im Rechtsstreit zweifelhaft, muss dieser Streit durch das Gericht entschieden werden. In diesem sog. Zulassungsstreit ist die Partei, deren Partei- und/oder Prozessfähigkeit strittig ist, als partei- bzw. prozessfähig anzusehen.[39]

III. Die Postulationsfähigkeit

225 Die Postulationsfähigkeit beinhaltet die Fähigkeit, in eigener Person vor Gericht **rechtswirksam zu verhandeln.** Die Verhandlungsfähigkeit eines Prozessfähigen ist immer dann beschränkt, wenn **Anwaltszwang** herrscht. Für den Zivilprozess ist dieses in § 78 Abs. 1 ZPO geregelt.[40] Danach herrscht vor den Landgerichten und vor allen Gerichten des höheren Rechtszuges Anwaltszwang, das heißt die Parteien müssen sich durch einen zugelassenen Rechtsanwalt vertreten lassen. Vor dem **Bundesgerichtshof** müssen sich die Parteien durch einen bei dem Bundesgerichtshof zugelassenen Rechtsanwalt vertreten lassen.

226 **Für das Verfahren vor dem Rechtspfleger** ist jedoch § 13 RPflG einschlägig, wonach § 78 Abs. 1 ZPO im Verfahren vor dem Rechtspfleger nicht gilt. Gleiches gilt auch für auf den Rechtspfleger übertragene Angelegenheiten in Familiensachen, da § 114 Abs. 1 FamFG ebenfalls ausgenommen ist.

---

39 BGH v. 23.2.1990 – V ZR 188/88 – BGHZ 110, 294; BGH v. 10.10.1985 – IX ZR 73/85 – NJW-RR 1986, 157 = JuS 1986, 567; BGH v. 24.9.1955 – IV ZR 162/54 – BGHZ 18, 184.

40 § 78 Abs. 1, 2 ZPO geänd. durch Art. 4 bzw. Art. 8 des G zur Stärkung der Selbstverwaltung der Rechtsanwaltschaft v. 26.3.2007 – BGBl. I S. 358 – in Kraft getreten am 1.6.2007. Zur Entstehungsgeschichte und Reform siehe Zöller/*Vollkommer*, ZPO, § 78 Rn. 2.

IV. Die Vertretung im Prozess

227 Das zuvor Ausgeführte zur Prozessfähigkeit und zur Postulationsfähigkeit hat deutlich gemacht, dass sich die Parteien unter Umständen im Prozess vertreten lassen müssen. Für die **Stellvertretung im Prozess** ist ebenso wie für die Stellvertretung nach bürgerlichem Recht (§§ 164 ff. BGB) nötig, dass der Vertreter erkennbar im fremden Namen handelt.[41] Die Prozesshandlungen des Vertreters sind nur wirksam, wenn er die Vertretungsmacht besitzt; diese kann auf Gesetz oder auf Rechtsgeschäft beruhen.

1. Gesetzliche Vertretung

228 Wer **gesetzlicher Vertreter einer Partei** ist, bestimmt sich nach den Vorschriften des bürgerlichen Rechts, § 51 Abs. 1 ZPO. Kraft Gesetzes vertreten **Eltern** ihre minderjährigen Kinder, § 1629 Abs. 1 S. 1 BGB; der **Vormund** die minderjährigen Waisen, § 1773 Abs. 1 BGB; der **Vorstand** den rechtsfähigen Verein, § 26 Abs. 2 BGB; der Vorstand die Aktiengesellschaft, § 78 Abs. 1 AktG; der **Geschäftsführer** die GmbH, § 35 Abs. 1 GmbHG; die Gesellschafter die OHG, § 125 Abs. 1 HGB; die persönlich haftenden Gesellschafter die KG, §§ 161 Abs. 2, 125 Abs. 1 HGB.

Der gesetzliche Vertreter wird u.U. wie die Partei behandelt; so kann bei juristischen Personen sein persönliches Erscheinen angeordnet oder aber die Parteivernehmung durchgeführt werden, §§ 141, 455 ZPO.

229 Die Handlungsorganisation des **nicht rechtsfähigen Vereins** (→ Rn. 210, 211) entspricht der des rechtsfähigen Vereins (§§ 26–29, 32–37 BGB).[42] Auch dieser wird durch den **Vorstand** vertreten.[43] Seine Stellung im Prozess ist die eines gesetzlichen Vertreters; fehlt ein Vorstand, ist es strittig, ob er auf Antrag eines Beteiligten gerichtlich zu bestellen ist (§ 29 BGB).[44]

2. Rechtsgeschäftliche Vertretung

230 Im **Anwaltsprozess** ist die Vertretung durch **Rechtsanwälte**, denen eine rechtsgeschäftliche Vollmacht erteilt wurde, notwendig. Die Vollmacht wird durch einseitige Erklärung des Vollmachtgebers dem Bevollmächtigten gegenüber erteilt (§ 167 BGB). Dieses kann mündlich geschehen, wird aber wegen der Nachweisbarkeit im Prozess grundsätzlich schriftlich erteilt.

Der Nachweis erfolgt durch Vorlage der schriftlichen Vollmacht zu den Prozessakten, § 80 Abs. 1 ZPO, ein etwaiger Mangel (z.B. Fehler in der Erteilung) wird von Amts wegen nur ausnahmsweise geprüft, nämlich im

---

41 *Rosenberg/Schwab/Gottwald*, § 53 Rn. 3.
42 MüKoBGB/*Arnold*, § 54 Rn. 20; Palandt/*Ellenberger*, § 54 Rn. 6.
43 MüKoBGB/*Arnold*, § 26 Rn. 27.
44 Zum Meinungsstand siehe MüKoBGB/*Arnold*, § 29 Rn. 2, 3.

Prozess vor dem AG, wenn dort **kein** Rechtsanwalt auftritt (§ 88 Abs. 2), **ansonsten** – auch im Anwaltsprozess – **nur**, wenn der Mangel der Vollmacht durch den Gegner gerügt wird (§ 88 Abs. 1).

a) Umfang der Prozessvollmacht

231 Der **Umfang** der Prozessvollmacht ist gesetzlich **zwingend vorgeschrieben**, § 81 ZPO. Sie ermächtigt zu allen den Rechtsstreit betreffenden Prozesshandlungen, zur Widerklage, zur Wiederaufnahme des Verfahrens, zur Zwangsvollstreckung, zur Bestellung eines Vertreters, zur Beseitigung des Rechtsstreits durch Vergleich, zur Verzichtleistung auf den Streitgegenstand oder Anerkennung des vom Gegner geltend gemachten Anspruchs; zur Empfangnahme der vom Gegner oder aus der Staatskasse zu erstattenden Kosten.

b) Beschränkung der Prozessvollmacht

232 Eine **Beschränkung** ist dem Gegner gegenüber grundsätzlich unwirksam und **nur im Innenverhältnis** wirksam.[45] Bei Erteilung der Prozessvollmacht kann durch ausdrückliche Erklärung gegenüber dem Gericht oder dem Gegner die Vollmacht gemäß § 83 ZPO dergestalt eingeschränkt werden, dass die Beendigung des Rechtsstreits durch Vergleichs, Verzicht oder Anerkenntnis herausgenommen werden. Das Gericht muss dieses dann auch von Amts wegen berücksichtigen.[46] Im Parteiprozess gilt § 83 Abs. 1 ZPO nicht, sodass hier beliebig beschränkt werden und die Prozessvollmacht sogar nur für einzelne Prozesshandlungen erteilt werden kann.[47]

3. Wirkung der Handlungen des Prozessbevollmächtigten

233 Die Prozesshandlungen des Prozessbevollmächtigten wirken so, als ob sie durch die Partei selbst vorgenommen worden wären, § 85 Abs. 1 ZPO. Die **eigenen Erklärungen** der Partei sind **grundsätzlich ohne Wirkung**, lediglich Tatsachen (§ 138 ZPO) und Geständnisse (§ 288 ZPO) können von ihr widerrufen werden, wenn sie im Termin anwesend ist.

4. Erlöschen der Vollmacht

234 Die Vollmacht erlischt durch **einseitigen Widerruf** der Vollmacht oder durch **Beendigung des Vertragsverhältnisses** z.B. durch Kündigung des Mandats.[48] Nach Prozessbeginn wird das Erlöschen erst wirksam, wenn sie Außenwirkung erlangt. Dieses ist erst der Fall, wenn der Widerruf bzw. die

---

45 MüKoZPO/*Toussaint*, § 83 Rn. 4; Zöller/*Vollkommer*, ZPO, § 83 Rn. 1.
46 MüKoZPO/*Toussaint*, § 83 Rn. 7.
47 Zöller/*Vollkommer*, ZPO, § 83 Rn. 5.
48 MüKoZPO/*Toussaint*, § 87 Rn. 2 ff.; Zöller/*Vollkommer*, ZPO, § 87 Rn. 1.

Kündigung dem Gegner und dem Gericht mitgeteilt worden ist; im Anwaltsprozess sogar erst, wenn ein neuer Rechtsanwalt bestellt ist.

Die Vollmacht endet auch mit dem **Tode des Bevollmächtigten** – im Anwaltsprozess ist dann das Verfahren unterbrochen, § 244 Abs. 1 ZPO. Gleiches gilt auch für den Verlust der Vertretungsfähigkeit des Anwaltes, z.B. wegen Verlustes der Zulassung.[49]

Mit dem **Tod der Partei**, also mit dem Wegfall der Parteifähigkeit, erlischt die Vollmacht jedoch nicht, § 86 ZPO. Gleiches gilt für den vollständigen Verlust der gesetzlichen Vertretung, was für natürliche Personen und juristische Personen gleichermaßen gilt.[50] Im **Parteienprozess** führt der Tod der Partei zur Unterbrechung kraft Gesetzes bis klar ist, ob der Rechtsnachfolger das Verfahren aufnimmt, § 239 Abs. 1 ZPO. Im **Anwaltsprozess** tritt keine Unterbrechung ein, allerdings können der Rechtsanwalt und/ oder der Gegner die Aussetzung des Verfahrens beantragen, § 246 Abs. 1 ZPO. Bei Fortsetzung durch den Rechtsnachfolger ist dessen Vollmacht nachzuweisen.[51]

V. Prozessführungsbefugnis

235 Die Parteifähigkeit legt fest, ob jemand Partei in einem Zivilprozess sein kann, während die Prozessfähigkeit beinhaltet, ob die Partei den Prozess selbst führen kann. Es handelt sich um gesetzlich geregelte Eigenschaften von Personen.[52] Die **Prozessführungsbefugnis** stellt klar, ob jemand ein eigenes Recht oder ein fremdes Recht als Partei geltend machen kann. Wer Inhaber eines materiellen Rechts ist, kann es auch in der Regel im eigenen Namen geltend machen.[53] Grundsätzlich ist es zu vermeiden, dass ein unbeteiligter Dritter einen Prozess führt, zumal dieser den Rechtsinhaber nicht einmal bindet. Es gibt aber eine Anzahl von Fällen, in denen jemand ein ihm **nicht zustehendes Recht** im eigenen Namen prozessual geltend machen darf und muss. Ihm steht dann das Prozessführungsrecht/die Prozessführungsbefugnis zu, und in diesen Fällen spricht man von einer **Prozessstandschaft.** Fehlt es an dieser Berechtigung, dann ist die Klage unzulässig.

49 Ausführlich Zöller/*Vollkommer*, ZPO, § 86 Rn. 5.

50 MüKoZPO/*Toussaint*, § 86 Rn. 5.

51 Ausführlich Zöller/*Vollkommer*, ZPO, § 86 Rn. 12, 13.

52 *Rosenberg/Schwab/Gottwald*, § 46 Rn. 2.

53 BGH v. 11.5.2006 – IX ZR 42/05 – BGHZ 167, 352; BGH v. 3.12.1968 – III ZR 2/68 – BGHZ 51, 125.

236 Die Prozessstandschaft, also die Befugnis, fremde Rechte im eigenen Namen im Prozess geltend machen zu dürfen, ist häufig im Gesetz vorgesehen; von den diversen Fällen[54] der **gesetzlichen Prozessstandschaft** seien hier nur genannt die des verwaltenden Ehegatten im Falle der Gütergemeinschaft hinsichtlich des Gesamtgutes (§ 1422 BGB) und die des einen Elternteils gegen den anderen hinsichtlich des Unterhaltsanspruchs gemeinschaftlicher Kinder, wenn die Eltern noch miteinander verheiratet sind, aber getrennt leben oder eine Ehesache anhängig ist (§ 1629 Abs. 3 BGB).

Aus dem Gesetz ergibt sich die Prozessführungsbefugnis auch im Falle von **Parteien kraft Amtes** wie beim Testamentsvollstrecker, Insolvenzverwalter, Nachlassverwalter, Zwangsverwalter, Abwickler einer Anwaltskanzlei und dem Pfleger für Sammelvermögen. Dagegen ist der Nachlasspfleger (§§ 1960, 1961 BGB) gesetzlicher Vertreter der Erben für die Erhaltung und Verwaltung des Nachlasses und keine Partei kraft Amtes.[55]

237 Die Prozessführungsbefugnis kann jedoch auch aufgrund privater Ermächtigung **(gewillkürte Prozessstandschaft)** eingeräumt werden, wenn diese ausdrücklich geschieht und ein rechtliches Interesse an der Prozessführung besteht.[56] Letzteres ist zu bejahen, wenn die Entscheidung des Gerichts Einfluss auf die eigene Rechtslage des Ermächtigten hat.

VI. Das Rechtsschutzbedürfnis

238 Ein materiell Berechtigter darf die Gerichte nicht unnütz oder aus unlauteren Gründen in Anspruch nehmen bzw. für nicht schutzwürdige Ziele ausnutzen.[57] Es muss daher ein **Rechtsschutzbedürfnis (Rechtsschutzinteresse)**[58] bestehen, den geltend gemachten Anspruch überhaupt, jetzt und in dieser Weise einzuklagen und die Leistung darf nicht unmöglich oder sicher nicht vollstreckbar sein.[59] Bei den Feststellungsklagen (§ 256 ZPO) sowie bei der Klage auf künftige Leistung (§ 259 ZPO) ist dieses schutzwürdige Interesse als Zulässigkeitsvoraussetzung gesetzlich normiert. Bei der Feststellungsklage muss der Kläger sein rechtliches Interesse an der alsbaldigen Feststellung positiv darlegen. Es ist gegeben, wenn Unsicherheit über

54 Ausführlich bei *Rosenberg/Schwab/Gottwald*, § 46 Rn. 6 ff.
55 RG v. 27.11.1922 – IV 750/21 – RGZ 106, 47; Palandt/*Weidlich*, § 1960 Rn. 11, 17.
56 BGH v. 24.2.1994 – VII ZR 34/93 – BGHZ 125, 196; BGH v. 3.11.1978 – I ZR 150/76 – NJW 1979, 924; *Rosenberg/Schwab/Gottwald*, § 46 Rn. 33 ff.
57 BGH v. 21.1999 – I ZR 135/96 – NJW 1999, 1337; BGH v. 7.10.1958 – I ZR 69/57 – BGHZ 28, 203; BGH v. 27.9.1956 – II ZR 144/55 – BGHZ 21, 354
58 Zur Lehre vom Rechtsschutzbedürfnis *Rosenberg/Schwab/Gottwald*, § 89 IV.
59 BGH v. 21.2.1986 – V ZR 226/84 – BGHZ 97, 178 = NJW 1986, 1676; Zöller/*Greger*, ZPO, Vorbemerkungen zu §§ 253–299a, Rn. 18 ff.

die Rechtslage besteht und er Gefahr läuft, einen Rechtsnachteil zu erleiden, der durch ein Feststellungsurteil beseitigt werden kann.[60] Bei Klagen auf künftige Leistungen ist Voraussetzung, dass die Besorgnis vorhanden ist, dass der Schuldner sich der rechtzeitigen Leistung entziehen werde. Hierfür ist es ausreichend, dass der Schuldner die Leistungspflicht ernsthaft bestreitet.[61]

239 Bei Klagen aus Leistungs- und Haftungsansprüchen bedarf es nicht der Darlegung eines besonderen Interesses, aber auch sie sind als unzulässig zurückzuweisen, wenn ein besonderes Rechtsschutzbedürfnis fehlt.[62] Dieses **fehlt** in der Regel, wenn der Kläger sein Interesse auf einem **einfacheren, billigeren oder spezielleren Weg** durchsetzen kann.[63] So ist eine Klage auf Erstattung von Prozesskosten unzulässig, wenn das Kostenfestsetzungsverfahren nach §§ 103, 104 ZPO noch zur Verfügung steht.[64]

VII. Ordnungsmäßigkeit der Klageerhebung

240 Die Klage kann nur Erfolg haben, wenn sie zulässig und begründet ist. Zu den **Zulässigkeitsvoraussetzungen** gehört auch, dass die Klageerhebung nicht mangelhaft ist.[65] § 253 Abs. 2 ZPO stellt klar, was zum **notwendigen Inhalt der Klageschrift** gehört.

1. Notwendiger Inhalt der Klageschrift

241 Die Klageschrift **muss** gemäß § 253 Abs. 2 ZPO enthalten:

- die Bezeichnung der Parteien und des Gerichts;
- die bestimmte Angabe des Gegenstandes und des Grundes des erhobenen Anspruchs sowie einen bestimmten Antrag.

Die **Bezeichnung der Parteien** muss so eindeutig sein, dass sich die betroffene Partei für jeden Dritten ermitteln lässt.[66] Zur ordnungsgemäßen Bezeichnung gehören auf Klägerseite auch die Angabe des **Prozessbevollmächtigten** sowie jeweils die Angabe einer **ladungsfähigen Anschrift**.[67]

60 BGH v. 7.2.1986 – V ZR 201/84 – NJW 1986, 2507.
61 BGH v. 16.12.1964 – VIII ZR 47/63 – BGHZ 43, 31.
62 *Rosenberg/Schwab/Gottwald*, § 89 Rn. 30.
63 *Rosenberg/Schwab/Gottwald*, § 89 Rn. 30 ff.
64 BGH v. 24.4.1990 – VI ZR 110/89 – BGHZ 111, 168 = FamRZ 1990, 966.
65 Zöller/*Greger*, ZPO, Vorbemerkungen zu §§ 253–299a, Rn. 24.
66 BGH v. 12.5.1977 – VII ZR 167/76 – NJW 1977, 1686.
67 BGH v. 28.3.1995 – X ARZ 255/95 – NJW-RR 1995, 764.

242 Durch die Angabe des **Klagegegenstandes** wird der Kläger gezwungen, inhaltlich eindeutig festzulegen, welche Entscheidung er wünscht. Dazu ist ein **bestimmter Antrag** notwendig.[68] Es muss ersichtlich sein, ob auf Leistung, Feststellung oder Gestaltung geklagt wird. Als notwendige **Folge der Parteienherrschaft** muss der Kläger einen bestimmten Antrag zur Sache **(Sachantrag)** stellen, d.h. eine genaue Angabe der gewünschten Entscheidung.[69] Bestimmter Klageantrag bedeutet, dass der Antrag aus sich heraus oder durch Bezugnahme auf beigefügte Anlagen verständlich ist. Das Gericht ist nicht befugt, einer Partei etwas zuzusprechen, was nicht beantragt ist, dies gilt insbesondere auch für Nebenforderungen, § 308 Abs. 1 ZPO. Das Gericht ist an die Sachanträge der Parteien gebunden.[70] Es darf nicht mehr oder etwas anderes zusprechen, allerdings darf das Gericht weniger zusprechen als beantragt.

Bei **Geldbeträgen** ist der Antrag leicht zu bestimmen, d.h. zu **beziffern.** Schwieriger sind Anträge auf Herausgabe oder Übereignung einer Sache oder eines Grundstücks. Hier muss der Antrag so bestimmt sein, dass sich keinerlei Verwechselung ergeben kann.

Ein **unbezifferter Klageantrag** kommt jedoch bisweilen bei Schadenersatzklagen und dort insbesondere bei Schmerzensgeldklagen gemäß § 253 Abs. 2 BGB vor. Allerdings muss in diesem Fall mindestens die Größenordnung, die der Kläger sich vorstellt („Richtzahl") angegeben werden.[71]

2. Ausnahme vom Bestimmtheitsgrundsatz

243 Eine **Ausnahme** von diesem **Bestimmtheitsgrundsatz** bildet die **Stufenklage, § 254 ZPO.**[72] Wird mit der Klage auf Rechnungslegung oder auf Vorlegung eines Vermögensverzeichnisses oder auf Abgabe einer eidesstattlichen Versicherung die Klage auf Herausgabe desjenigen verbunden, was der Beklagte aus dem zugrunde liegenden Rechtsverhältnis schuldet, so kann die bestimmte Angabe der Leistungen, die der Kläger beansprucht, vorbehalten werden, bis die Rechnung mitgeteilt, das Vermögensverzeichnis vorgelegt oder die eidesstattliche Versicherung abgegeben ist.

3. Fehlerhafte Klageerhebung

244 Mängel hinsichtlich des notwendigen Inhalts können durch einen weiteren und erneut zuzustellenden Schriftsatz behoben werden.[73] Das Gericht

68 Ausführlich MüKoZPO/*Becker-Eberhard*, § 253 Rn. 88 ff.
69 MüKoZPO/*Becker-Eberhard*, § 253 Rn. 88; Zöller/*Greger*, ZPO, § 253 Rn. 13.
70 MüKoZPO/*Becker-Eberhard*, § 253 Rn. 92.
71 MüKoZPO/*Becker-Eberhard*, § 253 Rn. 121.
72 *Rosenberg/Schwab/Gottwald*, § 95 Rn. 29.
73 MüKoZPO/*Becker-Eberhard*, § 253 Rn. 156; Zöller/*Greger*, ZPO, § 253 Rn. 22 ff.

hat im Rahmen des § 139 Abs. 2 ZPO darauf hinzuwirken. Die Klage gilt aber erst dann als erhoben.[74]

Wird der Mangel nicht beseitigt, ist die Klage durch Prozessurteil als unzulässig abzuweisen.[75]

VIII. Keine andere Rechtshängigkeit des Streitgegenstandes

245 Die **Erhebung der Klage** erfolgt durch **Zustellung** eines Schriftsatzes an den Beklagten, § 253 Abs. 1 ZPO. Mit der Erhebung der Klage wird die Streitsache **rechtshängig** gem. § 261 Abs. 1 ZPO; vorher war sie nur anhängig. Die Rechtshängigkeit endet mit der Rechtskraft des Urteils oder durch anderweitige Beendigung des Rechtsstreits.[76]

Die Rechtshängigkeit hat **prozessuale Wirkungen**, §§ 261 Abs. 3, 263 ff. ZPO.

So darf der Streitgegenstand während der Dauer der Rechtshängigkeit von keiner Partei anderweitig anhängig gemacht werden, und die Zuständigkeit des Prozessgerichts wird durch eine Veränderung der sie begründenden Umstände nicht berührt, § 261 Abs. 3 ZPO. Als **negative Prozessvoraussetzung** ist die Rechtshängigkeit durch das Gericht von Amts wegen zu prüfen.[77]

Nach § 263 ZPO ist nach dem Eintritt der Rechtshängigkeit eine **Änderung der Klage** nur zulässig, wenn der Beklagte einwilligt oder das Gericht sie für sachdienlich erachtet. Die Vorschrift ist als Schutzvorschrift für den Beklagten zu verstehen.[78] Als Änderung der Klage ist es jedoch nicht anzusehen, wenn ohne Änderung des Klagegrundes die tatsächlichen oder rechtlichen Anführungen ergänzt oder berichtigt werden; der Klageantrag in der Hauptsache oder in Bezug auf Nebenforderungen erweitert oder beschränkt wird; statt des ursprünglich geforderten Gegenstandes wegen einer später eingetretenen Veränderung ein anderer Gegenstand oder das Interesse gefordert wird, § 264 ZPO.

Gemäß § 265 ZPO schließt die Rechtshängigkeit allerdings das Recht der einen oder der anderen Partei nicht aus, die in Streit befangene Sache zu veräußern oder den geltend gemachten Anspruch abzutreten. So eine **Ver-**

---

74 BGH v. 29.11.1956 – III ZR 235/55 – BGHZ 22, 257.
75 MüKoZPO/*Becker-Eberhard*, § 253 Rn. 156.
76 *Rosenberg/Schwab/Gottwald*, § 98 Rn. 17.
77 *Rosenberg/Schwab/Gottwald*, § 98 Rn. 18.
78 Zöller/*Greger*, ZPO, § 263 Rn. 1; zum Begriff der Klageänderung siehe MüKoZPO/*Becker-Eberhard*, § 263 Rn. 7 ff. sowie *Rosenberg/Schwab/Gottwald*, § 99.

äußerung oder Abtretung hat auf den Prozess keinen Einfluss. Eine bisher begründete Klage wird dadurch nicht unbegründet und der Rechtsvorgänger ist weiterhin befugt, den Prozess im eigenen Namen fortzuführen, d.h. jetzt im Rahmen einer Prozessstandschaft.[79] Mit Zustimmung des Gegners darf aber auch der Rechtsnachfolger übernehmen, § 265 Abs. 2 S. 2 ZPO.

246 Wird der Streitgegenstand während der Dauer der Rechtshängigkeit bei einem anderen Gericht anhängig gemacht, dann steht dieser Klage die **Einrede der Rechtshängigkeit** entgegen. Dieses gilt nicht nur hinsichtlich der ordentlichen Gerichtsbarkeit, sondern auch in Bezug auf die Gerichte der besonderen Gerichtsbarkeit, § 17 GVG.[80] Ist eine doppelte Rechtshängigkeit gegeben, dann ist die nachfolgende Klage als **unzulässig** zurückzuweisen.[81]

79 *Rosenberg/Schwab/Gottwald*, § 100 Rn. 16.
80 MüKoZPO/*Becker-Eberhard*, § 261 Rn. 46 ff.
81 *Rosenberg/Schwab/Gottwald*, § 98 Rn. 18.

F. Der Ablauf des Prozesses

247 Mit Einreichen der Klageschrift beginnt das Prozessrechtsverhältnis zwischen den Parteien untereinander und zwischen den Parteien und dem Gericht. Die Regelungen der ZPO für erstinstanzliche Verfahren betreffen ganz überwiegend das Verfahren vor den Landgerichten, §§ 253 ff. ZPO. Allerdings gelten diese Vorschriften auch für das amtsgerichtliche Verfahren, soweit nicht ausdrücklich Abweichendes geregelt ist, § 495 ZPO. Die wesentlichen Abweichungen sind folgende: Der Amtsrichter ist Prozessgericht und Vorsitzender zugleich. Bis auf das familiengerichtliche Verfahren herrscht **kein Anwaltszwang**, und daraus folgt eine höhere Fürsorgepflicht den Parteien gegenüber, die sich in Hinweispflichten bezüglich der Folgen einer rügelosen Einlassung zur Hauptsache, der Unzuständigkeit und unterbliebener Erklärungen hinsichtlich der Echtheit von Urkunden ausdrückt, §§ 499, 504, 506, 510 ZPO. Das Gericht kann sein Verfahren nach billigem Ermessen bestimmen, wenn der Streitwert 600,00 € nicht übersteigt. Der Wert muss bei Anhängigkeit vorhanden sein, er berechnet sich nach den Vorschriften der ZPO, da es sich um den Prozessstreitwert handelt (→ Rn. 66 ff.). Auf Antrag muss mündlich verhandelt werden, § 495a ZPO.

I. Die Prozesshandlungen

248 Alle Beteiligten handeln in irgendeiner Weise während des Prozesses, um den Rechtsstreit einzuleiten, weiter zu entwickeln oder zu beendigen. Man spricht insoweit von **Prozesshandlungen**, damit sind alle den Ablauf des Prozesses gestaltenden oder bestimmenden Handlungen der Parteien oder des Gerichts gemeint.[1]

Die Prozesshandlungen **des Gerichts** sind **Staatsakte**.[2]

249 Das Gesetz regelt im Wesentlichen die **Prozesshandlungen der Parteien.**[3] Hierfür gibt es keine allgemeinen Regeln in der ZPO; zusätzlich er-

1 Zöller/*Greger*, ZPO, Vorbemerkungen zu §§ 128–252 Rn. 14.

2 *Rosenberg/Schwab/Gottwald*, § 58 Rn. 1 ff.

3 *Rosenberg/Schwab/Gottwald*, § 63 ff., Zöller/*Greger*, ZPO, Vorbemerkungen zu §§ 128–252 Rn. 14.

schwert wird das Verfahren noch dadurch, dass die Parteien häufig auch materiell-rechtliche Handlungen, also materielle Rechtsgeschäfte im Prozess vornehmen können (Anfechtung, Aufrechnung, Vergleichsabschluss). Für die Unterscheidung zwischen Prozesshandlungen und Rechtsgeschäften ist in erster Linie von Bedeutung, auf welchem Gebiet die betreffende Handlung Wirkung entfalten soll. Liegt die **Hauptwirkung** auf **prozessualem Gebiet**, handelt es sich um eine Prozesshandlung.[4] Die ZPO regelt einzelne Prozesshandlungen ausdrücklich (Klage, Berufung, Revision, Beschwerde, Klagrücknahme), andere jedoch nicht (Anerkenntnis, Verzicht §§ 307, 306 ZPO).

Für die Wirksamkeit von Prozesshandlungen gilt allein das Prozessrecht, die Vorschriften des bürgerlichen Rechts finden keine Anwendung.[5] Somit gilt, dass für die wirksame Vornahme von Prozesshandlungen die Partei-, Prozess- und Postulationsfähigkeit vorhanden sein muss (**Prozesshandlungsvoraussetzung**). Form und Wirksamwerden richten sich schließlich danach, ob die Prozesshandlung in der mündlichen Verhandlung vorgenommen werden muss, ob sie dem Gericht gegenüber zu erklären ist oder ob sie auch schriftlich erfolgen kann.

Die **Versäumung von Prozesshandlungen** hat gemäß § 230 ZPO zur Folge, dass die Partei mit der Prozesshandlung ausgeschlossen ist. Dieses gilt unabhängig eines etwaigen Verschuldens, sofern dieses nicht ausdrücklich gesetzlich vorgesehen ist. Die Folgen der Versäumung treten grundsätzlich ein, ohne dass es eines vorherigen Hinweises bedarf, § 231 Abs. 1 ZPO. Die Ausnahmen hiervon sind im Gesetz geregelt (z.B. §§ 276 Abs. 2, 277 Abs. 2 ZPO).

1. Erwirkungs- und Bewirkungshandlungen

250 Prozesshandlungen der Parteien werden unterschieden in Erwirkungshandlungen und Bewirkungshandlungen.[6]

Erwirkungshandlungen sollen auf das Gericht einwirken und eine bestimmte Entscheidung veranlassen = Anträge, Behauptungen und Beweisführungen.

Bei den Anträgen unterscheidet man zwischen **Sachanträgen und Prozessanträgen**.[7] Sachanträge sind auf eine Entscheidung in der Sache gerichtet und werden durch § 308 Abs. 1 ZPO begrenzt, Prozessanträge betreffen nur das Verfahren und die Prozessleitung.

---

4 *Rosenberg/Schwab/Gottwald*, § 63 Rn. 10 ff.
5 Zöller/*Greger*, ZPO, Vorbemerkungen zu §§ 128–252 Rn. 15.
6 Ausführlich *Rosenberg/Schwab/Gottwald*, § 64.
7 *Rosenberg/Schwab/Gottwald*, § 64 Rn. 3.

Unter **Behauptungen** versteht man die tatsächlichen Anführungen der Parteien aus denen sich das Vorliegen der Tatbestandsmerkmale der einzelnen Rechtsnormen ergeben soll. Sie müssen bestimmt und wahrheitsgemäß sein, § 138 Abs. 1 ZPO. Die Behauptungen zur Begründung der Klage, Widerklage, zur Entkräftung von Einreden oder Dupliken des Beklagten bezeichnet das Gesetz als Angriffs- oder Verteidigungsmittel.

Die Parteihandlungen, die den Richter von der (Un)Wahrheit einer tatsächlichen Behauptung überzeugen sollen, werden **Beweisführungen** genannt.

Bewirkungshandlungen haben unmittelbar prozessuale Wirkungen und sollen eine bestimmte Prozesssituation herbeiführen (z.B. Geständnis § 288, Anerkenntnis oder Verzicht §§ 307, 306).[8] Sie sind auf ihre Wirksamkeit zu prüfen.

Prozesshandlungen können auch zugleich Erwirkungs- und Bewirkungshandlung sein, wie z.B. die Klageschrift, die Erwirkungshandlung ist, weil sie klassischerweise Anträge, Behauptungen und Beweisführungen enthält, gleichzeitig bewirkt die Erhebung der Klage auch die Rechtshängigkeit der Streitsache.

2. Bedingungsfeindlichkeit von Prozesshandlungen

251

Die h.M. geht davon aus, dass **Prozesshandlungen bedingungsfeindlich** sind, das insbesondere, wenn sie prozessgestaltende Wirkung haben wie die Klageerhebung.[9] Da klare Verhältnisse herrschen müssen, ist es nicht zulässig, Prozesshandlungen an ein zukünftiges ungewisses Ereignis zu knüpfen, welches außerprozessual ist. Allerdings sind sie u.U. der **Auslegung** oder auch der **Umdeutung** zugänglich, wobei die Auslegungsregeln des materiellen Rechts entsprechende Anwendung finden.[10]

Anders sieht es bei sog. innerprozessualen Bedingungen aus (z.B. Eventualanträge bzw. Hilfsanträge), hier liegt es gerade in den Händen des Gerichts zu sehen, ob der Haupt- oder der Hilfsantrag zum Zuge kommt.[11]

8 *Rosenberg/Schwab/Gottwald*, § 64 Rn. 15.

9 Zöller/*Greger*, ZPO, Vorbemerkungen zu §§ 128–252 Rn. 20; *Rosenberg/Schwab/Gottwald*, § 65 IV.

10 Zöller/*Greger*, ZPO, Vorbemerkungen zu §§ 128–252 Rn. 25; *Rosenberg/Schwab/Gottwald*, § 65 III.

11 Ausführlich *Rosenberg/Schwab/Gottwald*, § 65 Rn. 25.

II. Der Grundsatz der Mündlichkeit

252 Es gibt verschiedene Möglichkeiten, wie die Parteien ihren Vortrag beim Gericht anbringen können. Dieses kann mündlich oder schriftlich geschehen. Die Festlegung auf eine bestimmte Form gibt vor, was das Gericht bei seiner Entscheidungsfindung zugrunde legen darf.

253 Beim **Mündlichkeitsprinzip** gilt eigentlich, dass nur das mündlich Vorgebrachte Entscheidungsgrundlage ist. Das Mündlichkeitsprinzip löste das früher geltende Schriftlichkeitsprinzip ab und sollte eine schnellere Durchführung des Zivilprozesses bewirken, da das schriftliche Verfahren meist langwierig war.[12] Diverse Gesetzesänderungen haben das Prinzip bis heute eingeschränkt bzw. verändert. Die Rechtsentwicklung hat gezeigt, dass das Mündlichkeitsprinzip seine Aufgabe nur erfüllen kann, wenn die mündliche Verhandlung intensiv vorbereitet wird. Dies ist jedoch ohne Schriftwechsel nicht möglich.

Heute haben wir ein **Mündlichkeitsprinzip**, das durch **Elemente der Schriftlichkeit ergänzt** wird,[13] aber mit Zustimmung der Parteien kann das Verfahren auch schriftlich durchgeführt werden, § 128 Abs. 2 ZPO. Ist nur noch über die Kosten zu entscheiden, kann die Entscheidung ebenfalls ohne mündliche Verhandlung ergehen, § 128 Abs. 3 ZPO. Wenn das Gesetz nichts anderes bestimmt, dann können Entscheidungen des Gerichts, die nicht Urteile sind, grundsätzlich ohne mündliche Verhandlung ergehen, § 128 Abs. 4 ZPO.

Die heutigen Regelungen haben das Ziel, den Prozess nach Möglichkeit in **einer mündlichen Verhandlung** zu erledigen. Sind u.U. mehrere Termine nötig, dann sind die Parteien an ihr bisheriges Vorbringen jedoch gebunden, es gilt der Grundsatz der **Einheit der mündlichen Verhandlung**.

III. Prozessleitung durch das Gericht

254 Die zivilprozessualen Vorschriften sind nicht immer leicht verständlich oder übersichtlich; aus diesem Grund ist der weitere Ablauf des Prozesses hauptsächlich Aufgabe des Gerichts.[14] Dabei obliegt die Prozessleitung grundsätzlich dem Vorsitzenden, § 136 Abs. 1 ZPO.

---

12 *Rosenberg/Schwab/Gottwald*, § 79 Rn. 3 ff. zu den Vor- und Nachteilen sowohl des einen als auch des anderen Prinzips.

13 Zöller/*Greger*, ZPO, § 128 Rn. 1.

14 *Rosenberg/Schwab/Gottwald*, § 78 Rn. 2.

Die Parteien haben die Verantwortung für den sachlichen Fortgang des Prozesses, während die Formalien des Fortgangs in den Händen des Gerichts liegen, denn Terminierung, Zeugenladungen, Vernehmung, Protokollierung usw. können nicht durch die Parteien betrieben werden. Man spricht hier von der **formellen Prozessleitung** durch das Gericht.

Dieses geschieht ganz überwiegend im **Amtsbetrieb**, denn die Bestimmung der Termine (§§ 216, 136 Abs. 3 ZPO), die Ladung zu Terminen (§ 214 ZPO) und die meisten Zustellungen erfolgen von Amts wegen.

Das Gericht kann jedoch auch **prozessleitende Maßnahmen** ergreifen, so kann es anordnen, dass mehrere in einer Klage geltend gemachte Ansprüche in getrennten Prozessen verhandelt werden; dass Klage und Widerklage getrennt verhandelt werden (§ 145 ZPO) oder dass in rechtlichem Zusammenhang stehende Ansprüche durch Verbindung gemeinsam verhandelt werden (§ 147 ZPO).[15]

255 Zur **materiellen Prozessleitung** gehört die Verantwortung für eine materiell sachgerechte Erledigung des Prozesses.[16] Das Gericht hat dafür zu sorgen, dass der Streitstoff erschöpfend erörtert wird und alle erheblichen Fragen zu stellen. Die Mitverantwortung des Gerichts wird durch die Generalklausel des § 139 ZPO verdeutlicht. Die mit dem Titel „Materielle Prozessleitung" überschriebene Vorschrift unterliegt nicht dem richterlichen Ermessen, sondern stellt eine Muss-Vorschrift dar, die für das zur Entscheidung berufene Organ der Rechtspflege gleichermaßen Anwendung findet.

Zur **richterlichen Frage- und Aufklärungspflicht** (→ Rn. 29 ff.).

IV. Termine und Fristen

256 Aus dem Grundsatz der Mündlichkeit folgt, dass auch mündlich verhandelt wird; zu diesem Zweck beraumt das Gericht einen **Termin** für gemeinsames Handeln der Parteien vor Gericht an. Es gibt Termine zur Güteverhandlung, mündlichen Verhandlung, zur Beweisaufnahme und zur Verkündung einer Entscheidung. Die Terminsbestimmung ist eine Entscheidung des Gerichts und geschieht durch Beschluss oder Verfügung.[17] Bei verkündeten Terminen ist eine Ladung oder Terminsmitteilung nicht erforderlich, § 218 ZPO; bei nicht verkündeten Terminen sind die Parteien bzw. deren Prozessbevollmächtigte zu laden, dafür ist die Geschäftsstelle zuständig.[18]

---

15 *Rosenberg/Schwab/Gottwald*, § 79 Rn. 13.
16 MüKoZPO/*Fritsche*, § 136 Rn. 4; *Rosenberg/Schwab/Gottwald*, § 79 Rn. 13.
17 MüKoZPO/*Stackmann*, § 216 Rn. 10.
18 MüKoZPO/*Stackmann*, § 214 Rn. 1.

257 Das Gesetz sieht häufig **Fristen** vor, binnen derer die Parteien etwas tun oder lassen sollen/können, die ihnen Zeit zur Erwiderung und somit zur Fortentwicklung des Verfahrens geben. Die Fristen dienen auch der Beschleunigung des Verfahrens, wenn für die Vornahme einer Prozesshandlung eine Frist vorgeschrieben ist, nach deren Ablauf die Handlung ausgeschlossen ist (**Handlungs- oder Ausschlussfristen**).

258 Die **eigentlichen Fristen** im Sinne der §§ 221 ff. ZPO sind **gesetzliche** Fristen oder **richterliche** Fristen. Keine Fristen in diesem Sinne (**uneigentliche Fristen**) sind im Gesetz vorgesehene Zeiträume, innerhalb derer das Gericht eine Amtshandlung vorzunehmen hat oder die Parteien unter Umständen eine Handlung vorzunehmen haben.[19]

→ **Beispiele: Uneigentliche Fristen**

Der Vorsitzende hat den Termin unverzüglich zu bestimmen, § 216 Abs. 2 ZPO.

Das Urteil ist innerhalb von 3 Wochen ab Verkündung in vollständig abgefasster Form zur Geschäftsstelle zu geben, § 315 Abs. 2 S. 1 ZPO.

Die Parteien können ein Wiedereinsetzungsgesuch nach Ablauf eines Jahres – vom Ende der versäumten Frist gerechnet – nicht mehr stellen, § 234 Abs. 3 ZPO.

1. Gesetzliche Fristen und richterliche Fristen

259 Bei den **gesetzlichen Fristen** wird ihre Dauer durch das Gesetz bestimmt. Hierbei ist zwischen **gewöhnlichen** Fristen und **Notfristen** zu unterscheiden. Notfristen müssen im Gesetz als solche benannt sein, § 224 Abs. 1 S. 2 ZPO. Im Wesentlichen handelt es sich um Rechtsmittel- oder Rechtsbehelfsfristen.

→ **Beispiele: Notfristen**

Die Berufungsfrist gegen ein Urteil beträgt 1 Monat; sie ist eine Notfrist und beginnt mit der Zustellung des in vollständiger Form abgefassten Urteils, spätestens aber mit dem Ablauf von 5 Monaten nach der Verkündung, § 517 ZPO.

Die sofortige Beschwerde ist binnen einer Notfrist von zwei Wochen, die grundsätzlich mit der Zustellung der Entscheidung beginnt, einzulegen, § 569 Abs. 1 S. 1 ZPO.

Die Frist für die Einlegung des Einspruchs gegen ein Versäumnisurteil beträgt zwei Wochen ab Zustellung des Versäumnisurteils, auch hierbei handelt es sich um eine Notfrist, § 339 Abs. 1 ZPO.

260 **Gewöhnliche** Fristen sind alle gesetzlichen Fristen, die nicht ausdrücklich als Notfrist bezeichnet sind.

---

19 MüKoZPO/*Stackmann*, § 221 Rn. 1; Zöller/*Stöber*, ZPO, Vor § 214 Rn. 6.

→ **Beispiele: Gewöhnliche (gesetzliche) Fristen**

Die Berufung muss innerhalb einer Frist von 2 Monaten schriftlich begründet werden, die Frist beginnt mit der Zustellung des in vollständiger Form abgefassten Urteils, spätestens aber mit dem Ablauf von 5 Monaten nach der Verkündung, § 520 Abs. 1, 2 ZPO.

Sind die Prozesskosten ganz oder teilweise nach Quoten verteilt, so hat nach Eingang des Festsetzungsantrages das Gericht den Gegner aufzufordern, die Berechnung seiner Kosten binnen einer Woche bei Gericht einzureichen, § 106 Abs. 1 ZPO.

Die Frist, die in einer anhängigen Sache zwischen der Zustellung der Ladung und dem Terminstag liegen soll (Ladungsfrist), beträgt in Anwaltsprozessen mindestens 1 Woche, in anderen Prozessen mindestens 3 Tage, § 217 ZPO.

261 **Richterliche Fristen** sind Fristen, deren Dauer nicht vom Gesetz bestimmt, sondern vom Richter festgelegt werden.

→ **Beispiele: Richterliche Fristen**

Bei Fehlen von Prozessvoraussetzungen kann die Partei vorläufig zur Prozessführung zugelassen werden, wenn für die betreffende Partei Gefahr im Verzug ist und es sich um einen behebbaren Mangel handelt. Eine Klagabweisung darf nicht vor Ablauf der vom Gericht zu setzenden Frist erfolgen, § 56 Abs. 2 ZPO.

Zur Vorbereitung des Verhandlungstermins kann das Gericht den Parteien die Ergänzung oder Erläuterung ihrer vorbereitenden Schriftsätze aufgeben, insbesondere eine Frist zur Erklärung über bestimmte klärungsbedürftige Punkte setzen, § 273 Abs. 2 Nr. 1 ZPO.

2. Fristkürzung, Fristverlängerung

262 Auf Antrag können richterliche und gesetzliche Fristen – mit Ausnahme von Notfristen[20] – unter bestimmten Gründen verlängert oder verkürzt werden, § 224 Abs. 2 ZPO. Für eine Friständerung müssen erhebliche Gründe vorliegen, die notfalls glaubhaft zu machen sind. Gesetzliche Fristen können nur geändert werden, wenn das Gesetz dieses zulässt.

→ **Beispiele:**

Einlassungsfristen, Ladungsfristen sowie diejenigen Fristen, die für die Zustellung vorbereitender Schriftsätze bestimmt sind, können auf Antrag abgekürzt werden, § 226 Abs. 1 ZPO.

Die Berufungsbegründungsfrist kann auf Antrag verlängert werden, wenn dadurch der Rechtsstreit nicht verzögert wird oder wenn der Berufungskläger erhebliche Gründe vorträgt, § 520 Abs. 2 ZPO.

20 Musielak/Voit/*Stadler*, § 224 Rn. 3; Zöller/*Stöber*, ZPO, § 224 Rn. 3, 5.

263 Durch **Prozessvertrag/Parteivereinbarung** können die Parteien selbst richterliche und gesetzliche Fristen – keine Notfristen – **verkürzen**, § 224 Abs. 1 ZPO, was in der Praxis jedoch höchst selten der Fall ist.

3. Die Fristberechnung

264 Die Fristberechnung erfolgt nach den Vorschriften des bürgerlichen Rechts, § 222 ZPO, also nach den §§ 187 ff. BGB.

Der **Fristbeginn** ist grundsätzlich jeweils im **Gesetz bestimmt**; so beginnt die Berufungsfrist mit der Zustellung des in vollständiger Form abgefassten Urteils, spätestens aber mit dem Ablauf von 5 Monaten nach der Verkündung, § 517 ZPO, oder die Frist für die sofortige Beschwerde grundsätzlich mit Zustellung der Entscheidung, § 569 Abs. 1 ZPO. **Richterliche Fristen** beginnen grundsätzlich mit dem in der richterlichen Entscheidung bestimmten Ereignis oder Tag und falls dieses nicht festgelegt wurde, mit der Verkündung bzw. der Zustellung der Entscheidung, durch die die Frist bestimmt wurde, § 221 ZPO.

Fällt die Zustellung/Verkündung in den Lauf eines Tages, ist dieser bei der Fristberechnung nicht mitzurechnen, § 187 Abs. 1 BGB. Ist der Beginn des Tages als Fristbeginn bestimmt, so wird er mitgezählt, § 187 Abs. 2 BGB.

Für das **Fristende** gilt § 188 BGB; danach endet z.B. eine nach **Tagen bestimmte Frist** mit dem Ablauf (24 Uhr) des letzten Tages der Frist.

→ **Beispiel: 4-Tagefrist**

Zustellung am Montag im Laufe des Tages, Fristablauf am Freitag 24 Uhr, da der Tag der Zustellung (des Ereignisses) nicht mitgezählt wird.

Wochenfristen enden mit Ablauf des Wochentages, der dem Tag der entsprechenden Woche entspricht, in dessen Verlauf die Zustellung bzw. das Ereignis fiel.

→ **Beispiel: 2-Wochenfrist für die Einlegung der sofortigen Beschwerde**

Die Entscheidung wird am Dienstag, dem 6. Juni d.J. zugestellt. Die Frist endet am Dienstag, dem 20. Juni d.J. 24 Uhr.

Monatsfristen enden mit Ablauf des Tages, der in der Bezeichnung nach der Zahl des Tages des Vormonats entspricht. Fehlt ein solcher Tag, dann ist es der letzte Tag des Monats, § 188 Abs. 3 BGB.

→ **Beispiel: Monatsfrist für die Einlegung der Berufung**

Die Entscheidung wird am 6. Juni d.J. zugestellt. Die Frist endet am 6. Juli d.J., 24 Uhr.

Aber: Zustellung am Montag, dem 31. Januar d.J., Fristende am Dienstag, dem 29. Februar d.J. bzw. 28. Februar.

Fällt das Ende der Frist auf einen Sonntag, einen allgemeinen gesetzlichen Feiertag oder einen Sonnabend, so endet die Frist mit Ablauf des nächsten Werktages, § 222 Abs. 2 ZPO. Für den Ablauf einer Rechtsmittelfrist an einem nicht bundeseinheitlichen Feiertag sind die Verhältnisse an dem Ort maßgebend, an dem die Frist zu wahren ist.[21]

→ **Beispiel: Monatsfrist – Fristende an einem Feiertag**

Zustellung am Dienstag, 14. März 2017; Fristende nicht am Freitag, dem 14. April 2017, da es sich um einen gesetzlichen Feiertag handelt, dem Karfreitag. Fristende ist in diesem Fall jedoch auch nicht am Montag, dem 17. April 2017, da es sich um den Ostermontag handelt. Fristablauf ist erst mit Ablauf des darauffolgenden Werktages, also am Dienstag, dem 18. April 2017.

V. Rechtsbehelfsbelehrung und Wiedereinsetzung

1. Rechtsbehelfsbelehrung im Zivilprozess

265 Im ZPO-Verfahren war bis vor wenigen Jahren eine allgemeine **Rechtsbehelfsbelehrung** nicht vorgesehen. Lediglich für einzelne Entscheidungen wie z.B. für den Einspruch gegen ein Versäumnisurteil sah § 338 S. 2 ZPO a.F. vor, dass mit der Zustellung des Versäumnisurteils auf die Möglichkeit des Einspruchs hinzuweisen war.

Der Gesetzgeber war jedoch der Auffassung, dass das Fehlen einer Rechtsbehelfsbelehrung den Bürgerinnen und Bürgern die Orientierung im gerichtlichen Instanzenzug erschwert und die Gefahr unzulässiger Rechtsbehelfe erhöht sei.[22] Mit der Einführung des § 232 ZPO[23] gilt auch im ZPO-Verfahren eine allgemeine Belehrungspflicht hinsichtlich der Anfechtbarkeit gerichtlicher Entscheidungen.

a) Von der Belehrungspflicht erfasste Entscheidungen

266 Die **Belehrungspflicht** gilt grundsätzlich nur in Verfahren, in denen **kein Anwaltszwang** gem. § 78 ZPO vorgeschrieben ist, denn bei obligatorischer anwaltlicher Vertretung wird dieses als nicht notwendig angesehen.[24]

---

21 OLG Koblenz v. 27.6.2016 – 10 U 1263/15 –, juris.

22 So die Begründung im Entwurf eines Gesetzes zur Einführung einer Rechtsbehelfsbelehrung im Zivilprozess v. 15.8.2012 – BT-Drs. 17/10490 S. 1.

23 Durch das Gesetz zur Einführung einer Rechtsbehelfsbelehrung im Zivilprozess und zur Änderung anderer Vorschriften v. 5.12.2012 – BGBl. I S. 2418 – in Kraft getreten am 1.1.2014. Das Gesetz sieht unter anderem auch die Einführung von Rechtsbehelfsbelehrungen in diversen anderen Gesetzen vor, hier sei insbesondere auf § 5b GKG und § 12c RVG hingewiesen.

24 So die Gesetzesbegründung BT-Drs. 17/10490 S. 12.

Lediglich Einsprüche (z.B. gegen ein Versäumnisurteil) oder Widersprüche (z.B. gegen Beschlüsse im einstweiligen Rechtsschutz) sind **davon ausgenommen**, da diese auch gegen nicht anwaltlich vertretene Parteien ergehen können. Gleiches gilt, wenn die Belehrung sich an Zeugen und Sachverständige richtet.

Anders als in § 39 FamFG schreibt § 232 ZPO eine Pflicht zur Belehrung für alle anfechtbaren gerichtlichen Entscheidungen vor, da auch andere Gesuche unter Umständen mit der sofortigen Beschwerde anfechtbar sein können, § 567 Abs. 1 ZPO.

Zu belehren ist auch bei selbstständig anfechtbaren Zwischen- und Nebenentscheidungen.[25] Adressaten der Belehrung sind diejenigen Personen, an die sich die gerichtliche Entscheidung richtet.

b) Von der Belehrungspflicht erfasste Rechtsmittel und Rechtsbehelfe

267 Zu belehren ist über **sämtliche Rechtsmittel**, also über die Berufung, die Revision, die sofortige Beschwerde, die Rechtsbeschwerde und die Nichtzulassungsbeschwerde, sowie über die übrigen ausdrücklich genannten Rechtsbehelfe, über die aufgrund ihrer Befristung oder ihrer besonderen Funktion zu belehren ist.

Über die nicht fristgebundene Möglichkeit zum Widerspruch gegen einen Arrestbeschluss und gegen einen Beschluss, durch den eine einstweilige Verfügung erlassen wird, muss belehrt werden, weil im vorläufigen Rechtsschutz in aller Regel ohne Anhörung des Schuldners durch Beschluss entschieden wird und der Schuldner zur Vermeidung weiterer Zwangsmaßnahmen schnelle Entscheidungen treffen muss, ohne sich hierauf vorbereiten zu können.

Bei den nicht fristgebundenen Rechtsbehelfen genügt zur Erfüllung der erforderlichen Belehrung über die Frist der Hinweis, dass keine Frist existiert.

Nicht erfasst werden von der Rechtsbehelfsbelehrungspflicht **außerordentliche Rechtsbehelfe** wie die Wiedereinsetzung in den vorigen Stand gemäß § 233 ZPO, die Anhörungsrüge gemäß § 321a ZPO, die Ergänzung bzw. Berichtigung der Entscheidung und die Tatbestandsberichtigung gemäß §§ 319 bis 321 ZPO. Ebenso wenig ist über die Möglichkeit zur Verfassungsbeschwerde zu belehren.[26]

Da der Wortlaut der Vorschrift nur anfechtbare Entscheidungen erfasst, muss nicht belehrt werden, wenn kein Rechtsmittel und keiner der genannten Rechtsbehelfe statthaft ist.

---

25 Zöller/*Greger*, ZPO, § 232 Rn. 2.

26 Musielak/Voit/*Grandel*, ZPO, § 232 Rn. 6; Zöller/*Greger*, ZPO, § 232 Rn. 2.

c) Form und Inhalt der Belehrung

268 In § 232 ZPO wurde auf die ausdrückliche Anordnung einer Form der Belehrung verzichtet. Bei schriftlichen Beschlüssen ist eine **schriftliche Belehrung** und deren Einfügung in den Beschluss, also oberhalb der Unterschrift des Richters oder des Rechtspflegers erforderlich.[27] Die Rechtsbehelfsbelehrung ist **formeller Bestandteil** des Beschlusses und folgt der Begründung nach, d.h. sie hat noch vor der Unterschrift des Richters/Rechtspflegers zu stehen. Eine bloße Bezugnahme auf eine „beigefügte" Belehrung ist nicht ausreichend, auch nicht mit dem Hinweis, dass diese Bestandteil der Entscheidung sei.

Eine mündliche Belehrung bei Urteilsverkündung in Abwesenheit einer Partei gemäß § 312 ZPO genügt auf keinen Fall. Bei verkündeten Beschlüssen gemäß § 329 ZPO, bei denen keine Schriftform vorgeschrieben ist, bietet sich entsprechend der Praxis im Strafprozess eine kurze mündliche Belehrung unter Aushändigung eines Merkblatts an.

Die Belehrung über die Form des Rechtsbehelfs umfasst auch einen **Hinweis auf** einen bestehenden **Anwaltszwang.**[28] Wenn der Rechtsbehelf auch ohne anwaltliche Vertretung eingelegt werden kann, muss eine nicht anwaltlich vertretene Partei in den Stand gesetzt werden, allein anhand der Rechtsbehelfsbelehrung eine formrichtige Beschwerde einzulegen.[29] Zu belehren ist auch über das Gericht, bei dem der Rechtsbehelf einzulegen ist, sowie über dessen Sitz. Hat der Rechtsmittelführer ein Wahlrecht zwischen mehreren Gerichten (vgl. § 569 Absatz 1 Satz 1), so sind beide Gerichte in der Rechtsmittelbelehrung anzugeben.

Hinsichtlich des zur Entgegennahme zuständigen Gerichts ist auch dessen vollständige Anschrift zu nennen.[30]

d) Rechtsfolgen bei unterbliebener oder fehlerhafter Belehrung

269 Das **Fehlen der Rechtsbehelfsbelehrung** hat keinen Einfluss auf den Beginn der Rechtsmittelfrist,[31] allerdings ist der Partei auf ihren Antrag **Wiedereinsetzung** in den vorigen Stand zu bewilligen, auch hier gilt, dass wegen der fehlenden Rechtsbehelfsbelehrung eine schuldlose Versäumung der Beschwerdefrist vermutet wird, siehe § 233 S. 2 ZPO.

Vorausgesetzt wird jedoch für eine erfolgreiche Wiedereinsetzung die Kausalität zwischen dem Belehrungsmangel und der Fristversäumung, die-

---

27 So die Gesetzesbegründung BT-Drs. 17/10490 S. 13; siehe auch Musielak/Voit/*Grandel*, ZPO, § 232 Rn. 8; Zöller/*Greger*, ZPO, § 232 Rn. 5.

28 KG v. 20.1.2014 – 20 U 213/13 –, juris.

29 BGH v. 23.6.2010 – XII ZB 82/10 – FamRZ 2010, 1425 zu § 39 FamFG.

30 BGH v. 15.6.2011 – XII ZB 468/10 – FamRZ 2011, 1389; BGH v. 17.8.2011 – XII ZB 50/11 – FamRZ 2011, 1649 jeweils zu § 39 FamFG.

31 BGH v. 13.1.2010 – XII ZB 248/09 – FamRZ 2010, 365.

se kann bei einer anwaltlich vertretenen Partei entfallen, wenn die durch das Gericht erteilte Rechtsbehelfsbelehrung offenkundig falsch gewesen ist und deshalb – ausgehend von den bei einem Rechtsanwalt vorauszusetzenden Grundkenntnissen des Verfahrensrechtes und des Rechtsmittelsystems – nicht einmal den Anschein der Richtigkeit zu erwecken vermochte.[32]

2. Wiedereinsetzung in den vorigen Stand

270 Die Versäumung bestimmter Fristen kann der Partei einen erheblichen Nachteil bringen, weil sie unter Umständen die Prozesshandlung nicht mehr vornehmen kann. Ganz besonders nachteilig kann die Versäumung von Rechtsmittelfristen sein. Aus diesem Grunde lässt das Gesetz es zu, dass auf Antrag der Partei **Wiedereinsetzung in den vorigen Stand**[33] zu gewähren ist, wenn die Partei ohne ihr Verschulden verhindert war, eine Notfrist oder die Frist zur Begründung der Berufung, der Revision, der Nichtzulassungsbeschwerde, der Rechtsbeschwerde oder die Frist des § 234 Abs. 1 ZPO einzuhalten, § 233 ZPO. Ein Fehlen des Verschuldens wird gesetzlich vermutet, wenn eine Rechtsbehelfsbelehrung unterblieben oder fehlerhaft ist, § 233 S. 2 ZPO.

Wiedereinsetzung bedeutet Zurückversetzung in den Verfahrensstand vor einer versäumten Prozesshandlung und besteht darin, dass die versäumte und nachgeholte Prozesshandlung als rechtzeitig bewirkt gilt.[34] Die Wiedereinsetzung ist nur statthaft bei Versäumung von Notfristen (→ Rn. 259) sowie der in § 233 ZPO genannten weiteren Fristen; deshalb wird eine analoge Anwendung auf andere Fristen vielfach als nicht zulässig angesehen.[35] Als **Wiedereinsetzungsgrund** gilt es, wenn die Partei ohne ihr Verschulden an der Einhaltung der Frist gehindert war. Das Verschulden bestimmt sich insoweit nach einem objektiven Maßstab, so wird von einem Rechtsanwalt, dessen Verschulden der Partei zugerechnet wird, verlangt, dass er die übliche, einem ordentlichen Rechtsanwalt obliegende Sorgfalt nicht verletzt.[36] Aus diesem Grunde ist im Rahmen einer Kanzleianweisung oder auch durch eine konkrete Einzelanweisung festzulegen, in welcher Form Ausgangskontrollen zu erfolgen haben.[37] Die zugrundeliegenden Tatsachen sind glaubhaft zu machen, § 236 Abs. 2 S. 1 ZPO. Fehlt ein Verschulden, ist die Wiedereinsetzung zu gewähren. Die Rechtsprechung zur Wie-

32 BGH v. 18.12.2013 – XII ZB 38/13 –, juris; BGH v. 13.6.2012 – XII ZB 592/11 – FamRZ 2012, 1287 = NJW-RR 2012, 1025.
33 Ausführlich s. *Rosenberg/Schwab/Gottwald*, § 69.
34 BGH v. 8.1.1953 – IV ZR 125/52 – BGHZ 8, 284; Zöller/*Greger*, ZPO, § 233 Rn. 1.
35 Zöller/*Greger*, ZPO, § 233 Rn. 7 m.w.N.
36 BGH v. 17.4.1985 – IVb ZB 136/84 – NJW 1985, 1710.
37 BGH v. 18.7.2007 – XII ZB 32/07 – FamRZ 2007, 1722; BGH v. 207.2005 – XII ZB 68/05 – FamRZ 2005, 1534; BGH v. 10.5.2006 – XII ZB 267/04 – FamRZ 2006, 1104.

dereinsetzung ist sehr umfangreich, da sie in der Praxis eine große Rolle spielt.[38]

271 Die **Wiedereinsetzung** muss grundsätzlich innerhalb einer Frist von 2 Wochen beantragt werden, § 234 Abs. 1 ZPO. Die Frist beträgt einen Monat, wenn die Partei verhindert ist, die Frist zur Begründung der Berufung, der Revision, der Nichtzulassungsbeschwerde oder der Rechtsbeschwerde, § 234 Abs. 1 S. 2 ZPO. Fristbeginn ist der Tag, an dem das Hindernis behoben ist; allerdings ist nach Ablauf eines Jahres, von dem Ende der versäumten Frist an gerechnet, die Wiedereinsetzung nicht mehr möglich, § 234 Abs. 2, 3 ZPO. Der Antrag ist an das Gericht zu richten, das über die nachgeholte Prozesshandlung zu entscheiden hat, § 237 ZPO und muss in der Form eingereicht werden, die für die versäumte Prozesshandlung gilt, § 236 Abs. 1 ZPO. Alle Tatsachen, die für die Gewährung der Wiedereinsetzung von Bedeutung sein können, müssen innerhalb der Antragsfrist vorgetragen werden; erkennbar unklare oder ergänzungsbedürftige Angaben, deren Aufklärung nach § 139 ZPO geboten sind, dürfen jedoch noch nach Fristablauf erläutert und ergänzt werden.[39]

VI. Zustellungen und Ladungen

1. Das Verfahren bei Zustellungen

272 Das Verfahren bei **Zustellungen** ist in §§ 166 ff. ZPO geregelt,[40] nicht festgelegt ist hier aber, welche Schriftstücke zuzustellen sind, dieses ergibt sich aus der jeweiligen Verfahrensvorschrift. So ordnet § 253 Abs. 1 ZPO an, dass die Erhebung der Klage durch Zustellung eines Schriftsatzes erfolgt. Urteile werden nach § 317 Abs. 1 S. 1 ZPO den Parteien in Abschrift zugestellt.[41] Entscheidungen wie z.B. Beschlüsse, die Vollstreckungstitel sind, sind ebenfalls zuzustellen, § 329 Abs. 3 ZPO.

Zunächst ist in den §§ 166 bis 190 ZPO die Zustellung von Amts wegen **(Amtszustellung)** geregelt, da diese die Regel darstellt; die Zustellung auf Be-

38 S. hierzu z.B. *Rosenberg/Schwab/Gottwald*, § 69 III; siehe auch Musielak/Voit/*Grandel*, § 233 Rn. 6 ff. sowie Zöller/*Greger*, ZPO, § 233 Rn. 23 jeweils mit alphabetischen Stichworten.

39 BGH v. 10.5.2006 – XII ZB 42/05 – BGHreport 2006, 1119 m.w.N.

40 Das gesamte Zustellungsrecht ist durch das Gesetz zur Reform des Verfahrens bei Zustellungen im gerichtlichen Verfahren (Zustellungsreformgesetz – ZustRG) v. 25.6.2001 – BGBl. I S. 1206 – mit Wirkung v. 1.7.2002 reformiert worden; s. auch *von König*, RpflStud 2002, 61 ff.

41 Die Vorschrift wurde mit Wirkung vom 1.7.2014 durch das G zur Förderung des elektronischen Rechtsverkehrs mit den Gerichten v. 10.10.2013 – BGBl. I S. 3786 – geändert.

treiben der Parteien (**Parteizustellung**) als Ausnahme, §§ 191 bis 195 ZPO, findet nur statt, wenn sie zugelassen oder ausdrücklich vorgeschrieben ist.

Die von der Rechtsprechung entwickelte Definition des **Zustellungsbegriffes**, wonach „die Zustellung die in gesetzlicher Form zu bewirkende und zu beurkundende Übergabe eines Schriftstücks an eine bestimmte Person“ war,[42] gilt nicht mehr, denn nun bestimmt § 166 Abs. 1 ZPO, dass die Zustellung die in gesetzlicher Form zu bewirkende Bekanntgabe eines Dokuments an den Adressaten ist und die Beurkundung dient jetzt nur noch als Nachweis[43] und ist kein notwendiger Bestandteil der Zustellung mehr.

273 Die **Zustellung** ist neben der formlosen Mitteilung eine Form der Bekanntmachung, sie ist in der Regel bei besonders wichtigen Schriftstücken gesetzlich vorgeschrieben. Neben der Klageschrift sind Schriftstücke der Parteien, die einen **bestimmten Antrag (Sachantrag)** enthalten, ebenfalls zuzustellen § 270 S. 1 ZPO. Sofern das Gericht nicht die Zustellung anordnet, sind sonstige Schriftstücke und Erklärungen ohne besondere Form mitzuteilen. Bei Übersendung durch die Post gilt die Mitteilung, wenn die Wohnung der Partei im Bereich des Ortsbestellverkehrs liegt, an dem folgenden, im Übrigen an dem zweiten Werktage nach der Aufgabe zur Post als bewirkt, sofern nicht die Partei glaubhaft macht, dass ihr die Mitteilung nicht oder erst in einem späteren Zeitpunkt zugegangen ist, § 270 S. 2 ZPO.

Erklärungen an das Gericht können in der mündlichen Verhandlung oder zu Protokoll der Geschäftsstelle abgeben werden.

Aber auch **gerichtliche Handlungen** bedürfen der Zustellung. So müssen Entscheidungen zugestellt werden, um z.B. die Rechtsmittelfristen in Gang zu setzen.

Die förmliche Zustellung soll dem Adressaten die Möglichkeit verschaffen, von dem Schriftstück Kenntnis zu nehmen und damit den Anspruch auf rechtliches Gehör nach Art. 103 Abs. 1 GG gewährleisten.[44] Nach nun geltendem Recht bleiben Zustellungsmängel unbeachtlich, wenn der Zustellungszweck erreicht ist (§ 189 ZPO); d.h. wenn der Adressat angemessene Gelegenheit zur Kenntnisnahme des Schriftstücks erhalten hat und der Zeitpunkt der Bekanntgabe dokumentiert wurde. Die Regelungen über Zustellungen zur Nachtzeit (§ 188 ZPO a.F.) sind aufgehoben worden.[45]

---

42 BGH v. 15.1.1953 – IV ZR 180/52 – BGHZ 8, 314 = NJW 1953, 422; *Thomas/Putzo*, ZPO, 22. Auflage 1999, Vorbem. § 166 Rn. 1; Zöller/*Stöber*, ZPO, 22. Auflage 2001, Vor § 166 Rn. 1.

43 *Rosenberg/Schwab/Gottwald*, § 72 Rn. 4.

44 BVerfG v. 11.7.1984 – 1 BvR 1269/83 – BVerfGE 67, 208; BVerfG v. 26.10.1987 – 1 BvR 198/87 – NJW 1988, 2361; BGH v. 19.12.2001 – VIII ZR 282/00 – BGHZ 149, 311.

45 Da in der Praxis lt. Auffassung des Gesetzgebers bedeutungslos, s. Gesetzesbegründung BT-Drs. 14/4554 S. 26. Die für die Vollstreckung notwendige Definition der „Nachtzeit“ ergibt sich nun an zutreffender Stelle aus § 758a Abs. 4 ZPO.

a) Zustellung von Amts wegen

274 Heute ist die **Zustellung von Amts wegen (Amtsbetrieb)** die Regel, weil Ladungen, Schriftsätze, Urteile und Entscheidungen, die einen Vollstreckungstitel darstellen, von Amts wegen zugestellt werden (§§ 214, 270 S. 1, 317 Abs. 1, 329 Abs. 3 ZPO). Der Urkundsbeamte der Geschäftsstelle hat dafür Sorge zu tragen, dass eine beglaubigte Abschrift[46] des zuzustellenden Schriftstücks zugestellt wird. Die Beglaubigung des zuzustellenden Schriftstücks wird grundsätzlich von der Geschäftsstelle vorgenommen, § 169 Abs. 2 ZPO;[47] sie ist nach (noch) h.M. wesentliches Wirksamkeitserfordernis der Zustellung.[48] Die Abschrift muss leserlich, wortgetreu und richtig sowie vollständig sein.[49] Weicht die zugestellte Abschrift vom Original ab, ist die Zustellung unwirksam, eine wortgetreue Abschrift ist noch einmal zuzustellen.[50]

Der UdG entscheidet nach pflichtgemäßem Ermessen auch darüber, in welcher **Art und Weise** er die **Zustellung** veranlasst. So kann dies durch Aushändigung an der Amtsstelle (§ 173 ZPO), gegen **Empfangsbekenntnis** bei Rechtsanwälten, Notaren, Gerichtsvollziehern, Steuerberatern und sonstige Personen, bei denen aufgrund ihres Berufes von einer erhöhten Zuverlässigkeit ausgegangen werden kann (§ 174 ZPO), durch **Einschreiben mit Rückschein** (§ 175 ZPO) oder durch **Zustellungsauftrag** an die Post oder zugelassene Postunternehmen oder durch Justizpersonal (§ 176 ZPO) erfolgen.

275 Über die erfolgte Zustellung ist eine vom Zustellungsorgan ausgefüllte **Zustellungsurkunde (ZU)** zu den Gerichtsakten zu nehmen. Die ZU ist in Urschrift oder als elektronisches Dokument zurückzuleiten und muss gem. § 182 Abs. 2 ZPO enthalten:

1. die Bezeichnung der Person, der zugestellt werden soll,
2. die Bezeichnung der Person, an die der Brief oder das Schriftstück übergeben wurde,
3. im Falle des § 171 die Angabe, dass die Vollmachtsurkunde vorgelegen hat,
4. im Falle der §§ 178, 180 die Angabe des Grundes, der diese Zustellung rechtfertigt und wenn nach § 181 verfahren wurde, die Bemerkung, wie die schriftliche Mitteilung abgegeben wurde,
5. im Falle des § 179 die Erwähnung, wer die Annahme verweigert hat und dass der Brief am Ort der Zustellung zurückgelassen oder an den Absender zurückgesandt wurde,

---

46 Eine einfache Abschrift reicht nach Auffassung des BGH nicht – siehe BGH v. 22.12.2015 – VI ZR 79/15 – BGHZ 208, 255 = NJW 2016, 1517.

47 S. hierzu ausführlich bei Zöller/*Stöber*, ZPO, § 169 Rn. 7 ff.

48 Zöller/*Stöber*, ZPO, § 169 Rn. 12 m.div.N.; a.A. MüKoZPO/*Häublein*, § 169 Rn. 3 ff.

49 MüKoZPO/*Häublein*, § 166 Rn. 17 ff.; Zöller/*Stöber*, ZPO, § 169 Rn. 12 m.w.N.

50 OLG Nürnberg v. 18.9.2003 – 10 WF 2935/03 – FamRZ 2004, 470.

6. die Bemerkung, dass der Tag der Zustellung auf dem Umschlag, der das zuzustellende Schriftstück enthält, vermerkt ist,
7. den Ort, das Datum und auf Anordnung der Geschäftsstelle auch die Uhrzeit der Zustellung,
8. Name, Vorname und Unterschrift des Zustellers sowie die Angabe des beauftragten Unternehmens oder der ersuchten Behörde.

276 Bei prozessfähigen Personen erfolgt die Zustellung grundsätzlich an diese persönlich, es sei denn, sie hat einen Prozessbevollmächtigten, dann hat die Zustellung an diesen zu erfolgen, § 172 Abs. 1 ZPO. An den rechtsgeschäftlich bestellten Vertreter (Zustellungsbevollmächtigten) kann bei Vorlage einer Vollmacht ebenfalls wirksam zugestellt werden, § 171 ZPO. Der Zusteller kann, er muss aber nicht an den Vertreter zustellen.[51] Bei nicht prozessfähigen Personen ist an den **gesetzlichen Vertreter** zuzustellen, sind mehrere vorhanden, genügt die Zustellung an einen der Vertreter, § 170 Abs. 3 ZPO.

277 Ein Schriftstück kann an einen **Anwalt**, einen **Notar**, einen **Gerichtsvollzieher**, einen **Steuerberater** oder an eine sonstige **Person**, bei der aufgrund ihres Berufes von einer **erhöhten Zuverlässigkeit** ausgegangen werden kann, eine **Behörde**, eine **Körperschaft** oder eine **Anstalt des öffentlichen Rechts** gegen **Empfangsbekenntnis (EB)** zugestellt werden. Zum Nachweis der Zustellung genügt das mit Datum und Unterschrift des Adressaten versehene schriftliche Empfangsbekenntnis, das an das Gericht zurückzusenden ist, § 174 Abs. 4 ZPO.

Hinzu kommt außerdem, dass gem. § 174 Abs. 2, 3 ZPO an die oben Genannten das Schriftstück auch durch **Telekopie** oder mittels **elektronischem Dokument** zugestellt werden kann. Die Übermittlung soll mit dem Hinweis „Zustellung gegen Empfangsbekenntnis“ eingeleitet werden und die absendende Stelle, den Namen und die Anschrift des Zustellungsadressaten sowie den Namen des Justizbediensteten erkennen lassen, der das Schriftstück zur Übermittlung aufgegeben hat. Das EB kann durch Telekopie oder schriftlich übermittelt werden.

278 Das Schriftstück kann der Person, der zugestellt werden soll, an jedem Ort übergeben werden, an dem sie angetroffen wird, § 177 ZPO. Für den Fall, dass der Zustellungsempfänger nicht angetroffen wird, sieht das Gesetz eine **Ersatzzustellung** vor, diese darf jedoch nur in den gesetzlich vorgesehenen Fällen erfolgen, § 178 ZPO.

In der **Wohnung** kann eine Ersatzzustellung durch Übergabe an einen erwachsenen Familienangehörigen, eine in der Familie beschäftigten Person oder einen erwachsenen ständigen Mitbewohner erfolgen, § 178 Abs. 1 Nr. 1 ZPO. **Familienangehöriger** ist jede zur Familie gehörende Person,

---

51 Zöller/*Stöber*, ZPO, § 171 Rn. 5.

d.h. wer mit dem Adressaten verheiratet oder verwandt oder verschwägert ist sowie auch der Lebenspartner. Aber auch Pflegeeltern, Pflegekinder, der geschiedene Ehegatte, wenn er mit dem früheren Ehegatten wieder zusammenlebt und einen gemeinsamen Haushalt führt.[52] Eine Ersatzzustellung an den Prozessgegner ist jedoch ausgeschlossen, § 178 Abs. 2 ZPO. Die Ersatzzustellung kann auch an eine in der Familie **beschäftigte Person** erfolgen, wobei es sich um jeden zur Mitarbeit im Hausstand, zur Betreuung und Pflege tätigen Dritten handeln kann.

Familienangehörige und **Mitbewohner** müssen **erwachsen** sein. Erwachsen ist, wer nach Alter und geistiger Entwicklung erkennbar in der Lage ist, den Zweck der Zustellung und die Verpflichtung zur Aushändigung an den Adressaten zu erkennen.[53] Auf Volljährigkeit und Geschäftsfähigkeit wird hierbei nicht abgestellt.[54] Nach Auffassung des KG[55] ist jedoch ein 11-jähriges Kind nach seinem Alter und seiner geistigen Entwicklung nicht dazu in der Lage, den Zweck einer Zustellung und die Verpflichtung, die Sendung dem Adressaten auszuhändigen, zu erkennen. Die Ersatzzustellung hat in der Wohnung zu erfolgen,[56] während an den Adressaten an jedem Ort zugestellt werden kann, § 177 ZPO.

279 Hat der Adressat **Geschäftsräume** als Gewerbetreibender, Freiberufler, Notar, Gerichtsvollzieher usw., kann an jede dort beschäftigte Person ersatzweise zugestellt werden, § 178 Abs. 1 Nr. 2 ZPO. Eine bestimmte Berufs- oder Gewerbetätigkeit ist nicht mehr notwendig, sodass es auf die besondere Vertrauensstellung oder die gewöhnlichen Geschäftsstunden des Adressaten nicht mehr ankommt und somit auch an Pförtner, Arbeiter oder Reinigungspersonal zugestellt werden kann.[57] Eine Ersatzzustellung kann sogar erfolgen, wenn sie außerhalb der üblichen Öffnungs- bzw. Geschäftszeiten erfolgt.[58]

Bei Personen, die in einer **Gemeinschaftseinrichtung** (Altenheim, Lehrlingsheim, Arbeiterwohnheim, Krankenhaus, Kaserne) leben, ist ebenfalls eine Ersatzzustellung möglich, § 178 Abs. 1 Nr. 3 ZPO. Die Ersatzzustellung kommt erst in Betracht, wenn an den Adressaten nicht direkt zugestellt werden kann, sie erfolgt dann an den Leiter der Einrichtung oder einen dazu ermächtigten Vertreter.

280 Ist eine Ersatzzustellung in der Wohnung oder in den Geschäftsräumen nicht möglich, ist das Schriftstück in den **Briefkasten** zu werfen, womit die

52 Zöller/*Stöber*, ZPO, § 178 Rn. 8 m.w.N.
53 Zöller/Stöber, ZPO, § 178 Rn. 13.
54 BGH v. 6.6.2001 – VIII ZB 8/01 – NJW-RR 2002, 137.
55 KG v. 6.7.2010 – 1 W 144/07 – Rpfleger 2007, 616.
56 Zöller/*Stöber*, ZPO, § 178 Rn. 14.
57 Zöller/*Stöber*, ZPO, § 178 Rn. 18 m.w.N.
58 BGH v. 24.4.2007 – AnwZ (B) 93/06 – Rpfleger 2007, 481.

Zustellung als bewirkt gilt, § 180 ZPO. Zum Nachweis der Wirksamkeit der Ersatzzustellung nach § 180 ZPO ist es nicht notwendig, dass der Zusteller in der Urkunde angibt, in welche Empfangseinrichtung – Briefkasten o.ä. – er das Schriftstück eingelegt hat und im Fall einer ähnlichen Vorrichtung diese näher bezeichnet.[59]

Kann die Zustellung an den Leiter einer Gemeinschaftseinrichtung oder einen dazu ermächtigten Vertreter oder durch Einlegen in einen Briefkasten gem. § 180 ZPO nicht erfolgen, besteht noch die Möglichkeit der Ersatzzustellung durch **Niederlegung** auf der Geschäftsstelle des Amtsgerichts, in dessen Bezirk der Ort der Zustellung liegt, oder bei einem von der Post vorgesehenen Ort, wenn diese mit der Zustellung beauftragt ist, § 181 Abs. 1 ZPO.

Wird die **Annahme unberechtigt verweigert**, egal ob vom Zustellungsempfänger oder von der Ersatzperson, ist das Dokument in der Wohnung oder im Geschäftslokal zurückzulassen, § 179 S. 1 ZPO. Sind Wohnung oder Geschäftslokal nicht vorhanden, ist das Schriftstück an den Absender zurückzusenden. Mit der Verweigerung gilt die Zustellung aber als bewirkt, § 179 S. 3 ZPO. Zu Recht darf die Annahme verweigert werden, wenn die Zustellung zur Unzeit (Nachtzeit) geschehen soll oder wenn die Voraussetzungen für eine Ersatzzustellung nicht vorhanden sind.[60]

b) Zustellung im Ausland, öffentliche Zustellung

281 Zustellungen im **Ausland**[61] richten sich nach §§ 183, 184 ZPO, wobei es hier nur um die Modalitäten der Zustellung geht und nicht um die Frage, ob überhaupt eine Zustellung im Ausland zu erfolgen hat.[62] § 183 Abs. 1 ZPO stellt zunächst klar, dass die Zustellung aufgrund völkerrechtlicher Vereinbarungen vorzunehmen ist und wenn diese es erlauben, soll die Zustellung durch **Einschreiben mit Rückschein** erfolgen. Andernfalls erfolgt die Zustellung auf Ersuchen des Vorsitzenden des Prozessgerichts durch die **Behörden des fremden Staates** oder durch die **diplomatische** oder **konsularische Vertretung** des Bundes, die in diesem Staat residiert, § 183 Abs. 1, 2 ZPO. An einen Deutschen, der das Recht der Immunität genießt und zu einer Vertretung der Bundesrepublik Deutschland im Ausland gehört, erfolgt die Zustellung durch die zuständige Auslandsvertretung, § 183 Abs. 3 ZPO. Zum Nachweis der Zustellung nach Abs. 1 genügt der Rückschein; die Zustellung nach Abs. 2 und 3 wird durch ein Zeugnis der ersuchten Behörde nachgewiesen, § 183 Abs. 4 ZPO.

---

59 BGH v. 10.11.2005 – III ZR 104/05 – NJW 2006, 150.
60 Zöller/*Stöber*, ZPO, § 179 Rn. 2.
61 Ausführlich zur Auslandszustellung siehe Zöller/*Geimer*, ZPO, § 183, 184.
62 MüKoZPO/*Häublein*, § 183 Rn. 2.

Die Auslandszustellung ordnet der Vorsitzende an und bestimmt dabei auch im Rahmen seiner richterlichen Unabhängigkeit über die Form.[63] Die Zustellung durch Einschreiben mit Rückschein geschieht durch die Geschäftsstelle des jeweiligen Gerichts, sie kommt nur in Betracht, wenn völkerrechtliche Vereinbarungen sie zulassen; ansonsten erfolgt die Auslandszustellung durch die **Justizverwaltung**[64] im Rahmen der Rechtshilfeordnung für Zivilsachen (ZRHO).[65]

282 Ist der Aufenthalt einer Person unbekannt, so kann die Zustellung durch **öffentliche Bekanntmachung** erfolgen, § 185 Nr. 1 ZPO. Die öffentliche Zustellung begründet die Fiktion wirklich erfolgter Aushändigung des Schriftstücks und ist zulässig, wenn eine andere Zustellung aus sachlichen Gründen nicht oder nur schwer durchführbar ist.[66] Unbekannt ist der **Aufenthalt**, wenn er allgemein **unbekannt** ist[67] und auch weitere Ermittlungen zu keinem Ergebnis führen;[68] hieran sind im Hinblick auf das rechtliche Gehör durchwegs hohe Anforderungen zu stellen, denn die Wahrscheinlichkeit, dass der Zustellungsadressat von der öffentlichen Zustellung tatsächlich Kenntnis erlangt, ist in der Praxis sehr gering. Eine öffentliche Zustellung kann normalerweise nicht schon bewilligt werden, wenn eine Anfrage beim Einwohnermeldeamt unergiebig war,[69] sondern es sind sämtliche Möglichkeiten der Ermittlung des gegenwärtigen Aufenthalts auszuschöpfen.[70] Lagen die Voraussetzungen einer öffentlichen Zustellung erkennbar nicht vor, werden Rechtsmittel- oder Rechtsbehelfsfristen nicht in Gang gesetzt.[71]

---

63 Zöller/*Geimer*, ZPO, § 183 Rn. 47.

64 Zöller/*Geimer*, ZPO, § 183 Rn. 48 m.w.N.

65 Rechtshilfeordnung für Zivilsachen v. 19.10.1956 in der Neufassung der Allgemeinen Einführung in die Rechtshilfeordnung für Zivilsachen und des Allgemeinen Teils der Rechtshilfeordnung für Zivilsachen vom 28. Oktober 2011; Text im Internet entweder auf der Seite der NRW-Justiz unter: http://www.ir-online.nrw.de/index2.jsp#inhalt (2.2.2017) oder auf der Seite des Bundesjustizamtes unter: www.bundesjustizamt.de/DE/Themen/Gerichte_Behoerden/IRZH/Rechtshilfeordnung/ZRHO_node.html/ (2.2.2017).

66 Zöller/*Stöber*, ZPO, § 185 Rn. 1.

67 RG v. 2.12.1904 – III 211/04 – RGZ 59, 259; BGH v. 19.12.2001 – VIII ZR 282/00 – BGHZ 149, 311 = NJW 2002, 827.

68 OLG Düsseldorf v. 24.2.1993 – 3 W 28/93 – Rpfleger 1993, 412; OLG Stuttgart v. 23.10.1990 – 18 UF 281/90 – FamRZ 1991, 342.

69 PfälzOLG v. 9.2.1983 – 2 WF 21/83, 2 WF 22/83 – FamRZ 1983, 630; AG Landstuhl v. 29.9.1993 – 2 F 50/93 – FamRZ 1994, 309; a.A. BGH v. 14.2.2003 – IXa ZB 56/03 – Rpfleger 2003, 307 für den dort genannten Fall des Pfändungs- und Überweisungsbeschlusses.

70 AG Neustadt am Rbge v. 25.6.2004 – 34 F 81/04 – FamRZ 2005, 377 (Ehesache).

71 BGH v. 19.12. 2001 – VIII ZR 282/00 – BGHZ 149; 311; BGH v. 6.10.2006 – V ZR 282/05 – FamRZ 2007, 40.

Die öffentliche Zustellung ist auch **bei juristischen Personen** möglich, die zur Anmeldung einer inländischen Geschäftsanschrift zum Handelsregister verpflichtet sind, wenn eine Zustellung weder unter der eingetragenen Anschrift noch unter einer im Handelsregister eingetragenen Anschrift einer für Zustellungen empfangsberechtigten Person oder einer ohne Ermittlungen bekannten anderen inländischen Anschrift möglich ist, § 185 Nr. 2 ZPO.

Die **öffentliche Zustellung** ist jedoch zulässig, wenn bei einer im Ausland zu bewirkenden Zustellung die Zustellung nicht möglich ist oder keinen Erfolg verspricht. Die Zustellung muss für jeden einzelnen Zustellungsakt durch besonderen **Beschluss** des Gerichts **bewilligt** werden, § 186 Abs. 1 S. 1 ZPO, andernfalls ist sie unwirksam. Zuständig ist das Organ der Rechtspflege, das auch zur Entscheidung in der Sache befugt ist, also der Richter und in übertragenen Aufgaben der Rechtspfleger gem. § 4 Abs. 1 RPflG.[72]

Gem. § 186 Abs. 2 ZPO erfolgt die öffentliche Zustellung durch **Aushang** einer **Benachrichtigung** (nicht des zuzustellenden Schriftstücks) an der **Gerichtstafel** oder durch Einstellung in ein **elektronisches Informationssystem**, das im Gericht öffentlich zugänglich ist. Die Benachrichtigung muss den Zustellungsadressaten zweifelsfrei erkennen lassen, z.B. durch Angabe der früheren Anschrift;[73] unter Hinweis darauf, dass ein Schriftstück öffentlich zugestellt wird und Fristen in Gang gesetzt werden, nach deren Ablauf Rechtsverluste drohen können. Bei der Zustellung einer Ladung muss der Hinweis, dass das Schriftstück eine Ladung zu einem Termin enthält, dessen Versäumung Rechtsnachteile zur Folge haben kann, vorhanden sein. Die Dauer des Aushangs ist in den Akten zu vermerken.

Das Gericht kann zusätzlich anordnen, dass die Benachrichtigung einmal oder mehrfach im **Bundesanzeiger** oder in **anderen Blättern** zu veröffentlichen ist, § 187 ZPO. Das Schriftstück gilt als zugestellt, wenn seit dem Aushang der Benachrichtigung ein Monat vergangen ist, § 188 S. 1 ZPO; das Gericht kann aber eine längere Frist bestimmen, § 188 S. 2 ZPO.

c) Zustellung auf Betreiben der Parteien

283 Neben der Zustellung im Amtsbetrieb ist auch eine Zustellung auf **Betreiben der Parteien (Parteibetrieb)** möglich, wenn dieses zugelassen oder ausdrücklich vorgesehen ist. Es gelten die Vorschriften über die Zustellung von Amts wegen und daneben die §§ 191 bis 195 ZPO. Zustellung im Parteibetrieb heißt, dass die Parteien sich selbst entweder direkt oder unter

---

72 OLG München v. 14.4.1988 – 11 W 1256/88 – Rpfleger 1988, 370; Zöller/*Stöber*, ZPO, § 186 Rn. 1; *Dörndorfer*, RPflG, § 4 Rn. 13.

73 Zöller/*Stöber*, ZPO, ZPO, § 186 Rn. 6.

Vermittlung der Geschäftsstelle des Amtsgerichts an das Zustellungsorgan wenden und dieses mit der Zustellung beauftragen. **Zustellungsorgan** ist in diesem Fall der **Gerichtsvollzieher**, § 192 Abs. 1 ZPO. Im laufenden Zivilprozess erfolgen keine Zustellungen im Parteibetrieb, dieser ist allenfalls der Zustellung von Vollstreckungstiteln im Rahmen der Zwangsvollstreckung vorbehalten.

Sind die Parteien durch Anwälte vertreten, so kann ein Schriftstück auch dadurch zugestellt werden, dass der zustellende Anwalt das zu übergebende Schriftstück dem anderen Anwalt übermittelt **(Zustellung von Anwalt zu Anwalt)**, § 195 ZPO.[74] Auch Schriftsätze, die von Amts wegen zuzustellen wären, können stattdessen von Anwalt zu Anwalt zugestellt werden, wenn nicht gleichzeitig dem Gegner eine gerichtliche Anordnung mitzuteilen ist. In dem Schriftsatz soll eine entsprechende Erklärung enthalten sein.

2. Ladungen

284 Unter dem Begriff der **Ladung** versteht man die Aufforderung, in einem Termin zu erscheinen. Sie hat Ort, Zeit und Zweck des Termins sowie die Bezeichnung des Rechtsstreits anzugeben. Ist eine Ladung nicht ausdrücklich vorgeschrieben, so erfolgt lediglich eine **Terminsnachricht**. Das ist der Fall, wenn ein Termin zur Beweisaufnahme anberaumt wurde. Hier ist es den Parteien gestattet, an der Beweisaufnahme teilzunehmen, § 357 Abs. 1 ZPO, deshalb sind sie zu benachrichtigen. Ladungen erfolgen von Amts wegen, § 214 ZPO; wenn der Termin verkündet wird, ist eine Ladung nicht erforderlich, § 218 ZPO.

VII. Das ordentliche Verfahren

285 Mit Einreichen der Klageschrift beginnt das ordentliche Verfahren. Die Klageschrift ist unverzüglich zuzustellen, § 271 Abs. 1 ZPO. Aufgrund der Angaben in der Klageschrift muss der Richter entscheiden, wie er weiter verfahren will, denn § 272 Abs. 1 ZPO sieht vor, dass der Prozess möglichst in einem umfassend vorbereiteten Termin zur mündlichen Verhandlung **(Haupttermin)** erledigt werden soll.[75] Zur Vorbereitung dieses Termins stellt das Gesetz **zwei Wege zur Verfügung**, wovon der Richter einen wählen muss. Er kann sich für einen **frühen ersten Termin zur mündlichen Verhandlung**, § 275 ZPO, oder für ein **schriftliches Vorverfahren**, § 276 ZPO, entscheiden.

---

74 Ausführlich siehe Zöller/*Stöber*, ZPO, Anmerkungen zu § 195.
75 MüKoZPO/*Prütting*, § 272 Rn. 1; Zöller/*Greger*, ZPO, § 272 Rn. 1.

1. Früher erster Termin oder schriftliches Vorverfahren

286 Bestimmt er einen **frühen ersten Termin** zur mündlichen Verhandlung, wird gleichzeitig mit der Ladung zum Termin dem Beklagten eine beglaubigte Abschrift der Klageschrift zugestellt, § 274 Abs. 2 ZPO. Zwischen dem Termin und der Zustellung der Klageschrift müssen wenigstens 2 Wochen liegen, damit sich der Beklagte auf die Klage einlassen kann **(Einlassungsfrist),** § 274 Abs. 3 ZPO. In der Regel wird der Beklagte zugleich aufgefordert, innerhalb einer bestimmten Frist auf die Klage schriftlich zu erwidern, § 275 Abs. 1 S. 1 ZPO. Erscheinen dann beide Parteien im Termin, kann es durchaus sein, dass der Rechtsstreit in diesem Termin abgeschlossen wird. Gemäß § 278 Abs. 2 ZPO ist vor dem frühen ersten Termin zur mündlichen Verhandlung stets eine **Güteverhandlung** durchzuführen (→ Rn. 288).[76]

287 Entscheidet sich der Richter für das **schriftliche Vorverfahren**, dann wird dem Beklagten unverzüglich die Klageschrift zugestellt. Gleichzeitig wird er aufgefordert, binnen einer Notfrist von 2 Wochen nach Zustellung der Klageschrift mitzuteilen, ob er sich verteidigen will, § 276 Abs. 1 S. 1 ZPO. Falls er sich verteidigen will, muss er binnen einer weiteren Frist von mindestens 2 Wochen auf die Klage schriftlich erwidern, § 276 Abs. 1 S. 2 ZPO. Gleichzeitig ist der Beklagte über die Folgen einer Versäumung der ihm gesetzten Frist sowie bei bestehendem Anwaltszwang darüber zu belehren, dass er die Erklärung, der Klage entgegentreten zu wollen, nur durch einen zu bestellenden Rechtsanwalt abgeben kann. Auch das schriftliche Vorverfahren soll auf das Kernstück des Zivilprozesses hinarbeiten, auf den Haupttermin. Unter Umständen ist dieser jedoch nicht mehr nötig, wenn der Beklagte nicht reagiert, kann antragsgemäß ein Versäumnisurteil gem. § 331 Abs. 2 ZPO gegen ihn ergehen; erkennt er den Anspruch jedoch an, wird ein Anerkenntnisurteil gem. § 307 S. 1 ZPO gegen ihn erlassen.

2. Güteverhandlung

288 Das ZPO-RG hat die Einführung einer **Güteverhandlung** ähnlich dem arbeitsrechtlichen Verfahren gebracht. Die Güteverhandlung soll gem. § 272 Abs. 3 ZPO so schnell wie möglich und in **Anwesenheit der Parteien** stattfinden, dazu soll das Gericht das persönliche Erscheinen der Parteien anordnen. Die Vorschrift dient dem Ziel der ZPO-Reform, den Prozess möglichst in einem besonders frühen Stadium zu beenden. Damit sollen sowohl Kostenersparnis für die Parteien sowie auch eine Entlastung der Gerichte erreicht werden.[77]

289 Der eigentlichen streitigen Verhandlung (aber auch dem frühen ersten Termin → Rn. 286) geht grundsätzlich eine **Güteverhandlung** voraus, die

---

76 Zöller/*Greger*, ZPO, § 278 Rn. 10.
77 MüKoZPO/*Prütting*, § 278 Rn. 2.

jedoch nicht Teil der mündlichen Verhandlung ist.[78] Das Gericht ist berechtigt und verpflichtet, den **Streitstoff** unter freier Würdigung aller Umstände umfassend zu **erörtern** und Fragen zu stellen. An dieser Stelle muss jedoch noch kein Beweis erhoben werden.[79] Wirksame Prozesshandlungen können jedoch nur insoweit vorgenommen werden, als das Gesetz nicht ausdrücklich eine Erklärung in der mündlichen Verhandlung verlangt. So kann die Klagerücknahme wirksam erklärt werden, § 269 Abs. 1, 2 ZPO; nicht jedoch der Verzicht des Klägers auf den geltend gemachten Anspruch, § 306 ZPO. Die Parteien sollen persönlich in die gütliche Streitbeilegung einbezogen werden, aus diesem Grund sieht die Regelung vor, dass das Gericht das **persönliche Erscheinen der Parteien** nicht nur anordnen kann, sondern dieses auch soll, § 278 Abs. 3 ZPO.[80] Davon ist nur abzusehen, wenn einer Partei die Wahrnehmung des Termins wegen großer Entfernung oder aus wichtigem Grunde nicht zuzumuten ist, § 141 Abs. 1 Satz 2 ZPO. Die Partei ist selbst von Amts wegen zu laden, und bei Ausbleiben kann ein Ordnungsgeld verhängt werden, § 141 Abs. 2 und 3 ZPO. Bei großer Entfernung besteht auch die Möglichkeit, die Güteverhandlung vor einem ersuchten oder beauftragten Richter stattfinden zu lassen.

Nach § 278a ZPO kann das Gericht den Parteien eine **Mediation** oder ein anderes Verfahren der **außergerichtlichen Konfliktbeilegung** vorschlagen. Im Falle so einer Mediation oder auch eines anderen Verfahrens der außergerichtlichen Konfliktbeilegung ordnet das Gericht das Ruhen des Verfahrens an.

290 Die Vorschriften über die mündliche Verhandlung sind auf die Güteverhandlung anzuwenden, wenn dies nach der Form sowie dem Sinn und Zweck der Güteverhandlung erforderlich ist. Insbesondere gilt dies für den Mündlichkeitsgrundsatz, § 128 Abs. 1 ZPO, die Prozessleitung des Vorsitzenden, § 136 ZPO, das Recht der erschienenen Partei zum eigenen Wort in Anwaltsprozessen, § 137 Abs. 4 ZPO, sowie die Wahrheitspflicht, § 138 Abs. 1 ZPO. Ferner sind die Vorschriften der §§ 159 bis 165 ZPO über das Verhandlungsprotokoll entsprechend anzuwenden, da nach § 160 Abs. 3 Nr. 10 ZPO das Ergebnis der Güteverhandlung in das Protokoll aufzunehmen ist.

291 Die Güteverhandlung soll die Belastung der Gerichte verringern, da sie im Wesentlichen auf eine **gütliche Beilegung des Rechtsstreits** z.B. durch Vergleich oder andere das Verfahren beendende Prozesshandlungen der Parteien gerichtet ist. Nach altem Recht musste ein gerichtlicher Vergleich in der mündlichen Verhandlung ordnungsgemäß protokolliert werden, was zur Folge hatte, dass die Parteien allein deswegen häufig noch zu einem

78 Zöller/*Greger*, ZPO, § 278 Rn. 6.
79 S. Gesetzesbegründung BT-Drs. 14/3750 S. 57.
80 MüKoZPO/*Prütting*, § 278 Rn. 18.

Termin erscheinen mussten.[81] Seit der ZPO-Reform ist der Abschluss eines gerichtlichen Vergleichs auch dergestalt möglich, dass die Parteien dem Gericht einen schriftlichen Vergleichsvorschlag unterbreiten oder einen schriftlichen **Vergleichsvorschlag** des Gerichts durch Schriftsatz gegenüber dem Gericht annehmen und das Gericht dann das Zustandekommen und den Inhalt des Vergleichs durch Beschluss feststellt. § 278 Abs. 6 ZPO. Dieser Beschluss hat lediglich feststellenden Charakter und kann nicht angefochten, aber u.U. berichtigt werden.[82]

VIII. Die mündliche Verhandlung

292 Wie das Verfahren fortgeführt wird, wenn die Güteverhandlung scheitert oder eine Partei nicht zur Güteverhandlung erscheint, regelt § 279 ZPO.

> **§ 279 ZPO (Mündliche Verhandlung)**
>
> (1) Erscheint eine Partei in der Güteverhandlung nicht oder ist die Güteverhandlung erfolglos, soll sich die mündliche Verhandlung (früher erster Termin oder Haupttermin) unmittelbar anschließen. Andernfalls ist unverzüglich Termin zur mündlichen Verhandlung zu bestimmen.
>
> (2) Im Haupttermin soll der streitigen Verhandlung die Beweisaufnahme unmittelbar folgen.
>
> (3) Im Anschluss an die Beweisaufnahme hat das Gericht erneut den Sach- und Streitstand und, soweit bereits möglich, das Ergebnis der Beweisaufnahme mit den Parteien zu erörtern.

293 Die obligatorisch vorgesehene **mündliche Verhandlung** soll sich also direkt an die Güteverhandlung anschließen. Obligatorisch deshalb, weil ohne mündliche Verhandlung eigentlich nicht entschieden werden darf, § 128 Abs. 1 ZPO.[83] Entscheidungsgrundlage darf nur sein, was Gegenstand der mündlichen Verhandlung war.[84]

1. Ausnahmen vom Grundsatz der mündlichen Verhandlung

294 Allerdings sieht das Gesetz auch hiervon **Ausnahmen** vor, denn es stellt bisweilen die mündliche Verhandlung in das Ermessen des Gerichts. Das ist der Fall, wenn nur noch über die Kosten zu entscheiden ist, § 128 Abs. 3 ZPO. Damit soll das Gericht von dem Zwang befreit werden, allein noch

81 Ausführlich zum Prozessvergleich s. *Rosenberg/Schwab/Gottwald*, § 129.
82 Zöller/*Greger*, ZPO, § 278 Rn. 35, 35a.
83 MüKoZPO/*Fritsche*, § 128 Rn. 3.
84 Zöller/*Greger*, ZPO, § 128 Rn. 1.

wegen des Kostenausspruchs mündlich verhandeln zu müssen. Auch in sonstigen Fällen kann mit Zustimmung der Parteien im schriftlichen Verfahren entschieden werden, § 128 Abs. 2 ZPO. Außerdem sieht § 128 Abs. 4 ZPO vor, dass alle gerichtlichen Entscheidungen, die nicht durch Urteil ergehen, ohne mündliche Verhandlung erlassen werden, soweit das Gesetz nichts anderes vorsieht. Mit dem neuen Abs. 4 ist somit eine **Generalklausel** für die **fakultative mündliche Verhandlung** geschaffen worden.[85]

295 Im **amtsgerichtlichen Verfahren** gilt es § 495a ZPO zu beachten, denn danach kann das Gericht bei Streitwerten bis 600,00 € sein Verfahren nach billigem, also pflichtgemäßem Ermessen bestimmen. Hierbei sind jedoch die wesentlichen Grundsätze eines rechtsstaatlichen Verfahrens zu beachten.[86] Eine mündliche Verhandlung ist nur nötig, wenn die Parteien dies ausdrücklich beantragen.

296 Der durch das ZPO-RG eingeführte § 128a ZPO erlaubt in Abweichung zu § 128 Abs. 1 ZPO auch eine **Verhandlung im Wege der Bild- und Tonübertragung,** denn im Einverständnis mit den Parteien kann das Gericht den Parteien sowie ihren Bevollmächtigten und Beiständen auf Antrag gestatten, sich während einer Verhandlung an einem anderen Ort aufzuhalten und dort Verfahrenshandlungen vorzunehmen. Die Verhandlung wird zeitgleich in Bild und Ton an den Ort, an dem sich die Parteien, Bevollmächtigten und Beistände aufhalten, und in das Sitzungszimmer übertragen. Im Einverständnis mit den Parteien kann das Gericht dieses auch Zeugen, Sachverständigen oder einer Partei gestatten. Videoverhandlungen sind jedoch nur möglich, wenn auch die technischen Voraussetzungen vorhanden sind, deshalb sind die Länder gehalten diese Voraussetzungen zeitnah zu schaffen, denn die Möglichkeit des Ausschlusses der Technik durch LandesVO ist zeitlich begrenzt auf den 31.12.2017.[87]

Die Übertragung wird jedoch nicht aufgezeichnet, und Entscheidungen des Gerichts Videokonferenzen durchzuführen sind nicht anfechtbar, § 128a Abs. 3 ZPO.

2. Ablauf der mündlichen Verhandlung

297 Der Ablauf der mündlichen Verhandlung ist gesetzlich genau geregelt. Der Termin beginnt mit dem **Aufruf der Sache**, § 220 Abs. 1 ZPO. Sodann wird die Verhandlung durch den **Richter oder den Vorsitzenden eröffnet und geleitet**, § 136 Abs. 1 ZPO. Die mündliche Verhandlung wird dadurch eingeleitet, dass die Parteien **ihre Anträge** stellen, § 137 Abs. 1 ZPO. Die

85 S. Gesetzesbegründung BT-Drs. 14/3750 S. 52.
86 Hk-ZPO/*Pukall*, § 495a Rn. 6.
87 Siehe Zöller/*Greger*, ZPO, § 128a Rn. 12.

Parteien sollen sich grundsätzlich in freier Rede äußern, es ist jedoch zulässig, dass auf Schriftsätze Bezug genommen wird, § 137 Abs. 2, 3 ZPO.

298 Bis zur Änderung der ZPO durch das ZPO-RG schrieb § 278 Abs. 1 ZPO a.F. vor, dass das Gericht im Haupttermin in den **Streit- und Sachstand** einzuführen hat; die erschienenen Parteien sollten dazu gehört werden. Die Rechtsprechung war sich danach nicht einig, ob das Gesetz zwingend vorschrieb, dass zunächst die Anträge gestellt werden und dann die Einführung in den Sach- und Streitstand zu erfolgen hatte.[88] Regulär beginnt die mündliche Verhandlung durch das Stellen der Anträge, § 137 Abs. 1 ZPO. Häufig wurde in der Praxis jedoch die andere Reihenfolge gewählt, insbesondere dann, wenn der Richter das Ziel einer gütlichen Einigung vor Augen hatte, § 279 Abs. 1 ZPO a.F.

Dieser Streit hat heute kaum noch Bedeutung,[89] auch wenn sich aus § 139 Abs. 1 ZPO die Verpflichtung des Gerichts ergibt, das Sach- und Streitverhältnis mit den Parteien sowohl nach der tatsächlichen als auch nach der rechtlichen Seite zu erörtern. Die Hinweise nach dieser Vorschrift sind zwar so früh wie möglich zu machen, § 139 Abs. 4 ZPO, hieraus ergibt sich jedoch nicht, dass dieses nicht auch im Rahmen eines Verhandlungstermins geschehen kann, denn der darüber notwendige Aktenvermerk kann auch im Protokoll festgehalten werden.

299 Das Gericht kann die **Wiedereröffnung einer Verhandlung**, die geschlossen war, anordnen, § 156 Abs. 1 ZPO. Das sich aus Abs. 1 ergebende Ermessen des Gerichts wird durch Abs. 2 dieser Vorschrift jedoch relativiert, denn das Gericht hat die Wiedereröffnung insbesondere anzuordnen, wenn das Gericht einen entscheidungserheblichen und rügbaren Verfahrensfehler (§ 295), insbesondere eine Verletzung der Hinweis- und Aufklärungspflicht (§ 139) oder eine Verletzung des Anspruchs auf rechtliches Gehör, feststellt; wenn nachträglich Tatsachen vorgetragen und glaubhaft gemacht werden, die einen Wiederaufnahmegrund (§§ 579, 580) bilden, oder wenn zwischen dem Schluss der mündlichen Verhandlung und dem Schluss der Beratung und Abstimmung (§§ 192 bis 197 GVG) ein Richter ausgeschieden ist.

3. Protokollierung

300 Über die Verhandlung und jede Beweisaufnahme ist ein **Protokoll** aufzunehmen, § 159 Abs. 1 ZPO.

88 Verneinend BGH v. 12.10.1989 – VII ZB 4/89 – BGHZ 109, 44 m.w.N.; wohl eher bejahend *Jauernig*, Zivilprozessrecht, 27. Auflage, § 23 III.

89 So MüKoZPO/*Fritsche*, § 137 Rn. 2.

Das Protokoll muss gemäß § 160 ZPO gewisse Begleitumstände, darunter die Namen der Anwesenden und den Hergang der Verhandlung wiedergeben.[90]

Gemäß § 160 ZPO enthält das Protokoll:

- den Ort und den Tag der Verhandlung;
- die Namen der Richter, des Urkundsbeamten der Geschäftsstelle und des etwa zugezogenen Dolmetschers;
- die Bezeichnung des Rechtsstreits;
- die Namen der erschienenen Parteien, Nebenintervenienten, Vertreter, Bevollmächtigten, Beistände, Zeugen und Sachverständigen und im Falle des § 128a den Ort, von dem aus sie an der Verhandlung teilnehmen;
- die Angabe, dass öffentlich verhandelt oder die Öffentlichkeit ausgeschlossen worden ist.

Im Protokoll sind festzustellen:

- Anerkenntnis, Anspruchsverzicht und Vergleich;
- die Anträge;
- Geständnis und Erklärung über einen Antrag auf Parteivernehmung sowie sonstige Erklärungen, wenn ihre Feststellung vorgeschrieben ist;
- die Aussagen der Zeugen, Sachverständigen und vernommenen Parteien; bei einer wiederholten Vernehmung braucht die Aussage nur insoweit in das Protokoll aufgenommen zu werden, als sie von der früheren abweicht;
- das Ergebnis eines Augenscheins;
- die Entscheidungen (Urteile, Beschlüsse und Verfügungen) des Gerichts;
- die Verkündung der Entscheidungen;
- die Zurücknahme der Klage oder eines Rechtsmittels;
- der Verzicht auf Rechtsmittel,
- das Ergebnis der Güteverhandlung.

301 Für die **Protokollführung** kann ein Urkundsbeamten der Geschäftsstelle zugezogen werden, wenn dies aufgrund des zu erwartenden Umfangs, wegen der besonderen Schwierigkeit der Sache oder aus einem sonstigen wichtigen Grund erforderlich ist, § 159 Abs. 1 S. 2 ZPO.

In der Regel erfolgt die **Aufnahme des Protokolls** durch einen Ton- oder Datenträger, was nach § 160a Abs. 1 ZPO auch zulässig ist. Damit ist der

90 Siehe hierzu Zöller/*Stöber*, ZPO, Anmerkungen zu § 1602.

Richter (Einzelrichter, Vorsitzender) dafür verantwortlich. Das Protokoll ist nach der Sitzung unverzüglich herzustellen.

4. Die Terminsgebühr des Rechtsanwalts

302 Das Gericht verlangt für die Durchführung der Termine keine zusätzlichen Gebühren, diese Tätigkeit ist durch die Verfahrensgebühr abgegolten.

Für den seinen Mandanten im Prozess vertretenden Rechtsanwalt ergibt sich jedoch für die Wahrnehmung eines gerichtlichen Termins der Anfall einer Terminsgebühr.[91] Die **Terminsgebühr** entsteht zusätzlich zur Verfahrensgebühr, welche spätestens bei Einreichen der Klageschrift entstanden ist. Sie entsteht auch für die Wahrnehmung von außergerichtlichen Terminen und für bestimmte Besprechungen, wenn nichts anderes bestimmt ist, Vorbemerkung 3 Abs. 3 S. 1 VV RVG.[92] Für die Wahrnehmung eines Verkündungstermins erhält der Rechtsanwalt keine Terminsgebühr, Vorbem. 3 Abs. 3 S. 2 VV RVG.

Die Gebühr für **außergerichtliche Termine und Besprechungen** entsteht zum einen für die Wahrnehmung eines von einem gerichtlich bestellten Sachverständigen anberaumten Termins und zum anderen

für die Mitwirkung an Besprechungen, die auf die Vermeidung oder Erledigung des Verfahrens gerichtet sind; dies gilt jedoch nicht für Besprechungen mit dem eigenen Auftraggeber, Vorbem. 3 Abs. 3 S. 4 Nr. 1, 2 VV RVG.

Alle **gerichtlichen Termine** mit Ausnahme des Verkündungstermins können eine Terminsgebühr auslösen.[93] Dazu gehören die Güteverhandlung, jede mündliche Verhandlung, aber auch Beweisaufnahmetermine.[94] Bei der Güteverhandlung handelt es sich um einen Erörterungstermin, während es sich beim frühen ersten Termins und der mündlichen Verhandlung um **Verhandlungstermine** handelt. Ein **Beweisaufnahmetermin** ist ein Termin, den das Gericht anberaumt, um z.B. Zeugen zu vernehmen oder Sachverständige zu hören.

303 Die Wahrnehmung eines Termins setzt voraus, dass überhaupt ein Termin stattfindet. Ob ein Termin stattfindet, entscheidet das Gericht. Der Termin beginnt mit dem Aufruf der Sache, wobei es ausreichend sein soll, wenn der Termin nicht förmlich aufgerufen wird, sondern das Gericht konkludent mit dem Termin beginnt.[95] Erscheint der Rechtsanwalt zum Ter-

---

91 S. auch *von König*, RpflStud 2006, 73.

92 Vorb. 3 Abs. 3 VV RVG wurde durch Art. 8 Abs. 2 Nr. 26 b) des 2. KostRMoG neu gefasst.

93 *Bischof* in Bischof/Jungbauer, RVG Vorbem. 3 VV Rn. 30 ff. ; Gerold/Schmidt/*Müller-Rabe*, VV Vorb. 3 Rn. 74.

94 Gerold/Schmidt/*Müller-Rabe*, VV Vorb. 3 Rn. 77 ff.

95 BGH v. 12.10.2010 – VIII ZB 16/10 – Rpfleger 2011, 179.

min und findet dieser dann z.B. wegen Krankheit des Richters nicht statt, so hat der Termin nicht begonnen und der Rechtsanwalt erhält keine Terminsgebühr.[96] Erfolgt die Vertagung jedoch nachdem der Temin begonnen hatte, fällt die Terminsgebühr an.

Der Termin muss nicht unbedingt in einem Gerichtssaal stattfinden, das Dienstzimmer des Richters oder des Rechtspflegers ist ausreichend für den Anfall der Gebühr. Allerdings handelt es sich nicht um einen Termin, wenn lediglich eine Besprechung mit dem Richter auf dem Gerichtsflur stattfindet.[97]

Wahrnehmung eines entsprechenden Termins bedeutet auch aktive Beteiligung, u.U. reicht es aber auch aus, dass der Rechtsanwalt sich im Termin nicht selbst äußert, aber vertretungsbereit und entsprechend aufmerksam der Verhandlung beiwohnt, sodass notfalls eingegriffen werden kann.[98]

In der **ersten Instanz** entsteht grundsätzlich eine 1,2 Terminsgebühr gemäß VV 3104 RVG. Die Terminsgebühr kann in jedem Rechtszug nur einmal entstehen, § 15 Abs. 2 RVG, d.h. wenn der Rechtsanwalt **mehrere Termine** wahrnimmt, erhält er insgesamt die Terminsgebühr nur einmal. Die Terminsgebühr ist eine Aktgebühr, die Gebühr bemisst sich nach dem Gegenstand der anwaltlichen Tätigkeit, § 2 Abs. 1 RVG. Hat sich bis zur Wahrnehmung des Termins der Streitgegenstand und damit der Gegenstandswert verringert, hat das zwar keinen Einfluss auf die Verfahrensgebühr, wohl aber auf die Höhe der Terminsgebühr.[99]

→ **Beispiel: Terminsgebühr für Güteverhandlung und mündliche Verhandlung**

A beauftragt RA Klaeger, den B auf Zahlung eines Betrages i.H.v. 5.113,00 € zu verklagen. RA Klaeger erhebt auftragsgemäß die Klage gegen B. B wird durch Rechtsanwalt Bekler vertreten, der rechtzeitig einen klagabweisenden Schriftsatz einreicht. Das Gericht beraumt Güteverhandlung und für den Fall des Scheiterns vorsorglich Termin zur mündlichen Verhandlung an. Das persönliche Erscheinen der Parteien wird angeordnet.

Im Termin zur Güteverhandlung erscheinen A und RA Klaeger und B nebst RA Bekler. Nach Erörterung der Sach- und Rechtslage wird festgestellt, dass eine Einigung nicht möglich ist. Es folgt die mündliche Verhandlung. Nach dem Stellen der Sachanträge durch die Parteien verkündet das Gericht einen Beweisbeschluss. Neuer Termin soll von Amts wegen anberaumt werden.

Rechtsanwaltsvergütungen:

Kl.-Vertr. hat die 1,3 Verfahrensgebühr gem. VV 3100 in Höhe von 460,20 € nach dem Gegenstandswert von 5.113,00 € spätestens mit Klageeinreichung verdient.

---

96 BGH a.a.O.; Gerold/Schmidt/*Müller-Rabe*, VV Vorb. 3 Rn. 93 m.w.N.

97 Gerold/Schmidt/*Müller-Rabe*, VV Vorb. 3 Rn. 87.

98 Beispiele für Terminwahrnehmung siehe bei *Hartmann*, RVG, VV 3104 Rn. 5; siehe auch *Mayer* in Mayer/Kroiß, RVG, Vorb. 3 Rn. 36.

99 *Klees* in Mayer/Kroiß, RVG, § 2 Rn. 18; Gerold/Schmidt/*Mayer*, RVG, § 2 Rn. 20.

Der Bekl.-Vertr. hat diese Gebühr mit Einreichung des klagabweisenden Schriftsatzes verdient.

Bereits durch die Wahrnehmung der Güteverhandlung haben sich beide Anwälte die 1,2 Terminsgebühr gem. VV 3104 nach eben diesem Gegenstandswert im Betrag von 424,80 € verdient.

304 Ohne Zweifel entsteht die Terminsgebühr für die Wahrnehmung eines entsprechenden gerichtlichen Termins. Die Terminsgebühr kann nach VV 3104 Abs. 1 Nr. 1 RVG auch anfallen, wenn in einem Verfahren, für das mündliche Verhandlung vorgeschrieben ist, im Einverständnis mit den Parteien oder gemäß § 307 ZPO oder § 495a ZPO **ohne mündliche Verhandlung entschieden** oder in einem solchen Verfahren ein schriftlicher Vergleich geschlossen wird. VV 3104 RVG eröffnet in diesem Fall für bestimmte Verfahrenskonstellationen die Entstehung einer Terminsgebühr für einen tatsächlich nicht wahrgenommenen Termin, sodass der Prozessbevollmächtigte insoweit keinen Gebührenverlust erleidet. Voraussetzung ist jedoch, dass in dem Verfahren die **Mündlichkeit vorgeschrieben** ist und dann eine **gerichtliche Entscheidung** getroffen wird.[100] Die **Ausnahmen** vom Grundsatz der Mündlichkeit ergeben sich direkt aus dem Gesetz: Im Falle eines Anerkenntnisses nach § 307 ZPO oder auch im amtsgerichtlichen Verfahren nach § 495a ZPO ist gerade keine mündliche Verhandlung vorgesehen, aber auch in diesen Fällen soll die Terminsgebühr entstehen, wenn in einem solchen Verfahren eine Entscheidung ergeht. Nach der Rechtsprechung soll das auch gelten, wenn es sich um ein Verfahren handelt, in dem eine mündliche Verhandlung für den Fall vorgeschrieben ist, dass eine Partei diese beantragt.[101] Bei dem entschiedenen Fall handelt es sich um eine Familiensache, die nach altem Recht – also nicht nach dem FamFG – durchzuführen war. Da der Fall des § 495a S. 2 ZPO ausdrücklich in VV 3104 RVG geregelt ist, kommt der genannten Entscheidung in der ersten Instanz einer bürgerlichen Rechtstreitigkeit keine Bedeutung zu.

→ **Variante: Schriftliches Verfahren**

Die Klage wird beim zuständigen LG anhängig gemacht, mit Zustimmung der Parteien entscheidet der Richter ohne mündliche Verhandlung durch streitiges Urteil.

Ergebnis:
Für beide Rechtsanwälte ist zusätzlich zur 1,3 Verfahrensgebühr nach VV 3100 noch eine 1,2 Terminsgebühr nach VV Nr. 3104 Abs. 1 Nr. 1 RVG entstanden.

---

100 *Mayer* in Mayer/Kroiß, RVG, VV 3104 Rn. 12; ausführlich Gerold/Schmidt/*Müller-Rabe*, VV 3104 Rn. 18 ff.

101 BGH v. 2.11.2011 – XII ZB 458/10 – Rpfleger 2012, 102 = NJW 2012, 459 für eine Familiensache.

305 Schließen die Parteien einen **schriftlichen Vergleich** in einem Verfahren, für das mündliche Verhandlung vorgeschrieben ist, fällt nach VV 3104 Abs. 1 Nr. 1 RVG ebenfalls eine Terminsgebühr an. Fraglich ist, ob der Gesetzgeber tatsächlich einen „Vergleich“ gemeint hat, obwohl in VV 1000 RVG nur noch von einer Einigung die Rede ist. Es mehren sich die Stimmen in der Literatur, die der Auffassung sind, dass es sich insoweit um ein Redaktionsversehen des Gesetzgebers handeln müsse.[102] Ich gebe jedoch zu bedenken, dass der Gesetzgeber dieses Versehen im Rahmen der Änderungen durch das 2. KostRMoG sehr wohl hätte korrigieren können, dieses aber nicht getan hat.

In Literatur und Rechtsprechung ist zudem strittig, ob beim Abschluss eines **Vergleichs** durch schriftliche Feststellung des Gerichts gem. § 278 Abs. 6 ZPO nur **im schriftlichen Verfahren** nach § 128 Abs. 2 ZPO oder nach § 495a ZPO eine Terminsgebühr entsteht,[103] oder ob es für das Entstehen der Terminsgebühr nach VV 3104 Abs. 1 Nr. 1 RVG ausreichend ist, dass der schriftliche Vergleich in einem Verfahren festgestellt wird, für das die mündliche Verhandlung vorgeschrieben ist.[104] Der letzteren Auffassung ist zu folgen, denn der Vergleich nach § 278 Abs. 6 ZPO löst immer eine Terminsgebühr aus, die gegenteilige Auffassung verstößt gegen den Grundgedanken des RVG, wonach eine gütliche Einigung unter Schonung des Gerichts gefördert werden soll.[105]

Wenn die Parteien jedoch in Schriftsätzen die Hauptsache für erledigt erklären und das Gericht über die Kosten gem. § 128 Abs. 3 ZPO ohne mündliche Verhandlung entscheidet, entsteht keine Terminsgebühr, da die Voraussetzungen des VV 3104 Abs. 1 Nr. 1 RVG nicht vorliegen.[106]

306 Die Gebühr für **außergerichtliche Termine** entsteht lediglich, wenn es sich um einen Termin handelt, der von einem gerichtlich bestellten **Sachverständigen** anberaumt worden ist, Vorbem. 3 Abs. 3 S. 3 Nr. 1 VV RVG. Der Termin muss von dem Sachverständigen z.B. im Rahmen der Beweiserhebung durch das Gericht anberaumt worden sein.[107]

---

102 *Bischof* in Bischof/Jungbauer, RVG, VV 3104 Rn. 54; Gerold/Schmidt/*Müller-Rabe*, VV 3104 Rn. 65, a.A. *Hartmann*, RVG, VV 3104 Rn. 30.

103 OLG Nürnberg v. 15.12.2004 – 3 W 4006/04 – JurBüro 2005, 249 m. Anm. *Enders* = AGS 2005, 144 m. Anm. *Schons;* OLG Naumburg v. 1.8.2005 – 12 W 78/05 – AGS 2005, 483 m. Anm. *Henke;* wohl auch OLG Düsseldorf v. 29.6.2005 – 17 W 29/05 – AGS 2005, 487.

104 BGH v. 22.2.2007 – VII ZB 101/06 – Rpfleger 2007, 431; BGH v. 27.10.2005 – III ZB 42/05 – JurBüro 2006, 73 m. Anm. *Enders* = AGS 2005, 540 m. Anm. *Madert* und *Mock* = RVGreport 2005, 471 (*Hansens*); *Mayer* in Mayer/Kroiß, RVG, VV 3104 Rn. 28 ff.; Gerold/Schmidt/*Müller-Rabe*, VV 3104 Rn. 76 ff.

105 Gerold/Schmidt/*Müller-Rabe*, VV 3104 Rn. 80.

106 HansOLG v. 2.12.2015 – 8 W 117/15 –, juris; OLG Karlsruhe v. 29.9.2006 – 16 WF 115/06 – MDR 2007, 432.

107 *Mayer* in Mayer/Kroiß, RVG, Vorbem. 3 Rn. 48.

307 Die Terminsgebühr entsteht ebenfalls für die Mitwirkung an **Besprechungen**, die auf die Vermeidung oder Erledigung des Verfahrens gerichtet sind; dies gilt nicht für Besprechungen mit dem Auftraggeber.[108] Mit dieser Regelung wollte der Gesetzgeber die außergerichtliche Streiterledigung fördern, da die Terminsgebühr auch dann anfällt, wenn der Rechtsanwalt „nach Erteilung eines Klageauftrags" an einer auf Vermeidung oder Erledigung des Verfahrens gerichteten Besprechung mitwirkt.[109]

Schon vor der Klarstellung des Gesetzgebers in Vorbem. 3 Abs. 1 VV RVG, dass die nach diesem Teil anfallenden Gebühren einen unbedingten Prozess- bzw. Verfahrensauftrag benötigen,[110] war es allgemeine Auffassung, dass die Gebühr für eine Besprechung nur entstehen kann, wenn dem Rechtsanwalt ein unbedingter Prozess- oder Verfahrensauftrag für ein Verfahren erteilt ist, in dem überhaupt eine Terminsgebühr entstehen kann;[111] es kommt aber nicht darauf an, ob das Verfahren bereits anhängig ist.[112] Zudem kommt es auch nicht darauf an, dass sich die außergerichtliche Besprechung auf ein Verfahren bezieht, in dem eine mündliche Verhandlung vorgeschrieben ist.[113]

→ **Beispiel: Terminsgebühr für Besprechung**

Auftraggeber erteilt seinem Rechtsanwalt den Auftrag, eine Zahlungsforderung i.H.v. 1.500,00 € klageweise einzufordern, vorab soll der Rechtsanwalt aber noch einmal den Gegner schriftlich auffordern, die Summe zu zahlen. Auf einen entsprechenden Schriftsatz meldet sich der Gegner telefonisch beim Rechtsanwalt, in dem Gespräch kann keine Einigung erzielt werden.

Ergebnis:

Die Terminsgebühr ist **nicht** entstanden, da kein unbedingter Klageauftrag vorlag, zunächst sollte noch eine außergerichtliche Einigung versucht werden.

---

108 In der Fassung des 2. KostRMoG.

109 So die Gesetzesbegründung BT-Drs. 15/1971 S. 148; auf S. 209 ist dann allerdings etwas ungenau von „seiner Bestellung zum Verfahrens- oder Prozessbevollmächtigten" die Rede.

110 Vorbemerkung Teil 3 Abs. 1 VV RVG geändert durch Art. 8 Abs. 2 Nr. 26 a) 2. KostRMoG.

111 Gerold/Schmidt/*Müller-Rabe*, RVG, 17. Auflage 2007, VV Vorb. 3 Rn. 85; Riedel/Sußbauer/*Keller*, RVG, 9. Auflage 2005, VV Teil 3 Vorbem. 3 Rn. 48; Zöller/*Herget*, ZPO, 26. Auflage 2007, § 104 Rn. 21 „Terminsgebühr".

112 BGH v. 8.2.2007 – IX ZR 215/05 – FamRZ 2007, 721; Gerold/Schmidt/*Müller-Rabe*, VV Vorb. 3 Rn. 164.

113 So die Gesetzesbegründung BT-Drs. 17/11471 S. 274; siehe auch OLG München v. 27.8.2010 – 11 WF 331/10 – AGS 2010, 420; a.A. BGH v. 1.2.2007 – V ZB 110/06 – AGS 2007, 298; zum Meinungsstand siehe Gerold/Schmidt/*Müller-Rabe*, VV Vorb. 3 Rn. 144 ff.

Das Gespräch muss nicht mit dem Gegner persönlich stattfinden, sondern kann auch mit dem Prozessbevollmächtigten oder einer zuständigen Person aus dem Bereich der Gegenseite durchgeführt werden. Dabei kann die Besprechung mit oder ohne Beteiligung des Gerichts stattfinden.[114] Die Besprechung muss jedoch einen **bestimmten Inhalt** haben,[115] sie muss auf die **Vermeidung** oder **Erledigung** des Verfahrens gerichtet sein, unerheblich ist dabei, ob das Ziel tatsächlich erreicht wird.[116] Es ist aber ausreichend, wenn bestimmte Rahmenbedingungen für eine mögliche Einigung abgeklärt und/oder unterschiedliche Vorstellungen über die Erledigung von Parallelfällen unter Einschluss eines streitigen Verfahrens ausgetauscht werden.[117] Auch nicht ausschlaggebend ist, dass die Besprechung telefonisch durchgeführt wird;[118] Schriftsätze, SMS oder Fax erfüllen den Tatbestand allerdings nicht.[119] So ist der gebührenrechtliche Tatbestand erfüllt, wenn der Prozessbevollmächtigte des Beklagten der Gegenseite die Zahlung ankündigt und um Klagerücknahme bittet[120] oder auch, wenn die Abgabe beiderseitiger Erledigungserklärungen besprochen werden.[121] Eine Terminsgebühr entsteht jedoch nicht, wenn im Rahmen eines Telefonats der Rechtsanwalt der Gegenseite lediglich über das weitere prozessuale Vorgehen informiert wird.[122] Der Rechtsanwalt muss an den Besprechungen mitwirken, d.h. er muss anwesend sein bzw. bei telefonischen Verhandlungen wenigstens an einem zweiten Hörer das Gespräch verfolgen, sodass er notfalls selbst das Wort ergreifen kann.[123]

308 Insbesondere wegen des Wegfalls der Beweisgebühr nach der BRAGO und dem damit verbundenen Gebührenverlust hat der Gesetzgeber nun durch das 2. KostRMoG eine 0,3 **Zusatzgebühr** nach VV 1010 RVG eingeführt.[124] Die Gebühr fällt jedoch nur an, wenn drei gerichtliche Termine stattfinden, in denen Sachverständige oder Zeugen vernommen werden, um eine mögliche „Gebührenschinderei“ der Rechtsanwälte zu verhin-

---

114 *Hartmann*, RVG, VV 3104 Rn. 13 m.w.N.

115 *Mayer* in Mayer/Kroiß, RVG, Vorb. 3 Rn. 53; Gerold/Schmidt/*Müller-Rabe*, VV Vorb. 3 Rn. 165.

116 *Madert* in Anm. zu OLG Koblenz, AGS 2005, 278; Gerold/Schmidt/*Müller-Rabe*, VV Vorb. 3 Rn. 181.

117 BGH v. 27.2.2007 – XI ZB 39/05 – FamRZ 2007, 812 m.w.N.

118 OLG Koblenz v. 29.4.2005 – 14 W 257/05 – JurBüro 2005, 417 = RVGreport 2005, 269 (*Hansens*) = AGS 2005, 278 m. Anm. *Madert*.

119 Gerold/Schmidt/*Müller-Rabe*, VV Vorb. 3 Rn. 178.

120 OLG Koblenz v. 3.5.2005 – 14 W 265/05 – JurBüro 2005, 416 = RVGreport 2005, 270 = AGS 2005, 278 m. Anm. *Madert*.

121 KG v. 21.2.2007 – 5 W 24/06 – Rpfleger 2007, 507.

122 KG v. 7.6.2007 – 1 W 221/07 – KGR Berlin 2007, 932 = RVGreport 2007, 386 (*Hansens*).

123 Gerold/Schmidt/*Müller-Rabe*, VV Vorb. 3 Rn. 197.

124 Art. 8 Abs. 2 Nr. 7 des 2. KostRMoG.

dern.[125] Hierbei handelt es sich tatsächlich um eine zusätzliche Terminsgebühr und nicht um eine Erhöhung der Terminsgebühr[126] und zwar ausgehend von dem Wert der Beweisaufnahme. Nur für Betragsrahmengebühren sieht das Gesetz eine Erhöhung des Mindest- bzw. Höchstbetrages der Terminsgebühr vor, um daraus dann die entsprechende Gebühr zu ermitteln. Außerdem muss es sich um besonders umfangreiche Beweisaufnahmen handeln, sodass die Gebühr nicht bereits dann entsteht, wenn 3 Beweistermine mit Zeugen oder Sachverständigen stattgefunden haben.[127]

IX. Stillstand des Verfahrens

309 Unser Prozessrecht sieht vor, dass der Rechtsstreit nach umfassender Vorbereitung möglichst in einer zentralen mündlichen Verhandlung schnell sein Ende findet. Bestimmte Ereignisse (z.B. der Tod einer Partei) können eine zügige Beendigung des Verfahrens aber verhindern. In solchen Fällen kann unter Umständen nicht sofort weiterprozessiert werden, sondern das Verfahren kommt zunächst erst einmal zum Stillstand. Das Gesetz kennt verschiedene Arten des Stillstandes.[128]

310 Wenn der Stillstand **kraft Gesetzes eintritt**, also ohne Anordnung des Gerichts, dann handelt es sich um eine **Unterbrechung** des Verfahrens. Der Stillstand kann aber auch durch **richterliche Anordnung** eintreten, was dann die **Aussetzung** des Verfahrens zur Folge hat. Beantragen beide **Parteien** den Stillstand, weil vielleicht außergerichtlich eine Einigung versucht werden soll, geht es um das **Ruhen des Verfahrens,** § 251 ZPO.

Unterbrechung und Aussetzung haben die Wirkung, dass der Lauf einer jeden Frist aufhört und nach Fortgang wieder von neuem beginnt, § 249 ZPO.

Unterbrechungsgründe sind der Tod einer Partei, § 239 ZPO, die Eröffnung des Insolvenzverfahrens, § 240 ZPO, der Verlust der Prozessfähigkeit einer Partei oder deren Vertreters, § 241 ZPO, oder das Versterben des Rechtsanwalts, § 244 ZPO.

Gründe für Aussetzung sind gegeben, wenn beim Tod der Partei keine Unterbrechung kraft Gesetzes eintritt, weil die Partei durch einen Rechts-

---

125 Siehe hierzu die kritischen Bemerkungen von *Bräuer* in Bischof/Jungbauer, VV 1010 Rn. 5.

126 So aber Riedel/Sußbauer/*Schütz*, VV 2300 Rn. 8.

127 Nicht zu folgen dem Berechnungsbeispiel von *Mayer* bei Gerold/Schmidt, VV 1010 Rn. 1.

128 Ausführlich *Rosenberg/Schwab/Gottwald*, §§ 123–126; Zöller/*Greger*, ZPO, Vorbemerkungen zu §§ 239–252.

anwalt vertreten war, § 246 Abs. 1 ZPO. In diesem Fall kann auf Antrag das Verfahren ausgesetzt werden, um abzuwarten, ob der Erbe den Prozess fortführen will.

X. Das weitere Verhalten der Parteien während des Prozesses

311 Aus dem Grundsatz der **Dispositions- und Verhandlungsmaxime** folgt, dass der Ablauf des Prozesses vom Verhalten der Parteien abhängt. Durch das Einreichen der Klage mit einem bestimmten Antrag **bestimmt der Kläger den Streitgegenstand**; **der Beklagte** hat darauf nur insofern Einfluss, als dass er durch sein Verhalten den **Ausgang des Prozesses mitbestimmen** kann.

312 **Der Beklagte** kann den Anspruch **anerkennen**, dann folgt keine weitere Auseinandersetzung mit dem Streitgegenstand, oder er **verteidigt sich und bestreitet den Anspruch des Klägers**, indem er einen klagabweisenden Antrag stellt **(kontradiktorisches Verfahren).** Das Bestreiten muss jedoch **substantiiert** erfolgen, d.h., er muss eine Gegendarstellung abgeben. Selbst das **Ausbleiben des Beklagten** im Termin hat Folgen, denn der Kläger kann dann den Antrag auf Erlass eines Versäumnisurteils stellen.

1. Einwendungen und Einreden

313 Die Begriffe Einwendungen sowie Einreden werden in der ZPO zum Teil abweichend vom BGB benutzt. Unter **Einwendungen** versteht man das **gesamte Verteidigungsvorbringen** einer Partei, während eine **Einrede** die Voraussetzungen einer Gegennorm bilden, die eine andere Rechtsfolge eintreten lassen und die Klage als unbegründet erscheinen lassen sollen.[129]

a) Bestreiten des Anspruchs (Klageleugnen)

314 Der Beklagte kann nicht einfach erklären, dass der Vortrag des Klägers nicht zutrifft, sondern er muss selbst eine Darstellung des Geschehens oder der Tatsachen geben, § 138 Abs. 1 ZPO. Mit seinen Einwendungen veranlasst der Beklagte den Kläger dazu, dessen Angaben näher zu substantiieren und zwingt ihn zum Beweis der bestrittenen Tatsachenbehauptungen. Lässt der Beklagte die Behauptungen unerwidert, gelten die Tatsachen als nicht bestritten und damit als zugestanden, § 138 Abs. 3 ZPO.

---

129 *Rosenberg/Schwab/Gottwald*, § 101 Rn. 1, 5.

→ **Beispiel:**

Kl. klagt Kaufpreisanspruch ein und trägt vor, dass die Parteien einen Kaufvertrag abgeschlossen haben.

Bekl. bestreitet den Tatsachenvortrag des Kl. und trägt vor, es habe sich lediglich um Vorverhandlungen gehandelt, ein Kaufvertrag sei nicht abgeschlossen worden.

b) Einreden

315 Der Beklagte kann sich aber auch anders verhalten: Er kann die Tatsachen, die der Kläger vorgetragen hat, nicht direkt bestreiten, aber trotzdem Klageabweisung beantragen, indem er seinerseits Tatsachen vorträgt, die eine Feststellung des klägerischen Anspruchs verhindern. Er sagt dann nicht „nein", sondern „ja, aber …".

Dieses Vorbringen des Beklagten bezeichnet man als **Einreden** im Sinne der ZPO, wobei es sich um die rechtshindernden, rechtsvernichtenden Einwendungen des BGB und die rechtshemmenden (rechtsausschließenden) Einreden des BGB handelt.[130]

316 Werden Tatsachen vorgetragen, die die **Entstehung des Anspruchs hindern**, weil er aus materiell-rechtlichen Gründen nicht entstanden ist, so handelt es sich um **rechtshindernde Einreden.** So kann z.B. die Wirksamkeit des Vertrages angezweifelt werden, weil der Vertragspartner wegen § 105 Abs. 2 BGB eine nichtige Willenserklärung abgegeben hat (oder Sittenwidrigkeit, Anfechtung wegen arglistiger Täuschung, §§ 123, 124 BGB).

317 Bei den rechtsvernichtenden Einreden werden Tatsachen vorgetragen, die den entstandenen **Anspruch nachträglich vernichten.** So kann der Schuldner vortragen, dass er den Vertrag bereits erfüllt hat. Dann ist der Anspruch durch Erfüllung erloschen, § 362 BGB.

318 Werden Tatsachen vorgetragen, die den **Anspruch nicht angreifen**, sondern es wird ein **Leistungsverweigerungsrecht** geltend gemacht, das den Anspruch des Klägers hemmt, handelt es sich um rechtshemmende Einreden.

Typisches Beispiel: Die Einrede der Verjährung gemäß §§ 194 ff. BGB, wonach der Anspruchsverpflichtete berechtigt ist, die **Leistung dauernd zu verweigern,** § 214 Abs. 1 BGB.

2. Das Geständnis

319 Die Partei kann aber auch erklären, dass eine tatsächliche Behauptung **(Tatsachenbehauptung)** des Gegners zutrifft oder dass sie nicht bestritten wird. Die von einer Partei behaupteten Tatsachen bedürfen insoweit keines Beweises, als sie im Laufe des Rechtsstreits von dem Gegner **zugestanden** sind, § 288 ZPO. Das Geständnis ist in gewisser Weise das Zugestehen der

130 *Rosenberg/Schwab/Gottwald*, § 102 Rn. 5 ff.

Richtigkeit der gegnerischen Tatsachenbehauptung.[131] Zur Wirksamkeit des gerichtlichen **Geständnisses** ist dessen Annahme nicht erforderlich.

In diesem Zusammenhang ist allerdings § 138 Abs. 3 ZPO zu sehen, wonach Tatsachen, die nicht ausdrücklich bestritten werden, als zugestanden anzusehen sind, wenn nicht die Absicht, sie bestreiten zu wollen, aus den übrigen Erklärungen der Partei hervorgeht.

Die Rechtsfolge dieses **Nichtbestreitens** ist dieselbe wie die des Geständnisses, es wird ein solches fingiert.[132] Ein Unterschied besteht in der Wirkung. Das Geständnis kann als Bewirkungshandlung nur unter bestimmten Voraussetzungen (§ 290 ZPO) widerrufen werden, ein bisher nicht bestrittener Vortrag des Gegners kann unter Umständen auch noch bis zum Schluss der mündlichen Verhandlung bestritten werden.

3. Die Aufrechnung

320 Wie schon erwähnt, können die Parteien neben bzw. als Prozesshandlungen auch materiell-rechtliche Handlungen vornehmen. Erklärt der Beklagte im Laufe des Prozesses die **Aufrechnung** (§§ 387 ff. BGB)[133] mit einer ihm zustehenden Gegenforderung, dann erhebt er eine **Einrede i.S.d. Prozessrechts** (→ Rn. 315 ff.) und macht eine rechtsvernichtende Tatsache geltend, die beide Forderungen untergehen lässt, § 389 BGB, und dazu führt, dass die Klage abzuweisen ist. Im Prozess handelt es sich häufig um die sog. **Eventualaufrechnung,**[134] wobei der Beklagte die Aufrechnung für den Fall geltend macht, dass er ohne Aufrechnung verurteilt werden würde. Andernfalls spricht man von der **Primäraufrechnung**.

a) Primäraufrechnung

321 **Primäraufrechnung** bedeutet, dass der Beklagte nicht bestreitet, dass die Klageforderung besteht, aber einwendet, sie sei durch erklärte Aufrechnung erloschen, oder er erklärt nun die Aufrechnung, um so ein klagabweisendes Urteil zu erhalten.

→ **Beispiel: Primäraufrechnung**

Kl. klagt auf Zahlung von 100.000,00 €; Bekl. beantragt Klagabweisung.

Aus dem Vortrag beider Parteien ergibt sich Folgendes:

Die Parteien streiten über das Bestehen der Klageforderung, wobei es insbesondere um die Frage geht, ob sie durch eine vor Klageerhebung erfolgte Aufrechnungserklärung des Bekl. erloschen ist.

---

131 Zöller/*Greger*, ZPO, § 288 Rn. 1.
132 Zöller/*Greger*, ZPO, § 138 Rn. 9.
133 S. hierzu *Rosenberg/Schwab/Gottwald*, § 103.
134 *Rosenberg/Schwab/Gottwald*, § 103 Rn. 15 ff.

b) Eventualaufrechnung

322 Von **Eventualaufrechnung** spricht man, wenn der Beklagte die Klageforderung an sich bestreitet, weil er sie für unbegründet hält, sodass sie abgewiesen werden müsste, und nur für den Fall, dass seine Verteidigung erfolglos bleibt und der Klage stattgegeben wird, rechnet er hilfsweise mit einer Gegenforderung auf. Dabei ist die Aufrechnung für ihn das letzte Mittel, mit der Folge, dass er die Gegenforderung opfern muss, da sie durch die Aufrechnung erlischt.

→ **Beispiel: Eventualaufrechnung**

Kl. klagt auf Zahlung; Bekl. beantragt Klagabweisung.

Aus dem Vortrag beider Parteien ergibt sich Folgendes:

Bekl. bestreitet die Forderung, weil er der Auffassung ist, dass der zugrunde liegende Vertrag nichtig ist. Für den Fall, dass das Gericht zu seinen Ungunsten entscheidet, rechnet er mit einer Gegenforderung auf, der Kl. bestreitet das Bestehen der Gegenforderung.

323 Es ist streitig, ob die zur Aufrechnung gestellte **Gegenforderung** rechtshängig wird, da dieses nur durch Zustellung einer den gesetzlichen Anforderungen des § 253 ZPO entsprechenden Klageschrift (→ Rn. 240 ff.) geschieht, weshalb die h.M. auch die **Rechtshängigkeit verneint**.[135] Grundsätzlich wird im Prozess über Einwendungen des Beklagten nicht rechtskräftig entschieden, jedoch macht § 322 Abs. 2 ZPO hiervon eine Ausnahme.

Nach § 322 Abs. 2 ZPO ist eine Entscheidung dahin, dass die Gegenforderung nicht besteht, bis zur Höhe desjenigen Betrages der Rechtskraft fähig, für den die Aufrechnung geltend gemacht wird. Die Vorschrift regelt somit vom Wortlaut her die erfolglose Aufrechnung, diese ist damit rechtskraftfähig aberkannt.[136] Die **Rechtskraftwirkung** erfasst die zur Aufrechnung gestellte Gegenforderung in der geltend gemachten Höhe;[137] allerdings nur **bis zur Höhe der Klageforderung**.[138] In Rechtskraft erwachsen bei Entscheidung über die Gegenforderung ausnahmsweise auch die Urteilsgründe.[139] Der Rechtskraft fähig ist danach eine Entscheidung, die die Aufrechnung für unbegründet erachtet oder wenn die Klage wegen der begründet erklärten Aufrechnung abgewiesen wird.[140] Es ist jedoch einhellige

---

135 BGH v. 11.11.1971 – VII ZR 57/70 – BGHZ 57, 242; siehe auch Zöller/*Greger*, ZPO, § 145 Rn. 18 ff. sowie *Rosenberg/Schwab/Gottwald*, § 103 Rn. 25 ff. m.w.N.
136 MüKoZPO/*Gottwald*, § 322 Rn. 193.
137 BGH v. 20.11.1997 – VII ZR 26/97 – NJW 1998, 995.
138 MüKoZPO/*Gottwald*, § 322 Rn. 110.
139 MüKoZPO/*Gottwald*, § 322 Rn. 191; Zöller/*Vollkommer*, ZPO, § 322 Rn. 16.
140 Zöller/*Vollkommer*, ZPO, § 322 Rn. 17, 21.

Rechtsauffassung, dass auch die Entscheidung, dass die Gegenforderung nicht mehr besteht, soweit sie durch die Aufrechnung verbraucht ist, in Rechtskraft erwächst.[141] Keine Rechtskraftwirkung, wenn das Gericht die Aufrechnung nicht zulässt, weil die Parteien z.B. vertraglich vereinbart haben, sie im Prozess nicht geltend zu machen oder weil das materielle Recht die Aufrechnung nicht zulässt.[142] Zusammenfassend kann gesagt werden, dass über die streitige Eventualaufrechnung einer der materiellen Rechtskraft und nicht nur der formellen Rechtskraft fähige Entscheidung ergangen sein muss.[143]

Ob und ggf. wie das Gericht über die Aufrechnungsforderung entschieden hat, sieht man nicht aus dem Tenor der Entscheidung sondern nur aus den Urteilsgründen,[144] was insbesondere für die kostenrechtlichen Auswirkungen der Eventualaufrechnung von Belang ist.

c) Auswirkungen der Aufrechnung auf die Kosten

324 Weder die Primär- noch die Eventualaufrechnung haben Auswirkungen auf den **Prozessstreitwert**, denn dieser wird bei Einreichung der Klage ermittelt (→ Rn. 67) und die §§ 4 bis 9 ZPO sehen keine Veränderung im Falle einer geltend gemachten Aufrechnung vor. Anders sieht es jedoch beim **Gebührenstreitwert** aus, der gleichzeitig **Gegenstandswert** für die Rechtsanwaltsgebühren ist, § 23 Abs. 1 S. 1 RVG. Im Falle der Eventualaufrechnung kann es nämlich zu einer Erhöhung dieser Streitwerte kommen, wenn die Voraussetzungen des § 45 Abs. 3 GKG erfüllt sind (→ Rn. 106 ff.).

Macht der Beklagte hilfsweise die Aufrechnung (**Eventualaufrechnung**) mit einer bestrittenen Gegenforderung geltend, erhöht sich der Streitwert um den Wert der Gegenforderung, soweit eine der Rechtskraft fähige Entscheidung über sie ergeht, § 45 Abs. 3 GKG. Dies gilt auch für einen beide Forderungen beendenden Streit durch Vergleich, § 45 Abs. 4 GKG.

Der Gebührenstreitwert kann sich bei Eventualaufrechnung hinsichtlich der Gegenforderung bis zur Höhe der Klageforderung erhöhen. Das Gesagte gilt allerdings für **jede** hilfsweise geltend gemachte **Aufrechnungsforderung,** d.h., bei mehreren müssen **alle einzeln** der Klageforderung bzw. dem Urteilsspruch gegenüber gestellt werden. Dabei kann es dann zu einer erheblichen Streitwerterhöhung kommen.[145]

141 MüKoZPO/*Gottwald*, § 322 Rn. 194; Zöller/*Vollkommer*, ZPO, § 322 Rn. 21.
142 Ausführlich Zöller/*Vollkommer*, § 322 Rn. 18 ff. sowie Zöller/*Greger*, ZPO § 145 Rn. 13 ff.
143 BGH v. 25.9.2008 – VII ZB 99/07 – NJW 2009, 232; *Hartmann*, GKG, § 45 Rn. 46.
144 Zöller/*Vollkommer*, ZPO, § 322 Rn. 16.
145 S. auch *Sonnenfeld/Steder*, Rpfleger 1995, 60 ff.

Der neue Gebührenstreitwert steht jedoch erst am Schluss des Verfahrens fest, denn erst dann ist ersichtlich, ob die Voraussetzungen erfüllt sind, insoweit stellt § 45 Abs. 3 GKG eine Ausnahme von § 40 GKG dar. Die Streitwerterhöhung wirkt dann aber auf den Zeitpunkt der Geltendmachung der Gegenforderung zurück.[146]

325 Hinsichtlich der **Gerichtskosten** ist damit eindeutig klar, dass am Schluss des Verfahrens die Verfahrensgebühr nach dem erhöhten Gebührenstreitwert zu berechnen ist. Bei Klageeinreichung wurde eine 3,0 Verfahrensgebühr nach KV 1210 erhoben, diese muss bei erhöhtem Gebührenstreitwert am Ende des Prozesses neu berechnet werden; der fehlende Rest ist dann z.B. durch denjenigen zu zahlen, der Entscheidungsschuldner nach § 29 Nr. 1 GKG ist.

326 Auch die **Verfahrensgebühr** des **Rechtsanwalts** wird nach dem erhöhten Gegenstandswert berechnet, denn es handelt sich um eine Betriebsgebühr, die mit jedem Handeln des Rechtsanwalts entsteht, allerdings von ihm nur einmal berechnet werden kann (→ Rn. 201).

Schwieriger ist die Frage zu beantworten, ob auch eine entstandene **Terminsgebühr** des Rechtsanwalts nach dem neuen Gegenstandswert zu berechnen ist. Wie schon erwähnt, wird davon ausgegangen, dass die Gegenforderung nicht rechtshängig wird (→ Rn. 323).[147] Da das Entstehen der Terminsgebühr für die Wahrnehmung eines gerichtlichen Termins davon abhängig ist, dass ein gerichtliches Verfahren anhängig ist (→ Rn. 302, 303), könnte man das Entstehen der Gebühr für den Betrag der Gegenforderung auch verneinen. Bliebe dann noch die Terminsgebühr für eine Besprechung mit dem Ziel der Erledigung des Verfahrens, die ja auch im Beisein des Gerichts stattfinden kann (→ Rn. 306, 307). Was ist aber, wenn eine solche Besprechung gar nicht stattgefunden hat, weil es den Parteien gerade nicht um die Erledigung geht?

Die gebührenrechtliche Vorschrift des § 45 Abs. 3 GKG stellt eine **Wertermittlungsvorschrift** für eine ganz bestimmte prozessuale Konstellation dar. Die durch die Eventualaufrechnung stärkere Belastung des Gerichts soll durch eine Erhöhung des Streitwertes ausgeglichen werden, da eine gebührenrechtliche Regelung nicht vorhanden ist. Die gleiche Begründung gilt auch für die Rechtsanwaltsgebühren; denn die nach der erklärten Aufrechnung entstehenden Gebühren sind wegen der Rückwirkung (→ Rn. 324) ebenfalls nach dem erhöhten Gegenstandswert zu ermitteln, wenn dieser nicht aus anderen Gründen geringer ist. Das ist beispielsweise der Fall, wenn eine Berufung zurückgenommen wird, mit der der verurteilte Beklag-

146 *Meyer*, GKG, 9. Auflage 2007, § 45 Rn. 38.

147 BGH v. 11.11.1971 – VII ZR 57/70 – BGHZ 57, 242; siehe auch Zöller/*Greger*, ZPO, § 145 Rn. 18 ff.

te eine Hilfsaufrechnung geltend gemacht hatte, dann ist der Wert der Aufrechnungsforderung auch bei den Rechtsanwaltsgebühren nicht zu berücksichtigen.[148]

→ **Beispiel: Eventualaufrechnung**

Kl. hat Bekl. auf Zahlung von 100.000,00 € verklagt. Der Bekl. begnügt sich nicht nur damit, den Anspruch des Kl. zu bestreiten, sondern rechnet hilfsweise mit fünf Gegenforderungen auf; die erste Gegenforderung beträgt 10.000,00 €, die zweite 40.000,00 €, die dritte 5.000,00 €, die vierte 1.800,00 €, und die fünfte beträgt 50.000,00 €.

Das Gericht prüft die Klageforderung und stellt fest, dass sie begründet ist. Dann prüft es aber auch alle Gegenforderungen durch und erklärt im Urteil die ersten vier für unbegründet, während die letzte als begründet angesehen wird.

Gebührenstreitwert/Gegenstandswert: 206.800,00 €

Bei Anhängigkeit beträgt der Gebührenstreitwert 100.000,00 €. Das Gericht hat über die Klageforderung sowie über alle Gegenforderungen entschieden. Der Gebührenstreitwert beträgt 206.800,00 € gem. § 45 Abs. 3 GKG, da jede der fünf Gegenforderungen den Wert der Klageforderung nicht übersteigt, werden alle fünf zur Klageforderung hinzugerechnet.

Gerichtsgebühren bei Einreichung der Klage:
3,0 Verfahrensgebühr, KV 1210 GKG
Gebührenstreitwert: 100.000,00 €
Gebühr: 3.078,00 €
Fälligkeit: Einreichung der Klage § 6 Abs. 1 Nr. 1 GKG
Kostenschuldner: Kl. § 22 Abs. 1 S. 1 GKG als Antragsschuldner
Vorauszahlung: § 12 Abs. 1 S. 1 GKG

Gerichtsgebühren bei Erledigung durch Urteil:
3,0 Verfahrensgebühr, KV 1210 GKG
Gebührenstreitwert: 206.800,00 €
Gebühr: 5.775,00 €
Bereits gezahlt: 3.078,00 €
Restbetrag: 2.697,00 €
Der Restbetrag wird vom Entscheidungsschuldner gem. § 29 Nr. 1 GKG eingefordert.

Rechtsanwaltsgebühren:

Beide ProzBev. haben die 1,3 Verfahrensgebühr VV 3100 nach dem Wert von 206.800,00 € i.H.v. 2.772,90 € verdient, denn die Verfahrensgebühr ist eine Betriebsgebühr und entsteht nach dem höchsten Gegenstandswert.

Auch die 1,2 Terminsgebühr nach VV 3104 berechnet sich nach dem erhöhten Wert; sie beträgt hier 2.559,60 €.

148 OLG Hamm v. 2.1.2007 – 19 U 48/06 – MDR 2007, 618.

4. Anerkenntnis oder Verzicht

327 Während sich das Geständnis nur auf Tatsachen (→ Rn. 319) bezieht, betreffen das **Anerkenntnis und der Verzicht** den geltend gemachten **Anspruch.**[149] Beim Anerkenntnis gibt der Beklagte eine einseitige Erklärung gegenüber dem Gericht ab, dass die vom Kläger geltend gemachte Forderung ganz oder auch teilweise besteht. Im Gegensatz dazu bedeutet der Verzicht, die einseitige Erklärung des Klägers an das Gericht, dass der Klageanspruch ganz oder teilweise nicht besteht und stellt einen Widerruf des klägerischen Begehrens dar.[150]

328 Gem. § 307 ZPO kann eine Partei den gegen sie geltend gemachten Anspruch ganz oder zum Teil anerkennen und ist dann dem Anerkenntnis gemäß zu verurteilen.[151] Das gilt auch im schriftlichen Vorverfahren (§ 276 Abs. 1 S. 1 ZPO). Beim Verzicht gem. § 306 ZPO verzichtet der Kläger auf seinen Anspruch und unterwirft sich dem Abweisungsantrag des Beklagten. Anerkenntnis und Verzicht werden i.d.R. in der mündlichen Verhandlung abgegeben und unterliegen im Anwaltsprozess dem Anwaltszwang, § 78 ZPO.[152] Der Prozess ist dadurch jedoch nicht beendet, sondern er muss durch ein entsprechendes Urteil abgeschlossen werden. Dieses kann aber nicht mehr ein streitiges Urteil sein, sondern ein **Anerkenntnisurteil** oder **Verzichtsurteil**, § 313b ZPO, weil kein Rechtsschutzbedürfnis für ein streitiges Urteil mehr vorhanden ist.[153] Das Gericht prüft nun nur noch die Prozessvoraussetzungen und erlässt bei ordnungsgemäßem Vorhandensein ein entsprechendes Urteil.

a) Auswirkungen auf Gerichtskosten

329 Bei bestimmtem Ausgang eines Verfahrens sieht das GKG eine **Ermäßigung** der 3,0 Verfahrensgebühr KV 1210 auf 1,0 vor. Die Voraussetzungen sind in KV 1211 geregelt, wonach die Beendigung des gesamten Verfahrens durch:

1. Zurücknahme der Klage vor dem Schluss der mündlichen Verhandlung oder dem der jeweiligen Verfahrenskonstellation entsprechenden Zeitpunkt,
2. Anerkenntnisurteil, Verzichtsurteil oder Urteil, das nach § 313a Abs. 2 ZPO keinen Tatbestand und keine Entscheidungsgründe enthält,
3. gerichtlichen Vergleich oder

---

149 S. hierzu *Rosenberg/Schwab/Gottwald*, § 131 IV, V.
150 *Rosenberg/Schwab/Gottwald*, § 131 Rn. 39, 69.
151 Bei der Neufassung durch das ZPO-RG ist das Antragserfordernis weggefallen.
152 BGH v. 16.6.1987 – X ZR 102/85 – NJW 1988, 210.
153 Zöller/*Vollkommer*, ZPO, Vorbemerkungen zu §§ 306, 307 Rn. 12.

4. Erledigungserklärungen nach § 91a ZPO ohne dass eine gerichtliche Kostenentscheidung ergehen muss,

zu einer Ermäßigung auf 1,0 führt.

330 Die Erledigung des Rechtsstreits durch Anerkenntnis- oder Verzichtsurteil stellt somit einen Ermäßigungstatbestand nach KV 1211 Nr. 2 dar. Die 3,0 Verfahrensgebühr ermäßigt sich auch, wenn das gesamte Verfahren durch mehrere der in KV 1211 genannten Ermäßigungstatbestände vorzeitig erledigt wird.

b) Rechtsanwaltsgebühren bei Anerkenntnis oder Verzicht

331 Die Erledigung des Rechtsstreits durch **Anerkenntnis**- oder **Verzichtsurteil** hat keinen Einfluss auf die Höhe der Gebühren des Rechtsanwalts.[154] Wie stets erhält der Rechtsanwalt für das Betreiben des Geschäfts eine Verfahrensgebühr, in der ersten Instanz z.B. eine 1,3 Verfahrensgebühr nach VV 3100 RVG. Bei der Terminsgebühr kommt es nicht darauf an, ob der Rechtsanwalt einen Sachantrag stellt, d.h. ob er „verhandelt“, denn die Terminsgebühr entsteht für die Wahrnehmung eines gerichtlichen Termins[155] sowie auch im schriftlichen Verfahren (→ Rn. 304). Bei Letzterem ist lediglich Voraussetzung, dass eine „Entscheidung“ getroffen wird, also ein Anerkenntnisurteil erlassen wird.[156]

→ **Beispiel: Anerkenntnis**

Kl. – vertreten durch Rechtsanwalt – klagt auf Zahlung von 51.129,00 €; Bekl. – vertreten durch Rechtsanwalt – beantragt zunächst Klagabweisung. Im Termin zur mündlichen Verhandlung erscheinen die ProzBev. der Parteien. Nach Einführung in den Streitstand durch das Gericht erkennt der Bekl.-Vertr. den Anspruch an. Es ergeht Anerkenntnisurteil, durch das der Bekl. antragsgemäß zur Zahlung verurteilt wird.

Gerichtsgebühren bei Einreichen der Klage:

3,0 Verfahrensgebühr, KV 1210 GKG
Gebührenstreitwert: 51.129,00 €
Gebühr: 1.998,00 €

Gerichtsgebühren bei Erledigung durch Anerkenntnisurteil:

1,0 Verfahrensgebühr, KV 1211 Nr. 2 GKG
Gebühr: 666,00 €

Der zu viel gezahlte Betrag von 1.332,00 € ist an den Kl. aus der Landeskasse zurückzuerstatten.

---

154 Das war nach der BRAGO anders.

155 Die Höhe Verhandlungsgebühr nach der BRAGO wurde danach bemessen, ob ein Sachantrag gestellt wurde und ob dieses in einer streitigen oder einer nichtstreitigen Verhandlung geschah.

156 Gerold/Schmidt/*Müller-Rabe*, VV 3104 Rn. 15.

Rechtsanwaltsgebühren:

Beide ProzBev. haben die 1,3 Verfahrensgeb. nach VV 3100 in Höhe von 1.622,40 € nach dem Wert von 51.129,00 € verdient.

Durch Wahrnehmung des Termins fällt eine 1,2 Terminsgebühr nach VV 3104 nach eben diesem Wert in Höhe von 1.497,60 € an.

5. Die Widerklage

332 Der Beklagte muss sich jedoch nicht nur auf bloße Verteidigung beschränken, er kann auch zum Gegenangriff übergehen und gegen den Kläger eine eigene Klage erheben. Erhebt er diese im anhängigen Verfahren, spricht man von einer **Widerklage.**[157] Parteien sind die Parteien der Klage, der Kläger ist Widerbeklagter, und der Beklagte ist Widerkläger.

333 Nach § 33 Abs. 1 ZPO kann bei dem Gericht der Klage eine Widerklage erhoben werden, wenn der Gegenanspruch mit dem in der Klage geltend gemachten Anspruch oder mit den gegen ihn vorgebrachten Verteidigungsmitteln in Zusammenhang steht. Ein solcher ist vorhanden, wenn die geltend gemachten Forderungen auf ein gemeinsames Rechtsverhältnis zurückzuführen sind.[158] § 33 ZPO bezweckt die Konzentration von Rechtsstreitigkeiten zusammenhängender Fragen, um so auch inhaltlich nicht übereinstimmende Entscheidungen verschiedener Gerichte zu vermeiden.[159] Die Vorschrift schafft zwar eine zusätzliche örtliche Zuständigkeit für die Widerklage, sie regelt aber nicht die sachliche Zuständigkeit und die weiteren Zulässigkeitsvoraussetzungen.[160]

334 Weitere Voraussetzung für die Erhebung der Widerklage ist, dass die Klage noch anhängig ist und die Widerklage bis zum Schluss der mündlichen Verhandlung erhoben wird.[161] Für die Widerklage muss dieselbe Prozessart gegeben sein, und außerdem müssen die allgemeinen Prozessvoraussetzungen vorliegen. Der Streitgegenstand der Widerklage darf nicht identisch mit dem der Klage sein; das ist aber der Fall, wenn er durch die Entscheidung über den Klageanspruch erledigt ist.

335 Es ist auch möglich, die Widerklage hilfsweise zu erheben, d.h., es wird hauptsächlich ein Antrag auf Klagabweisung gestellt, und nur für den Fall, dass der Klage stattgegeben wird, soll die Widerklage als erhoben gelten. Sie wird jedoch schon mit Zustellung rechtshängig.

157 S. hierzu *Rosenberg/Schwab/Gottwald*, § 96 II.

158 Zöller/*Vollkommer*, ZPO, § 33 Rn. 15, 16 jeweils mit Beispielen für mit dem Anspruch in Zusammenhang stehenden Gegenansprüchen bzw. mit den vorgebrachten Verteidigungsmitteln in Zusammenhang stehenden Gegenansprüchen..

159 MüKoZPO/*Patzina*, § 33 Rn. 1.

160 MüKoZPO/*Patzina*, § 33 Rn. 2; Zöller/*Vollkommer*, ZPO, § 33 Rn. 1.

161 BGH v. 12.5.1992 – XI ZR 251/91 – NJW-RR 1992, 1085.

a) Auswirkungen auf den Streitwert

336 Auf den **Prozessstreitwert** hat die Erhebung der Widerklage nur ausnahmsweise Einfluss, denn gemäß § 5 ZPO werden zwar grundsätzlich mehrere in einer Klage geltend gemachte Ansprüche zusammengerechnet, dies gilt jedoch ausdrücklich nicht für die Klage- und Widerklage. Ist jedoch der Wert der Widerklage höher als der der Klage, dann ist dieser maßgeblich, weil der höhere der beiden Werte entscheidend ist.[162]

337 Die Erhebung der Widerklage hat jedoch Auswirkung auf den **Gebührenstreitwert** und damit auch auf den **Gegenstandswert** der Rechtsanwaltsgebühren. Nach § 45 Abs. 1 S. 1 GKG werden die Streitwerte von Klage und Widerklage, die nicht in getrennten Prozessen geltend gemacht werden, zusammengerechnet. Allerdings gilt das bisher Gesagte – also Addition der Streitwerte – gemäß § 45 Abs. 1 S. 1 GKG nur, wenn es sich **nicht** um denselben Streitgegenstand handelt. Handelt es sich doch um denselben Streitgegenstand, dann erfolgt keine Zusammenrechnung, sondern der höhere der beiden Werte ist maßgebend, § 45 Abs. 1 S. 3 GKG (→ Rn. 104 mit Berechnungsbeispiel).

b) Gerichts- und Anwaltsgebühren bei Widerklage

338 Mit Einreichen der Widerklage ist der Gebührenstreitwert neu zu berechnen, § 40 GKG. Erhöht sich der Streitwert, muss hinsichtlich der **Gerichtskosten** auch die 3,0 Verfahrensgebühr nach KV 1210 neu berechnet werden. Die Differenz zur bisher vom Kläger gezahlten Gebühr ist ebenfalls fällig, § 6 Abs. 1 Nr. 1 GKG; Kostenschuldner als Antragsschuldner ist der Widerkläger, § 22 Abs. 1 S. 1 GKG. Eine Vorauszahlung sieht das Gesetz ausdrücklich nicht vor, § 12 Abs. 2 Nr. 1 GKG, sodass die fälligen Beträge gegen den Beklagten zum Soll gestellt und durch die Justizkasse erhoben werden.

339 Auch die beteiligten **Rechtsanwälte** können ihre Gebühren nach dem nun erhöhten Gegenstandswert berechnen. Die Verfahrensgebühr als Betriebsgebühr wird nach dem höchsten Gegenstandswert berechnet; die Terminsgebühr ebenfalls, wenn nach Erhebung der Widerklage die Voraussetzungen für das Entstehen einer solchen Gebühr erfüllt sind (→ Rn. 302 ff.).

→ **Beispiel: Widerklage**

Kl. reicht Klage auf Zahlung von 2.556,00 € aus Kaufvertrag ein. Daraufhin beantragt der Bekl. Klagabweisung und erhebt Widerklage auf Zahlung von 507,00 € Schadenersatz wegen Schlechterfüllung des o.g. Vertrages.

---

162 Zöller/*Herget*, ZPO, § 5 Rn. 2.

Gerichtsgebühren bei Einreichung der Klage:
3,0 Verfahrensgebühr, KV 1210 GKG
Gebührenstreitwert: 2.556,00 €
Gebühr: 324,00 €
Fälligkeit: Einreichung der Klage § 6 Abs. 1 Nr. 1 GKG
Kostenschuldner: Kl. § 22 Abs. 1 S. 1 GKG als Antragsschuldner
Vorauszahlung: § 12 Abs. 1 S. 1 GKG

Gerichtsgebühren bei Erhebung der Widerklage:

Der Gebührenstreitwert erhöht sich auf 3.063,00 €, da nicht derselbe Gegenstand vorliegt.

3,0 Verfahrensgebühr, KV 1210 GKG
Gebühr: 381,00 €

Die vom Kl. bereits gezahlten Beträge sind anzurechnen, sodass nur noch ein Restbetrag i.H.v. 57,00 € anzufordern ist.

Kostenschuldner: Bekl. als Widerkläger § 22 Abs. 1 S. 1 GKG als Antragsschuldner

Vorauszahlung: nicht nötig, § 12 Abs. 2 Nr. 1 GKG, d.h. Sollstellung

Rechtsanwaltsgebühren:

Beide ProzBev. haben die 1,3 Verfahrensgeb. nach VV 3100 in Höhe von 327,60 € nach dem Wert von 3.063,00 € verdient.

Die 1,2 Terminsgebühr nach VV 3104 nach eben diesem Wert beträgt 302,40 €.

XI. Erledigung des Rechtsstreits ohne Urteil

340 Nicht jeder Rechtsstreit endet durch ein Urteil. Eine Vielzahl von Prozessen wird auf andere Art und Weise erledigt. So kann der Kläger sein Rechtsschutzgesuch widerrufen, indem er die Klage gemäß § 269 Abs. 1 ZPO zurücknimmt. Die Klagerücknahme ist das Gegenstück zur Klageerhebung.[163]

Häufig hat sich die Hauptsache durch ein nach Rechtshängigkeit eintretendes Ereignis erledigt, und die Klage wird damit gegenstandslos.

Die Parteien können im Rahmen einer gütlichen Beilegung vor Gericht einen prozessualen Vertrag zur Beendigung des Rechtsstreits schließen. Die Voraussetzungen eines solchen Prozessvergleichs ergeben sich aus § 794 Abs. 1 Nr. 1 ZPO und § 779 BGB.

1. Die Klagerücknahme

341 **Klagerücknahme**[164] bedeutet den Widerruf des Rechtsschutzgesuchs. Sie ist eine Prozesshandlung des Klägers, durch die der Rechtsstreit beendet

163 Hk-ZPO/*Saenger*, § 269 Rn. 1.
164 S. hierzu *Rosenberg/Schwab/Gottwald*, § 129; siehe auch MüKoZPO/*Becker-Eberhard*, Anm. zu § 269.

wird. Die prozessualen Wirkungen einer rechtswirksam erfolgten Klagerücknahme können vom Kläger nicht in der Weise beseitigt werden, dass er den Rechtsstreit in einer späteren Verhandlung mit Einverständnis des Beklagten fortsetzt und Klagantrag stellt,[165] da Prozesshandlungen unwiderruflich sind. Der materiell-rechtliche Anspruch des Klägers wird durch die Klagerücknahme – anders als beim Verzicht auf den Anspruch – nicht berührt, denn eine erneute Klage ist möglich, § 269 Abs. 6 ZPO. Die Klage kann entweder **ganz oder auch teilweise** zurückgenommen werden, dieses kann jederzeit geschehen, sogar noch in der Rechtsmittelinstanz.[166] Die Erklärung ist dem Gericht gegenüber abzugeben, § 269 Abs. 2 S. 1 ZPO und nicht dem Gegner gegenüber. Dieser muss jedoch ggf. zustimmen, wenn die Klagerücknahme nach Beginn der mündlichen Verhandlung erfolgen soll, § 269 Abs. 1 ZPO.

342 Nach bis zum 31.12.2001 geltendem Recht war die Klagerücknahme dem Beklagten zuzustellen, § 270 Abs. 2 ZPO a.F., dieses gilt nach dem ZPO-RG nur noch, wenn eine Äußerung des Beklagten nach Beginn der mündlichen Verhandlung nicht eingeholt werden kann und wenn die Klagerücknahme nach Beginn der mündlichen Verhandlung die Einwilligung des Beklagten erfordert, § 269 Abs. 2 S. 3 ZPO.

In der Praxis bleibt der Beklagte nach einer schriftlich erklärten Klagerücknahme häufig zunächst untätig, dieses insbesondere bei nicht anwaltlich vertretenen Parteien. Es war bisher dann häufige Praxis, mit einem entsprechenden Erinnerungsschreiben – unter Erläuterung der Rechtslage – auf die Abgabe der Einwilligungserklärung hinzuwirken. Die Neufassung sieht nun vor, dass die Einwilligung unterstellt wird, wenn trotz Hinweis auf die Folgen des Schweigens nicht widersprochen wird. Die Erklärungsfrist ist als Notfrist von 2 Wochen ausgestaltet, deren Länge der vergleichbarer Fristen entspricht.

343 Die Klagerücknahme bewirkt, dass die **Wirkungen** der Rechtshängigkeit rückwirkend fortfallen und der Prozess ohne gerichtliche Entscheidung endet. Ein bereits ergangenes, aber noch nicht rechtskräftiges Urteil wird ohne formelle Aufhebung beseitigt.

Bei Klagerücknahme muss grundsätzlich der Kläger die **Kosten** des Rechtsstreits tragen, allerdings stellt das Gesetz klar, dass dem Kläger die Kosten nicht auferlegt werden können, wenn einer der schon bisher von der Rechtsprechung anerkannten Ausnahmefälle vorliegt, wenn sich der Beklagte z.B. in einem außergerichtlichen Vergleich zur Kostentragung verpflichtet oder vorher wirksam auf die Kostenerstattung verzichtet hat.[167]

---

165 SaarlOLG v. 24.11.1999 – 1 U 365/99 – MDR 2000, 722.

166 BGH v. 10.7.1954 – III ZR 229/53 – BGHZ 14, 210.

167 Vgl. hierzu MüKoZPO/*Becker-Eberhard*, § 269 Rn. 41 ff.; Zöller/*Greger*, ZPO, § 269 Rn. 18a.

344 Vor der ZPO-Reform nicht ausdrücklich geregelt waren die Fälle der Kostenerstattung bei Wegfall des Klagegrundes vor Rechtshängigkeit und dann folgender unverzüglicher Klagerücknahme. Nun gilt hierfür eine Regelung ähnlich der Vorschrift des § 91a ZPO, wonach sich die Kostentragungspflicht nach billigem Ermessen unter Berücksichtigung des Sach- und Streitstandes bestimmt, § 269 Abs. 3 S. 3 ZPO.[168] Auf Antrag entscheidet das Gericht über die eintretenden Wirkungen durch Beschluss, § 269 Abs. 4 S. 1 ZPO. Lediglich bei bewilligter Prozesskostenhilfe bezüglich eines Beklagten erfolgt die Kostenentscheidung von Amts wegen, § 269 Abs. 4 S. 2 ZPO.

Gegen den **Beschluss** findet die sofortige Beschwerde statt, wenn der Streitwert der Hauptsache den in § 511 ZPO genannten Betrag von 600,00 € übersteigt. Wenn es sich um eine Entscheidung über Kosten handelt, muss außerdem der Wert der Beschwer 200,00 € übersteigen, § 567 Abs. 2 ZPO.

a) Auswirkung auf Gerichtskosten

345 Auf den Gebührenstreitwert wirkt sich die Rücknahme der Klage nicht aus, da dieser nach § 40 GKG mit Klageeinreichung feststeht.

346 Bei den Auswirkungen auf die Gerichtskosten ist zu unterscheiden, ob die Klage insgesamt oder nur teilweise zurückgenommen wird, denn die 3,0 Verfahrensgebühr KV 1210 GKG für das Verfahren der I. Instanz **ermäßigt** sich auf eine 1,0 Gebühr nach KV 1211 Nr. 1, wenn das **gesamte** Verfahren durch die Zurücknahme der Klage vor dem Schluss der mündlichen Verhandlung oder eines entsprechenden Zeitpunkts erledigt wird.

Allerdings darf in diesem Fall **keine Entscheidung über die Kosten** nach § 269 Abs. 3 S. 3 ZPO ergehen (→ Rn. 344), es sei denn die Entscheidung folgt einer zuvor mitgeteilten Einigung der Parteien über die Kostentragung oder es erfolgt eine Kostenübernahmeerklärung einer Partei. Eine **teilweise Klagerücknahme** führt nur in Verbindung mit einem weiteren Ermäßigungstatbestand (z.B. Erlass eines Anerkenntnis- oder Verzichtsurteils oder der Abschluss eines Vergleichs vor Gericht, wenn nicht bereits ein Urteil vorausgegangen ist) zur Ermäßigung, wenn durch diese mehreren Ermäßigungstatbestände das gesamte Verfahren erledigt ist.

b) Rechtsanwaltsgebühren bei Klagerücknahme

347 Über § 23 Abs. 1 S. 1 RVG gilt der Gebührenstreitwert als Gegenstandswert für die Gebühren des Rechtsanwalts; allerdings bemisst sich die Gebühr nach dem Gegenstand der anwaltlichen Tätigkeit, § 2 Abs. 1 RVG. Die Verfahrensgebühr hat sich der Rechtsanwalt in „voller Höhe" bereits durch

---

168 Zur Kritik hinsichtlich der Regelung siehe MüKoZPO/*Becker-Eberhard*, § 269 Rn. 59 ff.; Zöller/*Greger*, ZPO, § 269 Rn. 18c ff.

Einreichen der Klageschrift verdient. Wird die Klagerücknahme in der mündlichen Verhandlung erklärt, bleibt es hinsichtlich der Terminsgebühr ebenfalls beim bisherigen Gegenstandswert. Lediglich Gebühren, die nach einer teilweisen Klagerücknahme entstehen, könnten nach dem restlichen (reduzierten) Gegenstandswert zu ermitteln sein.

→ **Beispiel: Teilweise Klagerücknahme**

Kl. vertr. durch Rechtsanwalt klagt auf Mieterhöhung für Wohnraummiete von 700,00 € auf 850,00 € monatlich wegen Wertverbesserung. Wenige Tage nach Einreichen der Klage nimmt der ProzBev. die Klage wegen eines monatlichen Teilbetrages von 50,00 € zurück, da er dieses in einem Telefonat mit dem Mieter so ausgehandelt hat. Nach streitiger Verhandlung über den Rest wird der Bekl. antragsgemäß verurteilt.

Gerichtsgebühren bei Einreichung der Klage:

3,0 Verfahrensgebühr, KV 1210 GKG
Gebührenstreitwert: 1.800,00 € = 12 x 150,00 € Jahreswert des Erhöhungsbetrages § 41 Abs. 5 GKG
Gebühr: 267,00 €

Die teilweise Klagerücknahme hat keinen Einfluss auf die Verfahrensgebühr, da Ermäßigungstatbestand nur die Beendigung des gesamten Verfahrens durch Rücknahme der Klage ist.

Rechtsanwaltsgebühren:

Kl.-Vertr. hat die 1,3 Verfahrensgebühr gem. VV 3100 in Höhe von 195,00 € nach dem Wert von 1.800,00 € spätestens mit Klageeinreichung verdient.

Durch die Wahrnehmung des Termins zur mündlichen Verhandlung entsteht ohne Zweifel eine 1,2 Terminsgebühr gem. VV 3104, allerdings nur noch nach dem Gegenstandswert von 1.200,00 € (12 x 100,00 €).

Für die telefonische Besprechung mit dem Beklagten mit dem Ziel der Erledigung des Verfahrens ist dem Rechtsanwalt außerdem für den zurückgenommenen Teilbetrag von 600,00 € eine Terminsgebühr entstanden.

Da der Rechtsanwalt die Gebühren pro Instanz nur einmal erhalten kann, § 15 Abs. 2 RVG, ist hier nach dem zusammengerechneten ursprünglichen Wert die 1,2 Terminsgebühr zu berechnen. Sie beträgt 180,00 €.

2. Die Erledigung der Hauptsache

348 In der täglichen Praxis der Gerichte kommt es sehr häufig vor, dass die Hauptsache durch ein nach Rechtshängigkeit eintretendes Ereignis erledigt und die Klage damit gegenstandslos wird.[169] Würde der Kläger die Klage nun zurücknehmen, müsste er gem. § 269 Abs. 3 ZPO die Kosten des Rechtsstreits tragen, was vielleicht unbillig wäre. Eine analoge Anwendung

169 S. hierzu *Rosenberg/Schwab/Gottwald*, § 131; MüKoZPO/*Schulz*, Anmerkungen zu § 91a; Zöller/*Vollkommer*, ZPO, Anmerkungen zu § 91a; *von König*, RpflStud 2000, 80.

des § 307 ZPO (Anerkenntnis) und der daraus resultierenden Kostenfolge (§ 91 bzw. § 93 ZPO) hat der BGH[170] verneint.

349 Die Folgen der Erledigung sind im Gesetz nur unvollkommen geregelt, und zwar in § 91a ZPO. Diese Vorschrift regelt die ganz spezielle Verfahrenssituation, dass die Parteien übereinstimmend die Hauptsache für erledigt erklärt haben. Auch in diesem Fall hat das Gericht, ohne dass es eines entsprechenden Antrages bedarf,[171] über die Kosten zu entscheiden. Das geschieht i.d.R. ohne mündliche Verhandlung durch Beschluss. Die Erledigungserklärung kann sich ohne Einschränkung auf die volle Hauptsache beziehen oder aber auch auf einen Teil beschränkt werden, wir sprechen dann von einer teilweisen Erledigung der Hauptsache. Das nachstehend Ausgeführte gilt auch für die Teilerledigung.

a) Voraussetzungen

350 Das Gesetz verlangt zwei Dinge: Die Hauptsache muss erledigt sein, und die Parteien müssen entsprechende Erklärungen abgeben. Die Hauptsache ist der anhängige Streitgegenstand einschließlich der Nebenforderungen, der Streit über den Kostenpunkt ist aber noch anhängig.[172] Die Hauptsache erledigt sich objektiv durch ein nachträgliches Ereignis, das die Klage unbegründet oder auch unzulässig macht.[173]

→ **Beispiele:**

Erfüllungshandlungen wie Zahlung durch den Beklagten oder auch Dritte, Herausgabe des verlangten Gegenstandes, Räumung der Mietsache, Abdruck der verlangten Gegendarstellung, Aufrechnung mit einer nach Prozessbeginn entstandenen oder erworbenen Gegenforderung, aber auch Wegfall der Prozessvoraussetzungen, außergerichtlicher Vergleich, Untergang der Sache.

Keine Erledigungshandlungen sind:

Erfüllung zur Abwehr der Zwangsvollstreckung,[174] Zahlung unter Vorbehalt, Eintritt und Einrede der Verjährung.

351 Letztlich müssen die Parteien gem. § 91a ZPO **übereinstimmende Erledigungserklärungen** abgeben. Die Erklärung kann auch konkludent erfolgen, wenn der Beklagte in der mündlichen Verhandlung der Erledigungserklärung des Klägers nicht widerspricht.[175] Nach ganz h.M. muss das

---

170 BGH v. 20.11.1980 – VII ZR 49/80 – NJW 1981, 686.

171 MüKoZPO/*Schulz*, § 91 Rn. 41; Zöller/*Vollkommer*, ZPO, § 91a Rn. 22.

172 Zöller/*Vollkommer*, ZPO, § 91a Rn. 22.

173 Zöller/*Vollkommer*, ZPO, § 91a Rn. 3; 4; *Rosenberg/Schwab/Gottwald*, § 131 Rn. 1 ff.

174 *Rosenberg/Schwab/Gottwald*, § 131 Rn. 3; Zöller/*Vollkommer*, ZPO, § 91a Rn. 5 m.div.N.

175 Zöller/*Vollkommer*, ZPO, § 91a Rn. 10.

Ereignis vor Abgabe der Erklärung liegen.[176] Bei übereinstimmender Erklärung ist diese beachtlich, wenn das Ereignis nach Einreichung der Klage und vor rechtskräftiger Entscheidung eintritt, d.h. also auch zwischen Anhängigkeit und Rechtshängigkeit.[177] Durch die übereinstimmenden Erledigungserklärungen der Parteien wird die Rechtshängigkeit des Anspruchs beendet. Sie ist Prozesshandlung, tritt anstelle des bisherigen Antrags und beseitigt ihn zugleich; die übereinstimmende Erledigungserklärung ist damit **Bewirkungshandlung.**[178]

352 Die Erklärung ist dem Gericht gegenüber abzugeben und kann in der mündlichen Verhandlung oder durch Einreichung eines Schriftsatzes oder zu Protokoll der Geschäftsstelle erklärt werden. Im Verfahren vor dem Urkundsbeamten der Geschäftsstelle herrscht gem. § 78 Abs. 3 ZPO kein Anwaltszwang, diese Regelung erleichtert die Erklärung nach Rechtsmitteleinlegung.[179]

b) Verfahren und Entscheidung

353 Bei übereinstimmenden Erledigungserklärungen hat das Gericht nicht zu prüfen, ob und wann das Ereignis, das die Erledigung bewirkt hat, eingetreten ist. Aus diesem Grunde muss es in diesem Fall auch nicht angegeben werden. Im Gegenteil: Das **Gericht** ist vielmehr **an** die **Erklärung gebunden**, dieses sogar, wenn die Klage ursprünglich nicht zulässig und/oder nicht begründet war. Das Gericht hat diese hinzunehmen und gem. § 91a ZPO eine Kostenentscheidung durch Beschluss zu treffen. Hierbei handelt es sich jedoch um eine Ermessensentscheidung, bei der der bisherige Sach- und Streitstand zu berücksichtigen ist; d.h.; es wird in der Regel derjenige die Kosten zu tragen haben, der nach den allgemeinen kostenrechtlichen Vorschriften (§§ 91 ff. ZPO) diese zu tragen hätte.[180] Es erfolgt eine summarische Prüfung der Erfolgsaussichten des Klägers. Die Entscheidung ergeht durch Beschluss, der auch zu begründen ist.

354 Der **Beschluss** ist gemäß § 91a Abs. 2 ZPO mit der sofortigen Beschwerde anfechtbar. Dies gilt nicht, wenn der Streitwert der Hauptsache den in § 511 ZPO genannten Betrag von 600,00 € nicht übersteigt. Außerdem muss der Wert der Beschwer 200,00 € übersteigen, § 567 Abs. 2 ZPO; denn

---

176 BGH v. 27.2.1992 – I ZR 35/90 – NJW 1992, 2235; BGH v. 6.12.1984 – VII ZR 64/84 – NJW 1986, 589; Zöller/*Vollkommer*, ZPO, § 91a Rn. 16 m.div.N.

177 Zöller/*Vollkommer*, ZPO, § 91a Rn. 6, 16.

178 MüKoZPO/*Schulz*, § 91a Rn. 22; Zöller/*Vollkommer*, ZPO, § 91a Rn. 9; *Rosenberg/Schwab/Gottwald*, § 131 Rn. 9 – zum Theorienstreit s. *Rosenberg/Schwab*, ZPR, 14. Auflage 1986, § 133 II.

179 Zöller/*Vollkommer*, ZPO, § 91a Rn. 10.

180 MüKoZPO/*Schulz*, § 91a Rn. 43 ff.; Zöller/*Vollkommer*, ZPO, § 91a Rn. 24, 54.

die Entscheidung ist nur im Kostenpunkt anfechtbar, wenn sie in der Hauptsache die Mindestbeschwer erreicht.[181]

355 Das Gesetz regelt nicht, welche Wirkung die übereinstimmende Erledigungserklärung auf den Streitgegenstand hat. Da nur noch über die Kosten zu entscheiden ist, folgt daraus, dass die Rechtshängigkeit wegfällt. Bereits ergangene noch nicht rechtskräftige Entscheidungen werden wirkungslos (§ 269 Abs. 3 S. ZPO analog),[182] der Kläger kann wegen desselben Gegenstands nach h.M. erneut Klage erheben, da keine Rechtskraft entgegensteht.[183]

c) Die einseitige Erledigungserklärung des Klägers

356 Unter Umständen hat jedoch der Beklagte einen guten Grund, sich der Erledigungserklärung des Klägers nicht anschließen zu wollen. Wenn z.B. die Zahlung durch einen Dritten erfolgt ist oder die Sache ohne sein Zutun untergegangen ist, dann handelt es sich um ein Erledigungsereignis, das er nicht verursacht hat. Ist er der Auffassung, dass die Klage unzulässig und/oder unbegründet war, dann wird er der Erledigung nicht so ohne Weiteres zustimmen, sondern will eine Sachentscheidung durch das Gericht erwirken.

Bei einer **einseitigen Erledigungserklärung** durch den **Kläger** endet die Rechtshängigkeit nicht. Hier muss das Gericht den Streit entscheiden, ob die Klage unzulässig oder unbegründet geworden ist. Hat der Anspruch bestanden, wird die Erledigung festgestellt; war die Klage unzulässig/unbegründet, erfolgt Klagabweisung.[184]

357 Aus diesem Grund muss der Kläger bei der einseitigen Erledigungserklärung auch Angaben über die Art und den Zeitpunkt des Ereignisses machen, damit das Gericht in der Lage ist, diesen Zwischenstreit zu klären. Die Erklärung muss nach Rechtshängigkeit in der für einen Sachantrag geltenden Form abgegeben werden (§ 129 ZPO).

358 Die h.M. geht davon aus, dass es sich in diesem Fall um eine Klageänderung in eine Feststellungsklage handelt **(Klageänderungstheorie),**[185] die vom Gericht als sachdienlich angesehen wird. Bei der einseitigen Erledigungserklärung erwächst die Entscheidung in Rechtskraft, sodass diese einer erneuten Erhebung einer Klage mit demselben Streitgegenstand ent-

181 Hierzu *Bergerfurth*, NJW 1992, 1655.
182 Zöller/*Vollkommer*, ZPO, § 91a Rn. 12.
183 BGH v. 28.5.1991 – IX ZR 181/90 – NJW 1991, 2280; Zöller/*Vollkommer*, ZPO, § 91a Rn. 12.
184 BGH v. 6.12.1984 – VII ZR 64/84 – NJW 1986, 588; BGH v. 15.1.1982 – V ZR 50/81 – NJW 1982, 1598; MüKoZPO/*Schulz*, § 91a Rn. 78.
185 BGH v. 19.6.2008 – IX ZR 84/07 –NJW 2008, 2580; BGH v. 7.6.2001 – I ZR 157/98 – NJW 2002, 442 m.w.N.; MüKoZPO/*Schulz*, § 91a Rn. 79; Zöller/*Vollkommer*, ZPO, § 91a Rn. 34 m.div.N.

gegensteht.[186] Nach anderer Ansicht, handelt es sich um eine Klagerücknahme, bei der der Kläger neben seiner Erledigungserklärung den ursprünglichen Klageantrag hilfsweise aufrechterhalten kann.[187]

359 Die einseitige Erledigungserklärung durch den Beklagten wird allgemein als unzulässig angesehen, da nur der Kläger über den Streitgegenstand disponieren kann.[188] Allgemein anerkannt ist, dass der Kläger neben seiner Erledigungserklärung den ursprünglichen Klageantrag hilfsweise aufrecht erhalten kann,[189] was der Kläger immer tun wird, wenn er nicht sicher ist, dass das Gericht tatsächlich die Erledigung feststellen kann und er sonst mit Klagabweisung rechnen müsste.

d) Die Streitwerttheorien zum Prozessstreitwert

360 Der Wert des Streitgegenstandes wird durch den Sachantrag des Klägers (§ 253 Abs. 2 Nr. 2 ZPO) bestimmt und ist als **Prozessstreitwert** Richtwert für die Zuständigkeit, die Zulässigkeit von Rechtsmitteln oder die vorläufige Vollstreckbarkeit.[190] In der Praxis erfolgt häufig im Falle der Erledigungserklärung eine Streitwertfestsetzung, die wegen der Zulässigkeit von Rechtsmitteln notwendig ist (→ Rn. 354). Literatur und Rechtsprechung vertreten unterschiedliche Theorien, ob und inwiefern sich der Streitwert durch die Erledigung verändert.[191]

aa) Übereinstimmende Erledigungserklärung

361 Mit Zusammentreffen der Erklärungen beider Parteien ist die prozessuale Erledigung bewirkt, der Streitwert ermäßigt sich für den nun folgenden Rest des Verfahrens auf den Wert der bis dahin angefallenen gerichtlichen und außergerichtlichen Kosten des Rechtsstreits **(Kostenwert).**[192] Die obere Grenze bildet dabei der Hauptsachewert.[193]

362 Wird nur teilweise übereinstimmend die Erledigung erklärt, so gibt es hinsichtlich der Streitwertbemessung ab dem Zeitpunkt der Erledigungserklärung unterschiedliche Auffassungen. So wird die Meinung vertreten, dass nun der verbleibende Restbetrag der Hauptsache den Streitwert bil-

---

186 Zöller/*Vollkommer*, ZPO, § 91a Rn. 46.
187 S. dazu krit. *Rosenberg/Schwab/Gottwald,* § 131 Rn. 33.
188 BGH v. 26.5.1994 – I ZB 4/94 – NJW 1994, 2363; MüKoZPO/*Schulz*, ZPO, § 91a Rn. 100; Zöller/*Vollkommer*, ZPO, § 91a Rn. 52.
189 BGH v. 6.5.1965 – II ZR 19/63 – NJW 1965, 1597; MüKoZPO/*Schulz*, § 91a Rn. 80; Zöller/*Vollkommer*, ZPO, § 91a Rn. 35.
190 *Lappe*, Justizkostenrecht, § 8 III.
191 S. hierzu u.a. Zöller/*Vollkommer*, ZPO, § 91a Rn. 48 m.div.N.; *Abramenko*, Rpfleger 2005, 14.
192 BGH v. 8.2.1989 – IVa ZR 98/87 – BGHZ 106, 366; Zöller/*Vollkommer*, ZPO, § 91a Rn. 48 m.w.N.
193 BGH v. 28.10.2014 – XI ZR 395/13 – MDR 2015, 51.

det.[194] Ich neige jedoch eher zu der auch vertretenen Ansicht, dass der Restwert zuzüglich des Wertes der bisher angefallenen Kosten den Streitwert bildet, weil diese Auffassung eine konsequente Weiterführung der Kostenwerttheorie bei der vollen Erledigung der Hauptsache darstellt;[195] abzulehnen ist m.M.n. die Auffassung, dass zum Restwert die auf den erledigten Teil entfallenen Zinsen zuzurechnen sind,[196] da Zinsen als Nebenforderungen außer Ansatz bleiben, § 4 ZPO.

bb) Einseitige Erledigungserklärung

363 Auch diese Frage ist sehr umstritten, nach der h.M. verringert sich der Streitwert nach Übergang zur Feststellungsklage auf den Wert der bis dahin angefallenen Kosten des Rechtsstreits (Kostenwert).[197] Es wird aber auch die Meinung vertreten, dass nur noch der sog. Feststellungswert infrage kommt, ausgedrückt durch einen Abschlag (50 %) vom Wert der Hauptsache;[198] oder aber es bleibt unverändert beim Hauptsachewert.[199] Da bei der einseitigen Erledigungserklärung die gerichtliche Entscheidung ausschlaggebend ist und diese bei einer ursprünglich unzulässigen bzw. unbegründeten Klage auch zur Klagabweisung führt, halte ich die letzte Auffassung für zutreffend, denn es geht immer noch um die Hauptsache und nicht nur um die Kosten.

364 Bei der einseitigen Teilerledigungserklärung ist umstritten, ob zum Wert der verbleibenden Hauptsache noch der Kostenwert hinzuzurechnen ist. Dieses wird überwiegend bejaht, wenn man davon ausgeht, dass sie hinsichtlich des erledigten Teils den Gegenstand des Rechtsstreits bilden.[200]

e) Auswirkungen der Erledigung der Hauptsache auf Gerichts- und Rechtsanwaltskosten

365 Für die Berechnung des **Gebührenstreitwerts** der Gerichtsgebühren ist gemäß § 40 GKG für sämtliche Verfahren und Instanzen der Zeitpunkt der den jeweiligen Streitgegenstand betreffenden Antragstellung entscheidend. Es kommt also weder auf eine Werterhöhung noch auf eine Reduzierung während der Instanz an.[201] Die Vorschrift ist gegenüber § 4 ZPO vorrangig

---

194 BGH v. 15.3.1995 – XII ZB 29/95 – NJW-RR 1995, 1089 = FamRZ 1995, 1137 m.div.N.

195 OLG Koblenz v. 19.12.1991 – 5 U 1680/90 – JurBüro 1992, 490; OLG Hamm v. 15.2.1991 – 12 W 1/91 – JurBüro 1991, 1122.

196 BGH v. 12.12.1957 – VII ZR 135/57 – BGHZ 26, 174.

197 Zöller/*Vollkommer*, ZPO, § 91a Rn. 48 m. div. Nachweisen zu allen Auffassungen.

198 Beispielhaft sei hier genannt: BbgOLG v. 10.7.2000 – 4 W 4/00 –, juris m.w.N.

199 SchlHOLG v. 2.2.2004 – 4 U 47/03 –, juris m.w.N.

200 So z.B. BGH v. 9.3.1993 – VI ZR 249/92 – NJW-RR 1993, 765; BGH v. 13.7.1988 – VIII ZR 289/87 – NJW-RR 1988, 1465; 1993, 765.

201 BGH v. 30.7.1998 – III ZR 56/98 – NJW-RR 1998, 1452; BDPZ/*Dörndorfer*, GKG, § 40 Rn. 3; *Hartmann*, GKG, § 40 Rn. 1, 3; NK-GK/*N.Schneider*, GKG, § 40 Rn. 4.

und soll eine spürbare Vereinfachung der Kostenberechnung bewirken.[202] Die reine Erledigungserklärung ändert nichts am ursprünglichen Gebührenstreitwert. Auch eine evtl. Wertfestsetzung für die Zulässigkeit des Rechtsmittels kann hieran nichts ändern. Nach § 62 S. 1 GKG gilt die Wertfestsetzung zwar auch für die Gebühren, dieses gilt jedoch nur für die Instanz, für die die Wertfestsetzung erfolgt ist.[203] Außerdem bindet eine Streitwertfestsetzung nach § 62 GKG nicht, wenn die Berechnung des Prozessstreitwertes anderen Regeln unterliegt als die des Gebührenstreitwertes, wenn also Abweichungen zu §§ 4 ff. ZPO im GKG geregelt sind.

366 Für die Bewertung des **Gegenstandswerts** des Rechtsanwalts in gerichtlichen Verfahren gilt über § 23 Abs. 1 S. 1 RVG auch die Vorschrift des § 40 GKG, d.h. auch hier ist grundsätzlich Zeitpunkt der Feststellung des Gegenstandswerts die die Instanz einleitende Antragstellung. Allerdings bestimmt sich die Höhe der Gebühr nach dem Wert, den der Gegenstand der anwaltlichen Tätigkeit hat, § 2 Abs. 1 RVG, er kann unter Umständen für einzelne Handlungen auch geringer als der oben festgestellte Wert sein. Maßgebend ist hierbei der Zeitpunkt zu dem die Gebühr entsteht, es kommt nicht auf den Zeitpunkt der Fälligkeit der Gebühr an.[204] Im Falle der Erledigung der Hauptsache kann das Einfluss auf die Gebühren haben, die der Rechtsanwalt unter Umständen nach der Reduzierung des Streitwerts ab Erledigungserklärung verlangen kann. Die h.M. geht in diesem Fall vom Kostenwert aus.[205] Bei einer teilweisen übereinstimmenden Erledigung wird nach allgem. Meinung jedoch nur der Wert des nicht erledigten Teils (Restwert) zugrunde gelegt, der Kostenwert bleibt hier unberücksichtigt.[206]

aa) Gerichtsgebühren bei Erledigung der Hauptsache

367 Bei bestimmtem Ausgang des Verfahrens sieht das GKG für die 3,0 Verfahrensgebühr eine **Ermäßigung** auf 1,0 vor (→ Rn. 329). Diese Systematik gilt seit dem KostRÄndG 1994, allerdings waren nach KV 1211 S. 3 GKG a.F. übereinstimmende Erledigungserklärungen gem. § 91a ZPO der Klagerücknahme nicht gleich zu stellen und führten somit nicht zu einer Ermäßigung, weil der Gesetzgeber damit den nicht unerheblichen Arbeitsaufwand berücksichtigen wollte, den die Kostenentscheidung nach § 91a ZPO in der Regel verursacht.[207] Das BVerfG[208] hat die Verfassungsmäßigkeit der Regelung bejaht. Die Rechtsprechung hat sich jedoch weitgehend über diese Regelung hinweg-

---

202 So die amtl. Begründung zum KostRÄndG 1994 in der BT-Drs. 12/6962 S. 70.
203 BGH v. 11.7.1990 – XII ZR 10/90 – NJW-RR 1990, 1474; LG Itzehoe v. 11.7.2008 – 9 S 88/07 – SchlHA 2009, 61.
204 Gerold/Schmidt/*Mayer*, RVG, § 2 Rn. 19; *Hartmann*, RVG, § 2 Rn. 4, 5.
205 Gerold/Schmidt/*Müller-Rabe/Mayer*, RVG, Anhang VI Rn. 234.
206 Gerold/Schmidt/*Müller-Rabe/Mayer*, RVG, Anhang VI Rn. 235.
207 S. amtl. Begr. zu Nr. 1202 (BT-Drs. 12/6962 S. 70).
208 BVerfG v. 25.8.1999 – 1 BvL 9/98 – NJW 1999, 3549.

gesetzt und immer dann eine Ermäßigung bejaht, wenn das Gericht von eben dieser Mehrarbeit entlastet wurde, weil z.B. über die Kostentragung ein Vergleich geschlossen wurde[209] oder keine Kostenanträge gestellt wurden.[210]

368 Bei der Neufassung des GKG durch das KostRModG hat der Gesetzgeber diese Auffassung berücksichtigt und einen weiteren **Ermäßigungstatbestand** in das Gesetz eingefügt. Nach KV 1211 Nr. 4 ermäßigt sich die 3,0 Verfahrensgebühr ebenfalls auf einen Satz von 1,0 bei Erledigungserklärungen nach § 91a ZPO, wenn keine Entscheidung über die Kosten ergeht oder die Entscheidung einer zuvor mitgeteilten Einigung der Parteien über die Kostentragung oder der Kostenübernahmeerklärung einer Partei folgt, es sei denn, dass bereits ein anderes als eines der in Nummer 2 genannten Urteile (Anerkenntnisurteil, Verzichtsurteil oder Urteil ohne Tatbestand und Gründe, § 313a Abs. 2 ZPO) vorausgegangen ist. Die Regelung gilt zunächst einmal für eine vollständige Erledigung der Hauptsache; wird die Hauptsache nur teilweise für erledigt erklärt, braucht es eines weiteren Ermäßigungstatbestandes um zu einer Ermäßigung der 3,0 Verfahrensgebühr auf 1,0 zu kommen.

bb) Rechtsanwaltsgebühren bei Erledigung der Hauptsache

369 Unabhängig davon, ob es sich um eine übereinstimmende oder eine einseitige Erledigungserklärung handelt, ist die Erklärung dem Gericht gegenüber abzugeben, und zwar entweder in der mündlichen Verhandlung, durch Einreichen eines Schriftsatzes oder zu Protokoll der Geschäftsstelle. Sie kann wirksam erst nach Rechtshängigkeit abgegeben werden.[211] Die übereinstimmende Erklärung ist Prozesshandlung; die einseitige Erledigungserklärung des Klägers ist prozessuale Erwirkungshandlung in Form eines Antrages. Letztere muss nach Rechtshängigkeit in der für einen Sachantrag geltenden Form abgegeben werden (§ 129 ZPO).

In der Regel haben sich die Rechtsanwälte bis zu diesem Zeitpunkt bereits die volle **Verfahrensgebühr** nach VV 3100 verdient: der Kläger-Vertreter durch das Einreichen der Klage und der Beklagten-Vertreter entweder durch seine schriftliche Erwiderung oder mit Erscheinen im Termin zur mündlichen Verhandlung.

370 Welchen Einfluss hat die Erledigungserklärung aber auf die **Terminsgebühr?** Erfolgt die **übereinstimmende Erledigungserklärung** vor dem Termin und werden im Termin nur noch entgegengesetzte Kostenanträge gestellt, fällt eine 1,2 Terminsgebühr VV 3104 nach dem Kostenwert an.[212] Hierfür ist auch maßgeblich, dass es für die Reduzierung des Gegen-

---

209 Ausführlich s. *von König*, RpflStud 2002, 154; *dies.*, AGS 2002, 194.

210 OLG München v. 16.2.1998 – 11 W 751/98 – AnwBl 1998, 286; OLG Nürnberg v. 20.5.1997 – 7 WF 1412/97 – JurBüro 1998, 371 = FamRZ 1999, 610.

211 Zöller/*Vollkommer*, ZPO, § 91a Rn. 17 m.div.N.; *Bergerfurth*, NJW 1992, 1655.

212 Gerold/Schmidt/*Müller-Rabe*/*Mayer*, RVG, Anhang VI Rn. 248.

standswertes auf die Erledigungserklärung des Klägers und deren Eingang bei Gericht ankommt.[213]

Werden die Erledigungserklärungen im Termin abgegeben, wird vielfach angenommen, dass die Terminsgebühr noch nach dem vollen Wert entsteht, da die Erledigungserklärung erst wirksam werde, wenn beide Erklärungen vorliegen.[214] *Müller-Rabe/Mayer*[215] geben aber zu Recht zu bedenken, dass im Einzelfall noch zu prüfen sei, in welchem Umfang der Rechtsanwalt überhaupt noch einen Auftrag habe; wenn dieser lediglich die Angelegenheit kostengünstig zu Ende bringen solle, dann gehe es wirtschaftlich nur noch um die Kosten, sodass wiederum der Kostenwert maßgeblich sei.

Erklären die Parteien schriftlich übereinstimmend die Hauptsache für erledigt und erfolgt **keine Terminwahrnehmung**, fällt auch keine Terminsgebühr an.[216] Daran ändert auch die Regelung in § 128 Abs. 3 ZPO nichts, wonach es keiner mündlichen Verhandlung (mehr) bedarf, wenn nur noch über die Kosten zu entscheiden ist. Die Voraussetzungen, unter denen eine solche Gebühr auch ohne mündliche Verhandlung entstehen kann, sind nicht erfüllt, da in der Hauptsache die mündliche Verhandlung nicht freigestellt ist;[217] in diesem Fall findet VV 3104 Abs. 1 Nr. 1 RVG keine Anwendung.[218]

371 Hat der Kläger vor dem Termin **einseitig die Erledigung** erklärt, so werden unterschiedliche Auffassungen vertreten (→ Rn. 363). Nach der wohl h.M. verringert sich der Streitwert nach Übergang zur Feststellungsklage auf den Wert der bis dahin angefallenen Kosten des Rechtsstreits (Kostenwert), sodass sich die Anwälte die 1,2 Terminsgebühr nach dem Kostenwert verdienen. Folgt man der Auffassung, dass der Wert nicht oder um 50 % reduziert wird, so entsteht die Gebühr nach eben diesem Wert.[219]

372 Findet nach der Abgabe übereinstimmender Erledigungserklärungen **kein Termin** mehr statt, weil das Gericht lediglich über die Kosten durch Beschluss entscheidet, §§ 91a Abs. 1, 128 Abs. 3 ZPO, fällt **keine Terminsgebühr** nach VV 3104 Abs. 1 Nr. 1 an, denn es ist ausdrücklich keine mündliche Verhandlung vorgeschrieben (→ Rn. 370).

---

213 BGH v. 31.8.2010 – X ZB 3/09 – NJW 2011, 529.

214 Gerold/Schmidt/*Müller-Rabe/Mayer*, RVG, Anhang VI Rn. 249; Nachweise s. auch bei *Abramenko*, Rpfleger 2005, 15, der jedoch mit beachtlichen Argumenten allein von der Erklärung des Klägers ausgeht.

215 Gerold/Schmidt/*Müller-Rabe/Mayer*, RVG, Anhang VI Rn. 249 in Verbindung mit Rn. 243 ff.

216 *Hartmann*, RVG, VV 3104 Rn. 5, 16.

217 KG v. 27.2.2007 – 1 W 244/06 – NJW 2007, 2194; *Hartmann*, RVG, VV 3104 Rn. 16, 19; Gerold/Schmidt/*Müller-Rabe*, RVG, VV 3104 Rn. 18, 28.

218 BGH v. 25.9.2007 – VI ZB 53/06 – Rpfleger 2008, 45 = NJW 2008, 668; OLG Karlsruhe v. 29.9.2006 – 16 WF 115/06 – MDR 2007, 432.

219 Gerold/Schmidt/*Müller-Rabe/Mayer*, RVG, Anhang VI Rn. 250.

In diesem Fall könnte die Terminsgebühr jedoch durch eine entsprechende **außergerichtliche Besprechung** (→ Rn. 306, 307) ausgelöst worden sein, denn eine Terminsgebühr kann auch dann anfallen, wenn der Klägervertreter z.B. fernmündlich mit dem Beklagtenvertreter die Abgabe beiderseitiger Erledigungserklärungen nach § 91a ZPO bespricht.[220]

→ **Beispiel: Übereinstimmende Erledigungserklärung**

A erhebt gegen den B Klage auf Zahlung von 2.045,00 €. Gleichzeitig mit der Ladung zur mündlichen Verhandlung wird die Klage an den B zugestellt. Einige Tage vor dem Termin zahlt dieser die gesamte Forderung an den A.

In der mündlichen Verhandlung erscheinen für den Kl. dessen ProzBev. und der Bekl. Der Kl.-Vertr. erklärt die Hauptsache für erledigt, der Bekl. schließt sich dieser Erklärung an. Kl.-Vertr. stellt den Antrag, dem Bekl. die Kosten des Rechtsstreits aufzuerlegen. Es wird ein Beschluss nach § 91a ZPO erlassen. Die Kosten trägt der Beklagte.

Gerichtsgebühren bei Einreichung der Klage:

3,0 Verfahrensgebühr, KV 1210 GKG
Gebührenstreitwert: 2.045,00 €
Gebühr: 324,00 €

Gerichtsgebühren nach Erledigungserklärung:

Keine Ermäßigung der Verfahrensgebühr, da der Ermäßigungstatbestand KV 1211 Nr. 4 nicht erfüllt ist, wenn das Gericht über die Kosten zu entscheiden hat.

Rechtsanwaltsgebühren:

Kl.-Vertr. hat die 1,3 Verfahrensgebühr VV 3100 i.H.v. 261,30 € nach dem Gegenstandswert von 2.045,00 € spätestens mit Klageeinreichung verdient.

Zur Terminsgebühr ist vertretbar: 1,2 Termingebühr aus dem vollen Gegenstandswert, aber auch aus dem Kostenwert (→ s. Rn. 370).

→ **Variante: Übereinstimmende Erledigung und Anerkenntnisurteil über Kosten**

Die Erledigungserklärung wird durch den Kl.-Vertr. in der mündlichen Verhandlung abgegeben. Der Bekl. stimmt der Erledigung zu, bezüglich der Kosten wird nach Anerkenntnis des Bekl. ein entsprechendes Urteil erlassen.

Gerichtsgebühren nach Erledigungserklärung und Anerkenntnis:

1,0 Verfahrensgebühr, KV 1211 Nr. 2 und 4 GKG
Gebühr: 108,00 €
Der zu viel gezahlte Betrag ist an den Kl. aus der Landeskasse zurückzuerstatten.

Rechtsanwaltsgebühren:

Kl.-Vertr. hat die 1,3 Verfahrensgebühr VV 3100 i.H.v. 261,30 € nach dem Gegenstandswert von 2.045,00 € spätestens mit Klageeinreichung verdient.

Zur Terminsgebühr ist vertretbar: 1,2 Termingebühr aus dem vollen Gegenstandswert, aber auch aus dem Kostenwert (→ s. Rn. 370).

---

220 KG v. 21.2.2007 – 5 W 24/06 – Rpfleger 2007, 507 = AGS 2008, 65.

3. Der Vergleich im Prozess

373 Das Gericht soll in jeder Phase des Rechtsstreits auf eine **gütliche Einigung** hinwirken, § 278 Abs. 1 ZPO, zu diesem Zweck schließen die Parteien dann in der Regel einen **gerichtlichen Vergleich** (**Prozessvergleich**).[221] Die ZPO erwähnt den gerichtlichen Vergleich nur als Vollstreckungstitel (§ 794 Abs. 1 Nr. 1 ZPO), weitere Ausführungen fehlen. Der Vergleich ist ein **Vertrag**, durch den der Streit oder die Ungewissheit über ein Rechtsverhältnis im Wege gegenseitigen Nachgebens beseitigt wird, § 779 Abs. 1 BGB. Materiell-rechtlich liegt damit ein Vergleich vor, wenn beide Partner sich einigen und dabei beide nachgeben. Geschieht dieses zur Beendigung eines Rechtsstreits, dann handelt es sich um einen **Prozessvertrag**; im Regelfall ist der **gerichtliche Vergleich** zugleich prozessualer und materiell-rechtlicher Vertrag und hat so eine **Doppelnatur**.[222]

374 § 278 Abs. 1 ZPO sieht zwar vor, dass das Gericht auf eine gütliche Einigung hinwirken soll, das Gericht darf die Parteien jedoch nicht so sehr bedrängen, dass es zu einer Anfechtung des Vergleichs wegen widerrechtlicher Drohung kommen kann.[223] Außerdem setzt der Abschluss eines Vergleichs voraus, dass die Parteien über den Prozessgegenstand disponieren können.[224]

375 Wird der Vergleich vor einem **deutschen Gericht abgeschlossen**, soll er nach § 160 Abs. 3 ZPO protokolliert, den Parteien vorgelesen und von ihnen genehmigt werden, § 162 ZPO. Das Protokoll muss von dem Vorsitzenden und – sofern anwesend – dem UdG unterschrieben sein, § 163 ZPO. Er beendet den Prozess, d.h. die Rechtshängigkeit, auch mit der Folge, dass ein bereits ergangenes, noch nicht rechtskräftiges Urteil wirkungslos wird.[225] Im Zuge der ZPO-Reform wurden die **Modalitäten** des Abschlusses eines gerichtlichen Vergleichs etwas **vereinfacht**. Nach der neuen Regelung genügt es, wenn die Parteien dem Gericht einen schriftlichen Vergleichsvorschlag unterbreiten oder einen schriftlichen Vergleichsvorschlag des Gerichts schriftlich annehmen und das Zustandekommen und der Inhalt dann durch das Gericht durch **Beschluss festgestellt** wird, § 278 Abs. 6 ZPO.

---

221 *Rosenberg/Schwab/Gottwald*, § 130, verwendet den Ausdruck „Prozessvergleich", wie es sich eingebürgert hat. In der ZPO findet sich dieser Begriff nicht, es ist allenfalls von einem gerichtlichen Vergleich die Rede. Ich folge insoweit *Wolfsteiner* in MüKo/ZPO, § 794 Rn. 4.

222 MüKoZPO/*Wolfsteiner*, § 794 Rn 11 ff.; Zöller/*Stöber*, ZPO, § 794 Rn. 3; *Rosenberg/Schwab/Gottwald*, § 130 Rn. 32 m.div.N.

223 BGH v. 6.7.1966 – Ib ZR 83/64 – NJW 1966, 2399; MüKoZPO/*Wolfsteiner*, § 794 Rn. 7.

224 Zöller/*Stöber*, ZPO, § 794 Rn. 8.

225 BGH v. 29.1.1964 – V ZR 39/62 – JZ 1964, 257.

376 Vertragsparteien sind die Parteien des Rechtsstreits; Vertragsgegenstand ist der geltend gemachte Anspruch (Streitgegenstand) insgesamt oder auch teilweise. Die Einbeziehung von nicht anhängigen bzw. rechtshängigen Ansprüchen (Mehrvergleich) ist möglich, um die Rechtsbeziehungen zwischen den Parteien zu bereinigen.[226]

a) Gerichtskosten bei gerichtlichem Vergleich

377 Der Abschluss eines gerichtlichen Vergleichs hat grundsätzlich keine Auswirkung auf den **Gebührenstreitwert**, denn es kommt nicht darauf an, „worauf" sich die Parteien geeinigt haben, sondern darauf, welcher Streitgegenstand durch den Vergleich erledigt ist. Für einen über den Gegenstand des Rechtsstreits geschlossenen Vergleich wird keine extra Gebühr erhoben, diese Tätigkeit des Gerichts ist mit der Verfahrensgebühr abgegolten.

378 Allerdings stellt der Abschluss eines gerichtlichen Vergleichs ohne vorausgegangenes Urteil einen Ermäßigungstatbestand dar. Die 3,0 Verfahrensgebühr KV 1210 für das Verfahren im Allgemeinen ermäßigt sich auf eine 1,0 Gebühr nach KV 1211 Nr. 3 (→ Rn. 329, 330).

379 Werden bisher noch nicht rechtshängige Ansprüche mitverglichen **(Mehrvergleich)**, dann fällt für diesen Mehrbetrag noch eine besondere **Aktgebühr** nach KV 1900 GKG an. Hierbei handelt es sich um eine 0,25 Gebühr nach dem Wert des Mehrvergleichs, deshalb wird sie häufig auch als **Mehrvergleichsgebühr** bezeichnet. Voraussetzung für deren Entstehen: Es muss sich um einen wirksamen Vergleich handeln, d.h., der Vergleich muss materiell-rechtlich wirksam sein; allerdings müssen die Voraussetzungen des § 794 Abs. 1 Nr. 1 ZPO nicht erfüllt sein.[227] Auch ein Vergleich nach § 278 Abs. 6 ZPO fällt hierunter. Ein gerichtlich protokollierter Vergleich ist im gebührenrechtlichen Sinne immer als Vergleich zu werten, auch wenn die Voraussetzungen des gegenseitigen Nachgebens nicht erfüllt sind,[228] der Kostenbeamte hat insoweit keine Kompetenz daran zu zweifeln.

Die **Anmerkung** S. 2 zu KV 1900 ordnet an, dass im Verhältnis zur Verfahrensgebühr für das Verfahren im Allgemeinen – z.B. KV 1210 GKG – § 36 Abs. 3 GKG entsprechend anzuwenden ist.[229] Danach sind bei teilweise unterschiedlichem Gebührensatz die Gebühren zunächst für die Teile gesondert zu berechnen (1. Schritt) und dann (im 2. Schritt) aus dem Gesamtbetrag der Wertteile nach dem höchsten Gebührensatz die Gebühr als quasi Höchstgebühr zu ermitteln, die dann nicht überschritten werden darf. Das bedeutet, der geringere Betrag ist zu erheben.

---

226 BGH v. 28.6.1961 – V ZR 29/60 – BGHZ 35, 309.
227 *Hartmann*, GKG, KV 1900 Rn. 4.
228 *Hartmann*, GKG KV 1900 Rn. 4; BDPZ/*Zimmermann*, KVGKG 1900 Rn. 3.
229 Eingefügt durch Art. 3 Nr. 27 des 2. KostRMoG.

Nach der Gesetzesbegründung[230] soll bei einem Mehrvergleich die hierfür anfallende Gebühr **wie ein Teil der Verfahrensgebühr zu behandeln sein**, mit der Folge, dass die Summe aus der Gebühr für das Verfahren im Allgemeinen für die anhängigen Teile und der Gebühr für die nichtanhängigen Teile des Vergleichs eine Verfahrensgebühr aus der Summe der Wertteile nicht überschreiten darf. Diese Auslegung soll nach Meinung des Gesetzgebers sachgerecht sein und führte zu dem aktuellen Gesetzeswortlaut. Zuvor wurde an gleicher Stelle noch klargestellt, dass die Mehrvergleichsgebühr die entgangene Verfahrensgebühr abgelten soll, deshalb soll sie auch nur für **„nicht gerichtlich anhängige"** Gegenstände anfallen. Nicht gerichtlich anhängig bedeutet dann aber auch, dass diese Ansprüche auch nicht in einem anderen gerichtlichen Verfahren anhängig sein dürfen. Das macht nach der Gesetzesbegründung auch Sinn, denn die Gebühr KV 1900 soll ja gerade die entgangene Verfahrensgebühr abgelten. Das ist aber nicht nötig, wenn in einem anderen gerichtlichen Verfahren bereits eine Verfahrensgebühr auch hinsichtlich dieses Gegenstandes erhoben worden ist.

→ **Beispiel: Mehrvergleich**

A beauftragt RA Klaeger, den B – vertreten durch RA Bekler – auf Zahlung von Schadenersatz aus Verkehrsunfall i.H.v. 3.500,00 € zu verklagen. RA Klaeger erhebt auftragsgemäß die Klage gegen B. Im Termin zur Güteverhandlung erscheinen beide Parteien mit ihren Prozessbevollmächtigten. Im Rahmen der Güteverhandlung wird ebenfalls thematisiert, dass A noch einen weiteren bisher nicht geltend gemachten Anspruch auf Zahlung in Höhe von 1.500,00 € hat.

Nach Erörterung der Sach- und Rechtslage schließen die Parteien auf Vorschlag des Gerichts folgenden **Vergleich:**

Der Beklagte verpflichtet sich, an den Kläger zum Ausgleich der Klageforderung sowie der weiteren nicht anhängigen Forderung von 1.500,00 € einen Betrag von 4.300,00 € zu zahlen. Die Kosten des Rechtsstreits und des Vergleichs übernimmt der Beklagte.

Gerichtsgebühren bei Einreichen der Klage:

3,0 Verfahrensgebühr, KV 1210 GKG
Gebührenstreitwert: 3.500,00 €
Gebühr: 381,00 €

Gerichtsgebühren bei Beendigung des Rechtsstreits durch gerichtlichen Vergleich unter Anwendung von § 36 Abs. 3 GKG:

1. Schritt

1,0 Verfahrensgebühr, KV 1211 Nr. 3 GKG
Gebührenstreitwert: 3.500,00 €
Gebühr: 127,00 €

230 BT-Drs. 17/11471 S. 216.

0,25 Mehrvergleichsgebühr, KV 1900 GKG
Wert des Mehrvergleichs: 1.500,00 €
Gebühr: 17,75 €
Kosten insgesamt: 144,75 €

2. Schritt
1,0 Gebühr aus dem Gesamtwert von 5.000,00 € = 146,00 €;

dieser Betrag ist höher als der Betrag aus den beiden Einzelgebühren, sodass es bei den Einzelgebühren bleibt.

Kostenschuldner: Bekl. § 29 Nr. 2 GKG als Übernahmeschuldner/Erstschuldner

Wegen der Mithaft des Kl./Zweitschuldners gem. §§ 22 Abs. 1 S. 1; 31 Abs. 1 GKG können von ihm gezahlte Beträge bis zur Höhe von 381,00 € auf die Schuld des Bekl. verrechnet werden, sodass lediglich der Differenzbetrag an den Kl. zurückgezahlt wird.

Hinweis:
Der Mindestbetrag einer Gebühr beträgt 15,00 €, § 34 Abs. 2 GKG. Das gilt auch in diesem Fall. Sollte der Wert des Mehrvergleichs beispielsweise lediglich 500,00 € betragen, ergibt sich folgendes Bild:

1. Schritt

1,0 Verfahrensgebühr KV 1211 Nr. 3 GKG = 127,00 €

0,25 Mehrvergleichsgebühr KV 1900 GKG = 15,00 €

Zusammengerechnet:= 142,00 €

2. Schritt

1,0 Gebühr aus 4.000,00 € = 127,00 €

Dieser Betrag ist geringer, sodass auch nur 127,00 € zu zahlen sind und nicht 142,00 €.

b) Die Einigungsgebühr des Rechtsanwalts

380 Für die Mitwirkung des Rechtsanwalts beim Abschluss eines Vertrages, durch den u.a. der Streit oder die Ungewissheit über ein Rechtsverhältnis beseitigt wird, erhält er eine besondere Gebühr, nämlich die **Einigungsgebühr** nach VV 1000 Abs. 1 RVG.[231] Zielrichtung der Einführung als Einigungsgebühr war es, die streitvermeidende oder -beendende Tätigkeit des Rechtsanwalts weiter zu fördern und damit gerichtsentlastend zu wirken.[232] Allerdings setzt der Abschluss eines Vergleichs voraus, dass die Parteien über den Prozessgegenstand disponieren können.[233]

Die Einigungsgebühr soll jegliche vertragliche Beilegung eines Streits der Parteien honorieren, es kommt deswegen nicht mehr auf einen Vergleich im Sinne von § 779 BGB, sondern nur noch auf eine Einigung

231 Wortlaut durch Art. 8 Abs.2 Nr. 27 b des 2. KostRMoG neu gefasst.
232 *Hartmann*, RVG, VV 1000 Rn. 1.
233 Gerold/Schmidt/*Müller-Rabe*, RVG, VV 1000 Rn. 65.

an.[234] Die Gebühr entsteht nach VV 1000 Abs. 1 S. 2 RVG jedoch nicht, wenn sich der Vertrag ausschließlich auf ein Anerkenntnis oder einen Verzicht beschränkt.[235] Hieraus kann zwar nicht der Schluss gezogen werden, dass bei Abschluss eines sich wechselseitig auf ein Anerkenntnis und einen Verzicht beschränkenden Vertrags grundsätzlich eine Einigungsgebühr nicht entsteht, sondern ein Vergleich, in welchem der Schuldner den Ausgleich eines Teils der vom Gläubiger geltend gemachten Forderung zusagt und der Gläubiger den weiter gehenden Anspruch fallen lässt, ist nichts anderes als eine Kombination von Anerkenntnis und Verzicht. Die Einigungsgebühr gelangt jedoch nur dann nicht zur Entstehung, wenn der von den Beteiligten geschlossene Vertrag ausschließlich das Anerkenntnis der **gesamten** Forderung durch den Schuldner **oder** den Verzicht des Gläubigers auf den gesamten Anspruch zum Inhalt hat.[236]

Der Vertrag kann stillschweigend geschlossen werden und ist auch nicht formbedürftig, es sei denn, dieses ist aus materiell-rechtlichen Gründen besonders vorgeschrieben.[237]

Der Rechtsanwalt muss beim Abschluss des Vertrages **mitwirken**. Dabei reicht es aus, dass er bei den Vertragsverhandlungen mitgewirkt hat und dass dieses kausal für den Abschluss des Einigungsvertrages war.[238] Dieses ist insbesondere der Fall, wenn er einen Vertragsentwurf gestaltet hat und dieser dann schließlich gemeinsam mit der Gegenseite zum Abschluss führt. Der Vertragsschluss selbst ist ebenfalls ausreichend. Allerdings reicht die bloße Anwesenheit bei der Protokollierung des Vertrages oder auch die reine Übermittlung des Vertrages an den Mandanten nicht aus.[239]

381 Für die Mitwirkung bei einem unter einer aufschiebenden Bedingung oder unter dem Vorbehalt des **Widerrufs** geschlossenen Vertrages entsteht die Gebühr, wenn die Bedingung eingetreten ist oder der Vertrag nicht mehr widerrufen werden kann, VV 1000 Abs. 3 RVG.

382 Die Einigungsgebühr kann neben den in anderen Teilen des VV RVG bestimmten Gebühren entstehen. Ist der Gegenstand über den sich geeinigt wird nicht gerichtlich anhängig, beträgt der **Gebührensatz** 1,5 nach VV 1000 RVG. Ist jedoch ein Gerichtsverfahren – mit Ausnahme eines selbstständigen Beweisverfahrens – anhängig, dann beträgt die Gebühr für eine Einigung lediglich 1,0 nach VV 1003; das gilt jedoch nur für die I. Instanz,

---

234 *Bischof* in Bischof/Jungbauer, RVG, VV 1000 Rn. 2; *Hartmann*, RVG, VV 1000 Rn. 5 sowie Beispiele ab Rn. 18; Gerold/Schmidt/*Müller-Rabe*, RVG, VV 1000 Rn. 34 ff.
235 BGH v. 10.10.2006 – VI ZR 280/05 – Rpfleger 2007, 168.
236 BGH v. 10.10.2006 – VI ZR 280/05 – Rpfleger 2007, 168.
237 BGH v. 28.3.2006 – VIII ZB 29/05 – NJW 2006, 1523 = Rpfleger 2006, 436.
238 Gerold/Schmidt/*Müller-Rabe*, RVG, VV 1000 Rn. 254.
239 Gerold/Schmidt/*Müller-Rabe*, RVG, VV 1000 Rn. 266, 270 m.div.N.

denn nach VV 1004 beträgt die Einigungsgebühr im Berufungs- und Revisionsverfahren 1,3. Die Einigungsgebühr entsteht auch, wenn ein schriftlicher Vergleich nach § 278 Abs. 6 ZPO (→ Rn. 375; zur Terminsgebühr → Rn. 304) geschlossen wird.[240]

383 Der Rechtsanwalt kann die Gebühren in derselben Angelegenheit pro Rechtszug nur einmal verlangen, § 15 Abs. 2 RVG. Werden in einem gerichtlichen Verfahren auch **nicht rechtshängige Ansprüche** mit in einen Vergleich einbezogen, so richtet sich der Vergleichswert nach dem Gesamtbetrag aller Ansprüche. Auch die Einigungsgebühr entsteht über den Gesamtwert, allerdings sind jedoch in diesem Fall für Teile des Gegenstands **verschiedene Gebührensätze** anzuwenden, nämlich für die anhängigen Ansprüche 1,0 nach VV 1000, 1003 und für die nicht anhängigen Ansprüche 1,5 nach VV 1000. Hierfür sind für die Gegenstandsteile die Gebühren zunächst gesondert zu ermitteln, § 15 Abs. 3 RVG. Da der Rechtsanwalt nicht mehr erhalten darf als die aus dem Gesamtbetrag der Wertteile nach dem höchsten Gebührensatz berechnete Gebühr, ist auch diese zu ermitteln, um beide so ermittelten Beträge vergleichen zu können. Der Rechtsanwalt kann nur den geringeren der beiden Beträge verlangen. Nach § 15 Abs. 3 RVG hat also die gleiche Vergleichsberechnung zu erfolgen wie bei den Gerichtsgebühren nach § 36 Abs. 3 GKG.

Die Ermäßigung der Einigungsgebühr tritt auch dann ein, wenn in einem gerichtlichen Vergleich eine Einigung über Gegenstände erfolgt, die in einem anderen gerichtlichen Verfahren anhängig sind.[241]

c) Die (Differenz)Verfahrensgebühr

384 Die Verfahrensgebühr nach VV 3100 deckt in diesem Fall nicht die Tätigkeit des Rechtsanwalts für den nicht rechtshängigen Anspruch, da sie weiterhin nach dem Gegenstandswert der Klageforderung berechnet wird. In diesem Fall ist VV 3101 Nr. 2 einschlägig,[242] der folgende Alternativen für eine (weitere) **0,8 Verfahrensgebühr** enthält, nämlich soweit Verhandlungen vor Gericht zur Einigung der Parteien über in diesem Verfahren nicht anhängige Ansprüche geführt werden; der Verhandlung über solche Ansprüche steht es gleich, wenn beantragt ist, eine Einigung zu Protokoll zu nehmen oder das Zustandekommen einer Einigung festzustellen (§ 278 Abs. 6 ZPO).

Die Neufassung durch das 2. KostRMoG hat nur das klargestellt, was die meisten Kostenrechtler zuvor schon meinten, nämlich dass für einen soge-

240 BGH v. 3.7.2006 – II ZB 31/05 – Rpfleger 2006, 624 = NJW 2007, 160.
241 OLG Zweibrücken v. 10.10.2006 – 4 W 96/06 – JurBüro 2007, 78 = AGS 2007, 609.
242 Wortlaut durch Art. 8 Abs.2 Nr. 27 b des 2. KostRMoG neu gefasst.

nannten Mehrvergleich lediglich eine 0,8 Verfahrensgebühr neben der 1,5 Einigungsgebühr nach VV 1000 RVG für diese Ansprüche entsteht.[243]

VV 3101 Nr. 2 ist anwendbar, wenn es sich um nicht rechtshängige Ansprüche handelt und diese in eine Einigung einbezogen werden oder die Ansprüche sind anderweitig anhängig und werden einbezogen sowie bei einer Mitprotokollierung einer außergerichtlich vereinbarten Einigung von nicht anhängigen Ansprüchen.[244] Handelt es sich um anderweitig anhängige Ansprüche, dann ist noch Anmerkung Abs. 1) zu VV 3101 Nr. 2 zu beachten, wonach im Falle, dass sich der nach § 15 Abs. 3 RVG ergebende Gesamtbetrag der Verfahrensgebühren die Gebühr 3100 übersteigt, der übersteigende Betrag auf eine Verfahrensgebühr angerechnet wird, die wegen desselben Gegenstands in einer anderen Angelegenheit entsteht.

385 Die **Differenzverfahrensgebühr** für die mitverglichenen nicht anhängigen Ansprüche erwächst neben der Verfahrensgebühr für die anhängigen Ansprüche, sodass in diesem Fall wiederum § 15 Abs. 3 RVG zu beachten ist. Für die unterschiedlichen Gegenstandswerte ist jeweils die entstandene Gebühr zu ermitteln und dann zu vergleichen, ob die Gebühr nach dem höchsten Gebührensatz und den zusammengerechneten Gegenstandswerten geringer als die beiden zusammengerechneten Einzelgebühren ist.

→ **Fortführung des o.g. Beispiels: Rechtsanwaltsgebühren (ohne Terminsgebühr)**

Beide Rechtsanwälte haben sich die 1,3 **Verfahrensgebühr** gem. VV 3100 i.H.v. 327,60 € nach dem Wert von 3.500,00 € verdient.

Für die nicht anhängigen Ansprüche i.H.v. 1.500,00 € ist eine 0,8 Verfahrensgebühr nach VV 3101 Nr. 2 i.H.v. 92,00 € entstanden.

§ 15 Abs. 3 RVG findet Anwendung: 1,3 Verfahrensgebühr aus 5.000,00 € = 393,90 €; die Einzelgebühren betragen insgesamt 419,60 €, der geringere Einzelbetrag von 393,90 € ist zu berücksichtigen.

Für den Vergleichsabschluss sind folgende **Einigungsgebühren** entstanden:

1,0 Einigungsgebühr nach dem Wert von 3.500,00 €, da bei Gericht anhängig = 252,00 €, VV 1000, 1003 sowie 1,5 Einigungsgebühr nach dem Wert von 1.500,00 €, da bisher nicht anhängig = 172,50 €, VV 1000 = insgesamt 424,50 €.

Es sind gem. § 15 Abs. 3 RVG zu vergleichen: 1,5 aus 5.000,00 € = 454,50 € mit den beiden Einzelgebühren von insgesamt 424,50 € mit dem Ergebnis, dass die beiden Einzelgebühren geltend gemacht werden können, da sie geringer sind.

---

243 Ausführlich *Bischof* in Bischof/Jungbauer, RVG, VV 3101 Rn. 38 ff.; Gerold/Schmidt/*Müller-Rabe*, RVG, VV 3101 Rn. 96; nun auch NK-GK/*Winkler*, RVG, VV 3101 Rn. 11 ff.

244 Gerold/Schmidt/*Müller-Rabe*, RVG, VV 3101 Rn. 77.

d) Die Terminsgebühr bei Mehrvergleich

386 Für die Terminwahrnehmung erhält der Rechtsanwalt eine **Terminsgebühr** (→ Rn. 302 ff.). Es stellt sich nur die Frage, nach welchem Gegenstandswert in diesem Fall die Gebühr anfällt. Für die anhängigen Ansprüche entsteht sie ohne Zweifel durch die Wahrnehmung des Termins, Vorbem. Teil 3 Abs. 3 S. 1 VV RVG. Was ist aber mit den mitverglichenen nicht bzw. anderweitig anhängigen Ansprüchen?

387 Sind die Ansprüche nirgendwo anhängig, dann entsteht die Terminsgebühr durch die auf Einigung zielende Besprechung im Termin, denn die Gebühr entsteht auch, wenn diese Besprechung im Beisein des Gerichts erfolgt.[245] Die Gebühr entsteht somit aus dem zusammengerechneten Gegenstandswert mit einem Gebührensatz von 1,2.

→ **Fortführung des o.g. Beispiels: Terminsgebühr bei Mehrvergleich**

Beide Rechtsanwälte haben sich zusätzlich zu den oben genannten Gebühren (Verfahrensgebühr, Einigungsgebühr) noch eine 1,2 **Terminsgebühr** nach VV 3104 aus dem zusammengerechneten Gegenstandswert von 5.000,00 € = 363,60 € verdient.

aa) Anrechnung der Terminsgebühr nach VV 3104 Abs. 2 RVG

388 Sind die Ansprüche lediglich hier nicht anhängig, dann ergibt sich eine **Anrechnungsregelung** aus VV 3104 Abs. 2), der folgenden Wortlaut hat: „Sind in dem Termin auch Verhandlungen zur Einigung über in diesem Verfahren nicht rechtshängige Ansprüche geführt worden, wird die Terminsgebühr, soweit sie den sich ohne Berücksichtigung der nicht rechtshängigen Ansprüche ergebenden Gebührenbetrag übersteigt, auf eine Termingebühr angerechnet, die wegen desselben Gegenstands in einer anderen Angelegenheit entsteht."

389 Der Wortlaut lässt schon allein bei unterschiedlicher Betonung einzelner Wörter voneinander abweichende Ergebnisse zu; liegt die Betonung z.B. auf „nicht rechtshängige" oder aber auf „in diesem Verfahren" nicht rechtshängige Ansprüche? Nach der Gesetzesbegründung sollte mit dieser Regelung erreicht werden, dass die Terminsgebühr nicht doppelt verdient wird; fällt die Gebühr auch in einem anderen Verfahren an, soll eine hier verdiente Gebühr aus dem Wert der nicht rechtshängigen Ansprüche angerechnet werden.[246] Aus der Begründung könnte geschlossen werden, dass es sich wohl um in diesem Verfahren nicht anhängige Ansprüche handeln soll, für die eine in einem anderen Verfahren verdiente Termins-

245 *Hartmann*, RVG, VV 3104 Rn. 13.
246 S. Gesetzesbegründung BT-Drs. 15/1971 S. 212.

gebühr angerechnet werden soll. In der Anrechnungsvorschrift wird jedoch auch der gebührenrechtliche Begriff der „Angelegenheit" benutzt, wobei zu bemerken ist, dass das RVG den Begriff nur sehr unvollständig definiert. Im gerichtlichen Verfahren ist die Angelegenheit im Allgemeinen mit dem Verfahren identisch und zwar aufgespalten nach Instanzen.[247] Ansonsten wird darunter das gesamte Geschäft als einheitlicher Lebenssachverhalt verstanden und zwar von der Auftragserteilung bis hin zu seiner Erledigung.[248] In §§ 16 bis 21 RVG ist dann aufgelistet, was i.S.d. Gebührenrechts zu einer Angelegenheit gehört oder nicht. Zum Teil werden inhaltlich zusammengehörende Angelegenheiten als dieselbe Angelegenheit zusammengefasst oder aber auch zu verschiedenen Angelegenheiten bestimmt.

390 Aus dem Wortlaut der gesetzlichen Regelung in VV 3104 Abs. 2 RVG muss wohl geschlossen werden, dass **jede Terminsgebühr** für hier nicht anhängige Ansprüche – egal ob anderswo anhängig oder nicht anhängig – von der Regelung erfasst werden soll. Dabei kommt es darauf an, dass die Gebühr in dem anderen Verfahren schon entstanden sein muss und dass derselbe Rechtsanwalt mit entsprechendem Prozessauftrag die beiden Terminsgebühren verdient.[249] Nur so macht die Anrechnungsregel Sinn, denn der Rechtsanwalt soll die Terminsgebühr für denselben Gegenstand nicht zweimal erhalten.

391 Aus der Vorschrift ergibt sich kein Entstehenstatbestand für den Anfall der Terminsgebühr in der anderen Angelegenheit,[250] der Anfall muss nach den allgemeinen Regeln erfolgen, also entweder durch Wahrnehmung eines Termins oder durch Einigungsgespräche auch ohne Beteiligung des Gerichts.

→ **Variante zum obigen Beispiel:**
Einbeziehung von anderweitig rechtshängigen Ansprüchen

Im Termin zur Güteverhandlung werden neben den hier anhängigen 3.500,00 € auch die in einem Parallelverfahren anhängigen Ansprüche i.H.v. 1.500,00 € mitverglichen. Im Parallelverfahren war bereits eine 1,2 Terminsgebühr im Betrag von 138,00 € durch die Wahrnehmung eines Termins entstanden.

---

247 *Hartmann*, RVG, § 15 Rn. 16; Gerold/Schmidt/*Mayer*, RVG, § 15 Rn. 14.

248 Gerold/Schmidt/*Mayer*, RVG, § 15 Rn. 5 ff.

249 *Bischof* in Bischof/Jungbauer, RVG, VV 3104 Rn. 78; *Hartmann*, RVG, VV 3104 Rn. 33; Gerold/Schmidt/*Müller-Rabe*, RVG, VV 3104 Rn. 102; Riedel/Sußbauer/*Ahlmann*, VV 3104 Rn. 21.

250 OLG Köln v. 20.1.2011 – 25 WF 255/10 – AGS 2012, 62; OLG Stuttgart v. 10.3.2005 – 8 W 89/05 – JurBüro 2005, 303 = AGS 2005, 256.

Anrechnung der Terminsgebühr:

1,2 Terminsgebühr aus dem Gesamtwert von 5.000,00 € ist spätestens durch die Verhandlungen im Termin auch mit Beteiligung des Gerichts entstanden; sie beträgt 363,60 €.

Folgende Berechnung hat bzgl. der Anrechnung zu erfolgen:

1,2 Terminsgebühr (ohne Berücksichtigung der hier nicht anhängigen Ansprüche) aus 3.500,00 € = 302,40 €.

Differenz zu 363,60 € = 61,20 €.

Diese Differenz von 61,20 € muss auf die Terminsgebühr, die wegen des Gegenstands von 1.500,00 € (138,00 €) in der anderen Angelegenheit entstanden ist, angerechnet werden.

Der Restbetrag von 76,80 € kann in der Parallelsache noch geltend gemacht werden.

bb) Ausschluss der Terminsgebühr nach VV 3104 Abs. 3 RVG

392 Wenn sich die Tätigkeit des Rechtsanwalts allein darauf beschränkt, einen Vergleich zu Protokoll zu geben, fällt eine Terminsgebühr nicht an. Voraussetzung ist hierfür, dass es sich um **nirgendwo anhängige Ansprüche** handelt und eine anderweitig ohne Mitwirkung des Verfahrensbevollmächtigten geschlossene Vereinbarung nur noch protokolliert wird.[251] Nach der Gesetzesbegründung sollte das Entstehen der Terminsgebühr für diesen Fall ausgeschlossen werden, weil auch nach der BRAGO hierfür keine Erörterungs- bzw. Verhandlungsgebühr entstand.[252] Diese Begründung trifft jedoch nicht den Kern, war für das Entstehen der Erörterungs- bzw. Verhandlungsgebühr es doch nötig, dass es sich um rechtshängige Ansprüche handelte, sodass das Entstehen der Gebühren allein daran scheiterte.[253] Nachdem nach neuem Recht die Terminsgebühr auch für nicht anhängige Ansprüche entstehen kann, ist die Ausschlussregelung eher selten einschlägig, denn wenn auch nur ein paar Worte zur Klärung des Inhalts der Einigung gewechselt werden, hat sich der Rechtsanwalt die Terminsgebühr verdient.[254]

---

251 Gerold/Schmidt/*Müller-Rabe*, RVG, VV 3104 Rn. 137.

252 S. Gesetzesbegründung BT-Drs. 15/1971 S. 212.

253 Gerold/Schmidt/*von Eicken*, BRAGO, 15. Aufl. 2002, § 31 Rn. 149.

254 *Hartmann*, RVG, VV 3104 Rn. 34; Gerold/Schmidt/*Müller-Rabe*, RVG, VV 3104 Rn. 142.

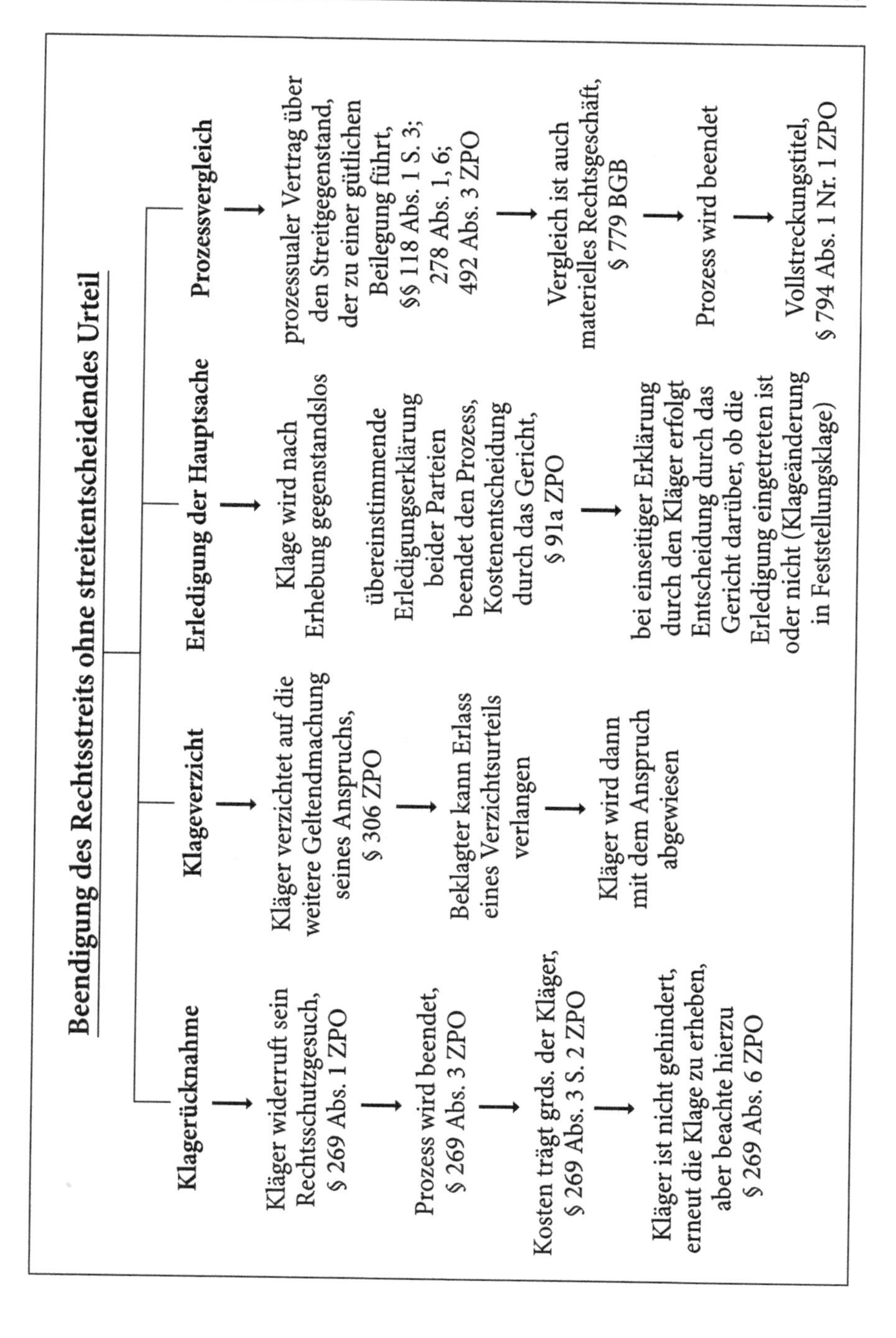
Beendigung des Rechtsstreits ohne streitentscheidendes Urteil
Klagerücknahme
Kläger widerruft sein Rechtsschutzgesuch, § 269 Abs. 1 ZPO
Prozess wird beendet, § 269 Abs. 3 ZPO
Kosten trägt grds. der Kläger, § 269 Abs. 3 S. 2 ZPO
Kläger ist nicht gehindert, erneut die Klage zu erheben, aber beachte hierzu § 269 Abs. 6 ZPO
Klageverzicht
Kläger verzichtet auf die weitere Geltendmachung seines Anspruchs, § 306 ZPO
Beklagter kann Erlass eines Verzichtsurteils verlangen
Kläger wird dann mit dem Anspruch abgewiesen
Erledigung der Hauptsache
Klage wird nach Erhebung gegenstandslos
übereinstimmende Erledigungserklärung beider Parteien
beendet den Prozess, Kostenentscheidung durch das Gericht, § 91a ZPO
bei einseitiger Erklärung durch den Kläger erfolgt Entscheidung durch das Gericht darüber, ob die Erledigung eingetreten ist oder nicht (Klageänderung in Feststellungsklage)
Prozessvergleich
prozessualer Vertrag über den Streitgegenstand, der zu einer gütlichen Beilegung führt, §§ 118 Abs. 1 S. 3; 278 Abs. 1, 6; 492 Abs. 3 ZPO
Vergleich ist auch materielles Rechtsgeschäft, § 779 BGB
Prozess wird beendet
Vollstreckungstitel, § 794 Abs. 1 Nr. 1 ZPO

XII. Der Beweis

393 Das Gericht kann nur entscheiden, wenn die **entscheidungsrelevanten Tatsachen** festgestellt sind; in diesem Fall hat es der Klage stattzugeben. Andernfalls wird das Gericht die Klage abweisen. Das Gericht muss also von der Wahrheit der vorgetragenen Tatsachen (Parteibehauptungen) überzeugt sein. Diese Überzeugung soll sich das Gericht notfalls durch den Beweis[255] verschaffen. Als „Beweis" werden häufig auch die von den Parteien angebotenen Beweismittel oder auch die Beweisaufnahme bezeichnet.

→ **Beispiel:**

Beweis: Zeugnis des Mitarbeiters der Klägerin, Franz Zischler – zu laden über die Klägerin –
oder
Beweis durch Parteivernehmung.

1. Volle richterliche Überzeugung oder Glaubhaftmachung

394 Das Gericht muss davon überzeugt sein, dass der Tatsachenvortrag der Partei der Wahrheit entspricht. Das deutsche Recht verlangt die volle richterliche Überzeugung, die überwiegende Wahrscheinlichkeit reicht nicht aus. Allerdings gibt es keine absolute Gewissheit, und deshalb hat der BGH[256] entschieden, dass bei einem jeden vernünftigen Zweifel ausschließenden Grad von Wahrscheinlichkeit diese verlangte Gewissheit vorliegt.

395 Manchmal genügt jedoch auch ein geringerer Grad von Überzeugung, dann lässt das Gesetz die **Glaubhaftmachung** (§ 294 ZPO) zu. Hier reicht dann eine Wahrscheinlichkeitsfeststellung.[257] Diese ist erreicht, wenn der Richter von der guten Möglichkeit des Geschehens überzeugt ist, hier reicht dann die überwiegende Wahrscheinlichkeit, dass die Behauptung wahr oder unwahr ist, aus. Die Glaubhaftmachung genügt nur in den gesetzlich ausdrücklich vorgesehenen Fällen.

→ **Beispiele:**

Bei der Richterablehnung, § 44 Abs. 2 ZPO; im Prozesskostenhilfeverfahren, § 118 Abs. 2 ZPO; bei der Wiedereinsetzung in den vorigen Stand, § 236 Abs. 2 ZPO; bei Verfahren über Arrest und einstweilige Verfügung, §§ 920, 936 ZPO.

---

255 S. hierzu *Rosenberg/Schwab/Gottwald*, § 109 ff.; *Schilken*, Zivilprozessrecht, 7. Auflage 2014, § 11.

256 BGH v. 17.1970 – III ZR 139/67 – BGHZ 53, 245 = NJW 1970, 946.

257 BGH v. 11.9.2003 – IX ZB 37/03 – BGHZ 156, 139 = NJW 2003, 3558.

Häufiges Mittel zur **Glaubhaftmachung** ist die **Versicherung an Eides statt**, die sonst nicht zugelassen ist, aber auch alle sonstigen Beweismittel. Letztere müssen jedoch sofort verfügbar sein, das Gericht lädt keine Zeugen, § 294 Abs. 2 ZPO.[258] **396**

2. Streng- und Freibeweis

Die Beweiserhebung im Zivilprozess geschieht durch ein förmliches Verfahren (§§ 355 ff. ZPO), in dem als Beweismittel zugelassen sind: **397**

Augenschein, Zeugen, Sachverständige, Urkunden und Parteivernehmung. Andere Beweismittel sind ausgeschlossen. Deshalb spricht man vom **Strengbeweis.**[259]

Im Gegensatz dazu beim sog. **Freibeweis** (hauptsächlich in der freiwilligen Gerichtsbarkeit üblich) ist das Gericht nicht an die Beweismittel gebunden und muss auch kein förmliches Verfahren durchführen.[260] Die Rechtsprechung lässt ihn im Zivilprozess bei der Feststellung der von Amts wegen zu berücksichtigenden Umstände zu (Prozess- oder Rechtsmittelvoraussetzungen). **398**

3. Beweisgegenstand

Was kann und muss bewiesen werden? Gegenstand des Beweises sind **Tatsachen,** das sind die Geschehnisse und Zustände, die zum Tatbestand der anzuwendenden Norm gehören.[261] **399**

Man unterscheidet zwischen **inneren und äußeren Tatsachen**. Innere Tatsachen sind z.B. Vorsatz, Kenntnis bestimmter Umstände, Absicht. In der Regel kann man durch äußere Tatsachen auf diese inneren Tatsachen schließen, was allerdings nicht immer sehr einfach ist.

Weiter unterscheidet man zwischen **positiven Tatsachen,** also jedem Geschehen, das sich einmal ereignet hat, und **negativen Tatsachen,** diese verlangen Beweisantritt dafür, dass etwas nicht geschehen ist, dass jemanden z.B. kein Verschulden am Untergang der Sache trifft.

In diesem Zusammenhang müssen Tatsachen und Erfahrungssätze auseinandergehalten werden. **Erfahrungssätze** sind gebildet aus allgemeiner Lebenserfahrung gepaart mit Fach- und Sachkunde spezieller Bereiche (Wissenschaft, Kunst, Handwerk, Handel, Verkehr usw.).[262] Dass wir alle sterben müssen, ist so ein Erfahrungssatz. Ist aber ein bestimmter Mensch **400**

258 Zöller/*Greger*, ZPO, § 294 Rn. 3.
259 *Rosenberg/Schwab/Gottwald*, § 110 Rn. 7 ff.
260 Zum Freibeweis siehe § 29 FamFG; beispielsweise Keidel/*Sternal*, FamFG, 17. Auflage 2017; Anmerkungen zu § 29.
261 *Rosenberg/Schwab/Gottwald*, § 111 Rn. 3.
262 *Rosenberg/Schwab/Gottwald*, § 111 Rn. 11.

tot, dann handelt es sich um eine Tatsache, die u.U. auch bewiesen werden muss. Die Unterscheidung ist wichtig, weil bei Erfahrungssätzen der Freibeweis ausreicht und diese bei der Beweiswürdigung eine große Rolle spielen.

401 Rechtssätze müssen grundsätzlich auch nicht bewiesen werden, anderes gilt nur bei **ausländischem Recht, Gewohnheitsrecht und Statuten**, § 293 ZPO. Diese bedürfen des Beweises nur insofern, als sie dem Gericht unbekannt sind. Bei Ermittlung dieser Rechtsnormen ist das Gericht auf die von den Parteien beigebrachten Nachweise nicht beschränkt; es ist befugt, auch andere Erkenntnisquellen zu benutzen und zum Zwecke einer solchen Benutzung das Erforderliche anzuordnen.

Hier gilt also der Freibeweis, der Richter kann von Amts wegen Auskünfte von Behörden und Rechtsgutachten einholen.

4. Beweisarten

a) Haupt- und Gegenbeweis

402 Klagt jemand auf Zahlung des Kaufpreises, und der Beklagte bestreitet, dass ein Kaufvertrag abgeschlossen wurde, dann muss der Kläger beweisen, dass ein Kaufvertrag abgeschlossen worden ist. Dieser Beweis ist **Hauptbeweis,** der erbracht ist, wenn das Gericht von der Wahrheit der behaupteten Tatsache (Abschluss des Kaufvertrages) überzeugt ist.

403 **Gegenbeweis** kann dann der Gegner führen, mit dem Ziel, die Überzeugung des Gerichts zu erschüttern. Gelingt dies, ist der Hauptbeweis nicht mehr erbracht. Der Beklagte muss nicht beweisen, dass kein Kaufvertrag geschlossen ist, es genügt, dass er dem Gericht durch seine Beweisführung Zweifel am Vertragsschluss vermittelt.

404 Davon zu unterscheiden ist der **Beweis des Gegenteils**, der auch Hauptbeweis ist, allerdings wird dieser **gegen eine Vermutung geführt** (§ 292 ZPO). Gesetzliche Vermutungen können sich auf Tatsachen oder auf einen gegenwärtigen Rechtszustand beziehen.[263] Eine gesetzliche **Tatsachenvermutung** ist z.B. in § 938 BGB enthalten, wonach vermutet wird, wenn jemand eine Sache am Anfang und am Ende eines Zeitraums im Eigenbesitz gehabt hat, dass sein Eigenbesitz auch in der Zwischenzeit bestanden hat; oder in § 1253 Abs. 2 BGB, wonach vermutet wird, wenn das Pfand im Besitz des Verpfänders oder des Eigentümers ist, dass das Pfand ihm von dem Pfandgläubiger zurückgegeben worden ist. Eine Tatsachenvermutung aus dem Erbrecht ergibt sich aus § 2009 BGB, wonach bei rechtzeitiger Inventarerrichtung vermutet wird, dass zur Zeit des Erbfalls weitere Nachlassgegenstände als die angegebenen nicht vorhanden gewesen sind.

---

263 Zöller/*Greger*, ZPO, Vorbemerkung vor § 284 Rn. 10, 33; § 292 Rn. 1, 2.

Bei den **Rechtsvermutungen** wird aus einem Indiz oder einer bestimmten Tatsache unmittelbar auf das Bestehen oder Nichtbestehen eines Rechts geschlossen. So z.B., wenn es um ein im **Grundbuch** eingetragene Recht geht. Nach § 891 BGB gilt die gesetzliche Vermutung, dass jemandem das Recht zusteht, wenn es im Grundbuch für ihn eingetragen ist; ebenso gilt die Vermutung, dass das Recht nicht besteht, wenn im Grundbuch ein eingetragenes Recht gelöscht ist. Ein weiteres Beispiel ist die **Eigentumsvermutung** zugunsten des Besitzers, § 1006 BGB. Zugunsten des Besitzers einer beweglichen Sache wird vermutet, dass er Eigentümer der Sache sei. Dies gilt jedoch nicht einem früheren Besitzer gegenüber, dem die Sache gestohlen worden, verloren gegangen oder sonst abhanden gekommen ist, es sei denn, dass es sich um Geld oder Inhaberpapiere handelt. **405**

b) Unmittelbarer und mittelbarer (Indizien-)Beweis

Der Beweis ist **unmittelbarer Beweis**, wenn er Tatsachenbehauptungen zum Gegenstand hat, durch die eine zum Tatbestand der anzuwendenden Rechtsnorm gehörende Tatsache selbst bewiesen wird.[264] Das ist z.B. der Fall, wenn Zeugen aussagen, sie haben gesehen, wie der Beklagte den Kläger verletzt hat. **406**

Beim **mittelbaren Beweis (Indizienbeweis)** wird eine nicht zum Tatbestand gehörende Tatsache bewiesen, aus der der Richter dann auf das Vorliegen einer zum Tatbestand gehörenden Tatsache schließen kann. Das ist z.B. der Fall, wenn an den Kleidern des Beklagten Blutspuren mit der Blutgruppe des Klägers festgestellt wurden und das Gericht dann auf die Verletzungshandlung schließt. **407**

5. Beweisantritt und Reaktion des Gerichts

Welche Tatsachen müssen nun bewiesen werden? Dies sind nur die **Tatsachen**, die **entscheidungserheblich** sind. Das Gericht prüft die Schlüssigkeit der Klage und die Einreden des Beklagten. Fehlt es schon an der Schlüssigkeit oder erhebt der Beklagte beispielsweise die Einrede der Verjährung, dann ist es völlig egal, ob der Kaufvertrag abgeschlossen worden ist. Es kommt gar nicht mehr zu einer Beweisaufnahme. **408**

Andernfalls bestimmen die Parteien über die Beweisbedürftigkeit, denn sie können zugestehen oder nicht bestreiten. Nur **bestrittene Tatsachen sind beweisbedürftig**, §§ 288 Abs. 1, 138 Abs. 3 ZPO. Nicht beweisbedürftig sind offenkundige Tatsachen, § 291 ZPO. Offenkundig können Tatsachen sein, die entweder allgemein durch Presse, Funk oder Fernsehen be- **409**

264 BGH v. 17.1970 – III ZR 139/67 – BGHZ 53, 245 = NJW 1970, 946.

kannt sind oder aber gerichtsbekannt sind, also Tatsachen, die dem Gericht aufgrund seiner amtlichen Tätigkeit bekannt sind.[265]

410 Die Parteien bieten in der Regel für bestimmte Behauptungen auch gleich Beweis an und nennen auch das **Beweismittel.**[266] Häufig werden zum Beweis für eine Tatsache **Zeugen** (§§ 373 ff. ZPO) benannt oder **Sachverständigengutachten** (§§ 402 ff. ZPO) verlangt. Werden diese Beweismittel von beiden Parteien genannt, dann erhebt das Gericht die Beweise ohne Rücksicht darauf, zu wessen Gunsten die fragliche Behauptung wirkt. Bei Zeugenbeweis ist jedoch darauf zu achten, dass der Beweisantritt von der beweisbelasteten Partei ausgeht. Es findet keine Beweisaufnahme durch Zeugenvernehmung von Amts wegen statt (§§ 373, 273 Abs. 2 Nr. 4 ZPO).

411 Bei **Augenschein** (§ 371 ff. ZPO), **Parteivernehmung** (§ 448 ZPO), aber auch bei Sachverständigengutachten kann das Gericht ohne Beweisantritt Beweis anordnen, § 144 ZPO. In der Regel ist jedoch üblich, den Beweis anzutreten, oder es wird dazu durch das Gericht gemäß § 139 ZPO angeregt. Sowohl die Novellierung des § 144 ZPO als auch des § 371 ZPO präzisieren und ergänzen die bereits bestehende gerichtliche Befugnis zur Anordnung des Augenscheins auch ohne Beweisantritt noch deutlicher.[267]

Der Gegner hat sich innerhalb ihm gesetzter Fristen (§§ 275, 276 ZPO) auf den Beweisantritt zu erklären.

6. Der Grundsatz der freien Beweiswürdigung

412 Wurde Beweis erhoben, dann hat das Gericht den Beweis zu würdigen. Es muss prüfen, ob der Beweis geeignet ist, seine Überzeugung von der Wahrheit oder Unwahrheit der Parteibehauptung zu begründen. Aber auch das Verhalten der Parteien während der mündlichen Verhandlung kann hinzugezogen werden. Hierfür gibt es keine Regeln, sondern die Beweiswürdigung unterliegt allein dem **subjektiven** Eindruck des Gerichts. Die Würdigung von Beweisen ist etwas höchst Individuelles, und deshalb hat die ZPO dem **Richter die Freiheit der Würdigung des Beweises gewährt,** § 286 Abs. 1 S. 1 ZPO.[268] Der Richter hat lediglich in den Urteilsgründen anzugeben, worauf die richterliche Überzeugung gestützt wird.

7. Behauptungs- und Beweislast

413 Als Auswirkung der Verhandlungsmaxime sind die Parteien verpflichtet, die erforderlichen, d.h. entscheidungserheblichen Tatsachen vorzutragen.

265 Zöller/*Greger*, ZPO, § 291 Rn. 1, 1a.
266 Zu den einzelnen Beweismitteln vgl. z.B. *Rosenberg/Schwab/Gottwald*, § 118 bis 123.
267 BT-Drs. 14/3750 S. 54, 63.
268 BGH v. 18.1.1995 – VIII ZR 23/94 – BGHZ 128/307; BGH v. 3.11.1987 – VI ZR 95/87 – NJW 1988, 566.

Unterlässt eine Partei die **Behauptung** einer solchen Tatsache, so muss zu ihren Ungunsten entschieden werden. Haben die Parteien die Tatsachen vorgetragen und bieten außerdem Beweis dafür an, muss das Gericht Beweis erheben und würdigen. Ist das Gericht von der Wahrheit der behaupteten Tatsache nicht überzeugt (z.B. der Vertragsabschluss nicht bewiesen), so muss es trotzdem entscheiden. Fraglich ist jetzt, zu wessen Lasten es geht, dass das Gericht nicht zur Überzeugung kam, dass der Vertrag abgeschlossen wurde, d.h., wer hat die Folgen der Beweislosigkeit zu tragen (**Beweislast**).

a) Gesetzliche Regelungen

414 In einer Reihe von Fällen regelt das Gesetz ausdrücklich, wer die Beweislast zu tragen hat. So z.B. bei der Beweislastverteilung bei Annahme als Erfüllung zuungunsten des Gläubigers, § 363 BGB; bei der Haftung des Arbeitnehmers aus Dienstvertrag, § 619a BGB oder bei der Beweislast des Erben bei Pflichtteilsentziehung, § 2336 Abs. 3 BGB.

b) Allgemeiner Grundsatz

415 Wenn nichts gesetzlich bestimmt ist, dann gilt der Grundsatz, dass jede Partei die **Beweislast** für die Voraussetzungen der ihr **günstigen Normen** trägt.[269] Der Kläger wird mit der Klage abgewiesen, wenn er nicht diejenigen Tatsachen beweist, aus denen sich das Entstehen des eingeklagten Anspruchs ergibt. Der Kläger hat jedoch nur die Beweislast für die rechtsbegründenden Tatsachen.

416 Für die rechtshindernden, rechtsvernichtenden oder rechtshemmenden **Einreden** obliegt dem Beklagten die Beweislast. Rechtshindernde Tatsachen erkennt man an der Formulierung des Gesetzes: „dies gilt nicht", „es sei denn, dass" oder „ausgenommen".

c) Beweislastumkehr

417 Die Rechtsprechung tendiert zu einer Umkehr der Beweislast in Schadenersatzprozessen, wenn der Beklagte eine Berufspflicht verletzt hat, die zum Schutz von Gesundheit und Körper anderer besteht. Der Kläger hat in diesem Fall Kausalität und Verschulden nicht zu beweisen, denn dem Beklagten obliegt hier die Beweislast für Nichtursächlichkeit und fehlendes Verschulden, dieses gilt insbesondere in Arzthaftungsfällen und bei Produzentenhaftung.[270]

---

269 *Rosenberg/Schwab/Gottwald*, § 115 Rn. 7.

270 Hier ist wohl am bekanntesten der sog. Hühnerpestfall, in dem die Umkehr der Beweislast für das Vorliegen des Verschuldens bei der Produzentenhaftung festgelegt wurde – BGH v. 26.11.1968 –VI ZR 212/66 – BGHZ 51, 91 = NJW 1969, 269 m. Anm. *Diederichsen*.

Durch das SchuldRModG wurde erstmals eine gesetzliche Beweislastumkehr in das deutsche Recht eingeführt. Zeigt sich innerhalb von 6 Monaten seit Gefahrübergang ein Sachmangel an der Kaufsache, so wird vermutet, dass die Sache bereits bei Gefahrübergang mangelhaft war, § 476 BGB. Das gilt aber nur, wenn die Beweislastumkehr nicht mit der Natur der Sache oder der Vertragswidrigkeit in Widerspruch steht.

8. Die Beweisaufnahme

418 Die Beweisaufnahme soll grundsätzlich vor dem **Prozessgericht** stattfinden, § 355 ZPO, und zwar unmittelbar **anschließend an die mündliche Verhandlung,** § 279 Abs. 2 ZPO, es kann aber auch schon ein zusätzlicher Termin nötig sein. Die Anordnung geschieht durch formlosen Beschluss, wenn die Beweisaufnahme sofort durchgeführt werden kann, weil z.B. die Zeugen im Termin anwesend sind, oder durch förmlichen Beweisbeschluss, § 358 ZPO. Der Beschluss nennt das Beweisthema, d.h. die zu beweisenden Tatsachen, die Beweismittel und den Beweisführer, § 359 ZPO. Die Parteien können bei der Beweisaufnahme anwesend sein, sie können auch die Zeugen befragen, § 397 ZPO. Ein Nichterscheinen der Partei ist jedoch nicht schädlich, § 367 ZPO.

Im Anschluss an die Beweisaufnahme hat das Gericht erneut den Sach- und Streitstand und, soweit bereits möglich, das Ergebnis der Beweisaufnahme mit den Parteien zu erörtern, § 279 Abs. 3 ZPO.

419 Dem Grundsatz des rechtlichen Gehörs folgend, ist über das Ergebnis der Beweisaufnahme zu verhandeln, damit Beweiseinreden vorgebracht werden können, § 285 ZPO.

420 Unter Umständen kann es notwendig sein, schon vor Beginn des Prozesses oder der mündlichen Verhandlung eine Beweisaufnahme durchzuführen, um evtl. sonst verloren gehende Beweise zu erhalten. Das frühere Beweissicherungsverfahren ist heute als **selbstständiges Beweisverfahren** gestaltet, §§ 485 ff. ZPO.[271] Es dient der Feststellung von Tatsachen, die später nicht mehr feststellbar sein könnten, und ist daher nur zulässig, wenn der Gegner zustimmt oder zu besorgen ist, dass die Beweismittel verloren gehen. Praktische Bedeutung hat dieses Verfahren vor allem in Bausachen. Im Prozess hat die erfolgte Beweisaufnahme den gleichen Wert wie eine Beweisaufnahme vor dem Prozessgericht, § 493 Abs. 1 ZPO.

9. Auswirkung auf Gerichts- und Anwaltskosten

421 Die Auslagen für Zeugen und Sachverständige sind in voller Höhe Kosten des Rechtsstreits, als Auslagen zählen sie zu den **Gerichtskosten** gemäß KV 9005. Bei der Berechnung ist das JVEG maßgeblich (→ Rn. 185 ff.). Er-

271 S. hierzu Zöller/*Herget*, Vorbemerkungen zu §§ 485 bis 494a.

stattungspflichtig sind die Beträge, die das Gericht an einen Zeugen oder Sachverständigen zahlen muss. Das selbstständige Beweisverfahren lässt auch eigene Kosten entstehen. Nach dem Wert der Beweissicherung wird mit Einreichung des Antrages eine 1,0 Verfahrensgebühr nach KV 1610 GKG fällig. Dabei handelt es sich um eine Pauschalgebühr, die allerdings nicht auf ein späteres Verfahren angerechnet wird.[272]

422 Der Rechtsanwalt erhält für die Wahrnehmung eines Beweisaufnahmetermins oder die Wahrnehmung eines von einem gerichtlich bestellten Sachverständigen anberaumten Termins zusätzlich zur Verfahrensgebühr lediglich die **Terminsgebühr** (→ Rn. 302 ff.). Da diese pro Instanz nur einmal verlangt werden kann, § 15 Abs. 2 RVG, wird es häufig so sein, dass für die Beweisaufnahme keine Terminsgebühr mehr Berücksichtigung finden kann, wenn diese schon durch die Wahrnehmung eines anderen Termins entstanden ist.

Allerdings könnte der Rechtsanwalt unter bestimmten Umständen die 0,3 **Zusatzgebühr** für besonders umfangreiche Beweisaufnahmen nach VV 1010 RVG erhalten. Die Gebühr fällt jedoch nur an, wenn drei gerichtliche Termine stattfinden, in denen Sachverständige oder Zeugen vernommen werden (→ Rn. 308).

272 *Hartmann*, GKG, KV 1610 Rn. 3.

G. Die gerichtlichen Entscheidungen

423 Auf die Prozesshandlungen der Parteien folgen die **gerichtlichen Prozesshandlungen**. Die wichtigsten Prozesshandlungen der Gerichte sind die **Entscheidungen.**[1] Eine Entscheidung ist der Ausspruch einer im Einzelfall eingetretenen oder anzuordnenden Rechtsfolge. Die Entscheidung trifft das jeweils zur Sachentscheidung berufene Organ der Rechtspflege; im Zivilprozess also überwiegend der Richter, für einzelne Aufgaben aber auch der Rechtspfleger oder der Urkundsbeamte der Geschäftsstelle. Neben den Entscheidungen gibt es aber auch noch zahlreiche **andere Gerichtshandlungen**, die die Sachentscheidung herbeiführen sollen. Hierzu gehört im Wesentlichen der gesamte Prozessbetrieb von der Stoffsammlung über die Terminbestimmung und -ladung bis zur Entgegennahme von Parteihandlungen und der Reaktion darauf.

424 Unter gerichtlichen Entscheidungen versteht man Urteile, Beschlüsse und Verfügungen, so die Einteilung nach § 160 Abs. 3 Nr. 6 ZPO.[2] **Urteile** werden nur vom Richter erlassen und müssen in einer vom Gesetz vorgesehenen bestimmten Form ergehen, § 313 ZPO. Als Ausfluss des **Grundsatzes der Mündlichkeit und Unmittelbarkeit** darf das Urteil nur durch das erkennende Gericht oder den erkennenden Richter erlassen werden, § 309 ZPO; also den Richter, der bei der mündlichen Verhandlung anwesend war. In bürgerlichen Rechtsstreitigkeiten wird beim **AG** immer ein Richter allein tätig, denn es herrscht das **Einzelrichterprinzip**, § 22 Abs. 4 GVG. Beim **LG** wird die **Zivilkammer** als Spruchkörper tätig, § 60 GVG. Die Zivilkammern sind, soweit nicht nach den Vorschriften der Prozessgesetze anstelle der Kammer der Einzelrichter zu entscheiden hat, mit drei Mitgliedern einschließlich des Vorsitzenden besetzt, § 75 GVG.

425 Das ZPO-RG hat die Einführung des **originären Einzelrichters bei den erstinstanzlichen Zivilkammern** an den Landgerichten gebracht, dessen Zuständigkeit nunmehr automatisch – also ohne gesonderte vorherige Übertragungsentscheidung der Kammer – gemäß § 348 Abs. 1 ZPO gegeben ist, es sei denn, es handelt sich um Sachen, die regelmäßig besondere

---

1 *Rosenberg/Schwab/Gottwald*, § 58 I; siehe auch MüKoZPO/*Musielak*, Vorbemerkung zu § 300.

2 S. hierzu *Rosenberg/Schwab/Gottwald*, §§ 58, 59; Zöller/*Vollkommer*, ZPO, Vorbemerkungen zu §§ 300 bis 305a.

tatsächliche und rechtliche Schwierigkeiten aufweisen und deshalb der Kammerentscheidung vorbehalten bleiben. Diese Sachgebiete sind in § 348 Abs. 1 Nr. 2 ZPO im Einzelnen aufgeführt.

Der originäre Einzelrichter ist jedoch berechtigt, eine Sache, die besondere tatsächliche oder rechtliche Schwierigkeiten aufweist oder von grundsätzlicher Bedeutung ist, auf die Kammer zu übertragen, § 348 Abs. 3 ZPO.

Ist eine originäre Einzelrichterzuständigkeit nach § 348 Abs. 1 nicht begründet, überträgt die Zivilkammer die Sache gemäß § 348a Abs. 1 ZPO durch Beschluss einem ihrer Mitglieder als Einzelrichter zur Entscheidung, wenn die Sache keine besonderen Schwierigkeiten tatsächlicher oder rechtlicher Art aufweist, die Rechtssache keine grundsätzliche Bedeutung hat und nicht bereits im Haupttermin vor der Zivilkammer zur Hauptsache verhandelt worden ist, es sei denn, dass inzwischen ein Vorbehalts-, Teil- oder Zwischenurteil ergangen ist.

426 Das **Urteil** ist grundsätzlich[3] entweder im **Anschluss an die mündliche Verhandlung** oder in einem später anzusetzenden **Verkündungstermin** zu verkünden, § 310 ZPO. Es ergeht im Namen des Volkes, § 311 Abs. 1 ZPO, die Verkündung geschieht durch Verlesen der Urteilsformel (**Tenor**), dieses kann durch Bezugnahme auf die Urteilsformel ersetzt werden, wenn bei der Verkündung von den Parteien niemand erschienen ist, § 311 Abs. 2 ZPO. Das Gericht ist an das Urteil gebunden, es kann es nachträglich nicht mehr ändern, § 318 ZPO. Nur Schreibfehler, Rechnungsfehler und andere offenbare Unrichtigkeiten dürfen berichtigt werden, §§ 319 ff. ZPO.

427 Beschlüsse und Verfügungen sind alle anderen Entscheidungen, für die die Urteilsform nicht vorgeschrieben ist. **Beschlüsse** ergehen häufig ohne mündliche Verhandlung oder nach freigestellter mündlicher Verhandlung. Im Zivilprozess sind sie i.d.R. prozessleitenden Inhalts (Beweisbeschluss). Wenn sie jedoch aufgrund mündlicher Verhandlung ergehen, müssen sie verkündet werden, § 329 Abs. 1 ZPO. **Verfügungen** unterscheiden sich von den Beschlüssen nicht durch ihren Inhalt, denn auch sie enthalten i.d.R. prozessleitende Anordnungen (z.B. Terminbestimmung), es handelt sich hierbei jedoch häufig um die Entscheidungen des Vorsitzenden, des ersuchten oder beauftragten Richters, § 329 Abs. 2 ZPO.

3 Ausnahme gem. § 310 Abs. 3 ZPO: Versäumnisurteile oder Anerkenntnisurteile, die ohne mündliche Verhandlung gem. §§ 307, 331 Abs. 3 ZPO ergehen.

I. Das Urteil

428 Die wichtigsten Entscheidungen sind die **Urteile**. Gemäß § 313 ZPO muss das Urteil folgende Angaben enthalten:

- die Bezeichnung der Parteien, ihrer gesetzlichen Vertreter und der Prozessbevollmächtigten;
- die Bezeichnung des Gerichts und die Namen der Richter, die bei der Entscheidung mitgewirkt haben;
- den Tag, an dem die mündliche Verhandlung geschlossen worden ist;
- die Urteilsformel (Tenor);
- den Tatbestand;
- die Entscheidungsgründe.

429 Im **Tatbestand** sollen die erhobenen Ansprüche und die dazu vorgebrachten Angriffs- und Verteidigungsmittel unter Hervorhebung der gestellten Anträge nur ihrem wesentlichen Inhalt nach knapp dargestellt werden. Wegen der Einzelheiten des Sach- und Streitstandes soll auf Schriftsätze, Protokolle und andere Unterlagen verwiesen werden, § 313 Abs. 2 ZPO.

Die **Entscheidungsgründe** enthalten eine kurze Zusammenfassung der Erwägungen, auf denen die Entscheidung in tatsächlicher und rechtlicher Hinsicht beruht, § 313 Abs. 3 ZPO.

Der Tatbestand kann weggelassen werden, wenn ein Rechtsmittel gegen das Urteil unzweifelhaft nicht zulässig ist, in diesem Fall bedarf es auch keiner Entscheidungsgründe, wenn die Parteien auf sie verzichten oder wenn ihr wesentlicher Inhalt in das Protokoll aufgenommen worden ist, § 313a Abs. 1 ZPO. Wird das Urteil in dem Termin, in dem die mündliche Verhandlung geschlossen worden ist, verkündet, so bedarf es des Tatbestands und der Entscheidungsgründe nicht, wenn beide Parteien auf Rechtsmittel gegen das Urteil verzichten. Ist das Urteil nur für eine Partei anfechtbar, so genügt es, wenn diese verzichtet, § 313a Abs. 2 ZPO.

430 Wird durch **Versäumnisurteil, Anerkenntnisurteil oder Verzichtsurteil** erkannt, so bedarf es nach § 313b Abs. 1 ZPO nicht des Tatbestandes und der Entscheidungsgründe. Das Urteil ist jedoch als Versäumnis-, Anerkenntnis- oder Verzichtsurteil zu bezeichnen. Es steht im Ermessen des Gerichts, ob es von dieser Ausnahmeregelung Gebrauch macht.[4]

---

4 Zöller/*Vollkommer*, ZPO, § 313b Rn. 2.

1. End- und Zwischenurteile

431 Die Urteile werden nach unterschiedlichen Kriterien eingeteilt. So gibt es Einteilungen, die sich nach dem Urteilsinhalt richten (Sach- oder Prozessurteile), nach der ganz speziellen Klageart (Feststellungs-, Leistungs- oder Gestaltungsurteile); nach der Beendigung des Prozesses in der Instanz (End- oder Zwischenurteil) oder auch nach dem ganz speziellen Verfahrensstand (Versäumnis-, Anerkenntnis- oder Verzichtsurteile).

432 Das **Endurteil** beendet entweder den gesamten Rechtsstreit durch Entscheidung über den Streitgegenstand insgesamt oder auch einen Teilstreitgegenstand in einer Instanz, § 300 Abs. 1 ZPO.

433 Das **Zwischenurteil** entscheidet nicht über den Streitgegenstand, sondern lediglich über Vorfragen, i.d.R. sind dieses prozessuale Fragen, es beendet nicht die Instanz, § 303 ZPO.

Hierbei kann es sich um einen Streit über die Zulässigkeit einer Klageänderung, § 268 ZPO, oder auch um einen Streit über die Wirksamkeit eines Geständnisses, § 290 ZPO, handeln.

Ein besonderes Zwischenurteil ist die Vorabentscheidung über den Grund, § 304 ZPO. Wenn Grund und Höhe des geltend gemachten Anspruchs streitig sind, kann das Gericht über den Grund vorab entscheiden.

→ **Beispiel:**

Bekl. bestreitet, den Unfall verursacht zu haben, außerdem bestreitet er den geltend gemachten Schadenersatz der Höhe nach.

Dann kann das Gericht erst einmal durch ein Grundurteil über die Anspruchsgrundlage entscheiden.

2. Sach- und Prozessurteile

434 Auch über die Zulässigkeit der Klage können Endurteile ergehen und diese z.B. verneinen, weil es an der Prozessfähigkeit einer der Parteien fehlt und dieser Mangel nicht behoben werden kann. Ein solches Urteil, welches die Klage als unzulässig abweist, ist ein **Prozessurteil**.

435 Im Gegensatz dazu steht das **Sachurteil**, welches über den Anspruch entscheidet, d.h. über die Begründetheit des Anspruchs – entweder positiv (Verurteilung des Beklagten) oder negativ (Abweisung der Klage als unbegründet).

436 Prozess- und Sachurteile unterscheiden sich weder hinsichtlich des Zustandekommens noch hinsichtlich der Anfechtung, nur die Rechtskraftwirkung ist unterschiedlich, denn beim Sachurteil steht letztendlich das Bestehen oder Nichtbestehen des Anspruchs fest, während beim Prozessurteil dieses nicht der Fall ist, d.h., es kann erneut geklagt werden.

3. Voll- und Teilurteile

437 Das **Vollurteil** entscheidet über den **gesamten Anspruch** oder auch über alle geltend gemachten Ansprüche. Das Gericht kann jedoch u.U. ein Teilurteil erlassen, § 301 ZPO, wenn von mehreren in einer Klage geltend gemachten Ansprüchen nur der eine oder nur ein Teil eines Anspruchs oder bei erhobener Widerklage nur die Klage oder die Widerklage zur Endentscheidung reif ist. Das **Teilurteil** ist insoweit Endurteil über den **Teilanspruch**.

438 Bedenken hinsichtlich der Zulässigkeit von Teilurteilen werden erhoben, wenn dadurch die einzelnen Teile nicht mehr zulässigerweise mit Rechtsmitteln angefochten werden können, weil die Beschwerdesumme nicht erreicht wird.[5]

Das Teilurteil enthält i.d.R. keine Kostenentscheidung, diese bleibt dem Schlussurteil vorbehalten, welches über den Rest entscheidet.

4. Leistungs-, Feststellungs- und Gestaltungsurteile

439 Die Leistungsklage (→ Rn. 43) wird durch ein **Leistungsurteil** entschieden, d.h., das Urteil enthält den staatlichen Leistungsbefehl gegen den Beklagten (Zahlung, Duldung, Unterlassung), aus dem die Zwangsvollstreckung möglich ist.

Feststellungsurteile bekunden nur die Feststellung über ein Rechtsverhältnis (→ Rn. 44 ff.), vollstreckungsfähigen Inhalt hat hier lediglich die Kostenentscheidung. Klagabweisende Urteile sind immer Feststellungsurteile, denn durch sie wird festgestellt, dass der Anspruch nicht besteht.[6]

440 **Gestaltungsurteile** gestalten unmittelbar mit Eintritt der Rechtskraft ein Rechtsverhältnis (→ Rn. 48, 49) und verändern somit die materielle Rechtslage. Die Wirkung tritt in bürgerlichen Rechtsstreitigkeiten mit der formellen Rechtskraft der Entscheidung ein.

5. Streitige (kontradiktorische) Urteile und Versäumnisurteile

441 Wird ein Urteil aufgrund einer streitigen Verhandlung gefällt, an der beide Parteien beteiligt waren, handelt es sich um ein streitiges/kontradiktorisches Urteil.

Versäumnisurteile ergehen ohne Rücksicht auf eine solche Verhandlung nur aufgrund der Säumnis einer Partei.

5 *Rosenberg/Schwab/Gottwald*, § 59 II; *Schneider*, MDR 1976, 93.
6 *Rosenberg/Schwab/Gottwald*, § 90 Rn. 5.

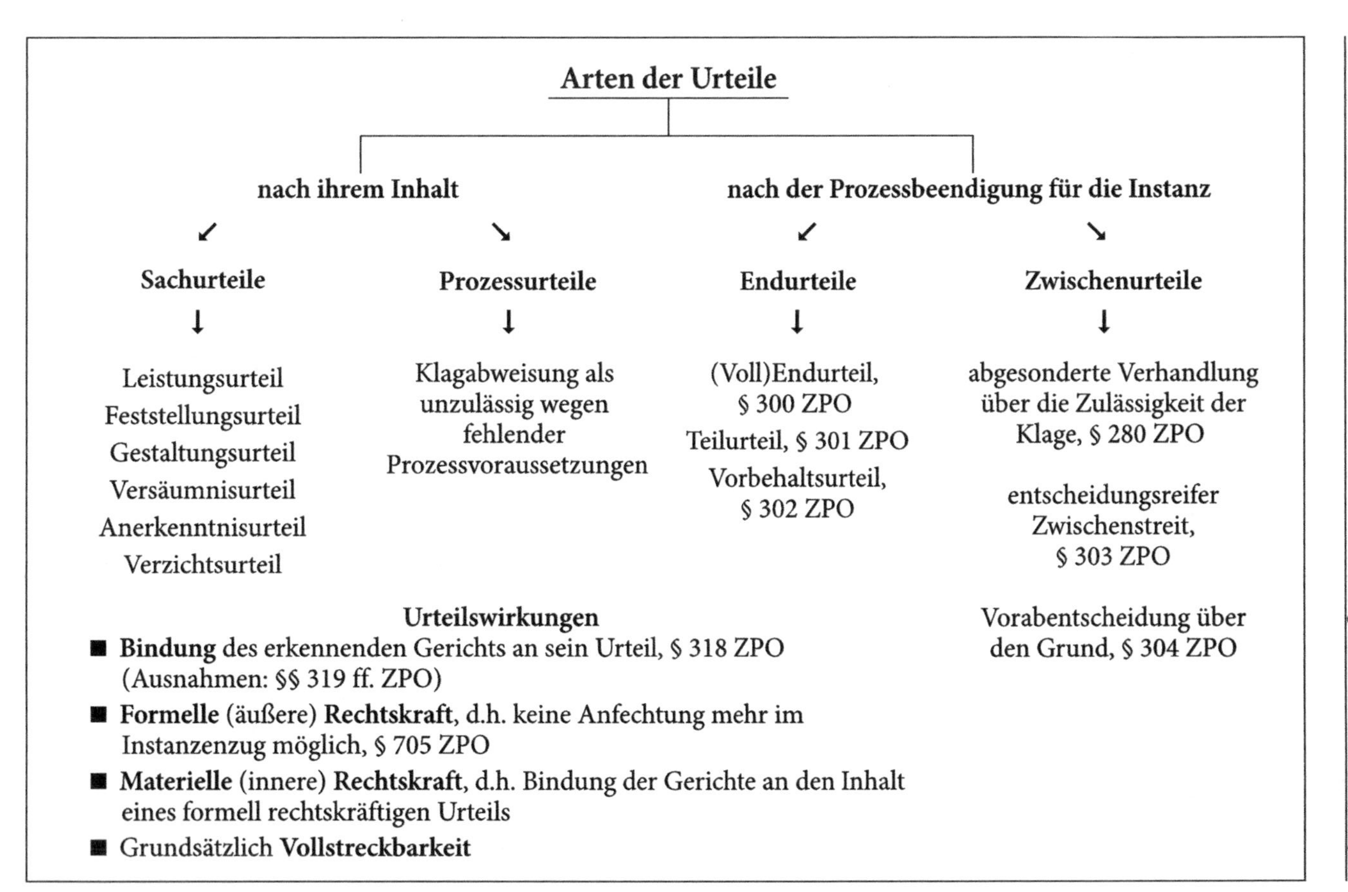
Arten der Urteile
nach ihrem Inhalt
nach der Prozessbeendigung für die Instanz
Sachurteile
Prozessurteile
Endurteile
Zwischenurteile
Leistungsurteil
Feststellungsurteil
Gestaltungsurteil
Versäumnisurteil
Anerkenntnisurteil
Verzichtsurteil
Klagabweisung als unzulässig wegen fehlender Prozessvoraussetzungen
(Voll)Endurteil, § 300 ZPO
Teilurteil, § 301 ZPO
Vorbehaltsurteil, § 302 ZPO
abgesonderte Verhandlung über die Zulässigkeit der Klage, § 280 ZPO
entscheidungsreifer Zwischenstreit, § 303 ZPO
Vorabentscheidung über den Grund, § 304 ZPO
Urteilswirkungen
■ Bindung des erkennenden Gerichts an sein Urteil, § 318 ZPO (Ausnahmen: §§ 319 ff. ZPO)
■ Formelle (äußere) Rechtskraft, d.h. keine Anfechtung mehr im Instanzenzug möglich, § 705 ZPO
■ Materielle (innere) Rechtskraft, d.h. Bindung der Gerichte an den Inhalt eines formell rechtskräftigen Urteils
■ Grundsätzlich Vollstreckbarkeit

Erledigung des Rechtsstreits durch gerichtliches Urteil

streitentscheidendes Endurteil § 300 ZPO	**Prozessurteil als Endurteil**	**Versäumnisurteil als Endurteil**	**unechtes Versäumnisurteil**	**Anerkenntnisurteil**
↓	↓	↓	↓	↓
grundsätzlich nach durchgeführter mündlicher Verhandlung Ausnahmen: § 128 Abs. 2, 3 ZPO; §§ 251a, 331a ZPO	Klagabweisung wegen fehlender Prozessvoraus-setzungen: Klage wird als unzulässig zurückgewiesen, § 335 Abs. 1 Nr. 1 ZPO	Säumnis des Beklagten: bei schlüssiger Klage Verurteilung, § 331 ZPO ↓ Säumnis des Klägers: Klagabweisung wegen Unbegründetheit, § 330 ZPO	Säumnis des Beklagten: bei fehlender Schlüssigkeit erfolgt jedoch Klagabweisung wegen Unbegründetheit, § 331 Abs. 2 ZPO	Beklagter erkennt in der mündlichen Verhandlung oder im schriftlichen Vorverfahren den Anspruch an, § 307 ZPO
↓	↓	↓	↓	↓
Instanz wird beendet	Instanz wird beendet	Instanz wird u.U. nicht beendet	Instanz wird beendet	Instanz wird beendet
↓	↓	↓	↓	↓
Berufung §§ 511 ff. ZPO Revision §§ 542 ff. ZPO	Berufung §§ 511 ff. ZPO Revision §§ 542 ff. ZPO	Einspruch §§ 338 ff. ZPO	Berufung §§ 511 ff. ZPO Revision §§ 542 ff. ZPO	Berufung §§ 511 ff. ZPO Revision §§ 542 ff. ZPO

II. Vollstreckbarkeitserklärung und Kostenentscheidung

442 Eine Abweichung vom Antragsprinzip (Dispositionsgrundsatz) sieht das Gesetz für die **Kostenentscheidung**, § 308 Abs. 2 ZPO, und den Ausspruch der **Vollstreckbarkeit**, §§ 708 ff. ZPO, vor, danach hat das Gericht grundsätzlich **von Amts wegen** über die Kostentragung und die Vollstreckbarkeit des Urteils zu entscheiden.

443 Zu den wenigen Ausnahmen von diesem Grundsatz gehört die Kostenentscheidung bei der Klagerücknahme, diese bedarf eines Antrages der Partei, § 269 Abs. 4 ZPO. In keinem Fall ist das Gericht aber an gestellte Anträge gebunden.[7]

1. Die Vollstreckbarkeitserklärung

444 Die **vorläufige Vollstreckbarkeit** ist eine vom Gesetzgeber im Interesse des Gläubigers vorgesehene Maßnahme.[8] Der Gläubiger soll die **Zwangsvollstreckung** auch schon **vor Rechtskraft** des Urteils aus diesem betreiben können. Über die vorläufige Vollstreckbarkeit hat das Gericht von Amts wegen ohne Antrag zu entscheiden, allerdings können die Parteien den Ausspruch des Gerichts durch eigene Anträge beeinflussen.[9] Der **Ausspruch unterbleibt** bei Urteilen, die mit Verkündung rechtskräftig werden, weil gegen sie z.B. kein Rechtsmittel mehr gegeben ist.

445 Damit die Zwangsvollstreckung vor Rechtskraft dem Beklagten nicht einen nicht wieder gutzumachenden wirtschaftlichen Schaden verursacht, sind die für vorläufig vollstreckbar zu erklärenden **Urteile grundsätzlich gegen Sicherheitsleistung** für vorläufig vollstreckbar zu erklären, § 709 ZPO. Die Ausnahmen und damit **ohne Sicherheitsleistung** für vorläufig vollstreckbar zu erklärende Urteile sind in § 708 ZPO geregelt, allerdings hat der Schuldner in den Fällen des § 708 Nr. 4–11 ZPO eine Abwendungsbefugnis ggf. durch eigene Sicherheitsleistung gemäß §§ 711, 712 ZPO. Ohne Sicherheitsleistung sind insbesondere Versäumnis-, Anerkenntnis- und Verzichtsurteile für vorläufig vollstreckbar zu erklären.

446 Auch in diesem Fall ist der Streitwert wieder von Interesse, denn in vermögensrechtlichen Streitigkeiten setzt § 708 Nr. 11 ZPO eine Grenze anhand des Streitwerts, danach sind Urteile, deren Gegenstand in der Hauptsache 1.250,00 € nicht übersteigt, ohne Sicherheitsleistung für vorläufig vollstreckbar zu erklären. Das gilt auch für eine Entscheidung, bei der nur die Kostenentscheidung vollstreckbar ist und der Wert der Vollstreckung

7 Zöller/*Vollkommer*, ZPO, § 308 Rn. 9.
8 BLAH/*Hartmann*, Einf. v. §§ 708–720 Rn. 2; MükoZPO/*Götz*, § 708 Rn. 2.
9 MüKoZPO/*Götz*, § 708 Rn. 3.

1.500,00 € nicht übersteigt, also immer bei einem klagabweisenden Urteil zu beachten.

Die **Höhe der Sicherheit** ist grundsätzlich in Geld zu bestimmen und hat sich an einem möglichen Schadenersatzanspruch zu orientieren. Mangels anderer Anhaltspunkte wird der Wert des vollstreckbaren Hauptanspruchs zuzüglich Zinsen und Kosten berechnet.[10] Für Geldforderungen ist es auch erlaubt, die Höhe der Sicherheitsleistung in einem bestimmten Verhältnis zur Höhe des jeweils zu vollstreckenden Betrages anzugeben, § 709 S. 2 ZPO. Hiervon wird in der Praxis häufig Gebrauch gemacht, da es die Tenorierung erleichtert. **447**

2. Die Kosten(grund)entscheidung

Die meisten gerichtlichen Entscheidungen müssen gemäß § 308 Abs. 2 ZPO eine **Kostenentscheidung** enthalten. Das gilt insbesondere für Endurteile der Instanzen, aber nicht für Teilurteile.[11] Bei der Entscheidung, wer die Kosten des Rechtsstreits zu tragen hat, kann das Gericht aber nicht nach Gutdünken verfahren, sondern ist an die Vorgaben des Gesetzes gebunden. Die §§ 91 bis 101 ZPO gelten dabei grundsätzlich für alle Verfahren, die der ZPO unterliegen.[12] Das Gericht trifft jedoch lediglich eine Entscheidung **dem Grunde nach** und nicht dem Betrage nach, die **betragsmäßige Höhe** der Kosten des Rechtsstreits wird erst im nachfolgenden **Kostenfestsetzungsverfahren** gemäß §§ 103 ff. ZPO ermittelt. Aufgrund dessen sprechen Kostenrechtler häufig von der „Kostengrundentscheidung". **448**

Nach Verfahrensrecht, das insoweit materielles Recht ist, hat grundsätzlich der **Unterlegene** die **Kosten** des Verfahrens **zu tragen** und insbesondere dem Gegner dessen Kosten zu erstatten, § 91 Abs. 1 S. 1 ZPO, § 97 Abs. 1 ZPO. **449**

Von diesem Grundsatz gibt es einige Ausnahmen, nämlich, wenn der Unterlegene das Verfahren nicht veranlasst hat, § 93 ZPO; die Kostenerstattung ausdrücklich ausgeschlossen ist oder beschränkt ist, so in Patentstreitsachen und ähnlichen Verfahren mit meist hohen Streitwerten und Parteien mit wirtschaftlich sehr unterschiedlicher Stärke (§ 144 PatG). **450**

Wenn jede Partei **teils obsiegt und teils unterliegt**, sind die Kosten gegeneinander aufzuheben oder verhältnismäßig zu teilen, § 92 Abs. 1 ZPO. „Gegeneinander aufheben" bedeutet, dass außergerichtliche Kosten nicht erstattet (jeder trägt hier seine eigenen Kosten) und die Gerichtskosten geteilt werden. **451**

---

10 Zöller/*Herget*, ZPO, § 709 Rn. 4.
11 *Rosenberg/Schwab/Gottwald*, § 59 Rn. 24.
12 MüKoZPO/*Schulz*, Vorbemerkung zu § 91 Rn. 3.

Bei der verhältnismäßigen Teilung enthält die Kostengrundentscheidung eine Quotelung der Kosten.

→ **Beispiel:**
Kläger trägt 1/3 und Beklagter 2/3 der Kosten; bzw. eine Partei trägt 70 % und die andere Partei 30 % der Kosten.

Das Gericht kann ausnahmsweise von einer Kostenteilung absehen, wenn die Zuvielforderung der anderen Partei verhältnismäßig geringfügig war und **keine oder nur geringfügig höhere** Kosten verursacht hat; in diesem Fall können die Kosten einer Partei allein auferlegt werden, § 92 Abs. 2 Nr. 1 ZPO.

452 § 95 ZPO ordnet an, dass die Partei, die einen Termin oder eine Frist versäumt oder die Verlegung eines Termins, die Vertagung einer Verhandlung, die Anberaumung eines Termins zur Fortsetzung der Verhandlung oder die Verlängerung einer Frist durch ihr Verschulden veranlasst, die dadurch verursachten Kosten zu tragen hat.

Ähnliches gilt nach § 96 ZPO für die **Kosten eines ohne Erfolg gebliebenen Angriffs- oder Verteidigungsmittels**. Diese können der Partei auferlegt werden, die es geltend gemacht hat, auch wenn sie in der Hauptsache obsiegt. Gemeint sind die Kosten, die durch Bestreiten, Einreden und Einwendungen einer Partei entstehen, nicht aber um die Kosten für eingelegte Rechtsmittel, Letztere sind in § 97 ZPO getrennt geregelt.

453 Die Kosten eines ohne Erfolg eingelegten **Rechtsmittels** fallen danach der Partei zur Last, die es eingelegt hat, § 97 ZPO. Die Kosten des Rechtsmittelverfahrens sind der obsiegenden Partei ganz oder teilweise aufzuerlegen, wenn sie aufgrund eines neuen Vorbringens obsiegt, das sie in einem früheren Rechtszug geltend zu machen imstande war.

454 Das Gesetz sieht auch eine Regelung für einen **Vergleichsabschluss** vor, dessen Kosten sind als gegeneinander aufgehoben anzusehen, wenn nicht die Parteien ein anderes vereinbart haben. Das Gleiche gilt von den Kosten des durch Vergleich erledigten Rechtsstreits, soweit nicht über sie bereits rechtskräftig erkannt ist, § 98 ZPO. Hierbei ist jedoch zu beachten, dass die gesetzliche Regelung nur einschlägig ist, wenn die Parteien im Vergleich keine Regelung getroffen haben, andernfalls geht die im Vergleich getroffene Kostenregelung vor.[13]

13 BGH v. 20.12.2006 VII ZB 54/06 – Rpfleger 2007, 271 = MDR 2007, 609; BbgOLG v. 17.10.2002 – 9 WF 169/02 – FamRZ 2003, 1573; Zöller/*Herget*, ZPO, § 98 Rn. 1.

III. Die Rechtskraft und ihre Beseitigung

455 Jeder Rechtsstreit muss einmal ein Ende haben, das gebieten Rechtsfrieden und Rechtssicherheit. Die Parteien müssen sich darauf verlassen können, dass nach einem bestimmten Zeitpunkt die gerichtliche Entscheidung nicht mehr abgeändert werden kann. Dieses Ziel wird zunächst dadurch erreicht, dass das Gericht selbst an seine Entscheidung gebunden ist, § 318 ZPO. Diese **innerprozessuale Bindungswirkung** bedeutet, dass das Gericht das Urteil nicht ändern oder widerrufen kann.[14] Damit Urteile nicht nur vorläufig vollstreckbar, sondern **endgültig vollstreckbar** sind, müssen sie **rechtskräftig** sein, § 704 ZPO. Wir unterscheiden zwischen der formellen und der materiellen Rechtskraft.

1. Die formelle Rechtskraft

456 Die **formelle (oder äußere) Rechtskraft** nicht nur von Urteilen, sondern auch von Beschlüssen[15] tritt ein, wenn alle Rechtsmittel ausgeschöpft sind, d.h. der Instanzenzug durch eine unanfechtbare Entscheidung beendet ist, § 705 ZPO. Die formelle Rechtskraft wird meistens mit der Unanfechtbarkeit gleichgesetzt,[16] obwohl auch aus § 705 ZPO abzuleiten ist,[17] dass nur Entscheidungen, die mit einem befristeten Rechtsmittel bzw. dem Einspruch anfechtbar sind, der formellen Rechtskraft fähig sind. Darüber zu streiten ist müßig, denn auch die unanfechtbaren Entscheidungen sind unangreifbar und damit rechtskräftig.

Auch mit erfolglosem Ablauf der Rechtsmittelfrist wird ein Urteil formell rechtskräftig, dies gilt auch, wenn ein solches Rechtsmittel zurückgenommen wird oder wenn die Parteien auf Rechtsmittel verzichtet haben.[18]

2. Die materielle Rechtskraft

457 Die formelle Rechtskraft bewirkt, dass ein einzelner Prozess nicht unbeschränkt weitergeführt werden kann. Sie verhindert aber nicht, dass derselbe Anspruch nicht noch einmal geltend gemacht werden könnte.

Dieses verhindert die **materielle (innere) Rechtskraft**.[19] Durch sie soll vermieden werden, dass Gerichte Entscheidungen verschiedenen Inhalts in derselben Angelegenheit und bezüglich desselben Anspruchs erlassen. Sie

---

14 MüKoZPO/*Musielak*, § 318 Rn. 3; Zöller/*Vollkommer*, ZPO, § 318 Rn. 10; *Rosenberg/Schwab/Gottwald*, § 61 Rn. 1.

15 Zöller/*Stöber*, ZPO, § 705 Rn. 1.

16 So MüKoZPO/*Götz*, § 705 Rn. 1; Zöller/*Stöber*, ZPO, § 705 Rn. 3.

17 *Rosenberg/Schwab/Gottwald*, § 149 Rn. 1, 2.

18 Zöller/*Stöber, ZPO*, § 705 Rn. 10.

19 S. hierzu *Rosenberg/Schwab/Gottwald*, § 151.

bedeutet die **Bindung der Gerichte an** den Inhalt eines **formell rechtskräftigen Urteils**. Die formelle und die materielle Rechtskraft stehen in einem untrennbaren Verhältnis zueinander, denn nur eine formell rechtskräftige Entscheidung ist der materiellen Rechtskraft fähig. Der Rechtskraft fähig sind alle endgültigen und vorbehaltslosen Entscheidungen deutscher Gerichte, also formell rechtskräftige Endurteile, und zwar sowohl Sach- als auch Prozessurteile, streitige als auch Versäumnisurteile, Voll- und Teilurteile, aber auch Kostenfestsetzungsbeschlüsse, Vollstreckungsbescheide, Zuschlagsbeschlüsse im Zwangsversteigerungsverfahren, § 322 Abs. 1 ZPO.[20]

Beschlüsse sind der materiellen Rechtskraft fähig, wenn sie formell rechtskräftig werden; das ist immer der Fall, wenn sie mit der sofortigen Beschwerde anfechtbar sind und wenn sie einen Streit entscheiden, dessen Wirkung über den Prozess hinausgeht.

Nicht der materiellen Rechtskraft fähig sind Vorbehalts- und Grundurteile[21] oder Prozessvergleiche.[22]

458 Zu betonen sind jedoch noch die **objektiven Grenzen** der Rechtskraft,[23] denn nach § 322 Abs. 1 ZPO sind Urteile der materiellen Rechtskraft nur insoweit fähig, als über den durch Klage oder Widerklage erhobenen Anspruch entschieden ist, womit der Streitgegenstand und nicht der materiellrechtliche Anspruch gemeint ist.

Ob noch neue Tatsachen vorgebracht werden können, hängt von den **zeitlichen Grenzen** der Rechtskraft ab,[24] denn die Rechtskraft der Entscheidung bezieht sich immer auf den Zeitpunkt der letzten Tatsachenverhandlung. Ein Teil der Wirkung der Rechtskraft ist insoweit auch die **Präklusionswirkung**. In einem neuen Prozess können die Parteien deshalb Tatsachen vorbringen, die erst nach der letzten mündlichen Verhandlung entstanden sind, nicht aber solche, die schon vorher hätten vorgetragen werden können.

Grundsätzlich wirkt ein Urteil nur zwischen den Parteien, § 325 Abs. 1 ZPO.[25] Für bestimmte Fälle ist jedoch eine Erweiterung der **subjektiven Grenzen** der Rechtskraft vorgesehen, nämlich dann, wenn das Gesetz anordnet, dass das Urteil für und gegen alle wirkt.[26] Hauptanwendungsfall einer Rechtskraftwirkung „für und gegen alle“ waren Urteile im frühe-

20 MüKoZPO/*Gottwald*, § 322 Rn. 26 ff.; Zöller/*Vollkommer*, ZPO, Vor § 322 Rn. 8, 9.

21 MüKoZPO/*Gottwald*, § 322 Rn. 37.

22 MüKoZPO/*Gottwald*, § 322 Rn. 38; Zöller/*Vollkommer*, ZPO, Vor § 322 Rn. 9a.

23 Ausführlich *Rosenberg/Schwab/Gottwald*, § 154; MüKoZPO/*Gottwald*, § 322 Rn. 83 ff.

24 *Rosenberg/Schwab/Gottwald*, § 155; MüKoZPO/*Gottwald*, § 322 Rn. 136 ff.

25 Zu den subjektiven Grenzen *Rosenberg/Schwab/Gottwald*, § 156; siehe auch MüKoZPO/*Gottwald*, Anmerkungen zu § 325.

26 MüKoZPO/*Gottwald*, § 325 Rn. 3; Zöller/*Vollkommer*, ZPO, § 325 Rn. 2.

ren Kindschaftsverfahren nach §§ 640, 640h ZPO a.F. Dieses ist auch heute so für die rechtskräftigen Beschlüsse in Abstammungssachen nach §§ 169 ff. FamFG, durch die das Nichtbestehen einer Vaterschaft festgestellt oder die Feststellung der Vaterschaft ausgesprochen wird, §§ 182, 184 Abs. 2 FamFG.

3. Beseitigung der materiellen Rechtskraft

459 Das Gesetz sieht nur in besonderen **Ausnahmefällen** eine **Beseitigung** der Rechtskraft vor.[27] Eine vom Gesetz vorgesehene Möglichkeit ist das **Wiederaufnahmeverfahren**, §§ 578 ff. ZPO, das bei besonders schweren Verfahrensmängeln oder bei feststehender offensichtlicher Erschütterung der Richtigkeit des Urteils vorgesehen ist.

Es handelt sich nicht um ein Rechtsmittelverfahren, sondern um eine neue Klage, die darauf gerichtet ist, das rechtskräftige Urteil wieder aufzuheben.

460 Es bieten sich zwei verschiedene Klagen an, § 578 Abs. 1 ZPO: die **Nichtigkeitsklage** nach § 579 ZPO wegen schwerer Verfahrensmängel und die **Restitutionsklage** nach § 580 ZPO wegen schwerer und zudem offensichtlicher Mängel an den Urteilsgrundlagen. Dabei ist die Letztere gegenüber der Nichtigkeitsklage subsidiär, denn § 578 Abs. 2 ZPO ordnet an, dass diese bis zur rechtskräftigen Entscheidung über die Nichtigkeitsklage auszusetzen ist.

IV. Kostenrechtliche Betrachtung

461 Der Erlass eines Urteils mit Kostengrundentscheidung bedeutet für den Rechtsstreit die Beendigung der Instanz und hat auch kostenrechtliche Konsequenzen.

462 Gemäß § 9 Abs. 2 Nr. 1 GKG werden mit Erlass einer unbedingten Entscheidung über die Kosten alle bis dahin noch nicht fälligen **Gerichtsgebühren** sowie die **Auslagen** fällig. Aus diesem Grunde hat die aktenführende Person die Akte dem Kostenbeamten zur endgültigen Berechnung der Kosten (Schlusskostenrechnung) vorzulegen, § 3 Abs. 1 Nr. 1 KostVfg. Kostenschuldner ist derjenige, dem die Kosten durch die gerichtliche Entscheidung auferlegt wurden (Entscheidungsschuldner), § 29 Nr. 1 GKG als Erstschuldner (→ Rn. 131).

27 S. hierzu *Rosenberg/Schwab/Gottwald*, § 159; aber auch MüKoZPO/*Braun*, Vorbemerkung zu § 578.

463 Wenn die Parteien durch Rechtsanwälte vertreten waren, dann stellt der Erlass der Kostengrundentscheidung einen Fälligkeitstatbestand gemäß § 8 Abs. 1 S. 2 RVG für die **Rechtsanwaltsvergütung** dar.

Der Rechtsanwalt kann nun seine Vergütung von seinem Auftraggeber einfordern, § 10 Abs. 1 RVG. Dieses hat unter Beifügung einer Berechnung zu geschehen, bei der die Beträge der einzelnen Gebühren und Auslagen, Vorschüsse, eine kurze Bezeichnung des jeweiligen Gebührentatbestands, die Bezeichnung der Auslagen sowie die angewandten Vorschriften des Vergütungsverzeichnisses und der Gegenstandswert anzugeben sind; bei Entgelten für Post- und Telekommunikationsdienstleistungen genügt die Angabe des Gesamtbetrags, § 10 Abs. 2 RVG.

H. Die Besonderheiten des Versäumnisverfahrens

464 Im Zivilprozess kann eine Partei nicht gezwungen werden zu einem anberaumten Termin zu erscheinen bzw. im schriftlichen Verfahren sich fristgemäß zu äußern. Deshalb regelt das Gesetz die Folgen der Säumnis einer Partei ausdrücklich,[1] wobei es unterschiedliche Auswirkungen hat, ob der Kläger oder der Beklagte säumig ist; in der gerichtlichen Praxis ist überwiegend Letzteres der Fall.

I. Voraussetzungen

465 Zunächst einmal kommt es darauf an, ob das Gericht das Verfahren mündlich durchführen will oder ob es sich um ein schriftliches Verfahren handelt. Die Entscheidung trifft der Vorsitzende gem. § 272 Abs. 2 ZPO (→ Rn. 285 ff.).

Eine Partei ist **säumig**, wenn sie zu einem ordnungsgemäß anberaumten Verhandlungstermin (früher erster Termin, Haupttermin) **nicht erscheint oder im Termin nicht verhandelt**, § 333 ZPO. Es muss ein Termin zur mündlichen Verhandlung anberaumt sein, §§ 216, 332 ZPO, und die Parteien müssen ordnungsgemäß hierzu geladen worden sein, d.h., die Ladungs- und Einlassungsfristen müssen gewahrt sein, § 274 Abs. 3 ZPO. Handelt es sich um einen Parteienprozess, dann müssen die Parteien selbst erscheinen. Im Falle des Anwaltszwangs kommt es nicht auf das Nichterscheinen der Parteien persönlich an, sondern es gelten die allgemeinen Grundsätze, d.h., wenn deren Prozessbevollmächtigte erschienen sind, dann ist die Partei im Verhandlungstermin nur säumig, wenn der Prozessbevollmächtigte nicht verhandelt. Unter dem Begriff „verhandeln" versteht man das Stellen der Sachanträge im Verhandlungstermin, § 137 Abs. 1 ZPO.

Ist das **schriftliche Verfahren** angeordnet, dann ist der Beklagte säumig, wenn er seine **Verteidigungsbereitschaft nicht fristgemäß** erklärt. Mit

1 S. hierzu *Rosenberg/Schwab/Gottwald*, § 105.

Zustellung der Klageschrift wird der Beklagte in diesem Fall aufgefordert, binnen einer Notfrist von 2 Wochen nach Zustellung der Klageschrift mitzuteilen, ob er sich verteidigen will, § 276 Abs. 1 S. 1 ZPO. Geht seine Erklärung nicht innerhalb der Notfrist ein, dann wird er als säumig behandelt.

466 Im Falle der Säumnis kann auf Antrag der gegnerischen Partei dann ein **Versäumnisurteil** gegen die säumige Partei ergehen, §§ 330, 331 ZPO.

Vorher muss das Gericht allerdings die Zulässigkeit der Klage prüfen, denn das Versäumnisurteil ist ein **Sachurteil** und darf nur ergehen, wenn die Klage zulässig ist, d.h., wenn die Prozessvoraussetzungen erfüllt sind. Wenn das Gericht zu dem Ergebnis kommt, dass eine Prozessvoraussetzung endgültig fehlt, dann muss es die Klage als unzulässig zurückweisen.

Dieses **unechte Versäumnisurteil** ist kein Sachurteil, sondern ein **Prozessurteil**.

1. Säumnis des Beklagten

467 Erscheint der Beklagte nicht im Termin zur mündlichen Verhandlung oder verhandelt er nicht zur Sache, dann gilt das tatsächliche Vorbringen des Klägers als zugestanden, § 331 Abs. 1 S. 1 ZPO. Das Gericht prüft die Klage hinsichtlich Zulässigkeit und Schlüssigkeit, aber nicht auf Begründetheit. Ist das der Fall, ergeht auf Antrag des Klägers ein **Versäumnisurteil** dergestalt, dass der **Beklagte antragsgemäß verurteilt** wird. Trifft das nicht zu, muss die Klage abgewiesen werden.

Wenn das Gericht ein **schriftliches (Vor)verfahren** angeordnet hat und der Beklagte nicht binnen einer Notfrist von 2 Wochen schriftlich seine Verteidigungsbereitschaft erklärt, dann ist er ebenfalls als säumig zu behandeln. Ohne mündliche Verhandlung kann dann auf Antrag des Klägers das Versäumnisurteil ergehen, § 331 Abs. 3 ZPO. Nur wenn die Erklärung des Beklagten noch bei Gericht eingeht, bevor das unterschriebene Urteil der Geschäftsstelle übermittelt ist, wird das Verfahren fortgesetzt. Der Antrag auf Erlass des Versäumnisurteils kann schon in der Klageschrift enthalten sein, was in der Praxis häufig auch der Fall ist.

2. Säumnis des Klägers

468 Auch in diesem Fall ist zuerst die Zulässigkeit der Klage zu prüfen. Bei Fehlen ergeht wiederum ein unechtes Versäumnisurteil auf Abweisung wegen Unzulässigkeit. Ist die Zulässigkeit festgestellt, wird die **Klage durch Versäumnisurteil abgewiesen**, ohne dass eine sachliche Prüfung stattfindet. Diese Schlechterstellung des Klägers wird damit begründet, dass er das Verfahren in Gang gesetzt hat und nun nicht zum Termin erscheint.

Amtsgericht Wedding
Geschäftsnummer: 2 C 666/16

Verkündet am:
Unterschrift, Justizbeschäftigte

Im Namen des Volkes
– Versäumnisurteil –

In dem Rechtsstreit

der Hauseigentümerin Charlotte Callsen, Marienfelder Allee 123, 12107 Berlin,
– Klägerin –

– Prozessbevollmächtigte:
Rechtsanwälte Albert Abel, Bernd Bethke und Roswitha Reimer,
Alt-Tempelhof 1, 12103 Berlin –

gegen

1. Dachdeckermeister Joachim Jansen, Deutsche Str. 7, 13407 Berlin,
2. Heizungsbauer Rudi Lustig, Ritterlandweg 17, 13409 Berlin,

– Beklagte –

– Prozessbevollmächtigter:
Rechtsanwalt Jens Jansen, Wollankstr. 120, 13187 Berlin –

hat das Amtsgericht Wedding, Abt. 2,
auf die mündliche Verhandlung vom 4. Februar 2017
durch die Richterin am Amtsgericht Altrichter für Recht erkannt:

1. Die Beklagten werden gesamtschuldnerisch verurteilt, an die Klägerin 9.000,00 € nebst Zinsen in Höhe von fünf Prozentpunkten über dem Basiszinssatz seit dem 1. Januar 2016 zu zahlen.
2. Das Urteil ist vorläufig vollstreckbar.
3. Die Kosten des Rechtsstreits tragen die Beklagten.

Rechtsbehelfsbelehrung:

Gegen dieses Versäumnisurteil ist der Einspruch statthaft. Dieser ist binnen einer Notfrist von 2 Wochen ab Zustellung des Urteils beim Amtsgericht Wedding, Brunnenplatz 1, 13257 Berlin, schriftlich oder zu Protokoll der Geschäftsstelle einzulegen. Die Einspruchsschrift muss die Bezeichnung des angefochtenen Versäumnisurteils sowie die Erklärung enthalten, dass Einspruch gegen diese Entscheidung eingelegt wird.

Altrichter
Richterin am Amtsgericht

II. Der Einspruch

469 Gegen ein **echtes Versäumnisurteil** ist der Rechtsbehelf des **Einspruchs** statthaft, § 338 ZPO. Er unterscheidet sich von den Rechtsmitteln dadurch, dass ihm der Devolutiveffekt fehlt, d.h., er bringt den Rechtstreit nicht in die nächste Instanz.

470 Der Einspruch ist binnen einer **Notfrist von 2 Wochen** ab Zustellung des Urteils bei dem erkennenden Gericht einzulegen, § 339 Abs. 1 ZPO, welches auch über den Einspruch entscheidet. Der Einspruch muss schriftlich eingelegt und begründet werden, § 340 Abs. 1, 3 ZPO. In der Einspruchsschrift hat die Partei ihre Angriffs- und Verteidigungsmittel vorzutragen; sie ist der Gegenseite zuzustellen, dabei ist gleichzeitig mitzuteilen, wann das Versäumnisurteil zugestellt worden ist, § 340a ZPO.

471 Ist der **Einspruch** rechtzeitig eingelegt, d.h. **zulässig**, dann hat das Gericht einen neuen Termin zur mündlichen Verhandlung über den Einspruch und die Hauptsache anzuberaumen, § 341a ZPO; andernfalls ist der Einspruch durch ein Urteil, das ohne mündliche Verhandlung ergehen kann, zu verwerfen, § 341 ZPO. Bei zulässigem Einspruch wird der Prozess in die Lage zurückversetzt, in der er sich vor der Säumnis befand, § 342 ZPO. Nach erneuter mündlicher Verhandlung kann das **Versäumnisurteil aufrechterhalten bleiben**, wenn das Gericht der Auffassung ist, dass das Urteil vom Ausspruch her zutreffend ist, § 343 ZPO. Dieses geschieht durch ein neues Urteil, dessen Tenor dann die Feststellung trifft, dass das Versäumnisurteil aufrecht erhalten bleibt. Lediglich hinsichtlich der Kosten und der Vollstreckbarkeit bedarf es einer Änderung. Die **Säumniskosten** müssen nun dem Einspruchsführer auferlegt werden, § 344 ZPO. Da es sich nun nicht mehr um ein Versäumnisurteil handelt, muss die Vollstreckbarkeit nach den üblichen Voraussetzungen festgestellt werden. Fällt es unter § 708 ZPO, dann ohne Sicherheitsleistung, andernfalls ist § 709 ZPO einschlägig, wonach die Vollstreckung nur gegen Sicherheitsleistung fortgeführt werden darf.[2]

Das Versäumnisurteil kann aber auch durch ein streitiges Urteil aufgehoben und eine andere Entscheidung getroffen werden. Die Kosten der Säumnis muss der Säumige tragen, wenn er in der Hauptsache unterliegt, § 344 ZPO.

472 Erscheint die Partei im Termin auf den Einspruch wieder nicht oder verhandelt sie nicht, dann wird durch ein **zweites Versäumnisurteil** der Einspruch verworfen. Gegen dieses Urteil ist dann **nicht** noch einmal der Einspruch statthaft, § 345 ZPO.

---

2 Zöller/*Herget*, ZPO, § 709 Rn. 8.

473 Ein echtes erstes Versäumnisurteil kann nicht mit der Berufung angefochten werden, § 514 Abs. 1 ZPO. Eine Ausnahme davon gilt jedoch für das unechte Versäumnisurteil sowie für das zweite Versäumnisurteil. Gegen diese ist die Berufung statthaft. Im Falle eines zweiten Versäumnisurteils ist die Berufung unabhängig von der Erreichung eines bestimmten Beschwerdewertes, § 514 Abs. 2 ZPO.

III. Auswirkungen auf Gerichts- und Rechtsanwaltskosten

474 Die Beendigung des Rechtsstreits durch ein **Versäumnisurteil** hat keinen Einfluss auf den Gebührenstreit- und Gegenstandswert, es gilt § 40 GKG. Das Versäumnisurteil stellt aber auch **keinen Ermäßigungstatbestand** dar, da es in KV 1211 nicht genannt ist, sodass es bei der 3,0 Verfahrensgebühr nach KV 1210 bleibt.

475 Die Versagung der Ermäßigung der **Gerichtsgebühr** im Falle eines Versäumnisurteils gegen den Beklagten hatte **verfassungsrechtliche Bedenken** aufkommen lassen. Die dem Wortlaut nach eindeutige Regelung verbietet eine Auslegung des Gesetzes gegen das gesetzgeberische Ziel, sodass die Grundgesetzwidrigkeit (Verstoß gegen den Gleichbehandlungsgrundsatz, das Verhältnismäßigkeitsprinzip und das Willkürverbot) durch das hierfür allein zuständige Bundesverfassungsgericht festgestellt werden sollte.[3] Das BVerfG[4] hat die Vorlage als unzulässig zurückgewiesen, weil sich das vorlegende Landgericht nicht genügend mit der Gesetzesbegründung auseinandergesetzt habe, sodass die Verfassungswidrigkeit der Norm nicht feststeht.

476 Die Beendigung des Rechtsstreits durch Versäumnisurteil hat unter Umständen Einfluss auf die Höhe der **Rechtsanwaltsgebühren**. In der Praxis kommt es sehr häufig vor, dass der Beklagte sich weder auf die erhobene Klage äußert noch im Termin zur mündlichen Verhandlung erscheint. In diesem Fall ist hinsichtlich der **Terminsgebühr** des Rechtsanwalts VV 3105 einschlägig, wonach die Gebühr VV 3104 nach einem ermäßigten Gebührensatz von 0,5 anfällt, wenn der Rechtsanwalt einen Termin wahrnimmt, in dem eine Partei nicht erschienen oder nicht ordnungsgemäß vertreten ist und lediglich ein Antrag auf Versäumnisurteil oder zur Prozess- oder Sachleitung gestellt wird.

---

3 Vorlage des LG Tübingen v. 21.3.1996 – 7 O 417/95 – JurBüro 1997, 650 u. Ergänzungsbeschluss, JurBüro 1999, 149.

4 BVerfG v. 27.8.1999 – 1 BvL 7/96 – NJW 1999, 3550 = JurBüro 2000, 146.

→ **Beispiel: Versäumnisurteil**

Kl. vertreten durch RA klagt auf Zahlung von 800,00 €. Im Termin zur mündlichen Verhandlung erscheint der ordnungsgemäß geladene Beklagte nicht; nur der ProzBev. des Kl. ist erschienen. Kl.-Vertr. beantragt den Erlass eines Versäumnisurteils, das antragsgemäß erlassen wird.

Gerichtsgebühren bei Einreichen der Klage:

3,0 Verfahrensgebühr, KV 1210 GKG
Gebührenstreitwert: 800,00 €
Gebühr: 159,00 €

Gerichtsgebühren bei Beendigung durch Versäumnisurteil:

Es bleibt bei der 3,0 Verfahrensgebühr, da kein Ermäßigungstatbestand vorliegt.

Rechtsanwaltsgebühren:

Kl.-Vertr. hat 1,3 Verfahrensgebühr gem. VV 3100 in Höhe von 104,00 € nach dem Gegenstandswert von 800,00 € verdient. Durch die Wahrnehmung des Termins erhält er aber keine 1,2 Terminsgebühr nach VV 3104, sondern lediglich eine 0,5 Terminsgebühr nach VV 3105 im Betrag von 40,00 €.

477 In der Literatur und Rechtsprechung[5] war strittig, ob diese Ermäßigung auch gilt, wenn der Rechtsanwalt nacheinander mehrere Termine wahrnimmt, in denen die obigen Voraussetzungen erfüllt sind. Das ist beispielsweise auch der Fall, wenn die Partei im Termin auf den Einspruch ebenfalls wieder säumig ist. Nach Auffassung des BGH[6] ist in diesem Fall für die Terminsgebühr VV 3104 und nicht VV 3105 einschlägig; zwar sei der Wortlaut der Nr. 3105 nicht eindeutig, wonach von der „Wahrnehmung nur eines Termins, in dem eine Partei nicht erschienen oder nicht ordnungsgemäß vertreten ist …" die Rede ist; es spräche jedoch eine daran anknüpfende Auslegung für die Auffassung, dass im vorliegenden Fall eine 1,2 Terminsgebühr entstanden sei. Denn das Wort „nur" wäre überflüssig, wenn die Vorschrift auch bei mehrmaligen Terminen einschlägig sein solle. Das Auftauchen der Formulierung in der Gesetzesbegründung (BT-Drs. 15/1971 S. 212) lasse den Schluss zu, dass der Gesetzgeber die verminderte Terminsgebühr nur für den Fall der Wahrnehmung eines **einzigen** Termins vorsehen wollte; da in der Gesetzesbegründung auch ausdrücklich auf den geringeren Aufwand des Rechtsanwalts in diesem Fall eingegangen werde. Für diese enge Auslegung spricht auch, dass Nr. 3105 VV RVG lediglich einen Ermäßigungstatbestand zu Nr. 3104 VV RVG darstellt und keine eigene Gebührenart.[7]

---

5 Nachweise s. bei *von König*, RpflStud 2006, 73, siehe auch *Hartmann*, RVG, VV 3105 Rn. 3; Gerold/Schmidt/*Müller-Rabe*, RVG, VV 3105 Rn. 58.

6 BGH v. 7.6.2006 – VIII ZB 108/05 – AGS 2006, 366 m. Anm. *Schons/Schneider*; s. auch BGH v. 18.7.2006 – XI ZB 41/05 – Rpfleger 2006, 625 = NJW 2006, 2927; OLG Koblenz v. 10.2.2015 – 14 W 75/15 – Rpfleger 2015, 671; siehe auch *von König*, RpflStud 2007, 25.

7 Gerold/Schmidt/*Müller-Rabe*, RVG, VV 3105 Rn. 58.

→ **Fortführung des o.g. Beispiels: Einspruch und Terminsanberaumung**

Bekl. legt form- und fristgerecht (zulässig) Einspruch gegen das Versäumnisurteil ein. In dem darauf anberaumten Termin erscheint wiederum der Beklagte nicht und ist auch nicht ordnungsgemäß vertreten. Daraufhin ergeht erneut VU (zweites VU), durch das der Einspruch verworfen wird und die weiteren Kosten dem Beklagten auferlegt werden.

Gerichtsgebühren:

Es bleibt bei der 3,0 Verfahrensgebühr, da wiederum kein Ermäßigungstatbestand vorliegt.

Rechtsanwaltsgebühren:

Zusätzlich zu der 1,3 Verfahrensgebühr gem. VV 3100 in Höhe von 104,00 € aus dem Wert von 800,00 € erhält der Rechtsanwalt für die Wahrnehmung des Termins in dem das 2. VU ergeht nun eine 1,2 Terminsgebühr nach VV 3104 aus dem Gegenstandswert von 800,00 € in Höhe von 96,00 €. Da der Rechtsanwalt die Gebühren pro Instanz nur einmal erhält, § 15 Abs. 2 RVG, geht die 0,5 Terminsgebühr aus dem ersten Termin darin auf.

478 Ist zuvor schon in einem Termin die 1,2 Terminsgebühr nach VV 3104 RVG entstanden, was bei Wahrnehmung der Güteverhandlung der Fall ist, dann ändert die Säumnis im späteren Verhandlungstermin nichts an der Höhe der Terminsgebühr.[8]

Die volle Terminsgebühr entsteht für den Klägervertreter auch dann, wenn der Beklagte im Verhandlungstermin nicht ordnungsgemäß vertreten ist, der Klägervertreter aber über den Antrag auf Erlass eines Versäumnisurteils hinaus mit dem Gericht die Zulässigkeit seines schriftlich angekündigten Sachantrags erörtert oder mit dem persönlich anwesenden Beklagten Möglichkeiten einer einverständlichen Regelung bespricht.[9]

---

8 OLG Naumburg v. 18.11.2013 – 2 W 23/13 – JurBüro 2014, 581.

9 BGH v. 24.1.2007 – IV ZB 21/06 – NJW 2007, 1692 = Rpfleger 2007, 343; Gerold/Schmidt/*Müller-Rabe*, RVG, VV 3105 Rn. 41.

I. Die Rechtsmittel im Zivilprozess

479 Ein **Rechtsmittel** ist ein Gesuch, mit dem beabsichtigt ist, eine noch nicht rechtskräftige gerichtliche Entscheidung anzufechten und eine günstigere Entscheidung herbeizuführen. Die Rechtsmittel der ZPO (s. umseitig beginnende Übersicht) sind die **Berufung, die Revision und die Beschwerde,** bei Letzterer unterscheiden wir die sofortige Beschwerde und die Rechtsbeschwerde.[1] Typische Merkmale eines Rechtsmittels sind es, den Eintritt der formellen Rechtskraft zu hemmen, § 705 S. 2 ZPO **(Suspensiveffekt),** was der Fortführung des Rechtsstreits dient sowie den Rechtsstreit in die nächsthöhere Instanz zu bringen **(Devolutiveffekt).** Urteile sind grundsätzlich mit der Berufung und der Revision anfechtbar. Die Beschwerde findet hauptsächlich gegen Beschlüsse statt.

480 Rechtsmittel dienen dem berechtigten Interesse der Parteien eine für sie ungünstige oder auch fehlerhafte Entscheidung korrigieren zu lassen. Aus diesem Grunde wird das erkennende Gericht gezwungen, seine Entscheidung sorgfältig zu begründen, damit sowohl die Parteien als auch die Rechtsmittelgerichte die Erwägungen nachvollziehen und überprüfen können. Das Rechtsmittelsystem dient aber auch der Rechtsfortbildung und Rechtsvereinheitlichung, was im Wesentlichen durch die Rechtskontrolle gewährleistet ist, denn die Revision und die Rechtsbeschwerde sind voll auf eine rechtliche Kontrolle beschränkt. Während bei der Berufung nach der ZPO-Reform Tatsachen auch nur noch ganz eingeschränkt nachgeprüft werden können, stellt die sofortige Beschwerde eine weitere Tatsacheninstanz zur Verfügung, da auch neue Tatsachen und Beweismittel hinzugezogen werden dürfen.

481 Auch im **Rechtsmittelverfahren** gilt die **Dispositionsmaxime**, denn das Urteil darf nur insoweit abgeändert werden, als seine Abänderung durch den Rechtsmittelkläger verlangt wird, §§ 528, 567 Abs. 1 ZPO. Aus diesem Grunde darf das Gericht ein Urteil nicht zuungunsten des Rechtsmittelklägers abändern, es gilt das **Verbot der Verschlechterung** (Verbot der reformatio in peius).

---

1 S. hierzu *Rosenberg/Schwab/Gottwald*, §§ 133–148; MüKoZPO/*Rimmelspacher*, Vorbemerkung zu § 511; s. auch Zöller/*Heßler*, ZPO, Vorbemerkungen zu §§ 511 ff.; zu §§ 542 ff.; zu §§ 567 ff.

Rechtsmittel nach der ZPO

	Berufung, §§ 511 ff. ZPO	**Revision, §§ 542 ff. ZPO**	**Sofortige Beschwerde, §§ 567 ff. ZPO**	**Rechtsbeschwerde, §§ 574 ff. ZPO**
Statthaftigkeit:	§ 511 Abs. 1: Gegen im ersten Rechtszug erlassene Endurteile.	§ 542 Abs. 1: Gegen die in der Berufungsinstanz erlassenen Endurteile. Unstatthaft bei Urteilen auf Anordnung, Abänderung oder Aufhebung eines Arrestes o. einer einstweiligen Verfügung, § 542 Abs. 2.	§ 567 Abs. 1: Gegen die im ersten Rechtszug ergangenen Entscheidungen der Amtsgerichte und Landgerichte, wenn dies im Gesetz ausdrücklich bestimmt ist oder es sich um solche eine mündliche Verhandlung nicht erfordernde Entscheidungen handelt, durch die ein das Verfahren betreffendes Gesuch zurückgewiesen worden ist.	§ 574 Abs. 1: Gegen Beschlüsse, wenn dies im Gesetz ausdrücklich bestimmt ist oder das Beschwerdegericht, das Berufungsgericht oder das Oberlandesgericht im ersten Rechtszug sie in dem Beschluss zugelassen hat.
Weitere Zulässigkeitsvoraussetzungen:	§ 511 Abs. 2: Wert des Beschwerdegegenstandes über 600,00 € **oder andernfalls** das Gericht des ersten Rechtszuges die Berufung im Urteil zugelassen hat. § 511 Abs. 4: Gericht lässt die Berufung zu, wenn die Rechtssache grundsätzliche Bedeutung hat oder die Fortbildung des Rechts oder die Sicherung einer einheitlichen Rechtspre-	§ 543 Abs. 1: Reine Zulassungsrevision. § 543 Abs. 2: Revision ist zuzulassen, wenn die Rechtssache grundsätzliche Bedeutung hat oder die Fortbildung des Rechts oder die Sicherung einer einheitlichen Rechtsprechung eine Entscheidung des Revisionsgerichts erfordert.	§ 567 Abs. 2: Gegen Entscheidungen über Kosten muss der Wert des Beschwerdegegenstands 200,00 € übersteigen.	§ 574 Abs. 2: Bei gesetzlicher Bestimmung nur zulässig, wenn die Rechtssache grundsätzliche Bedeutung hat oder die Fortbildung des Rechts oder die Sicherung einer einheitlichen Rechtsprechung eine Entscheidung des Rechtsbeschwerdegerichts erfordert. § 574 Abs. 3: Die Zulassung hat nur zu erfolgen,

(Fortsetzung v. S. 198)	**Berufung, §§ 511 ff. ZPO**	**Revision, §§ 542 ff. ZPO**	**Sofortige Beschwerde, §§ 567 ff. ZPO**	**Rechtsbeschwerde, §§ 574 ff. ZPO**
Weitere Zulässigkeitsvoraussetzungen:	chung eine Entscheidung des Berufungsgerichts erfordert und die Partei durch das Urteil mit nicht mehr als 600 Euro beschwert ist.			wenn die Voraussetzungen des § 574 Abs. 2 erfüllt sind.
Rechtsmittelgründe:	§ 513 Abs. 1: Rechtsverletzung gem. § 546 oder nach § 529 zugrunde zu legende Tatsachen rechtfertigen eine andere Entscheidung.	§ 545 Abs. 1: Revision kann nur darauf gestützt werden, dass die Entscheidung auf einer Rechtsverletzung beruht. Begriff der Rechtsverletzung: § 546. Absolute Revisionsgründe: § 547.	§ 571 Abs. 2: Die Beschwerde kann auf neue Angriffs- und Verteidigungsmittel gestützt werden. Sie kann nicht darauf gestützt werden, dass das Gericht des ersten Rechtszuges seine Zuständigkeit zu Unrecht angenommen hat.	§ 576 Abs. 1: Rechtsbeschwerde kann nur darauf gestützt werden, dass die Entscheidung auf der Verletzung des Bundesrechts oder einer Vorschrift beruht, deren Geltungsbereich sich über den Bezirk eines OLG hinaus erstreckt.
Form der Einlegung:	§ 519 Abs. 1: Einreichung einer Berufungsschrift beim Berufungsgericht – LG gem. § 72 GVG bzw. OLG gem. 119 GVG.	§ 549 Abs. 1: Einreichung einer Revisionsschrift beim Revisionsgericht – BGH gem. § 133 GVG.	§ 569 Abs. 1, 2: Einreichung einer Beschwerdeschrift bei dem Gericht, dessen Entscheidung angefochten wird oder bei dem Beschwerdegericht. Beschwerdegericht – LG gem. 72 GVG, OLG gem. § 119 GVG.	§ 575 Abs. 1: Einreichung einer Beschwerdeschrift bei dem Rechtsbeschwerdegericht – BGH gem. § 133 GVG.
Rechtsmittelfrist:	§ 517: Notfrist von 1 Monat, beginnend mit der Zustellung des in vollständiger Form abgefassten Ur-	§ 548: Notfrist von 1 Monat, beginnend mit der Zustellung des in vollständiger Form abgefassten	§ 569 Abs. 1: Soweit keine andere Frist bestimmt ist, einzulegen binnen einer Notfrist von 2 Wochen.	§ 575 Abs. 1: Notfrist von 1 Monat nach Zustellung des Beschlusses.

(Fortsetzung v. S. 199)	**Berufung, §§ 511 ff. ZPO**	**Revision, §§ 542 ff. ZPO**	**Sofortige Beschwerde, §§ 567 ff. ZPO**	**Rechtsbeschwerde, §§ 574 ff. ZPO**
Rechtsmittelfrist:	teils, spätestens aber mit dem Ablauf von fünf Monaten nach der Verkündung.	Berufungsurteils, spätestens aber mit dem Ablauf von fünf Monaten nach der Verkündung.	Die Notfrist beginnt, soweit nichts anderes bestimmt ist, mit der Zustellung der Entscheidung, spätestens mit dem Ablauf von fünf Monaten nach der Verkündung des Beschlusses.	
Schriftliche Begründung:	§ 520 Abs. 1: Berufung muss schriftlich begründet werden.	§ 551 Abs. 1: Revision ist schriftlich zu begründen.	§ 571 Abs. 1: Die Beschwerde soll begründet werden.	§ 575 Abs. 2: Die Rechtsbeschwerde ist schriftlich zu begründen.
Begründungsfrist:	§ 520 Abs. 2: 2 Monate, beginnend mit Zustellung des in vollständiger Form abgefassten Urteils, spätestens aber mit Ablauf von fünf Monaten nach der Verkündung. Frist ist verlängerbar.	§ 551 Abs. 2: 2 Monate, beginnend mit Zustellung des in vollständiger Form abgefassten Urteils, spätestens aber mit Ablauf von fünf Monaten nach der Verkündung. Frist ist verlängerbar.	Grundsätzlich nicht, aber Beschwerdegericht kann Frist setzen, § 571 Abs. 3.	§ 575 Abs. 2: Sofern die Beschwerdeschrift keine Begründung enthält, binnen einer Frist von 1 Monat zu begründen. Die Frist beginnt mit der Zustellung der angefochtenen Entscheidung. Frist ist verlängerbar.
Besonderheiten:		**Nichtzulassungsbeschwerde** nach § 544, wenn das Berufungsgericht die Revision nicht zugelassen hat. § 544 Abs. 1: Einzulegen innerhalb einer Notfrist von 1 Monat nach Zustellung des in vollständiger Form abgefassten Urteils, spätestens aber bis zum	§ 572 Abs. 1: **Abhilferecht** bzw. -pflicht des erkennenden Gerichts bei begründeter Beschwerde.	

(Fortsetzung v. S. 200)	**Berufung, §§ 511 ff. ZPO**	**Revision, §§ 542 ff. ZPO**	**Sofortige Beschwerde, §§ 567 ff. ZPO**	**Rechtsbeschwerde, §§ 574 ff. ZPO**
Besonderheiten:		Ablauf von sechs Monaten nach der Verkündung des Urteils bei dem Revisionsgericht. § 544 Abs. 2: Beschwerde ist zu begründen innerhalb von 2 Monaten nach Zustellung des in vollständiger Form abgefassten Urteils, spätestens aber bis zum Ablauf von sieben Monaten nach der Verkündung des Urteils. § 544 Abs. 6: Wird der Beschwerde gegen die Nichtzulassung der Revision stattgegeben, so wird das Beschwerdeverfahren als Revisionsverfahren fortgesetzt. § 566: **Sprungrevision,** statthaft gegen im ersten Rechtszug erlassene Endurteile, die ohne Zulassung der Berufung unterliegen. Auf Antrag findet unter Übergehung der Berufungsinstanz unmittelbar die Revision statt, wenn der Gegner in die Übergehung der Berufungsinstanz einwilligt und das Revisionsgericht (BGH) die Sprungrevision zulässt.		

482 Der **Rechtsmittelführer** wird „Berufungs- bzw. Revisionskläger“ und der Gegner „Berufungs- bzw. Revisionsbeklagter“ genannt. Allerdings stellt das Rechtsmittel keine Klage im Sinne von § 253 ZPO dar, sondern der bisherige Rechtsstreit wird lediglich in der nächsten Instanz fortgeführt. Bei der Beschwerde heißen die Parteien „Beschwerdeführer“ und „Beschwerdegegner“.

I. Zulässigkeit

483 Die ZPO regelt die einzelnen Rechtsmittel ohne allgemeine Vorschriften, allerdings bestehen bezüglich der **Zulässigkeit der einzelnen Rechtsmittel** durchaus **gemeinsame Grundsätze**, sodass die nachfolgenden Ausführungen für alle Rechtsmittel gelten, die Abweichungen werden hervorgehoben. Auch ein Rechtsmittel kann nur Erfolg haben, wenn es zulässig ist, denn die Begründetheit wird erst geprüft, wenn die Zulässigkeit bejaht ist.

1. Statthaftigkeit

484 Das entsprechende Rechtsmittel muss zunächst einmal **statthaft** sein, d.h., es muss gegen diese Entscheidung die Berufung, die Revision oder die Beschwerde durch das Gesetz vorgesehen sein.

Die **Berufung** ist gegen die im ersten Rechtszuge erlassenen Endurteile statthaft, § 511 Abs. 1 ZPO. Das Anerkenntnisurteil ist ein Endurteil und wie ein solches anfechtbar[2] und vollstreckbar. Hinsichtlich des anerkennenden Beklagten wird auf die materielle Beschwer abgestellt. Gegen zweitinstanzliche Urteile des Landgerichts oder Oberlandesgerichts ist keine Berufung statthaft.

Die **Revision** findet gegen die in der Berufungsinstanz erlassenen Endurteile statt, § 542 Abs. 1 ZPO.

Die **sofortige Beschwerde** findet grundsätzlich gegen die im ersten Rechtszug ergangenen Entscheidungen der Amtsgerichte und der Landgerichte statt, § 567 Abs. 1 ZPO. Die **Rechtsbeschwerde** findet in den im Gesetz ausdrücklich vorgesehenen Fällen statt oder wenn sie zugelassen ist, § 574 Abs. 1 ZPO.

2. Die Beschwer

485 Ein Rechtsmittel ist nur zulässig, wenn die angefochtene Entscheidung eine **„Beschwer“** des Rechtsmittelführers beinhaltet. Die Beschwer stellt ei-

2 BGH v. 5.1.1955 – IV ZR 238/54 – NJW 1955, 545; KG v. 8.4.1976 – 12 U 2881/75 – OLGZ 1978, 114.

ne gesetzlich nicht ausdrücklich geregelte Zulässigkeitsvoraussetzung der Rechtsmittel dar,[3] der **Rechtsmittelkläger** muss durch die Entscheidung der Vorinstanz **benachteiligt** sein und gerade die Beseitigung dieser Benachteiligung muss durch das Rechtsmittel gewollt sein.[4] Der Kläger ist beschwert, wenn er nicht vollständig mit seiner Klage zum Erfolg kommt, wenn ihm von der Vorinstanz etwas versagt wurde, was er beantragt hat;[5] man spricht insoweit von der **formellen Beschwer.**[6] Beim Beklagten ist es strittig, ob er formell oder materiell beschwert sein muss;[7] in der Regel kann die Frage jedoch offen bleiben, da das reine „Unterliegen" (**materielle Beschwer**) als ausreichend angesehen und keine Abwägung zwischen Verurteilung und seinen eigenen Anträgen vorgenommen wird.[8] Deutlich wird diese Problematik insbesondere beim Anerkenntnisurteil (→ Rn. 328), durch die Verurteilung ist der Beklagte materiell beschwert, da die Verurteilung aufgrund seines Anerkenntnisses erfolgte, ist er eigentlich formell nicht beschwert.[9]

486 Weitere Zulässigkeitsvoraussetzung für die Einlegung von Rechtsmitteln ist u.U. das Erreichen einer bestimmten Beschwersumme (**Erwachsenheitssumme**). So ist die **Berufung** gemäß § 511 Abs. 2 ZPO nur zulässig, wenn der Wert des Beschwerdegegenstandes 600,00 € übersteigt oder sie ausdrücklich zugelassen ist. Die rechtspolitisch nicht unbedenklichen Erwachsenheitssummen in Rechtsmittelverfahren haben den Zweck, die Rechtsmittelgerichte zu entlasten. So wurde für die ursprünglich ohne Wertgrenze zulässige Berufung aus Anlass der Entlastung der im 1. Weltkrieg unzureichend besetzten Gerichte[10] seit 1915[11] eine Berufungssumme eingeführt, die allerdings auch nach Beendigung dieser Notsituation nicht zurückgenommen wurde. Ab 1.3.1993[12] betrug die Berufungssumme gemäß § 511a ZPO a.F. 1.500,00 DM.

Auch bei der **Beschwerde** sieht das Gesetz eine Erwachsenheitssumme vor, denn gegen Entscheidungen über Kosten ist die Beschwerde nur zulässig, wenn der Wert des Beschwerdegegenstandes 200,00 € übersteigt, § 567 Abs. 2 ZPO.

---

3 Ausführlich Zöller/*Heßler*, ZPO, Vorbemerkung zu § 511 Rn. 10 ff.

4 BGH v. 20.10.1982 – IVb ZR 318/81 – BGHZ 85, 140.

5 Zöller/*Heßler*, ZPO, Vorbemerkung zu § 511 Rn. 10, 13.

6 BLAH/*Hartmann*, Grundz. vor § 511 Rn. 14 ff.; Zöller/*Heßler*, ZPO, Vorbemerkung zu § 511 Rn. 13.

7 BLAH/*Hartmann*, Grundz. vor § 511 Rn. 16 ff.; MüKoZPO/*Rimmelspacher*, Vorbemerkung zu § 511 Rn. 17 ff.; Zöller/*Heßler*, ZPO, Vorbemerkung zu § 511 Rn. 19 ff.

8 Zöller/*Heßler*, ZPO, Vorbemerkung zu § 511 Rn. 19, 19a.

9 Zöller/*Heßler*, ZPO, Vorbemerkung zu § 511 Rn. 19a.

10 Stein/Jonas/*Grunsky*, ZPO, 11. Auflage, § 511a Rn. 1.

11 Durch § 20 der EntlVO v. 9.10.1915 (RGBl. S. 562).

12 Art. 1 Nr. 7 RpflEntlastungsG v. 11.1.1993 (BGBl. I S. 50).

487 Die Erwachsenheitssumme ergibt sich aus dem **Wert des Beschwerdegegenstandes**, also nicht einfach aus dem Streitwert der ersten Instanz, sondern aus dem Wert des Streitgegenstandes, durch den der Rechtsmittelkläger beschwert ist, und seinem tatsächlichen Rechtsmittelantrag.[13] Der Wert kann auch geringer als der Wert der I. Instanz sein, aber nicht höher. Zeitpunkt der Berechnung ist die Rechtsmitteleinlegung (§ 4 Abs. 1 ZPO), eine spätere Verringerung ist bedeutungslos. Es ist strittig, ob der Rechtsmittelkläger, dessen Beschwer durch das Urteil gegeben ist, die Abänderung des angefochtenen Urteils mit einem Rechtsmittelantrag unterhalb der Berufungssumme verlangen kann. Die überwiegende Meinung besagt, dass Beschwer und Antrag die Rechtsmittelsummen erreichen müssen. Die Rechtsmittelsummen sind zur Entlastung der Gerichte eingeführt, eine Einlegung unterhalb der Beschwer würde eine Umgehung dieses Grundsatzes bedeuten.[14]

3. Anschlussrechtsmittel

488 Sind durch die zugrunde liegende Entscheidung beide Parteien beschwert, dann kann jede Partei selbstständig Rechtsmittel einlegen. Jede Partei kann sich aber auch der von der anderen Partei bereits eingelegten Berufung (§ 524 ZPO), Revision (§ 554 ZPO), sofortigen Beschwerde (§ 567 Abs. 3 ZPO) oder Rechtsbeschwerde (§ 574 Abs. 4 ZPO) anschließen.[15] Sie stellt dann den Antrag, die angefochtene Entscheidung auch zu ihren Gunsten zu ändern. Von den normalen Rechtsmitteln unterscheiden sich die **Anschlussrechtsmittel** nur insoweit, als dass sie trotz vorherigen Rechtsmittelverzichts eingelegt werden können und die Einlegung eines Hauptrechtsmittels voraussetzen.[16] Diese Möglichkeit dient in erster Linie der Prozessökonomie, aber der Sache nach handelt es sich um unselbstständige Rechtsmittel. Sie werden unzulässig und verlieren ihre Wirkung, wenn das Hauptrechtsmittel verworfen oder zurückgenommen wird.[17]

4. Rechtsmittelgericht

489 Das Rechtsmittel muss in der gesetzlich vorgeschriebenen Form und Frist eingelegt werden. Berufung und Revision sowie die Rechtsbeschwerde müssen beim Rechtsmittelgericht eingelegt werden. Die **Zivilkammern der Landgerichte** sind die Berufungs- und Beschwerdegerichte in den vor den

13 Zur Revisionsbeschwer s. BGH v. 11.5.2006 – VII ZR 131/05 – NJW-RR 2006, 1097 m.w.N.; MüKoZPO/*Rimmelspacher*, § 511 Rn. 46.
14 MüKoZPO/*Rimmelspacher*, § 511 Rn. 49; Zöller/*Heßler*, ZPO, § 511 Rn. 14.
15 S. hierzu *Rosenberg/Schwab/Gottwald*, §§ 137, 143.
16 MüKoZPO/*Rimmelspacher*, § 524 Rn. 6 ff.
17 Zöller/*Heßler*, ZPO, § 524 Rn. 24 ff.

Amtsgerichten verhandelten bürgerlichen Rechtsstreitigkeiten, soweit nicht die Zuständigkeit der Oberlandesgerichte begründet ist, § 72 GVG.[18]

490 Die **Oberlandesgerichte** sind in bürgerlichen Rechtsstreitigkeiten zuständig für die Verhandlung und Entscheidung über die Rechtsmittel der Berufung und der Beschwerde gegen Entscheidungen der Amtsgerichte in Familiensachen und in Sachen mit Auslandsbezug[19] sowie der Berufung und der Beschwerde gegen Entscheidungen der Landgerichte, § 119 GVG.

491 Der **Bundesgerichtshof** ist in bürgerlichen Rechtsstreitigkeiten für die Verhandlung und Entscheidung über die Rechtsmittel der Revision, der Sprungrevision und der Rechtsbeschwerde zuständig, § 133 GVG.

II. Die Berufung

492 Die Berufung[20] findet gem. § 511 ZPO gegen die in der I. Instanz erlassenen Endurteile statt. Sie ist zulässig, wenn der Wert des Beschwerdegegenstandes 600,00 € übersteigt oder das Gericht der I. Instanz die Berufung im Urteil ausdrücklich zugelassen hat. Die Zulassung hat zu erfolgen, wenn die Rechtssache grundsätzliche Bedeutung hat oder die Fortbildung des Rechts oder die Sicherung einer einheitlichen Rechtsprechung eine Entscheidung des Berufungsgerichts erfordert. Das Berufungsgericht ist an die Zulassung gebunden.

493 Die Berufung kann grundsätzlich nur darauf gestützt werden, dass die Entscheidung auf einer **Rechtsverletzung**[21] beruht, d.h. wenn eine Rechtsnorm nicht oder nicht richtig angewandt worden ist oder nach § 529 ZPO zugrunde zu legende Tatsachen eine andere Entscheidung rechtfertigen, § 513 ZPO. Zur Definition der Rechtsverletzung verweist das Berufungsrecht auf die schon für das Revisionsrecht vorhandene Vorschrift des § 546 ZPO. Die Vorschrift macht deutlich, dass in erster Linie eine Fehlerprüfung der Normen des materiellen und formellen Rechts vorgesehen und das Berufungsgericht grundsätzlich an die Tatsachenfeststellungen der I. Instanz gebunden ist, § 529 Abs. 1 Nr. 1 ZPO. Die Berufungsinstanz ist nicht mehr

18 § 72 GVG geänd. d. Art. 1 Nr. 2 ZPO-RG.

19 Der Gesetzentwurf zur Reform des Zivilprozesses BT-Drs. 14/3750 sah vor, alle Berufungen und Beschwerden im Bereich des Zivilprozessrechts bei den Oberlandesgerichten zu konzentrieren. Der Bundesrat hat mehrheitlich die Konzentration beim OLG wegen des Verlustes der Bürgernähe und der höheren Kosten für die Parteien abgelehnt, deshalb ist diese Konzentration nur bei den Verfahren mit Auslandsbezug vorgenommen worden.

20 S. hierzu *Rosenberg/Schwab/Gottwald*, §§ 136–140.

21 Zum Begriff der Rechtsverletzung: MüKoZPO/*Rimmelspacher*, § 513 Rn. 8 ff.; Zöller/*Heßler*, ZPO, § 513 Rn. 2.

Wiederholung der Tatsacheninstanz wie nach altem Recht,[22] was aber nicht ausschließt, dass das Berufungsgericht eine Korrektur der Tatsachengrundlage bei rechtsfehlerhafter Erfassung durch das Erstgericht vornimmt.[23]

494 Die Berufung ist binnen einer **Notfrist von 1 Monat** einzulegen; die Frist beginnt mit der Zustellung des in vollständiger Form abgefassten Urteils, spätestens aber mit dem Ablauf von 5 Monaten nach der Verkündung, § 517 ZPO. Da es sich um eine Notfrist handelt, muss das Urteil von Amts wegen zugestellt werden, um die Frist in Gang zu setzen. Die Berufung muss begründet werden, § 520 Abs. 1 ZPO. Die Frist für die **Berufungsbegründung** beträgt 2 Monate und beginnt ebenfalls mit der Zustellung des Urteils, § 520 Abs. 2 ZPO. Die Frist kann auf Antrag verlängert werden, wenn der Gegner einwilligt oder wenn nach freier Überzeugung des Gerichts der Rechtsstreit dadurch nicht verzögert wird. Die **Berufungsschrift und die Berufungsbegründung** sind der Gegenpartei **zuzustellen**, § 521 Abs. 1 ZPO.

495 Spätestens in der Berufungsbegründung muss der Rechtsmittelführer einen **bestimmten Antrag** stellen, also erklären, inwieweit das Urteil angefochten wird und welche Abänderungen beantragt werden. Außerdem muss die Rechtsverletzung und deren Erheblichkeit für die angefochtene Entscheidung dargelegt werden, § 520 Abs. 3 ZPO.

496 Das **Berufungsgericht** prüft die Statthaftigkeit und die Zulässigkeit der Berufung; ist dieses nicht der Fall, dann ist sie als unzulässig zu verwerfen. Diese Entscheidung kann durch Beschluss ergehen. Gegen diesen Beschluss findet die Rechtsbeschwerde statt, § 522 Abs. 1 ZPO.

497 Das Berufungsgericht soll die Berufung durch **einstimmigen Beschluss** zurückweisen, wenn es davon überzeugt ist, dass die Berufung keine Aussicht auf Erfolg hat, die Rechtssache keine grundsätzliche Bedeutung hat und die Fortbildung des Rechts oder die Sicherung einer einheitlichen Rechtsprechung eine Entscheidung des Berufungsgerichts nicht erfordert, § 522 Abs. 2 ZPO.[24] Vorher sind die Parteien auf die beabsichtigte **Zurückweisung** hinzuweisen, dem Berufungsführer ist binnen einer zu bestimmenden Frist Gelegenheit zur Stellungnahme zu geben. Der Beschluss ist zu begründen, falls die Gründe für die Zurückweisung nicht bereits in dem zuvor erteilten Hinweis enthalten sind. Ein anfechtbarer Beschluss hat darüber hinaus eine Bezugnahme auf die tatsächlichen Feststellungen im angefochtenen Urteil mit Darstellung etwaiger Änderungen oder Ergänzungen zu enthalten. Anfechtbar ist ein solcher Beschluss, wenn eine entsprechende Entscheidung durch Urteil anfechtbar wäre, § 522 Abs. 3 ZPO. Konkret be-

22 Zöller/*Heßler*, ZPO, § 529 Rn. 1.

23 Zöller/*Heßler*, ZPO, § 529 Rn. 2 m.div.N.

24 § 522 Abs. 2 und 3 ZPO wurden mit Wirkung vom 27.10.2011 geänd. d. d. G zur Änderung des § 522 der Zivilprozessordnung v. 21.10.2011 – BGBl. I S. 2082.

deutet das, dass gegen einen zurückweisenden Beschluss die **Nichtzulassungsbeschwerde** gemäß § 544 Abs. 1 ZPO statthaft ist.[25]

498 Ist die Berufung zulässig und nicht nach § 522 ZPO zurückzuweisen, ist unverzüglich Termin zur mündlichen Verhandlung zu bestimmen. Eine Güteverhandlung findet nicht statt, § 525 S. 2 ZPO. Das Berufungsgericht kann durch Beschluss den Rechtsstreit einem seiner Mitglieder als Einzelrichter übertragen, § 526 Abs. 1 ZPO.

499 Das Berufungsgericht hat in der Sache selbst zu entscheiden, § 538 Abs. 1 ZPO. Es darf die Sache u.U. aber auch unter Aufhebung des Urteils an das Gericht des ersten Rechtszuges zurückverweisen, wenn z.B. das Verfahren der I. Instanz an einem wesentlichen Mangel leidet und deswegen eine umfangreiche Beweisaufnahme nötig ist oder wenn durch das angefochtene Urteil nur über die Zulässigkeit der Klage entschieden ist, § 538 Abs. 2 ZPO.

500 So wie die Klage zurückgenommen werden kann, kann auch die Berufung wieder zurückgenommen werden. Die **Zurücknahme der Berufung** kann bis zur Verkündung des Berufungsurteils zurückgenommen werden, § 516 Abs. 1 ZPO. Die Zurücknahme ist dem Gericht gegenüber zu erklären. Sie erfolgt, wenn sie nicht bei der mündlichen Verhandlung erklärt wird, durch Einreichung eines Schriftsatzes, § 515 Abs. 2 ZPO. Die Rücknahme eines Rechtsmittels ist bedingungsfeindlich und kann auch nicht von einer innerprozessualen Bedingung abhängig gemacht werden (→ Rn. 251);[26] außerdem ist sie grundsätzlich unwiderruflich und unanfechtbar, was auch gilt, wenn sie aufgrund eines für das Gericht und den Verfahrensgegner offensichtlichen Irrtums über tatsächliche oder rechtliche Umstände erklärt wurde.[27] Die Zurücknahme hat den Verlust des eingelegten Rechtsmittels und die Verpflichtung zur Folge, die durch das Rechtsmittel entstandenen Kosten zu tragen. Diese Wirkungen sind ohne Antrag durch Beschluss auszusprechen, § 516 Abs. 3 ZPO.

III. Die Revision

501 Die **Revision**[28] findet gegen die in der Berufungsinstanz erlassenen Endurteile statt, es sei denn, es handelt sich um Urteile, durch die über die Anordnung, Abänderung oder Aufhebung eines Arrestes oder einer einstweiligen Verfügung entschieden ist, § 542 ZPO. Sie eröffnet den Parteien eine dritte Instanz.

25 MüKoZPO/*Rimmelspacher*, § 522 Rn. 39 ff.
26 Zöller/*Heßler*, ZPO, § 516 Rn. 9.
27 BGH v. 13.11.2007 – XII ZB 80/07 – FamRZ 2008, 43.
28 S. hierzu *Rosenberg/Schwab/Gottwald*, §§ 141–145.

502 Die Revision ist nur statthaft, wenn sie das Berufungsgericht oder das Revisionsgericht auf Nichtzulassungsbeschwerde hin zugelassen hat, § 543 Abs. 1 ZPO. Sie ist zuzulassen, wenn die Rechtssache grundsätzliche Bedeutung hat oder die Fortbildung des Rechts oder die Sicherung einer einheitlichen Rechtsprechung eine Entscheidung des Revisionsgerichts erfordert, § 543 Abs. 2 ZPO. Der Zweck der Revision ist in erster Linie Rechtsfortbildung und Rechtsvereinheitlichung, Revisionsgericht ist der BGH.

503 Da die **Zulassung der Revision** durch das Berufungsgericht zu geschehen hat, liegt dieser Aufgabenbereich in den Händen dieser Instanz, während die Revisionsinstanz von diesem Bereich abgeschottet ist, sie ist sogar gemäß § 543 Abs. 2 S. 2 ZPO an die Zulassung gebunden und kann auch kein Verfahren an sich ziehen. Die fehlende Zulassung kann im Wege der Nichtzulassungsbeschwerde nach § 544 ZPO der Überprüfung durch den BGH unterstellt werden, insoweit ist sichergestellt, dass es auch in den Händen der Parteien liegt, ob unter Umständen das Revisionsgericht sich mit der Frage befasst.

Die **Nichtzulassungsbeschwerde** gem. § 544 Abs. 1 ZPO ist innerhalb einer Notfrist von 1 Monat nach Zustellung des in vollständiger Form abgefassten Urteils, spätestens aber bis zum Ablauf von 6 Monaten nach der Verkündung des Urteils beim Revisionsgericht einzulegen. Sie ist innerhalb von 2 Monaten nach Zustellung des in vollständiger Form abgefassten Urteils, spätestens aber bis zum Ablauf von 7 Monaten nach der Verkündung schriftlich zu begründen, in der Begründung müssen die Zulassungsgründe dargelegt werden. Nach Anhörung des Revisionsgegners entscheidet das Revisionsgericht durch Beschluss, § 544 Abs. 4 ZPO. Die Einlegung der Nichtzulassungsbeschwerde hemmt die Rechtskraft des Urteils, jedoch mit der Ablehnung durch das Revisionsgericht wird das Urteil rechtskräftig, § 544 Abs. 5 ZPO. Andernfalls wird das Beschwerdeverfahren als Revisionsverfahren fortgeführt.

504 Die Revision kann nur darauf gestützt werden, dass die Entscheidung auf einer **Verletzung des Rechts** beruht, § 545 Abs. 1 ZPO. Die Rechtsverletzung kann sich sowohl auf fehlerhafte Anwendung des materiellen Rechts oder auch auf Verstoß gegen Verfahrensvorschriften beziehen. Allerdings muss diese Rechtsverletzung auch zu der entsprechenden Entscheidung geführt haben, d.h. sie muss auf ihr beruhen.[29]

505 § 547 ZPO nennt als **absolute Revisionsgründe:**

- wenn das erkennende Gericht nicht vorschriftsmäßig besetzt war;
- wenn bei der Entscheidung ein Richter mitgewirkt hat, der von der Ausübung des Richteramts kraft Gesetzes ausgeschlossen war, sofern

29 MüKoZPO/*Krüger*, § 545 Rn. 14; Zöller/*Heßler*, ZPO, § 545 Rn. 1.

nicht dieses Hindernis mittels eines Ablehnungsgesuchs ohne Erfolg geltend gemacht ist;

- wenn bei der Entscheidung ein Richter mitgewirkt hat, obgleich er wegen Besorgnis der Befangenheit abgelehnt und das Ablehnungsgesuch für begründet erklärt war;
- wenn das Gericht seine Zuständigkeit oder Unzuständigkeit mit Unrecht angenommen hat;
- wenn eine Partei in dem Verfahren nicht nach Vorschrift der Gesetze vertreten war, sofern sie nicht die Prozessführung ausdrücklich oder stillschweigend genehmigt hat;
- wenn die Entscheidung aufgrund einer mündlichen Verhandlung ergangen ist, bei der die Vorschriften über die Öffentlichkeit des Verfahrens verletzt sind;
- wenn die Entscheidung nicht mit Gründen versehen ist.

506 Auch die Revision ist binnen einer **Notfrist von 1 Monat** beim Revisionsgericht **einzulegen**, §§ 548, 549 ZPO. Die Revisionsfrist beginnt mit der Zustellung des in vollständiger Form abgefassten Urteils, spätestens aber mit dem Ablauf von 5 Monaten nach der Verkündung. Die Revision ist ebenso wie die Berufung binnen einer Frist von 2 Monaten zu **begründen**, § 551 Abs. 1 ZPO. Die Frist beginnt ebenfalls mit der Zustellung des in vollständiger Form abgefassten Urteils, spätestens aber mit dem Ablauf von 5 Monaten nach der Verkündung, § 551 Abs. 2 ZPO. Die Revisionsbegründung muss einen bestimmten Antrag und die Revisionsgründe enthalten, § 551 Abs. 3 ZPO.

507 Eine **unzulässige Revision** ist durch den BGH zu verwerfen, diese Entscheidung kann durch Beschluss ergehen, § 552 ZPO. Dem Vorbild des § 522 Abs. 2 ZPO entsprechend regelt § 553a ZPO ebenfalls ein Zurückweisungsrecht des BGH in den Fällen, in denen er davon überzeugt ist, dass die Voraussetzungen für die Zulassung der Revision nicht vorliegen und die Revision keine Aussicht auf Erfolg hat. Das Verfahren entspricht § 522 Abs. 2 S. 2 und Abs. 3 ZPO (→ Rn. 497).

Ist die **Revision zulässig**, wird Termin zur mündlichen Verhandlung bestimmt, § 553 ZPO.

Bei **begründeter** Revision ist das Urteil aufzuheben und die Sache an das Berufungsgericht zurückzuverweisen, dieses hat die rechtliche Beurteilung auch seiner Entscheidung zugrunde zu legen, §§ 562, 563 ZPO. Das Revisionsgericht hat jedoch in der Sache selbst zu entscheiden, wenn die Aufhebung nur wegen Rechtsverletzung bei Anwendung des Gesetzes auf das festgestellte Sachverhältnis erfolgt und nach Letzterem die Sache zur Endentscheidung reif ist, § 563 Abs. 3 ZPO.

508 § 565 ZPO sieht vor, dass Vorschriften des Berufungsverfahrens entsprechend anzuwenden sind, so z.B. hinsichtlich des Verzichts und der Rücknahme des Rechtsmittels.

509 Nach § 566 Abs. 1 ZPO können die erstinstanzlichen Urteile der Landgerichte und Amtsgerichte, die ohne Zulassung der Berufung unterliegen, unmittelbar mit der Revision (**Sprungrevision**) angefochten werden, wenn beide Parteien eine Entscheidung des Revisionsgerichts anstreben und der BGH die Sprungrevision zulässt. Die Zulassung ist zu erteilen, wenn die Rechtssache grundsätzliche Bedeutung hat oder die Fortbildung des Rechts oder die Sicherung einer einheitlichen Rechtsprechung eine Entscheidung des Revisionsgerichts erfordert. Sie kann nicht auf einen Mangel des Verfahrens gestützt werden. Abweichend von der Zulassungsentscheidung im Berufungsverfahren ist jedoch bei der Sprungrevision die Zulassung dem Revisionsgericht übertragen, um eine einheitliche Zulassungspraxis sicherzustellen. Dabei ist die Zulassung an dieselben Zulassungskriterien gebunden, wie sie an die Revision gestellt werden.[30]

IV. Die Beschwerde

1. Die sofortige Beschwerde

510 Die **sofortige Beschwerde**[31] ist statthaft gegen erstinstanzliche Entscheidungen der Amtsgerichte und der Landgerichte, wenn dies im Gesetz ausdrücklich bestimmt ist. Sie ist ebenfalls statthaft, wenn eine ohne mündliche Verhandlung ergangene Entscheidung ein das Verfahren betreffendes Gesuch zurückweist, § 567 Abs. 1 ZPO.

511 Eine statthafte Beschwerde in Kostensachen ist nur zulässig, wenn der Wert der Beschwer eine bestimmte Summe (**Erwachsenheitssumme**) übersteigt, nämlich den Betrag von 200,00 € gem. § 567 Abs. 2 ZPO.

Eine isolierte Anfechtung der Kostengrundentscheidung ist zwar gem. § 99 Abs. 1 ZPO grundsätzlich nicht möglich, allerdings in besonderen Fällen doch gegeben (z.B. §§ 91a, 99 Abs. 2 ZPO). Im Falle der Erledigung der Hauptsache ist gegen die Kostenentscheidung die sofortige Beschwerde zulässig, allerdings nicht, wenn der Streitwert der Hauptsache den in § 511 ZPO genannten Betrag von 600,00 € nicht übersteigt, § 91a Abs. 2 ZPO; hinzukommen muss also noch die sog. fiktive Berufungsfähigkeit, d.h., die Berufungssumme muss in der Hauptsache überschritten sein (→ Rn. 354).

30 BGH v. 16.8.2012 – I ZR 199/11 –, juris; Zöller/*Heßler*, ZPO, § 566 Rn. 5.

31 S. hierzu *Rosenberg/Schwab/Gottwald*, §§ 146–148; MüKoZPO/*Lipp*, Vorbemerkung zu § 567; s. auch *von König*, AGS 2002, 50 ff.

Gleiches gilt hinsichtlich der Kostenentscheidung, wenn die Hauptsache durch ein Anerkenntnisurteil erledigt ist, § 99 Abs. 2 ZPO.

512 Die sofortige Beschwerde ist binnen einer **Notfrist von 2 Wochen** – falls keine andere Frist bestimmt ist – beim erkennenden Gericht oder beim Beschwerdegericht einzulegen, § 569 Abs. 1 ZPO. Die Frist beginnt – soweit nichts anderes bestimmt ist – mit der Zustellung der Entscheidung, spätestens mit Ablauf von 5 Monaten nach Verkündung des Beschlusses. Die Beschwerde muss durch Einreichen einer Beschwerdeschrift eingelegt werden; zu Protokoll der Geschäftsstelle jedoch nur, wenn der Rechtsstreit in I. Instanz nicht als Anwaltsprozess zu führen war; es sich um eine Beschwerde in Prozesskostenhilfesachen handelt oder sie von einem Zeugen, Sachverständigen oder Dritten erhoben wird, § 569 Abs. 3 ZPO.

513 Die Beschwerde **soll begründet werden,** und sie kann auf neue Angriffs- und Verteidigungsmittel gestützt werden, § 571 Abs. 1, 2 ZPO. Ein bestimmter Antrag ist auch nach neuem Recht nicht nötig.[32] Allerdings ist der Antrag zweckmäßig, insbesondere, wenn die Entscheidung nur teilweise angefochten werden soll.[33] Das Beschwerdegericht entscheidet durch eines seiner Mitglieder als Einzelrichter **(originärer Einzelrichter),** wenn die angefochtene Entscheidung von einem Einzelrichter oder Rechtspfleger erlassen wurde, § 568 ZPO. Eine Übertragung auf das Beschwerdegericht in der nach dem GVG vorgeschriebenen Besetzung ist möglich, wenn die Sache besondere Schwierigkeiten tatsächlicher oder rechtlicher Art aufweist oder die Rechtssache grundsätzliche Bedeutung hat.

514 Das ZPO-RG hat für die sofortige Beschwerde die **generelle Abhilfebefugnis** des Ausgangsgerichts eingeführt, denn erachtet das Gericht oder der Vorsitzende, dessen Entscheidung angefochten wird, die Beschwerde für **begründet**, so ist ihr abzuhelfen, § 572 Abs. 1 ZPO.

Die **Abhilfe** ist allein davon abhängig, ob die sofortige Beschwerde begründet ist, die Zulässigkeit spielt keine Rolle,[34] denn nach h.M. kann auch einer unzulässigen Beschwerde abgeholfen werden, sie muss jedoch statthaft sein.[35] Die Abhilfemöglichkeit bedeutet demnach eine Durchbrechung der Bindung des Gerichts an seine eigene Entscheidung.[36] Eine Abhilfe bei einer sofortigen Beschwerde gegen ein Zwischenurteil oder gegen Nebenentscheidungen von Endurteilen ist jedoch nicht möglich, weil § 318 ZPO

---

32 S. Gesetzesbegründung BT-Drs. 14/3750 S. 84.

33 Zöller/*Heßler*, ZPO, § 569 Rn. 8.

34 Bejahend: Hk-ZPO/*Koch*, § 572 Rn. 3; Musielak/Voit/*Ball*, ZPO, § 572 Rn. 4; Zöller/*Heßler*, ZPO, § 572 Rn. 14; *Rosenberg/Schwab/Gottwald*, § 147 Rn. 18; zum Meinungsstand siehe MüKoZPO/*Lipp*, § 572 Rn. 7.

35 BLAH/*Hartmann*, ZPO, § 572 Rn. 4; Zöller/*Heßler*, ZPO, § 572 Rn. 6.

36 MüKoZPO/*Lipp*, § 572 Rn. 4.

dem entgegensteht, der eine nachträgliche Änderung des Urteils durch das erkennende Gericht verbietet.

Die Abhilfe hat eine **Filterfunktion,**[37] sie ist ein vorgeschriebenes Vorverfahren, das inhaltlich dem Verfahren auf Gegenvorstellung entspricht.[38] Nach Meinung des Gesetzgebers soll die Abhilfemöglichkeit dem erkennenden Gericht eine schnelle Selbstkorrektur ermöglichen und zu einer Entlastung der Beschwerdegerichte führen; sie bildet auf diese Weise das erweiterte Gegenstück zum Abhilfeverfahren bei unanfechtbaren erstinstanzlichen Urteilen gem. § 321a ZPO.[39] Vor der Abhilfe ist **rechtliches Gehör** zu gewähren.[40] Über die Abhilfe ist eine Entscheidung derselben Art wie die angefochtene Entscheidung zu erlassen, wodurch die **Beschwerde gegenstandslos** wird, ohne dass über sie entschieden wird.[41] Der Abhilfebeschluss unterliegt wiederum der sofortigen Beschwerde mit erneuter Abhilfebefugnis.

515 In **Kostensachen** gilt als weitere Zulässigkeitsvoraussetzung das Erreichen des **Beschwerdewertes** gem. § 567 Abs. 2 ZPO von über 200,00 €. Wie ist zu verfahren, wenn die sofortige Beschwerde wegen Nichterreichens der Beschwerdesumme nicht zulässig aber doch begründet ist? Folgt man der Auffassung, dass es für eine Abhilfe lediglich auf die Begründetheit der sofortigen Beschwerde ankommt (§ 572 Abs. 1 ZPO) und die Zulässigkeitsprüfung dem Beschwerdegericht obliegt (§ 572 Abs. 2 ZPO),[42] muss eine Abhilfe erfolgen. Mit diesem Problem wird die Praxis vermehrt konfrontiert, da die Beschwerdesumme derzeit 200,00 € beträgt und der Beschwerdewert häufig unter dieser Summe liegt.[43]

516 Für den Fall, dass es sich um eine Entscheidung über Kosten handelt, für die der **Rechtspfleger** zuständig ist, wird aber auch die Meinung vertreten, dass es sich insoweit um einen Fall der befristeten Erinnerung nach § 11 Abs. 2 S. 1 RPflG mit der daraus resultierenden Abhilfeverpflichtung des Rechtspflegers handelt.[44] Zu den Kostensachen im Sinne von § 567 Abs. 2 ZPO zählt auch die Entscheidung des Rechtspflegers im **Kostenfestset-**

---

37 Musielak/Voit/*Ball*, ZPO, § 572 Rn. 1.

38 MüKoZPO/*Lipp*, § 572 Rn. 7; Musielak/Voit/*Ball*, ZPO, § 572 Rn. 4; zur Gegenvorstellung s. ausführlich *Rosenberg/Schwab/Gottwald*, § 146 Rn. 30 ff.

39 So die Gesetzesbegründung BT-Drs. 14/3750 S. 46.

40 OLG Koblenz v. 12.7.2000 – 14 W 458/00 – Jurbüro 2002, 200; MüKoZPO/*Lipp*, § 572 Rn. 8; Musielak/Voit/*Ball*, ZPO, § 572 Rn. 5; Zöller/*Heßler*, ZPO, § 572 Rn. 9.

41 Musielak/Voit/*Ball*, ZPO, § 572 Rn. 6; *Rosenberg/Schwab/Gottwald*, § 147 Rn. 18.

42 Nach allgem. M. gilt § 572 Abs. 2 ZPO für alle Zulässigkeitsvoraussetzungen, nicht nur für die ausdrücklich genannten – so Musielak/Voit/*Ball*, ZPO, § 572 Rn. 12; Hk-ZPO/*Koch*, § 572 Rn. 8.

43 S. auch *Lappe*, Rpfleger 2005, 134.

44 BVerfG v. 8.1.2001 – 1 BvR 2170/00 – FamRZ 2001, 828; *Dörndorfer*, RPflG, § 11 Rn. 40; Zöller/*Herget*, §§ 103, 104 Rn. 11, 13 bis 15 für den Fall des Kostenfestsetzungsbeschlusses.

zungsverfahren nach §§ 103, 104 ZPO. Nach § 11 Abs. 1 RPflG ist gegen die Entscheidungen des Rechtspflegers das Rechtsmittel gegeben, das nach den allgemeinem verfahrensrechtlichen Vorschriften zulässig ist. Gegen den Kostenfestsetzungsbeschluss ist nach § 104 Abs. 3 S. 1 ZPO die sofortige Beschwerde statthaft, sodass es insoweit ebenfalls auf den Beschwerdewert ankommt. Liegt dieser unterhalb der Wertgrenze des § 567 Abs. 2 ZPO, soll die befristete Erinnerung nach § 11 Abs. 2 RPflG[45] statthaft sein.

Kann gegen die Entscheidung nach den allgemeinen verfahrensrechtlichen Vorschriften ein Rechtsmittel nicht eingelegt werden, so findet die **Erinnerung** statt, die innerhalb einer Frist von zwei Wochen einzulegen ist, § 11 Abs. 2 S. 1 RPflG. Mit der Neufassung des § 11 Abs. 2 wurde die Einlegungsfrist für die befristete Erinnerung im Interesse der Verfahrensvereinfachung einheitlich auf zwei Wochen festgelegt. Hat der Erinnerungsführer die Frist ohne sein Verschulden nicht eingehalten, ist ihm auf Antrag Wiedereinsetzung in den vorigen Stand zu gewähren, wenn er die Erinnerung binnen zwei Wochen nach der Beseitigung des Hindernisses einlegt und die Tatsachen, welche die Wiedereinsetzung begründen, glaubhaft macht, § 11 Abs. 2 S. 2 RPflG. Ein Fehlen des Verschuldens wird vermutet, wenn eine Rechtsbehelfsbelehrung unterblieben oder fehlerhaft ist, § 11 Abs. 2 S. 3 RPflG. Mit dieser Änderung sollte der Rechtsgedanke des § 17 Abs. 2 FamFG und des § 233 S. 2 ZPO übertragen werden, wonach ein Unterbleiben oder eine fehlerhafte Erteilung der vorgeschriebenen Rechtsbehelfsbelehrung der Annahme eines Verschuldens entgegen steht.[46] Die Wiedereinsetzung kann nach Ablauf eines Jahres, von dem Ende der versäumten Frist an gerechnet, nicht mehr beantragt werden.

Der Rechtspfleger kann **der Erinnerung abhelfen**. Erinnerungen, denen er nicht abhilft, legt er dem Richter zur Entscheidung vor. Hält der Rechtspfleger die Erinnerung im Rahmen der Abhilfeentscheidung für sachlich begründet, obliegt ihm insoweit auch die Entscheidung über den Wiedereinsetzungsantrag.[47] Die **Nichtabhilfe** erfolgt durch Beschluss, der zu begründen und vom Rechtspfleger zu unterzeichnen ist.[48] Dabei handelt es sich um eine **Sachentscheidung**, die den Parteien bekanntzugeben ist. Die Entscheidung über die Erinnerung erfolgt dann durch den Richter des erkennenden Gerichts, dem die Akte vorzulegen ist. Ist die Erinnerung unzulässig oder unbegründet, wird sie vom Richter zurückgewiesen. Hält der Richter sie für zulässig und begründet, hat er ihr unter (ggf. teilweiser) Auf-

45 Geändert durch Art. 4 Nr. 2 d. G zur Einführung einer Rechtsbehelfsbelehrung im Zivilprozess und zur Änderung anderer Vorschriften v. 5.12.2012 – BGBl. I S. 2418.
46 So die Gesetzesbegründung BT-Drs. 17/10490 S. 16.
47 Zur Kontroverse nach Wegfall der Abhilfe im Kostenfestsetzungsverfahren nach § 11 Abs. 2 S. 1 RPflG a.F siehe *von König*, Rpfleger 2000, 7.
48 *Dörndorfer*, RPflG, § 11 Rn. 99.

hebung oder Änderung der Entscheidung des Rechtspflegers nach den für die Beschwerde geltenden Vorschriften abzuhelfen. Die Entscheidung des Richters ist unanfechtbar.[49]

Auf die Erinnerung sind im Übrigen die Vorschriften der ZPO über die sofortige Beschwerde sinngemäß anzuwenden, § 11 Abs. 2 S. 7 RPflG. Die Verweisung auf die Vorschriften über die Beschwerde wurde präzisierend auf die sofortige Beschwerde im Sinne der §§ 567 ff. ZPO fokussiert, nachdem eine einfache (unbefristete) Beschwerde in den von § 11 erfassten Verfahren nicht mehr vorgesehen ist.[50]

517 Im Falle der sofortigen Beschwerde gestaltet sich das weitere Verfahren nach § 572 Abs. 2 bis 4 ZPO. Kann oder wird nicht abgeholfen, ist die Sache unverzüglich dem Beschwerdegericht vorzulegen. Wird nur teilweise abgeholfen, ist die Sache hinsichtlich des nicht abgeholfenen Teils dem Beschwerdegericht vorzulegen. Vorlage- bzw. Nichtabhilfebeschlüsse sind auf jeden Fall dann zu begründen, wenn mit der Beschwerde neue Tatsachen vorgebracht werden, deren Erheblichkeit verneint werden.[51] Eine bloße Übersendungsverfügung ist ungenügend.[52]

Das **Beschwerdegericht** hat dann von Amts wegen die Statthaftigkeit und die Zulässigkeit der sofortigen Beschwerde zu prüfen, § 572 Abs. 2 ZPO. Eine unzulässige Beschwerde wird verworfen; über eine zulässige und begründete Beschwerde wird durch Beschluss entschieden, § 572 Abs. 4 ZPO.

2. Die Rechtsbeschwerde

518 Wird eine sofortige Beschwerde als unzulässig verworfen, ist dagegen nicht schon von Gesetzes wegen die Rechtsbeschwerde statthaft, sondern gegen einen Beschluss ist die **Rechtsbeschwerde** statthaft, wenn dies im Gesetz ausdrücklich bestimmt ist oder wenn das Beschwerdegericht, das Berufungsgericht oder das Oberlandesgericht im I. Rechtszug sie in dem Beschluss zugelassen hat, § 574 Abs. 1 ZPO. Damit ist eine Zulassung durch das AG ausnahmslos ausgeschlossen, das gilt auch, wenn der Richter nach § 11 Abs. 2 RPflG über die sofortige Erinnerung gegen die Entscheidung des Rechtspflegers entscheidet.[53]

Ist die **Zulassung** im Beschluss nicht ausgesprochen worden, kann sie im Wege der Berichtigung nachgeholt werden, wenn dieses versehentlich unterblieben ist. Dieses Versehen muss sich aus dem Zusammenhang der Ent-

---

49 BGH v. 12.5.2015 – II ZB 18/14 –, juris m.w.N.
50 So die Gesetzesbegründung BT-Drs. 17/10490 S. 16.
51 Zöller/*Heßler*, ZPO, § 572 Rn. 11.
52 Zöller/*Heßler*, ZPO, § 572 Rn. 10.
53 BGH v. 10.10.2006 – X ZB 6/06 – NJW-RR 2007, 285 = Rpfleger 2007, 22.

scheidung selbst oder aus den Vorgängen bei der Beschlussfassung ergeben und auch für Dritte ohne Weiteres deutlich sein.[54] Die Rechtsbeschwerde wird aber nicht in den Fällen eröffnet, in denen die Anfechtbarkeit gesetzlich ausgeschlossen ist; in einem solchen Fall ist das Rechtsbeschwerdegericht auch nicht an die Zulassung gebunden.[55] Eine Nichtzulassungsbeschwerde sieht das Gesetz nicht vor.

519 Handelt es sich nicht um eine Zulassungsrechtsbeschwerde, dann ist sie nur zulässig, wenn die Rechtssache grundsätzliche Bedeutung hat oder die Fortbildung des Rechts oder die Sicherung einer einheitlichen Rechtsprechung eine Entscheidung des Rechtsbeschwerdegerichts erfordert, § 574 Abs. 2 ZPO. Die Zulassung erfolgt aus eben diesen Gründen von Amts wegen, das Rechtsbeschwerdegericht ist an die Zulassung gebunden, § 574 Abs. 3 ZPO. **Rechtsbeschwerdegericht** ist immer der **BGH**, § 133 GVG.

520 Die Rechtsbeschwerde ist binnen einer **Notfrist von 1 Monat** nach Zustellung des Beschlusses durch Einreichen einer Beschwerdeschrift beim BGH einzulegen, § 575 Abs. 1 ZPO. Sie ist, sofern die Beschwerdeschrift keine **Begründung** enthält, binnen einer Frist von 1 Monat zu begründen. Die Frist beginnt mit der Zustellung der angefochtenen Entscheidung, § 575 Abs. 2 ZPO. Für die Begründung der Rechtsbeschwerde gelten im Wesentlichen die gleichen Anforderungen wie an die Revision.[56] Insofern sieht § 575 Abs. 2 S. 3 ZPO auch die Verlängerung der Begründungsfrist vor.

521 Die Rechtsbeschwerde ist **revisionsähnlich** ausgestaltet und auf eine **Rechtsprüfung beschränkt;** die Vorschriften über die Revision hinsichtlich des Begriffes der Rechtsverletzung (§ 546 ZPO) und der Revisionsgründe (§ 547 ZPO) gelten entsprechend, § 576 ZPO. Sie ist an die Stelle der bisherigen „weiteren Beschwerde“ getreten und beseitigt somit eine dritte Tatsacheninstanz. Außerdem bewirkt sie, dass auch insoweit Fragen grundsätzlicher Bedeutung der Klärung durch den BGH zugeführt werden.[57] Bei einer Rechtsbeschwerde ist der **Beschwerdewert** von 200,00 € nicht erforderlich.[58]

522 Eine unzulässige Rechtsbeschwerde ist zu verwerfen, § 577 Abs. 1 ZPO. Ergibt die Begründung der angefochtenen Entscheidung zwar eine Rechtsverletzung, stellt die Entscheidung selbst sich als richtig dar, so ist die Rechtsbeschwerde zurückzuweisen, § 577 Abs. 3 ZPO. Bei begründeter Rechtsbeschwerde ist die Entscheidung aufzuheben und die Sache zur erneuten Entscheidung zurückzuverweisen. Das Gericht an das zurückver-

---

54 BGH v. 14.9.2004 – VI ZB 61/03 – NJW 2005, 156 = Rpfleger 2005, 51 = JurBüro 2005, 35.

55 BGH v. 11.5.2005 – XII ZB 189/03 – FamRZ 2005, 1481.

56 Zöller/*Heßler*, ZPO, § 575 Rn. 6.

57 S. Gesetzesbegründung BT-Drs. 14/3750 S. 87.

58 BGH v. 28.10.2004 – III ZB 41/04 – Rpfleger 2005, 114 = JurBüro 2005, 142.

wiesen wurde, hat die rechtliche Beurteilung auch seiner Entscheidung zugrunde zu legen, § 577 Abs. 4 ZPO. Das Rechtsbeschwerdegericht hat jedoch in der Sache selbst zu entscheiden, wenn die Aufhebung nur wegen Rechtsverletzung bei Anwendung des Gesetzes auf das festgestellte Sachverhältnis erfolgt und nach Letzterem die Sache zur Endentscheidung reif ist, § 577 Abs. 5 ZPO. Die Entscheidung über die Rechtsbeschwerde ergeht durch Beschluss, § 577 Abs. 6 ZPO.

V. Die aktenmäßige Behandlung in der Rechtsmittelinstanz

523 Nach Eingang der Rechtsmittelschrift beim Rechtsmittelgericht hat der Urkundsbeamte der Geschäftsstelle die Akten der Vorinstanz unverzüglich anzufordern, § 541 Abs. 1 ZPO, denn die in der Rechtsmittelinstanz entstehenden Vorgänge werden im Allgemeinen den Akten der Vorinstanz zugeordnet. Sie erhalten zwar ein besonderes Aktenzeichen, auf dem Aktenumschlag ist außer dem Aktenzeichen der ersten Instanz auch das der zweiten und dritten Instanz anzugeben. Auf jede Beschwerde-, Berufungs- oder Revisionsentscheidung ist unter dem Aktenzeichen auch das erstinstanzliche Aktenzeichen in Bruchform anzugeben, § 4 Abs. 5 AktO. Nach Erledigung sind die Akten der Geschäftsstelle des erkennenden Gerichts mit einer beglaubigten Abschrift der Rechtsmittelentscheidung zurückzusenden, § 541 Abs. 2 ZPO.

VI. Die Kosten der Rechtsmittelinstanz

524 Kostenrechtlich ist jede Instanz für sich zu betrachten. Sowohl Gerichts- als auch Rechtsanwaltskosten werden **nach Instanzen getrennt** abgerechnet, § 19 Abs. 1 GKG, § 17 Nr. 1 RVG.

525 Eine **Besonderheit** ist zu beachten, wenn das Rechtsmittelgericht die Sache an die **Vorinstanz zurückverweist**. Für die Gerichtskosten ist in diesem Fall § 37 GKG zu beachten, wonach unterstellt wird, dass die Vorinstanz nicht abgeschlossen war und diese lediglich gebührenrechtlich wieder auflebt.[59] Es gilt auch hier die Regelung, dass die Gebühren in jeder Instanz nur einmal erhoben werden dürfen, § 35 GKG.

526 Anders ist jedoch die Regelung für die Rechtsanwaltsgebühren, denn das Verfahren nach der Zurückverweisung wird hier als neuer Rechtszug ange-

---

59 *Hartmann*, GKG, § 37 Rn. 3.

sehen, § 21 Abs. 1 RVG. Daraus folgt, dass der Rechtsanwalt alle Gebühren noch einmal fordern kann, § 15 Abs. 2 RVG. Eine Ausnahme besteht nur für die Verfahrensgebühr, denn Vorbem. Abs. 6 zu VV Teil 3 RVG schränkt die Vorschrift insoweit ein, als dass die bereits entstandene Verfahrensgebühr auf die für das „neue Verfahren" entstehende Verfahrensgebühr anzurechnen ist. Das gilt ausnahmsweise nicht, wenn die Sache an ein anderes untergeordnetes Gericht zurückverwiesen wird.[60]

1. Der Gebührenstreitwert/Gegenstandswert

527 Für die Berechnung des Gebührenstreitwerts ist der Zeitpunkt der den jeweiligen Streitgegenstand betreffenden Antragstellung, die den Rechtszug einleitet, maßgebend, § 40 GKG. Abzustellen ist auf den Zeitpunkt des Eingangs der Rechtsmittelschrift.

528 In sämtlichen Rechtsmittelverfahren bestimmt sich der **Gebührenstreitwert** grundsätzlich nach dem **Antrag des Rechtsmittelführers bzw. -klägers**, § 47 Abs. 1 GKG. Dabei ist zu beachten, dass der Rechtsmittelkläger diesen bezifferten Antrag häufig erst am Ende der Rechtsmittelbegründungsfrist stellt. Bis zu diesem Zeitpunkt bleibt der Streitwert also unter Umständen ungeklärt.[61] Geht überhaupt kein Antrag ein oder ist dieser Antrag nicht innerhalb der gesetzlichen Fristen eingereicht worden, so ist der Wert der Beschwer als Gebührenstreitwert anzusehen.[62] Gemäß § 47 Abs. 2 GKG stellt der erstinstanzliche Wert die Obergrenze für das Rechtsmittelverfahren dar, es sei denn, in der Rechtsmittelinstanz wird der Streitgegenstand erweitert. In diesem Fall ist der erhöhte Wert maßgeblich.[63] Gleiches gilt auch, wenn sich der Wert des unverändert gebliebenen Streitgegenstands erhöht hat.[64] Im Verfahren über den Antrag auf Zulassung eines Rechtsmittels und im Verfahren über die Nichtzulassungsbeschwerde ist Streitwert der für das Rechtsmittelverfahren maßgebende Wert, § 47 Abs. 3 GKG.

529 Für die Berechnung des **Gegenstandswertes** für die Rechtsanwaltsgebühren gilt im gerichtlichen Verfahren § 23 Abs. 1 S. 1 RVG, wonach ebenfalls die Vorschriften des GKG Anwendung finden. Zeitpunkt der Wertberechnung hierfür also auch die die Instanz einleitende Rechtsmittelschrift. In Berufungs- und Revisionsverfahren berechnet sich der Wert wie unter → Rn. 528 dargestellt. Da es für das Beschwerdeverfahren keine ausdrücklichen Wertvorschriften gibt, gilt das Obengesagte auch grundsätzlich für das **Beschwerdeverfahren**, es sei denn, es handelt sich um Beschwerdever-

60 *Bischof* in Bischof/Jungbauer, RVG, Vorbemerkung 3 VV Rn. 129.
61 *Hartmann*, GKG, § 47 Rn. 3.
62 *Hartmann*, GKG, § 47 Rn. 5, 6; BDPZ/*Dörndorfer*, GKG, § 47 Rn. 4.
63 Weitere Ausnahme ist die unter Rn. 106 ff. behandelte Eventualaufrechnung.
64 BGH v. 30.7.1998 – III ZR 56/98 – NJW-RR 1998, 1452 – im Verfahren ging es um die Herausgabe von Wertpapieren, deren Wert sich im Laufe des Rechtsstreits geändert hatte.

fahren, in denen Gerichtsgebühren unabhängig vom Verfahrensausgang nicht erhoben werden oder sich die Gebühren nicht nach dem Wert richten; in diesem Fall ordnet § 23 Abs. 2 RVG an, dass der Gegenstandswert nach billigem Ermessen zu schätzen ist.[65]

2. Gerichtskosten

530 Mit dem KostRÄndG 1994[66] war schon der erste Schritt zu einer Vereinfachung des Kostenrechts vorgenommen worden, denn für erstinstanzliche Zivilsachen (ohne Familiensachen) einschließlich des erstinstanzlichen einstweiligen Rechtsschutzes wurden pauschale Verfahrensgebühren eingeführt, die bei Bewährung in der Praxis auch auf das Rechtsmittelverfahren übertragen werden sollten.[67] Durch das KostRMoG wurde das **Pauschalsystem** auch auf die Familiensachen[68] und die Rechtsmittelverfahren ausgeweitet.

531 Mit Einreichen der Rechtsmittelschrift wird die Gebühr für das Verfahren im Allgemeinen fällig, § 6 Abs. 1 Nr. 1 GKG. Kostenschuldner ist der Rechtsmittelführer als Antragsschuldner, § 22 Abs. 1 S. 1 GKG. Eine Vorauszahlung sieht das Gesetz nicht vor, die Rechtsmittelinstanz ist in § 12 GKG nicht genannt; der Kostenbeamte erstellt eine Kostenrechnung über die fälligen Beträge, die dann durch die Gerichtskasse angefordert werden (Sollstellung). Nach Beendigung der Instanz werden alle weiteren Gebühren und Auslagen fällig, § 9 Abs. 2 GKG.

a) Berufung

532 Im Berufungsverfahren gelten die Gebührentatbestände KV 1220 bis 1223 GKG. Die Gebühr für das **Verfahren im Allgemeinen** ist wiederum eine hohe Gebühr, denn nach KV 1220 beträgt der Gebührensatz 4,0. Diese Gebühr ermäßigt sich unter bestimmten Voraussetzungen bis auf einen Satz von 1,0.

→ **Beispiel: Berufung gegen Zahlungsklage**

Der Beklagte legt form- und fristgerecht Berufung gegen das gegen ihn in Höhe von 7.500,00 € ergangene Urteil ein und beantragt unter Aufhebung des erstinstanzlichen Urteils die Abweisung der Klage.

Gerichtsgebühren bei Einreichung der Berufung:

4,0 Verfahrensgebühr, KV 1220 GKG
Gebührenstreitwert: 7.500,00 €, § 47 Abs. 1 S. 1 GKG
Gebühr: 812,00 €
Kostenschuldner: Berufungskläger, § 22 Abs. 1 S. 1 GKG

---

65 *Jungbauer* in Bischof/Jungbauer, RVG, § 23 Rn. 128.
66 Gesetz zur Änderung von Kostengesetzen und anderen Gesetzen (Kostenrechtsänderungsgesetz 1994 – KostRÄndG 1994) v. 24.6.1994 – BGBl. I S. 1325 ber. S. 3471.
67 S. hierzu *von König*, RpflStud 2002, 154.
68 Jetzt aber im FamGKG geregelt.

Fällig mit Einreichen der Berufungsschrift, § 6 Abs. 1 Nr. 1 GKG

Vorauszahlung in § 12 GKG nicht vorgesehen, deshalb erfolgt Sollstellung gegen den Berufungskläger.

→ **Fortführung des Beispiels: Zurückweisung gem. § 522 Abs. 2 ZPO**

Nach Prüfung der Zulässigkeit der Berufung und Anhörung der Parteien wird die Berufung auf Kosten des Berufungsklägers durch Beschluss gem. § 522 Abs. 2 ZPO als unbegründet zurückgewiesen.

Gerichtskosten nach Beendigung des Rechtsmittelverfahrens:

Es bleibt bei der 4,0 Verfahrensgebühr, da kein Ermäßigungstatbestand vorliegt. Der Berufungskläger ist jetzt auch Entscheidungsschuldner gem. § 29 Nr. 1 GKG.

533 Bei Beendigung des **gesamten Verfahrens** durch Zurücknahme des Rechtsmittels, der Klage oder des Antrags, bevor die Schrift zur Begründung des Rechtsmittels bei Gericht eingegangen ist, **ermäßigt** sich die Gebühr KV 1220 auf **1,0** nach **KV 1221.** Erledigungserklärungen nach § 91a ZPO stehen der Zurücknahme gleich, wenn keine Entscheidung über die Kosten ergeht oder die Entscheidung einer zuvor mitgeteilten Einigung der Parteien über die Kostentragung oder der Kostenübernahmeerklärung einer Partei folgt.

→ **Beispiel: Berufung ohne Begründung**

Der Beklagte legt fristgerecht Berufung gegen das gegen ihn in Höhe von 7.500,00 € ergangene Urteil ein, vor Ablauf der Begründungsfrist nimmt er das Rechtsmittel zurück und erklärt, dass es nur in Höhe von 1.000,00 € eingelegt sein sollte.

Gerichtsgebühren:

1,0 Verfahrensgebühr, KV 1221 GKG
Gebührenstreitwert: 7.500,00 €, § 47 Abs. 1 S. 2 GKG – Wert der Beschwer ist maßgeblich, wenn kein beziffertes Antrag gestellt wird.
Gebühr: 203,00 €
Kostenschuldner: Berufungskläger, § 22 Abs. 1 S. 1 GKG

534 Wenn nicht KV 1221 anzuwenden ist, kommt der **Ermäßigungstatbestand KV 1222** infrage, danach ermäßigt sich die Gebühr auf **2,0**, wenn das gesamte Verfahren durch

1. Zurücknahme des Rechtsmittels, der Klage oder des Antrags
   a) vor dem Schluss der mündlichen Verhandlung,
   b) in den Fällen des § 128 Abs. 2 ZPO vor dem Zeitpunkt, der dem Schluss der mündlichen Verhandlung entspricht,
2. Anerkenntnisurteil, Verzichtsurteil oder Urteil, das nach § 313a Abs. 2 ZPO keinen Tatbestand und keine Entscheidungsgründe enthält,
3. gerichtlichen Vergleich oder

4. Erledigungserklärungen nach § 91a ZPO, wenn keine Entscheidung über die Kosten ergeht oder die Entscheidung einer zuvor mitgeteilten Einigung der Parteien über die Kostentragung oder der Kostenübernahmeerklärung einer Partei folgt, es sei denn, dass bereits ein anderes als eines der in Nr. 2 genannten Urteile oder ein Beschluss in der Hauptsache vorausgegangen ist, beendet wird.

Die Gebühr ermäßigt sich auch, wenn **mehrere Ermäßigungstatbestände** erfüllt sind.

→ **Beispiel: Rücknahme der Berufung**

Der Beklagte legt fristgerecht Berufung gegen das gegen ihn in Höhe von 7.500,00 € ergangene Urteil ein und beantragt unter Aufhebung des erstinstanzlichen Urteils die Abweisung der Klage. Das Gericht beraumt Termin zur mündlichen Verhandlung über die Berufung an. Im Termin nimmt der Berufungskläger die Berufung zurück. Die Kosten werden durch Beschluss dem Berufungskläger auferlegt.

Gerichtsgebühren:

2,0 Verfahrensgebühr, KV 1222 Nr. 1a GKG
Gebührenstreitwert: 7.500,00 €, § 47 Abs. 1 S. 1 GKG
Gebühr: 406,00 €
Kostenschuldner: Berufungskläger, § 29 Nr. 1 GKG

535 Schließlich stellt nach **KV 1223** auch die Beendigung des gesamten Verfahrens durch ein Urteil, das wegen eines Verzichts der Parteien nach § 313a Abs. 1 S. 2 ZPO keine schriftliche Begründung enthält, wenn nicht bereits ein anderes als eines der in KV 1222 Nr. 2 genannten Urteile oder ein Beschluss in der Hauptsache vorausgegangen ist, einen **weiteren Ermäßigungstatbestand** und zwar auf eine **3,0** Gebühr dar.

Die Gebühr ermäßigt sich auch, wenn daneben Ermäßigungstatbestände nach KV 1222 erfüllt sind.

→ **Beispiel: Berufung mit Teilrücknahme und Urteil ohne Begründung**

Der Beklagte legt form- und fristgerecht Berufung gegen das gegen ihn in Höhe von 7.500,00 € ergangene Urteil ein und beantragt unter Aufhebung des erstinstanzlichen Urteils die Abweisung der Klage. Das Gericht beraumt Termin zur mündlichen Verhandlung über die Berufung auf den 25. September an. Am 15. März geht bei Gericht ein Schreiben des Bekl-Vertr. ein, durch das die Berufung i.H.v. 2.500,00 € zurückgenommen wird. Im Termin verzichten die Parteien auf die schriftliche Urteilsbegründung; es ergeht abweisendes Urteil ohne Gründe.

Gerichtsgebühren:

3,0 Verfahrensgebühr, KV 1223 GKG, da auch KV 1222 Nr. 1 erfüllt ist (siehe Anm. zu KV 1223).
Gebührenstreitwert: 7.500,00 €, § 47 Abs. 1 S. 1 GKG
Gebühr: 609,00 €
Kostenschuldner: Berufungskläger, § 29 Nr. 1 GKG

b) Revision

Für das **Revisionsverfahren** wird zunächst eine 5,0 Verfahrensgebühr nach KV **1230** fällig; diese ermäßigt sich unter den gleichen Voraussetzungen wie bei der Berufung (KV 1221) nach KV 1231 auf 1,0 (→ Rn. 533). KV 1232 entspricht KV 1222 und sieht eine Ermäßigung auf 3,0 vor (→ Rn. 534). **536**

c) Sprungrevision, Beschwerde gegen die Nichtzulassung der Revision

Der 4. Abschnitt des KV GKG bestimmt die Gebühren in den Fällen der §§ 566, 544 ZPO. In beiden Fällen werden keine Gebühren erhoben, wenn und soweit die Anträge Erfolg haben, da dann die Gebühren für das Revisionsverfahren nach KV 1230 bis 1232 anfallen. Haben die Anträge nur teilweise Erfolg, sind die Gebühren nach dem Teilstreitwert zu ermitteln. **537**

Wird auf die Nichtzulassungsbeschwerde das angefochtene Urteil nach § 544 Abs. 7 ZPO durch Beschluss aufgehoben und die Sache an die Vorinstanz **zurückverwiesen**, findet nach Auffassung des BGH[69] kein Revisionsverfahren i.S.v. KV 1230 statt, sodass mangels gesetzlicher Vorschrift auch keine Gerichtsgebühren erhoben werden dürfen. Dieses „wenig einsichtige Ergebnis“ ist dem Gesetzgeber zu verdanken, der bei der späteren Einfügung des § 544 Abs. 7 ZPO durch das Anhörungsrügengesetz die kostenrechtliche Anpassung vergessen hat.[70]

Wird der Antrag auf Zulassung der **Sprungrevision** abgelehnt, fällt eine 1,5 Gebühr nach KV 1240 an. Eine evtl. Teilablehnung lässt die gebührenrechtlichen Tatbestände für die Revision (KV 1230, 1231) entstehen, wirkt sich aber auf den Streitwert aus.[71] **538**

Soweit der Antrag zurückgenommen oder das Verfahren durch anderweitige Erledigung beendet wird, fällt eine 1,0 Gebühr nach KV 1241 an. Die Ermäßigung resultiert daraus, dass das Gericht in diesem Fall keine weitere Tätigkeit entfalten muss. Nur wenn und soweit die Sprungrevision zugelassen wird, entsteht keine Gebühr.

Wird die **Beschwerde gegen die Nichtzulassung der Revision** ganz oder teilweise verworfen oder zurückgewiesen, fällt soweit die Verwerfung bzw. Zurückweisung reicht eine 2,0 Gebühr nach KV 1242 an. Soweit die Beschwerde zurückgenommen oder das Verfahren durch anderweitige Erledigung beendet wird, beträgt die Gebühr 1,0 nach KV 1243; auch hier gilt, dass die Gebühr nicht entsteht, soweit der Beschwerde stattgegeben wird, da dann die Gebühren nach KV 1230 ff. anfallen. **539**

---

69 BGH v. 12.3.2007 – II ZR 19/05 – MDR 2007, 917 = NJW-RR 2007, 1148.
70 BGH, a.a.O.
71 *Hartmann*, GKG, KV 1240 Rn. 1.

d) Sonstige Beschwerden und Rechtsbeschwerden

540 Der Hauptabschnitt 8 des KV GKG enthält die Gebührenbestimmungen für **Beschwerdeverfahren**, soweit diese nicht bereits in anderen Abschnitten geregelt sind, wie z.B. diejenigen betreffend Verfahren über den Arrest und die einstweilige Verfügung (KV 1430 ff.) oder des gewerblichen Rechtsschutzes (KV 1253 ff.).

541 KV 1810 sieht für Verfahren über Beschwerden gegen **Kostengrundentscheidungen** nach § 71 Abs. 2 ZPO (Zwischenurteil über die Zulässigkeit der Streithilfe), § 91a Abs. 2 ZPO (übereinstimmende Erledigungserklärung), § 99 Abs. 2 ZPO (Anfechtbarkeit bei Anerkenntnisurteilen), § 269 Abs. 5 ZPO (Klagerücknahme) oder § 494a Abs. 2 S. 2 ZPO (Frist zur Hauptsacheklage bei selbstständigem Beweisverfahren) eine **Festgebühr** von 90,00 € vor. Die Gebühr gilt das gesamte Beschwerdeverfahren – ohne Rücksicht auf den Ausgang – ab.[72] Die Gebühr ermäßigt sich nach KV 1811 auf 60,00 €, wenn das Verfahren ohne Entscheidung endet.

542 Verfahren über **nicht besonders aufgeführte Beschwerden**, die nicht nach anderen Vorschriften gebührenfrei sind, regelt KV 1812 wie folgt: Wird die Beschwerde verworfen oder zurückgewiesen fällt eine Festgebühr von 60,00 € an; wird die Beschwerde nur teilweise verworfen oder zurückgewiesen, kann das Gericht die Gebühr nach billigem Ermessen auf die Hälfte ermäßigen oder bestimmen, dass eine Gebühr nicht zu erheben ist. Hauptanwendungsfall dieser Vorschrift sind Beschwerden im Kostenfestsetzungsverfahren, ansonsten stellt KV 1812 einen Auffangtatbestand für alle Beschwerden dar, die in den übrigen Tatbeständen nicht erfasst sind.[73]

543 Sonstige **Rechtsbeschwerden** sind in KV 1820 bis 1827 geregelt; die Gebührentatbestände sehen grundsätzlich eine Gebühr in doppelter Höhe der für das vorausgegangene Beschwerdeverfahren vorgesehenen Höhe vor.

544 Nach KV 1820 fällt für Verfahren über Rechtsbeschwerden gegen Beschlüsse, durch die die Berufung als unzulässig verworfen wurde (§ 522 Abs. 1 S. 2 und 3 ZPO) eine 2,0 Wertgebühr an.

Die Beendigung des gesamten Verfahrens durch Zurücknahme der Rechtsbeschwerde, bevor die Schrift zur Begründung der Rechtsbeschwerde bei Gericht eingegangen ist, stellt nach KV 1822 einen **Ermäßigungstatbestand** auf 1,0 dar. Erledigungserklärungen nach § 91a ZPO stehen der Zurücknahme gleich, wenn keine Entscheidung über die Kosten ergeht oder die Entscheidung einer zuvor mitgeteilten Einigung der Parteien über die Kostentragung oder der Kostenübernahmeerklärung einer Partei folgt.

545 Rechtsbeschwerdeverfahren bei **Kostengrundentscheidungen** (→ Rn. 541) sind nach KV 1823 mit einer Festgebühr von 180,00 € bemessen und

72 BDPZ/*Zimmermann*, GKG, KV 1810 Rn. 1.
73 Siehe alphabetische Beispiele zum Geltungsbereich bei *Hartmann*, GKG, KV 1812 Rn. 3.

für Verfahren über nicht besonders aufgeführte Rechtsbeschwerden (→ Rn. 542), die nicht nach anderen Vorschriften gebührenfrei sind, fällt im Falle, dass die Rechtsbeschwerde verworfen oder zurückgewiesen wird, nach KV 1826 ebenfalls eine doppelte Gebühr zum Beschwerdeverfahren, nämlich i.H.v. 120,00 € an. Auch hier gilt, wenn die Rechtsbeschwerde nur teilweise verworfen oder zurückgewiesen wird, kann das Gericht die Gebühr nach billigem Ermessen auf die Hälfte ermäßigen oder bestimmen, dass eine Gebühr nicht zu erheben ist.

3. Rechtsanwaltsgebühren

546 Die Gebühren des Rechtsanwalts in **Berufungs- und Revisionsverfahren** sowie in bestimmten Beschwerdeverfahren und in Verfahren vor dem Rechtsmittelgericht über die **Zulassung** des **Rechtsmittels** sind im Abschnitt 2 und Abschnitt 5 des Teils 3 des VV RVG geregelt. Gebührenrechtlich beginnt das Rechtsmittelverfahren für den Rechtsanwalt des Rechtsmittelklägers mit dem unbedingten Auftrag zur Einlegung der Berufung, der Revision oder Beschwerde und für den Rechtsanwalt des Rechtsmittelbeklagten mit dem unbedingten Auftrag der gegnerischen Berufung, Revision oder Beschwerde entgegenzutreten.[74]

Diesem Auftrag geht häufig aber eine Prüfung voraus, ob ein Rechtsmittel überhaupt eingelegt werden soll, weil es auf die Erfolgsaussichten ankommen kann. Die **Prüfung der Erfolgsaussicht** eines Rechtsmittels stellt grundsätzlich eine neue Angelegenheit gem. § 17 Nr. 1 RVG dar. Für den Rat im Zusammenhang mit der Prüfung der Erfolgsaussicht eines Rechtsmittels kann der Rechtsanwalt grundsätzlich eine Gebühr nach VV 2100 RVG erheben. Die Gebühr ist eine Rahmengebühr, deren Satzspanne von 0,5 bis 1,0 geht. War der Anwalt bisher **noch nicht für den Mandanten tätig** und soll er ohne Vertretungsauftrag für das Rechtsmittelverfahren die Erfolgsaussicht prüfen, ist das ohne Zweifel ein Fall von VV 2100 RVG.[75] In diesem Fall ist es üblich, eine Gebühr zwischen der Mittelgebühr von 0,75 bis hin zum Höchstsatz von 1,0 zu berechnen, da sich der Rechtsanwalt ja erst einmal in die Sache einarbeiten muss. Wird dem Rechtsanwalt dann ein unbedingter Prozessauftrag für das Rechtsmittelverfahren erteilt, ist diese Gebühr nach der Anmerkung zu VV 2100 auf eine Gebühr für das Rechtsmittelverfahren anzurechnen.

Der gebührenrechtliche Tatbestand ist aber unter Umständen auch erfüllt, wenn der **Prozessbevollmächtigte der vorherigen Instanz** die Erfolgsaussichten eines Rechtsmittels prüft, damit nach Beratung mit dem Mandanten dann entschieden werden kann, ob das Rechtsmittel eingelegt

74 *Klüsener* in Bischof/Jungbauer, RVG, VV 3200 Rn. 5.
75 *Jungbauer* in Bischof/Jungbauer, VV 2100 Rn. 4.

bzw. ihm entgegengetreten werden soll. Bezüglich des Anfalles der Gebühr in diesem Fall ist zu berücksichtigen, dass bestimmte Tätigkeiten gemäß § 19 RVG zum Rechtszug gehören. Nach § 19 Abs. 1 S. 2 Nr. 9 RVG gehört die Zustellung und Empfangnahme von Entscheidungen oder auch von Rechtsmittelschriften noch zum Rechtszug, dadurch wird keine neue Gebühr ausgelöst. Die Prüfung der Erfolgsaussichten eines Rechtsmittels gehört aber nicht dazu, für eine entsprechende sachliche Prüfung entsteht die Gebühr nach VV 2100 RVG.[76] In der Regel wird der Rechtsanwalt die Mittelgebühr aus dem Gebührensatzrahmen berechnen, diese beträgt hier eine 0,75 Prüfgebühr. Die Anrechnung auf eine Gebühr für das Rechtsmittelverfahren nach der Anmerkung zu VV 2100 RVG gilt hier aber ebenfalls. Kommt es jedoch nicht zu einer Vertretung in der Rechtsmittelinstanz, bleibt es bei der zuvor genannten Prüfgebühr.

Mit dem **unbedingten Prozessauftrag für die Vertretung in der Rechtsmittelinstanz** sind jedoch die Gebührentatbestände VV 3200 ff. RVG erfüllt.

Nach der Anm. zu VV 2100 ist die Prüfungsgebühr **„auf eine Gebühr für das Rechtsmittelverfahren anzurechnen“.** Damit kann nach allgemeiner Meinung aber nur die Verfahrensgebühr des Rechtsmittelverfahrens gemeint sein, denn eine Anrechnung auf Termins- oder sonstige Gebühren widerspräche dem üblichen Anrechnungssystem.[77]

a) Berufung

547 Für den Rechtsanwalt ist die Rechtsmittelinstanz im Hinblick auf die Vorinstanz eine verschiedene Angelegenheit, § 17 Nr. 1 RVG. Er erhält demnach sämtliche Gebühren, die je nach dem Verlauf des Verfahrens anfallen können. Für das Betreiben des Geschäfts erhält der Rechtsanwalt in der **Berufungsinstanz** eine 1,6 **Verfahrensgebühr** nach VV 3200. Diese Gebühr entsteht für den die Berufung einlegenden Rechtsanwalt selbst dann, wenn die Einlegung nur der Wahrung der Berufungsfrist dient, ein Rechtsmittelantrag ist nicht notwendig.[78]

Endet der Auftrag, bevor der Rechtsanwalt das Rechtsmittel eingelegt hat oder einen Schriftsatz eingereicht hat, der Sachanträge, Sachvertrag, die Zurücknahme der Klage oder die Zurücknahme des Rechtsmittels enthält, oder bevor er für seine Partei einen gerichtlichen Termins wahrgenommen hat, dann ermäßigt sich die Gebühr nach VV 3201 auf einen Satz von 1,1. Diese 1,1 Verfahrensgebühr verdient der Rechtsanwalt zunächst bereits mit

---

76 *Jungbauer* in Bischof/Jungbauer, VV 2100 Rn. 24; Gerold/Schmidt/*Mayer*, RVG, VV 2100 Rn. 2.

77 *Jungbauer* in Bischof/Jungbauer, VV 2100 Rn. 32; Gerold/Schmidt/*Mayer*, VV 2100 Rn. 6.

78 Gerold/Schmidt/*Müller-Rabe*, RVG, VV 3201 Rn. 10.

der Entgegennahme der Information ohne dass das Rechtsmittel schon anhängig sein muss.[79]

Reicht der Gegner seinen Abweisungsantrag beim Rechtsmittelgericht ein bevor das Rechtsmittel schriftlich begründet ist, kann er ebenfalls nur eine 1,1 Verfahrensgebühr VV 3201 Nr. 1 berechnen;[80] anders sieht es nur aus, wenn der Abweisungsantrag zwar verfrüht gestellt wird, später dann aber die Berufung ordnungsgemäß begründet wird.[81] Auch hinsichtlich der Erstattungsfähigkeit kommt es nicht auf die zeitliche Reihenfolge der jeweiligen Anträge an, deshalb kommt es auch nicht darauf an, wie das Verfahren später in der Hauptsache ausgeht.[82]

→ **Beispiel: Fristwahrende Berufung**

Der durch den RA vertretene Kl. legt am letzten Tag der Rechtsmittelfrist Berufung gegen das erstinstanzliche Urteil ein, durch das er mit 10.000,00 € abgewiesen wurde, eine Begründung ist noch nicht beigefügt. Die Berufungsschrift wird dem Bekl.-Vertr. von Anwalt zu Anwalt zugestellt. Dieser stellt den Antrag, die Berufung zurückzuweisen. Vor Ablauf der Berufungsbegründungsfrist wird die Berufung zurückgenommen.

Rechtsanwaltsgebühren:

Mit Einreichen der Berufung hat sich der Kl.-Vertr. die 1,6 Verfahrensgebühr nach VV 3200 aus einem Gegenstandswert von 10.000,00 €, dem Wert der Beschwer gemäß § 23 Abs. 1 S. 1 RVG, § 47 Abs. 1 S. 2 GKG, im Betrag von 892,80 € verdient.

Fraglich, ob auch der Bekl.-Vertr. die 1,6 Verfahrensgebühr nach VV 3200 verlangen kann. Er hat einen Abweisungsantrag eingereicht, obwohl der Berufungskläger seine Berufung noch gar nicht begründet hatte, deshalb kann er nur eine 1,1 Verfahrensgebühr VV 3201 Nr. 1 aus dem Wert von 10.000,00 € = 613,80 € verlangen.

548 Die **Terminsgebühr** ist mit einem Satz von 1,2 nach VV 3202 in der Berufungsinstanz genauso hoch wie in der ersten Instanz. VV 3202 Abs. 1 verweist ausdrücklich auf die Anmerkungen zu VV 3104 und zwar auf Abs. 1 Nr. 1 und 3 sowie auf die Abs. 2 und 3, sodass das dort Gesagte grundsätzlich auch hier gilt (→ Rn. 302 ff.).[83] Der Anspruch auf die Gebühr entsteht somit auch, wenn in den gesetzlich geregelten Fällen mit Zustimmung der Parteien anstatt der vorgeschriebenen mündlichen Durchführung das Verfahren schriftlich durchgeführt wird.[84]

---

79 Gerold/Schmidt/*Müller-Rabe*, BVG, VV 3201 Rn. 26 sowie weitere Beispiele ab Rn. 51.

80 BGH v. 3.7.2007 – VI ZB 21/06 – FamRZ 2007, 1735 = Rpfleger 2007, 683; KG v. 10.7.2008 – 1 W 164/08 – KGR Berlin 2008, 970 = AGS 2009, 196.

81 BGH v. 1.4.2009 – XII ZB 12/07 – FamRZ 2009, 1047 = NJW 2009, 2220.

82 BGH v. 23.10.2013 – V ZB 143/12 – FamRZ 2014, 196 = NJW-RR 2014, 185.

83 Anmerkung Abs. 1 zu VV 3202 wurde durch Art. 8 Nr. 35 des 2. KostRMoG geändert.

84 *Maué* in Mayer/Kroiß, RVG, VV 3200–3205 Rn. 13.

Allerdings gilt dieses nicht für den Fall, dass das Berufungsgericht durch einstimmigen **schriftlichen Beschluss** die Berufung gem. **§ 522 Abs. 2 ZPO** zurückweist (→ Rn. 497), denn in diesem Fall kann eine Terminsgebühr nicht entstehen, da für das gerichtliche Verfahren eine mündliche Verhandlung nicht vorgeschrieben ist und das Berufungsgericht durch Beschluss entscheidet.[85] Das kann auch für den Anfall einer Terminsgebühr aufgrund einer außergerichtliche Besprechung gelten, nämlich dann, wenn die Besprechung **erst nach einem Hinweis** gemäß § 522 Abs. 2 S. 2 ZPO stattfindet. In diesem Fall kann die Terminsgebühr auch nicht durch eine Besprechung der Rechtsanwälte entstehen, da die Terminsgebühr nicht zu einer von den einzelnen Gebührentatbeständen losgelösten „Korrespondenzgebühr" für anwaltliche Besprechungen umgestaltet worden sei.[86] Findet die Besprechung jedoch statt, **bevor ein entsprechender Hinweisbeschluss** nach § 522 Abs. 2 S. 2 ZPO ergeht, dann ist der gebührenrechtliche Tatbestand des Anfalls der Gebühr erfüllt, da das gesetzgeberische Ziel des Anreizes für außergerichtliche Einigungen sich verwirklicht hat.[87]

Wie in der I. Instanz findet jedoch eine **Ermäßigung** der Terminsgebühr statt, bei Wahrnehmung eines Termins, in dem der Berufungskläger nicht erschienen oder nicht ordnungsgemäß vertreten ist und lediglich ein Antrag auf **Versäumnisurteil** oder zur Prozess- oder Sachleitung gestellt wird, denn auch hier ermäßigt sich die Terminsgebühr auf 0,5 nach VV 3203 (im Übrigen → Rn. 476 ff.). Die Terminsgebühr wird nur bei Säumnis des Berufungsklägers reduziert, ist lediglich der Berufungsbeklagte nicht erschienen, bleibt es bei der 1,2 Terminsgebühr nach VV 3202.[88]

549 Auch noch in der **Rechtsmittelinstanz** können die Parteien einen **Vergleich** schließen oder sich einigen. In diesem Fall beträgt die Höhe der **Einigungsgebühr** (→ Rn. 380 ff.) nach VV 1004 auch 1,3 und nicht wie in der I. Instanz 1,0. Der Gebührensatz von 1,3 gilt sowohl in der Berufungs- als auch in der Revisionsinstanz.

b) Revision

550 In der **Revisionsinstanz** und im Zulassungsverfahren für die Sprungrevision erhält der Rechtsanwalt grundsätzlich eine 1,6 **Verfahrensgebühr** nach VV 3206, dies gilt aber nur für den Fall, dass die Parteien sich nicht durch einen nur beim BGH zugelassenen Rechtsanwalt vertreten lassen

---

85 BGH v. 15.3.2007 – V ZB 170/06 – Rpfleger 2007, 574 = NJW 2007, 2644 = RVGreport 2007, 271 (*Hansens*); s. auch BGH v. 1.2.2007 – V ZB 110/06 – NJW 2007, 141461 = RVGreport 2007, 269 (*Hansens*) – zur Nichtzulassungsbeschwerde.

86 BGH v. 15.3.2007 – V ZB 170/06 – Rpfleger 2007, 574 = NJW 2007, 2644 = RVGreport 2007, 271 mit abl. Anm. *Hansens*.

87 BGH v. 13.12.2011 – II ZB 4/11 – Rpfleger 2012, 287.

88 *Maué* in Mayer/Kroiß, RVG, VV 3200–3205 Rn. 15.

müssen, d.h. in Verfahren mit Vertretungszwang erhält der beim BGH zugelassene Rechtsanwalt eine 2,3 Verfahrensgebühr nach VV 3208. Soweit kein Vertretungszwang besteht, wie z.B. im Verfahren nach § 78 Abs. 4 ZPO, bleibt es bei der 1,6 Gebühr nach VV 3206.

Im Falle der **vorzeitigen Erledigung** des Auftrags reduziert sich die Gebühr VV 3206 auf 1,1 gem. VV 3207 und die Gebühr VV 3208 auf 1,8 nach VV 3209.

Die **Terminsgebühr** beträgt nach VV 3210 grundsätzlich 1,5 und für die Wahrnehmung nur eines Termins, in dem der Revisionskläger nicht ordnungsgemäß vertreten ist und lediglich ein Antrag auf Versäumnisurteil oder zur Prozess oder Sachleitung gestellt wird, ermäßigt sie sich auf 0,8 nach VV 3211.

c) Beschwerden, Rechtsbeschwerden und Nichtzulassungsbeschwerde

551 An dieser Stelle sollen dem Verfahrensrecht folgend Ausführungen zu allgemeinen **Beschwerden** (→ Rn. 510) sowie zu **Rechtsbeschwerden** (→ Rn. 518) folgen, die im Abschnitt 5 des Teils 3 des VV RVG ab Nr. 3500 geregelt sind. Die Vorschriften des Abschnitts 5 finden für den gesamten Bereich des VV Teil 3 RVG Anwendung und sind immer dann einschlägig, wenn nicht speziellere Vorschriften für bestimmte Beschwerden gelten.

Nicht Gegenstand dieser Erörterungen sind deshalb z.B. den Rechtszug beendende Beschwerden oder Rechtsbeschwerden nach Abschnitt 2 (in Familiensachen, nach dem WEG, dem GWB, in Landwirtschaftssachen usw.).

552 Damit der Rechtsanwalt Gebühren verlangen kann, muss er jedoch Verfahrensbevollmächtigter für die entsprechende Beschwerdeinstanz sein[89] und es muss sich bei dem jeweiligen Beschwerde- bzw. Erinnerungsverfahren auch um eine (eigene) Angelegenheit handeln (zum Begriff der Angelegenheit siehe → Rn. 166 ff.), für die der Rechtsanwalt überhaupt Gebühren beanspruchen kann.

Nach § 16 Nr. 11 RVG handelt es sich grundsätzlich beim Rechtsmittelverfahren und dem Verfahren über die Zulassung des Rechtsmittels um **dieselbe Angelegenheit;** allerdings gilt dies nicht für das Verfahren über die Beschwerde gegen die Nichtzulassung eines Rechtsmittels. Letzteres findet sich deshalb in § 17 Nr. 9 RVG, wonach es sich beim Verfahren über die **Nichtzulassungsbeschwerde** um eine vom Verfahren über das eigentliche Rechtsmittel **verschiedene** Angelegenheit handelt.

Nach § 18 Nr. 3 RVG ist grundsätzlich **jedes Beschwerdeverfahren** und jedes Verfahren über eine **Erinnerung** gegen eine Entscheidung des Rechts-

89 Gerold/Schmidt/*Müller-Rabe*, RVG, VV 3500 Rn. 8.

pflegers in Angelegenheiten, in denen sich die Gebühren nach Teil 3 des VV richten, eine **besondere** Angelegenheit, soweit sich aus § 16 Nr. 10 RVG nichts anderes ergibt.

§ 16 Nr. 10 RVG ordnet jedoch an, dass im **Kostenfestsetzungsverfahren** einerseits und im **Kostenansatzverfahren** andererseits jeweils mehrere Verfahren über die Erinnerung oder die Beschwerde in demselben Beschwerderechtszug dieselbe Angelegenheit darstellen.

Grundsätzlich sind Beschwerden und Erinnerungen beispielsweise gegen Entscheidungen des Rechtspflegers also besondere Angelegenheiten soweit es sich um Verfahren handelt, deren Gebühren im Teil 3 des VV RVG geregelt sind. In § 16 Nr. 10 RVG ist dann als **Ausnahme** zu dem zuvor Gesagten folgendes geregelt:

Mehrere Beschwerden bzw. Erinnerungen innerhalb eines **Kostenfestsetzungsverfahrens** in demselben Beschwerderechtszug sind dieselbe Angelegenheit, das gilt auch, wenn es sich um mehrere Beschlüsse handelt, denn nach dem Wortlaut des Gesetzes wird gerade nicht auf die Entscheidung sondern auf das Verfahren abgestellt.[90] Unerheblich ist auch, ob nur eine Partei oder beide Parteien Rechtsbehelfe gegen die Entscheidung einlegen.[91] Ebenso wenig kommt es darauf an, dass es sich um eine Beschwerde gegen eine Abhilfeentscheidung handelt.[92]

Für den **Kostenansatz**, also die aufgestellte Gerichtskostenrechnung, regelt die Vorschrift ebenfalls, dass mehrere Erinnerungen bzw. Beschwerden eine Angelegenheit bilden.[93] Greift der Rechtsanwalt sowohl den Kostenfestsetzungsbeschluss als auch den Kostenansatz an, dann handelt es sich jedoch um verschiedene Angelegenheiten.[94]

553 Nach **VV 3500** erhält der Rechtsanwalt eine 0,5 **Verfahrensgebühr** für Verfahren über die Beschwerde und die Erinnerung, soweit nicht ein spezieller Gebührentatbestand gegeben ist. VV 3500 stellt eine **Auffangnorm** dar und hiervon erfasste Beschwerden und Erinnerungen sind z.B. diejenigen gegen die Kostenfestsetzung oder den Kostenansatz, gegen die Festsetzung der Vergütung aus der Landeskasse sowie gegen die Festsetzung der Entschädigung oder Vergütung nach § 4 Abs. 3 JVEG.

Eine Reduzierung bei vorzeitigem Auftragsende sieht das RVG nicht vor.

---

90 Ausführlich und mit Beispielen siehe Gerold/Schmidt/*Müller-Rabe*, RVG, § 16 Rn. 126 ff.

91 Gerold/Schmidt/*Müller-Rabe*, RVG, § 16 Rn. 124, 125.

92 *Bräuer/Bischof* in Bischof/Jungbauer, RVG, § 16 Rn. 28; Gerold/Schmidt/*Müller-Rabe*, RVG, § 16 Rn. 136.

93 *Bräuer/Bischof* in Bischof/Jungbauer, RVG, § 16 Rn. 28; Gerold/Schmidt/*Müller-Rabe*, RVG, § 16 Rn. 141.

94 Gerold/Schmidt/*Müller-Rabe*, RVG, § 16 Rn. 145.

Nach **VV 3513** kann der Rechtsanwalt auch eine 0,5 **Terminsgebühr** verdienen, wenn im Beschwerdeverfahren ein Termin stattfindet. Wegen der fehlenden Verweisung auf 3104 ist jedoch eine Terminsgebühr im schriftlichen Verfahren nicht möglich.[95] 554

Auch die Einigungsgebühr kann zusätzlich entstehen, allerdings nur nach einem Gebührensatz von 1,0 nach VV 1000, 1003, da ein gerichtliches Verfahren anhängig ist.

→ **Beispiel: Sofortige Beschwerde gegen Kostenfestsetzungsbeschluss**

Der Antragsgegner legt sofortige Beschwerde gegen den Kostenfestsetzungsbeschluss ein, da er der Auffassung ist, die für den Antragsteller berücksichtigten Reisekosten für einen Flug in Höhe von 680,00 € sind nicht erstattungsfähig. Die Rechtspflegerin erlässt einen Nichtabhilfebeschluss und legt die Sache dem Beschwerdegericht vor. Die Beschwerde wird als unbegründet zurückgewiesen.

Gerichtsgebühren:

60,00 € Festgebühr für das Verfahren, KV 1811 GKG

Rechtsanwaltsgebühren:

0,5 Verfahrensgebühr VV 3500 nach dem Wert von 680,00 € in Höhe von 40,00 €.

Hinzu kommt die Auslagenpauschale gem. VV 7002 in Höhe von 20 % der Gebühr = 8,00 € sowie die derzeit geltende Umsatzsteuer von 19 % auf den Gesamtbetrag.

Nach **VV 3502** erhält der Rechtsanwalt eine 1,0 **Verfahrensgebühr** für das Verfahren über die **Rechtsbeschwerde** nach § 574 ZPO. Obwohl die Rechtsbeschwerde wirksam nur durch einen beim BGH zugelassenen Rechtsanwalt eingelegt werden kann, beträgt der Gebührensatz lediglich 1,0. Bei vorzeitigem Ende des Auftrags entsteht nach VV 3503 lediglich eine 0,5 Verfahrensgebühr. Die Voraussetzungen für die Ermäßigung entsprechen denen bei der Verfahrensgebühr nach VV 3201, auf deren Anmerkung ausdrücklich verwiesen wird (→ Rn. 547). 555

Nach **VV 3516** kann der Rechtsanwalt auch eine 1,2 **Terminsgebühr** verdienen, wenn im Rechtsbeschwerdeverfahren ein Termin stattfindet, damit ist diese sogar höher als die Verfahrensgebühr. Wegen der fehlenden Verweisung auf 3104 ist jedoch eine Terminsgebühr im schriftlichen Verfahren nicht möglich.[96] 556

Auch die Einigungsgebühr kann zusätzlich entstehen, allerdings nur nach einem Gebührensatz von 1,0 nach VV 1000, 1003, da ein gerichtliches Verfahren anhängig ist.

Für die Beschwerdeverfahren wegen der Nichtzulassung der Revision gelten die VV 3506 ff. Die **Nichtzulassungsbeschwerde** stellt gegenüber 557

---

95 Gerold/Schmidt/*Müller-Rabe*, RVG, VV 3500 Rn. 19.

96 Gerold/Schmidt/*Müller-Rabe*, RVG, VV 3502, 3503 Rn. 11.

dem anschließenden Rechtsmittelverfahren eine verschiedene und damit eigene Angelegenheit dar, § 17 Nr. 9 RVG.

558 Die Gebühren entsprechen denen im Berufungsverfahren. Grundsätzlich erhält der Rechtsanwalt eine 1,6 **Verfahrensgebühr** nach VV 3506, die Gebühr ermäßigt sich bei vorzeitiger Auftragserledigung gem. VV 3507 auf eine 1,1 Verfahrensgebühr. Wegen der Voraussetzungen gilt das unter → Rn. 547 Gesagte.

Wird aufgrund der Nichtzulassungsbeschwerde das Revisionsverfahren durchgeführt, ist jedoch gem. Anm. zu VV 3506 die Verfahrensgebühr auf die Verfahrensgebühr für das nachfolgende Revisionsverfahren anzurechnen.

559 Handelt es sich jedoch um ein Verfahren, in dem sich die Parteien nur durch einen beim BGH zugelassenen Rechtsanwalt vertreten lassen können, was meistens der Fall ist (vgl. § 78 Abs. 1 und 4 ZPO), fallen die gleichen Gebühren an wie bei einem entsprechenden Revisionsverfahren. Der **BGH-Anwalt** erhält eine 2,3 Verfahrensgebühr nach VV 3508, die sich bei vorzeitiger Beendigung auf 1,8 ermäßigt (VV 3509).

560 Nach Auffassung des BGH[97] entsteht eine Verfahrensgebühr für die anwaltliche Tätigkeit in dem Verfahren über die Nichtzulassungsbeschwerde nach § 544 ZPO nur, wenn der mit der Wahrnehmung der Rechte in dem Verfahren beauftragte Rechtsanwalt vor dem BGH postulationsfähig ist. Damit hat der BGH der überwiegend gegenteiligen Auffassung, die lediglich darauf abstellt, dass der Rechtsanwalt einen Auftrag hat und eine „sinnvolle Tätigkeit“ entwickelt habe, eine Absage erteilt und zwar mit der Begründung, der nicht postulationsfähige Rechtsanwalt würde ein Entgelt für eine anwaltliche Tätigkeit erhalten, die einen Verfahrensauftrag voraussetze, den der Rechtsanwalt nicht erfüllen könne, was mit den Grundsätzen des geltenden Vertragsrechts unvereinbar sei.

561 Nach **VV 3516** kann der Rechtsanwalt auch eine 1,2 **Terminsgebühr** verdienen, wenn im Beschwerdeverfahren ein Termin stattfindet, wegen der fehlenden Verweisung auf 3104 ist jedoch eine Terminsgebühr im schriftlichen Verfahren nicht möglich.[98]

Auch die **Einigungsgebühr** kann zusätzlich entstehen, der Gebührensatz beträgt hier 1,3 nach VV 1000, 1004 da ein gerichtliches Verfahren anhängig ist.[99]

---

97 BGH v. 1.2.2007 – V ZB 110/06 – NJW 2007, 1461 = RVGreport 2007, 269 (*Hansens*) m.N. auch zur Gegenmeinung.

98 Gerold/Schmidt/*Müller-Rabe*, RVG, VV 3506–3509 Rn. 15.

99 Die Nichtzulassungsbeschwerde ist durch Art. 8 Nr. 3 des 2. KostRMoG in den Tatbestand des VV 1004 RVG aufgenommen worden.

J. Die Streitgenossenschaft im Prozess

562 Die ZPO geht grundsätzlich vom Zweiparteienprinzip aus, d.h. von einem Kläger und einem Beklagten oder einem Antragsteller und einem Antragsgegner. Das bedeutet aber nicht, dass nicht auf beiden Seiten auch mal mehrere Rechtssubjekte stehen können, die den Prozess gemeinsam führen. Stehen auf derselben Parteiseite mehrere Personen, handelt es sich um eine **Streitgenossenschaft**,[1] auch **subjektive Klagenhäufung** oder Klagenverbindung genannt. Es bestehen dann mehrere Prozessrechtsverhältnisse und Prozesse, die aber in einem gemeinsamen Verfahren entschieden werden, §§ 59 ff. ZPO.

563 Hiervon unterschieden wird die **objektive Klagenhäufung**,[2] welche meint, dass ein Kläger mehrere Ansprüche gegen denselben Beklagten unter Umständen in einer Klage einklagen kann, auch wenn diese auf verschiedenen Ansprüchen beruhen, § 260 ZPO.

564 Eine Streitgenossenschaft liegt demnach vor, wenn bei einer Klage mehrere Personen auf der Klägerseite – aktive Streitgenossenschaft oder auch Klagegenossen genannt – oder aber mehrere Personen auf der Beklagtenseite – passive Streitgenossenschaft oder auch Verteidigungsgenossen genannt – vorhanden sind.[3] Unter Umständen sind auch auf beiden Seiten Streitgenossen vorhanden. Die Streitgenossenschaft beginnt mit der Erhebung der Klage durch oder gegen mehrere Personen oder wenn eine weitere Person auf einer der beiden Seiten hinzutritt.[4]

565 Die Streitgenossenschaft ist **zulässig**, wenn eine gemeinsame Verhandlung und Entscheidung zweckmäßig ist, §§ 59, 60 ZPO. Danach ist Voraussetzung einer einheitlichen Klage, dass die Personen in **Ansehung des Streitgegenstandes in Rechtsgemeinschaft stehen** oder wenn sie aus **demselben tatsächlichen und rechtlichen Grund berechtigt oder verpflichtet** sind. Die wichtigsten Fälle für eine bestehende Rechtsgemeinschaft bilden Miteigentum, Gesamthandsgemeinschaften, Gesamtschuld (§§ 421, 427, 840 BGB) oder Teilschuld (§ 420 BGB).[5] Unter Identität des Grundes wird

---

1 S. hierzu *Rosenberg/Schwab/Gottwald*, §§ 48, 49.
2 S. hierzu zum Beispiel die Anmerkungen von *Becker-Eberhard* im MüKoZPO zu § 260.
3 Zöller/*Vollkommer*, ZPO, § 60 Rn. 2.
4 Zöller/*Vollkommer*, ZPO, § 60 Rn. 3.
5 MüKoZPO/*Schultes*, § 60 Rn. 8, 9; Zöller/*Vollkommer*, ZPO, § 60 Rn. 5.

verstanden, wenn die Verpflichtung oder Berechtigung aus demselben Vertrag herrührt oder aus derselben unerlaubten Handlung.

566 Die Streitgenossen werden sämtlich Partei des Prozesses, es bleibt bei der **Unabhängigkeit** und Selbstständigkeit **der Verfahren**, die auch jederzeit wieder getrennt werden können. Die Handlungen des Einzelnen können nicht den anderen zugerechnet werden. Prozesshandlungen können getrennt und auch im Widerspruch zu den anderen Genossen geführt werden. Jeder kann einen eigenen Rechtsanwalt nehmen, aber auch Vertretung durch einen gemeinsamen Rechtsanwalt ist möglich. Der Verfahrensablauf wird durch **gemeinsame Verhandlung, Beweisaufnahme und Entscheidung** geprägt.

I. Einfache und notwendige Streitgenossenschaft

567 Das Gesetz unterscheidet zwischen der einfachen und der notwendigen Streitgenossenschaft. Von einer **notwendigen Streitgenossenschaft** (§ 62 ZPO) wird gesprochen, wenn aus rechtlichen Gründen eine einheitliche Sachentscheidung ergehen muss. In diesem Fall sind die mehreren Prozesse enger miteinander verbunden als bei der einfachen Streitgenossenschaft, weil nach materiellem oder prozessualem Recht die Entscheidung über den Streitgegenstand auf jeden Fall einheitlich sein muss.[6] Ob eine notwendige Streitgenossenschaft vorliegt, hängt vom Streitgegenstand ab. Danach gibt es zwei Gruppen notwendiger Streitgenossenschaft, die der 1. Alt. des § 62 ZPO (eine notwendig einheitliche Sachentscheidung) und die der 2. Alt. des § 62 ZPO (notwendig gemeinsame Klage). Bei der 2. Alt. herrscht in Praxis und Rechtsprechung Einigkeit, denn es sind die Fälle gemeint, in denen schon die Klage wegen der bestehenden Prozessführungs- oder Sachbefugnis von allen gemeinsam erhoben werden muss.[7] Hinsichtlich der 1. Alt. wird darauf abgestellt, dass die Entscheidung, d.h. das Urteil nur gegen alle Streitgenossen identisch und gleichzeitig zu erfolgen hat.[8] Der BGH stellt auf den Prozess ab und sieht eine Streitgenossenschaft nur als notwendig an, wenn wegen der Rechtskrafterstreckung eine einheitliche Feststellung auch bei einem Nebeneinander der Prozesse gegeben wäre.[9]

---

6 Zöller/*Vollkommer*, ZPO, § 62 Rn. 30.

7 Beispiele s. bei Zöller/*Vollkommer*, ZPO, § 62 Rn. 11 ff.; siehe auch MüKoZPO/*Schultes*, § 62 Rn. 24 ff.

8 MüKoZPO/*Schultes*, § 62 Rn. 5; Zöller/*Vollkommer*, ZPO, § 62 Rn. 30.

9 BGH v. 9.1.1957 – IV ZR 259/56 – BGHZ 23, 73; BGH v. 15.6.1959 – II ZR 44/58 – BGHZ 30, 195 = NJW 1959, 1683; MüKoZPO/*Schultes*, § 62 Rn. 7 ff.; Zöller/*Vollkommer*, ZPO, § 62 Rn. 2 ff.; a.A. *Wieser*, NJW 2000, 1163.

Auch bei der notwendigen Streitgenossenschaft bleiben die einzelnen Streitgenossen selbstständig, und jeder kann nur in seinem eigenen Prozess handeln. Unterschiede gibt es jedoch hinsichtlich der Behandlung von Fristen, Terminen und der Teilnahme am Verfahren, § 62 ZPO. Die Fristen laufen zwar getrennt, bei Versäumung wird jedoch fingiert, dass derjenige, der die Frist wahrt, die anderen mit vertritt. Ähnliches gilt bei der Versäumung von Terminen, woraus folgt, dass gegen keinen der notwendigen Streitgenossen ein Versäumnisurteil ergehen darf, wenn zumindest einer erschienen ist.

II. Kostenentscheidung bei Streitgenossen

568 Unabhängig davon, ob es sich um eine einfache oder eine notwendige Streitgenossenschaft handelt, kann der Ausgang des Rechtsstreits unterschiedlich sein. Die Sachentscheidung muss bei einfacher Streitgenossenschaft nicht notwendigerweise für alle Streitgenossen gleich sein, sondern gegen einzelne Streitgenossen kann die Klage als unzulässig abgewiesen werden, während die anderen verurteilt werden. Für die **Kostenentscheidung bei Streitgenossenschaft** gilt § 100 ZPO. Die Regelung ist unvollständig, denn nach dem Wortlaut des Gesetzes regelt § 100 ZPO den Fall, dass alle Streitgenossen unterliegen; er gilt aber auch bei vollem oder teilweisem Obsiegen und für jede Art der Streitgenossenschaft.[10]

1. Obsiegende Streitgenossen

569 § 100 Abs. 1 bis 3 ZPO regeln die Haftung mehrerer Personen, wenn in der Sache keine Verurteilung als Gesamtschuldner vorgenommen wurde, weil sie keine sind oder weil sie nicht als solche verurteilt worden sind. **Grundsätzlich** gilt nach Abs. 1 eine **Haftung nach Kopfteilen**, diese Haftung tritt ein, ohne dass dieses in der Urteilsformel besonders festgestellt werden muss; wenn sie gemeinsam obsiegen, dann sind sie also auch nicht Gesamtgläubiger, sondern Anteilsgläubiger.

→ **Beispiel:**

B und C – vertreten durch einen gemeinsamen Rechtsanwalt – sind auf Zahlung von 2.000,00 € verklagt.

Die Klage wird abgewiesen. Kostenentscheidung: Die Kosten des Rechtsstreits trägt der Kläger.

Die Beklagten sind Anteilsgläubiger und können vom Kläger jeder $^1/_2$ der ihnen entstandenen Gesamtkosten verlangen.

---

10 Zöller/*Herget*, ZPO, § 100 Rn. 1.

Dieses gilt auch, wenn zwar in der Hauptsache eine gesamtschuldnerische Verurteilung zum Teil erfolgt ist, im Tenor jedoch die Kosten des Rechtsstreits den Streitgenossen ohne weiteren Zusatz auferlegt worden sind und die Kostenentscheidung in den Gründen nicht auf § 100 Abs. 4 ZPO gestützt worden ist; die Streitgenossen haften in diesem Fall daher nach Kopfteilen.[11]

2. Unterliegen eines oder einzelner Streitgenossen

570 Beim Unterliegen eines oder einzelner Streitgenossen sind die Kosten auch **nach Quoten zu verteilen,** und zwar getrennt nach Gerichtskosten und außergerichtlichen Kosten. In der Praxis geschieht dieses anhand der sog. **Baumbach'schen Formel.**[12]

→ **Beispiel:**

B und C – vertreten durch einen gemeinsamen Rechtsanwalt – sind auf Zahlung von 2.000,00 € verklagt. B wird verurteilt, die Klage gegen C wird abgewiesen. Kostenentscheidung: Die Gerichtskosten tragen der Kläger und B je zur Hälfte. Der Kläger trägt die außergerichtlichen Kosten des C; B die des Klägers zur Hälfte, im Übrigen tragen die Parteien ihre außergerichtlichen Kosten selbst.

571 Nach der auf der Baumbach'schen Formel fußenden Kostengrundentscheidung sind außergerichtliche Kosten wie folgt zu tragen:

Der Kläger trägt die eigenen Kosten zur Hälfte sowie die Hälfte der gegnerischen Kosten.

Der Beklagte B trägt von seinen eigenen Kosten die Hälfte sowie die Hälfte der gegnerischen Kosten, insgesamt müssen sich der Kläger und der Beklagte B die Kosten des Rechtsstreits teilen.

3. Erhebliche Verschiedenheit der Beteiligung

572 Bei erheblicher Verschiedenheit der Beteiligung kann das Gericht eine **andere Regelung** treffen, für die das Verhältnis der Anteile maßgeblich ist, § 100 Abs. 2 ZPO. Hierfür ist eine entsprechend formulierte Kostenentscheidung nötig. Für besondere Angriffs- und Verteidigungsmittel haftet nur derjenige, der sie sich allein zu eigen gemacht hat, § 100 Abs. 3 ZPO.[13]

---

11 OLG Frankfurt v. 6.11.2015 – 6 W 88/15 –, juris.

12 S. hierzu u.a.: BLAH/*Hartmann*, ZPO, § 100 Rn. 52, 53; Zöller/*Herget*, ZPO, § 100 Rn. 7 ff.; ausführlich *Stegemann-Boehl*, Die Baumbach'sche Formel in der Kostengrundentscheidung, JuS 1991, 320 ff.; *Loibl*, Die Baumbach'sche Kostenformel, JA 1998, 56 ff.

13 Zöller/*Herget*, ZPO, § 100 Rn. 9, 10.

4. Verurteilung als Gesamtschuldner

573 Wenn die Kostenschuldner in der **Hauptsache als Gesamtschuldner verurteilt** worden sind, dann haften sie auch hinsichtlich der **Kosten als Gesamtschuldner,** und zwar ohne dass das Gericht dieses ausdrücklich in der Kostenentscheidung aussprechen muss, § 100 Abs. 4 ZPO. Die Abs. 1 bis 3 gelten hier allerdings ergänzend. Bei einem Prozessvergleich, in dem Streitgenossen die Kosten ganz oder teilweise übernommen haben, gelten unmittelbar nur die Abs. 1 und 3; haben sie sich gesamtschuldnerisch verpflichtet, gilt Abs. 4 nicht unmittelbar, sondern allenfalls entsprechend und dieses auch im Hinblick auf § 427 BGB.[14]

III. Auswirkung auf Gerichtskosten

574 Grundsätzlich haften **Streitgenossen für die Gerichtskosten gesamtschuldnerisch**, es sei denn, das Gericht hat eine anderweitige Verteilung unter ihnen vorgenommen, § 32 Abs. 1 GKG. Eine anderweitige Verteilung heißt, eine Verteilung nach Bruchteilen gemäß § 100 Abs. 2 und 3 ZPO, die dann auch für die Haftung der Staatskasse gegenüber gilt. Die einfache Haftung nach § 100 Abs. 1 ZPO gilt jedoch nur für die Kostenerstattung dem Gegner gegenüber, der Staatskasse gegenüber haften sie gesamtschuldnerisch nach § 32 Abs. 1 GKG.[15] Daneben bleibt auch noch die Antragshaftung aus § 22 Abs. 1 S. 1 GKG bestehen, wenn mehrere auf Klägerseite haften.

→ **Beispiel: Gesamtschuldnerische Antragshaftung**

A und B verklagen die Eheleute CA und CB auf Zahlung von 1.100,00 €. Klage und Ladung zum Termin werden ordnungsgemäß zugestellt. Die Beklagten erscheinen nicht zur mündlichen Verhandlung. Es ergeht antragsgemäß Versäumnisurteil.

Kostenentscheidung: Die Beklagten tragen die Kosten des Rechtsstreits.

Gerichtsgebühren bei Einreichung der Klage:

3,0 Verfahrensgebühr, KV 1210 GKG
Gebührenstreitwert: 1.100,00 €
Gebühr: 213,00 €
Fälligkeit: Einreichung der Klage § 6 Abs. 1 Nr. 1 GKG
Kostenschuldner: Beide Kl. § 22 Abs. 1 S. 1 GKG als Antragsschuldner gesamtschuldnerisch, § 32 Abs. 1 GKG
Vorauszahlung: § 12 Abs. 1 S. 1 GKG

---

14 OLG Karlsruhe v. 26.8.2013 – 11 W 4/13 – AGS 2013, 595; HansOLG Bremen v. 8.7.1992 – 2 W 50/92 –, juris.

15 *Hartmann*, GKG, § 32 Rn. 4, 5.

Bei Streitgenossen bestimmt der Kostenbeamte nach pflichtgemäßem Ermessen, ob er den Betrag von einem der Kostenschuldner in voller Höhe oder von mehreren nach Kopfteilen anfordert. Ist anzunehmen, dass einer dieser Gesamtschuldner zur Zahlung nicht oder nur in Teilbeträgen in der Lage wäre, so sind die gesamten Kosten zunächst von den übrigen anzufordern, § 8 Abs. 4 KostVfg.

Gerichtskosten bei Beendigung durch Versäumnisurteil:

Es bleibt bei der 3,0 Verfahrensgebühr, da das Versäumnisurteil kein Ermäßigungstatbestand ist.

Kostenschuldner sind nun jedoch die Beklagten als Entscheidungsschuldner, § 29 Nr. 1 GKG, auch diese haften gesamtschuldnerisch, § 32 Abs. 1 GKG, da keine anderweitige Verteilung vorgenommen wurde. Wegen der Mithaft der Kläger als Zweitschuldner gem. § 31 Abs. 1 GKG können von ihnen gezahlte Beträge bis zur Höhe von 213,00 € auf die Schuld der Bekl. verrechnet werden, sodass der Kostenbeamte nichts mehr einfordern muss.

→ **Variante:**

Die Beklagten erkennen den Anspruch an, es ergeht daraufhin ein Anerkenntnisurteil.

Das Anerkenntnisurteil stellt einen Ermäßigungstatbestand nach KV 1211 Nr. 2 GKG dar, sodass sich am Schluss des Verfahrens die ursprüngliche 3,0 Verfahrensgebühr auf einen Satz von 1,0 ermäßigt = 71,00 €.

Kostenschuldner: Die Beklagten als gesamtschuldnerisch haftende Entscheidungsschuldner, §§ 29 Nr. 1, 31 Abs. 1 GKG.

Wegen der nach wie vor bestehenden Antragshaftung (Mithaft) der Kläger können die gezahlten 213,00 € verrechnet werden, § 31 Abs. 1 GKG, sodass nur der Überschuss von 142,00 € an die Kläger zurückzuzahlen ist.

IV. Rechtsanwaltsgebühren bei der Vertretung von Streitgenossen

575 Da das Verfahren eines jeden Streitgenossen unabhängig von den anderen Verfahren ist, kann jeder Streitgenosse auch einen Rechtsanwalt beauftragen. In diesem Fall ergeben sich keine Besonderheiten hinsichtlich des Vergütungsanspruchs des Rechtsanwalts.[16]

Mehrere Streitgenossen können aber auch einen Rechtsanwalt beauftragen, was in der Praxis gar nicht so selten der Fall ist. Hat der **Rechtsanwalt mehrere Auftraggeber**, erhält er Gebühren und Auslagen grundsätzlich nur einmal, § 7 Abs. 1 RVG. Das Vergütungsrecht berücksichtigt jedoch, dass die Tätigkeit für mehrere Auftraggeber regelmäßig mit zusätzlichem Aufwand verbunden ist, durch die **Erhöhung der Verfahrens- bzw. Ge-**

16 Ob die Kosten mehrerer Rechtsanwälte vom unterlegenen Gegner auch zu erstatten sind, ist eine ganz andere Frage, die im Rahmen der Ausführungen zur Kostenerstattung bzw. zum Kostenfestsetzungsverfahrens unter dem Abschnitt K erörtert wird.

schäftsgebühr für jeden weiteren Auftraggeber, wenn der Rechtsanwalt für mehrere Auftraggeber in **derselben Angelegenheit wegen desselben Gegenstandes** tätig wird, § 7 Abs. 1 RVG i.V.m. VV 1008. Die Verfahrens- oder Geschäftsgebühr erhöht sich für jede weitere Person um 0,3 oder 30 % bei Festgebühren, bei Betragsrahmengebühren erhöhen sich der Mindest- und Höchstbetrag um 30 %.

Bei **Wertgebühren** ist Voraussetzung für die Erhöhung, dass **alle drei Kriterien** erfüllt sind, denn wenn zwar eine Mehrheit von Auftraggebern vorliegt, es aber an der Gegenstandsgleichheit fehlt, kann die Erhöhung nicht verlangt werden. Bei fehlender Gegenstandsgleichheit liegen dann mehrere Gegenstände vor, und diese werden zusammengerechnet, § 22 Abs. 1 RVG. Die Gebühren werden dann aus dem zusammengerechneten Wert entnommen.

1. Mehrere Auftraggeber

576 Eine Mehrheit von Auftraggebern liegt vor, wenn der Rechtsanwalt für verschiedene **natürliche oder juristische Personen** bzw. Personenvereinigungen auftragsgemäß tätig wird.[17] Ob die Beklagten eine Mehrzahl von Auftraggebern bilden, richtet sich nicht nach der Rechtsform, unter der sie richtiger Ansicht nach gehandelt haben, sondern nach dem Rubrum der Klageschrift und der Anspruchsbegründung hieraus.[18] Beauftragen **Eheleute** einen Rechtsanwalt, so handelt es sich um **zwei Auftraggeber.**

Bei einem **Parteiwechsel** geht die Rechtsprechung wegen der vorliegenden Kontinuität des gerichtlichen Verfahrens und der gebührenrechtlichen Einheit des Rechtszugs davon aus, dass es sich um eine Angelegenheit handelt, in der der Rechtsanwalt mehrere Auftraggeber nacheinander vertritt.[19] Das Gesetz unterscheidet nicht danach, ob der Rechtsanwalt gleichzeitig oder nacheinander für mehrere Auftraggeber tätig wird, sodass dieses zur Folge hat, dass der Rechtsanwalt der wechselnden Partei die in dem Rechtszug anfallenden Gebühren nur einmal erhält, allerdings unter Umständen erhöht gem. § 7 Abs. 1 RVG i.V.m. VV 1008.

577 **Juristische Personen** (→ Rn. 208) sind rechts- und parteifähig und damit ein Auftraggeber, dieses auch, wenn sie durch mehrere gesetzliche Vertreter vertreten werden.

---

17 Einzelfälle s. alphabetische Auflistung bei Gerold/Schmidt/*Müller-Rabe*, RVG, VV 1008 Rn. 52 ff.

18 KG v. 1.12.2006 – 1 W 355/06 – AGS 2007, 556.

19 BGH v, 19.10.2006 – V ZN 91/06 – NJW 2007, 41 = AGS 2006, 583 m. Anm. *N. Schneider.*

Personengesellschaften (→ Rn. 209) des Handelsrechts sind ebenfalls nur ein Auftraggeber, da sie unter ihrer Firma klagen oder verklagt werden können.

578 Eine **Erbengemeinschaft** (→ Rn. 218) stellt jedoch eine Auftraggebermehrheit dar, dies gilt nach inzwischen überwiegender Meinung auch, wenn mehrere Erben einen vom Erblasser begonnenen Rechtsstreit fortführen.[20]

579 Hinsichtlich der Erhöhung bei Klagen einer **BGB-Gesellschaft** sowie bei Klagen gegen eine solche hat die Rechtsprechung die Rechtslage geändert. In den Fällen, in denen nach höchstrichterlicher Rechtsprechung die GbR (→ Rn. 214 ff.) als rechtsfähig angesehen wird, hat der beauftragte Rechtsanwalt auch nur einen Auftraggeber, sodass eine Erhöhung nicht infrage kommt.[21] Nur in den Fällen, in denen eine Teilrechtsfähigkeit verneint wird, hat der Rechtsanwalt mehrere Auftraggeber, nämlich die Gesellschafter.[22]

Auch die **Anwaltssozietät** ist eine **BGB-Gesellschaft**, wenn sie nicht eine **Partnerschaftsgesellschaft** nach dem PartGG ist. Letztere ist allerdings im Sinne von § 7 RVG i.V.m. VV 1008 wegen der Verweisung auf § 124 HGB in § 7 Abs. 2 PartGG nur ein Auftraggeber.[23] Bei einer herkömmlichen Anwaltssozietät wird man nun davon ausgehen müssen, dass sie eine rechtsfähige GbR darstellt, deren Vertreter die Gesellschaft und nicht alle Rechtsanwälte vertritt.[24] Eine Erhöhung kommt demnach nicht infrage. Abzugrenzen von der Sozietät ist die reine **Bürogemeinschaft** von Rechtsanwälten, bei denen lediglich die Räume und evtl. das Personal gemeinschaftlich genutzt werden. Hierbei handelt es sich nicht um eine Außengesellschaft.

580 Auch bezüglich der Einschätzung der **Wohnungseigentümergemeinschaft** hat sich die Rechtsprechung entscheidend geändert. Dieses gilt hinsichtlich der Wohnungseigentümergemeinschaft insbesondere für Angelegenheiten, soweit sie bei der Verwaltung des gemeinschaftlichen Eigentums am Rechtsverkehr teilnimmt.[25] Insoweit ist die WEG rechtsfähig und parteifähig.[26] Für den Rechtsanwalt bedeutet dieses dann konsequenterweise auch, dass er nur einen Auftraggeber hat.

Nicht von der Rechtsfähigkeit erfasste Bereiche, wie die Anfechtung von WEG-Beschlüssen oder die Geltendmachung von Ansprüchen aus dem

---

20 OLG Düsseldorf v. 2.7.1996 – 10 W 58/96 – JurBüro 1997, 27 = Rpfleger 1997, 41; PfälzOLG v. 4.1.1995 – 1 W 32/94 – Rpfleger 1995, 384; LG Berlin v. 29.11.1996 – 84 T 745/96 – JurBüro 1997, 413; Gerold/Schmidt/*Müller-Rabe*, RVG, VV 1008 Rn. 81.

21 Gerold/Schmidt/*Müller-Rabe*, RVG, VV 1008 Rn. 65.

22 Gerold/Schmidt/*Müller-Rabe*, RVG, VV 1008 Rn. 73, 74.

23 LG Berlin v. 11.10.1996 – 84 T 641/96 – Rpfleger 1997, 190 = JurBüro 1998, 141.

24 Gerold/Schmidt/*Müller-Rabe*, RVG, VV 1008 Rn. 54; *von Eicken*, AGS 2001, 194 ff.

25 BGH v. 2.6.2005 – V ZB 32/05 – BGHZ 163, 154; ebenso BGH v. 12.4.2007 – VII ZR 236/05 – BGHZ 172, 42.

26 Gerold/Schmidt/*Müller-Rabe*, RVG, VV 1008 Rn. 134 m.div.N.

Miteigentum, fallen grundsätzlich nicht darunter. Hier kommt es darauf an, welchen Auftrag der Rechtsanwalt erhalten hat. Bei der Vertretung von einzelnen Eigentümern hat er mehrere Auftraggeber.[27]

2. Dieselbe Angelegenheit

581 Als weitere Voraussetzung kommt hinzu, dass der Rechtsanwalt die Auftraggeber in derselben Angelegenheit vertritt. Der Begriff der Angelegenheit findet sich zunächst einmal in § 15 Abs. 2 RVG wieder, denn dort ist geregelt, dass der Rechtsanwalt die Gebühr in derselben Angelegenheit nur einmal fordern kann. In den §§ 16 bis 18 RVG folgen dann weitere Unterscheidungen danach, wann es sich um dieselben, um verschiedene oder besondere Angelegenheiten handelt (→ Rn. 166 ff.). In gerichtlichen oder behördlichen Verfahren ist die Angelegenheit im Allgemeinen mit dem Verfahren identisch und insofern ohne besondere Schwierigkeit abzugrenzen.[28] Die Führung eines **Rechtsstreits, aufgespalten nach Instanzen,** wird als eine Angelegenheit angesehen.

3. Derselbe Gegenstand

582 Die Angelegenheit ist der Rahmen der anwaltlichen Tätigkeit gründend auf dem erteilten Auftrag; als Gegenstand sieht man das Recht oder Rechtsverhältnis an, auf das sich die jeweilige rechtsanwaltliche Tätigkeit bezieht.[29] Gleichheit des Gegenstandes liegt nur vor, wenn der Rechtsanwalt für die Auftraggeber wegen desselben Rechts oder Rechtsverhältnisses handelt. Hier richtet es sich dann nach der tatsächlichen Rechtslage, nicht danach, dass die Gegenstände als Gesamtanspruch geltend gemacht werden sollen. Regelmäßig wird deshalb aufseiten der angreifenden Parteien das Vorliegen desselben Gegenstandes für mehrere Auftraggeber nur angenommen, wenn diese ein **einheitliches Recht in gemeinschaftlicher Trägerschaft**, insbesondere als **Gesamt**- oder **Gesamthandsgläubiger**, geltend machen.[30] Selbstständig nebeneinander bestehende Rechte, auch wenn sie jeweils den gleichen Inhalt haben und auf das gleiche Ziel gerichtet sind, erfüllen dagegen nicht den Begriff desselben Gegenstandes,[31] **also keine Gegenstandsgleichheit bei Bruchteilseigentümern oder Mitbesitzern.**[32]

---

27 Ausführlich Gerold/Schmidt/*Müller-Rabe*, RVG, VV 1008 Rn. 130–140.

28 Gerold/Schmidt/*Madert*, RVG, 17. Auflage 2006, § 15 Rn. 11; so auch *Bräuer* in Bischof/Jungbauer, RVG, VV 1008 Rn. 43.

29 BVerfG v. 15.7.1997 – 1 BvR 1174/90 – BVerfGE 96, 251 = NJW 1997, 3430; BGH v. 26.9.1990 – XII ZR 38/89 – FamRZ 1991, 51.

30 Gerold/Schmidt/*Müller-Rabe*, RVG, VV 1008 Rn. 147.

31 OLG Köln v. 16.1.2015 – 17 W 16-18/15 –, juris.

32 S. div. Beispiele aus der Rechtsprechung bei Gerold/Schmidt/*Müller-Rabe*, RVG, VV 1008 Rn. 167 ff.

583 Es liegt auch **keine** Gegenstandsgleichheit vor, wenn mehrere Beschwerdeführer in einer von diesen gegen eine Rechtsnorm erhobenen Verfassungsbeschwerde vertreten werden. Mit der Verfassungsbeschwerde wird nur die subjektive Beschwer des jeweiligen Beschwerdeführers in einem Grundrecht oder grundrechtsähnlichen Recht geltend gemacht, und diese subjektive verfassungsrechtliche Beschwer bestimmt den Gegenstand des Verfahrens. Die Verfassungsbeschwerden mehrerer Auftraggeber haben demnach, auch wenn sie gegen denselben Akt der öffentlichen Gewalt gerichtet sind und somit im Auftrag übereinstimmen, nicht denselben Gegenstand.[33] Auch bei **Eheleuten** liegt nicht zwangsläufig Gegenstandsgleichheit vor, da sie im Regelfall keine vermögensrechtliche Rechtsgemeinschaft bilden, wenn sie im gesetzlichen Güterstand der Zugewinngemeinschaft leben, §§ 1363 ff. BGB. Wenn sie sich nicht ausdrücklich gesamtschuldnerisch verpflichtet haben, liegt der Regelfall des § 420 BGB vor, wonach sie die Leistung nach Bruchteilen schulden, wenn es sich um eine teilbare Leistung handelt.

584 Bei der **Rechtsverteidigung** wird der Gegenstand der anwaltlichen Tätigkeit durch den gegnerischen Angriff bestimmt. Gegenstandsgleichheit wird daher bejaht, wenn **mehrere Auftraggeber als Gesamtschuldner in Anspruch** genommen worden sind.[34] Ob die Beklagten eine Mehrzahl von Auftraggebern bilden, richtet sich nicht nach der Rechtsform, unter der sie richtiger Ansicht nach gehandelt haben, sondern nach dem Rubrum der Klageschrift und der Anspruchsbegründung hieraus.[35] Vertritt ein Rechtsanwalt **mehrere Mieter** gegen eine Klage auf Räumung und Herausgabe einer Mietwohnung, ist der Gegenstand der anwaltlichen Tätigkeit derselbe, sodass es zu einer Erhöhung kommt.[36]

4. Umfang der Erhöhung

585 Sind die vorgenannten Voraussetzungen erfüllt, erfolgt bei Wertgebühren eine Erhöhung der Verfahrensgebühr bzw. der Geschäftsgebühr **von 0,3 pro weiterem Auftraggeber**, insgesamt darf aber die Erhöhung nicht mehr als 2,0 betragen, sodass in der I. Instanz beispielsweise die 1,3 Verfahrensgebühr VV 3100 mit Erhöhung höchstens einen Gebührensatz von 3,3 ergeben darf.

Dabei handelt es sich nicht um eine „Erhöhungsgebühr" – wie in der Praxis bis hin zum BGH häufig genannt –,[37] sondern der Mehraufwand bei

33 BVerfG v. 15.7.1997 – 1 BvR 1174/90 – BVerfGE 96, 251 = NJW 1997, 3430.
34 Gerold/Schmidt/*Müller-Rabe*, RVG, VV 1008 Rn. 161.
35 KG v. 1.12.2006 – 1 W 355/06 – AGS 2007, 556.
36 BGH v. 5.10.2005 – VIII ZB 52/04 – NJW 2005, 3786 = Rpfleger 2006, 99.
37 S. z.B. BGH v. 8.2.2007 – VII ZB 89/06 – Rpfleger 2007, 345 sowie KG v. 6.2.2007 – 1 W 243/06 – MDR 2007, 805.

der Vertretung mehrerer Auftraggeber führt nur zu einer Erhöhung der entstandenen Verfahrens- oder Geschäftsgebühr. Leider hat der Gesetzgeber dieser Unsitte noch in die Hände gearbeitet, findet man die Erhöhung doch im Teil 1 des Vergütungsverzeichnisses unter der Überschrift „Allgemeine Gebühren“ und nach der Vorbemerkung, dass „die Gebühren dieses Teils“ neben den in anderen Teilen bestimmten Gebühren entstehen. Nur der gebührenrechtliche Tatbestand des VV 1008 macht dann deutlich, dass es sich um eine Erhöhung der entstandenen Verfahrens- bzw. Geschäftsgebühr handelt.

→ **Beispiel: Vertretung von Gesamtschuldnern**

Rechtsanwalt vertritt vier gesamtschuldnerisch in Anspruch genommene Auftraggeber in einem Rechtsstreit.

Die 1,3 Verfahrensgebühr VV 3100 der I. Instanz wird für drei weitere Auftraggeber nach VV 1008 erhöht, da die restlichen Voraussetzungen erfüllt sind. Die Erhöhung beträgt 0,9 und bleibt damit auch unter dem Höchstsatz von 2,0.

Der Rechtsanwalt kann eine 2,2 Verfahrensgebühr nach VV 3100, 1008 berechnen.

→ **Variante: Vorzeitige Beendigung des Auftrags, VV 3101 Nr. 1**

Der Auftrag endet so früh, dass nur eine 0,8 Verfahrensgebühr anfällt.

Auch hier ergibt sich eine Erhöhung von 0,9, sodass eine 1,7 Verfahrensgebühr nach VV 3101 Nr. 1, 1008 anfällt.

→ **Variante: Berufung**

Der Auftrag endet nicht; der Rechtsanwalt vertritt seine Mandanten auch in der Berufungsinstanz.

1,6 Verfahrensgebühr VV 3200 wird wiederum mit einem Satz von 0,9 erhöht, sodass der Rechtsanwalt eine 2,5 Verfahrensgebühr nach VV 3200, 1008 verlangen kann.

586 Aber auch niedrigere Verfahrensgebühren werden nach VV 1008 erhöht. So erhält der Rechtsanwalt für die Tätigkeit in der Zwangsvollstreckung eine 0,3 Gebühr nach VV 3309, die bei zwei Auftraggebern dann auf einen Satz von 0,6 zu erhöhen ist. *Lappe*[38] hält diese Regelung für verfassungswidrig, da diese Verdoppelung der Verfahrensgebühr in einem krassen Missverhältnis z.B. zur Erhöhung der 2,3 Verfahrensgebühr nach VV 3208 des BGH-Anwalts stünde, der lediglich eine Erhöhung von 13 % erhält, da dessen Gebühr lediglich auf 2,6 zu erhöhen sei.

587 Nach dem Wortlaut des Gesetzes werden die Verfahrensgebühr und die Geschäftsgebühr gemäß VV 1008 erhöht.[39] Daraus folgt, dass z.B. die Beratungsgebühr nach VV 2501, die der Rechtsanwalt nach dem Wortlaut des Gesetzes für „eine Beratung“ nach dem Beratungshilfegesetz erhält, bei

---

38 *Lappe*, NJW 2004, 2409; RpflStud 2005, 97; Rpfleger 2006, 583.

39 *Hartmann*, RVG, VV 1008 Rn. 11; Gerold/Schmidt/*Müller-Rabe*, RVG, VV 1008 Rn. 6 ff.

mehreren Auftraggebern nicht zu erhöhen ist, wie sich aus der fehlenden Bezeichnung als „Geschäfts- oder Verfahrensgebühr" schließen lässt.[40]

5. Unterschiedliche Beteiligung der Auftraggeber

588 Die Erhöhung wird nach dem Betrag berechnet, an dem die Personen gemeinschaftlich beteiligt sind, VV 1008 Abs. 2 RVG. Nach altem Recht war in diesem Fall umstritten, wie die Vergütung zu berechnen war, da eine Regelung fehlte, in welchem Verhältnis diese Erhöhung zu dem Teil der anwaltlichen Tätigkeit stand, an dem nicht alle gemeinschaftlich beteiligt waren. Überträgt man diese Problematik auf das neue Recht, ergeben sich lt. *Müller-Rabe*[41] zwei Rechenwege, die mit folgendem Beispiel deutlich gemacht werden sollen:

→ **Beispiel:**

Zahlungsklage über 6.000,00 € gegen A und B. Hierfür sind sie Gesamtschuldner, der Tatbestand der Erhöhung ist erfüllt. Hinsichtlich eines weiteren Betrages von 3.000,00 € vertritt der Rechtsanwalt nur den A in demselben Prozess.

Gesamtgegenstandswert: 9.000,00 €.

589 Fraglich ist nun jedoch, wie sich die Verfahrensgebühr des Rechtsanwalts berechnet, da die gemeinschaftliche Beteiligung nur bezüglich 6.000,00 € vorhanden ist. Bei dem ersten Rechenweg[42] wird eine erhöhte Gebühr aus dem gesamtschuldnerisch geschuldeten Betrag ermittelt und sodann eine nicht erhöhte Gebühr aus dem weiteren Betrag errechnet. Beide Beträge werden dann addiert, allerdings wird bei dieser Methode gem. § 15 Abs. 3 RVG eine Kürzung vorgenommen, wenn eine erhöhte Verfahrensgebühr aus dem Gesamtgegenstandswert erreicht ist.

1. Berechnungsmethode:

1,6 Verfahrensgebühr aus 6.000,00 €	=	566,40 €
1,3 Verfahrensgebühr aus 3.000,00 €	=	261,30 €
Verfahrensgebühr insgesamt	=	827,70 €

Aber höchstens 1,6 Verfahrensgebühr aus dem gesamten Wert von 9.000,00 € in Höhe von 811,20 €, wobei auf § 15 Abs. 3 RVG Bezug genommen wird.

590 Die zweite Berechnungsmethode[43] ist nicht nur deshalb vorzuziehen, weil bei dieser Berechnungsart auch mehrere nicht gemeinschaftliche Ge-

---

40 KG v. 6.2.2007 – 1 W 243/06 – Rpfleger 2007, 401 = MDR 2007, 805; *Bräuer* in Bischof/Jungbauer, RVG, VV 1008 Rn. 52; Gerold/Schmidt/*Müller-Rabe*, VV 1008 Rn. 13 ff.; *Hartmann*, RVG, VV 1008 Rn. 5; Riedel/Sußbauer/*Ahlmann*, RVG, § 7 Rn. 36.

41 Gerold/Schmidt/*Müller-Rabe*, RVG, VV 1008 Rn. 227 ff.

42 So Gerold/Schmidt/*Müller-Rabe*, RVG, VV 1008 Rn. 229 m.w.N.

43 H.M., Gerold/Schmidt/*Müller-Rabe*, RVG, VV 1008 Rn. 228, 230 ff. m.w.N.

genstände zusammengerechnet werden können, sondern weil § 15 Abs. 3 RVG für diese Fälle nicht einschlägig ist. Die Regelung setzt nämlich voraus, dass für Teile des Gegenstands verschiedene Gebührensätze anzuwenden sind. VV 1008 stellt aber gerade keine eigene Gebühr dar (→ Rn. 585), sondern es wird die jeweilige Verfahrensgebühr erhöht. Hätte der Gesetzgeber in diesem Fall eine Anwendung von § 15 Abs. 3 RVG vorgesehen, so hätte er dieses lt. *Müller-Rabe*[44] deutlich formulieren oder auch auf die Vorschrift Bezug nehmen müssen.

Bei dieser Berechnungsmethode wird eine nicht erhöhte Gebühr aus dem Gesamtgegenstandswert ermittelt und dann die Erhöhung aus dem gesamtschuldnerisch geschuldeten Betrag hinzugerechnet.

2. Berechnungsmethode:

1,3 Verfahrensgebühr aus 9.000,00 €	= 659,10 €
0,3 Verfahrensgebühr aus 6.000,00 €	= 106,20 €
Verfahrensgebühr insgesamt	= 765,30 €

Bei dieser Methode wird § 15 Abs. 3 RVG nicht angewandt, außerdem können mehrere gemeinschaftliche Gegenstände zusammengerechnet werden.

→ **Beispiel:**

Der Rechtsanwalt vertritt A, B und C hinsichtlich des gesamtschuldnerischen Anspruchs i.H.v. 6.000,00 €; den A und den B gesamtschuldnerisch hinsichtlich der 3.000,00 € und den A allein hinsichtlich eines Betrages von 1.000,00 €.

Gesamtgegenstandswert: 10.000,00 €.

Lösung nach der 2. Berechnungsmethode:

1,3 Verfahrensgebühr aus 10.000,00 €	= 725,40 €
0,6 Verfahrensgebühr aus 6.000,00 €	= 212,40 €
0,3 Verfahrensgebühr aus 3.000,00 €	= 60,30 €
Insgesamt	= 998,10 €

591 Welchen Betrag der Rechtsanwalt von jedem seiner Auftraggeber fordern kann, regelt § 7 Abs. 2 RVG, wonach jeder Auftraggeber die Gebühren und Auslagen schuldet, die er schulden würde, wenn der Rechtsanwalt nur in seinem Auftrag tätig geworden wäre; der Rechtsanwalt aber insgesamt nicht mehr als die erhöhten Gebühren und die insgesamt entstandenen Auslagen fordern kann (s. hierzu → Rn. 702 ff.).

44 Gerold/Schmidt/*Müller-Rabe*, RVG, VV 1008 Rn. 231.

K. Die Kostenfestsetzung

Das **Kostenfestsetzungsverfahren** ist ein **selbstständiges,** jedoch zur ersten Instanz gehörendes Nachverfahren, das nur in Ausnahmefällen nicht durchgeführt wird.[1] Gegenstand des Kostenfestsetzungsverfahrens bilden in erster Linie die Kosten des Rechtsstreits (§ 91 Abs. 1 S. 1 ZPO), die sich aus den Gerichtskosten und den außergerichtlichen Kosten der obsiegenden Partei zusammensetzen. Bezüglich der Anwaltskosten reicht es aus, dass sie geschuldet werden; bezüglich der Partei- und Gerichtskosten wird verlangt, dass sie bereits gezahlt worden sind. **592**

Aus der **Kostengrundentscheidung** des vollstreckbaren Titels des Hauptverfahrens ergibt sich lediglich der Erstattungspflichtige, aber nicht der Erstattungsbetrag; dieser wird erst im Verfahren nach §§ 103 ff. ZPO ermittelt. Mit Erlass der Kostengrundentscheidung wird der **Kostenerstattungsanspruch** fällig. Festgesetzt wird der Erstattungsanspruch, den die obsiegende Partei gegen die unterlegene Partei hat.

Wie in jedem der in der ZPO geregelten förmlichen Verfahren sind auch im Kostenfestsetzungsverfahren die **wesentlichen Prozess- und Verfahrensgrundsätze** zu beachten; so ist vor der Entscheidung über den Kostenfestsetzungsantrag auf einen von den Parteien erkennbar übersehenen oder für unerheblich gehaltenen rechtlichen Gesichtspunkt hinzuweisen und darauf hinzuwirken, dass sich die Parteien über alle für die Rechtsfindung erforderlichen Tatsachen vollständig erklären, § 139 Abs. 1 ZPO.[2] Gerichtliche Hinweispflichten dienen der Vermeidung von Überraschungsentscheidungen und konkretisieren den Anspruch der Parteien auf rechtliches Gehör.[3] Rechtliche Hinweise müssen danach unter Berücksichtigung der Parteien in ihrer konkreten Situation so erteilt werden, dass diese vor der Entscheidung noch auf das Verfahren Einfluss nehmen können.[4] Das Kostenfestsetzungsgesuch muss deshalb dem Gegner stets vor Erlass der Entscheidung zur Stellungnahme übermittelt werden, um ihm das **rechtliche Gehör zu gewähren.**[5] Die **Versagung** des rechtlichen Gehörs ist ein **593**

---

1 Siehe auch *Rosenberg/Schwab/Gottwald*, § 85.

2 OLG Köln v. 4.11.1998 – 17 W 346/98 – JurBüro 1999, 257.

3 BVerfG v. 29.5.1991 – 1 BvR 1383/90 – BVerfGE 84, 188 = NJW 1991, 2823.

4 BVerfG a.a.O.

5 BbgOLG v. 7.1.1999 – 8 W 542/98 – JurBüro 1999, 254 m. Anm. *Enders* = Rpfleger 1999, 174 = KostRspr. Nr. 290 m. Anm. *von Eicken*; OLG Celle v. 8.2.1999 – 8 W 68/99 –

wesentlicher Verfahrensmangel, der zur Zurückverweisung aus der Beschwerdeinstanz führen kann.[6] Es wird sogar verlangt, dass das Gericht den Gegner des Kostenfestsetzungsgesuchs vor Erlass des Kostenfestsetzungsbeschlusses auffordern soll, Einwände gegen die geltend gemachten Kostenansätze bei Meidung der Kostenfolge des § 97 Abs. 2 ZPO schon vor Erlass des Kostenfestsetzungsbeschlusses vorzutragen.[7]

Aus der Formulierung der besonderen Verfahrensvorschriften für das Kostenfestsetzungsverfahren ist nicht ganz eindeutig ersichtlich, dass dem Gegner rechtliches Gehör zu gewähren ist. In der Vergangenheit ist § 104 Abs. 1 S. 3 ZPO aus rein praktischen Erwägungen sogar dahingehend verstanden worden, dass es genügt, dem Gegner eine Abschrift der Kostenberechnung mit der Entscheidung zusammen zuzustellen. Diese Verfahrensweise ist nach verfassungsrechtlichen Maßstäben nicht haltbar.[8] Die Verpflichtung zur Gewährung des **rechtlichen Gehörs** folgt nach allgemeiner Meinung aus Art. 103 Abs. 1 GG und kann sowohl **schriftlich** als auch **mündlich** geschehen.[9]

594 Auch im Kostenfestsetzungsverfahren gilt der **Verhandlungsgrundsatz,** wonach gemäß § 308 Abs. 1 S. 1 ZPO einer Partei kein Betrag zugesprochen werden darf, den sie nicht beantragt hat.

Allerdings lässt eine in Rechtsprechung[10] und Literatur[11] verbreitete Ansicht einen Austausch angemeldeter, aber nicht zu erstattender Kosten gegen angefallene, aber nicht angemeldete Kosten im Verfahren nach §§ 103, 104 ZPO zu. Zur Begründung heißt es u.a., dass es sich um eine seit langem bestehende „und aus Billigkeitsgründen berechtigte Praxis“ handele und der Antragsgrundsatz sich nur auf den Gesamtbetrag der verlangten Kosten beziehe.[12] Voraussetzung soll danach lediglich sein, dass bei der **Auswechselung** der bezifferte Gesamtantrag nicht überschritten wird.

NdsRpfl 1999, 128; OLG Frankfurt v. 23.3.1999 – 12 W 62/99 – Rpfleger 1999, 379 = JurBüro 1999, 482; PfälzOLG v. 5.5.1999 – 3 W 80/99 – Rpfleger 1999, 380 = JurBüro 1999, 483; OLG Frankfurt v. 25.5.1999 – 6 W 77/99 – JurBüro 1999, 483.

6 Verfassungsgerichtshof des Landes Berlin v. 1.11.2011 – 185/10, 186/10 – FamRZ 2012, 1074.

7 OLG Frankfurt v. 21.12.1998 – 6 W 186/98 – JurBüro 1999, 255 = Rpfleger 1999, 119 = MDR 1999, 320.

8 BVerfG v. 7.12.1982 – 2 BvR 1118/82 – BVerfGE 62, 347 = NJW 1983, 2187. LG Aachen v. 21.6.1990 – 5 T 177/90 – JurBüro 1990, 1484.

9 Zöller/*Herget*, ZPO, §§ 103, 104 Rn. 21 (rechtl. Gehör); *Lappe*, RpflStud 1995, 174.

10 OLG Karlsruhe v. 14.8.2003 – 5 WF 134/03 – FamRZ 2004, 966 (PKH-Vergütung); OLG Karlsruhe v. 6.4.1992 – 11 W 39/92 – Rpfleger 1992, 494; OLG Frankfurt v. 12.10.1987 – 14 W 1126/87 – Rpfleger 1988, 499.

11 Kostenfestsetzung/*Mathias*, B 72, B 200 und D 117; Zöller/*Herget*, § 104 ZPO, Rn. 21 (Austauschen von Kosten).

12 So *Bork* in Stein/Jonas, ZPO, § 104 ZPO Rn. 23.

Zu Recht stellt das OLG Koblenz[13] klar, dass der Antragsgrundsatz im Kostenfestsetzungsverfahren keine andere Bedeutung als im allgemeinen Erkenntnisverfahren habe. Außerdem treffe nicht zu, dass diese Verfahrensweise aus Billigkeitsgründen rechtens sei, gewähre sie dem Antragsteller unter Umständen Vorteile wie z.B. die Verzinsung von Beträgen, die der Antragsteller gar nicht beantragt habe.

Dieser Auffassung kann nur gefolgt werden. Außerdem ist der Rechtspfleger nach § 139 Abs. 1 S. 2 ZPO gehalten, dem Antragsteller Mängel seines Antrages mitzuteilen und auf das Stellen eines **sachgerechten Antrages hinzuwirken.** Diese Verfahrensweise hat dann noch den Vorteil, dass bei korrigiertem Antrag keine langen Ausführungen im Beschluss hinsichtlich einzelner ausgetauschter Positionen zu erfolgen hat.

I. Der Kostenerstattungsanspruch

595 Der **Kostenerstattungsanspruch** ist ein privatrechtlicher Anspruch, ausgelöst durch das auf dem Verfahren begründete gesetzliche Schuldverhältnis. Er **entsteht** mit der **Rechtshängigkeit** des Hauptverfahrens[14] und ist **fällig** mit dem Erlass der **Kostengrundentscheidung.** Der Anspruch geht grundsätzlich auf die **Kosten des gesamten Rechtsstreits,** § 91 Abs. 1 S. 1 ZPO, und nicht nur der jeweiligen Instanz. Hierbei handelt es sich um die Gerichtskosten, die zur Führung des Rechtsstreits aufgewendeten Anwaltskosten und die sonstigen Aufwendungen der Parteien (Parteikosten). Er erstreckt sich aber auch auf vor dem gerichtlichen Verfahren entstandene Kosten, generell auf die sogenannten Vorbereitungskosten, das sind z.B. Aufwendungen der Parteien insbesondere für Sachverständige, derer es zur Begründung der Klage oder des Klageabweisungsantrages bedarf.[15]

Der **Anspruch** ist übertragbar (§§ 398 ff. BGB) und pfändbar (§ 851 ZPO). Er kann auf Dritte auch kraft Gesetzes übergehen, so auf den im Rahmen der Prozesskostenhilfe beigeordneten Rechtsanwalt (§ 126 ZPO) und weiter auf die Staatskasse (§ 59 RVG). Er **verjährt** in 30 Jahren (§§ 197, 217 BGB).[16] Der Anspruch unterliegt aber auch der Verwirkung, allerdings setzt die **Verwirkung** eines Kostenerstattungsanspruchs neben dem Zeitmoment auch ein Umstandsmoment voraus. Nach der Rechtsprechung ist ein Recht verwirkt, wenn seit der Möglichkeit der Geltendmachung längere Zeit verstrichen ist (Zeitmoment) und besondere Umstände hinzutreten, die die

13 OLG Koblenz v. 23.9.2011 – 14 W 543/11 – FamRZ 2012, 323 = MDR 2011, 1323.
14 Kostenfestsetzung/*Dörndorfer*, Rn. B 4.
15 *Lappe*, ZAP 1996, Fach 24, S. 331 ff.
16 BGH v. 23.3.2006 – V ZB 189/05 – Rpfleger 2006, 439.

verspätete Geltendmachung als Verstoß gegen Treu und Glauben erscheinen lassen (Umstandsmoment). Letzteres ist der Fall, wenn der Verpflichtete bei objektiver Betrachtung aus dem Verhalten des Berechtigten entnehmen durfte, dass dieser sein Recht nicht mehr geltend machen werde. Ferner muss sich der Verpflichtete im Vertrauen auf das Verhalten des Berechtigten in seinen Maßnahmen so eingerichtet haben, dass ihm durch die verspätete Durchsetzung des Rechts ein unzumutbarer Nachteil entstünde.[17] Bis zum Ablauf der Verjährungsfrist muss die unterlegene Partei grundsätzlich einen Kostenfestsetzungsantrag erwarten.[18]

1. Gegenseitige Kostenerstattungsansprüche

596 Kostenerstattungsansprüche beider Parteien liegen vor, wenn es sich um verschiedene Kosten handelt. Sind der einen Partei die Kosten der I. Instanz und der anderen die der II. Instanz auferlegt worden, handelt es sich um verschiedene Kostenerstattungsansprüche. Gleiches gilt, wenn die eine Partei die Kosten des Verfahrens trägt, während der anderen bestimmte Mehrkosten (z.B. durch Anrufung des falschen Gerichts) auferlegt worden sind. Es handelt sich um zwei sich gegenüberstehende Ansprüche, die gegeneinander aufgerechnet werden können.[19]

2. Kostenteilung

597 Wenn jede Partei teils obsiegt und teils unterliegt, sind die Kosten gegeneinander aufzuheben oder verhältnismäßig zu teilen, § 92 Abs. 1 S. 1 ZPO. „Gegeneinander aufheben" bedeutet, dass außergerichtliche Kosten nicht erstattet (jeder trägt hier seine eigenen Kosten) und die Gerichtskosten geteilt werden. Bei der verhältnismäßigen Teilung enthält die Kostengrundentscheidung eine Quotelung der Kosten. In diesem Fall hat das Gericht im Rahmen der **Kostenfestsetzung** die Aufgabe, die **Prozesskosten auszugleichen,** d.h., es werden die jeweils notwendigen Kosten ermittelt und dann entsprechend der Quote der Kostengrundentscheidung aufgeteilt und gegen denjenigen, der etwas erstatten muss, festgesetzt, § 106 Abs. 1 ZPO.

598 Dieses Verfahren wirft die Frage auf, ob jede Partei einen Erstattungsanspruch gegen die andere hat oder ob es nach Kostenausgleichung nur einen Erstattungsanspruch gibt. In der Praxis findet bei der Kostenausgleichung eine „Aufrechnung von Amts wegen" statt, denn es findet eine Erstattung für denjenigen statt, der den größeren Anspruch hat, wobei der geringere Anspruch verrechnet wird. Laut *Lappe*[20] befindet die Kostenentscheidung

---

17 BGH v. 23.1.2014 – VII ZR 177/13 – NJW 2014, 1230 m.w.N.
18 OLG Koblenz v. 8.3.2016 – 14 W 102/16 – Rpfleger 2016, 608.
19 *Lappe*, Justizkostenrecht, § 32 VI.
20 *Lappe*, Justizkostenrecht, § 32 VI; *Lappe*, ZAP 1996, Fach 24, S. 331 ff.

immer über die Ansprüche beider Parteien auf Erstattung ihrer Kosten. Verteilt das Gericht nun die gesamten Kosten des Rechtsstreits, erkennt es damit den Erstattungsanspruch einer Partei zu, und zwar mit dem Betrag, der sich von den Gesamtkosten ableitet. Es gibt also auch bei der Kostenteilung nur **einen Kostenerstattungsanspruch,** der mit der Kostengrundentscheidung fällig wird.

Gerecht ist das Verhältnismäßigteilen jedoch nur, wenn gleichmäßig Kosten entstanden sind. War z.B. eine Partei anwaltlich vertreten und die andere nicht, so kommt die Ersparnis der nicht vertretenen Partei der anderen Partei zugute. Eine korrekte Kostenentscheidung quotelt deshalb nicht nach dem Verhältnis der Streitwerte, sondern nach dem Verhältnis der Kosten, die bei getrennter Rechtsverfolgung entstanden wären.

II. Verfahrens- und erstattungsrechtliche Voraussetzungen der Kostenfestsetzung

1. Der Antrag

599 Das Festsetzungsverfahren wird nur auf **Antrag** durchgeführt, § 103 Abs. 2 ZPO, hierbei handelt es sich um einen **Sachantrag,** der einen bestimmten Antrag enthalten muss, er muss einen bestimmten Geldbetrag fordern.[21] **Antragsberechtigt** ist der aus dem Vollstreckungstitel Berechtigte, also diejenige Partei, die aus der Kostengrundentscheidung einen Kostenerstattungsanspruch hat. Der Antrag ist unerlässliche Verfahrensvoraussetzung, deshalb ist ein von einem Rechtsanwalt in der Ich-Form ohne Hinweis auf die Vertretungsmacht gestellter Antrag auszulegen. Bei der vorzunehmenden Auslegung hat der Rechtspfleger die höchstrichterliche Rechtsprechung des BGH[22] zu berücksichtigen, wonach der Grundsatz gilt, dass im Zweifel dasjenige gewollt ist, was nach den Maßstäben der Rechtsordnung vernünftig ist und dem recht verstandenen Interesse entspricht, wobei nicht unter allen Umständen am buchstäblichen Sinn einer Wortwahl – wie floskelhafter Formulierungen eines Rechtsanwalts in der „Ich-Form“ bzw. „Wir-Form“ – festzuhalten ist. In der Regel ist davon auszugehen, dass ein Rechtsanwalt richtige Prozesserklärungen abgeben will.[23]

Eine besondere Form ist nicht vorgeschrieben, er kann sowohl schriftlich als auch mündlich zu Protokoll der Geschäftsstelle gestellt werden, §§ 129a, 130, 131 ZPO. Der Antrag kann bis zur Rechtskraft des Kostenfestsetzungs-

21 Kostenfestsetzung/*Lappe/Hellstab*, Rn. A 17; *Lappe*, Justizkostenrecht, § 42 I 3.
22 BGH v. 5.10.2010 – VI ZR 257/08 – NJW 2010, 1482.
23 OLG Celle v. 8.9.2015 – 2 W 193/15 –, juris.

beschlusses zurückgenommen werden. Einer Zustimmung der Gegenpartei bedarf es nicht, die Rücknahme ist bindend und unwiderruflich.[24]

2. Die Parteien

600 Parteien des Kostenfestsetzungsverfahrens sind die **Parteien der Hauptsache,** denn zwischen diesen besteht der Kostenerstattungsanspruch. Die Parteienbezeichnung lautet nun jedoch „Antragsteller" und „Antragsgegner", wobei ein Hinweis auf deren Stellung im vorausgegangenen Rechtsstreit nicht schädlich sein dürfte. **Antragsteller** kann nun aber nur derjenige sein, der auch einen **Kostenerstattungsanspruch** hat. Bei Abweisung der Klage und damit verbundener Kostenauferlegung auf den Kläger ist allein der ehemalige Beklagte antragsberechtigt und damit auch Antragsteller.

Nur ausnahmsweise kann der Rechtsanwalt des Erstattungsgläubigers diesen Anspruch im eigenen Namen geltend machen, wenn dem Auftraggeber für die Durchführung des Verfahrens Prozesskostenhilfe bewilligt ist, § 126 Abs. 1 ZPO.

3. Allgemeine Prozessvoraussetzungen

601 Im Festsetzungsverfahren als selbstständigem Nachverfahren der ersten Instanz müssen auch die **allgemeinen Prozess- bzw. Verfahrensvoraussetzungen** (Partei- und Prozessfähigkeit usw.) erfüllt sein; sie sind **von Amts wegen zu prüfen,** allerdings kann nur anders entschieden werden, wenn sich die tatsächlichen Verhältnisse inzwischen geändert haben oder wenn das Gericht im Hauptsacheverfahren einen Mangel übersehen hat.[25] Die Prozessvoraussetzungen müssen bis zum Schluss des Verfahrens vorliegen, sodass Änderungen zu beachten sind, die während des Kostenfestsetzungsverfahrens eintreten. Nach § 139 Abs. 3 ZPO hat der Rechtspfleger auf Bedenken aufmerksam zu machen, die in Bezug auf die von Amts wegen zu prüfenden Voraussetzungen bestehen. Es ist den Parteien Gelegenheit zu geben, vorhandene Mängel zu beheben.[26]

a) Rechtsschutzinteresse

602 Ein Rechtsschutzbedürfnis (Rechtsschutzinteresse) wird ausdrücklich nur für bestimmte Verfahren verlangt, so z.B. für die Feststellungsklage gem. § 256 ZPO oder auch für die Klage auf künftige Leistungen gem. § 259 ZPO.

Beim Kostenfestsetzungsverfahren wird man grundsätzlich davon ausgehen können, dass ein **Rechtsschutzbedürfnis** vorhanden ist, denn der pro-

24 OLG Düsseldorf v. 17.3.2016 – 1 WF 50/16 –, juris.
25 *Lappe*, Justizkostenrecht, § 42 I 4.
26 Zöller/*Greger*, ZPO, § 139 Rn. 9.

zessuale Kostenerstattungsanspruch entsteht bereits mit der Klageerhebung (Zustellung der Klageschrift) aufschiebend bedingt und wandelt sich mit der vorläufigen Vollstreckbarkeit der Kostengrundentscheidung in einen auflösend bedingten Anspruch um. Der noch unbestimmte Betrag der zu erstattenden Kosten und damit die Höhe des Anspruchs wird allerdings erst im Verfahren nach §§ 103 ff. ZPO ermittelt und festgesetzt.[27] Da es für die Bestimmung der Höhe des Betrages des Kostenfestsetzungsverfahrens bedarf, kann es nicht Voraussetzung für ein Rechtsschutzbedürfnis für den Erlass eines Kostenfestsetzungsbeschlusses sein, dass der Schuldner zunächst erfolglos zur Zahlung eines (noch unbestimmten) Betrages aufgefordert wird.[28]

b) Postulationsfähigkeit und Tod der Partei

603 Hinsichtlich der **Postulationsfähigkeit** ist zu beachten, dass § 78 ZPO auf Verfahren vor dem Rechtspfleger nicht anwendbar ist, § 13 RPflG. Die anwaltliche Vertretung der Parteien im Kostenfestsetzungsverfahren beim Landgericht ist zwar üblich, aber durchaus nicht nötig, da nach § 13 RPflG **kein Anwaltszwang** herrscht.

Da die Prozessvoraussetzungen bis zum Schluss des Verfahrens vorliegen müssen, ist der **Tod einer Partei** auch im Kostenfestsetzungsverfahren zu beachten. Der Tod einer Partei führt kraft Gesetzes nur zu einer **Unterbrechung** gem. § 239 Abs. 1 ZPO, wenn diese nicht anwaltlich vertreten ist. Bei anwaltlicher Vertretung ist § 246 Abs. 1 ZPO einschlägig, wonach es lediglich auf Antrag des Prozessbevollmächtigten zu einer **Aussetzung** des Verfahrens kommt. Dieses wird wohl immer der Fall sein, wenn nicht klar ist, wer die Erben sind und ob diese das Verfahren fortführen wollen.

c) Zuständigkeiten

604 **Sachlich und örtlich** ist das Gericht des **I. Rechtszuges** zuständig, § 103 Abs. 2 S. 1 ZPO, also entweder das Amtsgericht oder aber das Landgericht, und zwar auch hinsichtlich der Kosten der höheren Instanzen.

Im Bereich der ordentlichen Gerichtsbarkeit ist **funktionell** der **Rechtspfleger** zuständig, § 104 Abs. 1 S. 1 ZPO i.V.m. §§ 3 Nr. 3b, 21 Nr. 1 RPflG. Es handelt sich um eine Einzelübertragung. Der Rechtspfleger ist in seiner Entscheidung sachlich unabhängig und keinen Weisungen z.B. durch die Gerichtsverwaltung unterworfen, § 9 RPflG.

---

27 Zöller/*Herget*, ZPO, § 104 Rn. 1.
28 OLG Celle v. 18.4.2012 – 2 W 101/12 – NJW-RR 2012, 763.

4. Besondere Verfahrensvoraussetzungen

605 Neben den allgemeinen Prozessvoraussetzungen müssen im Verfahren nach §§ 103 ff. ZPO noch die **besonderen Verfahrensvoraussetzungen** erfüllt sein.

Die Kostenfestsetzung erfolgt aufgrund eines zur **Zwangsvollstreckung geeigneten Titels,** § 103 Abs. 1 ZPO; dieser muss notwendigerweise eine **Kosten(grund)entscheidung** enthalten. Der Kostenfestsetzungsbeschluss füllt insoweit die Kostengrundentscheidung der Höhe nach aus.[29] Eine fehlerhafte oder unvollständige Kostengrundentscheidung darf im Kostenfestsetzungsverfahren weder korrigiert noch ergänzt werden. Solange der sachliche Gehalt des Kostentitels nicht verändert wird, ist aber die Auslegung einer unklaren, mehrdeutigen oder widersprüchlichen Kostengrundentscheidung erlaubt.[30]

Für das Festsetzungsverfahren ist nicht erforderlich, dass der Titel rechtskräftig ist, sondern es reicht die vorläufige Vollstreckbarkeit aus. Als Titel kommen **Urteile** (§ 704 ZPO) und **sonstige Vollstreckungstitel** (§ 794 ZPO) infrage. **Gerichtliche Vergleiche** können Festsetzungsgrundlage sein, sobald sie nicht mehr abgeändert werden können, d.h. sobald sie rechtswirksam geworden sind. Die Kostenregelung der Parteien im Vergleich ersetzt die notwendige Kostengrundentscheidung.

Nicht geeignet sind Urteile, die weder rechtskräftig noch vollstreckbar sind oder Entscheidungen, die keine Kostenentscheidung enthalten (Teilurteile, § 301 ZPO; Vollstreckungsbescheide[31], § 699 Abs. 3 ZPO); auch außergerichtliche Vergleiche sind als Grundlage für die Kostenfestsetzung nicht verwendbar.[32]

Der **Kostenfestsetzungsbeschluss** ist sowohl hinsichtlich seiner **Entstehung** als auch seines **Bestandes** von der **Kostengrundentscheidung abhängig**. Wird sie aufgehoben oder abgeändert, verliert ein auf ihrer Grundlage erlassener Kostenfestsetzungsbeschluss im Umfang der Aufhebung oder Abänderung seine Wirkung.[33] Das gilt auch, wenn der die Kostengrundentscheidung enthaltende Titel **mangels wirksamer Zustellung nicht zur Zwangsvollstreckung** geeignet ist und es damit an einer notwendigen Voraussetzung für einen Kostenfestsetzungsbeschluss fehlt. Die Akzessorietät bewirkt in einem solchen Fall, dass der Kostenfestsetzungsbeschluss von Beginn an keine rechtlichen Wirkungen entfaltet.[34]

---

29 BGH v. 5.5.2008 – X ZB 36/07 – NJW-RR 2008, 1082 m.w.N.
30 OLG Düsseldorf v. 21.8.2015 – 16 W 43/15 –, juris m.w.N.
31 BGH v. 25.2.2009 – Xa ARZ 197/08 – FamRZ 2009, 775.
32 Zöller/*Herget*, ZPO, § 104 Rn. 2.
33 BGH v. 5.5.2008 – X ZB 36/07 – NJW-RR 2008, 1082 m.w.N.
34 BGH v. 21.3.2013 – VII ZB 13/12 – Rpfleger 2013, 476 = NJW 2013, 2438.

Zur Zwangsvollstreckung im Sinne des § 103 Abs. 1 ZPO geeignet ist ein Titel jedoch nur, wenn er die Voraussetzungen des § 750 Abs. 1 ZPO erfüllt, also in ihm müssen **die Personen bezeichnet** sein, für und gegen die die Zwangsvollstreckung stattfinden soll. Ist der Erstattungsschuldner verstorben, richtet sich die Entscheidung nicht automatisch gegen dessen Erben, deshalb können die Kosten auch noch nicht gegen die **Rechtsnachfolger** festgesetzt werden. Zuvor muss eine titelergänzende Klausel nach § 727 ZPO beantragt und erteilt werden.[35]

→ **Beispiel: Beschluss nach § 91a ZPO**

Zahlungsklage über 6.000,00 €; die Parteien erklären übereinstimmend die Hauptsache für erledigt, weil der Beklagte während des Prozesses die Forderung gezahlt hat. Das Gericht erlässt einen Beschluss nach § 91a ZPO.

Zur Zwangsvollstreckung geeigneter Titel?

Es könnte sich um einen Titel nach § 794 Abs. 1 Nr. 3 ZPO handeln, wenn gegen den Beschluss die Beschwerde statthaft ist. Gegen die Entscheidung findet die sofortige Beschwerde statt, wenn der Streitwert der Hauptsache den in § 511 ZPO genannten Berufungswert von 600,00 € übersteigt, was hier der Fall ist.

→ **Variante: Zurücknahme der Berufung**

In I. Instanz wird die Klage abgewiesen. Der Kläger legt fristgemäß Berufung gegen das Urteil ein. Vor Ablauf der Begründungsfrist nimmt er die Berufung zurück. Die Kosten werden durch Beschluss nach § 516 Abs. 3 ZPO dem Berufungskläger auferlegt.

Zur Zwangsvollstreckung geeigneter Titel?

Die Beschwerde gem. § 567 Abs. 1 ZPO ist nur gegen erstinstanzliche Entscheidungen der Amts- und Landgerichte statthaft. Hier könnte allenfalls die Zulassungsrechtsbeschwerde als mögliches Rechtsmittel infrage kommen. Falls nicht, dann ist die Entscheidung unanfechtbar und § 794 Abs. 1 Nr. 3 ZPO ist nicht einschlägig. Nach h. M. fallen jedoch unter die Vorschrift auch die mit ihrem Wirksamwerden rechtskräftigen Beschlüsse mit Kostenentscheidungen,[36] sodass die besondere Verfahrensvoraussetzung für die Kostenfestsetzung vorhanden ist.

606 Dem Erlass eines Kostenfestsetzungsbeschlusses steht nicht entgegen, wenn es sich bei dem zugrunde liegenden Vollstreckungstitel um ein Urteil handelt, gegen das der Beklagte Rechtsmittel bzw. Rechtsbehelf eingelegt und die **einstweilige Einstellung der Zwangsvollstreckung** erwirkt hat. Als Grundlage für das Kostenfestsetzungsverfahren genügt gemäß § 103 Abs. 1 ZPO ein zur Zwangsvollstreckung „geeigneter Titel", daraus folgt, dass die Kostenfestsetzung aufgrund eines Urteils auch dann betrieben werden kann, wenn gegen dieses Urteil Rechtsmittel eingelegt worden ist. Auch eine gem. §§ 719, 707 ZPO erwirkte Anordnung, dass die Zwangsvollstreckung aus dem Urteil ohne Sicherheitsleistung einstweilen eingestellt wird,

35 BGH v. 13.4.2010 – VIII ZB 69/09 – Rpfleger 2010, 603.
36 Zöller/*Stöber*, ZPO, § 794 Rn. 20.

steht der Kostenfestsetzung nicht entgegen. Diese einstweilige Einstellung der Zwangsvollstreckung beseitigt zwar für die Dauer ihrer Anordnung die Vollstreckbarkeit, nicht aber die Eignung als Vollstreckungstitel i.S.v. § 103 Abs. 1 ZPO.[37] Als einzige Wirkung auf den anschließend erlassenen Kostenfestsetzungsbeschluss bleibt zu bemerken, dass auch aus diesem für die Dauer der Einstellung nicht vollstreckt werden kann, denn der Kostenfestsetzungsbeschluss folgt dem zugrundeliegenden Titel (→ Rn. 605).

Es ist aber nicht notwendig oder gar rechtlich geboten, in den Kostenfestsetzungsbeschluss einen Hinweis auf die beschlossene Einstellung der Zwangsvollstreckung aus dem zugrunde liegenden Urteil aufzunehmen, denn die Einstellung der Zwangsvollstreckung wird außerhalb des Urteils und nach dessen Erlass angeordnet.[38] Es bleibt dem Schuldner überlassen, sich unberechtigten Vollstreckungsversuchen aus dem Urteil durch Vorlage einer Ausfertigung der Einstellungsentscheidung gem. § 775 Nr. 2 ZPO zu erwehren; dieses gilt auch für den Kostenfestsetzungsbeschluss.

5. Bewertung des Tatsachenvortrags der Parteien

607 Der Antrag muss wie die Klage schlüssig sein; d.h. es müssen alle **Tatsachen vorgetragen** werden, die **entscheidungserheblich** sind, dabei ist es jedoch nicht nötig, dass der gesamte Akteninhalt vorgetragen wird. In der Regel werden die einzelnen Posten detailliert aufgelistet. Allerdings ist es im Kostenfestsetzungsverfahren nicht erforderlich, dass sich die für die Festsetzung maßgeblichen Tatsachen aus der Gerichtsakte ergeben oder gar unstreitig sind.[39]

Will eine Partei Kosten geltend machen, die sich nicht aus der Akte ergeben (z.B. die Terminsgebühr des Rechtsanwalts für außergerichtliche Besprechungen), muss der Antrag die notwendigen Angaben enthalten und zwar so detailliert, dass sowohl der Rechtspfleger als auch der Gegner die Positionen nachvollziehen können.

a) Einwendungen

608 Im Rahmen der Gewährung des rechtlichen Gehörs kann der Gegner **Einwendungen** erheben. Einwendungen gegen die Erstattungspflicht selbst, wie Zahlung, Aufrechnung oder Verzicht gehören grundsätzlich nicht in das Verfahren.[40] Da die Kostengrundentscheidung durch das Gericht bereits er-

---

37 KG v. 18.1.2000 – 1 W 8499/99 – AGS 2001, 113; OLG Hamm v. 15.5.1995 – 23 W 106/95 – OLGR 1996, 72; OLG Stuttgart v. 25.8.1987 – 8 W 415/87 – Rpfleger 1988, 39; Kostenfestsetzung/*Dörndorfer*, Rn. B 21.

38 KG v. 18.1.2000 – 1 W 8499/99 – AGS 2001, 113; a.A. OLG Stuttgart v. 25.8.1987 – 8 W 415/87 – Rpfleger 1988, 39.

39 BGH v. 4.4.2007 – III ZB 79/06 – Rpfleger 2007, 506 = NJW 2007, 2493.

40 *Rosenberg/Schwab/Gottwald*, § 85 Rn. 24.

gangen ist, ist im Kostenfestsetzungsverfahren alles nicht erlaubt, was den Anspruchsgrund berührt.[41] Nach h.M. ist das Kostenfestsetzungsverfahren nicht zur Klärung von zwischen den Parteien streitigen Tatsachen und von komplizierteren Rechtsfragen vorgesehen und mangels der dafür notwendigen verfahrensrechtlichen Instrumente auch nicht sinnvoll möglich.[42] **Materiell-rechtliche Einwendungen** gegen den Kostenerstattungsanspruch sind daher grundsätzlich nicht zu berücksichtigen; vielmehr sind diese vorrangig mit der **Vollstreckungsgegenklage** geltend zu machen.

Allerdings kann es aus verfahrensökonomischen Gründen ratsam sein, den Kostenerstattungsschuldner nicht auf eine – einen ungleich höheren Aufwand erfordernde – Vollstreckungsgegenklage zu verweisen, wenn es um materiell-rechtliche Einwendungen geht, die **keine Tatsachenaufklärung erfordern** und sich mit den im Kostenfestsetzungsverfahren zur Verfügung stehenden Mitteln ohne Weiteres klären lassen.[43] Davon kann ausgegangen werden, wenn die tatsächlichen Voraussetzungen feststehen, weil sie unstreitig sind oder vom Rechtspfleger im Festsetzungsverfahren ohne Schwierigkeiten aus den Akten ermittelt werden können. Solche Einwendungen können deshalb **ausnahmsweise** auch im Kostenfestsetzungsverfahren erhoben und beschieden werden. Das ist beispielsweise der Fall, wenn unbestritten vorgetragen wird, dass der Erstattungsbetrag bereits gezahlt sei.[44]

Ebenfalls im Kostenfestsetzungsverfahren zu beachten ist der Vortrag, dass der Prozessbevollmächtigte der Gegenseite unter Verstoß gegen das gesetzliche Vertretungsverbot gemäß § 45 Abs. 1 Nr. 2 und Abs. 3 BRAO tätig geworden sei. Damit ist der zugrunde liegende Geschäftsbesorgungsvertrag zwischen dem Gegner und seinem Prozessbevollmächtigten als nichtig anzusehen, was zum Verlust eines Vergütungsanspruchs des Prozessbevollmächtigten führt und damit nach obergerichtlicher Rechtsprechung auch zum **Verlust des entsprechenden Kostenerstattungsanspruchs**, was wiederum im Kostenfestsetzungsverfahrens zu beachten ist.[45]

b) Glaubhaftmachungslast

609 Macht der Gegner Einwendungen geltend, die im Verfahren zu berücksichtigen sind, hat der Antragsteller nach § 104 Abs. 2 S. 1 ZPO den Ansatz glaubhaft zu machen, ihn trifft insoweit die **Glaubhaftmachungslast.**[46] Be-

41 *Lappe*, Justizkostenrecht, § 42 I 8.
42 BGH v. 9.12.2009 – XII ZB 79/06 – NJW-RR 2010, 718; BGH v. 23.3.2006 – V ZB 189/05 – FamRZ 2006, 854; BGH v. 22.11.2006 – IV ZB 18/06 – NJW-RR 2007, 422.
43 BGH v. 14.5.2014 – XII ZB 539/11 – Rpfleger 2014, 558; ebenso BGH v. 14.5.2014 – XII ZB 548/11 – NJW-Spezial 2014, 412.
44 OLG Koblenz v. 15.7.2015 – 14 W 446/15 – MDR 2015, 1264.
45 OLG Celle v. 19.1.2017 – 2 W 12/17 –, juris m.w.N.
46 OLG Koblenz v. 8.6.2005 – 14 W 366/05 – JurBüro 2005, 417 = AGS 2005, 411 m. Anm. *Madert* = RVGreport 2005, 313 (*Hansens*).

streitet der Gegner z.B. den Anfall der Terminsgebühr für eine außergerichtliche Besprechung, hat der Antragsteller dieses glaubhaft zu machen. Sind die tatsächlichen Voraussetzungen für den Anfall der Gebühr zwischen den Parteien zwar streitig, kann der Antragsteller den Anfall aber glaubhaft machen, dann ist die Gebühr auch im Kostenfestsetzungsverfahren festzusetzen.[47] Gegenstand der Glaubhaftmachungslast ist die Frage, zu wessen Gunsten eine fehlgeschlagene Glaubhaftmachung zu berücksichtigen ist. Ein solches non liquet kann in jedem Verfahren auftreten, in dem tatsächliche Umstände vom Gericht festzustellen sind.[48]

Die **Glaubhaftmachung** gem. § 294 ZPO kann durch alle Beweismittel erfolgen, aber auch durch eidesstattliche Versicherung. Die Beweismittel müssen jedoch präsent sein.[49] Dann hat der Erstattungspflichtige die Aufgabe, seinerseits seinen Tatsachenvortrag glaubhaft zu machen; geschieht das nicht, ist die Terminsgebühr festzusetzen. Macht er aber seinen Tatsachenvortrag glaubhaft – z.B. ebenfalls durch eidesstattliche Versicherung – hat der Rechtspfleger zu entscheiden, welches Vorbringen glaubhafter ist. Lässt sich dieses nicht feststellen, kann die Gebühr nicht festgesetzt werden, denn das Ergebnis ist davon abhängig, welche Partei die Glaubhaftmachungslast trifft und das wäre in diesem Fall der Erstattungsberechtigte.

Nur soweit es sich um das **Entstehen von Kosten** handelt, sind diese **glaubhaft** zu **machen,** §§ 104 Abs. 2 S. 1, 294 ZPO.

610 Bei den anwaltlichen **Auslagen für Post- und Telekommunikationsleistungen** genügt dessen **Versicherung,** dass sie entstanden sind, § 104 Abs. 2 S. 2 ZPO, dieses gilt jedoch nicht, wenn die Auslagen pauschal nach VV 7002 in Höhe von 20 % der Gebühren mit einem Höchstbetrag von 20,00 € geltend gemacht werden. Eine solche Versicherung wäre schon vom Ansatz her ja nicht richtig.

Bezüglich der auf die Vergütung des Rechtsanwalts entfallenden **Umsatzsteuer** ist eine **Erklärung** notwendig, aus der hervorgeht, ob die Partei die Beträge von der Vorsteuer abziehen kann oder nicht, § 104 Abs. 2 S. 3 ZPO. Umsatzsteuerbeträge sind in der Regel ohne weitere Prüfung zu berücksichtigen, diese können nur unberücksichtigt bleiben, wenn die Richtigkeit der Erklärung durch entsprechenden Beweis bereits entkräftet wäre oder es sich um eine offensichtliche Unrichtigkeit der Erklärung handelt.[50]

---

47 BGH v. 27.2.2007 – XI ZB 39/05 – FamRZ 2007, 812; BGH v. 10.5.2007 – VII ZB 110/06 –, Rpfleger 2007, 575.

48 *Rosenberg/Schwab/Gottwald*, § 115 Rn. 3.

49 Zöller/*Herget*, ZPO, § 104 Rn. 8; Zöller/*Greger*, ZPO, § 294 Rn. 3.

50 BGH v. 11.2.2003 – VII ZB 92/02 – NJW 2003, 1534 = Rpfleger 2003, 321 im Anschluss an BVerfG v. 17.2.1995 – 1 BvR 697/93 – NJW 1996, 382.

Dr. Friedrich Kant
Rechtsanwalt
Breite Straße 8

10123 Berlin, den ....

Kostenfestsetzungsantrag

An das
Landgericht Berlin

In dem Rechtsstreit
Klaeger ./. Bekler
– Az: 9 O 277/016 –

wird beantragt, die Kosten gemäß § 104 ZPO festzusetzen und dem Antragsteller eine vollstreckbare Ausfertigung des Kostenfestsetzungsbeschlusses zu erteilen sowie auszusprechen, dass der festgesetzte Betrag gem. § 104 Abs. 1 ZPO verzinst wird. Alle gezahlten Gerichtskosten sollen hinzugesetzt werden. Meine Partei ist nicht vorsteuerabzugsberechtigt.

Gebühren und Auslagen nach dem RVG	**Gegenstandswert in €**	**Betrag in €**
Vergütung **Prozessbevollmächtigter**		
1,3 Verfahrensgebühr §§ 2, 13 Nr. 3100 VV	10.000,00	725,40
1,2 Terminsgebühr §§ 2, 13 Nr. 3104 VV	2.000,00	180,00
1,0 Einigungsgebühr §§ 2, 13 Nr. 1000, 1003 VV	1.798,15	150,00
Auslagenpauschale Nr. 7002 VV		20,00
Gesamtbetrag		1.075,40
Umsatzsteuer Nr. 7008 VV		204,33
Insgesamt		1.279,73
Vergütung **Unterbevollmächtigter**		
0,65 Verfahrensgebühr §§ 2, 13 Nr. 3401 VV	10.000,00	362,70
1,2 Terminsgebühr §§ 2, 13 Nr. 3402, 3104 VV	10.000,00	669,60
Auslagenpauschale Nr. 7002 VV		20,00
Zusammen		1.052,30
Umsatzsteuer Nr. 7008 VV		199,94
Insgesamt		1.252,24
Gesamtbetrag der Rechtsanwaltskosten		2.531,97

Die Terminsgebühr des Prozessbevollmächtigten ist anlässlich eines Telefonats mit der Prozessbevollmächtigten des Beklagten am 22. Februar 2016 entstanden, da in dieser Besprechung die Rücknahme der Klage verabredet worden ist; für diese Einigung wird auch die Einigungsgebühr beantragt.

Dr. Kant, Rechtsanwalt

Anlage: 2 Abschriften

6. Begründetheit des Antrages

611 Die unterlegene Partei hat insbesondere die dem Gegner **erwachsenen Kosten** zu erstatten, § 91 Abs. 1 S. 1 ZPO. Zu erstatten sind die „erwachsenen Kosten“, darunter werden die von der Partei gezahlten Kosten – wie Gerichts- und Parteikosten – und die geschuldeten Kosten, das sind in erster Linie die Anwaltsgebühren, verstanden. Insoweit handelt es sich um die Prozesskosten, die unmittelbaren Aufwendungen der Parteien zur Führung des Rechtsstreits. Zu erstatten sind nicht alle Prozesskosten, sondern nur diejenigen, die zur **zweckentsprechenden Rechtsverfolgung oder Rechtsverteidigung notwendig** waren. Notwendig im Sinne des § 91 Abs. 1 Satz 1 ZPO sind nur Kosten für solche Maßnahmen, die im Zeitpunkt ihrer Vornahme objektiv erforderlich und geeignet zur Rechtsverfolgung oder Rechtsverteidigung erscheinen.[51] Was im konkreten Fall notwendig war, ist nach dem Zeitpunkt zu beurteilen, in dem die Aufwendungen gemacht wurden. Hierbei sind objektive Maßstäbe entscheidend, nicht der subjektive Eindruck der Partei. Es gibt keine absolute Notwendigkeit, sie steht vielmehr im Verhältnis zum Objekt, zu den Gesamtkosten. Nur wirklich entstandene Kosten sind erstattungsfähig und nicht etwa fiktive Kosten.[52]

612 Im Kostenfestsetzungsverfahren **prüft** der **Rechtspfleger**, ob die geltend gemachten Kosten tatsächlich entstanden und auch erstattungsfähig sind. Nach der Rechtsprechung des BGH[53] ist jede Prozesspartei verpflichtet, die **Kosten** ihrer Prozessführung so **gering zu halten**, wie es sich mit der Wahrung ihrer berechtigten Interessen vereinbaren lässt. Dieses ist im Kostenfestsetzungsverfahren unter dem Gesichtspunkt des **Rechtsmissbrauchs** zu berücksichtigen, da nach der gefestigten Rechtsprechung des BGH und des BVerfG jede Rechtsausübung dem aus dem Grundsatz von Treu und Glauben abgeleiteten Missbrauchsverbot unterliegt.[54] Auch das gesamte Kostenrecht wird von diesem Grundsatz beherrscht und verpflichtet jede Partei, die Kosten ihrer Prozessführung, die sie im Falle ihres Sieges vom Gegner erstattet verlangen will, niedrig zu halten.[55] Ein Verstoß gegen diese Verpflichtung kann dazu führen, dass das Festsetzungsverlangen als rechtsmissbräuchlich zu qualifizieren ist und die unter Verstoß gegen Treu und Glauben zur Festsetzung angemeldeten Mehrkosten abzulehnen sind.[56]

Nach Auffassung des BGH kann es als rechtsmissbräuchlich anzusehen sein, wenn der Antragsteller die Festsetzung von Mehrkosten beantragt, die

---

51 BGH v. 25.2.2016 – III ZB 66/15 –, juris m.div.N.
52 Kostenfestsetzung/*Dörndorfer*, Rn. B 305.
53 BGH v. 2.5.2007 – XII ZB 156/06 – NJW 2007, 2257.
54 Nachweise siehe BGH v. 11.9.2012 – VI ZB 59/11–, juris (Rn. 9); siehe auch Gerold/Schmidt/*Müller-Rabe*, RVG, Anhang XIII Rn. 195 ff.
55 BGH v. 11.9.2012 – VI ZB 59/11 – Rpfleger 2013, 49 – NJW 2013, 66.
56 BGH a.a.O.

dadurch entstanden seien, dass er einen oder mehrere gleichartige, aus einem einheitlichen Lebensvorgang erwachsene Ansprüche gegen eine oder mehrere Personen ohne sachlichen Grund in getrennten Prozessen verfolgt.[57]

Gleiches kann in Bezug auf Mehrkosten gelten, die darauf beruhen, dass mehrere von demselben Prozessbevollmächtigten vertretene Antragsteller in engem zeitlichem Zusammenhang mit weitgehend gleichlautenden Antragsbegründungen aus einem weitgehend identischen Lebenssachverhalt ohne sachlichen Grund in getrennten Prozessen gegen denselben Antragsgegner vorgegangen seien. Dabei hat der BGH auch klargestellt, dass dieser **Einwand im Kostenfestsetzungsverfahren zu berücksichtigen** ist und dass sich der Antragsteller kostenrechtlich in so einem Fall behandeln lassen muss, als habe er ein Verfahren geführt.[58]

Die Vorinstanz[59] hatte dieses mit der Begründung abgelehnt, es gehe hierbei nicht um die dem Rechtspfleger übertragene Aufgabe, eine Kostengrundentscheidung auszufüllen, sondern um die Kürzung von Erstattungsansprüchen aufgrund umfangreicher materiell-rechtlicher Erwägungen und eine solche Prüfung würde die Entscheidungsmacht sowie die Entscheidungsmöglichkeit des Rechtspflegers übersteigen.

Diesen Weg verfolgt der BGH konsequent weiter, denn in einer weiteren Entscheidung hat er seine Rechtsprechung ausgeweitet auf die Geltendmachung gleichartiger oder in einem inneren Zusammenhang zueinander stehender und aus einem einheitlichen Lebensvorgang erwachsener Ansprüche vor **unterschiedlichen Gerichten.**[60]

Bei einem weiteren entschiedenen Fall handelte es sich um 32 Einzelverfahren einer WEG-Gemeinschaft wegen aufgelaufener Wohngeldrückstände, obwohl die Durchsetzung auch in einem einzigen Verfahren möglich war. Der BGH hat hier erklärt, dass die Kosten auf den Betrag herabzusetzen seien, der bei Durchsetzung aller Rückstände in einem Verfahren entstanden wäre.[61]

a) Rechtsanwaltsvergütung

613 Die gesetzlichen Gebühren und Auslagen des Rechtsanwalts der obsiegenden Partei sind immer erstattungsfähig, es kommt nicht auf die Notwendigkeit der Hinzuziehung an, also schon gar nicht darauf, ob Anwaltszwang bestand oder nicht, § 91 Abs. 2 S. 1 ZPO. Das gilt auch für den

57 BGH v. 2.5.2007 – XII ZB 156/06 – NJW 2007, 225; siehe auch OLG Düsseldorf v. 17.2.2012 – 24 W 4/12 – MDR 2012, 494.
58 BGH v. 11.9.2012 – VI ZB 59/11 – Rpfleger 2013, 49 – NJW 2013, 66.
59 KG v. 7.9. 2011 – 2 W 123/10 – Rpfleger 2012, 178.
60 BGH v. 20.11.2012 – VI 3/12 – MDR 2013, 347, zu den praktischen Schwierigkeiten siehe die Anm. von *Hansens*, RVGreport 2013, 108.
61 BGH v. 18.10.2012 – V ZB 58/12 – Grundeigentum 2013, 277.

Anwalt in eigener Sache, § 91 Abs. 2 S. 3 ZPO. **Erstattungsfähig** sind nur die **gesetzlichen Gebühren und Auslagen,** auch wenn eine Gebührenvereinbarung getroffen worden ist.

aa) Kosten „eines" Rechtsanwalts

614 Die Betonung liegt dabei auf Kosten **„eines"** Rechtsanwalts, denn hinsichtlich der Kosten mehrerer Rechtsanwälte gilt zunächst § 91 Abs. 2 S. 2 ZPO. Danach sind die Kosten mehrerer Rechtsanwälte nur insoweit zu erstatten, als sie die Kosten eines Rechtsanwalts nicht übersteigen; es sei denn, es handelt sich um einen notwendigen **Anwaltswechsel**. Die Vorschrift regelt allerdings nur die Erstattungsfähigkeit von Anwaltskosten, wenn die Partei mehrere Rechtsanwälte z.B. mehrere Prozessbevollmächtigte (nacheinander) beauftragt hatte. Hinsichtlich der Erstattungsfähigkeit von Kosten eines Unterbevollmächtigten oder Terminvertreters gilt § 91 Abs. 1 S. 1 ZPO.

Ein Anwaltswechsel **wird nur dann als notwendig** im Sinne von § 91 Abs. 2 S. 2 ZPO angesehen, wenn er nicht auf ein Verschulden der Partei oder ein ihr nach dem Grundgedanken des § 85 Abs. 2 ZPO zuzurechnendes Verschulden ihres Rechtsanwalts zurückzuführen ist.[62] Dabei geht die Rechtsprechung überwiegend davon aus, dass insoweit zusätzlich zur objektiven Notwendigkeit des Anwaltswechsels noch hinzukommen muss, dass ein Wechsel nur dann eintreten musste, wenn er darüber hinaus unvermeidbar war, das heißt **nicht schuldhaft verursacht** worden ist.

Der Rechtspfleger hat deshalb bei der Überlegung, ob der Antragsteller einen zweiten Rechtsanwalt beauftragten musste, nicht nur zu prüfen, ob die Beauftragung des zweiten Rechtsanwalts objektiv notwendig war, sondern darüber hinaus auch, ob der Wechsel auf Umständen beruht, welche die Partei oder – dem Grundgedanken des § 85 Abs. 2 ZPO entsprechend – der Anwalt hätte voraussehen oder in irgendeiner, nur in der Zumutbarkeit eine Grenze findenden Weise hätte verhindern können.[63]

Nach überwiegender Auffassung ist ein **Verschulden des Rechtsanwalts zu verneinen**, wenn er seine Zulassung aus **achtenswerten Gründen** aufgegeben hat und er bei Mandatsübernahme nicht vorhersehen konnte, dass er die Zulassung in absehbarer Zeit aufgeben und deshalb den Auftrag voraussichtlich nicht zu Ende führen könne.[64] Ob insoweit achtenswerte Gründe

62 OLG Celle v. 7.12.2010 – 2 W 389/10 – NJW-RR 2011, 485; OLG Köln v. 15.6.2009 – 17 W 26/09 –, juris; OLG Koblenz v. 15.10.2003 – 14 W 676/03 – Rpfleger 2004, 184; Stein/Jonas/*Bork*, ZPO, § 91 Rn. 144; Musielak/*Wolst*, ZPO, § 91 Rn. 22; Zöller/*Herget*, ZPO, § 91 Rn. 13 „Anwaltswechsel".

63 BGH v. 22.8.2012 – XII ZB 183/11 – Rpfleger 2013, 50 = FamRZ 2012, 1936.

64 BGH v. 27.5.1957 – VII ZR 186/56 – NJW 1957, 1152; RG v. 5.5.1894 – V 169/93 – RGZ 33, 369; OLG Düsseldorf v. 21.9.1992 – 5 WF 135/92 – JurBüro 1993, 731; OLG Koblenz v. 14.3.1991 – 14 WF 116/91 – MDR 1991, 1098.

vorliegen, ist nach den Umständen des Einzelfalls zu beurteilen. Diese Umstände muss der Antragsteller darlegen und glaubhaft machen.

So hat der BGH den Anwaltswechsel als notwendig angesehen, da aus achtenswertem Grund, weil der Rechtsanwalt seine Zulassung zurückgegeben hatte, um die **Pflege der eigenen demenzkranken Mutter** wegen Ausfalls der bisherigen Pflegeperson (Tod des Vaters) zu übernehmen.[65]

Nach Auffassung des BGH stellen **wirtschaftliche Schwierigkeiten regelmäßig keinen achtenswerten Grund** für eine Aufgabe der Zulassung im Sinne von § 91 Abs. 2 S. 2 ZPO dar. Der Rechtsanwalt habe insoweit seine erforderliche Leistungsfähigkeit sicherzustellen.[66] Im zugrundeliegenden Fall hatte der Anwaltswechsel stattgefunden, weil die Rechtsanwältin ihre Zulassung zurückgegeben hatte, weil sie in finanzielle Schwierigkeiten geraten war und schließlich nicht einmal mehr ihre Berufshaftpflichtversicherung hatte zahlen können.

bb) Gebühren des Rechtsanwalts

615 Wenn auch die gesetzlichen Gebühren und Auslagen eines Rechtsanwalts grundsätzlich erstattungsfähig sind, heißt das noch nicht, dass auch tatsächlich alle angefallenen Gebühren darunterfallen. Denn die Entstehung der Gebühren ist von ihrer Erstattungsfähigkeit streng zu unterscheiden, da nur notwendige Kosten zu erstatten sind.

616 So könnte man meinen, dass es hinsichtlich der **Verfahrensgebühr** des Rechtsanwalts wenig Streit geben kann, ist sie doch als Betriebsgebühr mit dem ersten Tätigwerden des Rechtsanwalts unzweifelhaft entstanden. Das mag für den Klägervertreter bzw. den Rechtsmittelführer auch so sein, aber gerade für den gegnerischen Rechtsanwalt ist dieses nicht immer klar.

Solange noch unsicher ist, ob die **Berufung** durchgeführt werden wird, ist die Beauftragung eines Rechtsanwalts für die Berufungsinstanz zur zweckentsprechenden Rechtsverfolgung objektiv nicht erforderlich.[67] Die Kosten eines gleichwohl beauftragten Rechtsanwalts werden von der Rechtsprechung alleine deshalb als erstattungsfähig anerkannt, weil der Rechtsmittelgegner anwaltlichen Rat in einer von ihm als risikohaft empfundenen Situation für erforderlich halten darf.[68] Erstattungsfähig ist dann jedoch allenfalls eine 1,1 Verfahrensgebühr nach VV 3201 und nicht eine 1,6 Verfahrensgebühr nach VV 3200 RVG.[69]

---

65 BGH v. 12.9.2012 – IV ZB 3/12 – Rpfleger 2013, 115 = FamRZ 2012, 1868.
66 BGH v. 22.8.2012 – XII ZB 183/11 – Rpfleger 2013, 50 = FamRZ 2012, 1936.
67 BGH v. 6.12.2007 – IX ZB 223/06 – NJW 2008, 1087.
68 BGH v. 17.12.2002 – X ZB 9/02 – NJW 2003, 756, 757.
69 BGH v. 19.9.2013 – IX ZB 160/11 – NJW-RR 2014, 240.

Die Frage, ob im Berufungsverfahren die Kosten für die Einreichung eines **Schriftsatzes**, mit dem die Zurückweisung des Rechtsmittels beantragt wird, auch dann erstattungsfähig sind, wenn dieser erst **nach Rücknahme der Berufung** bei Gericht eingeht, ist in der obergerichtlichen Rechtsprechung und in der Literatur umstritten. Der BGH[70] ist der Auffassung beigetreten, dass die Einreichung einer Berufungserwiderung (mit Berufungszurückweisungsantrag und/oder Sachvortrag) nach Rücknahme des Rechtsmittels keinen prozessualen Kostenerstattungsanspruch zugunsten des Rechtsmittelgegners auslöst, da die Einreichung einer Berufungserwiderung nach Rücknahme des Rechtsmittels keine zur zweckentsprechenden Rechtsverteidigung im Sinne von § 91 Abs. 1 S. 1 ZPO objektiv erforderliche Maßnahme darstelle. Auf die verschuldete oder unverschuldete Unkenntnis des Rechtsmittelbeklagten von der Berufungsrücknahme kommt es nicht an. Denn die subjektive Unkenntnis des Rechtsmittelgegners ist nicht geeignet, die Erstattungsfähigkeit der Kosten für eine objektiv nicht erforderliche Handlung zu begründen. Zur Verfahrensgebühr siehe unter → Rn. 201 ff.

617 Es ist nicht erforderlich, dass sich die für die Festsetzung der beantragten Gebühren maßgeblichen Tatsachen ohne weitere Erhebungen allein aus der Gerichtsakte ergeben und unstreitig sind.[71] Als Beispiel kann hier die Festsetzbarkeit der **Terminsgebühr** aufgrund einer **außergerichtlichen Besprechung** genannt werden. Ihr Festsetzbarkeit im Kostenfestsetzungsverfahren wurde anfangs nicht einheitlich beurteilt, einerseits wurde an der Festsetzbarkeit gezweifelt,[72] andererseits zweifelsfrei festgestellt, dass sie zu den Kosten des Rechtsstreits gehöre und damit festsetzbar sei.[73] Heute ist einhellige Meinung, dass eine außergerichtlich entstandene Terminsgebühr über **anhängige** Ansprüche im Kostenfestsetzungsverfahren festsetzbar ist.[74] Das gilt auch, wenn die Parteien einen außergerichtlichen Vergleich über die anhängigen Ansprüche schließen und dann die Klage zurückgenommen wird. Die nach § 269 Abs. 3, 4 ZPO zu treffende Kostengrundentscheidung umfasst dann auch die Terminsgebühr, die aufgrund der außergerichtlichen Besprechung angefallen ist.[75] Zur Terminsgebühr siehe im Übrigen unter → Rn. 302 ff.

---

70 BGH v. 25.2.2016 – III ZB 66/15 – BGHZ 209, 120 m. div. Nachweisen auch zur Gegenauffassung.

71 BGH v. 13.4.2007 – II ZB 10/06 – Rpfleger 2007, 506.

72 Beispielsweise: OLG Koblenz v. 12.10.2005 – 14 W 620/05 – AGS 2005, 479 m. Anm. *Hansens* = RVGreport 2005, 430 (krit. *Hansens*); aufgehoben durch die Entscheidung des BGH v. 10.7.2006 – II ZB 28/05 – FamRZ 2006, 1441.

73 *Hansens* in Anm. zu *OLG Koblenz*, AGS 2005, 479; *von König*, RpflStud 2006, 73.

74 BGH v. 9.10.2008 – VII ZN 43/08 – MDR 2009, 53 = FamRZ 2008, 2276; Zöller/*Herget*, ZPO, § 104 Rn. 21 (Terminsgebühr) m.w.N.

75 OLG Köln v. 20.6.2016 – 17 W 98/16 –, juris.

618 Nach Einführung der **Einigungsgebühr des RVG** war zunächst strittig, ob diese so ohne Weiteres im Kostenfestsetzungsverfahren festsetzbar ist. Sogar der BGH vertrat die Auffassung, dieses sei nur der Fall, wenn die Parteien einen als Vollstreckungstitel tauglichen Vergleich nach § 794 Abs. 1 ZPO haben protokollieren lassen.[76] Nach heftiger Kritik in der einschlägigen Literatur[77] hat sich der BGH schließlich der zutreffenden Auffassung angeschlossen; inzwischen ist es unstreitig, dass die Notwendigkeit einer Protokollierung sich nicht aus dem Gesetz herleiten lässt.[78] Zur Einigungsgebühr siehe unter → Rn. 380 ff.

619 Im Kostenfestsetzungsverfahren kann auch eine vorgerichtlich entstandene **Geschäftsgebühr** eine Rolle spielen, das ist immer der Fall, wenn eine Anrechnung dieser Gebühr zu berücksichtigen ist.

Nach Vorbem. 3 Abs. 4 VV RVG ist die Geschäftsgebühr zur Hälfte, höchstens jedoch mit 0,75 auf die **Verfahrensgebühr des gerichtlichen Verfahrens anzurechnen** und zwar nach zutreffender Auffassung des BGH dergestalt, dass nicht die bereits entstandene Geschäftsgebühr, sondern die im anschließenden gerichtlichen Verfahren anfallende Verfahrensgebühr zu ermäßigen ist.[79] Diese Entscheidung des BGH hat zwar große Zustimmung gefunden, gleichzeitig aber eine wahre Flut an umstrittener Rechtsprechung – insbesondere durch den BGH selbst – ausgelöst, die in der Literatur auf heftigste bekämpft worden ist.[80] Zu loben sei hier der 1. Zivilsenat des KG, der bis zum Schluss an seiner gegenteiligen Auffassung festgehalten hat.[81] Der Gesetzgeber hat sich schließlich sogar gezwungen gesehen, den bisher im Gesetz nicht definierten Begriff der Anrechnung durch Einfügung des § 15a RVG gesetzlich zu erläutern.[82]

620 Mit dieser gesetzlichen Regelung der Anrechnung, zunächst im Innenverhältnis (Abs. 1) sowie dann im Außenverhältnis (Abs. 2), sollen unerwünschte Auswirkungen der Anrechnung zum Nachteil des Auftraggebers vermieden und auch der Gesetzeszweck gewahrt werden, nämlich dass der Rechtsanwalt für eine Tätigkeit nicht doppelt honoriert wird.[83] § 15a Abs. 1 RVG macht deutlich, dass eine Anrechnung von Gebühr zu Gebühr zu erfolgen hat.

---

76 BGH v. 28.3.2006 – VIII ZB 29/05 – Rpfleger 2006, 436.
77 Siehe beispielsweise Gerold/Schmidt/*Müller-Rabe*, RVG, 17. Auflage, VV Vorb. 3 Rn. 123.
78 BGH v. 13.4.2007 – II ZB 10/06 – NJW 2007, 2187 = Rpfleger 2007, 506; s. auch *von König*, RpflStud 2007, 154.
79 BGH v. 7.3.2007 – VIII ZR 86/06 – JurBüro 2007, 357 = FamRZ 2007, 1013.
80 Siehe die chronologische Darstellung bei *Jungbauer* in Bischof/Jungbauer, § 15a Rn. 4 ff.
81 KG v. 4.11.2008 – 1 W 395/08 – NJW-RR 2009, 53 = AGS 2009, 53 m.w.N.
82 Art. 7 Abs. 4) Nr. 3 des Gesetzes zur Modernisierung von Verfahren im anwaltlichen und notariellen Berufsrecht, zur Errichtung einer Schlichtungsstelle der Rechtsanwaltschaft sowie zur Änderung sonstiger Vorschriften vom 30.7.2009 (BGBl. I S. 2449).
83 So die Begründung des Rechtsausschusses BT-Drs. 16/12717 S. 2, 68.

§ 15a Abs. 1 RVG regelt die **Anrechnung im Innenverhältnis** zwischen Rechtsanwalt und Mandant. Eine Anrechnung findet statt, sofern derselbe Gegenstand betroffen ist sowie ein zeitlicher und personeller Zusammenhang existiert, d.h. die gerichtliche Geltendmachung des Gegenstands darf nicht übermäßig lange nach der außergerichtlichen Vertretung liegen und es muss sich auch um Parteienidentität und denselben Rechtsanwalt handeln.[84] Beide Gebühren bleiben grundsätzlich unangetastet und der Rechtsanwalt hat die Wahl, welche Gebühr er fordert, ihm ist lediglich verwehrt, insgesamt mehr als den Betrag zu verlangen, der sich aus der Summe der beiden Gebühren nach Abzug des anzurechnenden Betrages ergibt.[85]

§ 15 Abs. 2 RVG betrifft die **Anrechnung im Verhältnis zu Dritten**, wobei Dritte auch die gegnerische Rechtsschutzversicherung oder aber die gegnerische Haftpflichtversicherung sein können.[86] Da die Gebühren unangetastet bleiben, muss im Falle der Kostenfestsetzung die volle Verfahrensgebühr festgesetzt werden, wenn dieses beantragt ist, auch wenn eine Geschäftsgebühr entstanden sein sollte. Sichergestellt werden muss nur, dass nicht mehr als die Summe der beiden Gebühren nach Abzug der Anrechnung tituliert wird, daher kann sich ein Dritter auf die Anrechnung berufen, wenn beide Gebühren im gleichen (Kostenfestsetzungs-)verfahren gegen ihn geltend gemacht werden. Es handelt sich aber nicht um das gleiche Verfahren, wenn die Geschäftsgebühr im Hauptsacheverfahren als Nebenforderung geltend gemacht wurde und dann im Kostenfestsetzungsverfahren die volle Verfahrensgebühr in Ansatz gebracht wird, da das Kostenfestsetzungsverfahren ein selbstständiges, jedoch zur Instanz gehörendes Nachverfahren ist. Etwas anderes gilt, wenn eine der Gebühren bereits gegen den Dritten tituliert oder von ihm gezahlt worden ist.[87]

→ **Beispiel: Außergerichtliche Vertretung**

Der Rechtsanwalt vertritt seinen Mandanten bei der außergerichtlichen Geltendmachung eines Zahlungsanspruchs in Höhe von 6.000,00 €.

Rechtsanwaltsgebühren:

RA erhält eine 1,3 Geschäftsgebühr gem. VV 2300 aus dem Gegenstandswert von 6.000,00 € in Höhe von 460,20 €.

Hinzu kommen noch 20,00 € Auslagenpauschale VV 7002 sowie die USt nach VV 7008 RVG.

Insgesamt beträgt die Vergütung 571,44 €.

---

84 Ausführlich mit div. Berechnungsbeispielen *Jungbauer* in Bischof/Jungbauer, RVG, VV 2300 Rn. 206 ff. sowie § 15a Rn. 29 ff.

85 Begründung des Rechtsausschusses BT-Drs. 16/12717 S. 68.

86 *Jungbauer* in Bischof/Jungbauer, RVG § 15a Rn. 35.

87 BT-Drs. 16/12717 S. 68.

Da die Gegenseite nicht reagiert und auch nicht der Zahlungsaufforderung nachkommt, wird Klage erhoben. Der Prozess endet nach mündlicher Verhandlung durch ein streitiges Urteil, durch das der Beklagte zur Zahlung verurteilt wird. Die Kosten werden dem Beklagten auferlegt.

→ **Rechtsanwaltsvergütung unter Anrechnung der Geschäftsgebühr**

1,3 Verfahrensgebühr VV 3100 aus 6.000,00 € im Betrag von 460,20 €

Abzüglich 0,65 Geschäftsgebühr VV 2300 aus 6.000,00 € in Höhe von 230,10 €

= restliche Verfahrensgebühr von 230,10 €

1,2 Terminsgebühr VV 3104 aus 6.000,00 € in Höhe von 424,80 €

Auslagenpauschale von 20,00 €

Zuzüglich 19% USt von 128,23 € = 803,13 €.

621 Vertritt der Rechtsanwalt **mehrere Auftraggeber** in derselben Angelegenheit wegen desselben Gegenstands, wird auch die **Geschäftsgebühr** nach VV 1008 RVG pro weiterem Auftraggeber **erhöht**. Dabei ist die Geschäftsgebühr auf die erhöhte Verfahrensgebühr anzurechnen, wobei aber auch nur höchstens mit einem Satz von 0,75 anzurechnen ist. Dieses entspricht dem Wortlaut der Norm, wonach die jeweilige Geschäfts- bzw. Verfahrensgebühr erhöht wird.[88] Durch das 2. KostRMoG wurde zur Klarstellung Anmerkung Abs. 4 bei VV 1008 RVG eingefügt;[89] wonach im Fall der Anmerkung zu den Gebühren 2300 und 2302 sich der Gebührensatz oder Betrag dieser Gebühren entsprechend erhöht, was dann auch nichts anderes heißt, als dass die Hälfte der erhöhten Geschäftsgebühr, maximal aber 0,75 anzurechnen ist.

→ **Beispiel: Anrechnung bei erhöhter Verfahrensgebühr**

Der Rechtsanwalt vertritt 4 Auftraggeber sowohl außergerichtlich als auch gerichtlich. Die Voraussetzungen für eine Erhöhung nach VV 1008 RVG sind erfüllt. Der Gegenstandswert beträgt 7.000,00 €.

Die erhöhte Geschäftsgebühr berechnet sich nach einem Gebührensatz von 2,2 (1,3 plus 0,9 für 3 weitere Auftraggeber) und ergibt eine Summe von 891,00 € zzgl. Auslagen.

Die erhöhte Verfahrensgebühr entsteht in gleicher Höhe, allerdings ist nun lediglich eine 0,75 Geschäftsgebühr anzurechnen.

Das ergibt folgende Berechnung:

2, 2 Verfahrensgebühr VV 3100 im Betrag von 891,00 €

Abzüglich 0,75 Geschäftsgebühr VV 2300 i.H.v. 303,75 €

= restliche Verfahrensgebühr im Betrag von 587,25 €

---

88 Siehe hierzu KG v. 29.7.2008 – 1 W 73/08 – KGR Berlin 2008, 669 = Rpfleger 2008, 669.

89 Art. 8 Abs. 2 Nr. 5 des 2. KostRMoG.

622 Bei **identischen Gegenständen** ist eine Anrechnung so vorzunehmen, wie oben dargestellt. Liegen aber **keine identischen Gegenstände** vor, weil beispielsweise der Gegenstandswert des gerichtlichen Verfahrens geringer ist als der der außergerichtlichen Vertretung oder der Gegenstandswert des gerichtlichen Verfahrens ist höher, dann wird die Auffassung vertreten, dass eine Anrechnung aus dem Wert, der in das gerichtliche Verfahren übergegangen ist, zu erfolgen hat.[90] Nur ganz vereinzelt wird die Meinung vertreten, dass die Gegenstandswerte ins Verhältnis zu setzen sind.[91]

→ **Beispiel: Anrechnung bei nicht identischem Gegenstandswert**

Der Rechtsanwalt vertritt den Mandanten in einer außergerichtlichen Angelegenheit mit einem Gegenstandswert von 26.000,00 €.

Die Geschäftsgebühr beträgt bei einem Gebührensatz von 1,3 = 1.121,90 €.

Gerichtlich anhängig wird dann jedoch nur ein Teilbetrag von 16.000,00 €.

Das ergibt folgende Berechnung:

1,3 Verfahrensgebühr VV 3100 aus 16.000,00 € im Betrag von 845,00 €

Abzüglich 0,65 Geschäftsgebühr VV 2300 aus 16.000,00 € i.H.v. 422,50 €.

= die restliche Verfahrensgebühr beträgt 422,50 €.

Ist der Gebührensatz des gerichtlichen Verfahrens niedriger als die hälftige Geschäftsgebühr, dann erfolgt die Anrechnung auch höchstens bis zur Höhe der geringeren Verfahrensgebühr.

→ **Beispiel: Gebührensatz für gerichtliches Verfahren ist niedriger**

Der Rechtsanwalt vertritt seinen Mandanten bei der außergerichtlichen Geltendmachung eines Zahlungsanspruchs in Höhe von 6.000,00 €.

RA verdient eine 1,3 Geschäftsgebühr gem. VV 2300 aus dem Gegenstandswert von 6.000,00 € in Höhe von 460,20 €.

Der Prozessauftrag wird erteilt, dieser erledigt sich jedoch, bevor der RA die Klageschrift bei Gericht einreichen konnte. Damit ist der Gebührentatbestand VV 3101 Nr. 1 RVG erfüllt, die Verfahrensgebühr entsteht mit einem Gebührensatz von 0,8.

Das ergibt folgende Berechnung:

0,8 Verfahrensgebühr VV 3101 Nr. 1 im Betrag von 283,20 €

Abzüglich 0,65 Geschäftsgebühr VV 2300 i.H.v. 230,10 €.

= die restliche Verfahrensgebühr beträgt 53,10 €.

90 KG v. 13.1.2009 – 1 W 496/08 – KGR Berlin 2009, 268 = AGS 2009, 168 m. Anm. *N. Schneider*; *Jungbauer* in Bischof/Jungbauer, RVG, VV 2300 Rn. 212.

91 Nachweis bei *Jungbauer* in Bischof/Jungbauer, RVG, VV 2300 Rn. 212.

→ **Variante:**

Der Anspruch soll im gerichtlichen Mahnverfahren geltend gemacht werden und erledigt sich jedoch, bevor der verfahrenseinleitende Antrag oder ein Schriftsatz, der Sachanträge, Sachvortrag oder die Zurücknahme des Antrags enthält, eingereicht wurde. Damit wird nur eine 0,5 Verfahrensgebühr nach VV 3306 RVG fällig.

Das ergibt folgende Berechnung:

0,5 Verfahrensgebühr VV 3306 im Betrag von 177,00 €

Abzüglich 0,65 Geschäftsgebühr VV 2300 i.H.v. 230,10 €.

= die restliche Verfahrensgebühr ist nicht vorhanden, da 0,00 €.

In diesem Fall kann nicht mehr angerechnet werden, als die 0,5 Verfahrensgebühr auch ausmacht, da die Anrechnung nicht hinsichtlich anderer Gebühren (Termins- oder Einigungsgebühr) oder der Auslagen erfolgt.

623 Vor der Einführung des § 15a RVG war höchst strittig, ob die Anrechnung einer außergerichtlich entstandenen Gebühr grundsätzlich und somit auch im Kostenfestsetzungsverfahren zu erfolgen hat. Nach der Rechtsprechung des BGH[92] sollte die Anrechnung stets erfolgen; das sollte sogar gelten, wenn zugunsten der erstattungsberechtigten Partei gar kein materiellrechtlicher Erstattungsanspruch gegen den im Prozess unterlegenen Gegner vorhanden war, die Geschäftsgebühr nicht geltend gemacht wurde oder sie auch nicht tituliert war und sie nicht vom Gegner bezahlt worden war.[93] Die Neuregelung stellt dieses in § 15a RVG nun genauso klar, wie die Frage, in welcher Höhe die Gebühren entstehen und ob auch Dritte sich auf die Anrechnung berufen können.

Im **Kostenfestsetzungsverfahren** ist die **Anrechnung** nach zutreffender Auffassung **nur zu berücksichtigen**, wenn bereits eine Titulierung erfolgt ist und somit eine doppelte Titulierung verhindert werden soll oder wenn der Erstattungsgegner die Geschäftsgebühr unstreitig gezahlt hat. Diese Auffassung hatte zumindest der 1. Zivilsenat des KG bis zum Schluss noch vertreten,[94] nachdem die meisten Obergerichte schließlich sich der Meinung des BGH gebeugt hatten. Der Gesetzgeber ist dem KG gefolgt und hat die Anrechnung entsprechend gesetzlich geregelt.

---

92 BGH v. 22.1.2008 – VIII ZB 57/07 – AGS 2008, 158 = RVGreport 2008, 148 m. Anm. *Hansens* = NJW 2008, 1323; BGH v. 30.4.2008 – III ZB 8/08 – FamRZ 2008, 1346 = Rpfleger 2008, 533 = RVGreport 2008, 271; ausführliche Zusammenstellung bei *Jungbauer* in Bischof/Jungbauer, RVG § 15a Rn. 6 ff.

93 Bis zum Schluss vertrat das KG die gegenteilige Auffassung, ließ weiterhin die Rechtsbeschwerde zu und verweigerte sich der BGH-Rechtsprechung – so z.B. KG v. 31.3.2008 – 1 W 111/08 – KGR Berlin 2008, 216 = RVGreport 2008, 192 (*Hansens*) = AGS 2008, 216 = RVGreport 2008, 192 (*Hansens*) = AGS 2008, 216 sowie KG v. 4.11.2008 – 1 W 395/08 – KGR Berlin 2009, 135 = AGS 2009, 53 = NJW-RR 2009, 427.

94 KG v. 4.11.2008 – 1 W 395/08 – KGR Berlin 2009, 135 = AGS 2009, 53 = NJW-RR 2009, 427.

cc) Auslagen des Rechtsanwalts

624 Hinsichtlich der auf die Vergütung entfallende **Umsatzsteuer** ist Folgendes zu beachten: Zur Berücksichtigung im Kostenfestsetzungsverfahren genügt, wenn der Antragsteller – unzweifelhaft auch dessen Prozessbevollmächtigter – die **Erklärung** abgibt, dass er die Beträge nicht als Vorsteuer abziehen kann, § 104 Abs. 2 S. 3 ZPO. Umsatzsteuerbeträge sind in der Regel ohne weitere Prüfung zu berücksichtigten, diese können nur unberücksichtigt bleiben, wenn die Richtigkeit der Erklärung durch entsprechenden Beweis bereits entkräftet wäre oder es sich um eine offensichtliche Unrichtigkeit der Erklärung handelt.[95] Die höchstrichterliche Rechtsprechung hat damit den nach der Einführung der Vorschrift ausgelösten Meinungsstreit weitgehend beseitigt.[96] Im bloßen Ansatz der Umsatzsteuer wird jedoch keine konkludente Erklärung fehlender Vorsteuerabzugsberechtigung gesehen.[97]

Bei Nichtabgabe der Erklärung erfolgt nach evtl. nochmaliger Aufforderung die Zurückweisung des Antrages hinsichtlich der Umsatzsteuer.[98] Meldet eine Partei die Umsatzsteuer ohne Erklärung an, sieht der Rechtspfleger dann im Kostenfestsetzungsbeschluss von einem Ansatz ab und bringt die Partei die Erklärung innerhalb der Rechtsmittelfrist bei, so liegt darin das Rechtsmittel der sofortigen Beschwerde und nicht lediglich eine Nachliquidation einer (rechtskräftig abgewiesenen) Position.[99]

Vertreten sich Rechtsanwälte in einer beruflichen Angelegenheit selbst z.B. in einem Verfahren hinsichtlich eines Regressanspruchs, fällt **keine Umsatzsteuer** an, da es sich um ein **Innengeschäft** handelt. In diesem Fall ist auch keine Erklärung nötig.[100]

Gleiches gilt nach Auffassung des BGH[101] auch, wenn es sich um **Umsatzsteuerbeträge** auf **getätigte Auslagen** handelt. Im zu entscheidenden Fall ging es um Reisekosten, die im Kostenfestsetzungsverfahren einschließlich der darauf entfallenden Umsatzsteuer geltend gemacht wurden. Der BGH vertritt zu Recht die Auffassung, dass der Rechtsanwalt selbst vorsteu-

---

95 BGH v. 11.2.2003 – VIII ZB 92/02 – NJW 2003, 1534 = Rpfleger 2003, 321 im Anschluss an BVerfG v. 17.2.1995 – 1 BvR 697/93 – NJW 1996, 382: OLG Düsseldorf v. 15.9.2016 – 10 W 250/16 – JurBüro 2017, 34; OLG Hamm v. 15.8.2014 – 25 W 10/14 – AGS 2015, 146.

96 Zum Meinungsstand s. *von König*, RpflStud 1999, 8.

97 OLG Celle v. 28.2.1995 – 8 W 60/95 – NdsRpfl 1995, 105 = KostRspr. zu § 104 ZPO Nr. 222.

98 ThürOLG v. 25.7.1995 – 7 W 247/95 – OLGR Jena 1995, 227 = KostRspr. zu § 104 ZPO Nr. 227.

99 OLG Koblenz v. 26.4.1999 – 14 W 277/99 – JurBüro 2000, 143 = NJW RR 2000, 363.

100 SaarlOLG v. 22.1.2009 – 5 W 273/08 – AGS 2009, 319.

101 BGH v. 17.4.2012 – VI ZB 46/11 – AGS 2012, 268 = NJW-RR 2012, 1016; BbgOLG v. 24.5.2011 – 6 W 71/09 – AGS 2012, 327; siehe auch *von König*, RpflStud 2013, 154.

erabzugsberechtigt sei und diese Beträge nach § 15 Abs. 1 Nr. 1 UStG als Vorsteuer von der eigenen Steuerschuld abziehen könne.

Die Umsatzsteuer auf (umsatzsteuerpflichtige) Auslagen stellt danach im **Innenverhältnis** zum Mandanten nur einen durchlaufenden Posten dar, da die Umsatzsteuer wirtschaftlich im Wege des Vorsteuerabzugs wieder zurückfließt. Diese Beträge darf der Rechtsanwalt seinem Auftraggeber nicht in Rechnung stellen, er hat insoweit in die Abrechnung nur den Nettobetrag aufzunehmen, da er sich andernfalls auf Kosten des Auftraggebers bereichern würde. Für das **Außenverhältnis** zwischen Auftraggeber und Prozessgegner gilt § 104 Abs. 2 S. 3 ZPO, wonach Umsatzsteuerbeträge im Kostenfestsetzungsverfahren nur zu berücksichtigen sind, wenn der Antragsteller die Erklärung abgibt, dass er die Beträge nicht als Vorsteuer abziehen kann. Durch diese Regelung soll vermieden werden, dass der vorsteuerabzugsberechtigte Antragsteller mit einer Festsetzung der Beträge einen nicht gerechtfertigten Vermögensvorteil erlangt, womit Umsatzsteuer, die im Wege des Vorsteuerabzugs zurückfließt, kostenmäßig neutral bleibt.

Nach Auffassung des BGH[102] kann nichts anderes für das Innenverhältnis der Partei zu ihrem Prozessbevollmächtigten gelten. Auch der vorsteuerabzugsberechtigte Rechtsanwalt ist grundsätzlich nicht berechtigt, seinem Auftraggeber Umsatzsteuer in Rechnung zu stellen, wenn er diese im Wege des Vorsteuerabzugs zurückerhält. Er wäre sonst in Höhe der Umsatzsteuer bereichert. Außerdem macht der BGH deutlich, dass der Rechtsanwalt gehalten sei, den Vorsteuerabzug in Anspruch zu nehmen, weil er andernfalls nicht notwendige Kosten für den Mandanten verursacht.

625 Die **allgemeinen Geschäftskosten** sind nach Vorbem. Teil 7 Abs. 1 VV RVG mit den Gebühren abgegolten. Damit sind die Kosten gemeint, die durch den allgemeinen Geschäftsbetrieb entstehen.[103] Allgemeine Geschäftskosten sind z.B. Mietausgaben für die Büroräume, Gehälter der Angestellten, Anschaffungs- und Wartungskosten für Büromaschinen, Aufwendungen für Literatur, Software, Büromaterial.[104] Dazu gehört auch das Fertigen von Kopien der Unterlagen, die beispielsweise einem Schriftsatz beigefügt werden, soweit VV 7000 hierfür keine gesonderte Erhebungsmöglichkeit vorsieht.

Nach **VV 7000** erhält der Rechtsanwalt eine Pauschale für die Herstellung und Überlassung von **Dokumenten** und zwar für Kopien und Ausdrucke

a) aus Behörden- und Gerichtsakten, soweit deren Herstellung zur sachgerechten Bearbeitung der Rechtssache geboten war,

---

102 BGH v. 17.4.2012 – VI ZB 46/11 – AGS 2012, 268 = NJW-RR 2012, 1016.
103 Gerold/Schmidt/*Müller-Rabe*, RVG, Vorb. 7 VV Rn. 9.
104 Gerold/Schmidt/*Müller-Rabe*, RVG, Vorb. 7 VV Rn. 10.

b) zur Zustellung oder Mitteilung an Gegner oder Beteiligte und Verfahrensbevollmächtigte aufgrund einer Rechtsvorschrift oder nach Aufforderung durch das Gericht, die Behörde oder die sonst das Verfahren führende Stelle, soweit **hierfür mehr als 100 Seiten** zu fertigen waren,

c) zur notwendigen Unterrichtung des Auftraggebers, soweit hierfür mehr als 100 Seiten zu fertigen waren und

d) in sonstigen Fällen nur, wenn sie im Einverständnis mit dem Auftraggeber zusätzlich, auch zur Unterrichtung Dritter, angefertigt worden sind.

Für die ersten 50 Seiten können 0,50 € pro Seite und für jede weitere Seite 0,15 € erhoben werden. Für die entsprechenden Seiten in Farbe wird ein höherer Betrag veranschlagt, nämlich für die ersten 50 Seiten je 1,00 € und für die weiteren Seiten je 0,30 €. Für die Überlassung von elektronisch gespeicherten Dateien oder deren Bereitstellung zum Abruf anstelle der Kopien oder Ausdrucke kann je Datei ein Betrag von 1,50 € berechnet werden, höchstens aber für auf demselben Datenträger übertragene Dokumente ein Betrag von 5.00 €.

Von der Entstehung der Pauschale, d.h. dem Anspruch gegen den eigenen Auftraggeber, ist die **Erstattbarkeit**, d.h. der Anspruch gegen den unterlegenen Gegner, streng zu unterscheiden. So kann es schon mal sein, dass ein Gericht das Entstehen der Dokumentenpauschale bejaht, deren Erstattungsfähigkeit aber wiederum verneint, wenn z.B. erwartet wird, dass der Rechtsanwalt die erforderlichen Tatsachen in seinen Schriftsatz einarbeitet.[105] Es kann auch regelmäßig keine Erstattung von Kopieauslagen verlangt werden, wenn ein Prozessbevollmächtigter späterer Instanz Bestandteile der Gerichtsakte kopiert, die in den Handakten des früheren Prozessbevollmächtigten vorhanden sein müssten.[106]

Nach Auffassung des BVerfG[107] sind für das Gericht und Verfahrensbeteiligte gefertigte Kopien der Antragsschrift und der Anlagen nicht als zusätzlich anzusehen, wenn ihr Inhalt zum Sachvortrag gehört. Sie können nur gesondert in Rechnung gestellt werden, wenn Kopien aus Behörden- und Gerichtsakten angefertigt werden mussten oder wenn mehr als 100 Kopien zu fertigen waren.

Eine **Erstattung** durch den Gegner im Kostenfestsetzungsverfahren setzt demnach voraus, dass überhaupt nach VV 7000 vom Auftraggeber des Rechtsanwalts zu ersetzende **Auslagen entstanden** sind. Das ist jedoch nur der Fall, wenn es sich um Abschriften oder Kopien handelt, die aus Behör-

105 OLG Dresden v. 14.1.1998 – 15 W 1822/97 – NJW-RR 1999, 147.
106 BGH v. 26.4.2005 – X ZB 17/04 – Rpfleger 2005, 480.
107 BVerfG v. 17.2.1995 – 1 BvR 697/93 – NJW 1996, 382.

den- und Gerichtsakten gefertigt worden sind oder für die Unterrichtung aufgrund einer Rechtsvorschrift oder auf Aufforderung des Gerichts werden mehr als 100 Kopien gefertigt,[108] im Übrigen nur, wenn die Kopien im Einverständnis mit dem Auftraggeber zusätzlich angefertigt worden sind.

Als nächstes kommt hinzu, dass die Fertigung der Abschriften und Kopien zur zweckentsprechenden Rechtsverfolgung oder -verteidigung **notwendig gewesen** sein muss.[109] Es reicht demnach nicht aus, dass die Anfertigung „zweckmäßig" war. Bestreitet der Gegner im Kostenfestsetzungsverfahren die Notwendigkeit, muss der Antragsteller den Ansatz glaubhaft machen, § 104 Abs. 2 S. 1 ZPO. Notwendig und nicht nur zweckmäßig muss auch die Anfertigung gerade durch den Rechtsanwalt gewesen sein. Dazu gehört auch, dass die Anfertigung auf billigere Weise nicht möglich oder nicht zumutbar war.

dd) Auslagen für eine Geschäftsreise

626 Einen großen Raum nehmen in der Rechtsprechung insbesondere die Auslagen ein, die dem Rechtsanwalt anlässlich von **Geschäftsreisen** entstehen können.

Nur zur Erinnerung: Wann eine Geschäftsreise vorliegt, legt Vorbemerkung 7 Abs. 2 VV RVG fest.[110] Das ist der Fall, wenn das Reiseziel außerhalb der Gemeinde liegt, in der sich die Kanzlei befindet; die in der Norm ebenfalls genannte Wohnung des Rechtsanwalts hat kaum praktische Relevanz. Dann kann er an **„Reisekosten"** grundsätzlich Fahrtkosten, Tage-und Abwesenheitsgeld und sonstige Auslagen geltend machen, VV 7003 bis 7006 RVG (→ Rn. 174 ff.). Diese Auslagen hat der Mandant dann zu zahlen.

Davon zu unterscheiden ist dann aber die **Erstattungsfähigkeit der Reisekosten** durch den unterlegenen Gegner. Die Rechtsprechung zur Erstattungsfähigkeit von Reisekosten eines Prozessbevollmächtigten hat sich seit der Aufhebung des Lokalisierungszwangs[111] bei den Gerichten entscheidend verändert. Mit Ausnahme der beim BGH zugelassenen Rechtsanwälte sind deutsche Rechtsanwälte grundsätzlich bei den Amtsgerichten, Landgerichten und Oberlandesgerichten postulationsfähig. Dieses hat in den letz-

---

108 HansOLG v. 5.5.2011 – 4 W 101/11– MDR 2011, 214.

109 LG Düsseldorf v. 17.12.2014 – 19 T 120/14 –, juris; Zöller/*Herget*, ZPO, § 91 Rn. 13 (Ausfertigungen, Kopien, Ausdrucke).

110 Ein Berliner Rechtsanwalt, der in Ausführung eines Mandats eine Pkw-Fahrt innerhalb Berlins zurücklegt, erhält keine Auslagen für eine Geschäftsreise, LG Berlin v. 17.1.1980 – 82 T 273/79 – MDR 1980, 497.

111 § 78 ZPO mit Wirkung v. 1.1.2000 geändert durch Art. 1 des G z. Änd. d. G z. Neuordnung d. Berufsrechts der Rechtsanwälte u. d. Patentanwälte v. 17.12.1999 (BGBl. I S. 2448) sowie durch das zum 1.8.2002 in Kraft getretene G zur Änd. des Rechts der Vertretung durch Rechtsanwälte vor den Oberlandesgerichten (OLG-Vertretungsänderungsgesetz – OLGVertrÄndG) v. 23.7.2002 (BGBl. I S. 2850).

ten Jahren zu einer wahren Entscheidungsflut hinsichtlich der Grundsätze, nach denen die Reisekosten des Rechtsanwalts als erstattungsfähig anzusehen sind, geführt.[112] Häufig stellt sich in diesem Zusammenhang auch die Frage, ob bzw. bis zu welcher Höhe die Kosten eines Terminsvertreters oder Unterbevollmächtigten erstattungsfähig sind; diese Thematik wird im Kapitel M → Rn. 712 ff. behandelt.

Reisekosten eines Rechtsanwalts, der nicht in dem Bezirk des Prozessgerichts niedergelassen ist und am Ort des Prozessgerichts auch nicht wohnt, sind nur zu erstatten, **wenn die Zuziehung** zur zweckentsprechenden Rechtsverfolgung oder Rechtsverteidigung **notwendig war**, § 91 Abs. 2 S. 1 HS. 2 ZPO.

Im Umkehrschluss heißt dieses, dass die Reisekosten eines im Bezirk des Prozessgerichts residierenden Rechtsanwalts grundsätzlich erstattungsfähig sind.[113]

627 Der BGH[114] hat in seiner **Grundsatzentscheidung** die Frage der Notwendigkeit daran ausgerichtet, ob eine „verständige und wirtschaftlich vernünftige Partei die die Kosten auslösende Maßnahme ex ante als sachdienlich" ansehen durfte. Zwar sieht die Rechtsprechung die **Beauftragung eines** (in der Nähe des bzw.) **am Wohnort** (Geschäftsortes) ansässigen Rechtsanwalts als eine solche Maßnahme an, damit eine rechtsunkundige Partei bequem ein ausführliches Gespräch mit dem Rechtsanwalt führen kann, das gilt aber nicht, wenn ein solches Mandantengespräch nicht notwendig ist,[115] weil z.B. ein **gewerbliches Unternehmen** mit eigener Rechtsabteilung den Prozess führt. Als weitere Ausnahme lässt der BGH es gelten, wenn bei einem in tatsächlicher Hinsicht überschaubaren Streit um eine Geldforderung die Gegenseite vorher versichert habe, nicht leistungsfähig zu sein und **keine Einwendungen** erheben werde. Diese Ausnahme wird in der Praxis nicht so häufig anzutreffen sein, da eine entsprechende Äußerung der Gegenseite notwendig ist, nur vorgerichtliches Schweigen allein wird man kaum in diese Richtung auslegen können.

628 Auf diesen Grundsätzen aufbauend hat die Rechtsprechung in den vergangenen Jahren eine Vielzahl von Entscheidungen getroffen, die die ganze Materie leicht unübersichtlich werden lassen. An dieser Stelle deshalb auch nur eine Zusammenfassung der wesentlichen Einzelfälle.

Ein eingehendes persönliches Mandantengespräch, das die Zuziehung eines am Wohn- oder Geschäftsort der auswärtigen Partei ansässigen

---

112 Siehe hierzu: Musielak/Voit/*Flockenhaus*, ZPO, § 91 Rn. 18 ff.; MüKoZPO/*Schulz*, § 91 Rn. 68 ff.; Zöller/*Herget*, ZPO, § 91 Rn. 13 (Reisekosten).

113 Gerold/Schmidt/*Müller-Rabe*, RVG, VV 7003–7006 Rn. 102.

114 BGH v. 16.10.2002 – VIII ZB 30/02 – Rpfleger 2003, 98 ff. = AGS 2003, 97 m. Anm. *Madert* = MDR 2003, 233 m. Anm. *Schütt*.

115 So auch ThürOLG v. 17.12.2014 – 1 W 487/14 –, juris.

Rechtsanwalts als zur zweckentsprechenden Rechtsverfolgung oder Rechtsverteidigung notwendig erscheinen lässt, kann nicht mit der Begründung als entbehrlich angesehen werden, einem Unternehmen, das **keine** eigene **Rechtsabteilung** hat, sei die Einrichtung einer solchen jedenfalls zuzumuten.[116] Ist ein Haftpflichtversicherer Partei, der keine Rechtsabteilung unterhält, sondern bei rechtlichen Schwierigkeiten einen **Hausanwalt** (sog. Outsourcing) beauftragt, dann ist dieses regelmäßig eine notwendige Maßnahme im Sinne von § 91 Abs. 2 S. 1 Hs. 2 ZPO.[117] Voraussetzung ist jedoch, dass die außergerichtliche Bearbeitung aufgrund einer allgemeinen Maßnahme der Betriebsorganisation erfolgt und nicht nur im Einzelfall.[118] Das gilt auch, wenn es sich um eine Sache handelt, deren vorangegangene unternehmensinterne Bearbeitung an einem Ort erfolgt ist, an dem das Unternehmen weder seinen Hauptsitz noch eine Zweigniederlassung unterhält.[119]

Auch die Reisekosten eines an einem **dritten Ort** (weder Gerichtsort noch Wohn- oder Geschäftsort der Partei) ansässigen Prozessbevollmächtigten sind bis zur Höhe der fiktiven Reisekosten eines am Wohn- oder Geschäftsort der Partei ansässigen Rechtsanwalts erstattungsfähig, wenn dessen Beauftragung zur zweckentsprechenden Rechtsverfolgung oder -verteidigung erforderlich gewesen wäre.[120] Das muss immer auch dann gelten, wenn die Partei einen Rechtsanwalt wählt, dessen Reisekosten geringer sein werden als die Reisekosten eines am Wohn- oder Geschäftsort ansässigen Rechtsanwalts.[121] Die erstattungsfähigen Reisekosten des nicht am Gerichtsort ansässigen Rechtsanwalts sind der Höhe nach nicht auf diejenigen Kosten beschränkt, die durch die Beauftragung eines Terminsvertreters entstanden wären.[122]

Wird eine **Partei im eigenen Gerichtsstand** verklagt oder klagt sie selbst, dann sind die Reisekosten des auswärtigen Rechtsanwalts allerdings nicht erstattungsfähig, in diesem Fall können allenfalls fiktive Reisekosten ausgehend von einer Anreise vom Sitz der Partei berücksichtigt

---

116 BGH v. 25.3.2004 – I ZB 28/03 – Rpfleger 2004, 520.

117 BGH v. 11.11.3003 – VI ZB 41/03 – FamRZ 2004, 362 = Rpfleger 2004, 82; s. hierzu auch BGH v. 21.1.2004 – IV ZB 32/03 – RuS 2005, 91 = BGHreport 2004, 706; in Fortführung hierzu BGH v. 28.6.2006 – IV ZB 44/05 – Rpfleger 2006, 673 = NJW 2006, 3008.

118 BGH v. 12.11.2009 – I ZB 101/08 – NJW 2010, 1882.

119 BGH v. 7.6.2011 – VIII ZB 102/08 – AGS 2011, 460; siehe auch SaarlOLG v. 29.5.2012 – 9 W 49/12 –, juris.

120 BGH v. 25.10.2011 – VIII ZB 93/10 – Rpfleger 2012, 175 m.div.N.; BGH v. 23.1.2007 – I ZB 42/06 – NJW-RR 2007, 1561 Rn. 13 m.w.N.; BGH v. 18.12.2003 – I ZB 21/03 – Rpfleger 2004, 316.

121 So auch BGH v. 11.3.2004 – VII ZB 27/03 – FamRZ 2004, 939.

122 BGH v. 28.1.2010 – III ZB 64/09 – JurBüro 2010, 369; BGH v. 11.12.2007 – X ZB 21/07 – Rpfleger 2008, 227 = MDR 2008, 350; BGH v. 13.9.2005 – X ZB 30/04 – Rpfleger 2006, 39.

werden.[123] Keinesfalls können hier fiktive Kosten basierend auf der höchstmöglichen Entfernung im Gerichtsbezirk berücksichtigt werden,[124] da dieses sogar noch eine Besserstellung gegenüber dem im Bezirk niedergelassenen Rechtsanwalt darstellen würde.

Selbst der **Rechtsanwalt,** der sich vor einem auswärtigen Gericht **selbst vertritt,** hat Anspruch auf Erstattung der Reisekosten.[125]

Die Erstattungsfähigkeit von Reisekosten des Rechtsanwalts für die **Berufungsinstanz** beurteilt sich nach denselben Grundsätzen wie in erster Instanz.[126]

629 Der Prozessbevollmächtigte ist bei der **Auswahl des Verkehrsmittels** anlässlich einer Geschäftsreise frei.

Er kann mit dem eigenen **Kraftfahrzeug** reisen und dafür dann die Kilometerpauschale nach VV 7003 RVG in Höhe von 0,30 € pro gefahrenem Kilometer berechnen.

Er kann aber auch **andere Verkehrsmittel** wählen und es kommt nicht darauf an, ob er anstelle des tatsächlich benutzten Verkehrsmittels ein anderes hätte benutzen können.[127] Insbesondere kommt es nicht darauf an, ob beispielsweise ein bestimmtes öffentliches Verkehrsmittel preiswerter ist.[128] Bei der Benutzung anderer Verkehrsmittel sind dem Rechtsanwalt die tatsächlichen Aufwendungen zu ersetzen, soweit sie angemessen sind, VV 7004 RVG. Der Rechtsanwalt muss vorher im Rahmen seines pflichtgemäßen Ermessens prüfen, ob die Benutzung unverhältnismäßig teuer wird.

Insbesondere wenn es um die Erstattung von **Flugkosten** geht, schränkt die Rechtsprechung das Wahlrecht des Rechtsanwalts häufig ein.[129] Zum einen wird gesagt, dass der Rechtsanwalt bei der Auswahl grundsätzlich frei sei und sich auch für das Flugzeug entscheiden könne,[130] zum anderen soll dann aber die Zeitersparnis in Bezug auf andere Beförderungsmittel zu berücksichtigen sein.[131] Soweit eine Flugreise grundsätzlich angemes-

---

123 BGH v. 20.12.2011 – XI ZB 13/11 – Rpfleger 2012, 289 m.w.N.; BGH v. 27.3.2007 – VII ZB 93/06 – FamRZ 2007, 718; OLG Celle v. 22.6.2015 – 2 W 150/15 – NJW 2015, 2670; OLG Frankfurt v. 16.11.2015 – 6 W 100/15 –, juris; a.A. SchlHOLG v. 24.7.2015 – 9 W 26/15 – NJW 2015, 3311; OLG Köln v. 25.11.2015 – 17 W 247/15 – MDR 2016, 184.

124 So aber SchlHOLG v. 24.7.2015 – 9 W 26/15 –NJW 2015, 3311.

125 BGH v. 11.2.2003 – VIII ZB 92/02 – Rpfleger 2003, 321; OLG München v. 24.4.2012 – 11 W 627/12 – Rpfleger 2012, 587.

126 BGH v. 25.1.2007 – V ZB 85/06 – NJW 2007, 2048; BGH v. 6.5.2004 – I ZB 27/03 – Rpfleger 2004, 587 – s. auch *von König*, RpflStud 2006, 80.

127 *Bräuer* in Bischof/Jungbauer, RVG, VV 7004 Rn. 2; *Hartmann*, RVG, VV 7003–7006 Rn. 20.

128 *Bräuer* in Bischof/Jungbauer, RVG, VV 7003 Rn. 1.

129 Siehe hierzu Gerold/Schmidt/*Müller-Rabe*, RVG, VV 700 –7006 Rn. 49 ff.

130 BGH v. 22.3.2007 – IX ZR 100/06 – Rpfleger 2007, 503 = NJW 2007, 2047.

131 BGH v. 6.11.2014 – I ZB 38/14 – Rpfleger 2015, 425 = NJW-RR 2015, 761 m.w.N.

sen ist, soll dieses aber nur in Höhe der Kosten für einen Flug in einer Kategorie der Economy-Class mit Umbuchungsmöglichkeit erstattungsfähig sein.[132] Nicht zu folgen ist der Auffassung, dass bei der Prüfung der Angemessenheit der tatsächlich entstandenen Reisekosten allein die fiktiven Kosten bei einer Anreise mit der Bahn in der 1. Klasse maßgeblich seien.[133]

b) Parteikosten

630 Nach § 91 Abs. 1 S. 2 ZPO umfasst die Kostenerstattung auch die **Entschädigung** des **Gegners** für die durch **notwendige Reisen** oder durch die notwendige **Wahrnehmung von Terminen** entstandene Zeitversäumnis; die für die Entschädigung von Zeugen geltenden Vorschriften sind entsprechend anzuwenden. Darin lag bis zum 30. Juni 2004 eine Verweisung auf § 2 ZSEG (Entschädigung von Zeugen). Diese erfasste sowohl den Verdienstausfall, § 2 Abs. 1 ZSEG als auch sonstige Nachteile, § 2 Abs. 3 S. 5 ZSEG. Seit dem 1. Juli 2004 verweist die Vorschrift auf die für Zeugen geltenden Vorschriften des JVEG, also auf die §§ 19 ff. JVEG. In § 20 JVEG ist eine Entschädigung für Zeitversäumnis und in § 22 JVEG eine Entschädigung für Verdienstausfall vorgesehen. Auch wenn in § 91 Abs. 1 S. 2 ZPO nur die Zeitversäumnis genannt ist, steht dieses einem Ersatz des Verdienstausfalls – wie nach § 2 ZSEG – nicht entgegen. Unabhängig davon, ob man den Verdienstausfall schon von dem Begriff Zeitversäumnis mit umfasst sieht, ist durch die Verweisung in § 91 Abs. 1 S. 2 ZPO auch eine Entschädigung für den Verdienstausfall im Sinne des § 22 JVEG mit eingeschlossen. Der Gesetzgeber hat bei der Neuregelung des Kostenrechts[134] das ZSEG durch das JVEG ersetzt, dabei aber § 91 Abs. 1 ZPO nicht an die Neuregelung des JVEG angepasst. Es handelt sich daher um einen typischen Fehler der Gesetzgebung, bei der die Anpassung der Verweisungen nicht exakt erfolgt ist. Unter diesen Umständen ist nicht davon auszugehen, dass mit der Neuordnung des Kostenrechts eine von der bisherigen Regelung und Praxis abweichende Regelung für eine etwaige Entschädigung wegen eines Verdienstausfalls erfolgen sollte.[135]

Die Partei selbst kann für die Vorbereitung des Prozesses keine Erstattung von Zeitversäumnis z.B. für das Durcharbeiten des Prozessstoffs oder die Anfertigung von Schriftsätzen geltend machen. Als Parteikosten kommen in erster Linie Kosten der Partei zur Wahrnehmung gerichtlicher Ter-

132 OLG Celle v. 13.8.2013 – 2 W 176/13 – MDR 2013, 1119; HansOLG v. 3.3.2010 – 4 W 249/09 – AGS 2011, 463.
133 BbgOLG v. 9.9.2013 – 6 W 778/13 – Rpfleger 2014, 106.
134 Durch das Gesetz zur Modernisierung des Kostenrechts vom 5. Mai 2004 – BGBl. I 2004 S. 718.
135 BGH v. 2.12.2008 – VI ZB 63/07 – Rpfleger 2009, 274.

mine infrage.[136] Erstattungsfähig sind insoweit Fahrtkosten, Reiseaufwand und Zeitversäumnis. Maßgebend für die Berechnung sind die für Zeugen geltenden Vorschriften des JVEG, § 91 Abs. 1 S. 2 ZPO (→ Rn. 186 ff.).

Die Prozessvorschriften enthalten keine **Definition des Begriffs der Parteireise**; deshalb wurde früher bisweilen auf die Definition aus dem Anwaltsgebührenrecht der BRAGO zurückgegriffen, heute wäre das Vorbem. 7 Abs. 2 VV RVG, wonach die Grenze der politischen Gemeinde verlassen werden muss.[137] Dem kann nicht gefolgt werden, da § 91 Abs. 1 S. 2 ZPO ohne Einschränkung auf die für Zeugen geltenden Vorschriften verweist und diese sich aus dem JVEG und nicht aus dem RVG ergeben. Das **JVEG definiert den Begriff** auch **nicht**, eine Einschränkung nur für Reisen außerhalb des Wohnortes ist nicht vorhanden. Bei den Vorschriften zum Fahrtkostenersatz (§ 5 JVEG) wird nicht auf das Verlassen der politischen Gemeinde abgestellt, während der Gesetzgeber bei der Regelung über die Entschädigung für Aufwand (§ 6 JVEG) dieses aber sehr wohl getan hat. Aus all dem kann geschlossen werden, dass es bei der Erstattungsfähigkeit der Kosten für notwendige Terminwahrnehmungen nicht darauf ankommt, dass die Partei die politische Grenze ihrer Wohnsitzgemeinde überschreitet. In Berlin bedeutet dieses auch, dass Kosten für Fahrscheine der Berliner Verkehrsbetriebe zu erstatten sind.[138]

Auch hinsichtlich der **Parteikosten** ist jeweils wieder die **Notwendigkeit** der Kosten zu prüfen, denn jede Partei hat die Verpflichtung, die Kosten möglichst gering zu halten. Ist die Partei vom Gericht ausdrücklich geladen, z.B. für eine Parteivernehmung oder weil das persönliche Erscheinen insbesondere in der Güteverhandlung angeordnet ist, dann gibt es keine Zweifel an der Erstattungsfähigkeit, auch wenn die Partei anwaltlich vertreten sein sollte. Nach überwiegender Meinung sind die Reisekosten zum Verhandlungstermin auch ohne ausdrückliche Ladung selbst bei anwaltlicher Vertretung erstattungsfähig,[139] es sei denn, die persönliche Anwesenheit stellt sich als missbräuchliche Ausnutzung der Parteirechte dar.[140]

Soweit der Partei **Fahrtkosten** auch tatsächlich entstanden sind, können Kosten für die Benutzung von öffentlich regelmäßig verkehrenden Verkehrsmitteln bis zur Höhe der entsprechenden Benutzung der ersten Wagenklasse

---

136 *Lappe*, Justizkostenrecht, § 32 IV 1; siehe auch Zöller/*Herget*, ZPO, § 91 Rn. 13 (Allgemeiner Prozessaufwand, Reisekosten der Partei); *Hansens*, RVGreport 2011, 411 ff.

137 So auch Zöller/*Herget*, RVG, § 91 Rn. 13 (Reisekosten der Partei); **a.A.** AG Limburg v. 16.9.2010 – 4 C 304/09 – NJW-Spezial 2010, 732.

138 LG Berlin v. 6.2.2008 – 82 T 287/07 – AGS 2008, 515.

139 BGH v. 13.12.2007 – IX ZB 112/05 – NJW-RR 2008, 654 = Rpfleger 2008, 279; OLG München v. 18.7.2003 – 11 W 1732/03 – JurBüro 2003, 645 m.w.N.; OLG Celle v. 8.8.2003 – 8 W 271/03 – JurBüro 2003, 594.

140 OLG Celle v. 8.8.2003 – 8 W 271/03 – JurBüro 2003, 594; BbgOLG v. 25.5.2000 – 12 W 17/00 – JurBüro 2000, 588.

der Bahn einschließlich der Auslagen für Platzreservierung und Beförderung von Gepäck verlangt werden, § 5 Abs. 1 JVEG. Da die **Wahl des Beförderungsmittels grundsätzlich frei** ist,[141] kann die Partei statt dessen auch mit dem eigenen oder unentgeltlich zur Benutzung überlassenen Kraftfahrzeug zum Termin fahren; zur Abgeltung der Betriebskosten und der Abnutzung des Fahrzeugs können 0,25 € pro gefahrenem Kilometer berechnet werden, § 5 Abs. 2 Nr. 1 JVEG. Dazu kommen noch bare Auslagen, wie z.B. Parkentgelte.

Zu den öffentlichen, regelmäßig verkehrenden Beförderungsmitteln zählen auch **Flugzeuge**. Allerdings ist hier ebenfalls die in § 5 Abs. 1 JVEG enthaltene Beschränkung zu beachten, wonach die Kosten nur bis zur Höhe der entsprechenden Benutzung der ersten Wagenklasse der Bahn betragen dürfen. Höhere Beträge kommen nur infrage, wenn hierdurch Mehrbeträge an Entschädigung erspart werden oder wenn besondere Umstände diese Mehrkosten erfordern, § 5 Abs. 3 JVEG. In Übereinstimmung mit dieser Regelung wird eine Erstattung von Flugkosten in der Regel nur gebilligt, wenn es sich um eine **Auslandsreise** handelt oder wenn die Kosten einer Flugreise in einem **angemessenen Verhältnis zu der Bedeutung** der Sache stehen. Dies ist bei Bagatellstreitigkeiten regelmäßig abzulehnen.[142]

Entsteht der Partei für die Terminwahrnehmung ein **Verdienstausfall**, erhält sie eine Entschädigung, die sich nach dem regelmäßigen Bruttoverdienst einschließlich der vom Arbeitgeber zu tragenden Sozialversicherungsbeiträge richtet, allerdings ist der Höchstbetrag auf 21,00 € je Stunde begrenzt, § 22 JVEG.

Einer **juristischen Person, die selbst Partei ist,** kann wegen der Teilnahme ihres Geschäftsführers an einem Gerichtstermin ein Anspruch auf Verdienstausfall zustehen und zwar dann, wenn das Gericht zu einem Verhandlungstermin das persönliche Erscheinen eines ihrer Organe oder eines sachkundigen Mitarbeiters angeordnet und die Partei eine solche Person zu dem Termin entsandt hat.[143] Für den Geschäftsführer einer GmbH, die gewerblich mit der Verwaltung einer klagenden Wohnungseigentumsgemeinschaft beauftragt ist, gilt dieses jedoch nicht.[144]

Hat die Partei für die notwendige Wahrnehmung von Gerichts- bzw. Ortsterminen **bezahlten Urlaub** genommen hat, steht ihr kein Anspruch auf Verdienstausfallentschädigung nach § 91 Abs. 1 S. 2 ZPO i.V.m. § 22 JVEG sondern nur ein Anspruch auf Entschädigung für Zeitversäumnis gemäß § 20 JVEG zu.[145]

---

141 BDPZ/*Binz*, JVEG, § 5 Rn. 1; *Hartmann*, JVEG, § 5 Rn. 1.
142 BGH v. 13.12.2007 – IX ZB 112/05 – NJW-RR 2008, 654 = Rpfleger 2008, 279.
143 BGH v. 2.12.2008 – VI ZB 63/07 – Rpfleger 2009, 274 – m.div.N.
144 OLG Naumburg v. 6.11.2015 – 12 W 31/15 – Rpfleger 2016, 719; so auch OLG Stuttgart v. 30.5.2016 – 8 W 167/16 –, juris.
145 BGH v. 26.1.2012 – VII ZB 60/09 – Rpfleger 2012, 350 = NJW-RR 2012, 761 m.w.N.

c) Gerichtskosten

631 Es sind die **Gerichtsgebühren und Auslagen** erstattungsfähig, wenn sie zu den Kosten des Rechtsstreits gehören und nicht extra hiervon ausgenommen sind. Kosten des selbstständigen Beweisverfahrens sind jedenfalls bei Identität von Parteien und Streitgegenstand als Gerichtskosten des nachfolgenden Rechtsstreits zu behandeln.[146]

Ist das nicht in vollem Umfang der Fall, bedarf es doch eines Ausspruchs, inwieweit die Kosten des selbstständigen Verfahrens als Kosten der Hauptsache anzusehen sind.[147]

d) Vorbereitungskosten

632 Von den außergerichtlichen Kosten, die im Kostenfestsetzungsverfahren berücksichtigt werden können, sind **vorprozessuale Kosten** zu unterscheiden. Hierbei handelt es sich in der Regel um Aufwendungen, die nur in Zusammenhang mit der gerichtlichen Auseinandersetzung stehen, aber nicht direkt zu ihr gehören. Eigentlich handelt es sich um materiell-rechtliche Kostenansprüche, die aber wegen ihres Zusammenhangs mit den eigentlichen Prozesskosten als Vorbereitungskosten oder auch als prozessbegleitende Kosten angesehen werden.[148] Sie können neben dem Hauptanspruch mit geltend gemacht werden. Ob sie allein als Hauptanspruch geltend gemacht werden können, ist zumindest strittig.[149]

Geht es um die Geltendmachung im Kostenfestsetzungsverfahren, dann sind vorprozessuale Aufwendungen **nur zu erstatten,** wenn sie **in unmittelbarer Beziehung** und gerade im Hinblick auf den **konkreten Prozess** entstanden sind.[150] Nicht prozessbezogen sind Aufwendung zur Vermeidung eines Prozesses wie Abwehr- bzw. Abmahnschreiben[151] oder zur Klärung, welche Erfolgsaussichten ein evtl. Prozess haben könnte. Ebenfalls nicht erstattungsfähig sind die Aufwendungen für ein vereinbarungsgemäß eingeholtes Schiedsgutachten im Sinne von § 317 BGB.[152]

Häufig handelt es sich um die Kosten für eingeholte **Privatgutachten,** wobei die Rechtsprechung die Auffassung vertritt, dass die Kosten für ein solches Privatgutachten **nur ausnahmsweise als Kosten des Rechtsstreits** im Sinne des § 91 Abs. 1 ZPO angesehen werden können, was beispielswei-

---

146 Zöller/*Herget*, ZPO, § 91 Rn. 13 (selbst. Beweisverfahren).

147 PfälzOLG v. 11.7.2016 – 6 W 25/16 – NJW 2016, 3602.

148 MüKoZPO/*Schulz*, Vorbemerkung zu § 91 Rn. 21; ausführlich siehe Kostenfestsetzung/*Hellstab*, Rn. B 400 ff.

149 MüKoZPO/*Schulz*, Vorbemerkung zu § 91 Rn. 22 m.N. zu beiden Auffassungen.

150 MüKoZPO/*Schulz*, Vorbemerkung zu § 91 Rn. 40 ff.; Zöller/*Herget*, ZPO, § 91 Rn. 13 (Vorbereitungskosten); Kostenfestsetzung/*Hellstab*, Rn. B 400 ff.

151 BGH v. 16.12.2007 – I ZB 16/07 – Rpfleger 2008, 445 = NJW 2008, 2040.

152 BGH v. 24.11.2005 – VII ZB 76/05 – NJW-RR 2006, 212.

se der Fall ist, wenn die Partei infolge fehlender Sachkenntnisse nicht zu einem sachgerechten Vortrag in der Lage ist.[153] Das gilt auch, wenn die Partei ausreichende Anhaltspunkte für einen Versicherungsbetrug hat.[154] Dabei wird grundsätzlich ein enger zeitlicher Zusammenhang zwischen dem Gutachten und dem Rechtsstreit verlangt.[155] Es ist aber nicht unbedingt Voraussetzung, dass das Gutachten in den Prozess eingeführt wird, allerdings muss es dann unter Umständen im Kostenfestsetzungsverfahren vorgelegt werden,[156] da nach § 103 Abs. 2 ZPO die entsprechenden Belege beizubringen sind, was immer dann besonders gilt, wenn sich der Ansatz nicht aus der Gerichtsakte herleiten lässt.

Die Beurteilung der Erstattungsfähigkeit hat sich daran auszurichten, ob eine verständige und wirtschaftlich vernünftig denkende Partei die Kosten auslösende Maßnahme ex ante als sachdienlich ansehen durfte. Die Erstattungsfähigkeit solcher Kosten setzt nicht zusätzlich voraus, dass das Privatgutachten im Rahmen einer ex-post-Betrachtung tatsächlich die Entscheidung des Gerichts beeinflusst hat.[157]

7. Die Entscheidung

633 War der Antrag zulässig, dann hat der Rechtspfleger über ihn zu befinden, d.h., entweder werden die Kosten festgesetzt oder aber der Antrag wird – auch teilweise – als unbegründet zurückgewiesen. Die Entscheidung ergeht durch **Beschluss.** Beschlüsse sind schriftlich abzufassen (§ 329 i.V.m. § 317 Abs. 2, 3 ZPO) und solche, die in Parteirechte eingreifen bzw. einem Rechtsmittel unterliegen sind mit Gründen zu versehen.[158] Daraus ergibt sich, dass auch Kostenfestsetzungsbeschlüsse mit einer **Begründung** zu versehen sind,[159] aus der sowohl die Parteien als auch das Beschwerdegericht erkennen können, was beantragt war, inwieweit dem Antrag stattgegeben und warum ihm ganz oder teilweise nicht stattgegeben wurde.[160] Aus der Begründung muss auch ersichtlich sein, wie der Rechtspfleger auf den Erstattungsbetrag gekommen ist, d.h. auch eine

153 BGH v. 24.4.2012 – VIII ZB 27/11 –, juris m.w.N.; siehe auch OLG Nürnberg v. 5.7.2016 – 12 W 204/16 –, juris für ein prozessbegleitendes Gutachten.

154 BGH v. 18.11.2008 – VI ZB 24/08 – Rpfleger 2009, 176 = MDR 2009, 231.

155 HansOLG Bremen v. 8.9.2015 – 2 W 82/15 – NJW 2016, 509.

156 BGH v. 26.2.2013 – VI ZB 59/12 – Rpfleger 2013, 416 = NJW 2013, 1823.

157 BGH v. 20.12.2011 – VI ZB 17/11 – BGHZ 192, 140 = NJW 2012, 1370 = Rpfleger 2012, 351.

158 *Rosenberg/Schwab/Gottwald*, § 60 Rn. 49 m.w.N.

159 OLG Brandenburg v. 7.1.1999 – 8 W 542/98 – JurBüro 1999, 254 m. Anm. *Enders* = Rpfleger 1999, 174 = KostRspr. Nr. 290 zu § 104 ZPO m. Anm. *von Eicken* = MDR 1999, 442; *Hansens*, Rpfleger 2001, 573 m.w.N.

160 BGH 20.6.2002 – IX ZB 56/01 – BGHreport 2002, 902 m.w.N.; siehe auch BGH v. 12.7.2004 – II ZB 3/03 – NJW-RR 2005, 78; SaarlOLG v. 13.7.2007 – 2 W 122/07 – AGS 2007, 645.

nachvollziehbare Berechnung des festgesetzten Betrages ist nötig.[161] Sofern mehrere Beteiligte für die Kosten haften, ist auch der von jedem Einzelnen geschuldete Betrag konkret zu beziffern, es sei denn, es handelt sich um Gesamtschuldner.[162]

Auf Antrag ist eine **Verzinsung** mit 5 Prozentpunkten[163] über dem Basiszinssatz nach § 247 BGB ab Eingang des Antrages bei Gericht auszusprechen, § 104 Abs. 1 S. 2 ZPO. Die Verzinsung des Kostenerstattungsanspruchs erster Instanz läuft ab dem Eingang des Antrages auch dann, wenn die Kostenentscheidung im höheren Rechtszug abgeändert wurde, allerdings nur insoweit, als sich die Kostenentscheidungen beider Urteile decken.[164] Bei einer Änderung der Kostenquote im Berufungsverfahren ist derjenige Betrag der erstinstanzlichen Kosten, der sowohl nach der erst wie nach der zweitinstanzlichen Entscheidung zu erstatten ist, seit dem Eingang des ursprünglichen Kostenfestsetzungsantrages zu verzinsen.[165]

Eine **Kostenentscheidung** hinsichtlich des Festsetzungsverfahrens kann unterbleiben, wenn ersichtlich keine Kosten entstanden sind. Das Verfahren ist gerichtsgebührenfrei, soweit es nicht zu einer Vorlage an das Rechtsmittelgericht kommt. Auch der Rechtsanwalt kann für den Antrag keine Gebühr verlangen, lediglich ein Beschwerdeverfahren lässt Gebühren entstehen.

Es können allerdings **Auslagen** für die **Zustellung** der Entscheidung anfallen. Der Kostenfestsetzungsbeschluss ist dem Gegner förmlich zuzustellen, § 104 Abs. 1 S. 3 ZPO. Dem Antragsteller ist er nur zuzustellen, wenn seinem Antrag nicht voll entsprochen wurde, andernfalls reicht formlose Übersendung aus. Bei anwaltlicher Vertretung auch im Kostenfestsetzungsverfahren ist an den Prozessbevollmächtigten zuzustellen.

Nach der Anmerkung zu KV Nr. 9002 GKG werden neben Gebühren, die sich nach dem Streitwert richten, mit Ausnahme der Gebühr KV 3700, Auslagen für Zustellungen mit Zustellungsurkunde oder Einschreiben gegen Rückschein nur erhoben, soweit sie in der Instanz für mehr als 10 Zustellungen anfallen.

Hiervon erfasst ist das Kostenfestsetzungsverfahren gem. §§ 103 ff. ZPO als ein selbstständiges, zur ersten Instanz gehörendes Nachverfahren, das durch die Verfahrensgebühr für das Verfahren im Allgemeinen (z.B. KV 1210) mit abgegolten wird.[166]

161 KG v. 26.1.1999 – 19 WF 100/99 – MDR 1999, 1151.
162 KG v. 19.3.2014 – 25 WF 162/13 – JurBüro 2014, 420.
163 Und nicht 5 % über dem Basiszinssatz.
164 OLG Karlsruhe v. 4.2.1997 – 13 W 15/97 – JurBüro 1997, 426.
165 BGH v. 20.12.2005 – X ZB 7/05 – Rpfleger 2006, 225 = NJW 2006, 1140.
166 *Hartmann*, GKG, KV 9002 Rn. 4; BDPZ/*Zimmermann*, GKG, KV 9002 Rn. 3; *Mümmler*, JurBüro 1997, 74 m.w.N. auch zur Gegenauffassung.

Der **Kostenfestsetzungsbeschluss** ist ein selbstständiger Vollstreckungstitel gemäß § 794 Abs. 1 Nr. 2 ZPO und muss demnach folgende Angaben enthalten:[167]

- Volles Rubrum, also die vollständige Bezeichnung der Parteien mit Anschrift und Angabe der Prozessbevollmächtigten.
- Hinweis auf den zugrunde liegenden Titel mit Datum, Aktenzeichen und Gericht einschließlich einer Aussage, ob der zugrunde liegende Titel mit oder ohne Sicherheitsleistung vorläufig vollstreckbar oder gar rechtskräftig ist. Es wird die Auffassung vertreten, dass seine Vollstreckung die Leistung derselben Sicherheit erfordert, von der auch die Vollstreckung des Urteils abhängt.[168] Ich neige zu der Auffassung, dass die in der Kostengrundentscheidung enthaltenen Vollstreckungsbeschränkungen nur zur Klarstellung und Rechtssicherheit in den Kostenfestsetzungsbeschluss aufzunehmen sind und die dem Kostenschuldner gem. §§ 720a, 795 ZPO eingeräumte Abwendungsbefugnis der Sicherungsvollstreckung keines ausdrücklichen Ausspruchs im Titel bedarf, da bei Vollstreckung aus dem Kostenfestsetzungsbeschluss sich die Höhe der Sicherheit in diesem Falle nach den im Kostenfestsetzungsbeschluss festgesetzten Kosten richtet.[169]
- Eine konkrete Aussage, wer an wen Kosten zu erstatten hat und bei mehreren Erstattungsschuldnern auch ein Hinweis auf deren Haftung bzw. eine konkrete Aufteilung des Betrages.
- Die Höhe der festgesetzten Kosten.
- Verzinsung mit derzeit 5 Prozentpunkten über dem Basiszinssatz nach § 247 BGB ab Antragseingang bei Gericht.
- Eine Kostenentscheidung über die Kosten des Festsetzungsverfahrens ist grundsätzlich entbehrlich, nur wenn tatsächlich Kosten angefallen sind, ist eine Kostenentscheidung notwendig.
- Eine schriftliche Begründung, aus der deutlich wird, was beantragt wurde und inwieweit dem Antrag stattgegeben bzw. nicht stattgegeben wurde.
- Die Entscheidung muss datiert sein und die Unterschrift der Rechtspflegerin/des Rechtspflegers (volle Unterschrift, Paraphe reicht nicht) enthalten. Da es sich um eine Entscheidung des Rechtspflegers handelt, ist die Beifügung der Bezeichnung „Rechtspfleger“ bzw. „Rechtspflegerin“[170] (§ 12 RPflG) notwendig.

---

167 S. hierzu BbgOLG v. 24.11.1997 – 8 W 359/97 – Rpfleger 1998, 207.
168 *Rosenberg/Schwab/Gottwald*, § 85 Rn. 60.
169 OLG Karlsruhe v. 17.8.2000 – 11 W 113/00 – Rpfleger 2000, 555.
170 Das RPflG sieht nur die maskuline Form vor, in der Praxis hat sich aber inzwischen durchgesetzt, dass auch die feminine Form benutzt wird.

Amtsgericht Charlottenburg Berlin, den ...
Az: 9 C 277/16

Kostenfestsetzungsbeschluss

In Sachen
der Kauffrau Angelika Klaeger, Kurze Straße 17, 11123 Berlin
– Antragstellerin/Klägerin –
Prozessbevollmächtigter: Rechtsanwalt Dr. Friedrich Kant, Breite Straße 8, 10123 Berlin

gegen
den Studenten Raffael Bekler, Deutsche Straße 7, 13359 Berlin
– Antragsgegner/Beklagter –
Prozessbevollmächtigte: Rechtsanwältin Dr. Gisela Gordon, Kurfürstendamm 219, 10707 Berlin

sind nach dem Urteil des Amtsgerichts Charlottenburg vom 17. Oktober 2016
von dem Antragsgegner an die Antragstellerin Kosten in Höhe von 1.071,23 €
– in Worten: Tausendeinundsiebzig Euro –

nebst Zinsen i.H.v. 5 Prozentpunkten über dem Basiszinssatz gemäß § 247 BGB seit dem 21. Oktober 2016 zu erstatten.
Der zugrunde liegende Titel ist gegen Sicherheitsleistung in Höhe von 110% des jeweils zu vollstreckenden Betrages vorläufig vollstreckbar.
Im Übrigen wird der Antrag zurückgewiesen.

Gründe:

Die Antragstellerin hat mit Antrag vom 20. Oktober 2016 die Kostenfestsetzung gemäß §§ 103, 104 ZPO beantragt. Der Antragsgegner hat sich im Rahmen der Gewährung des rechtlichen Gehörs nicht geäußert. Die Antragstellerin ist von einem Gegenstandswert von 8.500,00 € ausgegangen, wobei sie die Gegenstandswerte der Klage und der Widerklage zusammengerechnet hat; dieser beträgt jedoch nur 4.700,00 € nach dem höheren Wert der Klage, da Klage und Widerklage denselben Gegenstand betreffen, § 45 Abs. 1 S. 1, 3 GKG i.V.m. § 23 Abs. 1 S. 1 RVG. Die jeweilige Gebührenhöhe war neu zu ermitteln, die Anträge hinsichtlich des Differenzbetrages zurückzuweisen.

Die beantragte Einigungsgebühr nach VV 1000 RVG konnte nicht berücksichtigt werden, da sie nicht entstanden ist. Die Einigungsgebühr entsteht, wenn der Streit oder die Ungewissheit der Parteien über ein Rechtsverhältnis durch Abschluss eines Vertrages unter Mitwirkung des Rechtsanwalts beseitigt wird; nach Abs. 1 Hs. 2 der Nr. 1000 VV RVG reicht allerdings die bloße Annahme eines einseitigen Verzichts oder ein Anerkenntnis für die Entstehung der Einigungsgebühr nicht aus. So liegt der Fall aber hier, denn der von den Parteien geschlossene Vergleich enthält ausschließlich das Anerkenntnis der **gesamten** Forderung durch den Antragsgegner und ehemals Beklagten.

Zu berücksichtigen waren insoweit nur die Gerichtskosten in Höhe von 146,00 € sowie die Anwaltskosten in Höhe von 925,23 € (1,3 Verfahrensgebühr VV 3100 RVG, 1,2 Terminsgebühr VV 3104 RVG, Auslagenpauschale VV 7002 RVG zuzüglich 19% USt VV 7008 RVG).

Die Verzinsung war ab 21. Oktober 2016 auszusprechen und nicht wie beantragt ab 17. Oktober 2016, § 104 Abs. 1 S. 2 ZPO.

Eine Kostenentscheidung konnte unterbleiben, da das Festsetzungsverfahren gerichtsgebührenfrei ist und Auslagen für die Zustellung nicht zu erheben waren.

Rechtsbehelfsbelehrung:

Gegen diesen Beschluss ist das Rechtsmittel der sofortigen Beschwerde statthaft. Diese ist binnen einer Notfrist von 2 Wochen ab Zustellung des Beschlusses entweder beim Amtsgericht Charlottenburg, Amtsgerichtsplatz 1, 14057 Berlin oder beim Landgericht Berlin, Tegeler Weg 17–21, 10589 Berlin, schriftlich oder zu Protokoll der Geschäftsstelle einzulegen. Die Beschwerdeschrift muss die Bezeichnung des angefochtenen Beschlusses sowie die Erklärung enthalten, dass Beschwerde gegen diese Entscheidung eingelegt wird.

Sorgsam,
Rechtspflegerin

III. Kostenfestsetzung bei Streitgenossen

634 Streitgenossen stehen im Prozess dem Gegner jeweils einzeln gegenüber, was dazu führt, dass sie auch das Verfahren getrennt von dem anderen Streitgenossen durchführen können (siehe → Rn. 562 ff.). Das kann schließlich dazu führen, dass es aufseiten der Streitgenossen zu unterschiedlicher Beendigung des Verfahrens kommt, was dann auch in der Kostenentscheidung Ausdruck findet.

Im Kostenfestsetzungsverfahren gem. § 103 ff. ZPO geht es um den Kostenerstattungsanspruch der Partei des Prozesses, auch bei **Streitgenossen** gibt es nur **einen Kostenerstattungsanspruch**, an dem die Streitgenossen gemeinschaftlich beteiligt sind. Der Anspruch geht auf „die Kosten des Rechtsstreits“, d.h. auf die Gesamtkosten und nicht auf einzelne Teile davon.

1. Obsiegende Streitgenossen

635 Mehrere Streitgenossen stehen im Festsetzungsverfahren dem Gegner grundsätzlich als **Einzelgläubiger** gegenüber, es sei denn sie sind ausdrücklich Gesamtgläubiger. Sind sie nicht Gesamtgläubiger, muss der Antrag erkennen lassen, welcher der Streitgenossen welchen Betrag geltend macht, wobei das Innenverhältnis der Streitgenossen maßgeblich ist.[171] Das folgt aus § 91 Abs. 1 S. 1 ZPO, wonach lediglich die Kosten geltend gemacht werden dürfen, die der Partei „erwachsen“ sind.[172]

171 OLG Köln v. 9.3.2009 – 17 W 39/09 –, juris.
172 OLG Frankfurt v. 5.3.2012 – 18 W 48/12 –, juris; siehe auch OLG Düsseldorf v. 17.2.2012 – 24 W 4/12 – MDR 2012, 494.

Sind mehrere Personen Gläubiger oder Schuldner, so muss im Kostenfestsetzungsbeschluss ausgesprochen werden, wie viel jeder verlangen kann bzw. zahlen muss oder ob Gesamtgläubigerschaft bzw. Gesamtschuldnerschaft besteht. Bei einer anteiligen Kostentragung von Streitgenossen ist im Kostenfestsetzungsbeschluss der von jedem **Streitgenossen** zu erstattende Betrag gesondert auszuweisen, um eine sonst bestehende Unklarheit des Kostenfestsetzungsbeschlusses zu vermeiden.[173] Gegebenenfalls hat der Rechtspfleger darauf hinzuwirken, dass ein sachgerechter Antrag gestellt wird, § 139 Abs. 1 S. 2 ZPO.

→ **Beispiel: Obsiegende Streitgenossen**

B und C – vertreten durch einen gemeinsamen Rechtsanwalt – sind gesamtschuldnerisch auf Zahlung von 1.022,60 € verklagt. Nach streitiger Verhandlung wird die Klage abgewiesen. Kostenentscheidung: Die Kosten des Rechtsstreits trägt der Kläger.

Im Verlauf des Rechtsstreits sind folgende Rechtsanwaltsgebühren aufseiten der Beklagten entstanden, die nun auch von diesen als Inhaber des Kostenerstattungsanspruchs geltend gemacht werden und als notwendig anzusehen sind:

Gegenstandswert: 1.022,60 €

1,6 Verfahrensgebühr gem. VV 3100, 1008 = 184,00 €; 1,2 Terminsgebühr gem. VV 3104 = 138,00 €; Auslagenpauschale VV 7002 = 20,00 €; Gesamtbetrag = 322,00 € zzgl. 19 % Umsatzsteuer VV 7008 = 61,18 €; Gesamtvergütung = 383,18 €.

Obsiegende Streitgenossen sind von § 100 ZPO nach dem Wortlaut der Norm nicht erfasst. Beim gemeinsamen Obsiegen sind sie nicht Gesamtgläubiger sondern **Anteilsgläubiger**.[174]

Wird in diesem Fall im Kostenfestsetzungsbeschuss lediglich der Gesamtbetrag zugunsten der Beklagten ohne Angabe des Beteiligungsverhältnisses festgesetzt, ist dieser Vollstreckungstitel für das Vollstreckungsorgan und den Vollstreckungsschuldner nicht eindeutig und bedarf nach Auffassung des BGH der Auslegung.[175] Diese hat so zu erfolgen, dass die Streitgenossen in diesem Fall Gesamtgläubiger sind, da es für das Vollstreckungsorgan nicht festzustellen sei, ob ggf. ein anderes Beteiligungsverhältnis vorliege.[176]

Zwischen Streitgenossen, die gemeinsam als Partei auf einer Seite des Rechtsstreits stehen, gibt es keine interne Kostenerstattung.[177]

---

173 KG v. 23.1.2008 – 5 W 206/07 – JurBüro 2008, 208.

174 OLG Düsseldorf v. 17.2.2012 – 24 W 4/12 – MDR 2012, 494; MüKoZPO/*Schulz*, § 104 Rn. 66; Musielak/Voit/*Flockenhaus*, § 100 Rn. 6; Zöller/*Herget*, § 100 Rn. 4; § 104 Rn. 22 (Streitgenossen).

175 BGH v. 20.5.1985 – VII ZR 209/84 – KostRspr. ZPO § 100 Nr. 56 m. krit. Anm. *Lappe* = Rpfleger 1985, 321.

176 BGH a.a.O.

177 OLG Stuttgart v. 9.2.2015 – 8 W 54/15 – NJW-RR 2015, 763.

2. Unterlegene Streitgenossen

636 Beim Unterliegen eines oder einzelner Streitgenossen sind die Kosten auch nach Quoten zu verteilen, und zwar u.U. getrennt nach Gerichtskosten und außergerichtlichen Kosten. In der Praxis geschieht dieses anhand der sog. **Baumbach'schen Formel,** die in der Kostenfestsetzung zu beachten ist, wobei unbillige Auswirkungen jedoch nicht ausgeglichen werden können.[178]

→ **Beispiel: Unterlegene Streitgenossen**

B und C – vertreten durch einen gemeinsamen Rechtsanwalt – sind gesamtschuldnerisch auf Zahlung von 1.022,60 € verklagt.

B wird verurteilt, die Klage gegen C wird abgewiesen.

Kostenentscheidung: Die Gerichtskosten tragen der Kläger und B je zur Hälfte. Der Kläger trägt die außergerichtlichen Kosten des C, B die des Klägers zur Hälfte, im Übrigen tragen die Parteien ihre außergerichtlichen Kosten selbst.

Aufseiten der Beklagten ist wiederum die Vergütung von 383,18 € entstanden, aufseiten des Klägers, der ebenfalls durch einen Rechtsanwalt vertreten war, ist folgende Vergütung entstanden, da hier die Erhöhung der Verfahrensgebühr fehlt.

1,3 Verfahrensgebühr gem. VV 3100 = 149,50 €; 1,2 Terminsgebühr gem. VV 3104 = 138,00 €; Auslagenpauschale VV 7002 = 20,00 €; Gesamtbetrag = 287,50 € zzgl. 19 % USt VV 7008 = 54,63 €; Gesamtvergütung = 342,13 €.

Nach der auf der Baumbach'schen Formel fußenden Kostengrundentscheidung war lange streitig, welchen Anteil der obsiegende Beklagte C gegen den Kläger festsetzen lassen kann.[179] So wurde die Auffassung vertreten, dass eine Kostenerstattung in voller Höhe erfolgen kann, d.h. in Höhe des Betrages, den der Beklagte C gemäß § 7 Abs. 2 S. 1 RVG im Höchstfall tragen muss (Vergütung ohne Erhöhung). Es sollte keine Prüfung erfolgen, ob der Erstattungsberechtigte diese Kostenschuld erfüllt hatte und auch die Ausgleichspflicht im Innenverhältnis gemäß § 426 BGB sollte unberücksichtigt bleiben.[180]

Zu Recht vertritt nun auch der BGH[181] die Auffassung, dass der siegreiche Streitgenosse nur eine seinem Kopfteil entsprechende Erstattung verlangen kann, d.h. den Betrag, den er gemäß § 7 Abs. 2 RVG höchstens unter Berücksichtigung des Innenverhältnisses (§ 426 BGB) zum Beklagten B aufbringen

178 Zöller/*Herget*, ZPO, § 100 Rn. 7.

179 Zur Problematik s. ausführlich Zöller/*Herget*, ZPO, 25. Auflage, § 91 Rn. 13 „Streitgenossen".

180 BGH v. 12.2.1954 – I ZR 106/51 – NJW 1954, 1200 = JurBüro 1969, 941.

181 BGH v. 30.4.2003 – VIII ZB 100/02 – NJW-RR 2003, 1217 = Rpfleger 2003, 537; siehe auch BGH v. 17.7.2003 – I ZB 13/03 – NJW-RR 2003, 1507; BGH v. 20.2.2006 – II ZB 3/05 – Rpfleger 2006, 339.

muss. Damit hat sich der BGH der bis dahin vielfach vertretenen Gegenmeinung angeschlossen, die die bisherige Auffassung als Unterlaufen der Kostengrundentscheidung nach der Baumbach'schen Formel angesehen hatte.[182]

Zudem ist nun klargestellt, dass bei einem gemeinsamen Rechtsanwalt für einen einzelnen Streitgenossen auch nur die tatsächlich angefallenen, der wertmäßigen Beteiligung entsprechenden Kosten festgesetzt werden können.[183]

Eine Ausnahme hiervon gilt nur, wenn feststeht, dass der obsiegende Streitgenosse seinen gesetzlichen Ausgleichsanspruch im Innenverhältnis nicht realisieren kann, weil dieser z.B. zahlungsunfähig ist.[184] Die bloße Befürchtung, der andere Streitgenosse werde den von ihm geschuldeten Gebührenanteil dem gemeinsamen Anwalt schuldig bleiben, reicht aber nicht aus, um die Alleinhaftung des obsiegenden Streitgenossen darzutun.[185]

637 Sind die Streitgenossen Gesamtschuldner, dann kann jeder Einzelne auch nur den im Innenverhältnis geltenden Bruchteil der Anwaltskosten geltend machen. Insbesondere kommt es nicht auf die Haftung nach § 7 Abs. 2 RVG an.[186]

→ **Berechnungsbeispiel: Teilweise unterlegene Streitgenossen**

A und B – vertreten durch einen gemeinsamen Rechtsanwalt – sind gesamtschuldnerisch auf Zahlung von 10.000,00 € verklagt.

Nach streitiger Verhandlung wird der Klage gegen B stattgegeben, der Klage gegen A wird nur zur Hälfte stattgegeben.

Kostenentscheidung: Von den Kosten des Klägers tragen der B ½ und der A ¼;

von den Kosten des A trägt der Kläger ½.

Im Übrigen tragen die Parteien ihre außergerichtlichen Kosten selbst.

A meint, er könne zumindest die volle Vergütung ohne Erhöhung geltend machen, da er diesen Betrag im Rahmen von § 7 Abs. 2 RVG ja schulde.

Zu Recht?

Auch in diesem Fall kommt es lt. BGH[187] auf die Haftung im Innenverhältnis der Parteien an, insbesondere kommt es nicht auf die Haftung nach § 7 Abs. 2 RVG an. Da A und B für denselben Gegenstand haften, kann im **Innenverhältnis** von der **Hälfte** der Vergütung ausgegangen werden.

---

182 Nachweise s. BGH v. 30.4.2003 – VIII ZB 100/02 – NJW-RR 2003, 1217 = Rpfleger 2003, 537.

183 BGH v. 17.7.2003 – I ZB 13/03 – NJW-RR 2003, 1507 = FamRZ 2003, 1461.

184 BGH v. 30.4.2003 – VIII ZB 100/02 – NJW-RR 2003, 1217 = Rpfleger 2003, 537; siehe auch OLG Köln v. 16.3.2012 – 17 W 262/11 – NJW-RR 2012, 1019.

185 OLG Koblenz v. 18.11.2013 – 14 W 626/13 – AGS 2014, 44 = JurBüro 2014, 146.

186 BGH v. 20.2.2006 – II ZB 3/05 – NJW-RR 2006, 1508 = Rpfleger 2006, 1193.

187 BGH v. 30.4.2003 – VIII ZB 100/02 – NJW-RR 2003, 1217 = Rpfleger 2003, 537; BGH v. 20.2.2006 – II ZB 3/05 – Rpfleger 2006, 339.

→ **Berechnung für A lautet wie folgt:**

1,6 Verfahrensgebühr gem. VV 3100, 1008 = 892,80 €; 1,2 Terminsgebühr gem. VV 3104 = 669,60 €; Auslagenpauschale VV 7002 = 20,00 €; Gesamtbetrag = 1.582,40 € zzgl. 19 % USt VV 7008 = 300,66 €; Gesamtvergütung für A und B = 1.883,06 €.

Davon trägt A im Innenverhältnis die Hälfte = 941,53 €.

Der Kläger berechnet die Vergütung ohne Erhöhung:

1,3 Verfahrensgebühr gem. VV 3100 = 725,40 €; 1,2 Terminsgebühr gem. VV 3104 = 669,60 €; Auslagenpauschale VV 7002 = 20,00 €; Gesamtbetrag = 1.415,00 € zzgl. 19 % USt VV 7008 = 268,85 €; Gesamtvergütung = 1.683,85 €.

Ausgleichung:

Kläger hat geltend gemacht	1.683,85 €
Davon hat der B ½ zu tragen	842,93 €
Davon hat der A ¼ zu tragen	420,96 €
A kann ½ der Vergütung von 1.883,06 € geltend machen	941,53 €
Davon trägt der Kläger ½	470,77 €
Im Verhältnis zwischen dem Kläger und A sind auszugleichen:	
Kläger hat an A zu erstatten	470,77 €
A hat an den Kläger zu erstatten	420,96 €
Differenz hat Kläger dem A zu zahlen	49,81 €
Das ergibt folgende Kostenerstattungsansprüche:	
A gegen den Kläger	49,81 €
Kläger gegen B	842,92 €

638 Im vorliegenden Sachverhalt war von einer Haftung im Innenverhältnis mit der Hälfte ausgegangen worden, da beide Beklagte gleichermaßen am gesamten Streitgegenstand beteiligt waren. Anders sieht es jedoch aus, wenn eine **unterschiedliche Haftung** vorliegt.

→ **Abwandlung des Sachverhalts: Unterschiedliche Beteiligung der Streitgenossen**

A und B – vertreten durch einen gemeinsamen Rechtsanwalt – sind gesamtschuldnerisch auf Zahlung von 7.000,00 € verklagt. Daneben ist der A als Schuldner für weitere 3.000,00 € allein verklagt.

Welche Beträge sind nun der Kostenausgleichung zugrunde zu legen?

Keine Änderung aufseiten des Klägers: 1.683,85 €.

Der RA der Beklagten vertritt nun den A wegen eines Gegenstandes von 10.000,00 € und den B aber nur wegen eines Gegenstandes von 7.000,00 €.

Trotzdem darf er die Vergütung nur einmal berechnen, dabei berechnen sich die Gebühren grundsätzlich nach dem höchsten Gegenstandswert von 10.000,00 €. Die Erhöhung nach VV 1008 RVG darf jedoch nur nach dem Gegenstandswert von 7.000,00 € berechnet werden.

Gesamtvergütung RA von A und B:

1,3 Verfahrensgebühr VV 3100 aus 10.000,00 € = 725,40 € zuzüglich 0,3 Erhöhung VV 1008 aus 7.000,00 € im Betrag von 121,50 € = Verfahrensgebühr insgesamt 846,90 €. 1,2 Terminsgebühr VV 3104 aus 10.000,00 € = 669,60 €; Auslagenpauschale VV 7002 = 20,00 €; Gesamtbetrag = 1.536,50 € zzgl. 19% USt VV 7008 = 291,94 €; Gesamtvergütung = 1.828,44 €.

Jetzt kann aber nicht so einfach von der Hälfte der Kosten ausgegangen werden, denn die Beteiligung von A und B war ja unterschiedlich.[188] Zum Zwecke der Kostenfestsetzung müssen die jeweiligen Erstattungsansprüche des A und des B ermittelt werden, was dadurch geschieht, dass die im Innenverhältnis geltende **Einzelhaftung der Streitgenossen** unter Berücksichtigung von § 7 Abs. 2 RVG errechnet wird. Dieses dient allerdings nur dem Zweck, die **Gebührenersparnis** zu ermitteln, die durch die gemeinschaftliche Inanspruchnahme eines Prozessbevollmächtigten entstanden ist.

→ **Ermittlung der Einzelhaftung der Streitgenossen A und B**

Für A ergibt sich ein Gegenstandswert von 10.000,00 €, wonach die einzelnen Positionen identisch mit denen auf der Klägerseite sind.

Einzelhaftung des A = 1.683,85 €

Für B ergibt sich ein Gegenstandswert von 7.000,00 €, nach diesem Wert fällt folgende Vergütung an:

1,3 Verfahrensgebühr VV 3100 aus 7.000,00 € = 526,50 €; 1,2 Terminsgebühr VV 3104 aus 7.000,00 € = 486,00 €; Auslagenpauschale VV 7002 = 20,00 €; Gesamtbetrag = 1.032,50 € zzgl. 19% USt VV 7008 = 196,18 €; Gesamtvergütung = 1.228,68 €.

Sodann ist die gesamte **Gebührenersparnis** zu berechnen, welche sich aus der Summe der Einzelhaftungen abzüglich der von den Streitgenossen geschuldeten Gesamtvergütung ergibt.

Einzelhaftung A	1.683,85 €
Einzelhaftung B	1.228,68 €
Gesamthaftung A, B	2.912,53 €
Abzüglich Gesamtvergütung RA von A, B	1.828,44 €
Gesamte Gebührenersparnis beträgt	1.084,09 €

188 Hierzu OLG Koblenz v. 16.1.2014 – 14 W 28/14 – MDR 2014, 859; OLG Koblenz v. 18.11.2013 – 14 W 626/13 – AGS 2014, 44 = JurBüro 2014, 146.

Diese **Gesamtersparnis** von 1.084,09 € ist auf die beiden **Streitgenossen zu verteilen**. Zur Ermittlung der Anteile wird zunächst der Anteil des A berechnet, dazu rechnet man wie folgt:

Gesamtersparnis x Einzelhaftung A / Gesamthaftung = Anteil A	1.084,09 € x 1.683,85 € / 2.912,53 € = 626,76 €

Die **Differenz** zur Gesamtersparnis ergibt dann den **Anteil des B**; hier also 1.084,09 € minus 626,76 € = 457,33 €.

Schließlich ist der jeweilige **Kostenanteil** zu ermitteln, indem von der jeweiligen Einzelhaftung die jeweilige Ersparnis abgezogen wird.

Einzelhaftung A	1.683,85 €
abzüglich Einzelersparnis A	626,76 €
= Kostenanteil des A	1.057,09 €
Einzelhaftung B	1.228,68 €
abzüglich Einzelersparnis B	457,33 €
= Kostenanteil des B	771,35 €

Die Addition der beiden Kostenanteile ergibt dann wieder die Vergütung des gemeinschaftlichen Rechtsanwalts von 1.828,44 €.

Die so ermittelten Beträge sind jetzt bei der Ausgleichung zu berücksichtigen. Für den Beispielfall bedeutet dieses, dass A jetzt mehr als die Hälfte, nämlich seinen Kostenanteil von 1.057,09 € geltend machen kann.

Ausgleichung:

Kläger hat geltend gemacht	1.683,85 €
Davon hat der B ½ zu tragen	842,93 €
Davon hat der A ¼ zu tragen	420,96 €
A kann seinen Kostenanteil geltend machen	1.057,09 €
Davon trägt der Kläger ½	528,55 €
Im Verhältnis zwischen dem Kläger und A sind auszugleichen:	
Kläger hat an A zu erstatten	528,55 €
A hat an den Kläger zu erstatten	420,96 €
Differenz hat Kläger dem A zu zahlen	107,59 €
Das ergibt folgende Kostenerstattungsansprüche:	
A gegen den Kläger	107,59 €
Kläger gegen B	842,92 €

639 Wenn die Kostenschuldner in der **Hauptsache** als **Gesamtschuldner** verurteilt worden sind, dann haften sie auch hinsichtlich der **Kosten als Gesamtschuldner,** § 100 Abs. 4 ZPO, und zwar ohne dass das Gericht dieses ausdrücklich in der Kostenentscheidung aussprechen muss.

→ **Beispiel: Streitgenossen als Gesamtschuldner**

B und C – vertreten durch einen gemeinsamen Rechtsanwalt – sind gesamtschuldnerisch auf Zahlung von 1.022,60 € verklagt. Die Klage führt zum Erfolg.

Kostenentscheidung: Die Kosten des Rechtsstreits tragen die Beklagten.

Das ist auch für das Kostenfestsetzungsverfahren von Bedeutung, denn der Rechtspfleger hat die gesamtschuldnerische Haftung ebenfalls im Kostenfestsetzungsbeschluss auszusprechen, da die Vollstreckung ohne das Urteil allein aus dem Kostenfestsetzungsbeschluss möglich ist. Es wird die gesamte Summe gegen beide als Gesamtschuldner festgesetzt, und der Gläubiger kann die Summe von einem der Schuldner verlangen, dieser muss sich selbst den Anteil von seinem Mitschuldner zurückholen.

3. Gemeinsamer Rechtsanwalt

640 Obsiegende Streitgenossen haben einen Anspruch auf Erstattung der jedem Genossen entstandenen Kosten, § 91 Abs. 1 S. 1 ZPO. Danach könnte man annehmen, dass dann für jeden Streitgenossen ein Anwalt als notwendig im Sinne des § 91 Abs. 2 ZPO anzusehen ist. Das BVerfG[189] hatte die Erstattung bei einer Verfassungsbeschwerde zweier Rechtsanwälte bejaht, die sich im Verfassungsbeschwerdeverfahren gegenseitig zur Vertretung bevollmächtigt hatten und auch beide im Verhandlungstermin aufgetreten waren. Dabei hat das Gericht ausdrücklich erwähnt, dass insofern die Besonderheiten des verfassungsgerichtlichen Verfahrens zu beachten sei. Schon aus diesem Grund ist die Entscheidung nicht geeignet, aus ihr einen allgemein geltenden Grundsatz der Notwendigkeit von Anwaltskosten herzuleiten.

Streitgenossen können gerade unter Kostenerstattungsgesichtspunkten gehalten sein, einen **gemeinsamen Rechtsanwalt** zu bestellen, wenn ein interner Interessenkonflikt zwischen den einzelnen Streitgenossen weder besteht noch zu besorgen ist und nach der rechtlichen und tatsächlichen Ausgestaltung der Streitgenossenschaft kein sachliches Bedürfnis für die Zuziehung eines eigenen Anwalts erkennbar ist.[190] Insofern ist immer eine

---

189 BVerfG v. 3.4.1990 – 1 BvR 269/83 – BVerfGE 81, 387 = NJW 1990, 2124.

190 BGH v. 2.5.2007 – XII ZB 156/06 – NJW 2007, 2257; OLG Karlsruhe v. 16.12.2014 – 15 W 77/14 – NJW 2015, 1698; OLG Naumburg v. 17.1.2013 – 10 W 68/12 –, juris; OLG Bamberg v. 17.1.2011 – 1 W 63/10 – Rpfleger 2011, 351; krit. MüKoZPO/*Schulz*, § 100 Rn. 21; zustimmend Zöller/*Herget*, ZPO, § 91 Rn. 13 „Streitgenossen".

Einzelfallbetrachtung vorzunehmen,[191] d.h. der Rechtspfleger hat seine Entscheidung auch im Hinblick auf das Gebot der Kostengeringhaltung und des Rechtsmissbrauchs zu bedenken (→ Rn. 612).

Handelt es sich bei den Streitgenossen um **Anwälte**, die sich selbst vertreten können, wird man ihnen u.U. die Bestellung eines gemeinsamen Prozessbevollmächtigten nicht zumuten, sofern sie keiner einheitlichen Sozietät angehören,[192] d.h. im Umkehrschluss dann aber, dass bei Zugehörigkeit zu einer Sozietät die Vertretung durch einen Rechtsanwalt ausreicht.[193]

Werden **frühere Mitmieter**, die nicht mehr zusammen wohnen und in verschiedene Städte verzogen sind, nach Vertragsbeendigung vom Vermieter auf Schadenersatz und Nutzungsentschädigung in Anspruch genommen, so sind sie grundsätzlich berechtigt, einen Rechtsanwalt an ihrem jeweiligen Wohnort zu beauftragen, ohne sich dem Vorwurf der Verursachung nicht notwendiger Kosten auszusetzen.[194]

Als einfache Streitgenossen verklagte **juristische Personen** mit identischem Vertretungsorgan und Geschäftssitz müssen, wenn sie nicht sachliche Gründe für das Einschalten jeweils anderer Prozessbevollmächtigter vorbringen, sich so behandeln lassen, als hätten sie gemeinsam einen Rechtsanwalt bestellt.[195]

Lässt sich ein **Rechtsanwalt** von einer GmbH, deren Geschäftsführer er ist, selbst als Prozessbevollmächtigter mandatieren und wird er seinerseits von einem Rechtsanwalt vertreten, so ist von einem rechtsmissbräuchlichen Verhalten auszugehen, wenn nichts dafür dargelegt ist, warum der Rechtsanwalt sich nicht auch selbst hätte vertreten können.[196]

Die Notwendigkeit der Vertretung der Mitglieder einer durch mehrere Prozessbevollmächtigte ist nicht belegt, wenn die Erben ohne jede Substantiierung das Bestehen erheblicher Differenzen unter ihnen behaupten.[197]

Wird die Vertretung durch mehrere Rechtsanwälte als nicht notwendig angesehen, ist der Kostenerstattungsanspruch in diesem Fall auf den Betrag beschränkt, der bei der Beauftragung eines Rechtsanwalts angefallen wä-

---

191 Abzulehnen insoweit die Entscheidung des BGH v. 13.10.2011 – V ZB 290/10 – Rpfleger 2012, 105 = NJW 2012, 319 – wonach es sich beim Kostenfestsetzungsverfahren um ein Massenverfahren handele, das einer zügigen und möglichst unkomplizierten Abwicklung bedürfe.

192 OLG Köln v. 9.9.1998 – 17 W 286-288/98 – JurBüro 1999, 418.

193 So auch OLG Düsseldorf v. 21.12.2009 – 24 W 61/09 – JurBüro 2010, 431.

194 BGH v. 3.2.2009 – VIII ZB 114/07 – ZMR 2009, 442 = AGS 2009, 306.

195 OLG Düsseldorf v. 17.2.2012 – 24 W 4/12 – MDR 2012, 494.

196 OLG Köln v. 4.11.2013 – 17 W 157/13 –, juris.

197 OLG Koblenz v. 7.9.2012 – 14 W 500/12 – MDR 2013, 430.

re.[198] Das bedeutet dann auch, dass die Erhöhung für weitere Auftraggeber nach VV 1008 RVG zu berücksichtigen ist.[199]

641 Werden **obsiegende Streitgenossen von demselben Rechtsanwalt** vertreten und erklärt nur **einer** von ihnen, **vorsteuerabzugsberechtigt** zu sein, ist im Kostenfestsetzungsverfahren grundsätzlich davon auszugehen, dass die Streitgenossen gemäß § 426 Abs. 1 BGB nach Kopfteilen, bei unterschiedlicher Beteiligung am Rechtsstreit diesem Verhältnis entsprechend haften und – wenn nichts anderes vorgetragen und glaubhaft gemacht ist – dementsprechend von ihren Prozessbevollmächtigten in Anspruch genommen werden.[200]

642 Grundsätzlich wird bei **Verkehrsunfallklagen** die Bestellung eines eigenen Rechtsanwalts neben dem der **Haftpflichtversicherung** als nicht notwendig angesehen, da insofern kein Interessenwiderspruch und somit kein sachlicher Grund für die Einschaltung eines eigenen Anwalts besteht. Außerdem sehen die AGB der Haftpflichtversicherer regelmäßig vor, dass der Versicherungsnehmer den Prozess durch die Versicherung zu führen lassen hat und dem von der Versicherung bestellten Rechtsanwalt Vollmacht zu erteilen hat.[201]

Im **Verkehrshaftpflichtprozess** ist die Umsatzsteuer, die die obsiegenden beklagten Streitgenossen (Haftpflichtversicherer, Halter und Fahrer) ihrem gemeinsamen Prozessbevollmächtigten schulden, von der unterlegenen Klägerseite auch dann in voller Höhe zu erstatten, wenn einer der Streitgenossen (z.B. der Halter) vorsteuerabzugsberechtigt ist, sofern der nicht vorsteuerabzugsberechtigte Haftpflichtversicherer – wie im Regelfall – im Innenverhältnis der Streitgenossen die gesamten Kosten des gemeinsamen Prozessbevollmächtigten zu tragen hat.[202]

IV. Vereinfachtes Kostenfestsetzungsverfahren gem. § 105 ZPO

643 Ist das Kostenfestsetzungsgesuch schon bei Gericht eingegangen und die gerichtliche Entscheidung (nebst Kostengrundentscheidung) in vollstreckbarer Form noch nicht erteilt, kann der Kostenfestsetzungsbeschluss bei unstrittigen Sachverhalten im vereinfachten Verfahren gleich **auf den zu-**

198 BGH v. 2.5.2007 – XII ZB 156/06 – NJW 2007, 2257.
199 OLG Koblenz v. 7.9.2012 – 14 W 500/12 – MDR 2013, 430.
200 OLG Karlsruhe v. 11.1.2000 – 11 W 209/99 – JurBüro 2000, 315.
201 BGH v. 20.1.2004 – VI ZB 76/03 – NJW-RR 2004, 536 = Rpfleger 2004, 314; siehe auch SaarlOLG v. 29.7.2015 – 9 W 14/15 –juris; SaarlOLG v. 23.12.2011 – 9 W 269/11 – AGS 2012, 155.
202 BGH v. 25.10.2005 – VI ZB 58/04 – Rpfleger 2006, 100 = NJW 2006, 774 = AGS 2006, 92.

grunde liegenden Titel gesetzt werden, § 105 Abs. 1 S. 1 ZPO. Das vereinfachte Verfahren ist unzulässig, wenn die Kostenentscheidung nach Quoten lautet, § 106 Abs. 1 S. 2 ZPO.

In der Praxis wird in einem solchen Fall der Tenor des Kostenfestsetzungsbeschlusses auf die Urschrift des Urteils oder sonstigen Vollstreckungstitels gesetzt, der dann auch auf die vollstreckbare Ausfertigung des Vollstreckungstitels übertragen wird. Dem Rechtspfleger erspart dieses Verfahren die Abfassung eines vollständigen Beschlusses. Dieser vereinfachte Kostenfestsetzungsbeschluss wird nicht gesondert zugestellt, sondern gleichzeitig mit dem zugrunde liegenden Titel. Die Kostenrechnung wird formlos mit einem Hinweis auf den auf den Titel gesetzten Beschluss übersandt.

644 Es ist *Lappe*[203] zuzustimmen, der die Regelung für **verfassungswidrig hält,** da sie gegen Art. 103 Abs. 1 GG verstößt, **weil ohne** Gewährung des **rechtlichen Gehörs** entschieden wird. Erschwerend kommt hinzu, dass die Entscheidung **sofort vollstreckbar** ist, während aus dem Kostenfestsetzungsbeschluss erst nach einer Wartefrist von 2 Wochen vollstreckt werden darf (§ 798 ZPO). Die Rechtsprechung verlangt inzwischen ganz überwiegend die Gewährung des rechtlichen Gehörs im Kostenfestsetzungsverfahren, und zwar vor der Festsetzung der Kosten, wobei es unerheblich ist, dass die Kosten gem. § 105 ZPO auf das Urteil gesetzt wurden.[204]

V. Kostenausgleichung

645 Sind die Prozesskosten ganz oder teilweise nach **Quoten** verteilt, so hat das Gericht – also der Rechtspfleger – nach Eingang des Kostenfestsetzungsantrags den Gegner aufzufordern, die Berechnung seiner Kosten binnen einer Woche bei Gericht einzureichen, § 106 Abs. 1 S. 1 ZPO. Die Quotelung muss sich aus der Entscheidung ergeben, aufgrund der die Festsetzung beantragt ist. Die Vorschrift soll eine **doppelte Kostenfestsetzung ersparen,** indem der Rechtspfleger die Erstattungsansprüche beider Parteien zunächst feststellt, um dann nach Ausgleichung (Aufrechnung von Amts wegen) einen **einheitlichen Beschluss** zu erlassen.

646 Auch in diesem Falle besteht nur ein Erstattungsanspruch, jedoch bemisst sich dieser nach einem Bruchteil der Gesamtkosten.[205] Bei der Ausgleichung bedarf es der Mitwirkung des Gegners, der seine notwendigen Kosten binnen einer Frist von einer Woche mitteilt, andernfalls ergeht die Entscheidung ohne Rücksicht auf dessen Kosten, § 106 Abs. 2 S. 1 ZPO. Die

203 *Lappe*, Justizkostenrecht, § 42 I 18.
204 LG Darmstadt v. 27.9.1999 – 19 T 176/99 – Rpfleger 2000, 129.
205 *Lappe*, Justizkostenrecht, § 42 I 15.

Wochenfrist ist eine gesetzliche Frist, deren Verlängerung unzulässig ist, da das Gesetz dieses nicht ausdrücklich zulässt, § 224 Abs. 2 ZPO.

647 **Antragsberechtigt** sind in diesem Fall **beide Parteien,** da beide anteilsmäßig am **Kostenerstattungsanspruch** beteiligt sind. Die **Praxis** billigt nur demjenigen das Antragsrecht zu, der die **geringere Quote** zu tragen hat. Das ist immer dann **falsch,** wenn dieser keinen Anspruch realisieren kann, was man aber erst nach vollständiger Prüfung des Antrags feststellen kann, was die Praxismeinung außerdem noch höchst unpraktisch macht.

→ **Beispiel:**

Kl. trägt $^1/_3$ und Bekl. $^2/_3$ der Kosten.
Kl. macht 56,30 € geltend, da er anwaltlich nicht vertreten war.
Bekl. macht 1.508,30 € geltend, da er durch einen Rechtsanwalt vertreten war.
Gesamtkosten: 1.564,60 €
Kl. $^1/_3$ 521,54 €

Nach Abzug der eigenen Kosten in Höhe von 56,30 € hat der Kl. an den Bekl. 465,24 € zu erstatten und dieses, obwohl er die geringere Quote zu tragen hat.

Nach der Praxismeinung müsste ein Antrag des Beklagten als unzulässig zurückgewiesen werden, da er die höhere Quote zu tragen hat; der Antrag des Klägers müsste – wiederum nach der Praxismeinung – zurückgewiesen werden, weil er keinen Anspruch realisieren kann und dieses, obwohl er die geringere Quote zu tragen hat.

648 Nach Eingang beider Festsetzungsanträge prüft der Rechtspfleger beide Anträge und stellt im Ergebnis fest, welche Kosten beider Parteien notwendig und erstattungsfähig sind. Er nimmt sodann eine Ausgleichung der Erstattungsansprüche vor und erlässt einen Kostenfestsetzungsbeschluss zugunsten der Partei, die letztendlich noch Kosten beanspruchen kann.

→ **Beispiel:**

Nach der Kostenentscheidung des Gerichts trägt der Kl. $^1/_3$ und der Bekl. $^2/_3$ der Kosten.

Aufseiten des antragstellenden ehemaligen Klägers sind 770,53 € außergerichtliche Kosten als erstattungsfähig ermittelt worden und aufseiten des Antragsgegners 925,46 €.

Nun ergibt sich folgende Ausgleichung:

Kosten Antragsteller	770,53 €
Kosten Antragsgegner	925,46 €
Gesamtkosten des Rechtsstreits	1.695,99 €
Davon hat der Antragsteller $^1/_3$ zu tragen	565,33 €
Die eigenen Kosten betragen	770,53 €
Die Differenz ist der Erstattungsbetrag	205,20 €

Die Gerichtskosten sind getrennt davon auszugleichen und ggf. dem Differenzbetrag noch hinzuzurechnen.

VI. Aufhebung bzw. Abänderung der Kostengrundentscheidung

649 Wird die sachliche Entscheidung angefochten, so ist davon auch die Kostenentscheidung betroffen.[206] Die Kostenentscheidung ist entweder Teil der Hauptsacheentscheidung oder das Gericht trifft ausnahmsweise isolierte Kostenentscheidungen, wenn die Hauptsache nicht mehr zu entscheiden ist; so bei übereinstimmender Erledigungserklärung, § 91a ZPO, bei Klagrücknahme, § 269 Abs. 4 ZPO, bei Rücknahme der Berufung, § 516 Abs. 3 ZPO, und bei Rücknahme der Revision, § 565 ZPO. Die isolierte Anfechtung der Kostenentscheidung ist grundsätzlich ausgeschlossen, § 99 Abs. 1 ZPO,[207] allerdings in besonderen Fällen doch gegeben (z.B. §§ 91a Abs. 2; 99 Abs. 2 ZPO; 269 Abs. 5 ZPO). In diesen Fällen ist die sofortige Beschwerde jedoch nur statthaft, wenn der Streitwert der Hauptsache den Berufungswert von 600,00 € übersteigt.

650 Bei Erfolg des Rechtsmittels umfasst der **Kostenausspruch des Rechtsmittelgerichts** auch die **Kosten der Vorinstanz,** wenn das angegriffene Urteil abgeändert wird.[208] Damit es nicht zu Auslegungszweifeln kommt, werden folgende Formulierungen gewählt: Der Kläger hat „die gesamten Kosten des Rechtsstreits zu tragen“, oder er hat „die Kosten beider Rechtszüge zu tragen“.

651 Sobald eine Entscheidung verkündet wird, die das Urteil der Vorinstanz oder seine vorläufige Vollstreckbarkeit aufhebt oder abändert, tritt das ursprüngliche Urteil insoweit außer Kraft, als es abgeändert wurde, § 717 Abs. 1 ZPO. Der darauf beruhende **Kostenfestsetzungsbeschluss teilt das Schicksal der Kostengrundentscheidung**[209] und verliert ohne Weiteres seine Wirkung, weil die vorläufige Vollstreckbarkeit außer Kraft tritt. Es bedarf **keiner Aufhebung** dieses Beschlusses.

652 Hat der **Schuldner** aufgrund des vorläufig vollstreckbar erklärten Urteils im Wege der Zwangsvollstreckung oder zur Abwendung einer Zwangsvollstreckung auf die Hauptsache geleistet, ist der Kläger zum Ersatz des Schadens verpflichtet, der dem Schuldner hierdurch entstanden ist, § 717 Abs. 2 ZPO. Ist aus dem Kostenfestsetzungsbeschluss bereits vollstreckt worden oder aber auch schon gezahlt worden, ist der Gläubiger ebenfalls verpflichtet, **Schadenersatz** zu leisten, denn § 717 Abs. 2 ZPO ist auf vollstreckbare

---

206 *Rosenberg/Schwab/Gottwald*, § 84 Rn. 69.
207 Zöller/*Herget*, ZPO, § 99 Rn. 1.
208 Zöller/*Herget*, ZPO, § 91 Rn. 4.
209 OLG Düsseldorf v. 4.7.1996 – 10 W 60/96 – OLGR 1997, 12 = AGS 1997,8; KG v. 28.2.1984 – 1 W 1652/83 – JurBüro 1984, 1408 = Rpfleger 1984, 285; KG v.3.3.1978 – 1 W 3926/77 – Rpfleger 1978, 3848.

Beschlüsse analog anwendbar.[210] Der Schaden besteht in der Regel in dem Kostenbetrag und darauf entfallende Zinsen sowie Vollstreckungskosten.

653 Dieser **materiell-rechtliche Anspruch** kann nach § 91 Abs. 4 ZPO[211] mit festgesetzt werden. Schon vor der Gesetzesänderung war nach der überwiegenden Auffassung eine **Rückfestsetzung** zulässig, wenn der Betrag nach Grund und Höhe unstreitig war, d.h., wenn kein Streit über Grund und Höhe des Rückforderungsanspruches des Beklagten zwischen den Parteien bestand oder die Zahlung ausdrücklich zugestanden wurde.

Auch nach der jetzigen Gesetzeslage hat der Rechtspfleger zu prüfen, ob aufgrund des nunmehr gegenstandslosen Kostenfestsetzungsbeschlusses geleistet wurde. Für im Wege der Rückfestsetzung geltend gemachte Kosten gelten die gleichen Grundsätze wie für die Prozesskosten im Kostenfestsetzungsverfahren. Auch dieser Betrag ist erst ab Eingang des Antrages bei Gericht zu verzinsen.[212]

Allerdings muss die Rückzahlungspflicht unbestritten oder eindeutig feststellbar sein. Daran fehlt es, wenn ein nicht eindeutiger Vergleich unterschiedlich ausgelegt werden kann.[213]

Materiell-rechtliche Einwendungen des Gegners stehen der Rückfestsetzung grundsätzlich nicht entgegen.[214] Allerdings sind sie nur zu berücksichtigen, wenn sie unstreitig sind. So setzt z.B. eine Aufrechnung gegen die nach § 91 Abs. 4 ZPO mögliche Rückfestsetzungsforderung voraus, dass eine unstreitige Aufrechnungslage vorliegt, es darf also keine streitige Gegenforderung vorhanden sein.[215] Die Rückfestsetzung einer von dem Schuldner und seiner Rechtsschutzversicherung auf den Kostenfestsetzungsbeschluss erbrachten Doppelzahlung ist dann auch nicht zulässig, wenn der Gläubiger gegenüber dem Rückforderungsanspruch mit einer bestrittenen Gegenforderung die Aufrechnung erklärt hat.[216]

---

210 Zöller/*Herget*, ZPO, § 717 Rn. 4.

211 Eingefügt durch Art. 1 Nr. 3 JuMoG v. 24.8.2004 – BGBl. I S. 3416 – mit Wirkung v. 1.9.2004.

212 OLG Koblenz v. 22.9.2011 – 14 W 545/11 – MDR 2012, 15.

213 KG v. 14.3.2011 – 19 WF 34/11 – RVGreport 2011, 388.

214 OLG Bamberg v. 12.12.2011 – 6 W 30/11 – JurBüro 2012, 197.

215 OLG Frankfurt v. 10.4.2007 – 6 W 227/06 – RVGreport 2007, 394 (*Hansens*).

216 OLG Celle v. 21.9.2015 – 2 W 212/15 –MDR 2015, 1261.

VII. Sofortige Beschwerde gegen den Kostenfestsetzungsbeschluss

654 Da es sich um eine Entscheidung des Rechtspflegers handelt, ist § 11 RPflG zu beachten. Gemäß § 11 Abs. 1 RPflG ist gegen die Entscheidung des Rechtspflegers das Rechtsmittel gegeben, das nach allgemeinen verfahrensrechtlichen Vorschriften zulässig ist.

Gegen den Kostenfestsetzungsbeschluss findet die **sofortige Beschwerde** (→ Rn. 510 ff.) statt, § 104 Abs. 3 S. 1 ZPO. Die sofortige Beschwerde ist binnen einer **Notfrist von 2 Wochen** ab Zustellung des Kostenfestsetzungsbeschlusses beim erkennenden Gericht oder beim Rechtsmittelgericht einzulegen, § 569 Abs. 1 ZPO. In Kostenfestsetzungssachen ist die **Streitwertgrenze** des § 567 Abs. 2 ZPO zu beachten, die **200,00 €** beträgt. Berechnet wird die Beschwer nach dem Differenzbetrag, um den der Beschwerdeführer sich verbessern will. Zeitpunkt der Berechnung ist die Beschwerdeeinlegung, § 4 Abs. 1 ZPO, eine spätere Verringerung ist bedeutungslos, allerdings werden „nachgeschobene" Kosten nicht hinzugerechnet, da sie bisher nicht anhängig waren. **Nachgeschobene Positionen** sind nur bei einer zulässigen Beschwerde zu berücksichtigen, andernfalls hat Nachfestsetzung zu erfolgen.[217] Die sofortige Beschwerde soll begründet werden, § 571 Abs. 1 ZPO. Ein bestimmter Antrag ist jedoch nach wie vor nicht nötig. Wenn das Begehren des Beschwerdeführers eindeutig ist, ist hieran auch nichts auszusetzen; nur wenn nicht deutlich wird, was mit dem Rechtsmittel überhaupt begehrt wird, dann sollte auf einen sachgerechten Antrag hingewiesen werden.

Liegt der Beschwerdewert unterhalb der Wertgrenze des § 567 Abs. 2 ZPO, soll die befristete Erinnerung nach § 11 Abs. 2 RPflG[218] statthaft sein.

1. Abhilfeverpflichtung

655 Der Rechtspfleger hat die **sofortige Beschwerde** auf Begründetheit zu prüfen, denn einer begründeten Beschwerde hat er abzuhelfen, § 572 Abs. 1 ZPO. Dabei ist die **Abhilfe** allein davon abhängig, ob die sofortige Beschwerde begründet ist, die Zulässigkeit spielt keine Rolle,[219] denn nach h.M. kann auch einer unzulässigen Beschwerde abgeholfen werden, sie muss jedoch statthaft sein.[220] Die Abhilfemöglichkeit bedeutet demnach ei-

---

217 BGH v. 16.11.2010 – VI ZB 79/09 – FamRZ 2011, 477.

218 Geändert durch Art. 4 Nr. 2 d. G zur Einführung einer Rechtsbehelfsbelehrung im Zivilprozess und zur Änderung anderer Vorschriften v. 5.12.2012 – BGBl. I S. 2418.

219 Bejahend: Hk-ZPO/*Koch*, § 572 Rn. 3; Musielak/Voit/*Ball*, ZPO, § 572 Rn. 4; Zöller/*Heßler*, ZPO, § 572 Rn. 14; *Rosenberg/Schwab/Gottwald*, § 147 Rn. 18; zum Meinungsstand siehe MüKoZPO/*Lipp*, § 572 Rn. 7.

220 BLAH/*Hartmann*, ZPO, § 572 Rn. 4; Zöller/*Heßler*, ZPO, § 572 Rn. 6.

ne Durchbrechung der Bindung des Gerichts an seine eigene Entscheidung.[221]

Die Abhilfe hat eine **Filterfunktion,**[222] sie ist ein vorgeschriebenes Vorverfahren, das inhaltlich dem Verfahren auf Gegenvorstellung entspricht.[223] Nach Meinung des Gesetzgebers soll die Abhilfemöglichkeit dem erkennenden Gericht eine schnelle Selbstkorrektur ermöglichen und zu einer Entlastung der Beschwerdegerichte führen. Vor der Abhilfe ist **rechtliches Gehör** zu gewähren.[224] **Neue Tatsachen** sind zu berücksichtigen, bei Übergehung liegt ein wesentlicher Verfahrensmangel vor, der die Rückverweisung aus der Beschwerdeinstanz zur Folge haben kann.[225] Über die Abhilfe ist als Abhilfebeschluss ebenfalls ein Kostenfestsetzungsbeschluss zu erlassen, wodurch die **Beschwerde gegenstandslos** wird, ohne dass über sie entschieden wird.[226] Der Abhilfebeschluss unterliegt wiederum der sofortigen Beschwerde mit erneuter Abhilfebefugnis.[227] **Hilft** der Rechtspfleger nur **teilweise** ab, kommt es für den Beschwerdewert auf den verbleibenden Betrag an, denn vom Wert der Beschwer abhängig kann es sich nun wiederum um das Rechtsmittel der sofortigen Beschwerde handeln (Restwert über 200,00 €) oder um den Rechtsbehelf der Erinnerung (Restwert bis 200,00 €).[228]

Kann der Rechtspfleger nicht abhelfen, da er der Auffassung ist, die sofortige Beschwerde sei unbegründet, hat er eine **Nichtabhilfeentscheidung** zu erlassen. Die Nichtabhilfe- und Vorlageentscheidung zu einer sofortigen Beschwerde gegen einen Kostenfestsetzungsbeschluss darf nicht durch einen Vermerk und schlichte Verfügung, sondern müssen nach ganz allgemeiner Meinung durch Beschluss ergehen.[229]

656 Kann gegen die Entscheidung nach den allgemeinen verfahrensrechtlichen Vorschriften ein Rechtsmittel nicht eingelegt werden, so findet gemäß § 11 Abs. 2 RPflG die **Erinnerung** (→ Rn. 515) statt, was auch der Fall sein soll, wenn die Wertgrenze des § 567 Abs. 2 ZPO nicht erreicht wird, da das Rechtsmittel der sofortigen Beschwerde zwar grundsätzlich statthaft, hier aber unzulässig ist.[230]

---

221 MüKoZPO/*Lipp*, § 572 Rn. 4.
222 Musielak/Voit/*Ball*, ZPO, § 572 Rn. 1.
223 MüKoZPO/*Lipp*, § 572 Rn. 7; Musielak/Voit/*Ball*, ZPO, § 572 Rn. 4; zur Gegenvorstellung s. ausführlich *Rosenberg/Schwab/Gottwald*, § 146 Rn. 30 ff.
224 OLG Koblenz v. 12.7.2000 – 14 W 458/00 – Jurbüro 2002, 200; MüKoZPO/*Lipp*, § 572 Rn. 8; Musielak/Voit/*Ball*, ZPO, § 572 Rn. 5; Zöller/*Heßler*, ZPO, § 572 Rn. 9.
225 OLG Karlsruhe v. 25.9.2013 – 20 WF 165/13 – FamRZ 2014, 680.
226 Musielak/Voit/*Ball*, ZPO, § 572 Rn. 6; *Rosenberg/Schwab/Gottwald*, § 147 Rn. 18.
227 SaarlOLG v. 22.1.2015 – 9 W 3/15 – AGS 2015, 540.
228 OLG Celle v. 19.3.2010 – 2 W 89/10 – NdsRpfl 2010, 247 = AGS 2011, 354.
229 OLG Düsseldorf v. 29.10.2009 – 24 W 44/09 – JurBüro 2010, 427 m.w.N.
230 BGH v. 28.5.2008 – XII ZB 34/05 – Rpfleger 2008, 482.

Die Erinnerung ist innerhalb einer Frist von zwei Wochen einzulegen, § 11 Abs. 2 S. 1 RPflG, was in der Praxis unproblematisch ist, da auch die Frist für die sofortige Beschwerde 2 Wochen beträgt. Der Rechtspfleger kann **der Erinnerung abhelfen**, § 11 Abs. 2 S. 5 RPflG. Es ist allgemeine Meinung, dass der Rechtspfleger einer zulässigen und begründeten Erinnerung abzuhelfen hat.[231] Falls möglich, hat auch eine Teilabhilfe zu erfolgen, wobei dem Rechtspfleger insoweit kein Ermessen zugebilligt wird. Vor der Abhilfe ist auch in diesem Fall **rechtliches Gehör** zu gewähren.

2. Verfahren bei Nicht- bzw. Teilabhilfe

657 Das weitere Verfahren gestaltet sich unterschiedlich je nachdem ob es sich um eine sofortige Beschwerde oder um eine Erinnerung handelt.

Wird der **sofortigen Beschwerde** nicht oder nur teilweise abgeholfen, ist die Sache unverzüglich dem Beschwerdegericht vorzulegen, § 572 Abs. 1 ZPO. **Beschwerdegericht** ist die jeweils nächst höhere Instanz gemäß dem Instanzenzug des GVG, also entweder das Landgericht, § 72 GVG, oder das Oberlandesgericht, § 119 GVG. Wird nur teilweise abgeholfen, ist die Sache hinsichtlich des nicht abgeholfenen Teils dem Beschwerdegericht vorzulegen. Vorlage- bzw. Nichtabhilfebeschlüsse sind auf jeden Fall dann zu begründen, wenn mit der Beschwerde neue Tatsachen vorgebracht werden, deren Erheblichkeit verneint werden.[232] Eine bloße Übersendungsverfügung ist ungenügend.[233]

Das **Beschwerdegericht** hat dann von Amts wegen die Statthaftigkeit und die Zulässigkeit der sofortigen Beschwerde zu prüfen, § 572 Abs. 2 ZPO. Eine unzulässige Beschwerde wird verworfen; über eine zulässige und begründete Beschwerde wird durch Beschluss entschieden, § 572 Abs. 4 ZPO.

Die Vorlage hat auch zu geschehen, wenn die sofortige Beschwerde nicht zulässig ist, denn das Beschwerdegericht hat von Amts wegen zu prüfen, ob die Beschwerde statthaft und zulässig erhoben ist, § 572 Abs. 2 ZPO. Die Entscheidung ist zu begründen, wenn der Beschwerdeführer sich auf neue Tatsachen stützt oder wenn die angefochtene Entscheidung nicht begründet ist.

658 **Erinnerungen**, denen der Rechtspfleger nicht abhilft, legt er dem Richter zur Entscheidung vor, § 11 Abs. 2 S. 6 RPflG. Die **Nichtabhilfe** erfolgt durch Beschluss, der zu begründen und vom Rechtspfleger zu unterzeichnen ist.[234] Dabei handelt es sich um eine **Sachentscheidung**, die den Partei-

231 *Dörndorfer*, RPflG, § 11 Rn. 99 m.w.N.
232 Zöller/*Heßler*, ZPO, § 572 Rn. 11.
233 Zöller/*Heßler*, ZPO, § 572 Rn. 10.
234 *Dörndorfer*, RPflG, § 11 Rn. 99.

en bekanntzugeben ist. Die Entscheidung über die Erinnerung erfolgt dann durch den Richter des erkennenden Gerichts, dem die Akte vorzulegen ist. Ist die Erinnerung unzulässig oder unbegründet, wird sie vom Richter zurückgewiesen. Hält der Richter sie für zulässig und begründet, hat er ihr unter (ggf. teilweiser) Aufhebung oder Änderung der Entscheidung des Rechtspflegers nach den für die Beschwerde geltenden Vorschriften abzuhelfen. Die Entscheidung des Richters ist unanfechtbar.[235]

3. Anwaltszwang

659 Das Kostenfestsetzungsverfahren findet vor dem Rechtspfleger des ersten Rechtszuges statt; das kann je nach sachlicher Zuständigkeit entweder das Amtsgericht oder das Landgericht sein. Im Verfahren vor dem Rechtspfleger herrscht kein Anwaltszwang, § 13 RPflG.

Die sofortige Beschwerde kann entweder beim erkennenden Gericht oder beim Beschwerdegericht eingelegt werden, § 569 Abs. 1 S. 1 ZPO. Für das **Beschwerdeverfahren** ist dann entweder das Landgericht oder das Oberlandesgericht zuständig, dort entscheidet in erster Linie der Einzelrichter, § 568 ZPO. Sowohl beim LG als auch beim OLG müssen sich die Parteien durch einen Rechtsanwalt vertreten lassen, § 78 Abs. 1 S. 1 ZPO.[236]

Für die **Einlegung** der sofortigen Beschwerde besteht **kein Anwaltszwang**, da in diesem Fall die Beschwerde auch zu Protokoll der Geschäftsstelle erklärt werden kann, § 569 Abs. 3 Nr. 1 ZPO. Ausschlaggebend ist hier nicht der Prozess sondern das Kostenfestsetzungsverfahren in dem wegen der Rechtspflegerzuständigkeit kein Anwaltszwang herrscht.[237]

4. Rechtsbeschwerde im Kostenfestsetzungsverfahren

660 Im Bereich der Nebenentscheidungen ermöglicht die **Rechtsbeschwerde** (→ Rn. 518 ff.) die höchstrichterliche Klärung grundsätzlicher Rechtsfragen. Die Rechtsbeschwerde ist statthaft, wenn dies im Gesetz ausdrücklich bestimmt ist oder wenn das Beschwerdegericht sie in dem Beschluss ausdrücklich zugelassen hat, § 574 Abs. 1 ZPO. Für das Kostenfestsetzungsverfahren ist die Zulassung durch das Beschwerdegericht notwendig, da die Rechtsbeschwerde im Gesetz nicht ausdrücklich vorgesehen ist. Die Zulassung hat zu geschehen hat, wenn die Rechtssache grundsätzliche Bedeutung

---

235 BGH v. 12.5.2015 – II ZB 18/14 –, juris m.w.N.

236 Die bis zum 31.5.2007 durch § 571 Abs. 4 ZPO vorgesehene Lockerung des Anwaltszwangs, wonach nach bisherigem Recht sich die Parteien auch durch einen nicht beim Beschwerdegericht zugelassenen Rechtsanwalt vertreten lassen konnten, ist überflüssig geworden und § 571 Abs. 4 ZPO durch Art. 4 Nr. 4 des G. zur Stärkung der Selbstverwaltung der Rechtsanwaltschaft v. 26.3.2007 – BGBl. I S. 358 aufgehoben.

237 BGH v. 26.1.2006 – III ZB 63/05 – BGHZ 166,117 = Rpfleger 2006, 416 m.div.N.; MüKoZPO/*Lipp*, § 569 Rn. 18; Zöller/*Heßler*, ZPO, § 569 Rn. 11.

hat oder die Fortbildung des Rechts oder die Sicherung einer einheitlichen Rechtsprechung eine Entscheidung des Rechtsbeschwerdegerichts erfordert, § 574 Abs. 3, 2 ZPO. Das Rechtsbeschwerdegericht ist an die Zulassung gebunden, § 574 Abs. 3 S. 2 ZPO.

Ist die Zulassung im Beschluss nicht ausgesprochen worden, kann sie im Wege der Berichtigung nachgeholt werden, wenn dieses versehentlich unterblieben ist. Dieses Versehen muss sich aus dem Zusammenhang der Entscheidung selbst oder aus den Vorgängen bei der Beschlussfassung ergeben und auch für Dritte ohne Weiteres deutlich sein.[238] Bei einer Rechtsbeschwerde ist der **Beschwerdewert** von 200,00 € nicht erforderlich.[239]

661 Zu den Gerichtskosten in Beschwerde- und Rechtsbeschwerdesachen s. → Rn. 540 ff. und zu den Rechtsanwaltskosten s. → Rn. 551 ff.

Rechtsmittel bzw. Rechtsbehelfe gegen den Kostenfestsetzungsbeschluss

Rechtsmittel der sofortigen Beschwerde § 11 Abs. 1 RPflG i.V.m. § 104 Abs. 3 S. 1 ZPO, § 567 Abs. 1, 2 ZPO	Sofortige Beschwerde ist wegen Nichterreichens des Beschwerdewertes nicht zulässig, § 567 Abs. 2 ZPO
↓	↓
Entscheidung über Abhilfe ist nötig, § 572 Abs. 1 ZPO	Es gilt die befristete Erinnerung, § 11 Abs. 2 S. 1 RPflG
↓	↓
Abhilfe bei begründeter Beschwerde durch Beschluss – Beschwerde ist erledigt	Abhilfe bei zulässiger und begründeter Erinnerung durch Beschluss, § 11 Abs. 2 S. 5 RPflG
↓	↓
Nichtabhilfe bei unbegründeter Beschwerde durch Beschluss Vorlage an Beschwerdegericht § 572 Abs. 1 ZPO	Nichtabhilfe durch Beschluss Vorlage dem Abteilungsrichter des erkennenden Gerichts, § 11 Abs. 2 S. 6 RPflG
↓	↓
Beschwerdegericht prüft die Zulässigkeit und Begründetheit der Beschwerde und entscheidet ggf. durch Beschluss, § 572 Abs. 2 – 4 ZPO	Richter entscheidet endgültig

238 BGH v. 14.9.2004 – VI ZB 61/03 – NJW 2005, 156 = Rpfleger 2005, 51 = JurBüro 2005, 35.

239 BGH v. 28.10.2004 –III ZB 41/04 – Rpfleger 2005, 114 = JurBüro 2005, 142.

L. Die Vergütungsfestsetzung

Das Rechtsverhältnis des Rechtsanwalts zum Mandanten ist ein privatrechtliches, das durch das BGB, die BRAO und das RVG geregelt ist. Die Vergütung ist gemäß § 614 BGB erst nach der Dienstleistung fällig, der Rechtsanwalt ist vorleistungspflichtig, und solange die geschuldeten Dienste nicht erbracht sind, kann der Mandant die Vergütung zurückbehalten, § 320 BGB.[1] In der Praxis wird der Rechtsanwalt vom Mandanten häufig einen angemessenen Vorschuss auf die ihm zustehende Vergütung verlangen, § 9 RVG. Falls der Mandant die Vergütung nicht zahlt, kann der Rechtsanwalt seine Honorarforderung auf zivilrechtlichem Wege geltend machen. **662**

Der in einem gerichtlichen Verfahren tätig gewesene Rechtsanwalt hat jedoch die Möglichkeit, mittels eines **vereinfachten Verfahrens** seine gesetzliche Vergütung titulieren zu lassen. Gemäß § 11 RVG steht das sogenannte **Vergütungsfestsetzungsverfahren** sowohl dem Rechtsanwalt als auch dem Mandanten zur Verfügung. In der Praxis wird häufig nicht zwischen den Begriffen „Kostenfestsetzung" und „Vergütungsfestsetzung" unterschieden. Dabei geht es bei der Festsetzung gemäß § 11 RVG nicht um „Anwaltskosten", sondern um die gesetzliche Vergütung (§ 1 Abs. 1 RVG), die der Rechtsanwalt für seine Leistung verlangen kann. Hierbei handelt es sich nicht um die Festsetzung eines Erstattungsanspruchs wie im Kostenfestsetzungsverfahren gemäß §§ 103 ff. ZPO, sondern **Gegenstand** der Vergütungsfestsetzung ist ein **Zahlungsanspruch**, da es an einer Kostengrundentscheidung zwischen Rechtsanwalt und Auftraggeber fehlt.[2] Mit dem gerichtlichen Ausgangsverfahren hat das Vergütungsfestsetzungsverfahren nur noch insofern zu tun, als dass es durch das zuständige Gericht der ersten Instanz (§ 11 Abs. 1 S. 1 RVG) aus derselben Akte und unter demselben Aktenzeichen bearbeitet wird. **663**

Auf das Verfahren sind die Vorschriften des jeweiligen Kostenfestsetzungsverfahrens sinngemäß anzuwenden, § 11 Abs. 2 S. 3 RVG. Dieses aber nur insoweit, als § 11 RVG keine eigenen Regelungen vorsieht, was insbe- **664**

---

1 Palandt/*Weidenkaff*, § 614 Rn. 2; *Lappe*, Justizkostenrecht, § 18 A I 1.

2 BGH v. 11.4.1991 – 1 ARZ 136/91 – NJW 1991, 2084; Gerold/Schmidt/*Müller-Rabe*, RVG, § 11 Rn. 6; *Hartmann*, RVG, § 11 Rn. 4.

sondere für die Verzinsung, die Zustellung und das Rechtsmittelverfahren nicht der Fall ist.

I. Gegenstand der Vergütungsfestsetzung

665 Im Verfahren nach § 11 RVG können **die gesetzliche Vergütung** (Gebühren und Auslagen nach dem VV RVG) sowie die zu ersetzenden **Aufwendungen** nach §§ 675, 670 BGB festgesetzt werden, § 11 Abs. 1 S. 1 RVG.

Nicht festgesetzt werden kann jedoch ein von dem Rechtsanwalt an seinen Mandanten zurückzuzahlender Betrag.[3] Ausgeschlossen ist ebenfalls die Festsetzung der vereinbarten Vergütung, da diese durch die Honorarvereinbarung ja gerade abbedungen ist.[4]

Rahmengebühren (→ Rn. 165) können ebenfalls im Vergütungsfestsetzungsverfahren berücksichtigt werden, allerdings gilt das nur, wenn die Mindestgebühren geltend gemacht werden oder der Auftraggeber der Höhe der Gebühren ausdrücklich zugestimmt hat, § 11 Abs. 8 RVG. Die Form der Zustimmungserklärung ist gesetzlich nicht geregelt, da sie jedoch nach dem Wortlaut der Vorschrift mit dem Antrag vorgelegt werden muss, muss sie in „Papierform" erfolgen.[5] Beantragt der Rechtsanwalt gegen seinen Mandanten, nachdem er diesem höhere Rahmengebühren in Rechnung gestellt hat, die Festsetzung der Mindestgebühren, verzichtet er damit auf die weitere Gebührenforderung.[6]

666 Zu den **Aufwendungen** nach § 675 i.V.m. § 670 BGB gehören in erster Linie vom Rechtsanwalt verauslagte **Gerichts- und Gerichtsvollzieherkosten**,[7] da die Aufwendungen zu den Kosten des gerichtlichen Verfahrens gehören müssen.[8]

667 Die Vergütung muss in einem **gerichtlichen Verfahren** entstanden sein. Dazu gehören neben den Verfahren der ordentlichen Gerichtsbarkeit (z.B. Zivilprozess-, Hausrats-, Wohnungseigentums- und Landwirtschaftssachen) auch die Verfahren der Arbeitsgerichtsbarkeit und der Finanz- und Verwaltungsgerichtsbarkeit.[9]

---

3 BbgOLG v. 13.3.2007 – 6 W 41/07 – RVGreport 2007, 382 (*Hansens*).
4 *Bischof* in Bischof/Jungbauer, RVG, § 11 Rn. 33; *Hartmann*, RVG, § 11 Rn. 9.
5 Ausführlich siehe *Mayer* in Mayer/Kroiß, RVG, § 11 Rn. 61 ff.
6 BGH v. 4.7.2013 – IX ZR 306/12 – NJW 2013, 3102 = Rpfleger 2014, 41.
7 *Hartmann*, RVG, § 11 Rn. 6 (Aufwendungen).
8 *Mayer* in Mayer/Kroiß, RVG, § 11 Rn. 49.
9 Gerold/Schmidt/*Müller-Rabe*, RVG, § 11 Rn. 9.

II. Das Verfahren

668 Nach § 11 Abs. 2 S. 3 RVG gelten die Vorschriften der jeweiligen Verfahrensordnung über das Kostenfestsetzungsverfahren und die Vorschriften der ZPO über die Zwangsvollstreckung aus Kostenfestsetzungsbeschlüssen sinngemäß. Es gelten aber auch die Verfahrensregeln des Zivilprozesses, weil die Festsetzung kein anderes Ergebnis haben kann als ein entsprechender Prozess, soweit es um die Gebühren und Auslagen geht.[10] Folglich gelten nicht bestrittene Tatsachenbehauptungen als zugestanden, § 138 Abs. 3 ZPO. Im Falle des Bestreitens hat der Antragsteller den Ansatz glaubhaft zu machen, § 104 Abs. 2 S. 1 ZPO; bei Auslagen reicht die Versicherung des Rechtsanwalts, § 104 Abs. 2 S. 2 ZPO. Eine Erklärung hinsichtlich der Vorsteuerabzugsberechtigung gem. § 104 Abs. 2 S. 3 ZPO ist nicht notwendig, da die Vorschrift ausdrücklich keine Anwendung findet, § 11 Abs. 2 S. 3 RVG.

Aber auch § 139 ZPO findet Anwendung, sodass der Rechtspfleger auch dem antragstellenden Rechtsanwalt gegenüber darauf hinzuwirken hat, dass ein sachgerechter Antrag gestellt wird, wenn offensichtlich etwas vergessen wurde, § 139 Abs. 1 S. 2 ZPO.[11] Wurde etwas erkennbar übersehen oder für unerheblich gehalten, darf eine Entscheidung nur ergehen, wenn Gelegenheit zur Stellungnahme gegeben wurde, es sei denn, es handelt sich nur um eine Nebenforderung, § 139 Abs. 2 ZPO.

1. Parteien

669 **Parteien** des Vergütungsfestsetzungsverfahrens sind der **Rechtsanwalt** und dessen **Auftraggeber**, die Parteienbezeichnung lautet **Antragsteller** und **Antragsgegner**. So sollten sie im Rubrum des Vergütungsfestsetzungsbeschlusses auch bezeichnet werden, wobei es ausreichend ist, wenn die Parteien des zugrunde liegenden Ausgangsverfahrens nur mit kurzem Rubrum genannt werden, weil dieses lediglich als Hinweis dient, in welchem Verfahren die Vergütung entstanden ist.

→ **Beispiel:**

In Sachen
Klaeger ./. Bekler

an der hier beteiligt sind:
Rechtsanwältin Dr. Gisela Gordon, Kurfürstendamm 219, 10707 Berlin
– Antragstellerin –

gegen
Raffael Bekler, Deutsche Straße 7, 13359 Berlin – Antragsgegner –

---

10 *Lappe*, Rpfleger 1996, 183.
11 Gerold/Schmidt/*Müller-Rabe*, RVG, § 11 Rn. 214 m.w.N.

670 Den in einer **Sozietät**[12] zusammengeschlossenen Rechtsanwälten steht der daraus erwachsene Honoraranspruch als Gesamthandsgemeinschaft zu,[13] da eine **Anwaltssozietät eine BGB-Gesellschaft** (§§ 705 ff. BGB) ist. Über Forderungen der Gesellschaft gegen Dritte kann der einzelne Gesellschafter nicht verfügen, deshalb kann auch nicht einer der beteiligten Rechtsanwälte die Zahlung an sich verlangen. Folgt man der Auffassung, dass die GbR als Außengesellschaft Rechtsfähigkeit besitzt (→ Rn. 216), kann schon gar nichts anderes mehr gelten, denn die Anwaltssozietät tritt dann als rechtsfähige Gesellschaft dem Mandanten gegenüber.

671 Haben sich die Rechtsanwälte zu einer **Partnerschaft** nach dem PartGG[14] zusammengeschlossen, die unter ihrem Namen Rechte erwerben und Verbindlichkeiten eingehen (§ 7 Abs. 2 PartGG verweist auf § 124 Abs. 1 HGB) und auch klagen oder verklagt werden kann, so muss sie durch denjenigen vertreten werden, der nach bürgerlichem Recht ihr Vertreter ist. Grundsätzlich ist jeder Partner allein vertretungsberechtigt, § 7 Abs. 3 PartGG, § 125 Abs. 1, 2 HGB. Auch die Partnerschaft ist Träger der Rechte und Pflichten und des Gesellschaftsvermögens als Gesamthandsgemeinschaft, sodass hier hinsichtlich der Geltendmachung der Honorarforderung nichts anderes gelten kann, die Haftung gem. § 128 HGB macht die Gesellschafter nicht zu Einzelgläubigern.

672 Der von einer **GbR** beauftragte Rechtsanwalt kann seine Gebühren nicht gegen die Gesellschafter festsetzen, wenn diese nicht selbst – neben der GbR – Auftraggeber des Rechtsanwalts sind.[15]

2. Vertretung

673 Im Verfahren **vor dem Rechtspfleger** ist hinsichtlich der **Postulationsfähigkeit** zu beachten, dass § 78 Abs. 1 ZPO sowie § 114 Abs. 1 FamFG nicht anwendbar sind, § 13 RPflG. Die anwaltliche Vertretung der Partei im Vergütungsfestsetzungsverfahren beim Landgericht oder in Familiensachen ist nicht erforderlich, Zustellungen sind an sie persönlich vorzunehmen. In der täglichen Praxis kommt es allerdings auch nur sehr selten vor, dass der Mandant sich im Vergütungsfestsetzungsverfahren durch einen anderen, d.h. weiteren Rechtsanwalt vertreten lässt. In der Regel vertritt sich der Rechtsanwalt selbst, und der Mandant handelt ohne Prozessbevollmächtigten.

---

12 Gerold/Schmidt/*Müller-Rabe*, RVG, § 11 Rn. 35.

13 BGH v. 20.6.1996 – IX ZR 248/95 – Rpfleger 1996, 525 = NJW 1996, 2859 = AnwBl 1996, 543.

14 G über Partnerschaftsgesellschaften Angehöriger Freier Berufe v. 25.7.1994 – BGBl. I S. 1744.

15 BGH v. 14.9.2004 – VI ZB 61/03 – Rpfleger 2005, 51 = NJW 2005, 156.

3. Der Antrag

674 Das Vergütungsfestsetzungsverfahren wird nur **auf Antrag** durchgeführt, § 11 Abs. 1 S. 1 RVG. Eine besondere Form ist nicht vorgeschrieben, er kann sowohl schriftlich als auch mündlich zu Protokoll der Geschäftsstelle gestellt werden. Der Antragsteller muss alle für die Festsetzung notwendigen Tatsachen vortragen aus denen sich sein Anspruch ergibt. Soweit möglich kann er dabei auf den Inhalt der Akte Bezug nehmen.

675 Auch in diesem Festsetzungsverfahren darf kein Betrag zugesprochen werden, der nicht beantragt ist, § 308 Abs. 1 S. 1 ZPO. Der **Antragsgrundsatz** gilt in diesem Verfahren genauso wie im Erkenntnisverfahren, sodass es nicht rechtens ist, wenn fälschlich beantragte Gebühren gegen nicht beantragte Gebühren ausgewechselt werden.[16] Es ist auf einen sachgerechten Antrag hinzuwirken, § 139 Abs. 1 S. 2 ZPO. Siehe im Übrigen → Rn. 594.

676 **Antragsberechtigt** sind sowohl der **Rechtsanwalt** als auch der **Auftraggeber**. Der Antrag des Rechtsanwalts muss eine **Berechnung der Vergütung** unter Absetzung bereits getilgter Beträge enthalten. Der Antrag muss eine nachvollziehbare Berechnung der Vergütung unter Angabe des Gegenstandswertes enthalten. Nähere Substantiierung und Glaubhaftmachung ist zunächst nur für Vergütungen erforderlich, die sich nicht aus den Gerichtsakten ergeben.[17]

Der **Antrag des Auftraggebers** muss erkennen lassen, um welche Vergütung es geht und für welche Tätigkeiten des Rechtsanwalts die Vergütung überprüft werden soll. Dabei ist der Antrag auf Feststellung dahingehend zu richten, dass dem Rechtsanwalt die von ihm berechnete Vergütung ganz oder teilweise nicht zusteht.[18]

Als Nachweis reicht es aus, die vom Rechtsanwalt übersandte Berechnung beizufügen, da dem Auftraggeber die Möglichkeit einer schnellen Überprüfung der Berechnung geboten werden soll. *Lappe*[19] ist der Auffassung, dass sich diese Verfahrensweise nicht mit unseren jetzigen Verfahrensstandards vereinbaren lässt, und rät, reine Überprüfungsanträge als unzulässig zurückzuweisen. Es ist *Lappe* zuzustimmen, wenn es sich tatsächlich um reine Überprüfungsanträge handelt, wenn der Auftraggeber allerdings Tatsachen vorträgt aus denen sich ergibt, dass die Abrechnung Positionen enthält, die nicht entstanden sein könnten, dann sollte man einen entsprechenden Feststellungsantrag auch für zulässig befinden, andernfalls das Antragsrecht ins Leere geht.

---

16 OLG Koblenz v. 23.9.2011 – 14 W 543/11 – FamRZ 2012, 323 = MDR 2011, 1323.
17 Gerold/Schmidt/*Müller-Rabe*, RVG, § 11 Rn. 226.
18 OLG Köln v. 15.6.2015 – 17 W 330/14 – AGS 2016, 401.
19 *Lappe*, Rpfleger 1996, 183.

4. Zuständigkeit

677 Sachlich und örtlich ist das **Gericht des I. Rechtszuges** zuständig, also entweder das Amtsgericht oder das Landgericht, § 11 Abs. 1 RVG. Für die Festsetzung einer im **Mahnverfahren** entstandenen Vergütung ist nicht das Mahngericht, sondern das Streitgericht zuständig, auch wenn das Streitverfahren dort nicht anhängig geworden ist.[20] Für die vereinfachte Festsetzung der Vergütung für Vollstreckungsmaßnahmen ist das Vollstreckungsgericht zuständig.[21]

678 Auch dieses Festsetzungsverfahren ist für den Bereich der ordentlichen Gerichtsbarkeit im Wege der **Einzelübertragung auf den Rechtspfleger** übertragen, §§ 3 Nr. 3b, 21 Nr. 2 RPflG. Im Verfahren vor den Verwaltungs-, Sozial- und Finanzgerichten ist der Urkundsbeamte der Geschäftsstelle des gehobenen Dienstes zuständig, § 11 Abs. 3 RVG.

5. Rechtliches Gehör

679 Das verfassungsrechtliche Gebot des rechtlichen Gehörs wird durch § 11 Abs. 2 S. 2 RVG verstärkt. Die Anhörung geschieht in der Praxis regelmäßig schriftlich durch Übersendung einer Abschrift des Antrages nebst Kostenaufstellung. Ein Teil des **rechtlichen Gehörs** ist die **Aufklärungs- und Hinweispflicht** des Gerichts, § 139 ZPO. Der BGH[22] hat klargestellt, dass bei der Anhörung der Antragsgegner darüber belehrt werden muss, dass im Vergütungsfestsetzungsverfahren nicht erhobene **Einwendungen** später im Rahmen der Vollstreckungsabwehrklage (§ 767 Abs. 2 ZPO) nicht mehr geltend gemacht werden können. Eine einfache Übersendung „mit der Bitte um eventuelle Stellungnahme“ ist demnach nicht ausreichend. Die Justizverwaltungen haben teilweise Formulare zur Anhörung im Verfahren nach § 11 RVG entwickelt, die aber bisweilen nicht ganz gelungen scheinen. Einige sind wegen ihrer bürokratischen Sprachwendungen zumindest missverständlich, wenn nicht gar unverständlich; andere sind so knapp gehalten, dass der Zweck nur dem Schein nach gewahrt ist.[23]

680 So ist der Hinweis auf „etwaige Einwendungen“ zwar ausreichend, hilfreich wäre aber sicher, eine beispielhafte Aufzählung möglicher Einwendungen, damit der rechtsunkundige Bürger schnell erkennt, was gemeint ist. Damit wird dann auch deutlich, welche Einwendungen gegen den Vergütungsfestsetzungsbeschluss nicht mehr erhoben werden können.

---

20 BGH v. 11.4.1991 – I ARZ 136/91 – Rpfleger 1991, 389 = MDR 1991, 998.

21 BG v. 15.2.2005 – X ARZ 409/04 – NJW 2005, 1273 = Rpfleger 2005, 322; OLG Celle v. 2.9.2015 – 4 AR 31/15 – NdsRpfl 2015, 328 m.w.N.

22 BGH v. 10.5.1976 – III ZR 120/74 – Rpfleger 1976, 354 = MDR 1976, 114.

23 Sehr lesenswert ist das von *Lappe*, Rpfleger 1996, 183 entworfene Belehrungsschreiben; man sollte überlegen, ob es nicht als Muster für amtliche Formulare dienen kann.

Sprachlich äußerst misslungen ist der in einigen älteren Formularen enthaltene Hinweis, dass die Äußerung „in zwei Stücken“ einzureichen sei. Hierfür lassen sich gleich mehrere geeignete und bessere Formulierungen finden.

681 Das Gesetz sieht keine Befristung für die Anhörung vor, sodass der Rechtspfleger selbst die Fristdauer festlegen kann. Die häufig vorgesehene Wochenfrist scheint mir in der heutigen Zeit etwas zu knapp bemessen.

6. Weitere Zulässigkeitsvoraussetzungen

682 Da in der Antragstellung des Rechtsanwalts eine Einforderung der Vergütung liegt, muss spätestens **gleichzeitig** mit dem Antrag dem Mandanten eine **ordnungsgemäße Berechnung** (§ 10 RVG) mitgeteilt werden.[24] Dieses hat durch den Rechtsanwalt zu geschehen, die Übersendung der Antragsabschrift durch das Gericht im Rahmen der Gewährung des rechtlichen Gehörs reicht hierfür nicht aus.

683 Der Antrag ist sowohl für den Rechtsanwalt als auch für den Auftraggeber erst nach **Fälligkeit** der Vergütung zulässig, § 11 Abs. 2 S. 1 RVG. Die Fälligkeitstatbestände ergeben sich bei Vertretung im gerichtlichen Verfahren aus § 8 Abs. 1 S. 2 RVG. Es genügt einer der dort genannten Fälligkeitsgründe, z.B. wenn eine Kostenentscheidung ergangen oder der Rechtszug beendet ist oder wenn das Verfahren länger als drei Monate ruht. Die **Fälligkeit** tritt für jeden **Rechtszug getrennt**[25] und dann nach dem jeweils **frühesten**[26] **Fälligkeitstatbestand** ein. Die Kostenentscheidung muss durch Beschluss oder Urteil ergangen sein; hinsichtlich der Beendigung des Rechtszuges ist es unerheblich, ob noch Abwicklungsarbeiten zu tätigen sind.[27] Maßgeblich ist die prozessrechtliche Beendigung des Rechtsstreits, nicht die Beendigung im gebührenrechtlichen Sinne oder gar im registraturmäßigen Sinne.[28] Der prozessuale Rechtszug endet mit einer gerichtlichen Entscheidung, das kann auch ein Teilurteil sein.[29] Als prozessrechtliche Beendigung ist auch der Erlass eines den Klageanspruch in Richtung auf einen von mehreren Klägern oder Beklagten erledigenden Teilurteils anzusehen, da dieses für den Teilanspruch den Rechtszug beendet.[30]

684 Mit **Fälligkeit** hat der Rechtsanwalt das Recht auf Einforderung der Vergütung, § 10 RVG, sowie auf Vergütungsfestsetzung, § 11 RVG. Von der Fälligkeit hängt auch die **Verjährung** des Anspruchs auf Vergütung ab,

---

24 Gerold/Schmidt/*Müller-Rabe*, RVG, § 11 Rn. 226; *Hansens*, RVGreport 2012, 47 ff.
25 Gerold/Schmidt/*Mayer*, RVG, § 8 Rn. 31.
26 BGH v. 13.7.1984 – III ZR 137/83 – AnwBl 1985, 257.
27 Gerold/Schmidt/*Mayer*, RVG, § 8 Rn. 17.
28 *Bischof* in Bischof/Jungbauer, RVG, § 8 Rn. 38; *Hartmann*, RVG, § 8 Rn. 14.
29 *Bischof* in Bischof/Jungbauer, RVG, § 8 Rn. 43.
30 OLG Naumburg v. 29.7.1997 – 11 U 230/97 – JurBüro 1998, 81.

denn Vergütungsansprüche verjähren in **3 Jahren** gem. § 195 BGB; die Frist beginnt mit dem Schluss des Jahres, in dem die Fälligkeit eingetreten ist, § 199 BGB.[31] Der Beginn der Verjährung ist nicht von einer Berechnung abhängig.[32] Die Verjährung des anwaltlichen Vergütungsanspruchs gegenüber denjenigen, gegen welche ein Teilurteil ergangen ist, beginnt mit dem Ende des Jahres, in welchem das Teilurteil ergangen ist, auf eine erst in späteren Jahren ergangene Kostenentscheidung kommt es dann nicht mehr an.[33] Durch einen **Vergütungsfestsetzungsantrag** wird die Verjährung wie durch Klageerhebung **gehemmt**, § 11 Abs. 7 RVG. Hierfür ist jedoch nicht die Zustellung des Antrages erforderlich, sondern der Eingang des Antrages bei Gericht ist maßgeblich.[34] Die Hemmung der Verjährung bewirkt, dass die Verjährung mit Eintritt des Hemmungsgrundes zum Stillstand kommt und erst nach Wegfall des Hemmungsgrundes weiterläuft, § 209 BGB.

685 Die Fälligkeit des Anspruchs wird durch eine vereinbarte **Stundung** der Forderung bei Bestehenbleiben der Erfüllbarkeit hinausgeschoben.[35] Die Stundung beruht in der Regel auf einer entsprechenden vertraglichen Vereinbarung zwischen den Anwalt und dem Mandanten, dabei handelt es sich um eine **rechtshemmende/rechtsausschließende Einrede** i.S.d. BGB, denn es werden Tatsachen vorgetragen, die den Anspruch an sich nicht angreifen. Es wird ein Leistungsverweigerungsrecht geltend gemacht, das den Anspruch des Berechtigten hemmt. Für das Verfahren gem. § 11 RVG hat die Stundung ebenfalls die Wirkung, dass die Fälligkeit hinausgeschoben wird. Deshalb ist es inkonsequent, wenn die Rüge, die Vergütung sei noch nicht fällig, zum einen als gebührenrechtlicher Einwand angesehen wird,[36] die Stundung dann aber gemäß § 11 Abs. 5 RVG als nicht gebührenrechtlicher Einwand zur Ablehnung des Antrages führen soll.[37]

686 Zu den **Zulässigkeitsvoraussetzungen** des Vergütungsfestsetzungsverfahrens gehört der Tatbestand der **Fälligkeit**, § 11 Abs. 2 S. 1 RVG. Die Zulässigkeitsvoraussetzungen hat das Gericht – hier also der Rechtspfleger – stets **von Amts wegen zu prüfen**. Wenn also der Antragsgegner den materiell-rechtlichen Einwand der Stundung, d.h. der fehlenden Fälligkeit erhebt, hat der Rechtspfleger dieses zu prüfen. Nach der erfolgten Anhörung des Antragstellers ist dann der Antrag als **unzulässig zurückzuweisen,** wenn sich die Stundung als nicht widerlegt darstellt, der Antragsteller sie also nicht

---

31 Gerold/Schmidt/*Mayer*, RVG, § 8 Rn. 33.
32 Gerold/Schmidt/*Mayer*, RVG, § 8 Rn. 33.
33 OLG Naumburg v. 29.7.1997 – 11 U 230/97 – JurBüro 1998, 81.
34 *Bischof* in Bischof/Jungbauer, RVG, § 11 Rn. 76; Gerold/Schmidt/*Müller-Rabe*, RVG, § 11 Rn. 184.
35 Palandt/*Grüneberg*, § 271 Rn. 12.
36 Gerold/Schmidt/*Müller-Rabe*, RVG, § 11 Rn. 144.
37 OLG Naumburg v. 16.3.2016 – 12 W 16/16 – RVGreport 2017, 50; Gerold/Schmidt/*Müller-Rabe*, RVG, § 11 Rn. 168.

bestreitet. Der Antrag kann zu gegebener Zeit wieder gestellt werden. Eine Ablehnung der Festsetzung nach § 11 Abs. 5 RVG wäre auch möglich, aber nur sachgerecht, wenn die Stundung bestritten wird, weil der Antragsteller damit auf den Klageweg verwiesen wird. **Offensichtlich unbegründete** Einreden rechtfertigen nicht die Verweisung auf den Prozessweg.[38]

7. Aussetzung und Unterbrechung

687 Da die allgemeinen Verfahrensvoraussetzungen der ZPO gelten, führt die **Eröffnung** des **Insolvenzverfahrens** über das Vermögen des Schuldners zu einer **Unterbrechung** des Verfahrens, § 240 ZPO;[39] eine Festsetzung zugunsten des Rechtsanwalts kann nicht mehr erfolgen, sondern dieser muss seine Forderung zur Tabelle anmelden. Das Verfahren kann allenfalls dazu dienen, den tatsächlichen Vergütungsanspruch feststellen zu lassen.[40]

Wenn die Partei oder deren gesetzlicher Vertreter die Prozessfähigkeit verlieren oder sterben, § 241 ZPO, führt dieses in der Regel auch zur Unterbrechung, da der Rechtsanwalt ansonsten ausdrücklich für das Vergütungsfestsetzungsverfahren einen Auftrag haben müsste, was in der Regel aber wohl nicht der Fall sein dürfte.[41]

688 Wird von einem Beteiligten der **Gegenstandswert bestritten**, so ist diese Frage nicht im Festsetzungsverfahren zu klären, sondern das Verfahren auszusetzen, § 11 Abs. 4 RVG, und der Vorgang dem Gericht des Ausgangsverfahrens vorzulegen, welches über den Gegenstandswert zu entscheiden hat.

8. Einreden und Einwendungen

689 Nach § 11 Abs. 5 RVG ist die **Vergütungsfestsetzung abzulehnen**, wenn der Antragsgegner Einwendungen oder Einreden erhebt, die nicht im Gebührenrecht ihren Grund haben. Damit will der Gesetzgeber verhindern, dass **materielle Einwände** im Festsetzungsverfahren ausgetragen und entschieden werden.

a) Gebührenrechtliche Einwendungen

690 Das Verfahren ist zur Entscheidung gebührenrechtlicher Einwände gedacht. Gebührenrechtliche Einwendungen liegen vor, wenn geltend gemacht wird, die geforderte Vergütung sei nicht oder nicht in der Höhe entstanden; die angegebene Norm des Gebührenrechts sei nicht anwendbar,

---

38 BVerfG v. 25.4.2016 – 1 BvR 1255/14 – RVGreport 2016, 253; OLG Koblenz v. 1.12.2015 – 14 W 777/15 – Rpfleger 2016, 375 = NJW-RR 2016, 380.

39 Gerold/Schmidt/*Müller-Rabe*, RVG, § 11 Rn. 220.

40 OLG Karlsruhe v. 20.2.2006 – 16 WF 152/05 – FamRZ 2007, 231 m.w.N.

41 Gerold/Schmidt/*Müller-Rabe*, RVG, § 11 Rn. 222.

oder es liege eine unzulässige Nachliquidation vor.[42] Aber auch wenn eingewandt wird, eine Gebühr ist auf eine andere anzurechnen oder es ist Prozesskostenhilfe bewilligt,[43] denn dann kann der Rechtsanwalt keine Vergütung von seinem Mandanten verlangen, sodass es sich ebenfalls um einen gebührenrechtlichen Einwand handelt. Über diese Einwände entscheidet der Rechtspfleger nach Anhörung der Beteiligten.

→ **Beispiel:**

Der Auftraggeber erklärt auf die Anhörung gem. § 11 Abs. 2 S. 2 RVG, dass die in Ansatz gebrachte Einigungsgebühr nicht entstanden sei, da der Rechtsanwalt nicht selbst am Abschluss des Vergleichs beteiligt gewesen sei.

Ergebnis:

Der Rechtspfleger hat zu prüfen, ob der Rechtsanwalt beim Vertragsabschluss i.S.v. VV 1000 Abs. 1 RVG mitgewirkt hat oder nicht. Hierzu ist zunächst einmal der Rechtsanwalt zu befragen. Kann dieser glaubhaft machen, dass er am Vertragsschluss mitgewirkt hat, ist die Einigungsgebühr auch zu berücksichtigen.

b) Außergebührenrechtliche Einreden und Einwendungen

691 **Nichtgebührenrechtlich** sind alle anderen **Einwendungen und Einreden**, die auf Vorschriften des allgemeinen, auch für andere Rechtsbeziehungen maßgeblichen Rechts oder auf besondere Absprachen zwischen den Parteien gestützt sind.[44]

692 **Rechtshindernde** Einreden liegen vor, wenn Tatsachen vorgetragen werden, die die Entstehung des Anspruchs hindern, dieses ist der Fall, wenn die Wirksamkeit des Vertrages angezweifelt wird, weil einer der Vertragspartner nicht geschäftsfähig war oder ist.

So kann der Auftraggeber den Anspruch des Rechtsanwalts insofern bestreiten, als er behauptet, es sei gar kein Auftrag erteilt worden, dieser Einwand ist jedoch ausnahmsweise unbeachtlich, wenn sich aus den Akten zweifelsfrei ergibt, dass ein Auftrag erteilt worden ist.[45]

693 Es können auch Tatsachen vorgetragen werden, die den entstandenen Anspruch vernichten (Erfüllung, Erlass, Aufrechnung), hierbei handelt es sich um **rechtsvernichtende** Einwendungen. Ob und worauf gezahlt wurde oder ob ein aufrechenbarer Gegenanspruch besteht, ist nicht im Vergütungsfestsetzungsverfahren zu entscheiden.

---

42 *Bischof* in Bischof/Jungbauer, RVG, § 11 Rn. 73; Gerold/Schmidt/*Müller-Rabe*, RVG, § 11 Rn. 160 ff.; *Hartmann*, RVG, 11 Rn. 50.

43 OLG Düsseldorf v. 27.1.2005 – 10 WF 38/04 – Rpfleger 2005, 267.

44 Gerold/Schmidt/*Müller-Rabe*, RVG, § 11 Rn. 164.

45 ThürOLG v. 15.1.2015 – 1 W 9/15 –, juris; OLG Koblenz 9.8.2004 – 14 W 511/04 – AGS 2004, 443 m. Anm. *N. Schneider*.

Bei dem Einwand der Schlechterfüllung handelt es sich um einen materiell-rechtlichen Einwand, gleiches gilt, wenn die Aufrechnung mit einer eigenen Forderung z.B. einem Schadenersatzanspruch erklärt wird; aber auch die Rüge des Auftraggebers, er sei nicht darüber aufgeklärt worden, dass im PKH-Verfahren Anwaltskosten entstehen können[46] fällt darunter.

Lediglich unstreitig getilgte Beträge wie z.B. gezahlte **Vorschüsse** auf die Vergütung sind vom Gesamtbetrag abzusetzen (§ 11 Abs. 1 S. 2 RVG). Eine teilweise bestrittene Zahlung führt jedoch nur insoweit zur Ablehnung, nicht jedoch hinsichtlich der Restforderung.[47]

→ **Beispiel:**

Auf die Anhörung erklären die Auftraggeber, der Rechtsanwalt habe einen von ihnen geleisteten Vorschuss in Höhe von 600,00 € nicht abgezogen.

Ergebnis:
Vor der Entscheidung ist nun der Rechtsanwalt zu hören. Er erklärt, der Vorschuss sei nicht auf diese Angelegenheit, sondern auf eine andere Angelegenheit geleistet worden. Da es sich nicht um unstreitig getilgte Beträge handelt, ist die Festsetzung in Höhe des bestrittenen Betrages von 600,00 € abzulehnen, § 11 Abs. 5 RVG.

694 Werden Tatsachen vorgetragen, die den Anspruch nicht angreifen, ihn aber hemmen, handelt es sich um die Geltendmachung eines **Leistungsverweigerungsrechts** (z.B. **Verjährung** → Rn. 684), also um rechtshemmende/rechtsausschließende Einreden. Allerdings rechtfertigt eine nach Aktenlage offensichtlich unbegründete Verjährungseinrede nicht die Verweisung des Antragstellers vom vereinfachten Verfahren nach § 11 RVG auf den Prozessweg[48] und dann kann diese Einrede auch nicht das Verfahren blockieren.[49] Aus diesem Grund hat der Rechtspfleger zu prüfen, wann und wodurch der früheste Fälligkeitstatbestand eingetreten ist und ob der Anspruch tatsächlich schon verjährt sein könnte.[50]

→ **Beispiel:**

Der Rechtsanwalt hat seine Auftraggeber im Rechtsstreit als Prozessbevollmächtigter vertreten. Der Prozess endet durch ein Endurteil mit Kostengrundentscheidung. Auf die Anhörung erklären die Auftraggeber, der Anspruch sei bereits verjährt.

Ergebnis:
Der Einwand steht der Festsetzung nicht entgegen, wenn sich aus der Akte unstreitig ergibt, dass dieser Einwand unbegründet ist. Nach § 8 Abs. 1 S. 2 RVG ist mit Erlass der Kostenentscheidung die Vergütung fällig, sodass der Rechtspfleger mit einem Blick auf das Datum des Erlasses/der Verkündung des Urteils erkennen kann, ob die 3-jährige Verjährungsfrist abgelaufen ist.

---

46 OLG Koblenz v. 22.12.2005 – 14 W 816/05 – Rpfleger 2006, 327.
47 OLG Saarbrücken v. 22.10.2004 – 2 W 260/04 – AGS 2005, 210 m. Anm. *N. Schneider*.
48 Gerold/Schmidt/*Müller-Rabe*, RVG, § 11 Rn. 178.
49 HansOLG Hamburg v. 22.11.1994 – 2 WF 96/93 – JurBüro 1995, 426.
50 Gerold/Schmidt/*Müller-Rabe*, RVG, § 11 Rn. 178 ff.

695 In der Praxis kann der Antragsgegner mit **außergebührenrechtlichen Einwendungen** und Einreden grundsätzlich das Verfahren nach § 11 RVG abwenden. Allein die Erhebung solcher Einwendungen führt nach dem Wortlaut des Gesetzes zur **Ablehnung der Festsetzung,** § 11 Abs. 5 RVG.[51] Eine Substantiierung der Einwendungen ist nur insoweit nötig, dass ein Bezug auf das Ausgangsverfahren und der nichtgebührenrechtliche Charakter deutlich werden.[52] Die Einwendung muss jedoch auf die Besonderheiten des konkreten Falles bezogen sein und jedenfalls im Ansatz die Möglichkeit erkennen lassen, dass der Anspruch des Antragstellers aus materiell-rechtlichen Gründen unbegründet sein könnte,[53] sodass die bloße Wiederholung des Gesetzestextes nicht ausreicht.[54] Der Begründetheit des anwaltlichen Vergütungsanspruchs stehen aber nur konkret fassbare Umstände entgegen, bloße Unzufriedenheit der Partei mit dem Auftreten ihres Prozessbevollmächtigten vor Gericht reicht allein nicht aus.[55]

c) Unbeachtliche Einwände

696 Die Zulässigkeit von unsubstantiierten Einwendungen im Verfahren nach § 11 RVG hat dazu geführt, dass die Rechtsprechung versucht, mit einer weiteren Kategorie von Einwänden zu argumentieren, nämlich den „unbeachtlichen Einwänden".[56]

Unbeachtlich ist ein Einwand nur, wenn er die **Vergütungsfestsetzung nicht berührt**, das ist z.B. der Fall, wenn vorgetragen wird, die Rechtsschutzversicherung zahle, der Gegner begleiche die Rechnung oder es bestehe eine Gebührenteilung zwischen dem Prozessbevollmächtigten und dem Verkehrsanwalt.[57]

697 Auch ein Einwand, der völlig unsubstantiiert, handgreiflich unrichtig oder offensichtlich aus der Luft gegriffen ist, hindert die Festsetzung nicht.[58] Aus diesem Grunde ist es notwendig, dass im Verfahren nach § 11 RVG wenigstens eine **überschlägige Prüfung** dahingehend erfolgt, ob die

---

51 Siehe hierzu ThürOLG v. 18.5.2012 – 9 W 212/12 –, juris; ausführlich auch die Auflistung der Judikatur bei *Bischof* in Bischof/Jungbauer, RVG, § 11 Rn. 71, 72.

52 KG v. 30.11.2006 – 1 W 399/06 – KGR Berlin 2007, 382 = RVGreport 2007, 62 (*Hansens*); OLG Naumburg v. 28.12.2007 – 8 WF 278/07 – OLGR Naumburg 2008, 762 = AGS 2009, 34; OLG Frankfurt v. 29.7.2010 – 15 W 33/10 – JurBüro 2011, 32.

53 KG v. 30.11.2006 – 1 W 399/06 – KGR Berlin 2007, 382 = RVGreport 2007, 62 (*Hansens*); BayVerwaltungsgerichtshof München v. 23.8.2012 – 22 C 12.1418 –, juris.

54 KG, a.a.O.; so auch OLG Koblenz v. 22.12.2005 – 14 W 816/05 – AGS 2006, 168.

55 *OLG Karlsruhe*, KostRspr. BRAGO § 19 Nr. 187.

56 Zum wortgleichen § 19 Abs. 5 BRAGO beispielsweise das OLG Koblenz v. 6.7.1976 – 6 W 385/76 – AnwBl 1977, 70 m.w.N.

57 Gerold/Schmidt/*Müller-Rabe*, RVG, § 11 Rn. 113.

58 Gerold/Schmidt/*Müller-Rabe*, RVG, § 11 Rn. 117.

Einwände im Ansatz erkennbar und sachlich nachvollziehbar sind.[59] Völlig unsubstantiierte, nicht fallbezogene Einwendungen, wie der Hinweis „Ich fühle mich schlecht beraten", stehen der Festsetzung auch nicht entgegen.[60] Die Wiedergabe eines Gefühls allein ist nicht ausreichend.

698 Vielleicht ein weiterer Grund, um, wie von *Lappe*[61] vorgeschlagen, über die Abschaffung des Vergütungsfestsetzungsverfahrens nachzudenken. *Lappe* ist der Auffassung, dass Rechtsanwälte als Angehörige der Freien Berufe dieses „Sonderrecht" nicht (mehr) brauchen, da das heutige Mahnverfahren (§§ 688 ff. ZPO) ein guter Ersatz sei.

III. Die Entscheidung

699 Die Entscheidung über den Festsetzungsantrag ergeht durch Beschluss. Wie jede gerichtliche Entscheidung muss dieser **Vergütungsfestsetzungsbeschluss** die üblichen Standards erfüllen. Er muss deutlich machen, wer an wen wie viel zu zahlen hat. Außerdem muss aus ihm hervorgehen, was beantragt wurde und inwieweit dem Antrag stattgegeben wurde. Auf Antrag ist eine Verzinsung mit 5 Prozentpunkten über dem Basiszinssatz gem. § 247 BGB ab Eingang des Antrages bei Gericht (§ 11 Abs. 2 S. 3 RVG, § 104 Abs. 1 S. 2 ZPO) auszusprechen.

700 Sind mehrere Personen Gläubiger oder Schuldner, so muss auch ausgesprochen werden, wie viel jeder verlangen oder zahlen kann/muss oder ob Gesamtgläubigerschaft bzw. Gesamtschuldnerschaft besteht.

701 Da aus dem Vergütungsfestsetzungsbeschluss die **Zwangsvollstreckung** wie aus einem Kostenfestsetzungsbeschluss (§§ 11 Abs. 2 S. 3 RVG, 795 Abs. 1 Nr. 2 ZPO) stattfinden kann, sind auch hier die Voraussetzungen des § 750 ZPO zu beachten; er hat demnach folgende Angaben zu enthalten:

- volles Rubrum: hier Antragsteller und Antragsgegner des Vergütungsfestsetzungsverfahrens und nicht die Parteien des Ausgangsverfahrens,
- die Höhe der festgesetzten Vergütung,
- Aussage, wer an wen etwas zu zahlen hat,
- Verzinsung ab Antragseingang bei Gericht,

---

59 OLG Koblenz v. 18.9.1995 – 14 W 546/95 – MDR 1996, 862; s. hierzu *Schmeel*, MDR 1997, 1095.
60 OLG München v. 18.3.1997 – 11 W 1029/97 – Rpfleger 1997, 407.
61 *Lappe*, Rpfleger 1996, 183.

- Kostenentscheidung über die Kosten des Vergütungsfestsetzungsverfahrens,
- Begründung,
- Datum,
- Unterschrift der Rechtspflegerin/des Rechtspflegers (volle Unterschrift, Paraphe reicht nicht),
- Hinzufügung der Bezeichnung „Rechtspfleger“ (§ 12 RPflG).

1. Haftung mehrerer Auftraggeber

702 Hatte der Rechtsanwalt **mehrere Auftraggeber**, erhält er Gebühren und Auslagen grundsätzlich nur einmal, § 7 Abs. 1 RVG. Nach § 7 Abs. 1 i.V.m. VV 1008 RVG wird jedoch berücksichtigt, dass die Tätigkeit für mehrere Auftraggeber regelmäßig mit zusätzlichem Aufwand verbunden ist. Deshalb wird beispielsweise bei Wertgebühren die **Verfahrensgebühr** pro weiterem Auftraggeber **erhöht**, wenn der Rechtsanwalt für mehrere Auftraggeber in derselben Angelegenheit wegen desselben Gegenstandes tätig wird (→ Rn. 574 ff.).

703 Nach § 7 Abs. 2 S. 1 RVG schuldet jedoch jeder Auftraggeber dem Rechtsanwalt nur das, was er auch schulden würde, wenn der Rechtsanwalt nur in seinem Auftrag tätig geworden wäre, insgesamt jedoch höchstens die erhöhte Vergütung, § 7 Abs. 2 S. 2 RVG.

Diese Regelung wird als **eigenartiges Gesamtschuldverhältnis** angesehen, eigenartig deshalb, weil die Gesamtvergütung grundsätzlich höher ist als die Vergütung, die der einzelne Auftraggeber schuldet.[62] Soweit diese die gleiche Vergütung, d.h. regelmäßig ohne die Erhöhung nach Nr. 1008 VV schulden, kann der Rechtsanwalt wegen des Gesamtschuldverhältnisses die Vergütung ohne die Erhöhung von jedem der Auftraggeber fordern, insgesamt aber nur einmal. Dann bleibt aber immer noch der Rest der Vergütung übrig, nämlich die Erhöhung und die darauf entfallende Umsatzsteuer. Wer haftet dafür? Um bei keinem der Auftraggeber eine zu hohe Haftung zu ermöglichen, muss dieser Betrag aus der Gesamthaft herausgerechnet und der Rest dann auf alle Auftraggeber verteilt werden. Nur so kann sichergestellt werden, dass keiner der Auftraggeber über die Grenze des § 7 Abs. 2 S. 1 RVG hinaus haftet.

704 Im Vergütungsfestsetzungsverfahren ist das zumindest immer zu berücksichtigen, wenn einer der Auftraggeber einen Vorschuss geleistet hat, der nach § 11 Abs. 1 S. 2 RVG zu verrechnen ist. Deshalb bleibt dem Rechtspfleger in diesem Fall gar nichts anderes übrig, als eine Titulierung

---

62 NK-GK/*Klos*, RVG, § 7 Rn. 8; Riedel/Sußbauer/*Fraunholz*, RVG, 9. Auflage 2009; § 7 Rn. 47.

aufgeteilt in gesamtschuldnerischen und individualschuldnerischen Anteil vorzunehmen bzw. dieses zu ermitteln.

Die vorgeschlagenen Wege für die Berechnung sind kompliziert und führen lt. *Müller-Rabe* teilweise auch nicht immer zu einem richtigen Ergebnis.[63]

705 Bei der Berechnungsvariante, die ich in der Vorauflage ebenfalls vertreten habe, wird zunächst die Vergütung mit Erhöhung nach VV 1008 RVG ermittelt und dann ein Erhöhungsbetrag nebst anteiliger Umsatzsteuer so viele Male abgezogen, wie Auftraggeber vorhanden sind.[64]

→ **Beispiel: Haftung bei 3 Auftraggebern**

A, B und C werden durch einen RA in demselben Prozess vertreten. Sie sind Gesamtschuldner, sodass die Voraussetzungen für die Erhöhung erfüllt sind.

Der Gegenstandswert beträgt 8.000,00 €.

A hat einen Vorschuss von 500,00 € gezahlt.

Die Gesamtvergütung des RA beträgt demnach:

1,9 Verfahrensgebühr §§ 2, 13 Nr. 3100, 1008 VV RVG	866,40 €
1,2 Terminsgebühr §§ 2, 13 Nr. 3104 VV RVG	547,20 €
Auslagenpauschale Nr. 7002 VV RVG	20,00 €
Insgesamt	1.433,60 €
19% Umsatzsteuer Nr. 7008 VV RVG	272,38 €
Gesamtvergütung	1.705,98 €

Die Erhöhung für einen Auftraggeber beträgt eine 0,3 Gebühr aus dem Gegenstandswert

von 8.000,00 € = 136,80 € zzgl. 19% USt i.H.v. 25,99 € = 162,79 € (Kopfteil).

Dieser Betrag ist nun dreimal von der Gesamtvergütung in Abzug zu bringen, da es sich um 3 Auftraggeber handelt.

1.705,98 € abzüglich 488,37 € (3x162,79 €) = 1.217,61 € (Gesamthaft).

Für den Betrag von 1.217,61 € haften A, B und C wie Gesamtschuldner,

jeder einzelne Auftraggeber haftet zusätzlich noch für einen Betrag von 162,79 € allein.

Die Haftungsgrenze für jeden Auftraggeber liegt bei der Vergütung ohne jegliche Erhöhung, § 7 Abs. 2 S. 1 RVG.

---

63 *Müller-Rabe* in Gerold/Schmidt, RVG, § 11 Rn. 261, hat deshalb davon abgesehen, die in der Vorauflage noch durchgeführte Berechnung in die aktuelle Auflage zu übernehmen.

64 *Hansens/Schneider*, Formularbuch Anwaltsvergütung im Zivilrecht, Teil 3 Rn. 53.

Diese berechnet sich wie folgt:

1,3 Verfahrensgebühr §§ 2, 13 Nr. 3100 VV RVG	592,80 €
1,2 Terminsgebühr §§ 2, 13 Nr. 3104 VV RVG	547,20 €
Auslagenpauschale Nr. 7002 VV RVG	20,00 €
Insgesamt	1.160,00 €
19% Umsatzsteuer Nr. 7008 VV RVG	220,40 €
Gesamtvergütung	1.380,40 €

Vergleichsrechnung:
1.217,61 € Gesamthaft zzgl. 162,79 € Kopfteil = 1.380,40 €. Damit ist klar, dass keiner der Auftraggeber für einen höheren Betrag haftet, als er schulden würde, wenn er den RA allein beauftragt hätte.

Die Methode hat den Vorteil, dass auch bei mehreren Erhöhungen sehr einfach die Gesamtschuld ermittelt werden kann.

Angenommen der Rechtsanwalt hat 5 Auftraggeber, dann ergibt sich folgende Gesamtvergütung:

2,5 Verfahrensgebühr §§ 2, 13 Nr. 3100, 1008 VV RVG	1.140,00 €
1,2 Terminsgebühr §§ 2, 13 Nr. 3104 VV RVG	547,20 €
Auslagenpauschale Nr. 7002 VV RVG	20,00 €
Gesamtbetrag	1.707,20 €
19% Umsatzsteuer Nr. 7008 VV RVG	324,37 €
Gesamtvergütung	2.031,57 €

Der Kopfteil des einzelnen Auftraggebers bleibt bei 162,79 €,
wird dieser Betrag fünfmal = 813,95 € abgezogen, ergibt das ebenfalls wieder den Betrag von 1.217,61 € als Gesamthaft.

Es stellt sich jedoch die Frage, ob diese Methode auch bei 10 Auftraggebern noch zu einem richtigen Ergebnis führt. Nach VV 1008 Abs. 3 RVG dürfen mehrere Erhöhungen einen Gebührensatz von 2,0 nicht übersteigen. Das ist aber ab dem 8. Auftraggeber der Fall, denn bei einer Erhöhung von 0,3 pro weiterem Auftraggeber ist der Gebührensatz von 2,0 bei 7 weiteren Auftraggebern (2,1) erreicht.

Bei 10 Auftraggebern beträgt die Gesamtvergütung des RA:

3,3 Verfahrensgebühr §§ 2, 13 Nr. 3100, 1008 VV RVG	1.504,80 €
1,2 Terminsgebühr §§ 2, 13 Nr. 3104 VV RVG	547,20 €
Auslagenpauschale Nr. 7002 VV RVG	20,00 €
Gesamtbetrag	2.072,00 €
19% Umsatzsteuer Nr. 7008 VV RVG	393,68 €
Gesamtvergütung	2.465,68 €

Der Kopfteil des einzelnen Auftraggebers bleibt bei 162,79 €,

wird dieser Betrag zehnmal = 1.627,90 € abgezogen, ergibt das als Gesamthaft den Betrag von 837,78 €.

Bei Hinzurechnung eines Kopfteils würde jeder einzelne Auftraggeber dann nur für einen Betrag von 1.000,57 € haften, was aber nicht der Vergütung für einen Auftraggeber entspricht.

Das Nachsehen hätte unter Umständen der RA, wenn nicht jeder der Auftraggeber leistungsfähig ist.

An dieser Stelle zeigen sich die Schwächen der Berechnungsmethode. Deshalb favorisiere ich folgende Berechnung:[65]

Zunächst wird die tatsächlich angefallene Erhöhung ermittelt, indem von der erhöhten Gesamtvergütung der Betrag der Vergütung abgezogen wird, die ohne Erhöhung angefallen wäre.

2.465,68 € abzüglich 1.380,40 € = 1.085,28 €.

Der Differenzbetrag wird jetzt durch die Anzahl der weiteren Auftraggeber – hier 9 – geteilt, um den Kopfteil pro weiterem Auftraggeber zu ermitteln: 1.085,28 € : 9 = 120,58 €.[66]

Um die Gesamthaft zu ermitteln, wird ein Kopfteilbetrag von der nicht erhöhten Vergütung in Höhe von 1.380,40 € in Abzug gebracht.

Das Ergebnis ist nun die Gesamthaft von 1.259,82 €.

Für den Betrag von 1.259,82 € haften alle Auftraggebern gemeinschaftlich und daneben dann noch jeder Einzelne für den Kopfteil von 120,58 €.

Vergleichsrechnung:

1.259,82 € Gesamthaft zzgl. 120,58 € Kopfteil = 1.380,40 €. Damit ist klar, dass keiner der Auftraggeber für einen höheren Betrag haftet, als er schulden würde, wenn er den RA allein beauftragt hätte.

65 Die man im Übrigen auch bei einer geringeren Anzahl von Auftraggebern anwenden kann.

66 Eigentlich 120,5866 €, sodass auf 120,59 € aufzurunden wäre. Das kann dann aber im Ergebnis dazu führen, dass einige Cent zu viel berücksichtigt werden. Das sollte man in der Praxis dann über die Gesamthaft ausgleichen.

2. Berücksichtigung unstrittiger Zahlungen eines Auftraggebers

706 Wie ist nun eine unbestrittene bzw. belegte Zahlung eines der Auftraggeber zu verrechnen? Dieses ist nach § 11 Abs. 1 S. 2 RVG grundsätzlich vorgesehen. Zunächst wird die Zahlung auf die Einzelhaftung (den Kopfteil) des entsprechenden Auftraggebers verrechnet, weil dieses die weniger sichere Forderung ist, da der Einzelne hierfür allein haftet (entspr. § 366 Abs. 2 BGB). Unter Umständen ist die Einzelhaftung des Auftraggebers dann erloschen. Der evtl. Restbetrag wird dann auf die Gesamtschuld (Gesamthaft) zugunsten aller Auftraggeber verrechnet, die sich dann entsprechend insgesamt verringert.

→ **Fortführung des obigen Beispiels: 3 Aufraggeber**

Der Vorschuss des A in Höhe von 500,00 € muss nun auch auf die Schuld des A verrechnet werden und zwar zunächst entsprechend § 366 Abs. 2 BGB auf die Einzelschuld (Kopfteil). Die Einzelschuld des A in Höhe von 162,79 € ist damit erloschen und es bleibt noch ein Restbetrag von 337,21 € übrig.

Dieser Restbetrag ist nun auf die Gesamtschuld von 1.217,61 € zu verrechnen, die damit nur noch 880,40 € beträgt.

Der RA hat jetzt noch folgende Forderung:
A, B und C schulden als Gesamtschuldner 880,40 €;
B und C außerdem noch je ihre Einzelschuld von 162,79 € (Kopfteil).

3. Zustellung des Beschlusses

707 Der Vergütungsfestsetzungsbeschluss ist dem **Gegner förmlich zuzustellen**, §§ 11 Abs. 2 S. 3 RVG, 104 Abs. 1 S. 3 ZPO. Dem **Antragsteller** ist er nur zuzustellen, wenn seinem **Antrag nicht voll entsprochen** wurde, andernfalls reicht die formlose Übersendung aus. Die Zustellung an Rechtsanwälte erfolgt mittels Empfangsbekenntnis; bei anwaltlicher Vertretung des Auftraggebers im Verfahren nach § 11 RVG ist an diesen ebenfalls mit EB zuzustellen.

IV. Kosten des Vergütungsfestsetzungsverfahrens

708 Das Vergütungsfestsetzungsverfahren selbst ist **gerichtsgebührenfrei,** und auch der **Rechtsanwalt** kann für den Antrag **keine Gebühr** berechnen, § 11 Abs. 2 S. 4 RVG. Aus diesem Grund gibt es keinen eigenen Gebührentatbestand für das Vergütungsfestsetzungsverfahren im GKG und somit kann auch keine Gerichtsgebühr erhoben werden.

Das Verfahren ist zwar gebührenfrei, aber nicht auslagenfrei.[67] In der Regel fallen **Auslagen** für die **Postzustellung** an, da an den Antragsgegner

67 *Mümmler*, JurBüro 1997, 74.

mittels Zustellungsurkunde zugestellt wird. Hinsichtlich der Pauschale für Zustellungen gilt auch in diesem Fall die Anmerkung S. 1 zu KV 9002 GKG, wonach diese nur unerhoben bleibt neben Gebühren, die sich nach dem Streitwert richten. Da keine Gebühren anfallen, sind die Zustellungsauslagen ab der ersten Zustellung zu erheben.

Kostenschuldner dieser Auslagen ist zunächst der **Antragsteller** selbst, § 22 Abs. 1 S. 1 GKG, also in der Regel der Rechtsanwalt. Auslagen werden jedoch erst fällig, wenn eine unbedingte Entscheidung über die Kosten ergangen ist, § 9 Abs. 1 Nr. 1 GKG. Die beantragte Entscheidung – der Vergütungsfestsetzungsbeschluss – ist eine Prozesshandlung des Gerichts,[68] deren Zustellung von Amts wegen zu erfolgen hat, weil es sich um einen Vollstreckungstitel handelt, § 329 Abs. 3 ZPO und damit Teil dieser Prozesshandlung ist.[69] Wird die Vornahme einer Handlung beantragt, die bare Auslagen nach GKG KV 9000 ff. verursacht, so hat derjenige, der die Handlung beantragt, einen hinreichenden Vorschuss zu leisten, § 17 Abs. 1 GKG. Das Gericht kann den Erlass der Entscheidung von der Zahlung des Vorschusses abhängig machen, § 17 Abs. 1 S. 2 GKG, d.h. die Prozesshandlung unterbleibt, wenn nicht gezahlt wird. Das Verfahren ruht aus Gründen der Zweckmäßigkeit.[70]

Keinesfalls darf der Antrag inhaltlich zurückgewiesen werden, denn ein derartiger Ablehnungsbeschluss erwächst in Rechtskraft, sobald gegen ihn kein Rechtsbehelf mehr zulässig ist.[71] Auch wenn man die Zustellung nicht als Teil der Prozesshandlung ansieht, dann ist sie auf jeden Fall eine andere Gerichtshandlung,[72] für die dann ein Vorschuss nach pflichtgemäßem Ermessen – allerdings ohne Abhängigmachung – erhoben werden kann, § 17 Abs. 3 GKG.[73]

V. Kostenentscheidung

709 In der Praxis werden die Zustellungsauslagen in der Regel vorher von den antragstellenden Rechtsanwälten erfordert oder von diesen gleich eingezahlt. Diese beantragen dann regelmäßig die Mitfestsetzung dieser Auslagen. Um eine **Kostenerstattungspflicht** des **Antragsgegners** zu begründen, bedarf es auch einer Entscheidung über die Kostentragungspflicht. Der

---

68 *Rosenberg/Schwab/Gottwald*, § 58 Rn. 4.
69 Lt. LG Verden v. 2.11.2015 – 3 T 120/15 –, juris „unteilbarer Teil dieser Prozesshandlung".
70 BVerfG v. 12.1.1960 – 1 BvL 17/59 – BVerfGE 10, 264.
71 BGH v. 5.12.1996 – IX ZR 678/96 – Rpfleger 1997, 231 = NJW 1997, 743.
72 *Rosenberg/Schwab/Gottwald*, § 58 Rn. 6.
73 Zum selben Problem beim Kostenfestsetzungsverfahren nach § 788 ZPO siehe *von König*, RpflStud 2016, 127 ff.

Vergütungsfestsetzungsbeschluss muss eine **Kostenentscheidung** für die in diesem Verfahren entstandenen Kosten enthalten. Ist die Entscheidung unterblieben, so kann sie durch Ergänzungsbeschluss (§ 321 ZPO) nachgeholt werden. Bei mehreren Antragsgegnern ist auch die Haftung hinsichtlich der Kosten auszusprechen. Hierfür gilt jedoch nicht § 7 Abs. 2 RVG sondern § 100 ZPO, sodass sich bei Gesamtschuldnern deren gesamtschuldnerische Haftung allenfalls § 100 Abs. 4 ZPO infrage kommt.[74]

710 Sind die **Zustellungsauslagen** unstreitig vom Antragsteller gezahlt, kann der Betrag gleichzeitig mit festgesetzt werden, § 11 Abs. 2 S. 5 RVG. Dabei sollte jedoch darauf geachtet werden, dass die Kosten nicht mit dem festzusetzenden Betrag zusammengerechnet werden, denn diese stellen **keine Vergütung** nach dem RVG dar. Hinzukommt außerdem, dass die Kosten dann u.U. automatisch mit dem Hauptanspruch verzinst werden würden, was auch nicht korrekt wäre. Zum einen stellt sich die Frage, ob die Kosten überhaupt der Verzinsung unterliegen, da dieses in § 11 Abs. 2 S. 5 RVG nicht erwähnt ist und in § 11 Abs. 2 S. 6 RVG ausdrücklich geregelt ist, dass eine weitere Kostenerstattung nicht stattfindet. Zum anderen ergibt sich dann das Problem, dass eine Verzinsung wohl frühestens mit Erlass der Kostengrundentscheidung über die Kosten des Vergütungsfestsetzungsverfahrens erfolgen könnte und nicht ab Antragseingang des Festsetzungsantrages.

VI. Rechtsmittel gegen den Vergütungsfestsetzungsbeschluss

711 Die Entscheidung des Gerichts ist mit der **sofortigen Beschwerde** anfechtbar, §§ 11 Abs. 2 S. 3 RVG, 104 Abs. 3 ZPO, 11 Abs. 1 RPflG. Die sofortige Beschwerde ist binnen einer **Notfrist von 2 Wochen** ab Zustellung des Vergütungsfestsetzungsbeschlusses beim erkennenden Gericht oder beim Rechtsmittelgericht einzulegen, § 569 Abs. 1 ZPO. In Kostensachen ist die **Streitwertgrenze** des § 567 Abs. 2 ZPO zu beachten, die **200,00 €** beträgt. Berechnet wird die Beschwer nach dem Differenzbetrag, um den der Beschwerdeführer sich verbessern will. Zeitpunkt der Berechnung ist die Beschwerdeeinlegung, § 4 Abs. 1 ZPO, eine spätere Verringerung ist bedeutungslos, allerdings werden „nachgeschobene“ Kosten nicht hinzugerechnet, da sie bisher nicht anhängig waren. Die sofortige Beschwerde ist zu begründen, § 571 Abs. 1 ZPO. Der Rechtspfleger hat die sofortige Beschwerde auf Begründetheit zu prüfen, denn einer **begründeten Beschwerde hat er abzuhelfen**, § 572 Abs. 1 ZPO. Ist eine Abhilfe nicht möglich, ist die Sache unverzüglich dem Beschwerdegericht vorzulegen. **Beschwerdegericht** ist

74 KG v. 23.7.2014 – 5 W 202/14, 5 W 203/14 – AGS 2016, 402.

die jeweils nächst höhere Instanz gemäß dem Instanzenzug des GVG, also entweder das Landgericht, § 72 GVG, oder das Oberlandesgericht, § 119 GVG. Im Übrigen s. unter → Rn. 654 ff.

Vergütungsfestsetzungsbeschluss

Amtsgericht Charlottenburg
6 C 633/16

Berlin, den ___________

In dem Rechtsstreit
KESER GmbH ./. Ahrens u.a.

hier
Rechtsanwälte Stein & Partner
Kantstraße 7, 15057 Berlin, – vertreten durch die Rechtsanwältin Elvi Blosche, ebenda –

– Antragstellerin –

gegen

1. Andreas Ahrens, Dauerwaldweg 7, 14055 Berlin-Charlottenburg,
2. Beate Buck, Eichkampstraße 8, 14055 Berlin-Charlottenburg,
3. Claudia Conradi, Dauerwaldweg 19, 14055 Berlin-Charlottenburg,

– Antragsgegner –

haben die Antragsgegner der Antragstellerin Gebühren und Auslagen
im Betrag von noch **1.205,98 €** – i.W.: Tausendzweihundertfünf Euro –
nebst Zinsen in Höhe von 5 Prozentpunkten über dem Basiszinssatz gemäß § 247 BGB seit dem 8.11.2016 zu zahlen.

Für einen Betrag in Höhe von 808,40 € haften alle Antragsgegner gesamtschuldnerisch, hinsichtlich des Restbetrages schulden die Antragsgegnerinnen zu 2) Beate Buck und zu 3) Claudia Conradi jeweils einen Betrag von 162,79 €.

Im Übrigen wird der Antrag zurückgewiesen.

Die Kosten des Vergütungsfestsetzungsverfahrens tragen die Antragsgegner, sie betragen 10,50 € und sind ebenfalls von den Antragsgegnern als Gesamtschuldner zu zahlen.

Gründe:

Die Antragstellerin hat mit Schriftsatz vom 7.11.2016 die Festsetzung ihrer Vergütung gemäß § 11 RVG im Gesamtbetrag von 1.705,98 € beantragt. Die Antragstellerin hat die Antragsgegner in einem Rechtsstreit vertreten, in dem diese auf Zahlung von 8.000,00 € verklagt waren. Hieraus resultiert der Vergütungsanspruch der Antragstellerin.

Auf die ordnungsgemäße Anhörung haben die Antragsgegner Einwände erhoben, die teils im Gebührenrecht ihren Grund hatten und teils nicht im Gebührenrecht gründen. Bei Letzterem handelt es sich um den Einwand, dass sie den Eindruck hätten, die Rechtsanwältin habe nicht so richtig Bescheid gewusst. Dieser Einwand ist jedoch nicht geeignet, das Verfahren gem. § 11 Abs. 5 RVG zu hindern, da er auf einem Gefühl und nicht auf Tatsachen beruht.

Zudem hat der Antragsgegner zu 1) erklärt, er habe am 29.7.2015 einen Vorschuss in Höhe von 500,00 € an die Antragstellerin gezahlt, der von der Vergütung abzusetzen sei. Auf Anhörung erklärte die Antragstellerin, dass dieser Betrag versehentlich nicht berücksichtigt worden sei und hat ihren Antrag entsprechend korrigiert.

Es war somit antragsgemäß folgende Vergütung zu berücksichtigen:

1,9 Verfahrensgebühr §§ 2, 13 Nr. 3100, 1008 VV RVG	866,40 €
1,2 Terminsgebühr §§ 2, 13 Nr. 3104 VV RVG	547,20 €
Auslagenpauschale Nr. 7002 VV RVG	20,00 €
Gesamtbetrag	1.433,60 €
19% Umsatzsteuer Nr. 7008 VV RVG	272,38 €
Gesamtvergütung	1.705,98 €

Der unstreitig gezahlte Vorschuss in Höhe von 500,00 € war zugunsten der Antragsgegner zu verrechnen, § 11 Abs. 1 S. 2 RVG. Hinsichtlich der Haftung der Auftraggeber war § 7 Abs. 2 RVG zu beachten, wonach zu ermitteln ist, für welchen Betrag der einzelne Auftraggeber haftet. Hierbei war die Gesamtschuld zu ermitteln, nämlich die Gesamtvergütung abzüglich der Anteile für die Kopfteilhaftung der einzelnen Auftraggeber. Zu diesem Zweck wurde ein Erhöhungsbetrag zuzüglich anteiliger Umsatzsteuer ermittelt und dieser Anteil dann für jeden einzelnen Auftraggeber von der Gesamtvergütung abgezogen, was eine Gesamtschuld von 1.217,61 € sowie pro Auftraggeber einen Kopfteilbetrag von 162,79 € ergab.

Der Vorschuss musste sodann auf die Schuld des Antragsgegners zu 1) verrechnet werden und zwar entspr. § 366 Abs. 2 BGB auf die Einzelschuld (Kopfteil) und der Restbetrag von 337,21 € auf die Gesamtschuld, die damit nur noch 880,40 € beträgt.

Die Verzinsung des Festsetzungsbetrages war ab Antragseingang bei Gericht, also ab 8. November 2016 auszusprechen, § 104 Abs. 1 S. 2 ZPO.

Der Antrag war hinsichtlich der verauslagten Zustellungsauslagen in Höhe von 10,50 € dergestalt auszulegen, dass deren Mitfestsetzung gewollt war, § 11 Abs. 2 S. 5 RVG. Aus diesem Grunde war eine Kostenentscheidung zu treffen, diese folgt aus §§ 91, 100 Abs. 4 ZPO.

Rechtsbehelfsbelehrung:

Gegen diesen Beschluss ist das Rechtsmittel der sofortigen Beschwerde statthaft. Diese ist binnen einer Notfrist von 2 Wochen ab Zustellung des Beschlusses entweder beim Amtsgericht Charlottenburg, Amtsgerichtsplatz 1, 14057 Berlin oder beim Landgericht Berlin, Tegeler Weg 17–21, 10589 Berlin, schriftlich oder zu Protokoll der Geschäftsstelle einzulegen. Die Beschwerdeschrift muss die Bezeichnung des angefochtenen Beschlusses sowie die Erklärung enthalten, dass Beschwerde gegen diese Entscheidung eingelegt wird.

Sorgsam,
Rechtspflegerin

M. Gebühren eines weiteren Rechtsanwalts und deren Erstattungsfähigkeit

712 Im Rechtsstreit kann auch ein Rechtsanwalt tätig werden, der nicht zum Prozessbevollmächtigten bestellt ist. Seine Aufgabe beschränkt sich dann lediglich auf einen bestimmten Teil der Prozessführung; so kann er als **Verkehrsanwalt** oder als **Vertreter** in einem Termin die Partei vertreten.

→ **Beispiel:**

Der in Berlin wohnende Kläger führt einen Prozess beim Landgericht in Lübeck, weil der Beklagte dort seinen allgemeinen Gerichtsstand hat. Beim LG herrscht Anwaltszwang, § 78 Abs. 1 ZPO, d.h., die Parteien müssen sich durch einen Rechtsanwalt vertreten lassen. Der Kläger hat nun verschiedene Möglichkeiten:

Er beauftragt einen in Berlin ansässigen Rechtsanwalt als **Prozessbevollmächtigten**, dieser kann ihn in Lübeck am LG auch vertreten, allerdings würde die Reise zum auswärtigen Termin nicht unerhebliche Reisekosten verursachen.

Der in Berlin ansässige Rechtsanwalt wird nur als **Verkehrsanwalt** tätig, während ein in Lübeck residierender Rechtsanwalt als Prozessbevollmächtigter den Rechtsstreit führt. Der Verkehrsanwalt vermittelt zwischen dem Kläger und dessen Prozessbevollmächtigten.

Der in Berlin ansässige Rechtsanwalt wird Prozessbevollmächtigter, er überträgt jedoch einem in Lübeck residierenden Rechtsanwalt die Vertretung in der mündlichen Verhandlung oder in einer Beweisaufnahme entweder als **Sitzungsvertreter** oder als **Unterbevollmächtigter**.

713 Für diese **Einzeltätigkeiten** sieht das Gesetz spezielle Gebühren vor. Die Gebühren des Verkehrsanwalts und des Sitzungsvertreters ergeben sich aus Teil 3 Abschnitt 4 des VV RVG.

I. Korrespondenz- bzw. Verkehrsanwaltskosten

714 Führt ein Rechtsanwalt lediglich den Verkehr einer Partei mit dem Prozessbevollmächtigten, so ist er **Korrespondenz- oder Verkehrsanwalt** und damit ist er ein **weiterer Bevollmächtigter** der Partei neben dem Prozessbevollmächtigten.[1] Seine Aufgabe besteht darin, zwischen dem Prozessbevoll-

---

1 *Jungbauer* in Bischof/Jungbauer, RVG, VV 3400 Rn. 9; Gerold/Schmidt/*Müller-Rabe*, RVG, VV 3400 Rn. 11.

mächtigten und der Partei zu vermitteln bzw. den entsprechenden Geschäftsverkehr zu führen. Seit der Änderung der Postulationsfähigkeit (→ Rn. 175, 225) hat der Verkehrsanwalt an Bedeutung verloren, denn die Partei kann sich grundsätzlich einen in der Nähe ihres Wohnsitzes residierenden Rechtsanwalt beauftragen, der dann auch zum Termin reisen darf (→ Rn. 616 ff.).

1. Vergütungsanspruch des Verkehrsanwalts

715 Der Verkehrsanwalt erhält für das Betreiben des Geschäfts eine **Verfahrensgebühr** nach Nr. 3400 VV RVG; diese Verfahrensgebühr steht jedoch in Abhängigkeit zur Verfahrensgebühr des Prozessbevollmächtigten, entsteht sie doch in Höhe der dem Verfahrensbevollmächtigten zustehenden Verfahrensgebühr – höchstens jedoch mit einem Gebührensatz von 1,0.

Die Gebühr entsteht, wenn der Anwalt im Auftrag der Partei tätig wird und den Verkehr mit dem Prozessbevollmächtigten vermittelt. Bei der Tätigkeit muss es sich um eine Tätigkeit nach Teil 3 des VV RVG handeln, d.h., es darf sich nicht um eine Tätigkeit handeln, für die dieser Teil des RVG nicht gilt (Tätigkeit als Vormund, Pfleger, Betreuer, Insolvenzverwalter, Nachlassverwalter usw.). Die Tätigkeit des Verkehrsanwalts muss nicht ausschließlich schriftlich, sondern kann auch telefonisch oder mündlich erfolgen, sie muss jedoch die Prozessführung betreffen.[2]

716 Grundsätzlich entstehen in Angelegenheiten des VV Teil 3 Abschnitt 4 Terminsgebühren nur dann, wenn dieses ausdrücklich vorgesehen ist. Für den Verkehrsanwalt sieht das Gebührenverzeichnis eine solche Gebühr jedoch nicht vor. Als Verkehrsanwalt kann er sich somit keine Terminsgebühr verdienen. Allerdings könnte ihm daneben ein Auftrag als Terminsvertreter erteilt werden. Für diesen Extraauftrag kann er dann auch eine Terminsgebühr nach VV 3402 RVG verdienen.[3] Um das aber klarzustellen: Er ist dann sowohl Verkehrsanwalt als auch Terminsvertreter, was in der Praxis nicht häufig vorkommen wird.

717 Zusätzlich kann der Verkehrsanwalt jedoch Ersatz seiner **Aufwendungen** verlangen, auf jeden Fall z.B. die Pauschale für Post- und Telekommunikationsdienstleistungen nach VV 7002 und die Umsatzsteuer nach VV 7008.

2. Die Erstattungsfähigkeit der Verkehrsanwaltskosten

718 Die unterlegene Partei hat insbesondere die dem Gegner erwachsenen Kosten zu erstatten. Zu erstatten sind diejenigen außergerichtlichen Kosten, die im Sinne von § 91 ZPO zur zweckentsprechenden Rechtsverfolgung

2 Gerold/Schmidt/*Müller-Rabe*, RVG, VV 3400 Rn. 36.
3 Gerold/Schmidt/*Müller-Rabe*, RVG, VV 3400 Rn. 61.

oder -verteidigung **notwendig** waren. Die Kosten **eines** Anwalts sind gemäß § 91 Abs. 2 S. 1 ZPO immer erstattungsfähig, eine Prüfung der Notwendigkeit der anwaltlichen Vertretung hat durch den Rechtspfleger nicht zu erfolgen. Allerdings hat er die geltend gemachten Gebühren und Auslagen dahingehend zu überprüfen, ob diese tatsächlich entstanden und notwendig und somit auch erstattungsfähig sind.

719 Anders sieht es aus, wenn die Kosten **zweier** Anwälte geltend gemacht werden. Es müssen immer **besondere Gründe** vorliegen, um einen weiteren Anwalt als erstattungsfähig ansehen zu können, denn jede Partei ist aus dem Grundsatz von Treu und Glauben verpflichtet, die **Prozesskosten so gering** wie möglich zu halten. Die **Erstattungsfähigkeit** ergibt sich hierfür aus § 91 Abs. 1 S. 1 ZPO und nicht aus § 91 Abs. 2 S. 2 ZPO. Allein die Tatsache, dass der Prozess an einem anderen Ort stattfindet, reicht zur Bejahung der Notwendigkeit eines Verkehrsanwalts und der damit verbundenen Kosten nicht aus.[4] Ob die Kosten i.S.d. § 91 Abs. 1 S. 2 ZPO notwendig sind, ist für jeden Einzelfall gesondert zu betrachten, und zwar aus der Sicht eines objektiven Betrachters und nicht nach den subjektiven Vorstellungen der Partei, dabei muss man davon ausgehen, dass sie nur ausnahmsweise erstattungsfähig sind.[5] Dieses hängt insbesondere auch vom beschränkten Wirkungskreis des Verkehrsanwalts ab.[6]

720 In einer Vielzahl[7] von Entscheidungen hatte die **Rechtsprechung** zum Teil widersprechende **Grundsätze** hinsichtlich der Notwendigkeit und somit der **Erstattungsfähigkeit** von Verkehrsanwaltskosten aufgestellt. Diese Rechtsprechung ist jedoch zum Teil durch die gesetzlichen Änderungen zur Postulationsfähigkeit der Rechtsanwälte und die darauf folgende Rechtsprechung zu den Reisekosten des Prozessbevollmächtigten überholt, sodass nur noch in einigen Ausnahmefällen eine Erstattungsfähigkeit bejaht wird.

721 Eine Voraussetzung für die Erstattungsfähigkeit von Verkehrsanwaltskosten ist es, dass die **mündliche Unterrichtung** des Prozessbevollmächtigten durch die Partei selbst **nicht möglich** oder ihr **nicht zumutbar** ist und dass die Partei nicht in der Lage ist, dem Prozessbevollmächtigten die richtigen Informationen mündlich zu übermitteln.[8] Dabei ist jeweils auf den Einzelfall abzustellen, soweit eine schriftliche Information ausreichend ist, besteht kein Anlass für die Einschaltung eines Verkehrsanwalts.[9]

---

4 S. hierzu *Jungbauer* in Bischof/Jungbauer, RVG, VV 3400 Rn. 59 ff.; Gerold/Schmidt/*Müller-Rabe*, RVG, VV 3400 Rn. 90 ff.; Zöller/*Herget*, ZPO, § 91 Rn. 13 (Verkehrsanwalt).
5 BbgOLG v. 8.2.1999 – 8 W 42/99 – AnwBl 2001, 125 = MDR 1999, 1349.
6 OLG Naumburg v. 28.12.2011 – 2 W 75/11 – NJW-RR 2012, 430.
7 S. hierzu KostRspr. ZPO § 91 4.4.2.2 ff. sowie div. Entscheidungen im neueren Teil zu § 91 (B-Vertretungskosten).
8 OLG Naumburg v. 28.12.2011 – 2 W 75/11 – NJW-RR 2012, 430.
9 Zöller/*Herget*, ZPO, § 91 Rn. 13 (Verkehrsanwalt).

Ausnahmen sind anerkannt bei Verfahren mit **Auslandsbezug**. Wenn eine im Ausland lebende Partei der deutschen Sprache nicht mächtig ist, der sprachkundige Verkehrsanwalt als Übersetzer fungiert und dadurch Dolmetscherkosten in vergleichbarer Höhe eingespart werden, sind die Kosten des Verkehrsanwalts erstattungsfähig.[10]

Allerdings müssen in Deutschland geschäftsansässige Unternehmen Mitarbeiter beschäftigen, die der deutschen Sprache mächtig sind oder sich im Rahmen ihrer gewerblichen Tätigkeit mithilfe von Dolmetschern verständigen. Fehlende Sprachkenntnisse des Geschäftsinhabers oder seiner Mitarbeiter rechtfertigen nicht die Einschaltung eines sprachkundigen Verkehrsanwalts.[11]

Für eine im Ausland ansässige Partei ohne Niederlassung und Vertriebsorganisation in Deutschland wird die Hinzuziehung eines ausländischen Verkehrsanwalts in der Regel zur zweckentsprechenden Rechtsverfolgung oder Rechtsverteidigung als notwendig angesehen.[12]

722 In der Praxis kommt es vor, dass die Partei Verkehrsanwaltskosten geltend macht und im Rahmen der Notwendigkeitsprüfung im Kostenfestsetzungsverfahren festgestellt wird, dass ein Verkehrsanwalt nicht notwendig war, weil die Voraussetzungen nicht vorgelegen haben. Im Allgemeinen bejaht die Rechtsprechung dann eine Erstattungsfähigkeit von Verkehrsanwaltskosten in Höhe **ersparter Informationsreisekosten.**[13]

Obwohl im Kostenfestsetzungsverfahren grundsätzlich nur tatsächlich entstandene Kosten Berücksichtigung finden, werden dann ausnahmsweise fiktive Kosten – nämlich die nicht entstandenen Reisekosten – errechnet, um die Verkehrsanwaltskosten damit vergleichen zu können.

3. Verkehrsanwaltskosten in der Rechtsmittelinstanz

723 Ein Teil der Rechtsprechung befasst sich mit Verkehrsanwaltskosten, die dadurch entstanden sind, weil neben dem Prozessbevollmächtigten der **Rechtsmittelinstanz** noch ein Verkehrsanwalt tätig ist. Dieses kommt insbesondere im Revisionsverfahren infrage, da beim Revisionsgericht nur die beim BGH zugelassenen BGH-Anwälte postulationsfähig sind.

Dabei entspricht es der Rechtsprechung des BGH, dass im **Berufungsverfahren** Verkehrsanwaltskosten grundsätzlich nicht erstattungsfähig sind.[14]

---

10 OLG Koblenz v. 20.10.1998 – 14 W 710/98 – JurBüro 2000, 145.

11 OLG Koblenz v. 16.10.2010 – 14 W 322/10 – JurBüro 2011, 651.

12 OLG München v. 16.2.2011 – 11 W 224/11 – Rpfleger 2011, 463 = JurBüro 2011, 265 m.w.N.

13 BGH v. 7.6.2006 – XII ZB 245/04 – Rpfleger 2006, 570 (aber für die Zeit vor Inkrafttreten des OLG-VertretungsänderungsG); OLG Nürnberg v. 6.11.2000 – 4 W 3669/00 – MDR 2001, 597.

14 BGH v. 13.11.2014 – VII ZB 46/12 – Rpfleger 2015, 302 = NJW 2015, 633 m.w.N.; BGH v. 7.6.2006 – XII ZB 245/04 – Rpfleger 2006, 570.

Auch die Kosten eines Verkehrsanwalts im **Revisionsverfahren** werden nur in Ausnahmefällen für erstattungsfähig angesehen, da es nicht die Aufgabe des Verkehrsanwalts sei Beratung in eigener Verantwortung vorzunehmen.[15]

Das Revisionsverfahren ist auf eine rechtliche Überprüfung des Urteils bezogen und daher werden weitere Tatsacheninformationen in der Regel nicht mehr benötigt, sodass der Verkehrsanwalt nicht notwendig ist. Dass mit der Revision eine Änderung der höchstrichterlichen Rechtsprechung verfolgt und deshalb auf beiden Seiten mit großem Engagement gehandelt wird, rechtfertig kein anderes Ergebnis.[16]

II. Terminsvertreter oder Unterbevollmächtigter

724 Die Gebühren des Rechtsanwalts, der die Partei anstelle des Prozessbevollmächtigten in einem **Termin** im Sinne der Vorbemerkung 3 Abs. 3 VV RVG vertritt, ergeben sich aus VV 3401, 3402 RVG. Voraussetzung ist, dass der weitere Rechtsanwalt den Auftrag zur Vertretung in einem gerichtlichen Termin hat, für den eine Terminsgebühr entstehen kann (→ Rn. 302 ff.). Dabei kann es sich auch um die Wahrnehmung eines von einem gerichtlich bestellten Sachverständigen anberaumten Termins handeln. Aber auch die Mitwirkung an auf die Vermeidung oder Erledigung des Verfahrens gerichteten Besprechungen auch ohne Beteiligung des Gerichts zählt zu den Terminen im Sinne von Abs. 3.[17]

Nicht betroffen sind reine Verkündungstermine, da schon nach dem Wortlaut des Gesetzes nicht erfasst oder auch eine Vertretung im schriftlichen Verfahren, da der Auftrag des Terminsvertreters ja gerade auf die Wahrnehmung eines Termins gerichtet ist.[18]

Hauptsächlich handelt es sich um Fälle, bei denen der Rechtsanwalt den Prozessbevollmächtigten vertritt, weil dieser verhindert ist oder weil es sich um einen Spezialisten für ein bestimmtes Sachgebiet handelt.

725 Hiervon zu **unterscheiden** ist der **Unterbevollmächtigte**. Diesem werden nicht nur die Parteirechte für die mündliche Verhandlung übertragen, sondern ihm wird die Vertretung ganz allgemein übertragen, in der Praxis geschieht das häufig bei auswärtigen Prozessen. Der Unterbevollmächtigte wird im Gegensatz zum Sitzungsvertreter dazu ermächtigt, auch Ladungen,

---

15 BGH v. 13.11.2014 – VII ZB 46/12 – Rpfleger 2015, 302 = NJW 2015, 633 m.w.N.

16 HansOLG v. 20.8.2013 – 8 W 50/13 –, juris m.w.N.

17 *Jungbauer* in Bischof/Jungbauer, RVG, VV 3401 Rn. 16; Gerold/Schmidt/*Müller-Rabe*, RVG, VV 3401 Rn. 22.

18 *Jungbauer* in Bischof/Jungbauer, RVG, VV 3401 Rn. 20.

Schriftsätze und Entscheidungen entgegenzunehmen.[19] In der ZPO findet sich kein Hinweis auf den Unterbevollmächtigten, allerdings erlaubt die **Prozessvollmacht** dem Bevollmächtigten die **Bestellung von Vertretern**, § 81 ZPO. Hierunter wird ganz allgemein die Bestellung von Verhandlungsvertretern sowie auch von Unterbevollmächtigten verstanden.[20] Nur die Weitergabe der Bevollmächtigung als Ganzes an einen anderen Bevollmächtigten ist nicht erlaubt.[21]

726 Der **Auftrag** kann von der Partei selbst erteilt werden, was in der Praxis jedoch nur dann der Fall ist, wenn die Partei keinen Prozessbevollmächtigten bestellt hat. Die gesetzliche Vergütung für einen Terminsvertreter fällt nur an, wenn dieser von der Partei selbst beauftragt wird, nicht aber, wenn deren Prozessbevollmächtigter im eigenen Namen den Auftrag zur Terminvertretung erteilt. Hierbei kommt es auf die Vertragsgrundlagen an, denn wenn der Hauptbevollmächtigte den Vertreter im eigenen Namen beauftragt hat, weil er z.B. einen Termin aus selbst zu vertretenden Gründen nicht wahrnehmen kann, dann gilt die interne Vereinbarung zwischen dem Hauptbevollmächtigten und dem Terminsvertreter.[22]

Nur wenn die Partei den Terminsvertreter selbst beauftragt hat, fallen auch dessen Kosten dem Mandaten bzw. der Partei zur Last. Aus diesem Grund muss die Anzeige der Vertretung dieses deutlich machen, um im Kostenfestsetzungsverfahren über die Erstattungsfähigkeit entscheiden zu können.

Im Zweifel muss im Rahmen der Kostenfestsetzung eine vom Terminsvertreter unterzeichnete und dem Auftraggeber mitgeteilte Berechnung (§ 10 RVG) vorgelegt werden, eine in die Gesamtaufstellung eingestellte Berechnung reicht dann ebenso wenig aus wie eine anwaltliche Versicherung des Prozessbevollmächtigten.[23]

1. Gebühren des Terminsvertreters oder des Unterbevollmächtigten

727 Hinsichtlich der **Gebühren** des Terminsvertreters und des Unterbevollmächtigten ergeben sich keine Unterschiede, denn auch der Unterbevollmächtigte kann die Gebühren nach VV 3401, 3402 verlangen.

Der Rechtsanwalt, dem die Partei oder mit deren Einverständnis der Prozessbevollmächtigte die Terminsvertretung übertragen hat, erhält, wenn

19 Gerold/Schmidt/*Müller-Rabe*, RVG, VV 3401 Rn. 10.
20 Zöller/*Vollkommer*, ZPO, § 81 Rn. 6.
21 BGH v. 12.3.1981 –III ZR 60/80 – NJW 1981, 1727.
22 BGH v. 13.7. 2011 – IV ZB 8/11 – AGS 2011, 568; so auch OLG Koblenz v. 25.7.2012 – 14 W 400/12 – MDR 2013, 124.
23 BGH v. 13.7. 2011 – IV ZB 8/11 – AGS 2011, 568; so auch OLG Koblenz v. 25.7.2012 – 14 W 400/12 – MDR 2013, 124.

er den Termin wahrgenommen hat, nach VV 3401 eine **Verfahrensgebühr in Höhe der Hälfte**, der dem Prozessbevollmächtigten zustehenden Gebühr; auch diese Gebühr steht wieder in Abhängigkeit zur Höhe der Verfahrensgebühr des Hauptbevollmächtigten. Abzustellen ist hierbei auf die konkrete Höhe der Gebühr des Hauptbevollmächtigten.[24]

Außerdem erhält er nach VV 3402 eine **Terminsgebühr** in der Höhe, die auch dem Hauptbevollmächtigten zustehen würde, wenn dieser den Termin wahrgenommen hätte. Das ist in der ersten Instanz in der Regel die 1,2 Terminsgebühr nach VV 3104.

→ **Beispiel: Unterbevollmächtigter**

Der in Berlin wohnende Kläger führt einen Prozess beim LG Lübeck, weil der Beklagte dort seinen allgemeinen Gerichtsstand hat. Gegenstand ist eine Forderung über 10.000,00 €. Rechtzeitig vor dem Termin zur Güteverhandlung bestellt der Prozessbevollmächtigte aus Berlin einen Lübecker Kollegen zum Unterbevollmächtigten. Dieser nimmt den Termin wahr. Nach Scheitern der Güteverhandlung und durchgeführter mündlicher Verhandlung ergeht streitiges Urteil.

Rechtsanwaltsgebühren:

Prozessbevollmächtigter

1,3 Verfahrensgebühr VV 3100 nach dem Wert von 10.000,00 € in Höhe von 725,40 €.

Hinzu kommen die Auslagenpauschale gem. VV 7002 in Höhe von 20,00 € sowie die derzeit geltende Umsatzsteuer von 19 % auf den Gesamtbetrag.

Unterbevollmächtigter

0,65 Verfahrensgebühr VV 3401 nach dem Wert von 10.000,00 € in Höhe von 362,70 €.

Für die Terminswahrnehmung erhält der UB eine 1,2 Terminsgebühr VV 3402, 3104 nach dem Wert von 10.000,00 € in Höhe von 669,60 €.

Hinzu kommen die Auslagenpauschale gem. VV 7002 in Höhe von 20,00 € sowie die derzeit geltende Umsatzsteuer von 19 % auf den Gesamtbetrag.

728 Wird im Termin zur Güteverhandlung jedoch ein gerichtlicher Vergleich abgeschlossen und sind die Voraussetzungen für das Entstehen der **Einigungsgebühr** nach VV 1000 Abs. 1 RVG erfüllt, dann kann auch der Unterbevollmächtigte eine Einigungsgebühr verlangen, denn die Gebühren des Teils 1 des VV können neben den anderen Teilen des VV entstehen. Hierbei gilt dann aber für die anhängigen Ansprüche der Gebührensatz von 1,0 nach VV 1003 RVG.

729 **Erledigt** sich der **Auftrag** bevor der Vertreter den Termin wahrgenommen hat, ermäßigt sich die Verfahrensgebühr nach VV 3405 Nr. 2 RVG jedoch auf eine 0,5 Verfahrensgebühr. VV 3405 Nr. 2 RVG stellt wörtlich auf

---

24 *Jungbauer* in Bischof/Jungbauer, RVG, VV 3401 Rn. 30; Gerold/Schmidt/*Müller-Rabe*, VV 3401 Rn. 33.

den **Beginn des Termins** ab, hierbei ist wohl auch darauf abzustellen, ob der Rechtsanwalt daran teilgenommen hat, sodass auch hier wieder vertretungsbereite Anwesenheit im Termin als Voraussetzung anzusehen ist.[25]

730 Werden im Termin nicht rechtshängige Ansprüche mitverglichen (→ Rn. 383 ff.), dann erhält der Unterbevollmächtigte auch die Differenzverfahrensgebühr nach VV 3101 Nr. 2 RVG, wenn er für diese Ansprüche auch einen Auftrag hat. In der ersten Instanz beträgt deren Gebührensatz dann 0,4, d.h. die Hälfte der dem Hauptbevollmächtigten zustehenden 0,8 Gebühr.

→ **Variante des obigen Beispiels: Mehrvergleich**

Sachverhalt wie zuvor, nur in der Güteverhandlung schließen die Parteien einen gerichtlichen Vergleich über die Klageforderung und beziehen nicht rechtshängige Ansprüche in Höhe von 2.000,00 € mit ein. Der UB hat auch insoweit einen Auftrag.

Rechtsanwaltsgebühren:

Prozessbevollmächtigter

1,3 Verfahrensgebühr VV 3100 nach dem Wert von 10.000,00 € in Höhe von 725,40 € sowie 0,8 Verfahrensgebühr VV 3101 Nr. 2 nach dem Wert von 2.000,00 € in Höhe von 120,00 €; Abgleich nach § 15 Abs. 3 RVG mit der 1,3 Gebühr aus dem Gesamtwert von 12.000,00 € ergibt einen Betrag von 785,20 €, sodass die beiden Einzelgebühren keine Berücksichtigung finden können.

Hinzu kommen die Auslagenpauschale gem. VV 7002 in Höhe von 20,00 € sowie die derzeit geltende Umsatzsteuer von 19 % auf den Gesamtbetrag.

Unterbevollmächtigter

0,65 Verfahrensgebühr VV 3401 nach dem Wert von 10.000,00 € in Höhe von 362,70 € sowie 0,4 Verfahrensgebühr VV 3101 Nr. 2 nach dem Wert von 2.000,00 € in Höhe von 60,00 €; Abgleich nach § 15 Abs. 3 RVG mit der 0,65 Gebühr aus dem Gesamtwert von 12.000,00 € ergibt einen Betrag von 392,60 €, sodass es auch hier bei dieser Gebühr bleibt.

Für die Terminswahrnehmung erhält der UB eine 1,2 Terminsgebühr VV 3402, 3104 nach dem Wert von 12.000,00 € in Höhe von 724,80 €.

Für den Abschluss des gerichtlichen Vergleichs fällt dann wiederum eine Einigungsgebühr nach VV 1000 Abs. 1 und zwar aufgespalten nach den anhängigen und nicht anhängigen Ansprüchen an: 1,0 Einigungsgebühr VV 1000, 1003 aus 10.000,00 € in Höhe von 558,00 € sowie 1,5 Einigungsgebühr VV 1000 nach dem Wert von 2.000,00 € in Höhe von 225,00 €; Abgleich nach § 15 Abs. 3 RVG mit der 1,5 Gebühr aus dem Gesamtwert von 12.000,00 € ergibt einen Betrag von 906,00 €, sodass es hier bei den beiden Einzelgebühren bleibt.

Hinzu kommen die Auslagenpauschale gem. VV 7002 in Höhe von 20,00 € sowie die derzeit geltende Umsatzsteuer von 19 % auf den Gesamtbetrag.

25 Gerold/Schmidt/*Müller-Rabe*, VV 3401 Rn. 38.

2. Erstattungsfähigkeit der Kosten des Vertreters

731 Die Erstattungspflicht des unterlegenen Gegners hinsichtlich der Kosten eines Terminsvertreters oder Unterbevollmächtigten richtet sich nach § 91 Abs. 1 S. 1 ZPO (und nicht nach § 91 Abs. 2 S. 2 ZPO), wonach zu prüfen ist, ob die Hinzuziehung des weiteren Rechtsanwalts notwendig war. Die h.M. geht davon aus, dass dieses nur der Fall ist, wenn auch die Voraussetzungen für einen Verkehrsanwalt (→ Rn. 718 ff.) gegeben wären, was in der Regel nur noch bei Verfahren mit Auslandsbezug und ausländischen Rechtsanwälten der Fall ist. Allerdings sind die Mehrkosten dann auch nur **bis zur Höhe der Kosten** eines Verkehrsanwalts erstattungsfähig.[26] Trotzdem wird diese Variante nur in seltenen Fällen zutreffen.

732 Bei der Prüfung der Frage, ob die Kosten eines Unterbevollmächtigten erstattungsfähig sind, hat der BGH[27] auf die Höhe der **ersparten notwendigen Reisekosten** des Prozessbevollmächtigten abgestellt. Danach sind die Kosten des Unterbevollmächtigten, der für einen auswärtigen Prozessbevollmächtigten die Vertretung in der mündlichen Verhandlung übernommen hat, erstattungsfähig, soweit sie die durch dessen Tätigkeit ersparten, erstattungsfähigen Reisekosten des Prozessbevollmächtigen nicht wesentlich übersteigen. Eine wesentliche Überschreitung nimmt das Gericht an, wenn die Kosten des Unterbevollmächtigten die ersparten Reisekosten um mehr als $^{1}/_{10}$ übersteigen.

Im **Rahmen der Kostenfestsetzung** hat der Rechtspfleger jetzt in der Regel zu prüfen, ob die Reisekosten des Prozessbevollmächtigten im Einzelfall notwendig und somit erstattungsfähig gewesen wären. Bejahendenfalls müssen die Reisekosten dann fiktiv ermittelt werden. Bis zur Höhe eines Betrages von 110 % der fiktiven Reisekosten des Hauptbevollmächtigten können die Kosten des Unterbevollmächtigten dann im Kostenfestsetzungsverfahren berücksichtigt werden.[28] Der Kostenvergleich erfolgt zwischen den berechtigten fiktiven Reisekosten und den tatsächlichen Kosten des Unterbevollmächtigten.

733 Hinsichtlich der **Reisekosten** hatte der BGH die Frage der Notwendigkeit daran ausgerichtet, ob eine „verständige und wirtschaftlich vernünftige Partei die die Kosten auslösende Maßnahme ex ante als sachdienlich" ansehen durfte.[29]

---

26 S. hierzu OLG Köln v. 3.11.1999 – 17 W 201/99 – JurBüro 2000, 253.

27 Grundsatzentscheidung des BGH v. 16.10.2002 – VIII ZB 30/02 – Rpfleger 2003, 98 ff. = NJW 2003, 898 = AGS 2003, 97 m. Anm. *Madert*; s. auch *von König*, RpflStud 2003, 89; BGH v. 26.2.2014 – XII ZB 499/11 – FamRZ 2014, 747 = MDR 2014, 499.

28 BGH v. 6.11.2014 – I ZB 38/14 – Rpfleger 2015, 425 = NJW-RR 2015, 761 m.div.N. auch zur Gegenmeinung.

29 BGH v. 10.7.2012 – VIII ZB 106/11 – Rpfleger 2012, 654 = NJW 2012,2888 in Fortführung zu: BGH v. 16.10.2002 – VIII ZB 30/02 – Rpfleger 2003, 98 ff. = NJW 2003, 898 = AGS 2003, 97 m. Anm. *Madert*;

Nach Auffassung der Richter dürfe die Partei dabei ihr berechtigtes Interesse verfolgen und habe nur zu entscheiden, ob unter mehreren gleich gearteten Maßnahmen eine kostengünstigere zu bevorzugen sei. Die Beauftragung eines in der Nähe ihres Wohn- oder Geschäftsortes ansässigen Rechtsanwalts stelle im Regelfall eine solche Maßnahme dar.[30] Die bei der Anwendung von § 91 Abs. 2 S. 1 Hs. 2 ZPO gebotene Typisierung führe dann dazu, dass die Beauftragung eines am Wohnort ansässigen Rechtsanwalts als notwendig anzusehen ist, wenn eine rechtsunkundige Partei vor einem auswärtigen Gericht einen Prozess zu führen hat.[31]

734 Eine Ausnahme könne nur dann greifen, wenn schon bei Beauftragung feststehe, dass ein **eingehendes Mandantengespräch** für die Prozessführung nicht erforderlich sein wird. Dies komme insbesondere bei gewerblichen Unternehmen mit eigener Rechtsabteilung in Betracht, die die Sache bearbeitet habe. Aber auch, wenn bei einem in tatsächlicher Hinsicht überschaubaren Streit um eine Geldforderung die Gegenseite versichert habe, nicht leistungsfähig zu sein und keine Einwendungen erheben werde.[32]

735 Mit einer Fülle weiterer Entscheidungen hat der BGH inzwischen diese Rechtsprechung gefestigt. So kann ein eingehendes persönliches Mandantengespräch nicht mit der Begründung als entbehrlich angesehen werden, einem Unternehmen, das über **keine** eigene **Rechtsabteilung** verfügt, sei die Einrichtung einer solchen jedenfalls zuzumuten.[33] Vom Grundsatz her bejaht wird auch die Zuziehung eines Hauptbevollmächtigten am Geschäftsort, wenn das klagende Versicherungsunternehmen **an einem anderen Ort** als demjenigen, an dem der Schadensfall bearbeitet worden ist, eine **Rechtsabteilung** eingerichtet hat.[34]

Beauftragt eine vor einem auswärtigen Gericht klagende Partei **einen in der Nähe ihres Wohnsitzes ansässigen Rechtsanwalt** mit der gerichtlichen Vertretung, sind die Kosten des von diesem eingeschalteten Unterbevollmächtigten am Gerichtsort jedenfalls dann erstattungsfähig, wenn sie die (fiktiven) Reisekosten des Prozessbevollmächtigten am Wohnsitz der Partei nicht erheblich übersteigen.[35] Zur Erstattungsfähigkeit von Reisekosten des Prozessbevollmächtigten siehe ausführlich → Rn. 626 ff.

30 BGH v. 16.10.2002 – VIII ZB 30/02 – Rpfleger 2003, 98 ff. = NJW 2003, 898 = AGS 2003, 97 m. Anm. *Madert*.
31 BGH v. 25.1. 2007 – V ZB 85/06 – NJW 2007, 2048.
32 BGH v. 16.10.2002 – VIII ZB 30/02 – Rpfleger 2003, 98 ff. = NJW 2003, 898 = AGS 2003, 97 m. Anm. *Madert*.
33 BGH v. 25.3.2004 – I RB 28/03 – Rpfleger 2004, 520 = MDR 2004, 1138.
34 BGH v. 9.9.2004 – I ZB 5/04 – Rpfleger 2005, 49 = MDR 2005, 178.
35 BGH v. 14.9.2004 – VI ZB 37/04 – MDR 2005, 177; s. auch *von König*, RpflStud 2006, 81.

736 Allerdings dürfen die Reisekosten nicht 1:1 mit den Kosten des Unterbevollmächtigten verglichen werden, sondern lediglich die (Mehr)Kosten des Unterbevollmächtigten sind zu ermitteln und den fiktiven Reisekosten gegenüberzustellen, denn einzelne Gebühren und Auslagen wären auch angefallen, wenn der Prozessbevollmächtigte gereist wäre. Das führt zu der Frage, ob der Anspruch auf die (fiktiven) Reisekosten beschränkt ist, oder ob dem Erstattungsberechtigten, der einen Unterbevollmächtigten beauftragt hat, 110 % der Reisekosten zugebilligt werden kann. Ich neige zu der überwiegend vertretenen bejahenden Auffassung, da dieses die vom BGH vorgegebene Höchstgrenze ist, die dieser jüngst wieder bestätigt hat.[36]

→ **Beispiel: Vergleich Reisekosten des Prozessbevollmächtigten ./. Vergütung des UB**

Bei der Vertretung durch den UB sind Kosten für beide Rechtsanwälte angefallen. Die Hinzuziehung des UB war nicht notwendig. Die Reisekosten des ProzBev. wären es jedoch gewesen. Auf Nachfrage erklärt der ProzBev, dass er dann vermutlich mit dem eigenen Kraftfahrzeug nach Lübeck gefahren wäre.

Vergütung Prozessbevollmächtigter

1,3 Verfahrensgebühr VV 3100 nach dem Wert von 10.000,00 € in Höhe von 725,40 €.

Hinzu kommen die Auslagenpauschale gem. VV 7002 in Höhe von 20,00 € sowie die derzeit geltende Umsatzsteuer von 19 % auf den Gesamtbetrag = Vergütung 887,03 €.

Vergütung Unterbevollmächtigter

0,65 Verfahrensgebühr VV 3401 nach dem Wert von 10.000,00 € in Höhe von 362,70 €.

Für die Terminswahrnehmung erhält der UB eine 1,2 Terminsgebühr VV 3402, 3104 nach dem Wert von 10.000,00 € in Höhe von 669,60 €.

Hinzu kommen die Auslagenpauschale gem. VV 7002 in Höhe von 20,00 € sowie die derzeit geltende Umsatzsteuer von 19 % auf den Gesamtbetrag = Vergütung 1.252,24 €.

Mehrkosten durch Bestellung des UB

0,65 Verfahrensgebühr VV 3401 nach dem Wert von 10.000,00 € in Höhe von 362,70 €;

Auslagenpauschale gem. VV 7002 in Höhe von 20,00 € = 382,70 € sowie die hierauf entfallende USt von 19 % = 455,41 €.

Die Terminsgebühr wäre auch angefallen, wenn der ProzBev. zum Termin gereist wäre und ist nicht zu berücksichtigen.

Fiktive Reisekosten des ProzBev.

a) Wegeentschädigung VV 7003

Die Entschädigung ist pauschal auf 0,30 € für den gefahrenen Kilometer festgesetzt, zu vergüten sind die tatsächlich gefahrenen Kilometer und zwar Hin- und Rückweg. Neben diesen Pauschalkosten können auch Barauslagen, wie Parkgebühren berücksichtigt werden.

---

36 BGH v. 6.11.2014 – I ZB 38/14 – Rpfleger 2015, 425 = NJW-RR 2015, 761 m.div.N. auch zur Gegenmeinung.

Im Beispielfall also 2 x 300 km x 0,30 € = 180,00 € zzgl. Parkgebühren in Höhe von 8,00 €.

b) Tage- und Abwesenheitsgeld VV 7005

Die Zeit wird berechnet vom Verlassen der Kanzlei bis zum Wiederbetreten und beträgt pauschaliert: Geschäftsreisen von über 8 Stunden = 70,00 €.

Da bei der Berechnung der Vergütung auch die USt auf diese Auslagen zu berücksichtigen wäre, müssen diese auch hier hinzugerechnet werden.

Reisekosten insgesamt: 307,02 €. Aufgerundet auf 110 % ergibt dieses einen Erstattungsbetrag in Höhe von 337,72 €.

Die Mehrkosten für den UB betrugen 455,41 €, davon sind 337,72 € vom Gegner zu erstatten.

N. Prozesskostenhilfe im Zivilprozess

737 Die Kosten eines Rechtsstreits können je nach dem Streitwert und dem Verlauf des Verfahrens eine nicht unbeträchtliche Summe erreichen.

→ **Beispiel:**

A beauftragt RA Kluge, den B auf Zahlung eines Betrages i.H.v. 10.000,00 € zu verklagen. RA Kluge erhebt auftragsgemäß die Klage gegen B. Dieser lässt sich ebenfalls durch einen Rechtsanwalt vertreten.

Nach streitiger Verhandlung und durchgeführter Beweisaufnahme ergeht ein streitiges Urteil, durch das der B antragsgemäß zur Zahlung verurteilt wird.

Mit Einreichen der Klage sind zunächst die Gerichtskosten vorauszuzahlen, andernfalls wird die Klage gar nicht erst zugestellt:

Gerichtskosten:

3,0 Gebühr gemäß KV 1210 GKG

Wert:	10.000,00 €
Gebühr:	723,00 €

Die Gerichtskosten könnten sich durch Auslagen für Zeugen und Sachverständige bis zur Verkündung des Urteils noch erhöht haben, das soll aber im Beispiel keine Berücksichtigung finden.

Die Rechtsanwälte haben jeweils einen Vergütungsanspruch in folgender Höhe:

Rechtsanwaltskosten:

1,3 Verfahrensgebühr VV 3100 nach dem Wert von 10.000,00 € in Höhe von 725,40 €.
1,2 Terminsgebühr VV 3104 nach dem Wert von 10.000,00 € in Höhe von 669,60 €.
Auslagenpauschale in Höhe von 20,00 €
insgesamt also 1.415,00 €
zuzüglich 19% USt = 268,85 €
Gesamtvergütung in Höhe von 1.683,85 €.

Die unterliegende Partei hat grundsätzlich die Kosten des Rechtsstreits zu tragen, § 91 Abs. 1 S. 1 ZPO. Das Kostenrisiko für die Parteien berechnet sich wie folgt:

723,00 €	Gerichtskosten
1.683,85 €	Rechtsanwaltskosten Kläger
1.683,85 €	Rechtsanwaltskosten Beklagter
4.090,70 €	Kosten des Rechtsstreits

Bei typischem Prozessverlauf betragen die Kosten hier etwas über 40 % der streitigen Forderung. Derjenige, der den Prozess verliert, hat diese Kosten zusätzlich zur Hauptsache bzw. zur verlorenen Hauptsache zu tragen.

738 Nicht jeder ist in der Lage, dieses Risiko eingehen zu können, wenn er die Kosten der Prozessführung nicht oder nur mit Mühe aufbringen kann. Der Staat bietet für diesen Fall als Fürsorgeleistung die Möglichkeit der Gewährung von **Prozesskostenhilfe** (PKH) an.[1]

Insbesondere in Familiensachen hat die Bewilligung von Prozesskostenhilfe eine große praktische Bedeutung. Nicht selten kommt es vor, dass in Eheverfahren und damit verbundenen Familiensachen beiden Parteien Prozess- bzw. Verfahrenskostenhilfe bewilligt wird.

I. Zweck der Prozesskostenhilfe

739 Der Zweck der Prozesskostenhilfe besteht darin, jedem Bürger die Möglichkeit zu verschaffen, die Gerichte in Anspruch nehmen zu können, und zwar auch, wenn jemand finanziell nicht in der Lage ist, die Prozesskosten so ohne Weiteres zu tragen.

Sie stellt eine Leistung der staatlichen Daseinsfürsorge dar. Der Richter bewilligt oder versagt eine staatliche „Fürsorgeleistung, übt also **Sozialhilfe im Bereich der Rechtspflege** aus".[2]

740 Prozesskostenhilfe bedeutet im Grunde genommen Vorfinanzierung der Prozesskosten durch den Staat, allerdings besteht in der Regel eine Rückzahlungspflicht.

Grundprinzip der Prozesskostenhilfe ist, dass die unvermögende Partei Raten auf die Prozesskosten zu zahlen hat. Bei sehr niedrigem Einkommen entfallen aber sogar diese.

---

1 An dieser Stelle soll nur ein kurzer Einblick in die komplexe Thematik gegeben werden. Ansonsten wird auch hier wieder auf spezielle Literatur verwiesen, s. insbesondere *Dürbeck/Gottschalk*, Prozess- und Verfahrenskostenhilfe, Beratungshilfe, 8. Aufl. 2016; *Zimmermann*, Prozesskosten- und Verfahrenskostenhilfe – insbesondere in Familiensachen, 5. Aufl. 2016.

2 BVerfG v. 14.4.1959 – 1 BvR 12/58, 1 BvR 291/58 – BVerfGE 9, 256; BVerfG v. 3.7.1973 – 1 BvR 153/69 – BVerfGE 35, 348.

Nach Berücksichtigung der wirtschaftlichen Verhältnisse der Partei (Familienstand, Einkommens- und Vermögenslage) kann Prozesskostenhilfe in vollem Umfang, d.h. ohne Teilzahlungen oder unter der Auflage von Ratenzahlungen gewährt werden.

Die gesetzlichen Vorschriften hinsichtlich der Prozesskostenhilfe finden sich in §§ 114 bis 127 ZPO. Diese Vorschriften gelten auch bezüglich anderer Verfahrensordnungen, da insoweit ganz oder teilweise die entsprechende Anwendung vorgesehen ist.

Durch das Gesetz zur Änderung des Prozesskostenhilfe- und Beratungshilferechts vom 31. August 2013[3] wurden die gesetzlichen Vorschriften mit Wirkung vom 1.1.2014 grundlegend geändert. Nach dem Willen des Gesetzgebers[4] sollte hierdurch die Prozess- und Verfahrenskostenhilfe (PKH/VKH) effizienter gestaltet werden. Prozesskostenhilfe wird jeweils für jeden Rechtszug besonders bewilligt, § 119 Abs. 1 S. 1 ZPO. Hatte eine Partei vor dem 1.1.2014 für einen Rechtszug Prozesskostenhilfe beantragt, dann sind für diesen Rechtszug die §§ 114 bis 127 ZPO in der bis zum 31.12.2013 geltenden Fassung anzuwenden, § 40 EGZPO.[5]

Im Nachfolgenden wird nur auf die derzeit geltenden Vorschriften eingegangen.[6] Bezüglich des bisherigen Rechts wird auf die Vorauflage verwiesen.

II. Bewilligungsvoraussetzungen

741 Prozesskostenhilfe wird der Partei auf Antrag bewilligt, wenn sowohl persönliche – **subjektive** – Voraussetzungen als auch auf den Rechtsstreit bezogene – **objektive** – Voraussetzungen erfüllt sind.

1. Subjektive Voraussetzungen

742 Die subjektiven Voraussetzungen betreffen die wirtschaftliche Leistungskraft der Partei, denn das Gesetz knüpft die Bewilligung daran, dass die Partei nach ihren persönlichen und wirtschaftlichen Verhältnissen die Kosten der Prozessführung nicht oder nur zum Teil oder in Raten aufbringen kann, § 114 Abs. 1 ZPO.

---

3 BGBl. I S. 3533.

4 So die Gesetzesbegründung der Bundesregierung zum Entwurf eines Gesetzes zur Änderung des Prozesskostenhilfe- und Beratungshilferechts v. 14.11.2012 – BT-Drs. 17/11472 S. 1.

5 Art. 5 des Gesetzes zur Änderung des Prozesskostenhilfe- und Beratungshilferechts v. 31.8.2013 – BGBl. I S. 3533.

6 Kurze Zusammenfassung der wesentlichen Änderungen: *von König*, RpflStud 2013, 176 ff.

Hinsichtlich der **subjektiven Voraussetzungen** ist zu unterscheiden, ob es sich bei der Partei um natürliche Personen oder aber um Parteien kraft Amtes, juristische Personen bzw. parteifähige Vereinigungen handelt.

743 Bei **natürlichen Personen** liegen sie vor, wenn nach Prüfung der wirtschaftlichen Verhältnisse durch das Gericht feststeht, ob und in welcher Höhe sich die Partei selbst an den Prozesskosten beteiligen kann. Ist kein Einkommen oder Vermögen vorhanden, bleibt die Partei kostenfrei. Die persönlichen und wirtschaftlichen Verhältnisse sind bei Antragstellung darzulegen. Ausschlaggebend sind Familienstand, Einkommens- und Vermögensverhältnisse des Antragstellers, im Ergebnis soll der unvermögende Antragsteller grundsätzlich Raten auf die Verfahrenskosten zahlen; bei sehr niedrigem Einkommen entfallen diese jedoch.[7] Keine Bedeutung hat die Staatsangehörigkeit für die Bewilligung der Prozesskostenhilfe bei natürlichen Personen. Auch Ausländern und Staatenlosen ist bei Vorliegen der Voraussetzungen Prozesskostenhilfe zu bewilligen.[8]

744 Für **Parteien kraft Amtes**, juristische Personen bzw. parteifähige Vereinigungen gilt § 116 ZPO, danach ist grundsätzlich darauf abzustellen, ob es den wirtschaftlich Beteiligten zuzumuten ist, die Kosten aufzubringen. Parteien kraft Amtes sind z.B. der Nachlassverwalter (§ 1985 BGB), der Testamentsvollstrecker (§§ 2212, 2213 BGB), der Insolvenzverwalter (§§ 56, 148 ff. InsO). Wirtschaftlich Beteiligte sind diejenigen, die durch den Rechtsstreit den endgültigen Nutzen haben sollen;[9] das sind z.B. die Erben, Vermächtnisnehmer, Nachlassgläubiger, Schuldner, Insolvenzgläubiger. Zu prüfen ist, ob diese die Kosten zahlen könnten und ob ihnen dieses zumutbar ist.[10]

745 **Juristische Personen und parteifähige Vereinigungen** können Prozesskostenhilfe bewilligt bekommen, wenn weder diese noch die wirtschaftlich Beteiligten in der Lage sind, die Kosten aufzubringen und wenn die Unterlassung der Rechtsverfolgung bzw. -verteidigung dem allgemeinen Interesse zuwiderlaufen würde,[11] was im Falle einer gemeinnützigen juristischen Person der Fall wäre, wenn diese an der Erfüllung ihrer der Allgemeinheit dienenden Aufgaben gehindert wäre.

746 Für **ausländische** juristische Personen und parteifähige Vereinigungen ist Prozesskostenhilfe grundsätzlich nicht vorgesehen,[12] es sei denn es handelt sich um juristische Personen, die in einem EU-Mitgliedstaat oder ei-

---

7 Zur Bedürftigkeitsprüfung siehe *Haferanke*, FPR 2009, 386.

8 BVerfG v. 19.5.1993 – 2 BvR 1972/92 – NVwZ 1994, 62.

9 BGH v. 5.5.1977 – VII ZR 181/76 – NJW 1977, 2317 m.w.N.

10 Die Rechtsprechung befasst sich insbesondere mit dem Insolvenzverfahren und der Zumutbarkeit für die Massegläubiger; s. Zöller/*Geimer*, ZPO, § 116 Rn. 6 ff.; *Dürbeck/Gottschalk*, PKH/VKH, Rn. 75 ff.

11 *Zimmermann*, Rn. 26.

12 Zöller/*Geimer*, ZPO § 116 Rn. 19 ff.

nem anderen Vertragsstaat des Abkommens über den Europäischen Wirtschaftsraum gegründet und dort ansässig sind.

2. Objektive Voraussetzungen

747 Weitere Voraussetzung für die Bewilligung der Prozesskostenhilfe ist, dass die beabsichtigte Rechtsverfolgung oder -verteidigung **Aussicht auf Erfolg** bieten muss und **nicht mutwillig** erscheint, § 114 Abs. 1 ZPO.

748 Die **objektiven Voraussetzungen** liegen vor, wenn eine Prüfung der Erfolgsaussichten der beabsichtigten Rechtsverfolgung oder -verteidigung ergibt, dass das Vorbringen des Antragstellers in tatsächlicher und rechtlicher Hinsicht für zutreffend oder zumindest vertretbar anzusehen ist. Es muss also bei summarischer Prüfung der Sach- und Rechtslage eine gewisse Wahrscheinlichkeit dafür bestehen, dass der Antragsteller mit seinem Begehren durchdringen wird. Die Anforderungen an die rechtlichen und tatsächlichen Erfolgsaussichten dürfen jedoch nicht überspannt werden.[13] In der Regel besteht hinreichende Aussicht auf Erfolg, wenn über die Behauptung der PKH-Partei Beweis zu erheben ist.[14]

749 Der Begriff der **mutwilligen Rechtsverfolgung** ist aus der bis 1980 geltenden Fassung des § 114 ZPO (damals Armenrecht genannt) übrig geblieben.

750 Seit dem 1.1.2014 ist dem § 114 ZPO ein Absatz 2 angefügt, in dem die Definition des Merkmals **Mutwilligkeit** der bisherigen Rechtsprechung entsprechend klargestellt wird, wodurch dessen eigenständige Bedeutung betont werden soll.[15] Auch einer bedürftigen Partei soll es danach zuzumuten sein, dass die Prozessaussichten vernünftig abgewogen und das Kostenrisiko berücksichtigt werden. Die Rechtsverfolgung ist als mutwillig[16] anzusehen, wenn mit Rücksicht auf die für die zwangsweise Beitreibung des Anspruchs bestehenden Aussichten eine nicht Verfahrenskostenhilfe beanspruchende Partei von einer Prozessführung absehen oder nur einen Teil des Anspruchs geltend machen würde.[17] Als mutwillige Rechtsverfolgung wird z.B. angesehen, wenn es einen außergerichtlichen oder billigeren Weg zur Interessenverfolgung gibt[18] oder wenn die Klage gegen völlig mittellose Personen geführt wird.[19]

---

13 BVerfG v. 24.6.2010 – 1 BvR 3332/08 – AGS 2010, 494; BVerfG v. 13.3.1990 – 2 BvR 94/88 – BVerfGE 81, 347.

14 Zöller/*Geimer*, ZPO, § 114 Rn. 26.

15 So die Gesetzesbegründung – BT-Drs. 17/11472 S. 29.

16 Beispiele für Mutwillen siehe bei *Zimmermann*, Rn. 195 ff. sowie bei Zöller/*Geimer*, ZPO, § 114 Rn. 30 ff.

17 BGH v. 10.3.2005 – XII ZB 20/04 – FamRZ 2005, 786; Zöller/*Geimer*, ZPO, § 114 Rn. 30; *Zimmermann*, PKH, Rn. 193.

18 Zöller/*Geimer*, ZPO, § 114 Rn. 31.

19 OLG Koblenz v. 3.2.2000 – 8 W 68/00 – JurBüro 2001, 99; OLG Hamm v. 10.11.1998 – 29 W 118/98 – NJW-RR 1999, 1737.

Die Prozesskostenhilfe wird auf Antrag für jeden Rechtszug gesondert bewilligt, § 119 Abs. 1 S. 1 ZPO.

3. Einzusetzendes Einkommen und Vermögen

751 Eine zentrale und praktisch bedeutsame Vorschrift der Prozesskostenhilfe ist § 115 ZPO. Danach hat die Partei ihr **Einkommen und** soweit zumutbar ihr **Vermögen einzusetzen**. Ob sich der Antragsteller mit Ratenzahlungen an den Prozesskosten zu beteiligen hat, hängt von der Höhe seines Einkommens und seines sonstigen Vermögens ab.

752 Als Maßstab dafür, ob die Partei überhaupt Prozesskostenhilfe erhält und ob diese dann „voll" gewährt wird, d.h. ohne Raten aus dem Einkommen oder Vermögen oder nicht, dienen Vorschriften des Sozialhilferechts.[20] Das Gericht hat die Einkommensverhältnisse festzustellen und die Raten zu ermitteln.[21] Die bis zum 31.12.2013 gemäß § 115 Abs. 2 ZPO a.F. geltende Tabellenstruktur trug der Vorgabe des BVerfG Geltung, wonach der Partei wenigstens das Existenzminimum zu belassen ist.[22]

Mit der PKH-Reform wurde die Tabelle zu § 115 Abs. 2 ZPO abgeschafft, sodass für nach dem 1.1.2014 beantragte PKH eine andere Feststellung gilt. Nun hat der Prozesskostenhilfeempfänger grundsätzlich die Hälfte des einzusetzenden Einkommens als Rate zu zahlen. Damit wollte der Gesetzgeber die Ungerechtigkeiten bei der Ermittlung des einzusetzenden Einkommens nach bisherigem Recht beseitigen.

a) Einkommen

753 Zum Einkommen zählen alle **Einkünfte in Geld oder Geldeswert**, § 115 Abs. 1 S. 2 ZPO,[23] und zwar unabhängig, ob es sich um steuerpflichtige oder nicht der Steuer unterliegende Einkünfte handelt. Dazu gehören Einnahmen aus jeglicher nichtselbstständiger oder selbstständiger Arbeit; Renten, Einkünfte aus Kapitalvermögen und aus Vermietung und Verpachtung, Unterhalt, Sozialleistungen (Wohngeld, Arbeitslosengeld, Arbeitslosengeld II). Auch Kindergeld ist nach dem Sozialrecht Einkom-

---

20 Das Sozialhilferecht erfuhr zum 1.1.2005 eine umfassende Reform, denn das BSHG wurde durch Art. 68 Abs. 1 Nr. 1 des Gesetzes zur Einordnung des Sozialhilferechts in das Sozialgesetzbuch v. 27.12.2003 (BGBl. I S. 3022) aufgehoben und das Sozialgesetzbuch (SGB) wurde um ein Zwölftes Buch (XII) – Sozialhilfe – erweitert (Art. 1 des Gesetzes v. 27.12.2003 – BGBl. I S. 3022).

21 Siehe Prüfungsreihenfolge, Rechenweg und Berechnungsbeispiele bei *Zimmermann*, Rn. 318 ff.

22 BVerfG v. 8.7.1992 – 2 BvL 14/92 – BVerfGE 87, 104; BVerfG v. 29.5.1990 – 1 BvL 20/84, 26/84, 4/86 – BVerfGE 82, 60.

23 S. hierzu MüKoZPO/*Wache*, § 115 Rn. 2 ff.; Zöller/*Geimer*, ZPO § 115 Rn. 3 ff. sowie *Zimmermann*, Rn. 43 ff.

men.[24] Dagegen sind Erziehungsgeld und die Kindererziehungsleistung nach §§ 294 ff. SGB VI nicht bei der Berechnung des Einkommens zu berücksichtigen.

754 Vom Einkommen sind nach § 115 Abs. 1 S. 3 Nr. 1a ZPO **abzusetzen**: Steuern, die gesetzlichen Beiträge zur Kranken-, Renten-, Pflege- und Arbeitslosenversicherung; angemessene Versicherungsbeiträge für Gebäude- und Hausratversicherung, private Unfall- und Krankenversicherungen, freiwillige Rentenversicherungen, Sterbeversicherungen und Lebensversicherungen. Außerdem sind die tatsächlichen Kosten für Heizung und Unterkunft zu berücksichtigen.

755 Nach § 115 Abs. 1 S. 3 Nr. 1b und 2a, b ZPO haben dem Antragsteller bestimmte **Freibeträge** zu verbleiben, die sich nach den entsprechenden Regelsätzen des Sozialhilferechts richten. Die Beträge werden vom BMJ im Bundesgesetzblatt veröffentlicht und bei der Bewilligung sind die jeweils geltenden Beträge in Abzug zu bringen. Nach der Prozesskostenhilfebekanntmachung 2017[25] gelten seit dem 1.1.2017 folgende Beträge:

1. für Parteien, die ein Einkommen aus Erwerbstätigkeit erzielen (§ 115 Abs. 1 S. 3 Nr. 1b ZPO) 215,00 €,
2. für die Partei und ihren Ehegatten oder ihren Lebenspartner (§ 115 Abs. 1 S. 3 Nr. 2a ZPO) 473,00 €,
3. für jede weitere Person, der die Partei aufgrund gesetzlicher Unterhaltspflicht Unterhalt leistet, in Abhängigkeit von ihrem Alter (§ 115 Abs. 1 S. 3 Nr. 2 ZPO):
   a) Erwachsene 377,00 €,
   b) Jugendliche vom Beginn des 15. bis zur Vollendung des 18. Lebensjahres 359,00 €,
   c) Kinder vom Beginn des siebten bis zur Vollendung des 14. Lebensjahres 333,00 €,
   d) Kinder bis zur Vollendung des sechsten Lebensjahres 272,00 €.

756 Wegen besonderer Belastung können zusätzliche Beträge im Rahmen einer **Härteklausel** berücksichtigt werden, § 115 Abs. 1 S. 3 Nr. 5 ZPO. Hierbei geht es um laufende Verpflichtungen der Partei, die durch die Prozessführung nicht gefährdet werden sollen, z.B. schon vor Prozessbeginn laufende Schuldverpflichtungen. Allerdings nicht angemessen, wenn es sich

---

24 BGH v. 26.1.2005 – XII ZB 234/03 – FamRZ 2005, 605 = NJW 2005, 2393 m.w.N.; *Zimmermann*, Rn. 62 mit Nachweisen auch zur gegenteiligen Meinung.

25 Bekanntmachung zu § 115 Zivilprozessordnung (Prozesskostenhilfebekanntmachung 2017 – PKHB 2017) v. 12.12.2016 – BGBl. I S. 2869.

um reinen Luxus, Spekulationsgeschäfte oder aber auch Geldbußen aus Strafverfahren handelt.[26]

757 Nachdem das Einkommen festgestellt und alle abzuziehenden Beträge berücksichtigt worden sind, ist nach der Summe des verbleibenden Einkommensbetrages festzustellen, in welcher Höhe Raten zu zahlen oder ob ggf. keine Raten anzuordnen sind.

§ 115 Abs. 2 ZPO ordnet nach nun geltendem Recht an, dass von dem nach den Abzügen verbleibenden Teil des monatlichen Einkommens (**einzusetzendes Einkommen**) Monatsraten in Höhe der Hälfte des einzusetzenden Einkommens festzusetzen sind. Dabei ist auf volle Euro abzurunden und wenn eine Monatsrate weniger als 10,00 € beträgt, ist von der Festsetzung von Monatsraten abzusehen. Bei einem einzusetzenden Einkommen von mehr als 600,00 € beträgt die Monatsrate 300,00 € zuzüglich des Teils des einzusetzenden Einkommens, der 600,00 € übersteigt.

Allerdings wird die Ratenzahl unabhängig von der Zahl der Rechtszüge auf höchstens **48 Raten begrenzt**, § 115 Abs. 2 S. 3 ZPO. Danach kommt die Partei von der Zahlung frei.

→ **Beispiel:**

Der Antragsteller erklärt, dass er einen monatlichen Bruttolohn von 2.720,00 € habe und für ein minderjähriges Kind monatlich einen Unterhalt von 364,00 € zahle.

Zugleich teilt er ordnungsgemäß alle monatlichen Abzüge und Belastungen mit, sodass sich folgend Berechnung ergibt:

Bruttolohn	2.720,00 €
abzgl. Steuern	411,18 €
abzgl. Sozialversicherung	555,56 €
abzgl. sonst. Versicherungen	100,00 €
Zwischensumme	1.653,26 €
abzgl. Freibetrag Erwerbstätiger (§ 115 Abs. 1 S. 3 Nr. 1b ZPO)	215,00 €
abzgl. Freibetrag Unterhalt Partei (§ 115 Abs. 1 S. 3 Nr. 2a ZPO)	473,00 €
abzgl. Unterhalt Kind anstelle des Freibetrages	364,00 €
Zwischensumme	601,26 €
abzgl. Wohnkosten	480,00 €
Einzusetzendes Einkommen	121,26 €

26 Beispiele für besondere Belastungen: Zöller/*Geimer*, ZPO, § 115 Rn. 40 ff.; *Zimmermann*, Rn. 110 ff.

Das einzusetzende Einkommen beträgt hier 121,26 €, wovon der Antragsteller die Hälfte für Ratenzahlungen einzusetzen hat. Das ergibt einen Betrag von 60,63 €, der auf volle Euro abzurunden ist, sodass die Rate dann 60,00 € monatlich beträgt.

Höchstzahl der Raten = 48 Monatsraten (2.880,00 €).

758 Das Gericht muss nun die voraussichtlichen Prozesskosten vorab bestimmen, um zu ermitteln, wie viele Raten voraussichtlich notwendig sein werden, um die Kosten abzudecken. Dabei ist zu berücksichtigen, dass gem. § 119 ZPO die PKH immer nur für den jeweiligen Rechtszug zu bewilligen ist. Das bedeutet, dass bei jedem neuen Rechtszug auch erneut ein Antrag auf PKH zu stellen ist.

Die **Kostenprognose** hat die Gerichts- und die Rechtsanwaltskosten zu erfassen.

Anzusetzen sind in der I. Instanz die Verfahrensgebühr (3,0 nach KV 1210) und dazu 2,5 Rechtsanwaltsgebühren nebst Auslagenpauschale und Umsatzsteuer. Die gegnerischen Kosten bleiben außer Betracht.

→ **Fortführung des o.g. Beispiels:**

723,00 €	Gerichtskosten
1.683,85 €	Rechtsanwaltskosten
2.406,85 €	Gesamtkosten = auf volle Euro gerundet: 2.407,00 €

Bei einer Monatsrate von 60,00 € ergeben sich somit 40 Raten à 60,00 € und 1 Rate à 7,00 €.

759 Wenn die so ermittelten Kosten **4 Monatsraten** und die aus dem Vermögen aufzubringenden Teilbeträge nicht übersteigen, dann ist die PKH abzulehnen, § 115 Abs. 4 ZPO. In diesen Fällen ist es der Partei zuzumuten, sich das Geld auf andere Weise zu beschaffen (Kontoüberziehung, Darlehensaufnahme).

760 Kann die Partei nur teilweise die Kosten aus dem Vermögen aufbringen, dann ist Ausgangspunkt für die Prüfung, wie viel noch aus dem Einkommen für den restlichen Betrag zu verwenden ist.

761 Für **Parteien kraft Amtes, juristische Personen bzw. parteifähige Vereinigungen** gilt § 116 ZPO, diese müssen zahlen, bis die Kosten gedeckt sind. Die Tabelle und die Begrenzung auf 48 Raten gelten hier nicht.[27]

b) Vermögen

762 Die Partei hat ihr Vermögen einzusetzen, soweit dieses zumutbar ist, § 115 Abs. 3 ZPO. Was Vermögen ist, wird wieder entsprechend zum Bundessozialhilferecht geklärt – hierbei ist § 90 SGB XII zu berücksichti-

27 Zöller/*Geimer*, ZPO, § 116 Rn. 30.

gen.[28] Danach ist Vermögen „**das gesamte verwertbare Vermögen**“, allerdings dadurch eingeschränkt, dass Einsatz bzw. Verwertung gewisser Vermögensteile nicht verlangt werden kann. Zum Vermögen gehören **alle beweglichen und unbeweglichen Sachen sowie Forderungen** und sonstige **Vermögensrechte**.[29]

763 Verwertbare Vermögensbestandteile sind alle geldwerten beweglichen und unbeweglichen Sachen. Hierzu gehören:

- wertvolle Einrichtungsgegenstände
- Schmuck
- Kraftfahrzeuge
- Grundbesitz
- Sparguthaben
- Wertpapiere.

764 Das Vermögen ist dann nicht einzusetzen, wenn es zurzeit nicht verwertbar, da nicht zu einem annehmbaren Preis veräußerbar oder zweckgebunden ist (Sperrkonten, Lebensversicherungen).[30]

Unverwertbar sind:

- kleinere Barbeträge[31] (Schongrenze zzt. 2.600,00 € für den Antragsteller und je 256,00 € für jeden Unterhaltsberechtigten)
- selbstgenutzte Grundstücke bzw. Häuser und Eigentumswohnungen
- Familien- und Erbstücke
- angemessener Hausrat.

III. Das Bewilligungsverfahren

1. Der Antrag

765 Prozesskostenhilfe wird nur **auf Antrag bewilligt**, § 114 ZPO. Der Antrag ist schriftlich oder zu Protokoll der Geschäftsstelle einzulegen, und zwar beim Prozessgericht oder bei jedem Amtsgericht, § 117 Abs. 1 S. 1 i.V.m. § 129a ZPO. Anwaltszwang besteht gem. § 78 Abs. 3 ZPO nicht.

---

28 Sowie die zu § 90 SGB XII erlassene DurchführungsVO i.d.F. v. 30.12.2003 (BGBl. I S. 3022, 3060).

29 S. hierzu Beispiele bei *Dürbeck/Gottschalk*, PKH/VKH, Rn. 369 ff.; *Zimmermann*, Rn. 135 ff.; Zöller/*Philippi*, ZPO, § 115 Rn. 50 ff.

30 *Dürbeck/Gottschalk*, PKH/VKH, Rn. 402 ff.

31 In der VO zur Durchführung des § 88 BSHG bzw. ab 1.1.2005 in der VO zu § 90 Abs. 2 Nr. 9 SGB XII geregelt.

Die Partei muss ihre wirtschaftlichen und persönlichen Verhältnisse offen legen. Diese Unterlagen dürfen aus Datenschutzgründen nur mit Genehmigung des Antragstellers dem Gegner zugänglich gemacht werden, § 117 Abs. 2 S. 2 ZPO. Gleichzeitig muss das Streitverhältnis dargestellt und die Beweismittel müssen angeben werden, § 117 Abs. 1 S. 2 ZPO, d.h., es müssen die objektiven Bewilligungsvoraussetzungen dargelegt werden.

766 § 117 Abs. 3 ZPO enthält eine Ermächtigung für die Einführung eines Vordrucks bezüglich der Erklärung über die persönlichen und wirtschaftlichen Verhältnisse des Antragstellers. Davon hat die Bundesregierung Gebrauch gemacht, sodass der Antragsteller verpflichtet ist, den **amtlichen Vordruck** zu verwenden, § 117 Abs. 4 ZPO.[32] Eine Ausnahme hiervon gilt für juristische Personen, Parteien kraft Amtes und parteifähige Vereinigungen, § 1 Abs. 2 PKHFV.

Der amtliche Vordruck nebst Erläuterungen ist im Internet auf allen Justizportalen abrufbar.[33]

767 Hat eine Partei die Bewilligung von Prozesskostenhilfe beantragt, so sind die Akten dem Gericht vorzulegen. Alle Vordrucke und sonstiger Schriftverkehr sowie Zahlungsbelege und die Urschriften der gerichtlichen Entscheidungen sind für jeden Beteiligten in einem besonderen Beiheft zu vereinigen. Die Bewilligung ist auf dem Aktendeckel der Hauptsache kenntlich zu machen. Weitere Einzelheiten regeln die Durchführungsbestimmungen zum Gesetz über die Prozesskostenhilfe (DB-PKHG).[34]

2. Prüfungsverfahren

768 Dem Gegner ist **rechtliches Gehör** zu gewähren, § 118 Abs. 1 S. 1 ZPO. Davon kann nur in Ausnahmefällen abgewichen werden, so z.B. bei besonders eilbedürftigen Angelegenheiten (Arrest, einstweilige Verfügung, Wohnungsdurchsuchung).[35]

---

32 Verordnung zur Verwendung eines Formulars für die Erklärung über die persönlichen und wirtschaftlichen Verhältnisse bei Prozess- und Verfahrenskostenhilfe (Prozesskostenhilfeformularverordnung – PKHFV) v. 6.1.2014 – BGBl. I S. 34 – in Kraft getreten am 22.1.2014. Gleichzeitig wurde die PKHVV v. 17.10.1994 aufgehoben.

33 Als Beispiel sein hier das Niedersächsische Justizportal genannt: http://www.justizportal.niedersachsen.de/service/formulare/amtliche-vordrucke---prozesskostenhilfe---56738.html (Eingesehen am 6.3.2017).

34 Durchführungsbestimmungen zum Gesetz über die Prozesskostenhilfe (DB-PKHG) z. B. für NRW gem. AV d. JM v. 30.10.2001 (5603- Z.92) im der Fassung v. 14.10.2015 – JMBl. NRW S. 363. Im Internet unter: http://www.jvv.nrw.de/anzeigeText.jsp?daten=548 (Eingesehen am 6.3.2017).

35 Zöller/*Philippi*, ZPO, § 118 Rn. 3.

Gegenstand der Anhörung sind nach der Änderung des § 118 Abs. 1 S. 1 ZPO[36] nicht nur die objektiven Bewilligungsvoraussetzungen, sondern auch die persönlichen oder wirtschaftlichen Voraussetzungen. Damit ist klargestellt, dass der Gegner nicht nur zum Streitgegenstand gehört wird. Dem Gegner sind zwar grundsätzlich die Unterlagen nicht zugänglich zu machen, aber dieser weiß ja, dass PKH beantragt ist und kann sich u.U. allgemein dazu äußern. In § 118 Abs. 2 S. 1 ZPO ist nun gesetzlich verankert, dass zur Glaubhaftmachung der Angaben das Gericht vom Antragsteller die Abgabe einer eidesstattlichen Versicherung fordern kann.

Die Anhörung kann formlos schriftlich oder mündlich erfolgen. Der Gegner muss nicht Stellung nehmen.[37]

Das Gericht kann die Parteien zur mündlichen Erörterung laden, wenn eine **Einigung** zu erwarten ist (§ 118 Abs. 1 S. 3 ZPO), wobei es im Ermessen des Gerichts liegt, ob geladen wird oder nicht.[38] Der im Prozesskostenhilfeverfahren zu Protokoll des Richters oder Rechtspflegers geschlossene Vergleich ist Vollstreckungstitel nach § 794 Abs. 1 Nr. 1 ZPO.

3. Die Bewilligung

769 Die Bewilligung erfolgt durch **Beschluss** und zwar für **jede Instanz getrennt**, § 119 Abs. 1 ZPO. Nicht zur Instanz gehören das Mahnverfahren und die Zwangsvollstreckung. Hierfür muss getrennt Prozesskostenhilfe beantragt werden. Die Prozesskostenhilfe für den ersten Rechtszug gilt auch für das Kostenfestsetzungsverfahren.[39] Allerdings gilt sie nicht für eine nachträgliche Klageänderung.[40]

Für die **höhere Instanz** besteht keine Erleichterung hinsichtlich des Nachweises der wirtschaftlichen und persönlichen Voraussetzungen; allerdings bietet § 119 Abs. 1 S. 2 ZPO Erleichterungen für den Fall, dass der Gegner das Rechtsmittel eingelegt hat.[41] In diesem Fall entfällt die Prüfung der Erfolgsaussichten und Mutwilligkeit, da der Antragsteller in der Vorinstanz obsiegt hat, die Rechtsprechung macht nur Ausnahmen, wenn das Rechtsmittel infolge einer Gesetzesänderung[42] begründet ist oder sich die Sachlage eindeutig geändert hat.[43]

---

36 Durch Art. 1 Nr. 6 des Gesetzes zur Änderung des Prozesskostenhilfe- und Beratungshilferechts v. 31.8.2013 – BGBl. I S. 3533.

37 OLG Köln v. 30.8.2010 – 11 W 57/10 – AGS 2010, 611.

38 *Zimmermann*, Rn. 490 m.w.N. auch zur gegenteiligen Auffassung.

39 Zöller/*Geimer*, ZPO, § 119 Rn. 15.

40 BGH v. 22.9.2005 – IX ZB 163/04 – Rpfleger 2006, 86.

41 Zöller/*Geimer*, ZPO, § 119 Rn. 51.

42 OLG Celle v. 12.7.1977 – 10 UF 50/77 – FamRZ 1977, 648.

43 BGH v. 14.12.1988 – IVb ZB 177/88 – FamRZ 1989, 265 = NJW-RR 1989, 702; BGH v. 11.1.1962 – VII ZR 239/60 – BGHZ 36, 280 ; OLG Hamm v. 7.12.1993 – 8 UF 255/93 – FamRZ 1995, 747 m.w.N. ; OLG Koblenz v. 18.11.1985 – 15 UF 1205/85 – FamRZ 1986, 81.

770 Die Entscheidung hat grundsätzlich zügig und wenn möglich auch vor dem Termin in der Hauptsache zu erfolgen.[44] Das ist schon verfassungsrechtlich geboten, da bei einer Entscheidung im Nachhinein Erkenntnisse aus dem Hauptsacheverfahren in die Entscheidung über die Verfahrenskostenhilfe mit einfließen könnten.[45] Die Bewilligung erfolgt gem. § 127 Abs. 1 S. 1 ZPO ohne mündliche Verhandlung durch **Beschluss, Raten oder Teilbeträge** aus dem Vermögen sind darin festzusetzen, § 120 Abs. 1 ZPO. Das Gesetz sieht keine Regelung vor, wann mit der Ratenzahlung zu beginnen ist. Aus diesem Grunde muss der Beschluss eine Aussage darüber enthalten, ab wann die Partei die Raten zu zahlen hat. In der Regel wird das sofort der Fall sein.

a) Vorläufige Einstellung von Zahlungen

771 Das Gericht soll die **vorläufige Einstellung** der Zahlungen bestimmen, wenn abzusehen ist, dass die Raten die voraussichtlich entstehenden Kosten decken, § 120 Abs. 3 Nr. 1 ZPO.[46]

Damit ist nach Auffassung des Gesetzgebers klargestellt, dass auch künftige oder noch nicht zur Zahlung fällige Kosten zu berücksichtigen sind.[47] Bisher wurde die Auffassung vertreten, dass die gezahlten Raten die bisher entstandenen Kosten decken müssen, was einen übermäßigen Überwachungsaufwand durch das Gericht verursacht hatte.

b) Zuständigkeiten

772 Entscheidungen im Verfahren über die Prozesskostenhilfe ergehen **ohne mündliche Verhandlung**, § 127 Abs. 1 S. 1 ZPO. **Zuständig** ist grundsätzlich das Gericht des ersten Rechtszuges, in der höheren Instanz ist es das Gericht dieses Rechtzuges, § 127 Abs. 1 S. 2 ZPO. Im Rechtsstreit obliegt die Entscheidung somit dem **Richter**, der zur Sachentscheidung berufen ist.

In Angelegenheiten, die auf den **Rechtspfleger** übertragen sind, gehört die Bewilligung der Prozesskostenhilfe ebenfalls zu dessen Aufgaben, § 4 Abs. 1 RPflG.

Außerdem sind im Verlauf des PKH-Verfahrens **weitere Aufgaben** auf den **Rechtspfleger übertragen**, § 20 Abs. 1 Nr. 4 RPflG. So kann der Vorsitzende des Gerichts nach § 20 Abs. 1 Nr. 4a) RPflG den Rechtspfleger mit den in § 118 Abs. 2 ZPO genannten Maßnahmen beauftragen. Danach kann das Gericht verlangen, dass der Antragsteller seine tatsächlichen Angaben glaubhaft macht, es kann insbesondere auch die Abgabe einer Versicherung an Eides statt fordern. Das Gericht kann Erhebungen anstellen,

44 SchlHOLG v. 4.7.2011 – 10 WF 82/11 – SchlHA 2012, 25 = FamRZ 2011, 1971.
45 SaarlOLG v. 21.2.2011 – 6 WF 140/10 – NJW 2011, 1460.
46 Geändert durch Art. 1 Nr. 7 PKH-ReformG.
47 So die Gesetzesbegründung BT-Drs. 17/11472 S. 32, 33.

insbesondere die Vorlegung von Urkunden anordnen und Auskünfte einholen. Zeugen und Sachverständige werden zwar grundsätzlich nicht vernommen, wenn aber auf andere Weise nicht geklärt werden kann, ob die Rechtsverfolgung oder Rechtsverteidigung hinreichende Aussicht auf Erfolg bietet und nicht mutwillig erscheint; kann dieses doch der Fall sein. Mit all diesen Aufgaben kann im Vorfeld der Rechtspfleger beauftragt werden. Schließlich kommt auch noch eine Fristsetzung bezüglich der Vorlage der Erklärung über die persönlichen und wirtschaftlichen Verhältnisse und deren Glaubhaftmachung infrage.

Die Beauftragung kann auch die Beurkundung eines Vergleichs nach § 118 Abs. 1 S. 3 ZPO betreffen.

Zudem hat der Rechtspfleger die Aufgabe, den Zeitpunkt für die Einstellung und eine Wiederaufnahme der Zahlungen nach § 120 Abs. 3 ZPO zu bestimmen (→ Rn. 771), § 20 Abs. 1 Nr. 4b) RPflG sowie über die Änderung und die Aufhebung der Bewilligung der PKH nach §§ 120a, 124 Abs. 1 Nr. 2 bis 5 ZPO zu entscheiden (→ Rn. 817).

c) Beschwerde gegen die Bewilligung

773 Gegen die Bewilligung der Prozesskostenhilfe findet die **sofortige Beschwerde der Staatskasse** statt, wenn weder Monatsraten noch aus dem Vermögen zu zahlende Beträge festgesetzt sind, § 127 Abs. 3 S. 1 ZPO. Sie kann nur darauf gestützt werden, dass die Partei nach ihren persönlichen und wirtschaftlichen Verhältnissen Zahlungen zu leisten hat. Die Notfrist beträgt einen Monat und beginnt mit der Bekanntgabe des Beschlusses, § 127 Abs. 3 S. 3 ZPO.[48] Im Übrigen findet die sofortige Beschwerde mit einer Notfrist von 1 Monat statt, dies gilt nicht, wenn der Streitwert der Hauptsache den in § 511 ZPO genannten Betrag von derzeit 600,00 € nicht übersteigt, es sei denn, das Gericht hat ausschließlich die persönlichen oder wirtschaftlichen Voraussetzungen für die Prozesskostenhilfe verneint, § 127 Abs. 2 S. 2 ZPO. Damit soll verhindert werden, dass Verfahrenskostenhilfeentscheidungen in eine Instanz gelangen, in welche die Hauptsache nicht gelangen kann.[49] Dieses gilt jedoch nicht, wenn das Gericht die Ablehnung ausschließlich auf das Fehlen der subjektiven Voraussetzungen stützt, § 127 Abs. 2 S. 2 ZPO.

4. Beiordnung eines Rechtsanwalts

774 Unter welchen Umständen der Partei ein Rechtsanwalt beizuordnen ist, ergibt sich aus § 121 ZPO.[50] Handelt es sich um einen **Anwaltsprozess**, so

48 Eingefügt durch Art. 2 Abs. 1 Nr. 17b ZPO-RG.
49 OLG Hamm v. 19.12.2014 – 14 WF 224/14 –, juris.
50 Ausführlich hierzu *Dürbeck/Gottschalk*, PKH/VKH, Rn. 630 ff. sowie *Zimmermann*, Rn. 321 ff.

hat das Gericht der Partei einen Anwalt ihrer Wahl beizuordnen. Hierauf hat die Partei einen Rechtsanspruch. Die **Beiordnung** begründet für den Rechtsanwalt die öffentlich-rechtliche Pflicht zur Übernahme der Vertretung (§ 48 Abs. 1 Nr. 1 BRAO).

Es kann sowohl ein einzelner Rechtsanwalt als auch eine Rechtsanwalts-GmbH beigeordnet werden. Auch die Beiordnung einer Rechtsanwaltssozietät[51] ist möglich, nur nicht die Beiordnung mehrerer Rechtsanwälte.[52]

775 Allerdings darf ein **auswärtiger Rechtsanwalt** nur beigeordnet werden, wenn dadurch keine Mehrkosten verursacht werden, § 121 Abs. 3 ZPO. Grundgedanke dieser Vorschrift ist es, unnötige Reisekosten zu vermeiden.

Vor Änderung des § 121 Abs. 3 ZPO[53] entsprach die Vorschrift dem damals geltenden Recht der Zulassung zur Rechtsanwaltschaft, da sie auf die Zulassung beim Prozessgericht abstellte. Dem Grundgedanken der Vorschrift, unnötige Reisekosten zu vermeiden, wurde in der Rechtsprechung (nach altem Recht) dadurch Rechnung getragen, dass der Rechtsanwalt zu den „Bedingungen eines ortsansässigen Rechtsanwalts“ beigeordnet wurde.[54] Das geschah wegen der Regelung in § 48 Abs. 1 RVG, wonach der Vergütungsanspruch des Rechtsanwalts gegen die Staatskasse vom Umfang der Beiordnung abhängt. In Rechtsprechung und Literatur war umstritten, ob ein Gericht die Einschränkung ohne Nachfrage beim betroffenen Rechtsanwalt anordnen durfte.[55] Der BGH vertrat die Auffassung, dass ein Beiordnungsantrag eines nicht beim Prozessgericht zugelassenen Rechtsanwalts regelmäßig ein konkludentes Einverständnis mit einer entsprechenden Einschränkung enthalte,[56] weil bei einem Rechtsanwalt die Kenntnis des Mehrkostenverbots des § 121 Abs. 3 ZPO vorauszusetzen sei und er damit rechnen müsse, dass seinem Antrag nur im gesetzlich zulässigen Umfang stattgegeben werde.

Die Änderung des § 121 Abs. 3 ZPO, wonach von einem „nicht im Bezirk des Prozessgerichts niedergelassenen Rechtsanwalt“ die Rede ist, hat zur Folge, dass grundsätzlich für den **im Bezirk des Gerichts** aber nicht direkt am Gerichtsort residierenden Rechtsanwalt durchaus Reisekosten entstehen können, die auch durch die Staatskasse zu erstatten sind.[57]

---

51 BGH v. 17.9.2008 – IV ZR 343/07 – NJW 2009, 440 = Rpfleger 2009, 87.

52 *Zimmermann*, Rn. 325.

53 Durch Art. 4 Nr. 2 d. Gesetzes zur Stärkung der Selbstverwaltung der Rechtsanwaltschaft v. 26.3.2007 – BGBl. I S. 358 – in Kraft getreten am 1.6.2007.

54 BGH v. 23.3.2006 – IX ZB 130/05 – WM 2006, 1298; BGH v. 23.6.2004 – XII ZB 61/04 – BGHZ 159, 370 = FamRZ 2004, 1362 = NJW 2004, 2749.

55 Zum Meinungsstand siehe Baumbach/*Hartmann*, ZPO, 64. Aufl. 2006, § 121 Rn. 62; MüKoZPO/*Wax*, 2. Aufl. 2000, § 121 Rn. 11; Zöller/*Philippi*, ZPO, 25. Aufl. 2005, § 121 Rn. 13.

56 BGH v. 10.10.2006 – XI ZB 1/06 – NJW 2006, 3783 = Rpfleger 2007, 83; a.A. HansOLG v. 17.7.2006 – 9 W 45/06 – Rpfleger 2006, 661.

57 Gerold/Schmidt/*Müller-Rabe*, RVG, § 46 Rn. 5.

Gleich geblieben ist jedoch der Grundgedanke der Vorschrift, wonach die Staatskasse nicht mit **unnötigen Reisekosten** belastet werden soll. Aus diesem Grund soll das Gericht, wenn ein nicht im Bezirk des Gerichts niedergelassener Rechtsanwalt seine Beiordnung beantragt, bereits im Zuge des Bewilligungsverfahrens prüfen, welche Reisekosten entstehen könnten, wenn ein im Bezirk residierender Rechtsanwalt beigeordnet werden würde.[58] Insoweit soll eine Kostenschätzung vorgenommen werden, wobei die größte Entfernung zwischen dem Gerichtsort und dem Gerichtsbezirk zu ermitteln ist. Nur wenn die Entfernung zwischen dem Kanzleisitz und dem Gerichtsort größer ist, muss eine Einschränkung der Beiordnung vorgenommen werden. Diese sollte dann aber mit dem Wortlaut des Gesetzes übereinstimmen und nur die Kosten ausschließen, welche die Kosten eines im Bezirk des Verfahrensgerichts niedergelassenen Rechtsanwalts übersteigen. Eine Beiordnung „zu den Bedingungen eines ortsansässigen Rechtsanwalts“ widerspricht dem Wortlaut des Gesetzes und bedeutet eine zu starke Einschränkung der Beiordnung.[59]

Wird ein im Bezirk des Prozessgerichts niedergelassener Rechtsanwalt nur „zu den Bedingungen eines ortsansässigen Anwalts“ beigeordnet, so ist diese Einschränkung für das Festsetzungsverfahren jedoch bindend,[60] genauso wie die schrankenlose Beiordnung.[61]

Sieht das Gericht allerdings die Voraussetzungen für die Beiordnung eines Verkehrsanwalts als gegeben an, sind die Kosten des Verfahrensbevollmächtigten zuzüglich der Kosten des Verkehrsanwalts mit denen eines auswärtigen Anwalts zu vergleichen, sodass die uneingeschränkte Beiordnung eines auswärtigen Anwalts erfolgen kann, wenn diese Lösung die kostengünstigere ist.[62]

776 Wenn ein Rechtsanwalt im Rahmen der Prozesskostenhilfebewilligung beigeordnet ist, dann kann unter den Voraussetzungen des § 121 Abs. 4 ZPO auch ein **Beweisanwalt** oder aber ein **Verkehrsanwalt** beigeordnet werden. Die Beiordnung eines Unterbevollmächtigten ist nach dieser Vorschrift nicht möglich.[63] Es ist ein gesonderter Antrag auf Beiordnung notwendig, in dem die Partei die besonderen Umstände darlegen muss.

---

58 OLG Düsseldorf v. 27.2.2014 – 1 WF 13/14 –, juris; Zöller/*Geimer*, ZPO, § 121 Rn. 13a ff.

59 OLG Celle v. 28.4.2011 – 10 WF 123/11 – FamRZ 2011, 1745; siehe auch *von König*, RpflStud 2011, 150; OLG Brandenburg v. 21.6.2010 – 9 WF 92/10 –, juris.

60 OLG Düsseldorf v. 8.1.2008 – 10 WF 28/07 – Rpfleger 2008, 316.

61 KG v. 11.11.2010 – 19 WF 180/10 – AGS 2010, 612 = MDR 2011, 327.

62 BGH v. 23.6.2004 – XII ZB 61/04 – BGHZ 159, 370 = FamRZ 2004, 1362 = NJW 2004, 2749; BbgOLG v. 8.1.2013 – 3 WF 130/12 – FamRZ 2014, 230.

63 Zöller/*Geimer*, ZPO, ZPO, § 121 Rn. 2.

777 Bei Verfahren **ohne Anwaltszwang** kann auf Antrag ein Anwalt beigeordnet werden, wenn die **Vertretung** durch einen Anwalt **erforderlich erscheint, § 121 Abs. 2 ZPO**. Hierbei kommt es auf die persönlichen Verhältnisse der Partei, den Schwierigkeitsgrad der Sache usw. an. Es muss die Befürchtung bestehen, dass die Partei ohne Anwalt nicht in der Lage sein wird, seine Rechte wahrzunehmen.[64] Ist die gegnerische Partei durch einen Anwalt vertreten, so hat das Gericht wegen des Grundsatzes der **Waffengleichheit** auch im Parteiprozess der Partei einen Anwalt beizuordnen, das gilt sogar, wenn der Antragsteller selbst Rechtsanwalt ist.[65]

5. Kosten des Bewilligungsverfahrens

778 Das Bewilligungsverfahren ist **gerichtsgebührenfrei**. Allerdings erhält der **Rechtsanwalt** u.U. eine **Vergütung** für seine Tätigkeit. Hierbei kommt es darauf an, ob die Hauptsache anhängig ist bzw. wird.

779 Ist die **Hauptsache** bereits **anhängig** oder wird diese später anhängig, dann gehört das PKH-Verfahren gebührenrechtlich zum Hauptsacheverfahren, denn § 16 Nr. 2 RVG ordnet an, dass es sich um dieselbe Angelegenheit handelt. Der Rechtsanwalt kann keine zusätzliche Vergütung fordern.

780 Ist das nicht der Fall, kann der Rechtsanwalt für seine Tätigkeit eine Vergütung nach Teil 3 Abschnitt 3 Unterabschnitt 6 des VV RVG fordern.

Die **Wertberechnung** erfolgt nach § 23a RVG,[66] wonach sich der Gegenstandswert grundsätzlich nach dem für die Hauptsache maßgebenden Wert berechnet; im Übrigen ist er nach dem Kosteninteresse nach billigem Ermessen zu bestimmen. Gemäß § 23a Abs. 2 RVG sind dieser Wert und der Wert für das Verfahren, für das die PKH/VKH beantragt worden ist, nicht zusammenzurechnen.

Ist **keine Hauptsache** anhängig, erhält der Rechtsanwalt in einem Verfahren über die Bewilligung, Änderung oder Aufhebung der Bewilligung eine **Verfahrensgebühr** nach VV 3335 RVG, deren Höhe ist abhängig von der Verfahrensgebühr für das Verfahren, für das die Prozesskostenhilfe beantragt wird, d.h. sie hat die gleiche Höhe, ist aber auf einen Gebührensatz von höchstens 1,0 begrenzt[67] und kann auch geringer sein als 1,0 (z.B. im Vollstreckungsverfahren 0,3 nach VV 3309). Endet der Auftrag bevor der Rechtsanwalt den das Verfahren einleitenden Antrag oder einen Schriftsatz, der Sachanträge, Sachvortrag oder die Zurücknahme des Antrags enthält, eingereicht hat oder bevor er für seine Partei einen gerichtlichen Termin

---

64 Zöller/*Geimer*, ZPO, § 121 Rn. 5.
65 BGH v. 6.4.2006 – IX ZB 169/05 – Rpfleger 2006, 476 = NJW 2006, 1881.
66 Eingefügt durch Art. 8 Nr. 13 des 2. KostRMoG.
67 Nr. 3335 VV RVG geändert durch Art. 20 Nr. 7 l des Zweiten Gesetzes zur Modernisierung der Justiz (2. Justizmodernisierungsgesetz) v. 22.12.2006 – BGBl. I S. 3416 mit Wirkung v. 31.12.2006.

wahrgenommen hat oder soweit lediglich beantragt ist, eine Einigung der Parteien zu Protokoll zu nehmen, so beträgt die Gebühr 0,5 nach VV 3337 RVG. Der Ermäßigungstatbestand wurde nicht angepasst, was zumindest bei geringeren Gebühren zu Diskrepanzen führen wird.

781 Für das **Verfahrenskostenhilfeverfahren** selbst kann **keine PKH** bewilligt werden. Dieser Grundsatz gilt auch, wenn das Gericht die Parteien gem. § 118 Abs. 1 S. 3 ZPO (→ Rn. 768) zur mündlichen Erörterung lädt, um zu prüfen, ob aus Zweckmäßigkeitsgründen **im PKH-Verfahren eine gütliche Einigung** erfolgen kann. Kommt es zu einer solchen Einigung in der noch gar nicht anhängigen Hauptsache, kann der Partei im Erörterungstermin für den Vergleich selbst, aber nicht für das gesamte PKH-Verfahren Verfahrenskostenhilfe bewilligt werden.[68] Der BGH begründet seine Auffassung damit, dass der Vergleich eine Entscheidung über die Hauptsache darstellt und damit der Grundsatz, dass für das Bewilligungsverfahren keine PKH zu bewilligen sei, nicht gesprengt werde. Folgt man der Auffassung des BGH, dann ist in einem solchen Fall auch nur die 1,0 Einigungsgebühr nach VV 1000, 1003 RVG aus der Staatskasse zu erstatten.[69] Dass es sich lediglich um eine 1,0 Einigungsgebühr handelt und nicht um eine 1,5 Einigungsgebühr, ergibt sich schon aus der Anmerkung zu VV 1003 RVG, wonach sich die Gebühr auch ermäßigt, wenn ein Prozesskostenhilfeverfahren anhängig ist, das den Gegenstand der Einigung betrifft.

Wird im Bewilligungsverfahren ein **schriftlicher Vergleich** gem. § 278 Abs. 6 ZPO geschlossen, so ist strittig, ob der Rechtsanwalt dafür eine Terminsgebühr erhält. Im Verfahren über die Prozesskostenhilfe bestimmt sich die Terminsgebühr nach den Vorschriften, die für das Verfahren gelten, für das die PKH beantragt wird, Vorbem. 3.3.6 VV RVG.[70] Für einen evtl. Erörterungstermin nach § 118 Abs. 1 S. 3 ZPO zur Klärung der Frage, ob eine Einigung infrage kommt, fällt eine Terminsgebühr an, da diese für die Wahrnehmung von gerichtlichen Terminen entsteht, Vorbem. 3 Abs. 3 RVG.

Wird nun ein **schriftlicher Vergleich** geschlossen, könnte allenfalls VV 3104 Abs. 1 Nr. 1 RVG einschlägig sein. Da das PKH-Verfahren aber keine mündliche Verhandlung vorsieht, sondern lediglich § 118 Abs. 1 S. 3 ZPO es dem Gericht erlaubt, die Parteien zu einer mündlichen Erörterung zu laden, halte ich die Auffassung für richtig, dass in diesem Fall **keine Terminsgebühr** entsteht. Es kommt nicht auf den schriftlichen Vergleich an, dafür erhält der Rechtsanwalt eine **Einigungsgebühr**, sondern darauf, ob grundsätzlich Mündlichkeit vorgeschrieben ist.

---

68 BGH v. 8.6.2004 – VI ZB 49/03 – Rpfleger 2004, 637 = FamRZ 2004, 1708 mit Anm. *Krause* in FamRZ 2005, 862; a.A. *Zimmermann*, Rn. 494 ff., welcher der Auffassung ist, dass für das gesamte Bewilligungsverfahren PKH zu bewilligen sei.

69 Gerold/Schmidt/*Müller-Rabe*, RVG, VV 3335 Rn. 31 ff.

70 Eingefügt durch Art. 8 Nr. 45 des 2. KostRMoG.

Nicht anders ist die Lage zu betrachten, wenn die beantragte Prozesskostenhilfe beispielsweise ohne Erörterungstermin schriftlich zurückgewiesen wird. In diesem Fall kann ebenfalls nicht VV 3104 Abs. 1 RVG angewandt werden, da es im PKH-Bewilligungsverfahren an der ausdrücklich vorgeschriebenen Mündlichkeit fehlt.

IV. Wirkungen der Prozesskostenhilfe

782 Die Bewilligung von Prozesskostenhilfe hat Wirkungen für die Partei, den beigeordneten Rechtsanwalt und auch für den Gegner, § 122 ZPO. Sie treten kraft Gesetzes ein und können durch das Gericht nicht beschränkt, erweitert oder unter Bedingungen gestellt werden.[71]

1. Wirkung für die Partei

783 Die Partei ist von der **Zahlung rückständiger oder noch entstehender Gerichtskosten befreit**. Sie muss bei Prozesskostenhilfe mit Ratenzahlung lediglich die festgesetzten Raten zahlen. Zudem untersagt § 31 Abs. 3 GKG die Antragshaftung (Zweitschuldnerhaftung) und damit die gesamtschuldnerische Inanspruchnahme des reichen Klägers, wenn dem Beklagten als Entscheidungsschuldner Prozesskostenhilfe bewilligt ist, bereits gezahlte Beträge sind zurückzuzahlen, § 31 Abs. 3 GKG. Das spielt aber erst nach rechtskräftigem Abschluss des Prozesses unter Umständen eine Rolle; siehe insoweit → Rn. 807, 808.

Der beigeordnete Rechtsanwalt kann ebenfalls keine Ansprüche auf Vergütung gegen seinen Mandanten geltend machen, § 122 Abs. 1 Nr. 3 ZPO.

2. Vergütungsanspruch des Rechtsanwalts

784 Der Rechtsanwalt erhält durch die Beiordnung einen **Vergütungsanspruch** gegen die **Staatskasse** gem. §§ 45 ff. RVG. Der Anspruch des Rechtsanwalts bestimmt sich jedoch nach dem Umfang der Beiordnung, § 48 Abs. 1 RVG.

Bis zu einem Gegenstandswert von 4.000,00 €[72] weichen die **Gebühren des beigeordneten Rechtsanwalts** nicht von denen eines Wahlanwalts ab. Aus der Staatskasse werden jedoch bei einem Gegenstandswert von über 4.000,00 € nur noch Gebühren in Höhe der Tabelle zu § 49 RVG erstattet.

---

71 OLG Bamberg v. 8.1.1990 – 7 WF 140/89 – FamRZ 1990, 644 m.w.N.; BbgOLG v. 9.9.1997 – 10 WF 87/97 – FamRZ 1998, 1301; a.A. OLG Karlsruhe v. 6.4.1998 – 2 WF 35/98 – FamRZ 1999, 304.

72 Betrag von 3.000,00 € auf 4.000,00 € angehoben durch Art. 8 Nr. 26 des 2. KostRMoG.

Ab einem Gegenstandswert über 30.000,00 € beträgt eine 1,0 Gebühr dann nur noch 447,00 €.

→ **Beispiel:**

Der **Wahlanwalt,** der seine Partei hinsichtlich eines Gegenstandswertes von 10.000,00 € im Prozess vertritt, hat bei streitiger Verhandlung Anspruch auf folgende Vergütung:

1,3 Verfahrensgebühr VV 3100 in Höhe von 725,40 €.
1,2 Terminsgebühr VV 3104 in Höhe von 669,60 €.
Auslagenpauschale in Höhe von 20,00 €
insgesamt also 1.415,00 €
zuzüglich 19 % USt = 268,85 €
Gesamtvergütung in Höhe von 1.683,85 €.

Der **beigeordnete Rechtsanwalt** hat einen Anspruch gegen die Staatskasse in folgender Höhe:

1,3 Verfahrensgebühr VV 3100 in Höhe von 399,10 €.
1,2 Terminsgebühr VV 3104 in Höhe von 368,40 €.
Auslagenpauschale in Höhe von 20,00 €
insgesamt also 787,50 €
zuzüglich 19 % USt = 149,63 €
Gesamtvergütung in Höhe von 937,13 €.

Die Differenz beträgt 746,72 €

a) Erhöhung der Verfahrensgebühr

785 Die Gebührenhöhe wird jedoch überschritten, wenn die Voraussetzungen für eine Erhöhung der Verfahrensgebühr nach § 7 Abs. 1 RVG, VV 1008 erfüllt sind (→ Rn. 575 ff.). Vertritt der Rechtsanwalt mehrere Auftraggeber wegen desselben Gegenstands in derselben Angelegenheit, dann erhöht sich auch diese Verfahrensgebühr um 0,3 je weiterem Auftraggeber.

→ **Beispiel:**

Der beigeordnete Rechtsanwalt vertritt vier Auftraggeber wegen einer Forderung von 10.000,00 €. Die Voraussetzungen für die Erhöhung sind erfüllt, d.h. die 1,3 Verfahrensgebühr nach VV 3100 wird um 0,9 erhöht auf 2,2. In diesem Fall beträgt die Gebühr dann 675,40 €.

Ein Problem stellt sich jedoch bei höheren Gegenstandswerten ein, wenn es sich **nicht um denselben Gegenstand** handelt, sodass die Tatbestandsmerkmale für eine Erhöhung nach VV 1008 RVG nicht alle erfüllt sind. Normalerweise erhält der Rechtsanwalt in einem solchen Fall einen Ausgleich darüber, dass die unterschiedlichen Gegenstände zusammengerechnet werden, § 22 Abs. 1 RVG. Wegen der Begrenzung der Tabelle zu § 49 RVG ab einem Wert von über 30.000,00 € tritt dieser Ausgleich für den beigeordneten Rechtsanwalt aber u.U. nicht ein. Diese Gesetzeslücke hat der

BGH[73] wegen des Grundsatzes der Gleichbehandlung durch entsprechende Anwendung der Regelung hinsichtlich des Mehrvertretungszuschlags geschlossen.

→ **Beispiel:**

Der beigeordnete Rechtsanwalt vertritt 2 Auftraggeber in demselben Rechtsstreit, den ersten wegen einer Forderung von 31.000,00 €, den zweiten wegen 40.000,00 €. Es liegt keine Gegenstandsgleichheit vor, sodass eine Zusammenrechnung vorzunehmen wäre, die aber an der Höchstgrenze der Tabelle zu § 49 RVG scheitert. Für diesen Fall soll dann VV 1008 RVG entsprechend angewandt werden, wonach eine Erhöhung der 1,3 Verfahrensgebühr um 0,3 aus dem Höchstwert von 30.000,00 € vorzunehmen ist.

Liegt nur einer der Werte über 30.000,00 €, dann ist die Erhöhung aus der Addition der Werte vorzunehmen, die den Betrag von 30.000,00 € übersteigen.

→ **Beispiel:**

Der beigeordnete Rechtsanwalt vertritt 3 Auftraggeber in demselben Rechtsstreit, den ersten wegen einer Forderung von 31.000,00 €, den zweiten wegen 5.000,00 und den dritten wegen 10.000,00 €. Es liegt keine Gegenstandsgleichheit vor.

Es fällt eine 1,3 Verfahrensgebühr aus 30.000,00 € und eine 0,6 Erhöhung aus 16.000,00 € an.

b) Anrechnung der Geschäftsgebühr

786 Gemäß § 55 Abs. 5 RVG[74] hat der Antrag auf Zahlung der Vergütung aus der Staatskasse die Erklärung zu enthalten, ob und welche Zahlungen der Rechtsanwalt bis zum Tag der Antragstellung erhalten hat. Bei Zahlungen auf eine **anzurechnende Gebühr** sind diese Zahlungen, der Satz oder der Betrag der Gebühr und bei Wertgebühren auch der zugrunde gelegte Wert anzugeben. Damit hat der Gesetzgeber das Problem hinsichtlich der Anrechnung der **Geschäftsgebühr** (→ Rn. 619 ff.) zu Recht entgegen der überwiegenden Meinung der Rechtsprechung geklärt, denn die allgemeinen Vorschriften zur Anrechnung gelten auch für die Vergütung des Rechtsanwalts, der im Wege der Prozesskostenhilfe beigeordnet ist.

---

73 BGH v. 11.6.1981 – VI ZR 27/78 – NJW 1981, 2757 (allerdings für den wortgleichen § 6 Abs. 1 S. 2 BRAGO).

74 Geändert durch Art. 7 Abs. 4) Nr. 6 des Gesetzes zur Modernisierung von Verfahren im anwaltlichen und notariellen Berufsrecht, zur Errichtung einer Schlichtungsstelle der Rechtsanwaltschaft sowie zur Änderung sonstiger Vorschriften vom 30.7.2009 (BGBl. I S. 2449).

Die nun geforderten ausführlichen Angaben über Zahlungen geben dem UdG die Möglichkeit zu ermitteln, in welchem Umfang diese nach § 58 Abs. 1 und 2 RVG auf die anzurechnende Gebühr als Zahlung auf die festzusetzende Gebühr zu behandeln sind.[75] Ein großer Teil der Rechtsprechung hatte nämlich auch im Falle der Prozesskostenhilfe ganz einfach formelhaft die verfehlte Rechtsprechung des BGH[76] zur Anrechnung der Geschäftsgebühr übernommen. So wurde vorherrschend ohne weitere Begründung die Anrechnung durch die Staatskasse zulasten des Rechtsanwalts befürwortet,[77] auch wenn nicht klar war, dass überhaupt eine Geschäftsgebühr entstanden war. Gleiches galt für die Frage, ob sie abgerechnet wurde oder wegen der mangelnden Leistungsfähigkeit nicht realisiert werden konnte. Nur einige wenige Gerichte waren der Auffassung, sie sei nur zu berücksichtigen, wenn der Mandant dem Rechtsanwalt die Geschäftsgebühr gezahlt habe[78] oder sie sei gar nicht zu berücksichtigen.[79]

787 Jetzt ist klargestellt, dass **keine Anrechnung** zu erfolgen hat, wenn der Rechtsanwalt gar keine Geschäftsgebühr erhalten hat, denn für die Geschäftsgebühr besteht hinsichtlich des beigeordneten Rechtsanwalts kein Vergütungsanspruch gegen die Staatskasse und deshalb kann sein Anspruch gegen die Staatskasse auch nicht gekürzt werden;[80] zudem sind nur erhaltene Zahlungen anzugeben.

788 Hat der Rechtsanwalt jedoch vom Mandanten zuvor die **Geschäftsgebühr erhalten**, dann hat eine **Anrechnung** zu erfolgen, wenn dieselbe Angelegenheit betroffen ist, denn der beigeordnete Rechtsanwalt soll nicht besser gestellt werden als der Wahlanwalt.[81] Allerdings hat die Anrechnung auch so zu erfolgen, wie es die gesetzliche Anrechnungsvorschrift des § 15a Abs. 1 RVG (→ Rn. 620) vorsieht.

Nach § 15a Abs. 1 RVG kann der Rechtsanwalt grundsätzlich beide Gebühren fordern, jedoch nicht mehr als den um den Anrechnungsbetrag verminderten Gesamtbetrag der beiden Gebühren. Bei Gebühren bis zu einem

---

75 So die Begründung des Rechtsausschusses BT-Drs. 16/12717 S. 68/69.

76 Dem Leitsatz des Beschl. v. 22.1.2008 – VIII ZB 57/07 – NJW 2008, 1323 = AGS 2008, 158 folgend.

77 Bis sich die Gebühren in Luft auflösen, wie *Schons* in seiner Besprechung zu OLG Düsseldorf AGS 2009, 120 zu Recht feststellt.

78 OLG Stuttgart v. 15.1.2008 – 8 WF 5/08 – RVGreport 2008, 106 (Hansens) = FamRZ 2008, 1013; VG Berlin v. 23.1.2008 – 35 KE 39.07, 20X 119.05 – RVGreport 2008, 220.

79 OLG Frankfurt v. 6.3.2012 – 1 WF 58/12 –, juris; OLG Frankfurt v. 27.4.2006 – 6 WF 32/06 – JurBüro 2007, 149.

80 OLG Celle v. 7.11.2013 – 2 W 235/13 –, juris; OLG Frankfurt v. 20.3.2012 – 4 WF 204/11 – FamRZ 2013, 323; *Jungbauer* in Bischof/Jungbauer, RVG, § 15a Rn. 49, 50; *Zimmermann*, Rn. 600.

81 OLG Celle a.a.O.

Gegenstandswert von 4.000,00 € ist das nicht problematisch, erfolgt die Anrechnung doch genauso wie üblich sofern derselbe Gegenstand betroffen ist. Ab einem Gegenstandswert von über 4.000,00 € sind jedoch die Gebühren aus der Staatskasse niedriger als die Gebühren des Wahlanwalts, was dazu führen kann, dass von der Verfahrensgebühr des beigeordneten Rechtsanwalts nichts mehr übrig bleibt.

→ **Beispiel: Anrechnung der Geschäftsgebühr bei Prozesskostenhilfe**

Der Rechtsanwalt vertritt seinen Mandanten bei der außergerichtlichen Geltendmachung eines Zahlungsanspruchs in Höhe von 25.000,00 €.

RA erhält eine 1,3 Geschäftsgebühr gem. VV 2300 in Höhe von 1.024,40 €.

Hinzu kommen noch 20,00 € Auslagenpauschale VV 7002 sowie die USt nach VV 7008 RVG im Betrag von 198,44 €.

Insgesamt beträgt die Vergütung 1.242,84 €.

Die anzurechnende 0,65 Geschäftsgebühr ergibt einen Betrag von 512,20 €.

Als **beigeordneter Rechtsanwalt** hat er einen Anspruch gegen die Staatskasse in folgender Höhe:

1,3 Verfahrensgebühr VV 3100 in Höhe von 490,10 €.
abzüglich 0,65 Geschäftsgebühr VV 2300 RVG = 512,20 €
= restliche Verfahrensgebühr 0,00 €
1,2 Terminsgebühr VV 3104 in Höhe von 452,40 €.
Auslagenpauschale in Höhe von 20,00 €
insgesamt also 472,40 €
zuzüglich 19 % USt = 89,76 €
Vergütung in Höhe von 562,16 €.

Deshalb wurde in einem solchen Fall schon bisher überwiegend die Auffassung vertreten, diese Zahlung wie einen Vorschuss des Mandanten zu behandeln, der nach § 58 Abs. 2 RVG zunächst auf die Differenz zwischen Regel- und PKH-Vergütung zu verrechnen ist.[82] Da die Gesetzesbegründung zur Änderung des § 55 Abs. 5 RVG ausdrücklich auf § 58 Abs. 2 RVG Bezug nimmt, kann nun nichts anderes gelten.[83]

→ **Beispiel: Anrechnung auf die Differenz zwischen Regel- und PKH-Vergütung**

Der Wahlanwalt, der seine Partei hinsichtlich des Gegenstandswertes von 25.000,00 € im Prozess vertritt, hat bei streitiger Verhandlung Anspruch auf folgende Vergütung:

---

82 PfälzOLG v. 11.5.2010 – 2 WF 33/10 – FamRZ 2011, 138; KG v. 13.1.2009 – 1 W 496/08, KGR Berlin 2009, 268 = AGS 2009, 168 m. Anm. *Schneider*; siehe Nachweise bei *Jungbauer* in Bischof, RVG 3. Auflage 2009, VV 2300 Rn. 198.

83 OLG Braunschweig v. 22.3.2011 – 2 W 18/11 – FamRZ 2011, 1683; PfälzOLG v. 11.05.2010 – 2 WF 33/10 – FamRZ 2011, 138; OLG München v. 10.12.2009 – 11 W 2649/09 – Rpfleger 2010, 273 = FamRZ 2010, 63; KG v. 13.1.2009 – 1 W 496/08 – KGR Berlin 2009, 268–269 = JurBüro 2009, 187.

1,3 Verfahrensgebühr VV 3100 in Höhe von 1.024,40 €.
1,2 Terminsgebühr VV 3104 in Höhe von 945,60 €.
Auslagenpauschale in Höhe von 20,00 €
insgesamt also 1.990,00 €
zuzüglich 19 % USt = 378,10 €
Gesamtvergütung in Höhe von 2.368,10 €.

Als **beigeordneter Rechtsanwalt** hat er einen Anspruch gegen die Staatskasse in folgender Höhe:

1,3 Verfahrensgebühr VV 3100 in Höhe von 490,10 €.
1,2 Terminsgebühr VV 3104 in Höhe von 452,40 €.
Auslagenpauschale in Höhe von 20,00 €
insgesamt also 962,50 €
zuzüglich 19 % USt = 182,88 €
Vergütung in Höhe von 1.145,38 €

Die Differenz zwischen den beiden Vergütungen beträgt 1.222,72 € und auf diesen Betrag ist nach dieser Auffassung die anzurechnende Geschäftsgebühr von 512,20 € zu verrechnen. Der Rechtsanwalt würde also aus der Landeskasse die volle PKH-Vergütung erhalten.

Kritiker könnten nun zu Recht einwenden, dass eine Anrechnung eigentlich ja nur zwischen der Geschäfts- und der Verfahrensgebühr erfolgen darf, während die Differenzvergütung auch aus der Differenz zwischen anderen Gebühren entsteht. Diese Systemwidrigkeit ist jedoch hinzunehmen, da die Geschäftsgebühr nur angerechnet wird, wenn sie gezahlt worden ist und diese dann wie eine Vorschusszahlung zu verrechnen ist.

c) Auslagen aus der Staatskasse

789 Der beigeordnete Rechtsanwalt hat auch Anspruch auf Ersatz seiner **Auslagen** nach Teil 7 des VV RVG,[84] allerdings ordnet § 46 Abs. 1 RVG an, dass Auslagen und insbesondere Reisekosten nicht vergütet werden, wenn sie zur sachgemäßen Durchführung der Angelegenheit nicht erforderlich waren. Die Erforderlichkeit bestimmt sich nach den Verhältnissen zum Zeitpunkt der entsprechenden Aufwendung, wobei kleinliche Nachprüfung unangebracht sein soll.[85]

Die Auslagen für Post- und Telekommunikationsdienstleistungen (VV 7001, 7002) und die auf die Vergütung zu leistende Umsatzsteuer (VV 7008) werden in der Regel als erforderlich angesehen und durch die Staatskasse vergütet.

84 *Klüsener* in Bischof/Jungbauer, RVG § 46 Rn. 3; Gerold/Schmidt/*Müller-Rabe*, RVG, § 46 Rn. 2.
85 *Zimmermann*, Rn. 610.

3. Wirkung für den Gegner

790 § 122 Abs. 2 ZPO regelt die Wirkung der bewilligten Prozesskostenhilfe hinsichtlich des Gegners. Hierbei sieht das Gesetz unterschiedliche Wirkungen vor, je nachdem, ob dem Kläger oder dem Beklagten die Prozesskostenhilfe bewilligt worden ist.

Ist dem **Beklagten** die **Prozesskostenhilfe bewilligt**, so hat dieses keinen Einfluss auf die Zahlungsverpflichtung des Klägers.

Ist jedoch dem **Kläger** die **Prozesskostenhilfe bewilligt**, so hängt es davon ab, ob er eine Bewilligung mit oder ohne Ratenzahlung erhalten hat. Ist ihm Prozesskostenhilfe ohne Raten bewilligt, so hat auch der Beklagte vorerst keine auf ihn entfallende Vorauszahlungen oder Vorschüsse zu leisten.

Die einstweilige Befreiung endet jedoch, sobald der Gegner rechtskräftig in die Kosten verurteilt worden ist, § 125 ZPO.

V. Anspruch des beigeordneten Rechtsanwalts gegen die Staatskasse

791 Der beigeordnete Rechtsanwalt erlangt durch die gerichtliche Beiordnung einen **öffentlich-rechtlichen Vergütungsanspruch gegen die Staatskasse** nach Maßgabe der §§ 45 ff. RVG. Danach erhält er die Gebühren des Wahlanwalts, jedoch nur nach der Tabelle des § 49 RVG, nach der die Gebühren ab einem Gegenstandswert von mehr als 4.000,00 € erheblich geringer sind als die Gebühren nach der Tabelle zu § 13 RVG (→ Rn. 784 ff.).

1. Das Verfahren nach § 55 RVG

792 Auf **Antrag** des beigeordneten Rechtsanwalts erfolgt eine Festsetzung der gesetzlichen Vergütung aus der Staatskasse, § 55 RVG. Der Antrag ist **formfrei**, die Benutzung von Formularen wird als zweckmäßig angesehen, was in der Praxis auch die Regel ist.[86] Rechtsanwältinnen und Rechtsanwälte sind nicht verpflichtet, die Festsetzung der ihnen aus der Staatskasse zu zahlenden Vergütung mit den amtlichen Formularen zu beantragen. Formlos oder mithilfe der elektronischen Datenverarbeitung erstellte Festsetzungsanträge sollen inhaltlich jedoch den amtlichen Formularen entsprechen. Der verwaltungstechnische Ablauf wird durch die AV zur Festsetzung der aus der Staatskasse zu gewährenden Vergütung der beigeordneten Rechtsanwälte geregelt. Die AV ist in allen Bundesländern wörtlich fast

86 Vordruck ist im Internet unter: www.justiz.de zu finden: http://www.justiz.de/formulare/index.php;jsessionid=2FB5879508EF2C4AC95C924A2A8A8A79 (Stand: 7.3.2017).

identisch bekanntgemacht.[87] Am Verfahren ist allein der Rechtsanwalt beteiligt, der Prozessgegner sowie der Mandant haben mit diesem Verfahren nichts zu tun.

793 Sachlich und örtlich ist grundsätzlich das **Gericht des Rechtszuges** für die Festsetzung **zuständig**, § 55 Abs. 2 S. 1 RVG. Nur wenn das Verfahren bereits rechtskräftig oder auf sonstige Weise beendet ist, ist das Gericht des I. Rechtszuges zuständig, § 55 Abs. 1 S. 1 RVG.

Die funktionelle Zuständigkeit liegt beim **Urkundsbeamten der Geschäftsstelle** des gehobenen Dienstes, § 55 Abs. 2 RVG i.V.m. der AV Vergütung Ziffer 1.2.1 und nicht beim Rechtspfleger.

794 Anders als im Kostenfestsetzungsverfahren setzt das Verfahren keine Kostengrundentscheidung voraus. Die **Vergütung** muss jedoch **fällig** sein. Diese Voraussetzung ist zwar nicht ausdrücklich in § 55 RVG geregelt, aber andernfalls wäre § 47 RVG überflüssig, wonach der Rechtsanwalt auch einen Vorschuss aus der Landeskasse erhalten kann. Der Rechtsanwalt muss eine Aufstellung seiner Vergütung mit den in § 10 RVG enthaltenen Angaben einreichen, für den Ansatz genügt Glaubhaftmachung, hinsichtlich der Auslagen anwaltliche Versicherung, § 55 Abs. 5 S. 1 RVG, § 104 Abs. 2 ZPO. Es ist eine Erklärung beizufügen, ob und ggf. welche Zahlungen vom Auftraggeber oder von Dritten vorgenommen wurden, § 55 Abs. 5 S. 2 RVG. Obwohl § 55 Abs. 5 S. 1 RVG die entsprechende Anwendung von § 104 Abs. 2 ZPO vorsieht, gilt dieses nicht für § 104 Abs. 2 S. 3 ZPO. Eine **Erklärung** zur **Vorsteuerabzugsberechtigung** muss der Anwalt **nicht** abgeben. Es geht nicht um Kostenerstattung durch die Parteien, die Staatskasse zahlt ja quasi anstelle des Mandanten. Für das entsprechende Verfahren nach § 11 RVG hat der Gesetzgeber diese Vorschrift auch ausdrücklich ausgenommen, § 11 Abs. 2 S. 3 RVG. Nichts anderes kann hier gelten.

795 Der UdG prüft, ob die Antragsvoraussetzungen gegeben sind, der Antrag also zulässig ist. An die gerichtlichen Bewilligungs- und Beiordnungsentscheidungen ist er gebunden.

Im Einzelnen hat er nun die gesetzliche Vergütung auf Entstehen und Erstattungsfähigkeit zu prüfen. Es gilt hier ebenfalls der Antragsgrundsatz wonach einer Partei nichts zuerkannt werden darf, was diese nicht beantragt hat, § 308 Abs. 1 ZPO. Es wird zwar immer noch die Auffassung vertreten, dass der UdG innerhalb des begehrten Gesamtbetrages eine Auswechselung von Einzelposten vornehmen kann, um eine sachgerechte Anweisung zu veranlassen,[88]

---

87 Siehe zum Beispiel im Online-Portal der Justiz in NRW und dort unter Gesetze, Verordnungen, Verwaltungsvorschriften: AV Vergütung d. JM v. 30.6.2005 i.d.F. v. 14.12.2016 – JMBl. NRW S. 3.

88 Gerold/Schmidt/*Müller-Rabe*, RVG, § 55 Rn. 27.

meines Erachtens sollte aber auch in diesem Fall auf einen sachgerechten Antrag hingewiesen werden, § 139 Abs. 1 S. 2 ZPO.

796 Wenn **Verjährung** in Betracht kommen könnte (§§ 195, 199 BGB; § 8 Abs. 2 RVG), so hat der UdG vor der Entscheidung die Akten gem. Ziff. 1.2.2 der AV Vergütung mit einem entsprechenden Hinweis dem Bezirksrevisor als dem Vertreter der Staatskasse vorzulegen. Sieht dieser von der Erhebung der Verjährungseinrede ab, so hat der UdG dies auf der Festsetzung zu vermerken.

797 Die Entscheidung ergeht durch **Beschluss**. Wird antragsgemäß entschieden, ist nach allg. M. eine Begründung entbehrlich.[89] Es ist auch nicht üblich, die Entscheidung dem Rechtsanwalt bekanntzugeben, sondern die Anweisung der Vergütung wird sofort vorgenommen. Wird nicht antragsgemäß entschieden, so muss wenigstens eine kurze Begründung vorgenommen werden, um dem Rechtsanwalt die Möglichkeit der Überprüfung zu gewährleisten.

798 Gegen die **Entscheidung** können der Rechtsanwalt und die Staatskasse **Erinnerung** gem. § 56 Abs. 1 RVG einlegen. Die Erinnerung ist nicht an eine Frist gebunden und kann schriftlich oder zu Protokoll der Geschäftsstelle eingelegt werden. Der UdG hat zunächst zu prüfen, ob der Erinnerung abzuhelfen ist; falls nicht, entscheidet gem. § 56 Abs. 1 RVG das Gericht des Rechtszuges. Die Entscheidung des Gerichts ist mit der Beschwerde anfechtbar, wenn der Beschwerdegegenstand 200,00 € übersteigt, § 56 Abs. 2 i.V.m. § 33 Abs. 3 bis 8 RVG oder das Erstgericht sie wegen der grundsätzlichen Bedeutung der zur Entscheidung stehenden Frage in dem Beschluss zugelassen hat, § 56 Abs. 2 S. 1 i.V.m. § 33 Abs. 3 S. 2 RVG. Die Beschwerde ist binnen einer Frist von 2 Wochen nach Zustellung der Erinnerungsentscheidung beim Erstgericht einzulegen, § 56 Abs. 2 S. 1 i.V.m. § 33 Abs. 3 S. 3, Abs. 7 RVG. Eine Beschwerde an einen Obersten Gerichtshof des Bundes ist ausgeschlossen, § 56 Abs. 2 S. 1 i.V.m. § 33 Abs. 4 S. 3 RVG.

2. Die weitere Vergütung nach § 50 RVG

799 Der beigeordnete Rechtsanwalt kann so weit und so lange die Bewilligung der Prozesskostenhilfe währt, keine Ansprüche gegen seinen Mandanten geltend machen, § 122 Abs. 1 Nr. 3 ZPO. Ihm steht ja stattdessen der Anspruch gegen die Staatskasse zu.

800 Allerdings hat der Rechtsanwalt u.U. einen **Anspruch gegen die Staatskasse auf eine weitere Vergütung** gem. § 50 RVG bis zur Höhe seiner Regelvergütung d.h. der Wahlanwaltsvergütung, wenn die **Partei** an die Staatskasse **Raten** zu zahlen hat. Nach § 50 Abs. 1 S. 1 RVG sind die gezahlten Beträge der PKH-Partei in folgender Reihenfolge zu verrechnen: Zuerst

89 Gerold/Schmidt/*Müller-Rabe*, RVG, § 55 Rn. 29; *Hartmann*, RVG, § 55 Rn. 29.

die Gerichtskosten, dann die gesetzliche Vergütung des Rechtsanwalts und schließlich die weitere Vergütung des Rechtsanwalts. Reichen die 48 Raten der Partei nicht aus, erhält der Rechtsanwalt auch nur die tatsächlich einziehbaren Beträge ausgezahlt.

→ **Beispiel: Differenzvergütung** (Fortführung des Beispiels → Rn. 784)

Der Anspruch des beigeordneten Rechtsanwalts gegen die **Staatskasse** gem. §§ 45, 49 RVG beträgt **937,13 €.**
Diesen Betrag kann der Rechtsanwalt nach Fälligkeit der Vergütung sofort erhalten.
Die Regelvergütung des **Wahlanwalts** beträgt hierfür 1.683,85 €,
sodass eine **Differenz von 746,72 €** vorhanden ist.

Der Mandant hat ab Bewilligung Raten in Höhe von 30,00 € zahlen. Bei einem Höchstbetrag von 48 Raten ergibt sich eine Summe von **1.440,00 €**. Sollte der Mandant auch noch für die Gerichtskosten haften, dann würde sich folgende Verrechnung ergeben:

723,00 €	Gerichtskosten (3,0 KV 1210 aus 10.000,00 €)
937,13 €	PKH-Vergütung §§ 45, 49 RVG
1.660,13 €	sodass mit den Raten noch nicht einmal diese Kosten zu tilgen sind.

Es kann also keine Differenzvergütung (weitere Vergütung) aus der Staatskasse gezahlt werden.

Anders würde es aussehen, wenn höhere Raten zu zahlen wären. Hätte der Mandant z.B. 48 Raten à 60,00 € = 2.880,00 € zu zahlen, dann bliebe noch ein Rest von 1.219,87 €, sodass die Differenzvergütung in Höhe von 746,72 € voll zu zahlen wäre. Der Mandant müsste weiterhin Raten bis zur Höhe der Differenzvergütung zahlen.

801 Die weitere Vergütung kann erst festgesetzt werden, wenn das Verfahren durch rechtskräftige Entscheidung beendet ist und die Zahlungen der Partei die oben genannten Kosten decken, § 50 Abs. 1 S. 2 RVG. Der **Antrag** soll jedoch **unverzüglich** bei Gericht eingereicht werden, damit der UdG die Höhe feststellen und evtl. zu leistende weitere Raten ermitteln kann, § 50 Abs. 2 RVG. Die Auszahlung erfolgt jedoch erst nach Zahlung durch die Partei. Hat ein Rechtsanwalt einen Antrag auf Festsetzung nach § 50 RVG nicht gestellt, kann der UdG ihn auffordern, binnen einer Frist von 1 Monat diesen einzureichen, § 55 Abs. 6 RVG. Kommt der beigeordnete Rechtsanwalt dieser Aufforderung des Gerichts zur Vorlage seiner Abrechnung nicht fristgemäß nach, so erlöschen seine Ansprüche gegen die Staatskasse, § 55 Abs. 6 S. 2 RVG.

VI. Gesetzlicher Forderungsübergang

802 Erhält der beigeordnete Rechtsanwalt seine Vergütung aus der Staatskasse, dann gehen Ansprüche, die er wegen seiner Vergütung auch gegen andere hat, auf die Staatskasse über, § 59 Abs. 1 RVG.[90] Damit soll erreicht werden, dass die Staatskasse eine Art Rückgriffsrecht gegen diejenigen Personen hat, gegen die auch der beigeordnete Rechtsanwalt Ansprüche haben könnte.[91] Dieser könnte einen Anspruch gegen den unterlegenen Gegner gem. § 126 ZPO haben oder auch gegen die eigene Partei, wenn die Bewilligung der Prozesskostenhilfe nachträglich aufgehoben wird, § 124 ZPO. Es handelt sich um einen gesetzlichen Forderungsübergang i.S.d. § 412 BGB.

Mit der Befriedigung des Rechtsanwalts aus der Staatskasse gehen die dem Rechtsanwalt zustehenden Ansprüche gegen die eigene Mandantschaft oder den Gegner kraft Gesetzes auf die Staatskasse über, das geschieht erst mit Zahlung und nicht schon mit der Anweisung.[92] Zum Nachteil des Rechtsanwalts darf der Übergang nicht geltend gemacht werden, § 59 Abs. 1 S. 2 RVG, d.h. deckt der Betrag aus der Staatskasse nicht alle Ansprüche des Rechtsanwalts, darf dieser zunächst die weiteren Möglichkeiten (z.B. nach § 126 ZPO) ausschöpfen.

1. Anspruch gegen den eigenen Mandanten

803 Der Anspruch gegen den eigenen Mandanten besteht in Höhe der Regelvergütung (**Wahlanwaltsvergütung**) des Rechtsanwalts, da er ja mit seinem Auftraggeber einen Geschäftsbesorgungsvertrag geschlossen hat. Das gilt auch im Falle der Beiordnung im Rahmen der PKH, allerdings darf der Rechtsanwalt diesen Anspruch nicht geltend machen, solange die Verfahrenskostenhilfe bewilligt ist, § 122 Abs. 1 Nr. 3 ZPO. Auch die Staatskasse kann diesen Anspruch nur geltend machen, wenn die Verfahrenskostenhilfebewilligung aufgehoben ist, § 124 ZPO oder im Rahmen der durch das Gericht festgelegten Ratenzahlungen.

2. Anspruch gegen den unterlegenen Gegner

804 Hierbei handelt es sich um den **Kostenerstattungsanspruch**, den die PKH-Partei erhält, wenn sie im Rechtsstreit voll oder auch teilweise obsiegt, denn dann hat der unterlegene Gegner die notwendigen Kosten des Rechtsstreits ganz oder teilweise zu erstatten, §§ 91 ff. ZPO. Bezüglich des Kosten-

---

90 S. ausführlich *Dürbeck/Gottschalk*, Rn. 931 ff.; *Zimmermann*, Rn. 542 ff.

91 *Bräuer* in Bischof/Jungbauer, RVG, § 59 Rn. 1; Gerold/Schmidt/*Müller-Rabe*, RVG, § 59 Rn. 1.

92 *Bräuer* in Bischof/Jungbauer, RVG, § 59 Rn. 4.

erstattungsanspruchs seines Mandanten gegen den Prozessgegner hat der Rechtsanwalt ein eigenes Beitreibungsrecht aus § 126 ZPO, d.h. er kann im eigenen Namen diesen Anspruch im Kostenfestsetzungsverfahren gegen den Gegner geltend machen (siehe → Rn. 810). Der Übergang auf die Staatskasse ist jedoch nur möglich, wenn der Rechtsanwalt diesen Anspruch auch selbst geltend macht, denn die Staatskasse kann nicht aus eigenem Recht diesen Anspruch beitreiben.

→ **Beispiel: Gesetzlicher Forderungsübergang**

Dem Kläger ist ratenfreie PKH für eine Klage bezüglich einer Forderung in Höhe von 10.000,00 € bewilligt. Beide Parteien sind anwaltlich vertreten. Nach durchgeführter mündlicher Verhandlung obsiegt der Kläger voll. Die Kosten des Rechtsstreits hat der Beklagte zu tragen.

Der beigeordnete Rechtsanwalt beantragt bei der Staatskasse folgende PKH-Vergütung:

Gegenstandswert: 10.000,00 €
1,3 Verfahrensgebühr VV 3100 in Höhe von 399,10 €.
1,2 Terminsgebühr VV 3104 in Höhe von 368,40 €.
Auslagenpauschale in Höhe von 20,00 €
insgesamt also 787,50 €
zuzüglich 19 % USt = 149,63 €
Gesamtvergütung in Höhe von 937,13 €.

Die Staatskasse zahlt dem RA die PKH-Vergütung in Höhe von 937,13 € aus. Insoweit geht der Anspruch auch die Staatskasse über, § 59 RVG.

Im Wege der Kostenfestsetzung nach § 126 ZPO macht der RA gegen den unterlegenen Beklagten die Regelvergütung (Wahlanwaltsvergütung) geltend.

Gegenstandswert: 10.000,00 €
1,3 Verfahrensgebühr VV 3100 in Höhe von 725,40 €.
1,2 Terminsgebühr VV 3104 in Höhe von 669,60 €.
Auslagenpauschale in Höhe von 20,00 €
insgesamt also 1.415,00 €
zuzüglich 19 % USt = 268,85 €
Gesamtvergütung in Höhe von 1.683,85 €.

Im Kostenfestsetzungsbeschluss nach § 126 ZPO – wie auch nach §§ 103, 104 ZPO – müsste nun eigentlich der Erstattungsanspruch in Höhe von 1.683,85 € festgesetzt werden. Dann würde dem RA aber insgesamt ein zu hoher Betrag zufließen, da er ja schon die PKH-Vergütung in Höhe von 937,13 € erhalten hat.

Der Kostenfestsetzungsbeschluss zugunsten des RA darf deshalb nur den Differenzbetrag zwischen der Wahlanwaltsvergütung und der PKH-Vergütung ausweisen, die hier 746,72 € beträgt.

Im Übrigen hat dann aber die Feststellung des Forderungsübergangs in Höhe von 937,13 € zugunsten der Staatskasse zu erfolgen, denn die PKH-Partei darf diesen Betrag nicht erhalten.

Dieser Betrag würde nun von der Staatskasse wie eine normale Kostenforderung durch Kostenrechnung vom unterlegenen Beklagten eingezogen werden.

VII. Die Kostenerstattungspflicht der unterlegenen Partei

805 Die Bewilligung von Prozesskostenhilfe hat **keinen Einfluss auf die Verpflichtung,** die dem **Gegner entstandenen Kosten zu erstatten,** § 123 ZPO. Damit stellt das Gesetz klar, dass die hilfsbedürftige Partei, wenn sie unterliegt, dem Gegner – wie jede andere Partei auch – die Kosten zu erstatten hat, die §§ 91 ff. ZPO gelten auch in diesem Fall, ohne dass hierfür staatliche Hilfe vorgesehen ist.

1. Gerichtskosten

806 Ist dem **Kläger Prozesskostenhilfe ohne Ratenzahlung** bewilligt worden, dann ist auch der Beklagte zunächst von der Zahlung der Kosten befreit, § 122 Abs. 2 ZPO. Gewinnt der Kläger den Prozess, sind die Kosten vom Gegner zu erheben, sobald dieser rechtskräftig in die Kosten verurteilt worden ist, § 125 Abs. 1 ZPO. Dazu gehören auch die Kosten, die er selbst wegen der Vergünstigung des § 122 Abs. 2 ZPO zunächst nicht zahlen musste, § 125 Abs. 2 ZPO.[93]

Verliert jedoch der Kläger, dann wird die einstweilige Befreiung des Gegners zu einer endgültigen, denn vom Gegner können die Gerichtskosten nicht erhoben werden.

War dem Kläger **Prozesskostenhilfe mit Ratenzahlung** bewilligt worden, gelten im Falle des Verlierens weiterhin die Bestimmungen des Bewilligungsbeschlusses. Er muss die Raten so lange zahlen, bis die Kosten getilgt oder die 48 Raten erfüllt sind.

807 Ist dem **Beklagten Prozesskostenhilfe bewilligt,** so treten hinsichtlich des Klägers keine Wirkungen nach § 122 ZPO ein. Er muss als Antragsschuldner zunächst die Vorauszahlung der Gerichtskosten vornehmen, §§ 22 Abs. 1 S. 1, 12 Abs. 1 S. 1 GKG. Verliert der Beklagte den Prozess, hat er dem Kläger die entstandenen Kosten zu erstatten.

Hinsichtlich der Gerichtskosten ist jedoch § 31 Abs. 3 S. 1 GKG zu beachten, wonach die Geltendmachung der Haftung eines anderen Kostenschuldners ausgeschlossen ist, wenn eine **PKH-Partei Entscheidungsschuldner gem. § 29 Nr. 1 GKG** ist. Der Kläger hat vielmehr in einem solchen Fall einen Rückerstattungsanspruch gem. § 31 Abs. 3 S. 1 GKG bezüglich der verauslagten Gerichtskosten gegenüber der Staatskasse.[94] Dieses gilt auch, wenn Prozesskostenhilfe nur gegen Anordnung einer Ratenzah-

93 Zöller/*Geimer*, ZPO, § 125 Rn. 1.
94 Zum alten Recht s. BVerfG v. 14.9.1999 – 1 BvR 1497/98 –, juris.

lung bewilligt worden ist,[95] denn die Vorschrift gilt seinem eindeutigen Wortlaut nach für alle Fälle, in denen einem Kostenschuldner Prozesskostenhilfe bewilligt ist, eine Unterscheidung zwischen Prozesskostenhilfe mit oder ohne Ratenzahlungsanordnung wird nicht vorgenommen. Die Regelung soll nur verhindern, dass auf diesem Weg die PKH-Partei doch für Gerichtskosten haftet, weil der obsiegende Gegner sie dann im Kostenfestsetzungsverfahren geltend machen könnte.

808 In der Vergangenheit bestand Streit, wie zu verfahren ist, wenn die Parteien sich in einem **gerichtlichen Vergleich über die Kostentragung** geeinigt haben und einer Partei oder gar beiden Parteien PKH bewilligt ist. Dabei ging es stets um die Frage, ob im Falle bewilligter PKH vom Übernahmeschuldner die Kosten erhoben werden können oder ob der Schutz des § 122 ZPO hier eine Haftung ausschließt, was vielfach vertreten wurde.[96] Es wurde jedoch auch die gegenteilige Auffassung vertreten, die dann auf den Wortlaut des § 31 Abs. 3 GKG abstellte, wonach nur der Entscheidungsschuldner und nicht der Übernahmeschuldner erfasst ist.[97] Im Wesentlichen wurde hierbei auf die Möglichkeit des Missbrauchs abgestellt, nämlich die Gefahr, dass die Parteien zulasten der Landeskasse eine Kostenregelung treffen können, es sei denn, dafür bestanden keine Anzeichen, weil der Vergleichsabschluss und somit auch die Kostenregelung einer Empfehlung des Gerichts folgte.[98]

Dieser Streit ist größtenteils durch die Anfügung des Abs. 4 in § 31 GKG behoben,[99] wonach Abs. 3 entsprechende Anwendung findet, soweit ein Übernahmeschuldner (§ 29 Nr. 2 GKG) die Kosten in einem vor Gericht abgeschlossenen, gegenüber dem Gericht angenommenen oder in einem gerichtlich gebilligten Vergleich übernommen hat; der Vergleich einschließlich der Verteilung der Kosten, bei einem gerichtlich gebilligten Vergleich allein die Verteilung der Kosten, von dem Gericht vorgeschlagen worden ist und das Gericht in seinem Vergleichsvorschlag ausdrücklich festgestellt hat, dass die Kostenregelung der sonst zu erwartenden Kostenentscheidung entspricht.

Der Gesetzgeber wollte mit der Neuregelung klarstellen, dass bei Vorliegen **aller** Voraussetzungen auch die PKH-Partei und der Gegner in den Ge-

95 OLG Dresden v. 22.5.2001 – 22 WF 197/01 – JurBüro 2001, 483; OLG München v. 29.9.2000 – 11 W 2200/00 – AGS 2001, 236; BDPZ/*Dörndorfer*, GKG, § 31 Rn. 5.

96 Nachweise aufgelistet in der Entscheidung des AG Bad Segeberg v. 23.4.2014 – 17 C 211/13 –, juris.

97 Siehe beispielsweise OLG Naumburg v. 27.6.2013 – 10 W 25/13 – NJW-RR 2014, 189 m.w.N.

98 OLG Celle v. 13.4.2012 – 10 UF 153/11 – FamRZ 2013, 63; KG v. 14.2.2012 – 5 W 11/12 – NJW-RR 2012, 1021.

99 Durch Art. 5 Nr. 14 des 2. KostRMoG.

nuss der Schutzwirkung kommen, um so die Vergleichsbereitschaft zu fördern.[100]

2. Rechtsanwaltskosten

Die Prozesskostenhilfe-Partei hat dem Gegner die entstandene gesetzliche Vergütung seines Rechtsanwalts zu erstatten. Hierbei finden die vollen Kosten eines Wahlanwalts Berücksichtigung. Dieses gilt sogar, wenn beiden Parteien Prozesskostenhilfe bewilligt worden war.[101] **809**

3. Beitreibungsrecht des Rechtsanwalts

Der beigeordnete **Rechtsanwalt** kann seine gesetzliche Vergütung aber auch im **eigenen Namen** von dem in die Kosten verurteilten Gegner beitreiben bzw. einziehen, § 126 Abs. 1 ZPO.[102] Was er immer dann machen wird, wenn er eine Aussicht auf Zahlung durch den Gegner erwartet. Die Partei verliert dadurch nicht den eigenen Kostenerstattungsanspruch gegen den Gegner, sondern beide Ansprüche stehen nebeneinander.[103] Allerdings ist der Anspruch der Partei mit dem Anspruch des Rechtsanwalts belastet, und diese kann ohne Zustimmung des Rechtsanwalts nicht verfügen, insoweit wird häufig von „Verstrickung" gesprochen.[104] **810**

Der Rechtsanwalt kann sich entweder seine gesamte Regelvergütung (Wahlanwaltsvergütung) gegen den Gegner festsetzen lassen oder er beantragt die Zahlung der PKH-Vergütung aus der Staatskasse und setzt die Differenz bis zur Regelvergütung (Wahlanwaltsvergütung) gegen den Gegner durch. Letzteres gilt nur, soweit er nicht aus der Staatskasse vergütet worden ist und der Anspruch deshalb insoweit nach § 59 RVG der Staatskasse zusteht.[105]

Unbeschadet des Rechts des beigeordneten Rechtsanwalts aus § 126 ZPO können die Kosten auch auf den Namen des erstattungsberechtigten Mandanten festgesetzt werden.[106] Dadurch wird der beigeordnete Rechtsanwalt allerdings nicht gehindert, eine Neufestsetzung (ggf. unter Einziehung des schon erteilten Kostenfestsetzungsbeschlusses) auf seinen Namen zu beantragen.[107]

---

100 Siehe die Gesetzesbegründung BT-Drs. 17/11471 S. 244 zu § 31 GKG.
101 Zöller/*Geimer*, ZPO, § 123 Rn. 5.
102 Zur Rechtsnatur des Beitreibungsrechts s. *Zimmermann*, Rn. 643 m.w.N.
103 BGH v. 22.6.1994 – XII ZR 39/93 – NJW 1994, 3292.
104 *Zimmermann*, Rn. 656 hält den Begriff für unpassend, da es sich nicht um eine Sachpfändung handelt; aber auch der Wortlaut des Gesetzes lässt s.M. nach zu wünschen übrig, denn auch die Beschränkung auf „Einreden" sei unzutreffend.
105 Zöller/*Geimer*, ZPO, § 126 Rn. 21.
106 Zöller/*Geimer*, ZPO, § 126 Rn. 7, 10.
107 Zöller/*Geimer*, ZPO, § 126 Rn. 13 m.w.N.

811 Nach § 126 Abs. 2 S. 1 ZPO sind **Einreden** aus der Person der Partei nicht zulässig, damit ist auch nicht beachtlich, wenn der Gegner einwendet, dass er bereits an die PKH-Partei gezahlt habe, dass diese ihm die Kosten erlassen habe oder dass er aufgerechnet habe. Die in der Rechtsprechung streitige Frage, ob die Sperrwirkung des § 126 Abs. 2 S. 1 ZPO auch gilt, wenn der Erstattungspflichtige die Aufrechnung erklärt hat bevor der Rechtsanwalt seine Forderung im eigenen Namen geltend gemacht hat, hat der BGH dahingehend gelöst, dass er zu Recht die Auffassung vertritt, dass die Sperrwirkung erst entfällt, wenn der beigeordnete Rechtsanwalt die Erstattungsforderung nicht mehr im eigenen Namen geltend machen könne.[108]

812 Zulässig sind Einwendungen gegen die Höhe und das Entstehen der Gebühren sowie gegen die Entstehung des Kostenerstattungsanspruchs. So steht dem Rechtsanwalt das eigene Beitreibungsrecht ausnahmsweise nicht zu, wenn sein Mandant gegenüber dem Gegner durch Vereinbarung schon vor Erlass der Kostenentscheidung auf die Kostenerstattung verzichtet hat, sodass ein Kostenerstattungsanspruch gar nicht erst zur Entstehung gelangt.[109]

813 Wenn der Anwalt die **Festsetzung im eigenen Namen** verlangt, muss er dieses deutlich machen, andernfalls geschieht dieses im Zweifel zugunsten der Partei. Macht er im eigenen Namen geltend, ist er Partei und nicht der Mandant. Der Rechtsanwalt hat ein Wahlrecht, ob er die Staatskasse und/oder den unterlegenen Gegner in Anspruch nehmen will. Häufig wird er beides tun, zunächst die Staatskasse und wegen des Restes (Differenzvergütung) den unterlegenen Gegner in Anspruch nehmen.[110]

Die Beitreibung im eigenen Namen wird für den Rechtsanwalt jedoch nur von Interesse sein, wenn er wegen eines Gegenstands von über 4.000,00 € beauftragt ist, da er dann die reduzierten Gebührensätze des § 49 RVG geltend machen muss und wenn er nicht die vollen Wahlanwaltsgebühren erhält, weil er entweder keinen Anspruch auf eine weitere Vergütung gem. § 50 RVG hat oder dieser nicht ausreicht, um auf die volle Wahlanwaltsvergütung zu kommen. Hinzukommen muss noch, dass der Gegner auch leistungsfähig ist.

4. Kostenfestsetzung

814 Die Kosten des Rechtsstreits sind – mit Ausnahme der Gerichtskosten → Rn. 806 ff. – wie üblich zu berücksichtigen, und zwar ohne Rücksicht auf die bewilligte Prozesskostenhilfe.

108 BGH v. 14.2.2007 – XII ZB 112/06 – RVGreport 2007, 351 (*Hansens*).

109 BGH v. 11.10.2006 – XII ZR 285/02 – RVGreport 2007, 111 (*Hansens*) = FamRZ 2007, 123.

110 S. hierzu *Enders*, JurBüro 1995, 169 mit vielen Hinweisen, wie der Rechtsanwalt insgesamt die Wahlanwaltsvergütung erhalten kann.

Sind die Kosten nach Quoten verteilt, weil beide Parteien teilweise obsiegt haben oder unterlegen sind, so sind die Kosten zu ermitteln und dann entsprechend der Kostengrundentscheidung verhältnismäßig zu teilen.

815 Geht ein **Festsetzungsantrag** der PKH-Partei oder des Rechtsanwalts gem. §§ 103 ff., 126 ZPO bei Gericht ein, prüft der zuständige Rechtspfleger, ob bereits eine Vergütung aus der Staatskasse gezahlt worden ist und ob der aus der Staatskasse gewährte Betrag ganz oder zum Teil auf die im Kostenfestsetzungsbeschluss festzusetzenden Kosten anzurechnen ist. Zugleich stellt er fest, ob und inwieweit der Erstattungsanspruch gem. § 59 Abs. 1 S. 1 RVG auf die Staatskasse übergegangen ist. Hierbei ist zu berücksichtigen, dass ein übergegangener Anspruch der Staatskasse nicht zusteht, soweit die an den Rechtsanwalt gezahlte Vergütung durch Ratenzahlungen der Partei gedeckt ist. Den auf die Staatskasse übergegangenen Betrag hat der Rechtspfleger im Kostenfestsetzungsbeschluss zu vermerken und ggf. eine erläuternde Berechnung aufzunehmen. Der **Kostenfestsetzungsbeschluss** wird nur noch über den Betrag erlassen, der an die Partei oder an deren Rechtsanwalt noch zu erstatten bleibt.

816 Sind die von der gegnerischen Partei zu erstattenden Kosten bereits nach §§ 103 ff., 126 ZPO festgesetzt worden bevor der Rechtsanwalt seinen Anspruch gegen die Staatskasse geltend macht, so hat der Rechtspfleger die vollstreckbare Ausfertigung des Kostenfestsetzungsbeschlusses zurückzufordern und nach der Festsetzung der aus der Staatskasse zu gewährenden Vergütung wird auf der vollstreckbaren Ausfertigung vermerkt, um welchen Betrag sich die festgesetzten Kosten mindern und welcher Restbetrag noch zu erstatten ist. Wird die Vergütung festgesetzt, ohne dass die vollstreckbare Ausfertigung des Kostenfestsetzungsbeschlusses vorgelegt worden ist, so hat der UdG den erstattungspflichtigen Gegner zu benachrichtigen.

VIII. Änderung oder Aufhebung der Bewilligung

817 Im Zuge der PKH-Reform wurden die Vorschriften für die Änderung oder Aufhebung der Bewilligung teilweise neu geregelt bzw. neu gefasst.

Die Änderung der Bewilligung ist nun in einer eigenen Vorschrift geregelt, nämlich in § 120a ZPO. Die **Aufhebung** der Bewilligung ist wie zuvor in § 124 ZPO geregelt, allerdings wurde auch diese Vorschrift ergänzt und bestimmte Voraussetzungen klargestellt. Die Folgen der Aufhebung sind für die Parteien gravierend, denn sie lässt alle Vergünstigungen des § 122 ZPO entfallen. Die Staatskasse kann sämtliche fälligen Beträge fordern und der Rechtsanwalt ist nicht mehr gehindert, seine Vergütung auch von dem Mandanten zu verlangen.

1. Änderung der Bewilligung

818 Nach § 120a Abs. 1 ZPO soll die Entscheidung über die zu **leistenden Zahlungen** geändert werden, wenn sich die für die PKH maßgebenden **persönlichen oder wirtschaftlichen Verhältnisse wesentlich verändert** haben. Um zu verdeutlichen, dass dem Gericht bei Vorliegen der Voraussetzungen für eine Änderung in der Regel kein Ermessensspielraum eingeräumt ist, wurde die Vorschrift im Gegensatz zum bisherigen Recht (§ 120 Abs. 4 ZPO a.F.) nunmehr als **Soll-Vorschrift** ausgestaltet.[111] Nur bei atypischen Konstellationen soll hiervor abgewichen werden können.[112] Außerdem wird klargestellt, dass das Gericht jederzeit und ohne Anlass eine Erklärung der Partei verlangen kann, § 120a Abs. 1 S. 3 ZPO.

819 Neu ist die Regelung in § 120a Abs. 2 ZPO, wonach die Partei verpflichtet ist, auch **wesentliche Verbesserungen** ihrer Einkommens- und Vermögensverhältnisse dem Gericht **unverzüglich** mitzuteilen. Da die Prozesskostenhilfe eine besondere Form der Sozialhilfe darstellt, gilt hier nichts anderes als im Sozialhilferecht. Bezieht die Partei ein laufendes monatliches Einkommen, ist eine Einkommensverbesserung nur wesentlich, wenn die Differenz zu dem bisher zugrunde gelegten Bruttoeinkommen nicht nur einmalig 100,00 € übersteigt. Durch die Einführung der Wertgrenze von über 100,00 € wird deutlich gemacht, was als wesentliche Verbesserung anzusehen ist, sodass nicht jede kleine Änderung mitzuteilen ist. Die Grenze gilt auch, wenn sich das Einkommen ändert, weil abzugsfähige Belastungen entfallen. Auch dieses hat die Partei mitzuteilen.

Mit Wirkung vom 1.1.2014 ist § 117 Abs. 3 ZPO ein Satz angefügt, der klarstellt, dass die amtlichen Formulare die nach § 120a Abs. 2 S. 4 ZPO erforderliche Belehrung enthalten müssen, wonach der Antragsteller nach einer Bewilligung von PKH wesentliche Verbesserungen seiner wirtschaftlichen Verhältnisse und die Änderung seiner Anschrift dem Gericht mitteilen muss.

820 § 120a Abs. 3 ZPO stellt klar, dass auch das **durch den Prozess Erlangte** zur Prozessfinanzierung einzusetzen ist. Dieses soll das Gericht nach rechtskräftigem Abschluss des Verfahrens überprüfen, was vermutlich in der Regel nur aufseiten des Klägers infrage kommt. Wenn aufgrund eines rechtskräftigen Urteils oder eines Vergleichs größere Geldzahlungen an die Partei fließen, dann soll sie auch an den Prozesskosten beteiligt werden. Hierbei sind dann wieder die Freibeträge nach § 115 und das evtl. Schonvermögen nach § 115 Abs. 3 S. 2 ZPO zu berücksichtigen, sodass nicht alles verwendet werden muss. Erhält die Partei beispielsweise aufgrund eines **gerichtlichen Vergleichs** eine bestimmte Summe gezahlt, dann gilt dieses als Zahlung aus dem **Vermögen**, wobei lediglich der Schonbetrag von 2.600,00 € außen vor

111 So die Gesetzesbegründung BT-Drs. 17/11472 S. 33.
112 Zöller/*Geimer*, ZPO, § 120a Rn. 1.

zu lassen ist.[113] Die PKH-Partei muss schon vor Einleitung des Verfahrens nach § 120a ZPO damit rechnen, dass das neu erlangte Vermögen für die Verfahrenskosten einzusetzen ist. Dabei kann sich die Partei zwar auf weitere Verbindlichkeiten berufen, Darlehen gegenüber Dritten sind jedoch nachrangig und keinesfalls zu berücksichtigen, wenn sie erst im Laufe des Prozesses aufgenommen sind.[114]

Auch für die Erklärung über die Änderung bei der Überprüfung muss die Partei das amtliche Formular benutzen, § 120a Abs. 4 ZPO, was in der Vergangenheit nicht unstrittig war.[115]

2. Aufhebung der Bewilligung

821 Die **Aufhebung** der Bewilligung ist in § 124 ZPO geregelt. Nach altem Recht enthielt die Vorschrift in Abs. 1 S. 1 die Regelung, dass das Gericht unter bestimmten Voraussetzungen die Bewilligung aufheben „kann".[116] Die Rechtsprechung war sich jedoch hinsichtlich der Bedeutung des Wortes „kann" nicht einig und deshalb hat der Gesetzgeber klarstellend die Vorschrift dergestalt abgeändert, dass das Wort „kann" durch das Wort „soll" ersetzt worden ist. Nach Auffassung des Gesetzgebers ist grundsätzlich bei Vorliegen der tatbestandlichen Voraussetzungen des § 124 ZPO **kein Ermessenspielraum für das Gericht** gegeben.[117] Die Rechtsprechung zum bisherigen Recht ist somit nicht mehr einschlägig und überholt. Durch die Veränderung als **Soll-Vorschrift** soll es jedoch in besonders gelagerten Einzelfällen, bei denen eine Aufhebung zu unangemessenen Ergebnisses führen könnte, eine andere Entscheidung möglich sein.

Tatsachen, die zur Aufhebung führen, sind durch den Rechtspfleger von Amts wegen aufzuklären.[118] Vor der Aufhebung ist auf jeden Fall der Partei, dem beigeordneten Rechtsanwalt und dem Gegner **rechtliches Gehör** zu gewähren.[119] Bei Aufhebung der Bewilligung entfallen die Wirkungen gem. § 122 ZPO völlig, sodass die Staatskasse und der beigeordnete Rechtsanwalt ihre Ansprüche gegen die Partei durchsetzen können. Die Aufhebung wirkt auf den Zeitpunkt der Bewilligung zurück.[120] Nur der Vergütungsanspruch des Rechtsanwalts gegen die Staatskasse fällt nicht weg, es sei denn, dieser ist für die Aufhebung verantwortlich.[121]

---

113 KG v. 9.9.2016 – 13 WF 139/16 – Rpfleger 2017, 164.
114 OLG Koblenz v. 18.3.2015 – 13 WF 199/15 – MDR 2015, 1204.
115 Siehe hierzu Zöller/*Philippi*, ZPO 27. Auflage 2009, § 120 Rn. 28a m.w.N.
116 § 124 ZPO geändert durch Art. 1 Nr. 9 PKH-ReformG.
117 Zöller/*Geimer*, ZPO, § 124 Rn. 3; siehe insoweit auch die Gesetzesbegründung in BT-Drs. 17/11472 S. 34.
118 Zöller/*Geimer*, ZPO, § 124 Rn. 4.
119 Zöller/*Geimer*, ZPO, § 124 Rn. 21; *Zimmermann*, Rn. 485.
120 *Dürbeck/Gottschalk*, Rn. 1024.
121 *Dürbeck/Gottschalk*, Rn. 1027.

822 Nach § 124 Abs. 1 Nr. 1 ZPO **soll** die Bewilligung aufgehoben werden, wenn die Partei durch **unrichtige Darstellung des Streitverhältnisses** die für die Bewilligung maßgebenden Voraussetzungen vorgetäuscht hat. Diese Alternative betrifft die objektiven Bewilligungsvoraussetzungen und liegt vor, wenn z.B. falsche Tatsachen vorgetragen oder Tatsachen verschwiegen werden. Diese unrichtige Darstellung muss aber zumindest mit bedingtem Vorsatz vorgenommen worden sein, denn subjektiv ist Täuschungsvorsatz erforderlich.[122]

Für die Entscheidung ist in bürgerlichen Rechtsstreitigkeiten der Richter zuständig.

823 Aufhebungsgrund ist jedoch auch, wenn die Partei absichtlich oder aus grober Nachlässigkeit **unrichtige Angaben über die persönlichen oder wirtschaftlichen Verhältnisse** gemacht oder eine später verlangte **Erklärung nach § 120a Abs. 1 S. 3 nicht oder ungenügend abgegeben** hat, § 124 Abs. 1 Nr. 2 ZPO.

Die subjektiven Bewilligungsvoraussetzungen werden anhand der Angaben im Vordruck nach § 117 Abs. 3, 4 ZPO geprüft. Stellt sich heraus, dass hier absichtlich oder aus grober Nachlässigkeit unrichtige Angaben gemacht worden sind, z.B. verschwiegenes Vermögen, soll die Bewilligung aufgehoben werden. In ersteren Fall geht es nur um Angaben, die vor der Bewilligung gemacht werden,[123] die Vorschrift ist jedoch im Bewilligungsverfahren nicht analog anwendbar.[124]

Im zweiten Fall geht es darum, dass die PKH-Partei sich weigert, eine Erklärung abzugeben oder diese nur ungenügend abgibt. Absicht oder grobe Fahrlässigkeit sind hierbei nicht nötig, es reicht allein die Nichtabgabe.[125]

824 Das Gericht soll die Bewilligung der Prozesskostenhilfe auch aufheben, wenn die **persönlichen und wirtschaftlichen Voraussetzungen nicht vorgelegen haben**, § 124 Abs. 1 Nr. 3 ZPO. In diesem Fall ist eine Aufhebung allerdings ausgeschlossen, wenn seit der rechtskräftigen Entscheidung oder sonstigen Beendigung des Verfahrens vier Jahre vergangen sind. Im Unterschied zur Nr. 2 kommt hier in Betracht, dass das Gericht irrigerweise die Prozesskostenhilfe bewilligt hat, obwohl die Voraussetzungen nicht vorgelegen haben. Auf ein Verschulden der Partei kommt es hier nicht an.[126] Bei Konkurrenz von Nr. 2 und Nr. 3 gebührt Nr. 2 der Vorrang, da hier die Aufhebungssperre von 4 Jahren nicht gilt.[127]

825 Neu eingefügt ist die Regelung, wonach das Gericht die Bewilligung auch aufheben soll, wenn die Partei entgegen § 120a Abs. 2 S. 1 bis 3 dem Gericht

---

122 OLG Hamm v. 9.12.2015 – 2 WF 155/15 – FamRZ 2016, 931; *Zimmermann*, Rn. 458.
123 Zöller/*Geimer*, ZPO, § 124 Rn. 7.
124 BGH v. 19.8.2015 – XII ZB 208/15 – NJW-RR 2015, 1338 = FamRZ 2015, 1874.
125 Zöller/*Geimer*, ZPO, § 124 Rn. 10a.
126 MüKoZPO/*Wache*, § 124 Rn. 16; Zöller/*Geimer*, ZPO, § 124 Rn. 12.
127 Zöller/*Geimer*, ZPO, § 124 Rn. 14 m.w.N.

wesentliche Verbesserungen ihrer Einkommens- und Vermögensverhältnisse oder Änderungen ihrer Anschrift absichtlich oder aus grober Nachlässigkeit unrichtig oder nicht unverzüglich mitgeteilt hat, § 124 Abs. 1 Nr. 4 ZPO.

Voraussetzung für eine Aufhebung soll zunächst einmal sein, dass die Partei auf ihre Offenbarungspflicht und über die Folgen des Verstoßes belehrt worden ist.[128] Das geschieht in der Praxis mittels des amtlichen Vordrucks (→ Rn. 766). Die Einschränkung auf absichtliche oder grobe Nachlässigkeit entspricht der Regelung in § 124 Abs. 1 Nr. 2 ZPO. Die Rechtsprechung geht deshalb davon aus, dass nicht nur eine unterlassene oder verspätete Mitteilung vorliegen muss, sondern dass der Partei ein grobes Fehlverhalten nachgewiesen werden muss.[129]

826 Schließlich bleibt noch als Aufhebungsgrund, wenn die **Partei länger als 3 Monate mit der Zahlung einer Monatsrate oder mit der Zahlung eines sonstigen Betrages in Rückstand** ist, § 124 Abs. 1 Nr. 5 ZPO.

Auch in diesem Fall hat der Rechtspfleger zu entscheiden, ob die Bewilligung aufgehoben werden soll, wobei grundsätzlich kein Ermessenspielraum vorhanden ist (siehe → Rn. 821). Dem Grunde nach reicht das alleinige Vorhandensein von Rückständen nach der nun geltenden Regelung zur Aufhebung der Entscheidung.

Allenfalls die Frage, ob ein Verschulden der Partei vorliegen muss, könnte hier unter Umständen zu einem anderen Ergebnis führen. Zur bisherigen Rechtslage wurde vielfach die Auffassung vertreten, mit Rückstand sei auch schuldhafter Verzug gemeint.[130] Daraus folgte, dass die Bewilligung der Verfahrenskostenhilfe nicht aufgehoben werden darf, wenn die Nichtzahlung der Raten nicht auf einem Verschulden des Bedürftigen beruhte.[131]

Nach der nun geltenden Rechtslage ist jedoch das Verschulden nicht zu prüfen, da nach dem Wortlaut der Norm lediglich der Rückstand ausreicht und nicht von Verzug die Rede ist.[132] Ist die PKH wegen Ratenzahlungspflichtverletzung einmal aufgehoben, kann sich die Partei später nicht darauf berufen, dass sie nun keine Raten mehr zahlen könne, da ihre wirtschaftlichen Verhältnisse sich verschlechtert haben.[133]

---

128 PfälzOLG v. 14.8.2015 – 6 WF 138/15 –, juris.

129 OLG Karlsruhe v. 14.2.2017 – 18 WF 239/16 –, juris m.w.N.; OLG Dresden v. 25.10.2016 – 20 WF 1201/16 –, juris; PfälzOLG v. 7.4.2016 – 6 WF 39/16 – Rpfleger 2016, 586 = NJW 2016, 3106.

130 *Kalthoener/Büttner*, Prozesskostenhilfe und Beratungshilfe, 4. Auflage 2005, Rn. 849; *Zimmermann*, PKH, 3. Auflage 2007, Rn. 481 jew. m.div.N.; a.A. Zöller/*Philippi*, ZPO, 27. Auflage 2009, § 124 Rn. 19.

131 Zum alten Recht: BGH v. 9.1.1997 – IX ZR 61/94 – Rpfleger 1997, 265.

132 OLG Stuttgart v. 23.7.2015 – 2 W 21/15 – AGS 2015, 537; Zöller/*Geimer*, ZPO, § 124 Rn. 18.

133 OLG Koblenz v. 21.7.2014 – 13 WF 669/14 –, juris.

827 Beim **Tode des PKH-Berechtigten** ist eine Aufhebung der Bewilligung nicht nötig, denn diese erlischt mit dem Tod der Partei.[134] Es handelt sich um eine höchstpersönliche nicht vererbliche Sozialleistung des Staates, deshalb ist es wohl auch richtig, wenn vertreten wird, dass die Bewilligung mit dem Tod erlischt (ex nunc) und nicht schon rückwirkend.[135]

Die Erben haften allenfalls für noch schuldig gebliebene Raten des Verstorbenen, keinesfalls aber für zukünftig anfallende oder gar bei ratenfreier PKH.[136]

828 Die **Änderung und die Aufhebung** der Bewilligung der Prozesskostenhilfe nach §§ 120a, 124 Abs. 1 Nr. 2 bis 5 ZPO obliegt dem **Rechtspfleger** nach § 20 Abs. 1 Nr. 4c RPflG. Dabei hat ihn die Geschäftsstelle zu unterstützen. Werden Tatsachen bekannt, die eine Änderung oder Aufhebung veranlassen könnten, sind die Akten dem Rechtspfleger vorzulegen. Ist der Zahlungspflichtige mit einem angeforderten Betrag länger als einen Monat im Rückstand, so hat ihn die Geschäftsstelle einmal unter Hinweis auf die Folgen des § 124 Abs. 1 Nr. 5 ZPO an die Zahlung zu erinnern, 2.3 DB-PKH. Wenn die Partei, der Prozesskostenhilfe mit Zahlungsbestimmung bewilligt ist, mit der Zahlung einer Monatsrate oder eines sonstigen Betrages länger als drei Monate im Rückstand ist (§ 124 Abs. 1 Nr. 5 ZPO), ist die Akte dem Rechtspfleger zur weiteren Veranlassung vorzulegen, 2.5.2 DB-PKH.

IX. Teilweise Bewilligung von Prozesskostenhilfe

829 In der Praxis kann es vorkommen, dass das Gericht nur für einen Teil der geltend gemachten Ansprüche die Prozesskostenhilfe bewilligt, weil für den Rest vielleicht die objektiven Voraussetzungen nicht vorliegen oder weil bei einer Klageerweiterung bzw. bei einer Widerklage kein neuer Antrag gestellt wird.

→ **Beispiel:**
Klage über 8.000,00 €, Prozesskostenhilfe unter Beiordnung eines Rechtsanwalts wird jedoch nur wegen eines Teilstreitwerts von 5.000,00 € bewilligt.

In diesem Fall erhält der beigeordnete **Rechtsanwalt** seine Vergütung aus der Staatskasse auch nur nach dem Umfang der Beiordnung, § 48 Abs. 1 RVG. Wenn er seine Partei auch hinsichtlich des Restanspruchs vertritt, hat er die Partei zu belehren, dass seine über die Beiordnung hinausgehende

134 Zöller/*Geimer*, ZPO, § 124 Rn. 2a m.w.N.; *Zimmermann*, Rn. 483.
135 Zöller/*Geimer*, ZPO, § 124 Rn. 2a; *Zimmermann*, Rn. 533.
136 So auch *Zimmermann*, Rn. 533.

Tätigkeit von ihr zu vergüten ist. Die Vergütung berechnet sich nach der Differenz zwischen der Wahlanwaltsvergütung für den gesamten Auftrag und der Wahlanwaltsvergütung bezüglich des beigeordneten Teils.[137]

Gebühren und Auslagen nach dem RVG	**Vergütung §§ 45, 49 RVG** **Sp. 1**	**Regel-vergütung §§ 13, 50 RVG** **Sp. 2**	**Regel-vergütung §§ 13 RVG** **Sp. 3**	**Differenz Summe** **Sp. 2 und 3**
	Wert: 5.000,00 €		**Wert: 8.000,00 €**	
1,3 Verfahrensgebühr, §§ 2 Abs. 1, 2 RVG, Nr. 3100 VV	334,10 €	399,10 €	592,80 €	193,70 €
1,2 Terminsgebühr, §§ 2 Abs. 1, 2 RVG, Nr. 3104 VV	308,40 €	363,60 €	547,20 €	183,60 €
Auslagenpauschale Nr. 7002 VV	20,00 €	20,00 €	20,00 €	–
Insgesamt	662,50 €	782,70 €	1.160,00 €	377,30 €
Umsatzsteuer Nr. 7008 VV	125,88 €	148,71 €	220,40 €	71,69 €
Insgesamt	788,38 €	931,41 €	1.380,40 €	448,99 €
	Aus der Staatskasse zu zahlen	Diff. von 143,03 € evtl. als weitere Vergütung auch aus der Landeskasse zu zahlen, wenn die Partei Raten zahlt		Differenz-betrag, den der Mandant zahlen muss, da er nicht von der PKH erfasst ist.

830 Eine **andere Berechnungsmethode** sieht vor, die Vergütung allein nach dem Reststreitwert zu berechnen. Im vorgenannten Beispiel also aus 3.000,00 €, was einen Betrag von 621,78 € ergeben würde. Dann soll jedoch unter Berücksichtigung der PKH-Vergütung von vorliegend 788,38 € § 15 Abs. 3 RVG Anwendung finden, d.h., der Rechtsanwalt darf höchstens die Wahlanwaltsgebühr nach dem Gesamtstreitwert erhalten, in unserem Fall

137 Gerold/Schmidt/*Müller-Rabe,* VV 3335 Rn. 69 ff.; *Zimmermann*, Rn. 581.

also die 1.380,40 €, sodass der Rechtsanwalt hier nicht die volle Vergütung für die 3.000,00 € verlangen könnte, sondern einen auf 592,02 € gekürzten Betrag. Nach dieser Ansicht soll es dem Rechtsanwalt freistehen, ob er den Mandanten hinsichtlich der vollen von ihm geschuldeten Vergütung in Anspruch nimmt und sich nur noch den Rest aus der Staatskasse beantragt. Ganz abgesehen davon, dass in einem solchen Fall § 15 Abs. 3 RVG nicht einschlägig ist, ist diese Verfahrensweise auch mit § 122 Abs. 1 Nr. 3 ZPO unvereinbar und ist schon deshalb abzulehnen.[138]

831 Die teilweise Bewilligung hat ebenfalls Auswirkungen auf die **Gerichtskosten**, da hinsichtlich des nicht von der Prozesskostenhilfe erfassten Teils (hier 3.000,00 €) nicht die Wirkung des § 122 Abs. 1 Nr. 1a) ZPO eintritt. Es sind die Gebühren für den nicht erfassten Streitgegenstand so zu berechnen, dass zunächst die Gebühren aus dem Gesamtstreitwert ermittelt werden, davon dann die Gebühren abzuziehen, die sich aus dem Streitwert, für den Prozesskostenhilfe bewilligt wurde, ergeben. Der Differenzbetrag ist zu erheben. Bei dieser Berechnung kommt die Degression der Gebührentabelle der Partei voll zugute.[139]

Die 3,0 **Verfahrensgebühr** nach KV 1210 beträgt beispielsweise:
609,00 € aus 8.000,00 € abzüglich
438,00 € aus 5.000,00 €
171,00 € entfallen auf den Reststreitwert.

832 Hinsichtlich der **Auslagen** ist festzustellen, auf welchen Teil des Streitwerts sich die Auslagen beziehen. Sind sie von der Prozesskostenhilfe erfasst, gelten die Bestimmungen der Bewilligung, also entweder völlig frei oder Ratenzahlung. Andernfalls sind sie dem o.g. Betrag hinzuzurechnen.[140] Lassen sie sich nicht eindeutig zuordnen, fallen sie unter die Prozesskostenhilfebewilligung, es wird jedoch auch die Auffassung vertreten, dass sie dann anteilsmäßig zu verteilen sind.

138 So auch: Gerold/Schmidt/*Müller-Rabe*, RVG, VV 3335 Rn. 69 ff.
139 BGH v. 2.6.1954 – V ZR 99/53 – BGHZ 13, 377 = NJW 1954, 1406; OLG Koblenz v. 18.4.2007 – 14 W 272/07 – AGS 2007, 641.
140 NK-GK/*Klos*, Vor § 22 ff. GKG Rn. 17.

O. Der Urkunden- und Wechselprozess

833 Der Urkunden- und Wechselprozess (§§ 592 ff. ZPO) soll es dem Kläger ermöglichen, schneller als im normalen Prozess zu einem Vollstreckungstitel zu kommen.[1] Zusätzlich zu den allgemeinen Prozessvoraussetzungen müssen noch besondere Prozessvoraussetzungen des bestimmten gewählten Verfahrens erfüllt sein. Außerdem sind die Verhandlung und Entscheidung auf den Anspruchsgrund beschränkt und die Beweisführung beider Seiten eingeschränkt.

I. Zulässigkeit des Urkundenprozesses

834 Nach § 592 ZPO ist ein solches Verfahren nur zulässig für Ansprüche auf Zahlung einer bestimmten Geldsumme oder die Leistung einer bestimmten Menge anderer vertretbarer Sachen insbesondere von Wertpapieren, d.h. nur für bestimmte Leistungsklagen.

Im Einzelfall hängt die Zulässigkeit des Verfahrens davon ab, dass sämtliche zur Begründung der Klage erforderlichen Tatsachen durch **Urkunden beweisbar** sind. Weil dieses im Rahmen des Wechselrechts der Fall ist, hat das Verfahren insbesondere für die Verfolgung wechselrechtlicher Ansprüche Bedeutung erlangt, da hier der Nachweis durch den **Wechsel selbst** zu führen ist.[2]

835 Die Klage muss ausdrücklich als Urkunden- oder Wechselprozess erhoben werden und die Urkunden sind ihr beizufügen, § 593 ZPO. Damit soll die Beschleunigung des Verfahrens bewirkt werden, unzulässig ist deshalb auch ein Antrag auf Anordnung nach § 142 ZPO auf Urkundenvorlegung. Im Sinne von § 592 ZPO gelten nur Urkunden, die die Voraussetzungen der §§ 415, 416 ZPO erfüllen, also öffentliche Urkunden und Privaturkunden. Wegen des beschleunigten Verfahrens ist eine Widerklage im Urkundenprozess ausgeschlossen, § 595 Abs. 1 ZPO.

---

1 S. hierzu *Rosenberg/Schwab/Gottwald*, § 163; Zöller/*Greger*, ZPO, Vorbem. zu § 592 Rn. 1.

2 *Rosenberg/Schwab/Gottwald*, § 163 Rn. 35.

Auch die **Verteidigung** des Beklagten kann nur über **Urkundenvorlage** erfolgen, allerdings ist noch die Parteivernehmung zugelassen, § 595 Abs. 2 ZPO. Dadurch kann der Beklagte u.U. im Nachteil sein, wenn er seine Einwendungen nicht durch Urkunden beweisen kann, in diesem Fall darf dann nur ein vorläufiges Urteil ergehen.

836 Die allgemeinen Verfahrensvorschriften gelten auch in diesem Verfahren, d.h. auch die über den frühen ersten Termin oder das schriftliche Vorverfahren.[3] Der Kläger kann ohne Einwilligung des Beklagten bis zum Schluss der mündlichen Verhandlung von dem Urkundenprozess absehen, allerdings bleibt der Rechtsstreit dann im ordentlichen Verfahren anhängig.

II. Entscheidungen im Urkundenprozess

1. Endgültige Entscheidungen

837 Das Urteil kann entweder ein endgültiges oder ein nur vorläufiges sein.

Ein **endgültiges Urteil** ergeht,

- wenn die Klage wegen Fehlens von Prozessvoraussetzungen als unzulässig abgewiesen wird,
- wenn ein Versäumnisurteil ergeht,
- bei Anerkenntnis des Beklagten,
- bei Verzicht des Klägers,
- wenn der Kläger Abstand nimmt vom Urkundenprozess, § 596 ZPO,
- oder wegen Unschlüssigkeit der Klage, § 597 Abs. 1 ZPO.

838 Kann der Kläger den erforderlichen Beweis nicht antreten, ist der Urkundenprozess nicht statthaft und die Klage wird abgewiesen, § 597 Abs. 2 ZPO; in einem solchen Fall bleibt dem Kläger aber auch die Möglichkeit, vom Urkundenprozess Abstand zu nehmen, § 596 ZPO.

2. Vorläufige Entscheidungen

839 Ein vorläufiges Urteil ergeht als **Vorbehaltsurteil**, § 599 Abs. 1 ZPO. Sind die allgemeinen und besonderen Prozessvoraussetzungen erfüllt und ist die Klage begründet, ist der Beklagte zu verurteilen. Hat der Beklagte jedoch dem Klagantrag widersprochen, hat er insbesondere Einwendungen erhoben, die er mit den in diesem Verfahren nur zulässigen Beweismitteln (Urkunden, Parteivernehmung) nicht beweisen konnte, muss ihm die Ausführung seiner Rechte, d.h. Beweis durch die anderen Beweismittel der

---

3 Zöller/*Greger*, ZPO, Vorbem. zu § 592 Rn. 3.

ZPO, vorbehalten werden. Hierzu bedarf es keines Antrages.[4] Der Vorbehalt wird im Tenor der Entscheidung ausgesprochen.[5]

840 Obwohl durch das Vorbehaltsurteil ein zur Zwangsvollstreckung geeigneter Titel vorhanden ist, bleibt der Rechtsstreit im ordentlichen Verfahren rechtshängig, § 600 Abs. 1 ZPO.

In derselben Instanz findet dann das sog. **Nachverfahren** statt, in dem alle Beweismittel zulässig sind. Stellt sich dann heraus, dass das Vorbehaltsurteil doch richtig ist, dann wird es unter Wegfall des Vorbehalts aufrechterhalten. Andernfalls ist es aufzuheben und die Klage abzuweisen, da § 600 Abs. 2 ZPO anordnet, dass die Vorschriften des § 302 Abs. 4 S. 2 bis 4 ZPO Anwendung finden.

Ist aus dem Vorbehaltsurteil bereits vollstreckt worden, dann hat der Beklagte einen **Schadenersatzanspruch** aus § 600 Abs. 2 ZPO i.V.m. § 302 Abs. 4 ZPO.

III. Ansprüche aus Wechseln

841 Werden im Urkundenprozess Ansprüche aus **Wechseln** im Sinne des Wechselgesetzes geltend gemacht, dann sind noch §§ 603–605a ZPO zu beachten. Ansprüche aus Wechseln können aber auch im ordentlichen Verfahren geltend gemacht werden.

Streitgegenstand muss ein Anspruch aus einem Wechsel sein, das sind solche Ansprüche, die dem Wechselinhaber gegen den aus dem Wechsel Verpflichteten zustehen.

842 Der Wechsel ist ein schuldrechtliches **Wertpapier** des Zahlungs- und Kreditverkehrs, das den Inhaber berechtigt, die Wechselsumme gegen den Wechselschuldner geltend zu machen. Meistens handelt es sich um gezogene Wechsel (Tratte), die die Anweisung des Ausstellers an den Anweisungsempfänger (Bezogenen) enthält, an ihn oder einen Dritten (Begünstigter, Remittent) an einem bestimmten Tag und Ort eine bestimmte Geldsumme zu zahlen. Der Wechsel ist ein Orderpapier; d.h. ein Wertpapier, das eine namentlich bezeichnete Person als berechtigt ausweist, das im Papier verbriefte Recht geltend zu machen. Berechtigt ist derjenige, der zuerst namentlich auf der Urkunde bezeichnet ist oder der durch die Order des namentlich Bezeichneten.

Die Wechselforderung und der Anspruch aus dem zugrundeliegenden Verpflichtungsgeschäft bestehen nebeneinander und sind voneinander los-

4 Zöller/*Greger*, ZPO, § 599 Rn. 1.
5 Zöller/*Greger*, ZPO, § 599 Rn. 2 m.w.N.

gelöst (abstraktes Wertpapier). Durch den Wechsel wird die zugrundeliegende Forderung gestundet und dem Schuldner ein Kredit eingeräumt. Die Wechselforderung kann nur durch Vorlage des Wechsels geltend gemacht werden. Erst wenn der Wechsel eingelöst wird, erlischt auch die Schuld aus dem Verpflichtungsgeschäft.

843 Nach § 603 Abs. 1 ZPO können Wechselklagen sowohl bei dem Gericht des Zahlungsortes als bei dem Gericht angestellt werden, bei dem der Beklagte seinen allgemeinen Gerichtsstand hat. Die Klage muss die Erklärung enthalten, dass im **Wechselprozess** geklagt wird, § 604 Abs. 1 ZPO.

Es gilt eine ganz kurze Ladungsfrist, sie beträgt mindestens vierundzwanzig Stunden, wenn die Ladung an dem Ort, der Sitz des Prozessgerichts ist, zugestellt wird und in Anwaltsprozessen beträgt sie mindestens drei Tage, wenn die Ladung an einem anderen Ort zugestellt wird, der im Bezirk des Prozessgerichts liegt oder von dem ein Teil zu dessen Bezirk gehört, § 604 Abs. 2 ZPO.

In teilweiser Abweichung von § 592 ZPO gilt auf Antrag unter bestimmten Umständen (z.B. bei Erlass des Protestes gem. Art. 46 WG) als Beweis dafür, dass der Wechsel vorgelegt worden ist, die Parteivernehmung, § 605 Abs. 1 ZPO.

844 Werden im Urkundenprozess Ansprüche aus Schecks im Sinne des Scheckgesetzes geltend gemacht **(Scheckprozess)**, so sind die §§ 602 bis 605 entsprechend anzuwenden.

P. Das gerichtliche Mahnverfahren

Das **Mahnverfahren** gem. §§ 688 ff. ZPO[1] ist ein gerichtliches Verfahren, in dem für Geldforderungen in Euro voraussichtlich unstreitig und ohne mündliche Verhandlung dem Antragsteller ein Vollstreckungstitel (Vollstreckungsbescheid) verschafft werden kann. Es stellt grundsätzlich einen einfachen und billigen Weg dar, wenn der Antragsgegner nicht widerspricht. Im Falle des Widerspruchs folgt auf Antrag die Durchführung des streitigen Verfahrens. **845**

Aus § 689 Abs. 1 S. 2 ZPO ergibt sich die Zulässigkeit des **maschinellen Mahnverfahrens.** Inzwischen wird das Mahnverfahren in allen Bundesländern maschinell durchgeführt;[2] wobei die Bearbeitung grundsätzlich nach einheitlichen Regelungen erfolgt. Auf der Internetseite der Mahngerichte findet sich auch ein Online-Mahnantrag, der am PC ausgefüllt und sodann ausgedruckt werden kann.

Neben den speziellen Verfahrensvorschriften gelten die allgemeinen Vorschriften (§§ 1–252 ZPO); d.h., es müssen wie in jedem Verfahren der ZPO die allgemeinen Prozessvoraussetzungen gegeben sein. Es ist von Amts wegen zu prüfen, ob der Rechtsweg zulässig ist, die Zuständigkeiten gegeben sind und die Partei- und Prozessfähigkeit der Parteien vorliegt. **846**

I. Zulässigkeit des Mahnverfahrens

1. Bestimmte Geldsumme

Das Verfahren steht gem. § 688 Abs. 1 ZPO nur für Forderungen in Euro zur Verfügung. Bis zum 31.12.2001 konnten Ansprüche in Euro und Deutsche Mark Gegenstand des Verfahrens sein. Nach altem Recht konnten Forderungen, die auf ausländische Währung lauteten, in DM umgerechnet **847**

---

1 S. hierzu *Rosenberg/Schwab/Gottwald*, § 164.

2 Siehe den Internetauftritt der Mahngerichte unter: www.mahngerichte.de. Auf der Internetseite der Mahngerichte findet sich ein Verfahrensüberblick, eine Auflistung der Mahngerichte, die Gerichtssuche für das Prozessgericht ist hier ebenso eingestellt wie Verfahrenshilfen für das Online-Mahnverfahren.

werden.[3] Nichts anderes kann jetzt gelten, nur dass eine Forderung, die nicht auf Euro lautet, dann in Euro umgerechnet werden muss.[4] Der Anspruch muss fällig und darf nicht aufschiebend bedingt sein.

848 Das Verfahren ist gem. § 688 Abs. 2 ZPO unzulässig,

- für hochverzinsliche Verbraucherkredite,[5]
- wenn der Anspruch von einer Gegenleistung abhängig ist und diese noch nicht erbracht ist,
- oder wenn der Mahnbescheid öffentlich zugestellt werden müsste.

Fehlt es an einer der Voraussetzungen der §§ 688, 689, 690, 703c Abs. 2 ZPO, ist der Antrag als **unzulässig zurückzuweisen**, § 691 Abs. 1 Nr. 1 ZPO.[6] Das gilt auch, wenn der Mahnbescheid wegen eines Teils des Anspruchs nicht erlassen werden kann, § 691 Abs. 1 Nr. 2 ZPO. Die Zurückweisung geschieht durch zu begründenden Beschluss. Vorher ist der Antragsteller zu hören.

Der Antrag kann in einer nur maschinell lesbaren Form gestellt werden, Rechtanwälte müssen sich dieser Form bedienen, § 690 Abs. 3 ZPO. Wird der Antrag mit der Begründung zurückgewiesen, dass die eingereichte Form dem Gericht für die maschinelle Bearbeitung nicht geeignet erscheint, ist gegen die Zurückweisung ausnahmsweise ein Rechtsmittel, nämlich die sofortige Beschwerde statthaft, § 691 Abs. 3 S. 1 ZPO. Ansonsten ist die Zurückweisung grundsätzlich unanfechtbar, § 690 Abs. 3 S. 2 ZPO.

Siehe im Übrigen → Rn. 854 ff.

849 Müsste der Mahnbescheid im **Ausland zugestellt** werden, findet das Mahnverfahren nur statt, wenn das Anerkennungs- und Vollstreckungsausführungsgesetz (AVAG) vom 19.2.2001 (BGBl. I S. 288) dies vorsieht, § 688 Abs. 3 ZPO. Bei notwendiger Zustellung des Mahnbescheids im Ausland ist das Mahnverfahren vom Grundsatz her unzulässig und darf nur erfolgen, wenn und soweit das AVAG es zulässt, sogenanntes Auslandsmahnverfahren.[7]

Nach § 688 Abs. 4 ZPO bleiben die Vorschriften der Verordnung (EG) Nr. 1896/2006 des Europäischen Parlaments und des Rates vom 12. Dezember 2006 zur Einführung eines Europäischen Mahnverfahrens unberührt. Für die Durchführung gelten die §§ 1087 bis 1096 ZPO.[8] Die Vorschriften

3 BGH v. 5.5.1988 – VII ZR 119/87 – BGHZ 104, 268.
4 Zöller/*Vollkommer*, ZPO, § 688 Rn. 1.
5 Ausführlich Zöller/*Vollkommer*, ZPO, § 688 Rn. 5.
6 Zöller/*Vollkommer*, ZPO, § 688 Rn. 9b.
7 Ausführlich Zöller/*Vollkommer*, ZPO, § 688 Rn. 10, 11 – AVAG dort abgedruckt unter Anhang III; s. auch *Hintzen/Riedel*, Rpfleger 1997, 293.
8 S. hierzu VO (EG) Nr. 1896/2006 des Europäischen Parlaments und des Rates v. 12.12.2006 zur Einführung des Europäischen Mahnverfahrens – ABl. 2006 L 399 S. 1.

wurden mit Wirkung vom 1.1.2015 für den sog. **Europäischen Zahlungsbefehl** in das Gesetz eingefügt. Zuständig ist ausschließlich das AG Wedding in Berlin. Ziel ist hierbei eine vereinfachte und beschleunigte Titulierung von voraussichtlich unbestrittenen Geldforderungen im Bereich des EU-Binnenmarktes mit einheitlichen Formalien.[9]

2. Zuständigkeiten

850 Die **sachliche Zuständigkeit** liegt – unter Abweichung von §§ 23, 71 GVG – unabhängig vom Prozessstreitwert beim Amtsgericht, § 689 Abs. 1 ZPO.

Örtlich ist ausschließlich das Amtsgericht zuständig, in dessen Bezirk der Antragsteller seinen allgemeinen Gerichtsstand hat, § 689 Abs. 2 ZPO. Bei mehreren Antragstellern kann zwischen den jeweiligen allgemeinen Gerichtsständen gewählt werden, § 35 ZPO. Befindet sich der allgemeine Gerichtsstand nicht im Inland, ist gem. § 689 Abs. 2 S. 2 ZPO das AG Wedding in Berlin zuständig. Allerdings ist auch in diesem Zusammenhang § 703d ZPO zu beachten, denn wenn der Antragsgegner keinen Gerichtsstand im Inland hat, ist für das Mahnverfahren das AG zuständig, das auch für das streitige Verfahren zuständig wäre, wenn die Amtsgerichte im ersten Rechtszug sachlich unbeschränkt zuständig wären, § 703d Abs. 2 ZPO.[10]

Nach § 689 Abs. 3 ZPO sind die Landesregierungen ermächtigt, durch Rechtsverordnung die Mahnsachen einem bestimmten Amtsgericht zuzuweisen. Die Bundesländer haben hiervon wegen der maschinellen Bearbeitung Gebrauch gemacht und **zentrale Mahngerichte**, teilweise sogar länderübergreifend eingerichtet.[11]

Funktionell ist der Rechtspfleger zuständig gem. §§ 3 Nr. 3a, 20 Abs. 1 Nr. 1 RPflG. Gemäß § 36b Abs. 1 S. 1 Nr. 2 RPflG ist der Landesgesetzgeber ermächtigt, das maschinell geführte Mahnverfahren (mit Ausnahme des Europäischen Mahnverfahrens) vom Rechtspfleger auf den Urkundsbeamten der Geschäftsstelle zu übertragen. Von dieser Ermächtigung haben wenige Länder Gebrauch gemacht.[12] Formell bleibt der Rechtspfleger auch in diesem Fall Herr des Verfahrens, sein Name bleibt im Mahn- bzw. Vollstre-

---

9 Siehe MüKoZPO/*Schüler*, Vorbem. zu § 688 Rn. 46.

10 Zur Verdrängung der Vorschrift durch internationale Abkommen s. Zöller/*Vollkommer*, ZPO, § 703d Rn. 2.

11 Auflistung unter Hinweis auf die Zuständigkeiten im Internet unter: http://www.mahngerichte.de/mahngerichte/index.htm (Eingesehen am 10.3.2017).

12 Siehe die Auflistung bei *Dörndorfer*, RPflG, § 36b Rn. 2, aus der jedoch nicht hervorgeht, welche Zuständigkeiten nach den dort genannten VO übertragen sind. Lt. *Rellermeyer/Strauß* in: Rechtspflegerblatt 2015, Heft 2, S. 24 ff. ist eine Übertragung von Mahnsachen auf den UdG in folgenden Bundesländern erfolgt: Baden-Württemberg, Bremen, Niedersachsen (aber nur bei den Arbeitsgerichten) und Sachsen-Anhalt (zugleich zuständig für Sachsen und Thüringen).

ckungsbescheid eingedruckt und er kann jederzeit das Verfahren an sich ziehen.[13]

3. Mahnantrag

851 Das **Mahnverfahren** wird durch einen **Antrag des Antragstellers** auf Erlass eines Mahnbescheides eingeleitet, § 690 ZPO. Der Antrag muss auf den Erlass eines Mahnbescheids gerichtet sein und folgende **Angaben** enthalten:

a) Die Bezeichnung der Parteien, ihrer gesetzlichen Vertreter und der Prozessbevollmächtigten.

   Die Bezeichnung muss so sein, dass eine Zustellung an jeden Einzelnen vorgenommen werden kann. Im Falle einer Streitgenossenschaft ist auch die Bezeichnung des Anspruchsverhältnisses notwendig.[14] Bei mehreren Antragsgegnern ist zu beachten, dass für jeden von Ihnen ein Vordruck zu verwenden ist. Wird der Antragsteller durch einen Prozessbevollmächtigten vertreten, ist zu beachten, dass es im Mahnverfahren keines Nachweises der Vollmacht bedarf, der Vertreter hat seine ordnungsgemäße Bevollmächtigung zu versichern, § 703 ZPO. Damit soll der Standardisierung des Verfahrens Rechnung getragen werden.[15]

b) Die Bezeichnung des Gerichts, bei dem der Antrag gestellt wird.

   Es ist das Gericht zu bezeichnen, das den Mahnantrag erlassen soll. Beim Online-Antrag wird dieses automatisch mit der Abfrage des eigenen Wohnsitzes vorgenommen.

c) Die Bezeichnung des Anspruchs unter bestimmter Angabe der verlangten Leistung; Haupt- und Nebenforderung sind gesondert und einzeln zu bezeichnen, Ansprüche aus Verträgen, für die §§ 491 bis 509 des BGB gelten, auch unter Angabe des Datums des Vertragsabschlusses und des nach § 492 BGB anzugebenden effektiven Jahreszinses.

   Die verlangte Leistung muss in Euro bezeichnet werden. Der Anspruch muss so genau bezeichnet werden, dass er von anderen Ansprüchen unterscheidbar ist.[16] Diese Individualisierung ist notwendig, weil mit dem Mahnantrag und dem daraufhin zu erlassenden Mahnbescheid der Streitgegenstand festgelegt wird.[17] Der für das Verfahren

---

13 MüKoZPO/*Schüler*, § 689 Rn. 8.
14 Zöller/*Vollkommer*, ZPO, § 690 Rn. 9.
15 Zöller/*Vollkommer*, ZPO, § 703 Rn. 1.
16 MüKoZPO/*Schüler*, § 690 Rn. 10.
17 BGH v. 5.2.2009 – III ZR 164/08 – BGHZ 179, 329 = NJW 2009, 1213; Beispiele siehe MüKoZPO/*Schüler*, § 690 Rn. 17 ff.

zuständige Rechtspfleger hat nur ein sehr begrenztes Prüfungsrecht hinsichtlich des geltend gemachten Anspruchs.[18] Der Anspruch gilt als ausreichend bezeichnet, wenn er nach einer beschränkten Kontrolle rechtlich möglich und gerichtlich durchsetzbar erscheint. Diese sog. eingeschränkte Schlüssigkeitsprüfung bezieht sich sowohl auf Haupt- als auch auf Nebenforderungen.[19]

d) Die Erklärung, dass der Anspruch nicht von einer Gegenleistung abhängt oder dass die Gegenleistung erbracht ist.

Durch diese Erklärung wird die Einhaltung der Voraussetzung des § 688 Abs. 2 Nr. 2 ZPO gesichert. Fehlende Erklärung führt zur Monierung des Antrages. Bei bewusster falscher Erklärung gilt der Mahnbescheid als erschlichen, was unter Umständen Einfluss auf die Hemmung der Verjährung hat, die in diesem Fall als rechtsmissbräuchlich angesehen wird.[20]

e) Die Bezeichnung des Gerichts, das für ein streitiges Verfahren zuständig ist.

Der Antragsteller hat bereits im Mahnantrag anzugeben, welches Gericht für die Durchführung des streitigen Verfahrens zuständig ist. Sollten mehrere Gerichte für die Durchführung des streitigen Verfahrens zuständig sein, kann der Antragsteller bereits an dieser Stelle sein Wahlrecht gem. § 35 ZPO ausüben. Es wird an dieser Stelle des Verfahrens nicht geprüft, ob das angegebene Gericht zuständig ist, sondern lediglich, ob an dem bezeichneten Ort ein Amts- oder Landgericht existiert.[21] Ist das nicht der Fall, soll der Antrag zurückgewiesen werden, weitere Rechtsfolgen sind der „Falschangabe“ jedoch nicht beizumessen.[22]

f) Der Antrag bedarf der handschriftlichen Unterzeichnung, § 690 Abs. 2 ZPO.

Soweit der Antrag nicht in maschinell lesbarer Form gestellt wird, bedarf er der handschriftlichen Unterzeichnung des Antragstellers oder seines Vertreters. Ein Faksimilestempel ist nicht zulässig.[23] Das Fehlen der Unterschrift ist ein Zurückweisungsgrund.[24] Der handschriftlichen Unterzeichnung bedarf es nicht, wenn der Antrag in einer nur maschinell lesbaren Form übermittelt wird und wenn in anderer Weise gewährleistet ist, dass der Antrag nicht ohne den Willen des

18 S. hierzu *Bülow*, Rpfleger 1996, 133 sowie *Wedel*, JurBüro 1994, 325 ff.
19 Zöller/*Vollkommer*, ZPO, § 690 Rn. 14, 14a, 14b.
20 BGH v. 21.12.2011 – VIII ZR 157/11 – NJW 2012, 995.
21 Zöller/*Vollkommer*, ZPO, § 690 Rn. 17.
22 OLG Karlsruhe v. 30.12.2004 – 19 AR 14/04 – Rpfleger 2005, 270.
23 MüKoZPO/*Schüler*, § 690 Rn. 41; Zöller/*Vollkommer*, ZPO, § 690 Rn. 2.
24 Zöller/*Vollkommer*, ZPO, § 690 Rn. 2.

Antragstellers übermittelt wird, § 690 Abs. 3 ZPO. Davon wird ausgegangen, wenn bei Datenträgeraustausch dem Datenträger ein entsprechendes Anschreiben mit Unterschrift beigefügt ist.[25]

g) Nur maschinell lesbare Anträge, § 690 Abs. 3 ZPO.

Der Antrag kann in einer nur maschinell lesbaren Form übermittelt werden, wenn diese dem Gericht für seine maschinelle Bearbeitung geeignet erscheint. Wird der Antrag von einem Rechtsanwalt oder einer registrierten Person nach § 10 Abs. 1 S. 1 Nr. 1 des Rechtsdienstleistungsgesetzes gestellt, ist nur diese Form der Antragstellung zulässig. *Der Antrag kann unter Nutzung des elektronischen Identitätsausweises nach § 18 des Personalausweisgesetzes oder § 78 Abs. 5 des Aufenthaltsgesetzes gestellt werden.*[26] Der handschriftlichen Unterzeichnung bedarf es nicht, wenn in anderer Weise gewährleistet ist, dass der Antrag nicht ohne den Willen des Antragstellers übermittelt wird.

Damit ist es für **Rechtsanwälte und registrierte Inkassodienstleister** nur noch möglich, einen **maschinell lesbaren Antrag** zu stellen.[27] Hierbei ist zunächst einmal klarzustellen, welche Art der Verarbeitung bei dem jeweiligen Mahngericht herrscht. Alle anderen Antragsteller müssen jedoch den amtlichen Vordruck verwenden. Papiervordrucke sind im Bürofachhandel erhältlich; es besteht aber auch die Möglichkeit, einen Online-Mahnantrag per Barcode mittels PC auszufüllen und dann als PDF auszudrucken.

4. Vordruckzwang

852 Das Mahnverfahren ist von großer praktischer Bedeutung und ein Massengeschäft. Gem. § 703c ZPO ist der Bundesminister der Justiz ermächtigt, durch Rechtsverordnung zwecks Vereinfachung des Verfahrens und zum Schutz der in Anspruch genommenen Partei bundeseinheitliche Vordrucke einzuführen. Von dieser Ermächtigung ist Gebrauch gemacht worden, und zwar sowohl für die nichtmaschinelle als auch für die maschinelle Bearbeitung.[28] Nach § 703c Abs. 2 ZPO gilt Verwendungszwang, die Parteien müssen sich ihrer bedienen.[29] Die Formulare für das maschinelle Verfahren un-

---

25 MüKoZPO/*Schüler*, § 690 Rn. 41.

26 Neuer Satz 3 m.W.v. 1.1.2018 eingefügt durch das G zur Förderung des elektronischen Rechtsverkehrs mit den Gerichten v. 10.10.2013 (BGBl I S. 3786).

27 Siehe hierzu im Internet die Ausführungen zur Antragstellung bzw. Einreichungsart unter: http://www.mahngerichte.de/verfahren/antragstellung/einreichungsart.htm (Eingesehen am 10.3.2017).

28 VO v. 6.5.1977 (BGBl. I S. 693) sowie VO v. 6.6.1978 (BGBl. I S. 705) – beide inzwischen wiederholt geändert. Aktuelle Stände siehe MüKoZPO/*Schüler*, § 703c Rn. 4, 8.

29 Zöller/*Vollkommer*, ZPO, § 703c Rn. 5, 7.

terscheiden sich von denen des nicht maschinellen Verfahrens, da inzwischen in allen Ländern die maschinelle Bearbeitung eingeführt worden ist, werden die Papierformulare nur noch selten verwendet.[30] Die Formulare enthalten die notwendigen Hinweise des Mahngerichts gem. § 692 ZPO.

5. Rücknahme des Antrages

853 Der Antragsteller kann den Antrag zurücknehmen, sofern der Antragsgegner dem Anspruch nicht widersprochen oder gegen den Vollstreckungsbescheid Einspruch eingelegt hat. In diesem Fall ist dann § 269 Abs. 3 ZPO (→ Rn. 343 ff.) entsprechend anwendbar,[31] für die Entscheidung ist das Mahngericht jedoch nur zuständig, wenn die Entscheidung lediglich eine sich aus dem Gesetz ergebende Kostenfolge feststellend berücksichtigt, andernfalls ist das Streitgericht zuständig, da im Mahnverfahren keine Sachprüfung vorgesehen ist.[32] Nach Abgabe an das Streitgericht tritt an die Stelle der Antragsrücknahme die Klagerücknahme.[33]

II. Zurückweisung des Mahnantrages

854 Der Antrag wird gem. § 691 Abs. 1 Nr. 1 ZPO zurückgewiesen, wenn er den Vorschriften der §§ 688, 689, 690, 703c Abs. 2 ZPO nicht entspricht; wenn der Mahnbescheid nur wegen eines Teiles des Anspruchs nicht erlassen werden kann. Der Rechtspfleger hat die **Zulässigkeitsvoraussetzungen** zu prüfen. Er darf nicht sehenden Auges einen unrichtigen Titel schaffen und deshalb besteht trotz der fehlenden Schlüssigkeitsprüfung insoweit eine Prüfungspflicht.[34]

855 Vor der Zurückweisung ist der Antragsteller zu hören, § 691 Abs. 1 S. 2 ZPO. Ihm ist Gelegenheit zur Behebung der Mängel zu geben. Zu diesem Zweck erhält der Antragsteller ein Monierungsschreiben in dem die Bedenken gegen den Antrag enthalten sind. Eine Weiterbearbeitung wird erst vorgenommen, wenn sämtliche Bedenken erledigt sind. Eine mögliche Mängelbehebung kann auch die teilweise Rücknahme des Antrages sein.[35]

---

30 MüKoZPO/*Schüler*, § 703c Rn. 1.

31 BGH v. 28.10.2004 – III ZB 43/04 – NJW 2005, 512.

32 BGH v. 7.10.2004 – I ZB 20/04 – NJW 2005, 513; HansOLG v. 30.11.2006 – 10 W 40/06 – MDR 2007, 676.

33 MüKoZPO/*Schüler*, § 690 Rn. 55; Zöller/*Vollkommer*, ZPO, § 690 Rn. 24.

34 Zöller/*Vollkommer*, ZPO, § 691 Rn. 1 m.w.N. und Rn. 1a mit Beispielen.

35 Zöller/*Vollkommer*, ZPO, § 691 Rn. 4.

856 Die Zurückweisung des Mahnantrages erfolgt durch zu **begründenden Beschluss**, der dem Antragsteller zuzustellen ist, § 329 Abs. 2 ZPO. Der Antragsgegner erhält hiervon keine Kenntnis, da ihm auch nicht der Antrag auf Erlass des Mahnbescheids oder des Vollstreckungsbescheids mitgeteilt wird, § 702 Abs. 2 ZPO.

857 Die Zurückweisungsentscheidung ist grundsätzlich **unanfechtbar**, § 691 Abs. 3 S. 2 ZPO. Da für die Entscheidung der **Rechtspfleger** zuständig ist, gilt § 11 Abs. 2 RPflG. Kann gegen die Entscheidung nach den allgemeinen verfahrensrechtlichen Vorschriften ein Rechtsmittel nicht eingelegt werden, so findet gemäß § 11 Abs. 2 RPflG die **Erinnerung** (→ Rn. 515) statt, was hier der Fall ist.

Die Erinnerung ist innerhalb einer Frist von zwei Wochen einzulegen, § 11 Abs. 2 S. 1 RPflG. Der Rechtspfleger kann **der Erinnerung abhelfen**, § 11 Abs. 2 S. 5 RPflG. Es ist allgemeine Meinung, dass der Rechtspfleger einer zulässigen und begründeten Erinnerung abzuhelfen hat.[36] Falls möglich, hat auch eine Teilabhilfe zu erfolgen, wobei dem Rechtspfleger insoweit kein Ermessen zugebilligt wird. Vor der Abhilfe ist auch in diesem Fall **rechtliches Gehör** zu gewähren.

858 Ausnahmsweise findet gegen die Zurückweisung die **sofortige Beschwerde** gem. § 691 Abs. 3 S. 1 ZPO statt, wenn der Antrag in einer nur maschinell lesbaren Form übermittelt worden ist und mit der Begründung zurückgewiesen worden ist, dass diese Form dem Gericht für seine maschinelle Bearbeitung nicht geeignet erscheint. Anders als zuvor erwähnt, ist in diesem Fall die sofortige Beschwerde wegen Zurückweisung eines das Verfahren betreffenden Gesuchs gegeben (§ 567 Abs. 1 Nr. 2 ZPO, § 11 Abs. 1 RPflG) und der Rechtspfleger hat gem. § 572 Abs. 1 ZPO ein **Abhilferecht**, was immer zum Tragen kommt, wenn das Gericht den Fehler korrigieren müsste.[37]

859 Mit der Zustellung des Mahnbescheids wird nach § 204 Abs. 1 Nr. 3 BGB die **Verjährung gehemmt.** Um zu vermeiden, dass dem Antragsteller durch die Wahl des Mahnverfahrens im Falle der Zurückweisung Nachteile hinsichtlich der Verjährung entstehen,[38] ist in § 691 Abs. 2 ZPO geregelt, dass diese Wirkung mit der Einreichung oder Anbringung des Antrags auf Erlass des Mahnbescheids eintritt, wenn innerhalb eines Monats seit der Zustellung der Zurückweisung des Antrags Klage eingereicht und diese demnächst zugestellt wird.

36 *Dörndorfer*, RPflG, § 11 Rn. 99 m.w.N.
37 BLAH/*Hartmann*, § 691 Rn. 15; MüKoZPO/*Schüler*, § 691 Rn. 30.
38 Zöller/*Vollkommer*, ZPO, § 691 Rn. 5.

III. Der Mahnbescheid

1. Inhalt des Mahnbescheids

860 In den **Mahnbescheid** werden zunächst einmal die in § 690 Abs. 1 Nr. 1 bis 5 ZPO (→ Rn. 851) geforderten Angaben eingestellt, was wegen der zu benutzenden Formulare in der Praxis kein Problem darstellt, da die Angaben des Antragstellers übernommen werden. Der Mahnbescheid ist eine gerichtliche **Zahlungsaufforderung**. Wenn der Antragsgegner darauf nicht reagiert, kann er auf Antrag für vollstreckbar erklärt werden, sodass der Antragsteller einen **Vollstreckungsbescheid** als Vollstreckungstitel erhält, § 794 Abs. 1 Nr. 4 ZPO. Um dem Antragsgegner diese Gefahr vor Augen zu führen, sieht § 692 ZPO vor, dass der Mahnbescheid außer den im Antrag bereits vorgesehenen Angaben noch weitere Informationen enthält.

Als Erleichterung im Massenverfahren reicht **anstelle** einer **Unterschrift** des Rechtspflegers ein entsprechender Stempelabdruck oder eine elektronische Signatur, § 292 Abs. 2 ZPO. Im maschinellen Verfahren enthält der Bescheid lediglich ein eingedrucktes Gerichtssiegel und den Hinweis, dass es keiner Unterschrift bedarf, § 703b Abs. 1 ZPO.

861 Der Mahnbescheid enthält den **Hinweis**, dass das **Gericht nicht geprüft hat**, ob dem Antragsteller der geltend gemachte **Anspruch** zusteht. Sodann folgt die Aufforderung, innerhalb von zwei Wochen seit der Zustellung des Mahnbescheids, soweit der geltend gemachte Anspruch als begründet angesehen wird, die behauptete Schuld nebst den geforderten Zinsen und der dem Betrage nach bezeichneten Kosten zu begleichen oder dem Gericht mitzuteilen, ob und in welchem Umfang dem geltend gemachten Anspruch widersprochen wird. Schließlich fehlt auch nicht der Hinweis, dass ein dem Mahnbescheid entsprechender Vollstreckungsbescheid ergehen kann, aus dem der Antragsteller die Zwangsvollstreckung betreiben kann, falls der Antragsgegner nicht bis zum Fristablauf Widerspruch erhoben hat.

862 Da Vordrucke eingeführt sind, muss ein Hinweis darauf erfolgen, dass der **Widerspruch** mit einem **Vordruck** der beigefügten Art erhoben werden soll, der auch bei jedem Amtsgericht erhältlich ist und ausgefüllt werden kann. Allerdings ist die Benutzung des Vordrucks nicht zwingend, da es sich um eine Sollvorschrift handelt.[39] Hier wird auch gleich für den Fall des Widerspruchs die Ankündigung gemacht, an welches Gericht die Sache abgegeben wird, mit dem Hinweis, dass diesem Gericht die Prüfung seiner Zuständigkeit vorbehalten bleibt.

---

39 Zöller/*Vollkommer*, ZPO, § 692 Rn. 5.

2. Zustellung des Mahnbescheids

863 Der Mahnbescheid wird dem Antragsgegner zugestellt, § 693 Abs. 1 ZPO, damit er entscheiden kann, ob er Widerspruch erheben will oder nicht. Die Geschäftsstelle setzt den Antragsteller von der Zustellung des Mahnbescheids in Kenntnis, § 693 Abs. 2 ZPO. Kann der Mahnbescheid nicht zugestellt werden, weil der Aufenthalt des Antragsgegners unbekannt ist, kommt eine Überleitung in das streitige Verfahren nicht in Betracht.[40]

864 Die **Wirkung** der Zustellung (z.B. Hemmung der Verjährung) tritt mit Eingang des Antrags ein, wenn die Zustellung demnächst erfolgt, § 167 ZPO. Das gilt auch für die Zustellung eines Mahnbescheids. Ein rechtsfehlerhaft erlassener, nicht individualisierter Mahnbescheid unterbricht die Verjährung jedoch auch dann nicht, wenn die Individualisierung nach Ablauf der Verjährungsfrist im anschließenden Streitverfahren nachgeholt wird.[41]

3. Kosten für den Erlass des Mahnbescheids

865 Die **Kosten** des Mahnverfahrens werden zugleich mit der Hauptforderung geltend gemacht und in den amtlichen Vordruck aufgenommen. Auch hier können wieder Gerichtskosten und außergerichtliche Kosten Berücksichtigung finden. Bei den außergerichtlichen Kosten handelt es sich überwiegend um die Kosten für die Vertretung durch einen Rechtsanwalt.

a) Gebührenstreitwert bzw. Gegenstandswert

866 Streitwert ist der im Mahnverfahren verfolgte Wert des Anspruchs. Mehrere Ansprüche werden zusammengerechnet, § 39 Abs. 1 GKG. Nebenleistungen werden nicht berücksichtigt, wenn sie nicht als Hauptanspruch geltend gemacht werden, § 43 Abs. 1 GKG.

b) Gerichtskosten

867 Für das Verfahren über den Antrag auf Erlass eines Mahnbescheids fällt nach KV 1100 GKG eine 0,5 Gebühr an, mindestens jedoch ein Betrag von 32,00 €.[42] Es handelt sich um eine **Verfahrensgebühr**, die mit Antragstellung gem. § 6 Abs. 1 Nr. 1 GKG fällig ist. Antragsschuldner ist der Antragsteller gem. § 22 Abs. 1 S. 1 GKG. Die Zurücknahme des Antrags ändert nichts an der Fälligkeit der Gebühr.[43] Auslagen für die Zustellung des Mahnbescheids werden nicht erhoben.

---

40 BGH v. 17.6.2004 – IX ZB 206/03 – NJW 2004, 2453 = Rpfleger 2004, 571.
41 BGH v. 17.10.2000 – XI ZR 312/99 – Rpfleger 2001, 89.
42 Mindestgebühr geändert durch Art. 3 Abs. 2 Nr. 2 des 2. KostRMoG.
43 *Hartmann*, GKG, KV 1100 Rn. 1.

Grundsätzlich soll auch der Mahnbescheid erst nach Zahlung der Verfahrensgebühr KV 1100 an den Antragsgegner zugestellt werden, § 12 Abs. 3 S. 1 GKG. Das gilt allerdings nicht für das maschinelle Verfahren, in diesem Fall wird mit Erlass des Mahnbescheids gleichzeitig die Kostenrechnung maschinell erstellt und dem Antragsteller übersandt.

Die Gebühr KV 1100 wird im Falle der Durchführung des streitigen Verfahrens jedoch auf die 3,0 Gebühr KV 1210 angerechnet, soweit der Streitwert ins streitige Verfahren übergeht. Damit wird sichergestellt, dass ein vorgeschobenes Mahnverfahren den Prozess nicht teurer macht.

c) Rechtsanwaltsvergütung

868 Der Rechtsanwalt des Antragstellers erhält für den Antrag auf Erlass des Mahnbescheids eine **1,0 Verfahrensgebühr** nach VV 3305 RVG. Diese Gebühr wird auf eine Verfahrensgebühr angerechnet, die der Rechtsanwalt im nachfolgenden streitigen Verfahren erhält, Anm. zu VV 3305 RVG. Das ist zwingend und gilt auch im Verhältnis zur titulierten Geschäftsgebühr.[44] Eine Anrechnung ist jedoch nur möglich, wenn es sich um denselben Rechtsanwalt handelt, da die Vergütungsansprüche eines Rechtsanwalts nicht mit denen eines anderen Rechtsanwalts verrechnet werden können. Bei Beendigung des Auftrags bevor der Rechtsanwalt den verfahrenseinleitenden Antrag gestellt hat, beträgt die Gebühr nur 0,5 nach VV 3306.

Vertritt der Rechtsanwalt im Mahnverfahren **mehrere Auftraggeber** und sind auch die weiteren Voraussetzungen erfüllt (→ Rn. 581 ff.), dann wird auch diese Verfahrensgebühr gem. VV 1008 erhöht.

869 Außerdem erhält der Rechtsanwalt die Entgelte für Post- und Telekommunikationsdienstleistungen (VV 7001 bzw. VV 7002) sowie die auf die Vergütung entfallende Umsatzsteuer (VV 7008).

→ **Beispiel: Antrag auf Erlass des Mahnbescheids**

Augustin vertr. d. Rechtsanwalt Dr. Kluge beantragt den Erlass eines Mahnbescheids gegen Buck wegen einer Forderung in Höhe von 1.500,00 €.

Gerichtskosten:

0,5 Verfahrensgebühr KV 1100 GKG

Wert:	1.500,00 €
Gebühr:	35,50 €

Rechtsanwaltsvergütung:

Mit Einreichen des Mahnantrags hat sich Rechtsanwalt Dr. Kluge die 1,0 Verfahrensgebühr nach VV 3305 aus einem Gegenstandswert von 1.500,00 € i.H.v. 115,00 € verdient. Hinzu kommen noch 20,00 € Auslagenpauschale VV 7002 und die Umsatzsteuer i.H.v. 25,65 € = 160,65 €.

---

44 BGH v. 28.10.2010 – VII ZB 116/09 – Rpfleger 2011, 180.

→ **Variante: Vor Einreichung des Antrags wird der Auftrag beendet**

Dr. Kluge erhält dann nur 0,5 Verfahrensgebühr nach VV 3306 = 52,50 €; sodass die Auslagenpauschale VV 7002 zu errechnen ist, da sie 20 % der Gebühr höchstens aber 20,00 € beträgt. 20 % von 57,50 € sind 11,50 € = 69,00 € zzgl. 19 % USt i.H.v. 13,11 € ergibt eine Vergütung von 82,11 €.

870 Bei Einführung des RVG war nicht vorgesehen, dass der Rechtsanwalt im Mahnverfahren eine **Terminsgebühr** verdienen konnte. Dieses wurde durch Einfügung der Vorbemerkung 3.3.2 geändert,[45] denn danach bestimmt sich die Terminsgebühr auch in diesem Fall nach Abschnitt 1. Da im Mahnverfahren kein gerichtlicher Termin stattfindet, kann es sich lediglich um eine Terminsgebühr für eine **Besprechung** handeln (→ Rn. 306, 307).[46]

Voraussetzung ist auch hier, dass ein unbedingter Auftrag für die Durchführung des Mahnverfahrens vorliegt und dass der Rechtsanwalt mit einem Vertreter der Gegenseite eine Besprechung zur Vermeidung oder aber Erledigung des Mahnverfahrens führt. Da es nicht auf den Erfolg der Besprechung ankommt, kann die Gebühr auch schon **vor Einreichung** des Mahnbescheids entstehen. Sie gehört dann zu den Kosten des Mahnverfahrens und kann gleichzeitig mit dem Antrag auf Erlass des Mahnbescheids geltend gemacht werden (→ Rn. 853), wenn sich das Mahnverfahren dann doch nicht vermeiden lässt.

Die Gebühr kann jedoch auch noch **nach Antragseingang** beim Mahngericht entstehen, z.B. nach Zustellung des Mahnbescheids findet eine entsprechende Besprechung – nun mit dem Ziel der Erledigung des Mahnverfahrens und der Vermeidung eines streitigen Verfahrens – statt.[47] Diese Gebühr gehört dann ebenfalls zu den Kosten des Mahnverfahrens. Findet im Anschluss ein streitiges Verfahren statt, dann gehört die Terminsgebühr mit den Kosten des Mahnverfahrens zu den Kosten des Rechtsstreits. Diese ist dann nach Anm. Abs. 4 zu VV 3104 RVG auf eine im streitigen Verfahren entstandene Terminsgebühr anzurechnen.

871 Auch im Mahnverfahren sind Einigungen möglich, sodass bei Vorhandensein der entsprechenden gebührenrechtlichen Tatbestände (→ Rn. 380 ff.) eine **Einigungsgebühr** nach VV 1000, 1003 RVG anfällt.

Die Einigungsgebühr entsteht im Mahnverfahren z.B. auch durch Abschluss einer Teilzahlungsvereinbarung, wenn diese zur Voraussetzung hat, dass der Antragsgegner seinen Widerspruch gegen den bereits erwirkten

---

45 Eingefügt mit Wirkung v. 1.1.2005 durch das AnhörungsrügenG v. 14.12.2004 – BGBl. I S. 3220.

46 Ausführlich *Hansens*, RVGreport 2005, 83 ff. mit div. Berechnungsbeispielen.

47 BbgOLG v. 5.2.2007 – 6 W 136/06 – Rpfleger 2007, 508; LG Bonn v. 4.5.2007 – 6 T 85/07 – AGS 2007, 447.

Mahnbescheid zurücknimmt und dafür den pfändbaren Teil seines Arbeitseinkommens abtritt.[48]

IV. Widerspruch des Antragsgegners

872 Zulässiger Rechtsbehelf gegen den Mahnbescheid ist nach § 694 Abs. 1 ZPO der **Widerspruch**, welcher sowohl den gesamten Anspruch als auch einen Teil des Anspruchs betreffen kann. Er ist beim Mahngericht schriftlich zu erheben, solange der Vollstreckungsbescheid noch nicht verfügt ist.

1. Form und Frist

873 Der Widerspruch ist **schriftlich**, wenn möglich mittels des dafür vorgesehenen Vordrucks zu erheben, allerdings ist die Benutzung nicht zwingend, da § 692 Abs. 1 Nr. 5 ZPO nur eine Sollvorschrift ist.

Die **Widerspruchsfrist** beträgt 2 Wochen ab Zustellung, wie sich aus § 692 Abs. 1 Nr. 3 ZPO ergibt.[49] Sie ist jedoch keine Ausschlussfrist, da er als rechtzeitig erhoben gilt, solange noch kein Vollstreckungsbescheid erlassen ist. Dass es sich wohl um eine Frist handelt, ergibt sich aus dem Wortlaut des § 699 Abs. 1 S. 2 ZPO, wonach der Antrag auf Erlass des Vollstreckungsbescheids nicht vor Ablauf der Widerspruchsfrist gestellt werden kann. Das Gesetz geht also von einer Frist aus.

2. Das Verfahren nach Erhebung des Widerspruchs

874 Der Widerspruch bewirkt, dass ein **Vollstreckungsbescheid nicht mehr erlassen** werden darf. Wird von keiner Partei die Durchführung des streitigen Verfahrens beantragt, wird die Angelegenheit nicht weiter betrieben und der Vorgang nach 6 Monaten weggelegt.

875 Das Gericht hat den Antragsteller davon in Kenntnis zu setzen, dass Widerspruch erhoben worden ist, § 695 ZPO. Wird das Verfahren nicht maschinell geführt, hat der Antragsgegner die erforderliche Anzahl von Abschriften einzureichen.

876 Beantragt eine Partei die **Durchführung des streitigen Verfahrens**, so gibt das Gericht, das den Mahnbescheid erlassen hat, den Rechtsstreit von Amts wegen an das Gericht ab, das in dem Mahnbescheid gemäß § 692 Abs.

---

48 KG v. 2.5.2006 – 1 W 357/05 – Rpfleger 2006,610; KG v. 19.7.2005 – 1 W 288/05 – AGS 2006, 65.

49 Zöller/*Vollkommer*, ZPO, § 694 Rn. 6 m.w.N.; s. auch die krit. Auffassung hinsichtlich des Begriffes „Frist“ von Musielak/Voit/*Voit*, ZPO, § 694 Rn. 3.

1 Nr. 1 ZPO bezeichnet worden ist, § 696 Abs. 1 ZPO. Der Streitantrag kann bereits mit Antrag auf Erlass des Mahnbescheids gestellt werden.

Im maschinell geführten Mahnverfahren – was die Regel darstellt –, wird mit der Abgabe für das Prozessgericht eine **Abgabeverfügung** und ein **Aktenausdruck** gemäß § 696 Abs. 2 ZPO erstellt, der alle elektronisch gespeicherten Daten des abzugebenden Mahnverfahrens enthält. Der erste Teil des Aktenausdrucks gibt den Mahnbescheid wieder, gegen den sich der Widerspruch wendet. Im zweiten Teil wird in chronologischer Reihenfolge der gesamte Verfahrensablauf dokumentiert. Dem Aktenausdruck werden grundsätzlich keine Originalbelege beigefügt, da für ihn die Beweiskraft öffentlicher Urkunden gilt, § 696 Abs. 2 S. 2 ZPO. Hat der Antragsgegner dem Widerspruch Anlagen beigefügt oder im Widerspruch Angaben gemacht, für die das Formular keine Eingabe vorsieht, so wird dem Aktenausdruck jedoch das Widerspruchsschreiben beigefügt.

877 Die **Abgabe** geschieht formlos und ist den Parteien mitzuteilen; sie ist nicht anfechtbar, auch nicht mit der befristeten Erinnerung gem. § 11 Abs. 2 RPflG.[50] Die „Abgabe" unterscheidet sich von der Verweisung gem. § 281 ZPO insoweit, als die Abgabe nicht bindend ist.[51] Mit Eingang der Akten bzw. des Aktenausdrucks bei dem Gericht, an das er abgegeben wird, gilt der Rechtsstreit als dort anhängig. Die Kosten des Mahnverfahrens gelten als Kosten des Rechtsstreits, da § 281 Abs. 3 S. 1 ZPO gem. § 696 Abs. 1 S. 5 ZPO entsprechend gilt.

878 Die **Streitsache** gilt als mit **Zustellung des Mahnbescheids rechtshängig** geworden, wenn sie **alsbald** nach der Erhebung des Widerspruchs abgegeben wird. „Alsbald" ist im Sinne von „demnächst" zu definieren, wie auch schon aus § 167 ZPO hinsichtlich der Rückwirkung einer Zustellung bekannt.[52] Hierbei geht die Rechtsprechung von einer geringfügigen Verzögerung von bis zu 14 Tagen nach Mitteilung des Widerspruchs aus. In dieser Zeit soll es möglich sein, die restlichen Gerichtskosten zu zahlen und dann die **Abgabe** zu veranlassen.[53]

Das Mahnverfahren allein bewirkt also noch keine Rechtshängigkeit. Das Gericht, an das der Rechtsstreit abgegeben ist, ist hierdurch in seiner Zuständigkeit nicht gebunden, § 696 Abs. 5 ZPO. Die Abgabe an das Streitgericht erfolgt allein aufgrund der Angabe im Mahnbescheid, deshalb ist das Gericht gehalten, seine Zuständigkeit zu überprüfen, weil die Abgabe keine bindende Wirkung hat.[54] Die Vorschriften über die Abgabe des Verfahrens

---

50 Musielak/Voit/*Voit*, ZPO, § 696 Rn. 3; MüKoZPO/*Schüler*, § 696 Rn. 14; Zöller/*Vollkommer*, ZPO, § 696 Rn. 4.
51 Ausführlich Zöller/*Vollkommer*, ZPO, § 696 Rn. 7.
52 BGH v. 28.2.2008 – III ZB 76/07 – BGHZ 175,360 = Rpfleger 2008, 371.
53 BGH v. 5.2.2009 – III ZR 164/08 – BGHZ 179, 329 = NJW 2009, 1213 m.w.N.
54 Zöller/*Vollkommer*, ZPO, § 696 Rn. 7.

gelten sinngemäß, wenn Mahnverfahren und streitiges Verfahren bei demselben Gericht durchgeführt werden, § 698 ZPO.

3. Rücknahme des Streitantrags oder des Widerspruchs

879 Der Antrag auf **Durchführung des streitigen Verfahrens** kann bis zum Beginn der mündlichen Verhandlung des Antragsgegners zur Hauptsache **zurückgenommen** werden. Die Zurücknahme kann vor der Geschäftsstelle zu Protokoll erklärt werden. Mit der Zurücknahme ist die Streitsache als nicht rechtshängig geworden anzusehen, § 696 Abs. 4 ZPO. Die Rücknahme des Streitantrags schließt jedoch die Rücknahme des Widerspruchs oder des Mahnantrags nicht ein.[55] Mit Rücknahme wird das Verfahren auf den ehemaligen Stand des Mahnverfahrens zurückversetzt, sodass z.B. ein Vollstreckungsbescheid erteilt werden kann, wenn der Widerspruch zurückgenommen werden würde.

880 Der Antragsgegner kann den **Widerspruch** bis zum Beginn seiner mündlichen Verhandlung zur Hauptsache **zurücknehmen**, jedoch nicht nach Erlass eines Versäumnisurteils gegen ihn. Die Zurücknahme kann zu Protokoll der Geschäftsstelle erklärt werden, § 697 Abs. 4 ZPO. Mit der Rücknahme des Widerspruchs entfällt die Rechtshängigkeit,[56] sodass auf der Grundlage des Mahnbescheids ein Vollstreckungsbescheid erteilt werden kann. Die Rücknahme ist deshalb dem Antragsteller mitzuteilen.

881 Für die jeweilige Rücknahme besteht gem. § 78 Abs. 3 ZPO kein Anwaltszwang, da sie jeweils zu Protokoll der Geschäftsstelle erklärt werden kann.

4. Kosten nach Erhebung des Widerspruchs

a) Gerichtskosten

882 Wird gegen den Mahnbescheid **Widerspruch** erhoben, so soll das Verfahren erst an das Prozessgericht abgegeben werden, wenn die Gebühr nach KV 1210 gezahlt ist, § 12 Abs. 3 S. 3 GKG. Die 3,0 Verfahrensgebühr nach KV 1210 entsteht in diesem Fall erst mit dem Eingang der Akten bei dem Gericht, an das der Rechtsstreit nach Erhebung des Widerspruchs abgegeben wird, KV 1210 Anm. Abs. Satz 1.[57] Zu beachten ist jedoch, dass die Gebühr nach KV 1100 in Höhe des in das **Prozessverfahren übergegangenen Streitgegenstandes** anzurechnen ist.

---

55 MüKoZPO/*Schüler*, § 696 Rn. 24; Zöller/*Vollkommer*, ZPO, § 696 Rn. 2.
56 Zöller/*Vollkommer*, § 697 Rn. 12.
57 Zur nach altem Recht strittigen Frage der Fälligkeit bei bedingtem Streitantrag s. 1. Auflage Rn. 867 ff.

→ **Beispiel: Widerspruch gegen den Mahnbescheid**

Buck erhebt fristgerecht Widerspruch gegen den von Augustin – vertreten durch Rechtsanwalt Dr. Kluge – in Höhe von 1.500,00 € erwirkten Mahnbescheid. Augustin hatte die Durchführung des Streitverfahrens gleichzeitig mit dem Antrag auf Erlass des Mahnbescheids beantragt.

Gerichtskosten:

3,0 Verfahrensgebühr KV 1210 GKG
Wert: 1.500,00 €
Gebühr: 213,00 €
Anzurechnen eine 0,5 Verfahrensgebühr nach KV 1100 i.H.v. 35,50 €. Der Antragsteller hat den Differenzbetrag von 177,50 € einzuzahlen.

883 Wird ein geringerer Betrag Gegenstand des Streitverfahrens, ist bei der **Anrechnung** die Verringerung des Streitwertes zu berücksichtigen. Ursache hierfür kann sein, dass der Antragsgegner nur einen Teilwiderspruch erhebt und über den Restbetrag dann noch Vollstreckungsbescheid erlassen werden könnte oder aber der Antragsteller entschließt sich nur über einen Teilbetrag das streitige Verfahren durchführen zu lassen. In beiden Fällen wird der Streitwert noch gegenüber dem Mahngericht ermäßigt, was zu einer entsprechenden Berücksichtigung bei den Gerichtskosten führt.

→ **Variante: Teilweiser Widerspruch**

Buck erhebt lediglich wegen eines Teilbetrages von 1.000,00 € Widerspruch und Augustin beantragt insoweit Durchführung des Streitverfahrens.

Gerichtskosten:

3,0 Verfahrensgebühr KV 1210 GKG
Wert: 1.000,00 €
Gebühr: 159,00 €
Anzurechnen eine 0,5 Verfahrensgebühr nach KV 1100 aus dem Wert von 1.000,00 € i.H.v. 26,50 €, da nur dieser Wert in das streitige Verfahren übergeht. Auf die Mindestgebühr von 32,00 € kommt es bei dieser Berechnung nicht an, da für das Mahnverfahren grundsätzlich eine 0,5 Gebühr zu zahlen ist und insoweit die Anrechnung zu erfolgen hat („wird eine Gebühr 1100 nach dem Wert des Streitgegenstands angerechnet. der in das Prozessverfahren übergegangen ist").

Der Antragsteller hat den Differenzbetrag von 132,50 € einzuzahlen.

884 Wird erst nach Eingang beim Prozessgericht der Antrag ermäßigt, hat dieses wie auch sonst bei der Klage keine Auswirkungen auf den Gebührenstreitwert.

885 Im Falle der **Rücknahme** des Streitantrags oder des Widerspruchs (→ Rn. 879, 880), greift das Gebührenprivileg nach KV 1211 Nr. 1a GKG, da in Anmerkung Abs. 1 ausdrücklich geregelt ist, dass diese Rücknahmen der Klagerücknahme gleichstehen, sodass hier die Reduzierung der 3,0 Verfahrensgebühr auf eine 1,0 Verfahrensgebühr zum Tragen kommt. Es darf allerdings kein anderes Urteil als eines in KV 1211 Nr. 2 GKG genanntes Urteil vorausgegangen sein.

Nur wenn die Rücknahme noch **vor der Abgabe** an das Streitgericht erfolgt, bleibt es bei der 0,5 Verfahrensgebühr nach KV 1100.[58] Eine Rückzahlung findet nicht statt, da nach KV 1100 nicht vorgesehen und die Gebühr mit Einreichung des Antrags auf Erlass des Mahnbescheids fällig geworden war.[59]

b) Rechtsanwaltskosten

886 Der den Widerspruch erhebende Rechtsanwalt des **Antragsgegners** erhält hierfür eine **0,5 Verfahrensgebühr** gem. VV 3307 RVG, auch diese Gebühr ist auf die Verfahrensgebühr anzurechnen, die der Rechtsanwalt im nachfolgenden Zivilprozess verdient, Anm. zu VV 3307. Eine Ermäßigung bei vorzeitigem Auftragsende sieht das Gesetz nicht vor.

Zur Terminsgebühr s. → Rn. 870.

Zur Einigungsgebühr s. → Rn. 871.

V. Übergang in das Streitverfahren

887 Die Geschäftsstelle des Gerichts, an das die Streitsache abgegeben wird, hat dem Antragsteller unverzüglich aufzugeben, seinen Anspruch binnen zwei Wochen in einer der Klageschrift entsprechenden Form zu begründen, § 697 Abs. 1 ZPO. Die **Anspruchsbegründung** hat zwar in der einer Klageschrift entsprechenden Form zu geschehen, sie stellt jedoch keine Klage dar, diese Funktion hat bereits der Mahnbescheid erfüllt.[60] Eine Zustellung dieser Anspruchsbegründung ist nicht erforderlich, es reicht die formlose Übermittlung durch die Post aus, da in § 697 Abs. 1 S. 2 ZPO auf § 270 Abs. 2 S. 2 ZPO Bezug genommen wird.[61]

888 Bei Eingang der Anspruchsbegründung ist wie nach Eingang einer Klage weiter zu verfahren.[62] Zur schriftlichen Klageerwiderung im Vorverfahren nach § 276 kann auch eine mit der Zustellung der Anspruchsbegründung beginnende Frist gesetzt werden, § 697 Abs. 2 ZPO. Geht die Anspruchsbegründung nicht rechtzeitig ein, so wird bis zu ihrem Eingang Termin zur mündlichen Verhandlung nur auf Antrag des Antragsgegners und nicht von Amts wegen bestimmt. Mit der Terminbestimmung setzt der Vorsit-

58 BDPZ/*Zimmermann*, GKG, KV 1210 Rn. 24.
59 *Hartmann*, GKG, KV 1100 Rn. 2.
60 BGH v. 5.2.2009 – III ZR 164/08 – BGHZ 179, 329 = NJW 2009, 1213.
61 Zöller/*Vollkommer*, ZPO, § 697 Rn. 4.
62 Zöller/*Vollkommer*, ZPO, § 697 Rn. 7 ff.

zende dem Antragsteller eine Frist zur Begründung des Anspruchs; § 296 Abs. 1, 4 gilt entsprechend.

889 Das **Mahnverfahren** und das anschließende **Streitverfahren** sind für die Rechtsanwälte **verschiedene Angelegenheiten**, § 17 Nr. 2 RVG. Das bedeutet, der Rechtsanwalt erhält die Gebühren und Auslagen gesondert, allerdings mit der Ausnahme hinsichtlich der Verfahrensgebühren VV 3305 und VV 3307 RVG, welche auf die jeweilige Verfahrensgebühr des streitigen Verfahrens anzurechnen sind (→ Rn. 868).

Das **Mahnverfahren endet** jedoch noch nicht mit Erhebung des Widerspruchs, sondern erst mit der Abgabe an das Streitgericht.[63] Hat der Rechtsanwalt auch einen **Prozessauftrag** durch seinen Mandanten erhalten, dann entsteht die **Verfahrensgebühr** für das **streitige Verfahren** nach VV 3100 RVG mit den das Streitverfahren einleitenden Anträgen – egal ob vom Antragsteller oder vom Antragsgegner bei Gericht eingereicht.[64] Dabei handelt es sich entweder um den Antrag auf Abgabe des Mahnverfahrens bzw. auf Durchführung des streitigen Verfahrens oder auch bei Einspruch gegen den Vollstreckungsbescheid dessen Einlegung, da damit das streitige Verfahren beginnt.[65] In der Regel wird sich durch diesen Antrag der Rechtsanwalt des Antragstellers/Klägers die volle d.h. 1,3 Verfahrensgebühr nach VV 3100 RVG verdienen. Nur wenn der Antrag von dieser Seite nicht kommt oder erst nach einer unüblich langen Zeit gestellt wird, kommt es in der Praxis vor, dass der Streitantrag von der Gegenseite gestellt wird. Aber dieser Antrag löst dann für den Rechtsanwalt des Antragsgegners ebenfalls die volle 1,3 Verfahrensgebühr nach VV 3100 RVG aus. Das Entstehen der Gebühr bedeutet aber noch nicht, dass diese auch erstattungsfähig sind.

Nimmt der Kläger nach der von ihm beantragten Abgabe des Mahnverfahrens an das Streitgericht den Mahnantrag vor Anspruchsbegründung zurück, so ist die Sache so zu behandeln, als ob eine Klage zurückgenommen wird. Die dem Prozessbevollmächtigten des Beklagten erwachsene Verfahrensgebühr ist allenfalls in Höhe einer 0,8 Gebühr nach VV 3101 RVG erstattungsfähig.[66]

→ **Beispiel: Vergütung der Rechtsanwälte nach Abgabe an das Streitgericht**

Sachverhalt wie oben: Buck – vertr. d. Rechtsanwalt Breuer – erhebt fristgerecht Widerspruch gegen den von Augustin – vertr. d. Rechtsanwalt Dr. Kluge – in Höhe von 1.500,00 € erwirkten Mahnbescheid. Nach Zahlung der Gerichtskosten erfolgt Abgabe an das Streitgericht.

---

63 *Bräuer* in Bischof/Jungbauer, RVG, VV 3305 Rn. 26; Gerold/Schmidt/*Müller-Rabe*, RVG, VV 3305–3308 Rn. 41.

64 Gerold/Schmidt/*Müller-Rabe*, RVG, VV 3305–3308 Rn. 42 ff.

65 *Hartmann*, RVG, VV 3305 Rn. 6; Gerold/Schmidt/*Müller-Rabe*, RVG, VV 3305–3308 Rn. 58.

66 Gerold/Schmidt/*Müller-Rabe*, RVG, VV 3305–3308 Rn. 139.

Vergütung des Prozessbevollmächtigten des Antragstellers/Klägers
Mahnverfahren:

Gegenstandswert 1.500,00 €

1,0 Verfahrensgebühr VV 3305 = 115,00 € zzgl. 20,00 € Auslagenpauschale VV 7002 sowie 19% Umsatzsteuer i.H.v. 25,65 € = 160,65 €.

Die Verfahrensgebühr ist auf die Verfahrensgebühr des nachfolgenden Verfahrens anzurechnen, Anm. zu VV 3305.

Für die Anrechnung gilt wieder § 15a Abs. 1 RVG, wonach der RA zwar beide Gebühren fordern kann, aber nicht mehr als den um den Anrechnungsbetrag verminderten Gesamtbetrag der beiden Gebühren.

Die 1,0 Verfahrensgebühr VV 3305 geht quasi voll in der 1,3 Verfahrensgebühr auf, sodass folgende Berechnung vorzunehmen ist:

Streitverfahren:

Gegenstandswert 1.500,00 €
1,3 Verfahrensgebühr VV 3100 = 149,50 €
anzurechnen 1,0 VV 3305 = 115,00 €
Restbetrag = 34,50 €
zzgl. 20,00 € Auslagenpauschale VV 7002[67] sowie
19% Umsatzsteuer = 10,36 € ergibt eine Vergütung von 64,86 €

Vergütung des Prozessbevollmächtigten des Antragsgegners/Beklagten
Mahnverfahren:

Gegenstandswert 1.500,00 €
0,5 Verfahrensgebühr VV 3307 = 57,50 €;
sodass die Auslagenpauschale VV 7002 zu errechnen ist, da sie 20 % der Gebühr höchstens aber 20,00 € beträgt. 20 % von 57,50 € sind 11,50 € = 69,00 € zzgl. 19 % USt i.H.v. 13,11 € ergibt eine Vergütung von 82,11 €.

Streitverfahren:

Gegenstandswert 1.500,00 €
1,3 Verfahrensgebühr VV 3100 = 149,50 €
anzurechnen 0,5 VV 3307 = 57,50 €
Restbetrag = 92,00 €
zzgl. 20,00 € Auslagenpauschale VV 7002 sowie
19% Umsatzsteuer = 21,28 € ergibt eine Vergütung von 133,28 €.

890 Hat das **Streitverfahren** gegenüber dem Mahnverfahren einen **geringeren Gegenstandswert**, so sind die Gebühren für die Vertretung im Mahnverfahren in der Höhe auf die im Streitverfahren entstandene Verfahrensgebühr anzurechnen, in der sie nach der Gebührentabelle berechenbar gewesen wäre, wenn sich das Mahnverfahren auf den geringeren Wert des Streitverfahrens bezogen hätte.[68]

---

67 Diese wird nicht aus dem Restbetrag von 34,50 € ermittelt sondern anhand der vollen Gebühr.

68 KG v. 14.11.2000 – 1 W 7475/00 – Rpfleger 2001, 152 = JurBüro 2001, 138; heute wohl die h.M., so Gerold/Schmidt/*Müller-Rabe*, VV 3305–3308 Rn. 71.

→ **Beispiel: Streitverfahren mit geringerem Wert**

Der Mahnbescheid wird über einen Gegenstand von 10.000,00 € beantragt und erlassen. Nach Teilwiderspruch in Höhe von 5.000,00 € wird das streitige Verfahren durchgeführt.

Vergütung des Prozessbevollmächtigten des Antragstellers/Klägers

Mahnverfahren:

Gegenstandswert 10.000,00 €
1,0 Verfahrensgebühr VV 3305 = 558,00 €
zzgl. 20,00 € Auslagenpauschale VV 7002 sowie 19% USt i.H.v. 109,82 € = 687,82 €.

Die 1,0 Verfahrensgebühr VV 3305 darf jetzt nur aus einem Gegenstandswert von 5.000,00 € angerechnet werden.

Streitverfahren:

Gegenstandswert 5.000,00 €
1,3 Verfahrensgebühr VV 3100 = 393,90 €
anzurechnen 1,0 VV 3305 = 303,00 €
Restbetrag = 90,90 €
zzgl. 20,00 € Auslagenpauschale VV 7002 sowie
19% Umsatzsteuer= 21,07 € ergibt eine Vergütung von 131,97 €.

Vergütung des Prozessbevollmächtigten des Antragsgegners/Beklagten

Mahnverfahren:

Gegenstandswert 5.000,00 €
0,5 Verfahrensgebühr VV 3307 = 151,50 €;
zzgl. 20,00 € Auslagenpauschale VV 7002 sowie 19% USt i.H.v. 32,59 € = 204,09 €.

Streitverfahren:

Gegenstandswert 5.000,00 €
1,3 Verfahrensgebühr VV 3100 = 393,90 €
anzurechnen 0,5 VV 3307 = 151,50 €
Restbetrag = 242,40 €
zzgl. 20,00 € Auslagenpauschale VV 7002 sowie
19% Umsatzsteuer = 49,86 € ergibt eine Vergütung von 312,26 €

→ **Beispiel: Streitverfahren mit geringerem Wert als erhobener Widerspruch**

Der Mahnbescheid wird über einen Gegenstand von 10.000,00 € beantragt und erlassen. Nach Teilwiderspruch in Höhe von 5.000,00 € wird das streitige Verfahren dann aber nur bezüglich eines Betrages von 2.500,00 € durchgeführt.

Vergütung des Prozessbevollmächtigten des Antragstellers/Klägers

Mahnverfahren:

Gegenstandswert 10.000,00 €
1,0 Verfahrensgebühr VV 3305 = 558,00 €
zzgl. 20,00 € Auslagenpauschale VV 7002 sowie 19% USt i.H.v. 109,82 € = 687,82 €.

Streitverfahren:

Gegenstandswert 2.500,00 €
1,3 Verfahrensgebühr VV 3100 = 261,30 €
anzurechnen 1,0 VV 3305 = 201,00 €
Restbetrag = 60,30 €

zzgl. 20,00 € Auslagenpauschale VV 7002 sowie
19% Umsatzsteuer = 15,26 € ergibt eine Vergütung von 95,56 €.

Verfahrensgebühren des Prozessbevollmächtigten des Antragsgegners/Beklagten
Mahnverfahren:

Gegenstandswert 5.000,00 €
0,5 Verfahrensgebühr VV 3307 = 151,50 €
zzgl. 20,00 € Auslagenpauschale VV 7002 sowie 19% USt i.H.v. 32,59 € = 204,09 €.

Streitverfahren:

Gegenstandswert 2.500,00 €
1,3 Verfahrensgebühr VV 3100 = 261,30 €
anzurechnen 0,5 VV 3307 = 100,50 €
Restbetrag = 160,80 €
zzgl. 20,00 € Auslagenpauschale VV 7002 sowie
19% Umsatzsteuer = 34,35 € ergibt eine Vergütung von 215, 15 €

VI. Der Vollstreckungsbescheid

1. Antrag auf Erlass des Vollstreckungsbescheids

891 Wird **kein Widerspruch** erhoben, kann der Antragsteller nach Ablauf der Widerspruchsfrist den Antrag auf Erlass des **Vollstreckungsbescheids** stellen, § 699 Abs. 1 ZPO. Auf der Grundlage des Mahnbescheids erhält er dann den Vollstreckungstitel. Auch für diesen Antrag gilt wieder der Vordruckzwang.[69] Zwar ist in § 699 ZPO nicht ausdrücklich vorgeschrieben, wie zu verfahren ist, wenn die Antragstellung nicht auf dem amtlichen Vordruck geschieht; in der Praxis wird in der Regel im Rahmen der Gewährung des rechtlichen Gehörs unter Fristsetzung und Androhung der Zurückweisung auf die Einhaltung des Vordruckzwangs hingewirkt.[70] Der Antrag kann erst nach Ablauf der Widerspruchsfrist gestellt werden. Geht ein verfrüht abgesandter Antrag nach Ablauf dieser Frist ein, ist er jedoch wirksam gestellt, da **erst nach Ablauf der Widerspruchsfrist** bei Gericht eingegangen.[71] Der Antrag hat allerdings die Erklärung zu enthalten, ob und welche Zahlungen inzwischen eingegangen sind, § 699 Abs. 1 S. 2 ZPO. Aus diesem Grunde könnte ein verfrüht abgesandter, aber wirksam eingegangener Antrag unzulässig sein, weil die darin vorgenommene Erklärung nicht wahrheitsgemäß sein könnte.[72] Der Antragsteller kann den verfrüht gestellten Antrag aber wiederholen.

69 Zöller/*Vollkommer*, ZPO, § 699 Rn. 1.
70 MüKoZPO/*Schüler*, § 703c Rn. 16; Zöller/*Vollkommer*, ZPO, § 703c Rn. 8
71 Zöller/*Vollkommer*, ZPO, § 699 Rn. 3 m.w.N. auch zur Gegenmeinung.
72 Musielak/Voit//*Voit*, ZPO, § 699 Rn. 3; Zöller/*Vollkommer*, ZPO, § 699 Rn. 4.

892 Der Antrag auf Erlass des Vollstreckungsbescheids muss aber innerhalb von 6 Monaten seit der Zustellung des Mahnbescheids gestellt werden, da sonst der Mahnbescheid seine Wirkung verliert und nicht mehr Grundlage des Vollstreckungsbescheids sein kann, § 701 ZPO.

2. Inhalt des Vollstreckungsbescheids

893 Wird das Verfahren nicht maschinell geführt, so wird der Vollstreckungsbescheid auf die Rückseite des Mahnbescheids gesetzt, dieser muss dann vom Rechtspfleger unterschrieben werden, ein Faksimilestempel ist hier nicht ausreichend.[73] Im maschinellen Verfahren wird der **Vollstreckungsbescheid** separat als Ausfertigung für die Parteien ausgedruckt. Die Ausfertigung bedarf keiner Unterschrift, es reicht das Gerichtssiegel, § 703b Abs. 1 ZPO. Es gibt bei diesem Verfahren keine Urschrift des Bescheides in lesbarer schriftbildlicher Form.[74] Der Vollstreckungsbescheid kann inhaltlich hinter dem Mahnbescheid zurückbleiben, d.h. nur teilweise erlassen werden, aber nicht über den Mahnbescheid hinausgehen.[75] Die **Rückseite** des Vollstreckungsbescheides enthält neben gerichtlichen Hinweisen zur Zahlung, zum Zahlungsaufschub und zur Ratenzahlung auch die **Rechtsbehelfsbelehrung**, die nach § 699 Abs. 5 ZPO auch für dieses Verfahren gilt.[76]

894 In den Vollstreckungsbescheid sind auch die **bisher entstandenen Kosten aufzunehmen.** Hierbei handelt es sich um eine das Kostenfestsetzungsverfahren nach §§ 103 ff. ZPO ausschließende, ausdrücklich dem Mahngericht übertragene Aufgabe.[77] Dabei handelt es sich in der Regel um die Kosten, die noch nicht im Mahnbescheid genannt sind. Hierunter fällt somit auch eine nach Beantragung des Mahnbescheids entstandene **Terminsgebühr** für das Mahnverfahren.[78] Eine ggf. entstandene **Einigungsgebühr** kann der Antragsteller nach Rücknahme des Widerspruchs ebenfalls im Vollstreckungsbescheid festsetzen lassen, wenn feststeht, dass der Antragsgegner diese Kosten ebenfalls tragen soll.[79] Einer Glaubhaftmachung bedarf es insoweit nicht, da im Mahnverfahren keine Schlüssigkeitsprüfung stattfindet.[80]

---

73 MüKoZPO/*Schüler*, § 699 Rn. 46.

74 So der Hinweis in der Broschüre zum maschinellen Mahnverfahren S. 47; zu finden im Internet unter: http://www.mahngerichte.de/publikationen/broschueren.htm (Eingesehen am 11.3.2017).

75 Zöller/*Vollkommer*, ZPO, § 699 Rn. 9.

76 Siehe hierzu Zöller/*Vollkommer*, ZPO, § 699 Rn. 14, 15.

77 BGH v. 11.4.1991 – I ARZ 136/91 – NJW 1991, 2084.

78 LG Bonn v. 4.5.2007 – 6 T 85/07 – AGS 2007, 447; LG Lüneburg v. 18.10.2007 – 2 T 74/07 – AGS 2007, 646 m. Anm. *N. Schneider*.

79 OLG München v. 18.7.2006 – 11 W 2724/05 – RVGreport 2007, 395 (*Hansens*); KG v. 19.7.2005 – 1 W 288/05 – AGS 2006, 65.

80 So auch LG Lüneburg v. 18.10.2007 – 2 T 74/07 – AGS 2007, 646 m. Anm. *N. Schneider*; a.A. LG Bonn v. 4.5.2007 6 T 85/07 – AGS 2007, 447 sowie KG v. 19.7.2005 – 1 W 288/05 – AGS 2006, 65 hinsichtl. der Einigungsgebühr.

895 Probleme macht in der Praxis die Aufnahme der Kosten in den Vollstreckungsbescheid, wenn nur ein **Teilvollstreckungsbescheid** zu erlassen ist, weil der Antragsgegner nur hinsichtlich eines Teils der geltend gemachten Forderung Widerspruch erhoben hat.

Rechtsprechung und Literatur sind hierzu so gut wie nicht veröffentlicht und deshalb stützt sich die Praxis auf das Wenige, was es zu diesem Thema gibt.[81] So wird die Auffassung vertreten, dass lediglich die Kosten des Teilvollstreckungsbescheids aufgenommen werden können und nicht die weiteren Kosten des Mahnverfahrens, welche als Kosten des Rechtsstreits der noch zu erlassenden Kostengrundentscheidung des Streitverfahrens folgen.[82] Andererseits wird jedoch auch die Ansicht vertreten, dass eine Aufnahme von Kosten in den Teilvollstreckungsbescheid vollständig zu unterbleiben hat.[83] Für die letzte Meinung spricht die Tatsache, dass der Vollstreckungsbescheid einem Versäumnisurteil – in diesem Fall also einem Teilversäumnisurteil – gleichsteht. Nach dem Grundsatz der einheitlichen Kostenentscheidung hat auch in diesem Fall eine **Aufnahme von Kosten zu unterbleiben,** denn es handelt sich insoweit um einen sog. Kostenmischfall, bei dem die Kostenentscheidung auf verschiedenen Kostenvorschriften beruht.[84]

896 Für die **nachträgliche Geltendmachung** von Kosten, die bei Erlass des Vollstreckungsbescheids nicht berücksichtigt worden sind, sieht das Gesetz keine abweichende Regelung vor. Nach Auffassung des BGH[85] ist es daher nicht zu rechtfertigen und führe zudem zu wenig praktischen Ergebnissen, für nachträglich angemeldete, im Mahnverfahren angefallene Kosten eine Zuständigkeit des (hypothetischen) Prozessgerichts anzunehmen. Ist die Sache nicht an das Prozessgericht abgegeben worden, verbleibt es daher bei der Zuständigkeit des Mahngerichts.

897 Wird der **Widerspruch** gegen den Mahnbescheid im streitigen Verfahren **zurückgenommen**, so sind alle bis dahin entstandenen Kosten in den Vollstreckungsbescheid aufzunehmen. Ist das mangels Antrags versehentlich unterblieben, kann der Vollstreckungsbescheid ergänzt werden, was auch in Form eines Kostenfestsetzungsbeschlusses möglich ist.[86]

898 Hat das für das Mahnverfahren zuständige Gericht den Rechtsstreit an das Prozessgericht abgegeben, so ist dieses für den Erlass des Vollstre-

81 In den Kommentaren wird zumeist die von *Fritzsche* in Rpfleger 2001, 581 besprochene Entscheidung des LG Hagen v. 17.8.1990 – 13 T 526/90 – Rpfleger 1990, 518 genannt.
82 LG Hagen v. 17.8.1990 – 13 T 526/90 – Rpfleger 1990, 518.
83 *Fritzsche*, Rpfleger 2001, 581.
84 Zum Kostenmischfall s. Zöller/*Herget*, ZPO, § 91 Rn. 13 (Mahnverfahrenskosten).
85 BGH v. 25.2.2009 – Xa ARZ 197/08 – Rpfleger 2009, 392 = NJW-RR 2009, 860.
86 OLG München v. 6.11.1996 – 11 W 2925/96 – JurBüro 1997, 256.

ckungsbescheids zuständig, wenn gegen den Mahnbescheid schriftlich Widerspruch erhoben worden ist, § 699 Abs. 1 S. 3 ZPO. Es kommt nicht darauf an, ob die Erhebung des Widerspruchs sich bei nachträglicher Prüfung als unwirksam erweist, wenn das Mahngericht nach dem äußeren Erscheinungsbild von einer wirksamen Erhebung ausgehen durfte.[87] Auch für die Erteilung einer zweiten vollstreckbaren Ausfertigung ist in diesem Fall das Prozessgericht zuständig.[88]

899 Die **Zustellung** des Vollstreckungsbescheides erfolgt grundsätzlich von Amts wegen an den Antragsgegner (→ Rn. 274 ff.), wenn nicht der Antragsteller etwas anderes beantragt, § 699 Abs. 4 S. 1 ZPO. Hat der Antragsteller die Übergabe des Vollstreckungsbescheides zur Zustellung im Parteibetrieb beantragt (→ Rn. 283), erhält er zwei Ausfertigungen des Ausdrucks, davon eine für die Zustellung und die zweite für den Antragsteller. Die Zustellung im Parteibetrieb wird durch den Gerichtsvollzieher durchgeführt, das Mahngericht vermittelt dieses nicht, § 699 Abs. 4 S. 2 ZPO. Die Zustellung setzt die **Einspruchsfrist** in Gang.

3. Kosten für den Antrag auf Erlass des Vollstreckungsbescheids

900 Der Antrag auf Erlass des Vollstreckungsbescheides löst **keine** weiteren **Gerichtskosten** aus.

Der **Anwalt des Antragstellers** kann für die Vertretung im Verfahren über den Antrag auf Erlass des Vollstreckungsbescheids eine 0,5 Verfahrensgebühr nach VV 3308 RVG verlangen, wenn innerhalb der Widerspruchsfrist kein Widerspruch erhoben worden ist. Ein vor Ablauf der Widerspruchsfrist gestellter Antrag löst keine Gebühr aus.[89] Für das Entstehen der Gebühr ist unerheblich, ob der Vollstreckungsbescheid auch wirklich erteilt wird. Das wird zumindest immer dann der Fall sein, wenn ein Widerspruch nach Ablauf der Frist, aber noch vor Verfügung des Vollstreckungsbescheids bei Gericht erhoben wird, § 694 Abs. 1 ZPO. Gebührenrechtlich ist hierbei jedoch zu unterscheiden, ob der Rechtsanwalt von der Widerspruchserhebung Kenntnis hatte. War das der Fall, ist der Antrag sinnlos und lässt keine Gebühr entstehen.[90]

Vertritt der Rechtsanwalt **mehrere Auftraggeber** und ist bereits die Verfahrensgebühr VV 3305 erhöht worden, dann findet VV 1008 auf die Gebühr VV 3308 keine Anwendung, Anm. Satz 2 zu VV 3308 RVG.

---

87 BGH v. 8.10.1997 – X ARZ 1104/97 – Rpfleger 1998, 116.
88 BGH v. 13.6.2006 – X ARZ 85/06 – Rpfleger 2006, 611.
89 Gerold/Schmidt/*Müller-Rabe*, RVG, VV 3305–3308 Rn. 22.
90 Gerold/Schmidt/*Müller-Rabe*, RVG, VV 3305–3308 Rn. 23.

4. Wirkung des Vollstreckungsbescheids

901 Der **Vollstreckungsbescheid** steht einem für **vorläufig vollstreckbar erklärten Versäumnisurteil** gleich, § 700 Abs. 1 ZPO.[91] Aus ihm kann ohne Sicherheitsleistung vollstreckt werden, sobald er dem Antragsgegner zugestellt ist. Der Vollstreckungsbescheid benötigt in der Regel keine Vollstreckungsklausel.[92] Die Streitsache gilt als mit der Zustellung des Mahnbescheids rechtshängig geworden, § 700 Abs. 2 ZPO.

5. Einspruch gegen den Vollstreckungsbescheid

902 Der statthafte **Rechtsbehelf** gegen den Vollstreckungsbescheid ist der **Einspruch,** § 338 i.V.m. § 700 ZPO. Die Erinnerung ist gem. § 11 Abs. 3 S. 2 RPflG ausdrücklich ausgeschlossen. Der Einspruch findet auch statt, wenn der Vollstreckungsbescheid nicht hätte erlassen werden dürfen, weil z.B. die Zustellung des Mahnbescheids mangelhaft war.[93] Nach § 699 Abs. 5 i.V.m. § 232 ZPO besteht für das Gericht eine **Belehrungspflicht über den Einspruch** (→ Rn. 893).[94] Die Belehrung muss die üblichen Hinweise auf den statthaften Rechtsbehelf, die Form und die Frist und das Gericht, bei dem der Einspruch einzulegen ist, enthalten.

Der Einspruch ist binnen einer **Notfrist** von 2 Wochen ab Zustellung des Vollstreckungsbescheids – auch der Parteizustellung – beim Mahngericht einzulegen, §§ 700 Abs. 1, 339 Abs. 1 ZPO. Der Einspruch wird durch Einreichung der Einspruchsschrift eingelegt; die Einspruchsschrift muss die Bezeichnung des Vollstreckungsbescheids, gegen den der Einspruch gerichtet wird, und die Erklärung, dass gegen diesen Vollstreckungsbescheid Einspruch eingelegt wird, enthalten, § 340 Abs. 1, 2 ZPO. Soll der Vollstreckungsbescheid nur zum Teil angefochten werden, so ist der Umfang der Anfechtung zu bezeichnen. Eine Begründung muss nicht erfolgen, denn § 700 Abs. 3 ZPO schließt ausdrücklich die Anwendung des § 340 Abs. 3 ZPO aus.

903 Wird Einspruch eingelegt, so gibt das Gericht, das den Vollstreckungsbescheid erlassen hat, den Rechtsstreit von Amts wegen an das Gericht ab, das in dem Mahnbescheid gemäß § 692 Abs. 1 Nr. 1 ZPO bezeichnet worden ist, wenn die Parteien übereinstimmend die Abgabe an ein anderes Gericht verlangen, wird an dieses abgegeben, § 700 Abs. 3 ZPO.

904 Bei Eingang der **Anspruchsbegründung** ist wie nach Eingang der Klage weiter zu verfahren, wenn der Einspruch nicht als unzulässig verworfen wird, § 700 Abs. 4 ZPO. Geht die Anspruchsbegründung innerhalb der von

---

91 Zur Rechtskraftfähigkeit s. *Lappe/Grünert*, Rpfleger 1986, 161 ff.
92 Zöller/*Vollkommer*, ZPO, § 700 Rn. 1.
93 BGH v. 11.7.1983 – II ZR 114/82 – NJW 1984, 57.
94 Zöller/*Vollkommer*, ZPO, § 700 Rn. 8.

der Geschäftsstelle gesetzten Frist nicht ein und wird der Einspruch auch nicht als unzulässig verworfen, wird Termin anberaumt.

Da der Vollstreckungsbescheid einem für vorläufig vollstreckbar erklärten Versäumnisurteil gleichgestellt ist, § 700 Abs. 1 ZPO, hindert die Einlegung des Einspruchs auch nicht die weitere Vollstreckung aus diesem. Nach Abgabe an das Streitgericht kann jedoch auf Antrag des Antragsgegners die einstweilige Einstellung der Zwangsvollstreckung durch das Gericht vorgenommen werden, §§ 719 Abs. 1, 709 ZPO.[95]

6. Kosten nach Einlegung des Einspruchs

905 An **Gerichtskosten** wird ebenfalls die 3,0 Verfahrensgebühr nach KV 1210 GKG unter Anrechnung der 0,5 Verfahrensgebühr nach KV 1100 fällig.

906 Gem. § 22 Abs. 1 S. 1 GKG haftet für die Verfahrensgebühr derjenige, der den Vollstreckungsbescheid beantragt hat, d.h. der Antragsteller des Mahnverfahrens. Es besteht keine Vorauszahlungspflicht für die restliche Gebühr nach KV 1210, wenn nicht die Ausnahme des § 12 Abs. 3 S. 3 GKG vorliegt (§ 703a Abs. 2 Nr. 4 ZPO); der Betrag wird beim Prozessgericht zum Soll gestellt. Nur im Falle eines im Urkunden-, Wechsel- oder Scheckmahnverfahrens unter Vorbehalt der Ausführung der Rechte des Antragsgegners erlassenen Vollstreckungsbescheides (s. hierzu → Rn. 839), soll das Mahngericht die Sache an das Streitgericht erst nach Zahlung der Verfahrensgebühr KV 1210 abgeben.

907 Der **Rechtsanwalt des Antragstellers** erhält 0,5 Verfahrensgebühr nach VV 3308 RVG für den Antrag auf Erlass des Vollstreckungsbescheides (→ Rn. 900); der den Einspruch einlegende **Rechtsanwalt des Antragsgegners** nimmt seine erste Prozesshandlung vor und erhält eine 1,3 Verfahrensgebühr nach VV 3100 RVG, da mit dem Erlass des Vollstreckungsbescheids das Mahnverfahren endet.[96]

VII. Die Erstattungsfähigkeit von Kosten des Mahnverfahrens

908 Die **Kosten des Mahnbescheids** werden sogleich in den Mahnbescheid aufgenommen. Hierbei handelt es sich um die Kosten für den Vordruck sowie um die Gerichts- und Rechtsanwaltskosten. Wird ein Vollstreckungsbescheid erlassen, so werden die weiter hinzugekommenen Rechtsanwaltskos-

---

95 MüKoZPO/*Schüler*, § 700 Rn. 22.

96 Gerold/Schmidt/*Müller-Rabe*, RVG, VV 3305–3308 Rn. 58.

ten in diesen mit aufgenommen, § 699 Abs. 3 S. 1 ZPO. Der Antragsgegner hat dann den jeweiligen Gesamtbetrag zu erstatten.

909 Ist die Aufnahme unterblieben, kann eine nachträgliche Festsetzung erfolgen. Mangels einer Kostengrundentscheidung ist der Vollstreckungsbescheid zwar keine geeignete Grundlage, in ihm nicht aufgenommene Kosten, die im Zusammenhang mit Erlass des Vollstreckungsbescheids entstanden sind, in einem Kostenfestsetzungsverfahren festsetzen zu lassen,[97] ist das mangels Antrag versehentlich unterblieben, kann der Vollstreckungsbescheid ergänzt werden,[98] was zumindest nach einer vertretbaren Auffassung auch in Form eines Kostenfestsetzungsbeschlusses möglich ist.[99]

910 Geht das Mahnverfahren in das **streitige Verfahren über**, gehören die Kosten des Mahnverfahrens zu den **Kosten des Rechtsstreits**, § 696 Abs. 1 S. 5 i.V.m. § 281 Abs. 3 S. 1 ZPO. Obwohl der Antragsteller den Mahnbescheid auch selbst beantragen könnte, sind die Kosten **eines** Rechtsanwalts stets erstattungsfähig.[100] Hierbei darf der Antragsteller selbstverständlich einen Rechtsanwalt an seinem Wohnsitz wählen, was im Prozess erlaubt ist, kann auch für das Mahnverfahren nicht anders sein.[101] Das gilt auch für die zentralen Mahngerichte, soweit der Rechtsanwalt seine Kanzlei am Sitz des Mahngerichts oder am Wohnsitz des Mandanten hat.

911 **Mehrkosten** können unter Umständen entstehen, wenn ein **Anwaltswechsel** stattfindet, da sowohl hinsichtlich der Gerichtskosten als auch für Teile der Anwaltsgebühren eine gesetzliche Anrechnungsvorschrift existiert (→ Rn. 889), die aber nur greifen kann, wenn in der Person des Rechtsanwalts Personenidentität besteht.

Ob die durch einen Anwaltswechsel entstandenen Mehrkosten neben den Kosten des für das Streitverfahren bestellten Prozessbevollmächtigten erstattungsfähig sind, hängt davon ab, ob der **Anwaltswechsel** objektiv **notwendig** war, weil z.B. der zuerst beauftragte Rechtsanwalt nicht mehr tätig werden kann oder will, und in subjektiver Hinsicht muss ein Verschulden am Wechsel fehlen, sodass der Wechsel unvermeidbar war.[102] Der Anwaltswechsel kann in der Person des Rechtsanwalts liegen, wenn dieser z.B. wegen gesundheitlicher Probleme oder durch Tod aus der Anwaltschaft ausscheidet oder er wegen nachträglich eingetretener Interessenkollision das

---

97 KG v. 7.3.1995 – 1 W 2671/93 – Rpfleger 1995, 424.

98 KG v. 28.11.2000 – 1 W 1202/99 – AGS 2001, 232, SchlHOLG v. 14.9.1984 – 9 W 199/84 – JurBüro 1985, 781.

99 OLG München v. 6.11. 1996 – 11 W 2925/96 – JurBüro 1997, 256 = Rpfleger 1997, 172.

100 Zöller/*Herget*, ZPO, § 91 Rn. 13 (Mahnverfahren); Gerold/Schmidt/*Müller-Rabe*, RVG, VV 3305–3308 Rn. 85.

101 Gerold/Schmidt/*Müller-Rabe*, RVG, VV 3305–3308 Rn. 88.

102 Zöller/*Herget*, ZPO, § 91 Rn. 13 (Anwaltswechsel).

Mandat zurückgeben muss. Der Anwaltswechsel kann aber auch in der Person des Mandanten liegen, wenn dieser wegen fehlerhafter Beratung das Mandat aufkündigt, in diesem Fall besteht grundsätzlich kein Anspruch auf Kostenerstattung. Im Übrigen siehe → Rn. 614.

Das Problem des Anwaltswechsels spielt seit dem 1.6.2007[103] im Mahnverfahren nur noch eine untergeordnete Rolle, da seit diesem Zeitpunkt die Zulassung der Rechtsanwälte bei einem bestimmten Gericht weggefallen ist. Somit kann grundsätzlich jeder zugelassene Rechtsanwalt sowohl beim Mahngericht als auch im nachfolgenden streitigen Verfahren den Mandanten vertreten.

Somit liegt auch **kein notwendiger Anwaltswechsel** im Sinne des § 91 Abs. 2 S. 2 ZPO, wenn der Gläubiger, der den Erlass des Mahnbescheids durch einen an seinem Wohnsitz ansässigen Rechtsanwalt beantragt hat, im nachfolgenden Streitverfahren einen bei dem auswärtigen Prozessgericht ansässigen Anwalt als Prozessbevollmächtigten beauftragt.[104] In diesem Fall gelten die gleichen Regeln wie bei Bestellung eines Rechtsanwalts in der Nähe des Wohnsitzes der Partei im Prozess,[105] sodass dessen Reisekosten in der Regel erstattungsfähig sind, wenn nicht eine der von der Rechtsprechung herausgearbeiteten Ausnahmen gilt (hierzu → Rn. 626 ff.).

Bei diesen **Ausnahmen** geht es im Wesentlichen darum, dass bestimmte **Unternehmen** nur die Kosten eines am Prozessort ansässigen Rechtsanwalts erstattet verlangen können, da ihnen zuzumuten ist, ihren Prozessbevollmächtigten schriftlich zu informieren (→ Rn. 627 ff.). In diesem Fall sollen nur die Kosten erstattungsfähig sein, wenn von vornherein mit einem **Widerspruch** des Antragsgegners nicht zu rechnen war, sodass insofern eine Widerspruchsprognose zu erstellen ist.[106] Davon nimmt der BGH[107] jedoch Abstand, wenn es sich um Großunternehmen (in der entschiedenen Sache war es die Deutsche Telekom) handelt, die sämtliche Mahnverfahren von einer Anwaltskanzlei durchführen lassen, weil diese personell und organisatorisch in der Lage ist, die große Zahl einschlägiger Verfahren ordnungsgemäß zu bearbeiten. In diesem Fall soll § 91 Abs. 2 S. 2 ZPO einschlägig sein, wonach die Kosten mehrerer Anwälte nicht die Kosten eines Rechtsanwalts übersteigen dürfen, sodass eine Vergleichsrechnung anzustellen sei. Bei der Vergleichsrechnung müssten dann aber notwendige Rei-

---

103 Zulassungsverfahren geändert durch das am 1.6.2007 in Kraft getretene Gesetz zur Stärkung der Selbstverwaltung der Rechtsanwaltsschaft v. 26.3.2007 – BGBl. I S. 358.

104 Gerold/Schmidt/*Müller-Rabe*, RVG, VV 3305–3308 Rn. 87 ff.; Zöller/*Herget*, ZPO, § 91 Rn. 13 (Mahnverfahren).

105 So auch BGH v. 23.3.2004 – VIII ZB 145/03 – FamRZ 2004, 866.

106 Zöller/*Herget*, ZPO, § 91 Rn. 13 (Mahnverfahren); Gerold/Schmidt/*Müller-Rabe*, RVG, VV 3305–3308 Rn. 93 ff.

107 BGH v. 23.3.2004 – VIII ZB 145/03 – FamRZ 2004, 866.

sekosten berücksichtigt werden.[108] Der Kritik von *Herget*,[109] der die Entscheidung ablehnt, da sie zulasten der Schuldner gehe, weil der Gläubiger dann bewusst in Kauf nehmen könne, dass seine eigenen wirtschaftlichen Überlegungen dazu führen, dass der Schuldner u.U. höhere Kosten zu tragen habe, kann man sich nur anschließen.

---

108 Ausführlich Gerold/Schmidt/*Müller-Rabe*, RVG, VV 3305–3308 Rn. 100 ff.

109 Zöller/*Herget*, ZPO, § 91 Rn. 13 (Mahnverfahren).

Stichwortverzeichnis

nach Randnummern

A

B

D

E

F

G

H

I

J

K

L

M

N

O

P

S

T

U

V

W

Z